HISTÓRIA do BRASIL

Cláudio Vicentino

- Bacharel e licenciado em Ciências Sociais pela USP.
- Professor de História em cursos pré-vestibulares e de Ensino Médio.
- Autor de obras didáticas e paradidáticas para Ensino Fundamental e Médio.

Gianpaolo Dorigo

- Bacharel e licenciado em História pela USP.
- Mestre em Filosofia pela PUC-SP.
- Professor de História em cursos pré-vestibulares e de Ensino Médio.
- Autor de obras didáticas.

editora scipione

editora scipione

Gerência editorial
Elizabeth Soares

Responsabilidade editorial
Heloisa Pimentel

Assistência editorial
Deborah D'Almeida Leanza
Beatriz de Almeida Francisco

Gerência de revisão
Hélia de Jesus Gonzaga

Preparação
Maysa Monção

Revisão
Eliana Rodrigues Medina

Edição de arte
Didier D. C. Dias de Moraes

Supervisão de arte
Sérgio Yutaka Suwaki

Coordenação de arte
Edson Haruo Toyota

Programação visual de capa e miolo
Lummi Produção Visual

Ilustrações de miolo
Cassiano Röda

Cartografia
Getúlio de Oliveira Ponciano e Mario Yoshida

Supervisão de iconografia
Sílvio Kligin

Pesquisa iconográfica
Rosa André e Vanessa Manna

Fotos de capa
Haroldo Palo Jr./kino.com.br (pintura rupestre do Parque Nacional de Sete Cidades – PI); Claus Meyer/Tyba (Índio Caiapó); Rogério Reis/Tyba (*Vendedor de arruda*, de Jean-Baptiste Debret; *Café*, de Candido Portinari – técnica: óleo sobre tela; dimensões: 1,30 m x 1,95 m; data: 1935. Rio de Janeiro)

Impressão
Gráfica Eskenazi

Av. Otaviano Alves de Lima, 4400
6.º andar e andar intermediário Ala "B"
Freguesia do Ó
CEP 02909-900 – São Paulo – SP
Caixa Postal 007
DIVULGAÇÃO
Tel. (0XX11) 3990-1810
VENDAS
Tel. (0XX11) 3990-1788
www.scipione.com.br
e-mail: scipione@scipione.com.br

2023
ISBN 978 852628363-3 = AL
ISBN 978 852628364-0 = PR
Cód. da obra CL 734041
3.ª EDIÇÃO
(9.ª impressão)

Conforme a nova ortografia da Língua Portuguesa

EDITORA AFILIADA

Dados Internacionais de Catalogação na Publicação (CIP)
(Câmara Brasileira do Livro, SP, Brasil)

Vicentino, Cláudio
  História do Brasil / Cláudio Vicentino, Gianpaolo Dorigo. — São Paulo: Scipione, 1997.

  1. Brasil — História (Ensino médio) I. Dorigo, Gianpaolo. II. Título.

97-1758   CDD–981.007

Índice para catálogo sistemático:
1. Brasil: História: Ensino médio   981.007

Prefácio

Há uma constante que atravessa toda a história do Brasil, as múltiplas transformações que conheceu em seu meio milênio de existência. Parafraseando Giuseppe Tomasi di Lampedusa, poder-se-ia apresentar assim esta constante: é preciso que tudo mude para que tudo fique como está. *Plus ça change, plus c'est la même chose*. De fato, estes quinhentos anos assistiram a transformações mirabolantes, mas o que não tem mudado nestes cinco séculos é que a colônia, depois o país, funcionaram sempre em favor de uma pequena minoria que está no topo da sociedade – e de uns anexos de extensão variável à volta dessa elite, aliás nunca muito consideráveis – e **contra** a imensa maioria da população.

Isto foi verdade na época da escravidão e de uma sociedade pensada para efetuar exportações primárias; é ainda mais verdadeiro hoje em dia, quando a tão propalada "globalização" traduz-se, na prática, em concentração de renda e desemprego, que continuarão crescendo aqui como alhures, e no aumento do abismo econômico e tecnológico entre os países ao norte e ao sul do Equador. (Mesmo porque o Brasil atual carece de qualquer política consistente relativamente à educação e à tecnologia, embora tenha agora uma lei de patentes exatamente como os países de capitalismo avançado queriam que tivéssemos.) Enquanto os recursos e capitais continuam tendendo a concentrar-se muito majoritariamente "acima" daquela linha, podem-se dizer as generalidades ocas que se quiser acerca das oportunidades pretensamente abertas "a todos" no processo de mundialização da economia. Para combater um tal otimismo hipócrita, basta ler o que diz o casal de profetas da "terceira onda", os Toffler, acerca do que deverá ocorrer neste planeta no futuro próximo. As razões pelas quais o dizem são as piores possíveis, mas o que afirmam é muito plausível – e nada animador.

Nas circunstâncias deste fim de século, as vozes que se levantam contra tal estado de coisas são poucas. Predominam aquelas que afirmam que tudo o que está acontecendo é inevitável. O que não é novidade: os cientistas sociais conservadores sempre tentaram demonstrar que o que existe, existe porque é necessário. É bem-vindo, portanto, um manual destinado ao ensino básico que deseje contribuir para "um Brasil oposto a este que aí está", que não exclua da cidadania efetiva a imensa maioria das pessoas, não exerça uma violência diuturna contra essa maioria – o oposto, portanto, de um Brasil oligárquico, cada vez mais excludente e integrado no anti-humanismo tecnocrático de um capitalismo insensível. Mais insensível ainda agora que terminou a necessidade que se lhe impunha de competir ideologicamente – somente por algum tempo, claro, posto que os problemas da modernidade não foram, em absoluto, resolvidos.

Em países nos quais há poucas décadas ou não faz tantos anos os governantes cantavam as loas de um "Estado de bem-estar" – arma eficaz na luta contra os movimentos socialistas –, agora se gasta cada vez menos com educação e saúde gratuitas, pensões e coisas assim, alegando mentirosas razões incontornáveis de fundo demográfico e econômico: incontornáveis só em função de quem de fato decide e manda em última análise naqueles países, estabelecendo as prioridades de onde, quando e em que gastar. No Brasil, numa sociedade com abismos como os da nossa, embarcar em tais políticas, como de fato estamos embarcando na esteira da Argentina e do México, tem possibilidades nada menos do que genocidas.

Meu desejo, então, é que o livro de Cláudio Vicentino e Gianpaolo Dorigo consiga driblar o bloqueio – não declarado, *de facto* e não *de jure*, nem por isso menos real e muitas vezes eficaz – que pesa sobre manuais de ensino fundamental e ensino médio que não sejam socialmente conformistas. E que, conseguindo-o, possa atingir os objetivos que formulam os autores para sua obra: estimular entre os membros das novas gerações discussões sobre como andou e anda o Brasil, encorajando nos futuros cidadãos uma maior participação política no sentido de atenuar as desigualdades e injustiças que marcam centralmente nosso país.

Ciro Flamarion Cardoso
Professor titular de história da
Universidade Federal Fluminense

Apresentação

Caro aluno,

Se você levar em consideração a história do Brasil ao longo de todo o século XX e início do século XXI, irá perceber que tem sido uma história de expansão econômica, em que pesem os últimos e atribulados anos em que vivemos. Entretanto, essa expansão foi feita sem distribuição de riquezas, gerando a pobreza com a qual estamos tão tristemente acostumados. Sempre foram uns poucos que se beneficiaram do progresso material: banalizamos a miséria.

Além disso, há uma verdadeira obsessão pelo "moderno" e tudo aquilo que é *passado* é visto como *ultrapassado* – basta ver o tratamento que se dá aos idosos, o pouco caso com edifícios antigos que, não sendo restaurados, caem aos pedaços, o desinteresse pela memória nacional e, consequentemente, o descaso com a história.

Por isso, não é raro esquecermos que a brutal desigualdade tem suas origens já no período colonial, quando o Brasil foi integrado à história ocidental, no contexto da consolidação da ordem capitalista. Durante séculos, o Brasil foi uma colônia de exploração, sendo todas as atividades econômicas e a correspondente organização social criadas com o objetivo único de transferir riquezas para o exterior. Mais tarde, com a independência e posterior criação e consolidação do Estado nacional, seja sob a forma de Império ou República, a integração com a economia mundial continuou dando a tônica à nossa história.

Foi-se estruturando desde o período colonial uma ordem oligárquica, formada por aqueles que têm o controle da atividade econômica e, mais tarde, o domínio político do país. No governo, eternizaram a estrutura excludente, que sempre beneficiou as minorias e marginalizou a maioria da população. Passamos da casa-grande e senzala para a mansão e favela.

Desejar um Brasil oposto a este que foi edificado ao longo dos últimos séculos só será possível reavaliando e reinterpretando o que fomos e o que pretendemos ser. A reinvenção do futuro, de um Brasil que viabilize a convivência construtiva entre os grupos diferenciados da população, que incentive a solidariedade social, que eleja o homem como a meta central do desenvolvimento tornou-se um imperativo contra a generalização da barbárie. Será a nosssa crescente atuação – respaldada no conhecimento histórico – que poderá servir como fator acelerador desse processo.

Para os autores, este livro já terá valido a pena se conseguir estimular, entre vocês que estão estudando e que darão forma ao Brasil do futuro, algum debate sobre os problemas do Brasil atual, no sentido de trazer maior participação política e de diminuir as escandalosas desigualdades do país.

Os autores

SUMÁRIO

UNIDADE I
Introdução à História do Brasil

12 CAPÍTULO 1 – A Pré-história brasileira
12 As primeiras comunidades humanas na América
15 Os sítios arqueológicos mais antigos da América
18 Organizações sociais pré-colombianas
    21 O ameríndio brasileiro
30 A conquista do Brasil e o domínio sobre seus habitantes
34 *Questões*

35 CAPÍTULO 2 – Portugal no contexto da expansão marítimo-comercial europeia
35 A Idade Média europeia
40 A Europa na Época Moderna
44 O reino português e a expansão ultramarina
    44 As origens de Portugal • 48 O reinado da dinastia de Borgonha • 53 A dinastia de Avis e a expansão marítima portuguesa • 56 A expansão marítima europeia e os tratados ultramarinos • 62 Portugal e o Império do Oriente
65 *Questões*

66 CAPÍTULO 3 – O Brasil como colônia portuguesa
67 O Brasil pré-colonial (1500-30)
70 O início da colonização brasileira
    70 A expedição colonizadora de Martim Afonso de Souza
71 O sistema de capitanias hereditárias
76 O sistema de governos-gerais
    77 O governo-geral de Tomé de Souza (1549-53) • 79 O governo-geral de Duarte da Costa (1553-58) • 80 O governo-geral de Mem de Sá (1558-72)
81 O domínio espanhol no Brasil (1580-1640)
84 A administração portuguesa no Brasil e os poderes locais
88 *Questões*

89 Atividades em história
90 Exercícios de vestibulares e Enem

UNIDADE II
Estruturação do Domínio Oligárquico no Brasil

98 CAPÍTULO 4 – A consolidação colonial brasileira
102 O projeto agrícola da exploração colonial brasileira
    104 A instalação da *plantation* açucareira • 107 O escravo na economia açucareira • 111 A diáspora africana • 112 A resistência do povo africano • 114 O desenvolvimento da economia açucareira
116 As disputas luso-europeias pelo Brasil
    117 As invasões francesas • 118 As invasões holandesas
        119 O governo holandês em Pernambuco (1630-54)

122   **A Insurreição Pernambucana (1645-54)**
124   **Atividades complementares e expansão territorial**
        126 A ocupação do Nordeste e da região amazônica • **129** O movimento das bandeiras • **131** O mito bandeirante • **131** A conquista do Sul • **132** A oficialização das fronteiras lusas: os tratados de limites
134   *Questões*

135   **CAPÍTULO 5 – Apogeu e crise do sistema colonial no Brasil**
135   **A economia mineradora**
        141 A crise portuguesa e o reforço do pacto colonial
146   **As revoltas coloniais**
        147 As rebeliões nativistas
            148 A Revolta de Beckman (Maranhão, 1684) • **149** A Guerra dos Emboabas (Minas Gerais, 1708-09) • **149** A Guerra dos Mascates (Pernambuco, 1710-11) • **150** A Revolta de Filipe dos Santos (Vila Rica, Minas Gerais, 1720)
        151 As rebeliões separatistas
            151 A Inconfidência Mineira (1789) • **154** A Inconfidência Baiana (1798) • **156** A Revolução Pernambucana (1817)
158   **O fim do pacto colonial**
        159 As guerras napoleônicas e a vinda da família real portuguesa para o Brasil
            160 Brasil, sede da monarquia portuguesa (1808-21)
        164 A regência de D. Pedro e a proclamação da Independência
167   *Questões*

168   **CAPÍTULO 6 – A organização do Brasil independente**
169   **O Primeiro Reinado (1822-31)**
        170 As guerras de independência • **171** O reconhecimento da independência • **173** A organização política do Estado brasileiro
            174 A Constituição de 1824 • **177** A Confederação do Equador
        179 A abdicação de D. Pedro I
182   **O período regencial**
        183 A Regência Trina Provisória (abril a junho de 1831) • **183** A Regência Trina Permanente (1831-35)
            184 As correntes políticas durante a Regência
        186 O Ato Adicional de 1834 • **187** A Regência Una de Feijó (1835-37) • **188** A Regência Una de Araújo Lima (1837-40) • **190** As rebeliões regenciais
            190 A Cabanagem (Pará, 1835-40) • **191** A Sabinada (Bahia, 1837-38) • **192** A Balaiada (Maranhão, 1838-41) • **193** A revolução Farroupilha (Rio Grande do Sul, 1835-45)
194   **A transição para o Segundo Reinado**
196   *Questões*

197   **CAPÍTULO 7 – O Império oligárquico**
198   **Economia e sociedade do Segundo Reinado**
        200 A ascensão do café • **202** A liderança do café • **204** O início da industrialização brasileira: a "era Mauá" • **212** A questão da mão de obra no Segundo Reinado
            214 Os imigrantes e o trabalho "livre"
217   **A evolução política do Segundo Reinado**
        217 Consolidação e conciliação oligárquica na política interna • **221** A Revolução Praieira (Pernambuco, 1848-50)
222   *Questões*

223   Atividades em história
225   Exercícios de vestibulares e Enem

UNIDADE III
O Apogeu do Domínio Oligárquico no Brasil

250 CAPÍTULO 8 – A política externa do Império oligárquico e o declínio do Segundo Reinado
251 Relações externas no Segundo Reinado
    251 A Questão Christie (1863) • **254** As intervenções brasileiras na região do rio da Prata
        257 A Guerra do Paraguai (1864-70)
263 O fim do Império
    263 O fim da escravidão • **266** A questão religiosa • **268** A questão militar • **270** A expansão do republicanismo • **272** A proclamação da República
273 *Questões*

274 CAPÍTULO 9 – A República da Espada
274 Os diferentes projetos republicanos
    275 Ideal de uma república liberal • **276** Ideal de uma república jacobina • **277** Ideal de uma república positivista
279 O governo provisório de Deodoro da Fonseca (1889-91)
282 O governo constitucional de Deodoro da Fonseca (1891)
284 O governo de Floriano Peixoto (1891-94)
292 *Questões*

293 CAPÍTULO 10 – A República oligárquica
293 O governo de Prudente de Morais (1894-98)
299 O apogeu da ordem oligárquica
    301 Economia: o combate à crise do café
        302 Combate aos efeitos da crise: *funding-loan* e saneamento financeiro • **304** Combate às causas da crise: a política de valorização do café • **306** A borracha: alternativa ao café?
308 Sociedade: lutas e frustrações
    308 A revolta popular de 1904 • **310** Outras revoltas: a da Chibata (1910) e a do Contestado (1914)
312 Mecanismos políticos do poder oligárquico
    313 O nível federal: a política do café com leite • **314** O nível estadual: a política dos governadores • **315** O nível municipal: o coronelismo
316 Abalos na ordem oligárquica: governo de Hermes da Fonseca (1910-14)
319 *Questões*

320 CAPÍTULO 11 – O declínio das oligarquias (1914-30)
321 As transformações sociais e econômicas
    324 A burguesia industrial • **325** O operariado • **326** A classe média
327 O tenentismo
329 O governo de Artur Bernardes (1922-26)
333 A Semana de Arte Moderna
335 A Revolução de 1930
    335 O governo de Washington Luís (1926-30) • **337** As eleições de 1930 • **338** A posição de Luís Carlos Prestes • **340** A decisão
342 *Questões*

343 Atividades em história
345 Exercícios de vestibulares e Enem

UNIDADE IV
A Decadência Oligárquica — Ditadura e Democracia

360 **CAPÍTULO 12 – A Era Vargas (1930-45)**
360 **O governo provisório (1930-34)**
    363 A defesa do setor cafeeiro e o estímulo à indústria • 365 A Revolução Constitucionalista de 1932 • 368 A Constituição de 1934
369 **O governo constitucional (1934-37)**
    369 A radicalização ideológica • 370 Integralistas e aliancistas • 374 O golpe do Estado Novo
376 **O Estado Novo (1937-45)**
    376 Implantação da ditadura • 378 O fortalecimento do poder do Estado • 381 A intervenção do Estado na economia • 383 O Brasil na Segunda Guerra Mundial • 385 A crise do Estado Novo e a redemocratização
387 *Questões*

388 **CAPÍTULO 13 – O Regime Liberal Populista (1945-64)**
388 **A instalação do Novo Regime**
389 **O governo de Dutra (1946-51)**
    392 Liberalismo X nacionalismo: projetos para o desenvolvimento do país
395 **O segundo governo de Getúlio Vargas (1951-54)**
399 **O governo de Café Filho (1954-55)**
402 **O desenvolvimentismo de Juscelino Kubitschek (1956-61)**
408 **O governo de Jânio Quadros (1961)**
411 **O governo de João Goulart (1961-64)**
416 *Questões*

417 **CAPÍTULO 14 – Os anos de chumbo (1964-85)**
417 **Liberdade sem democracia (1964-68)**
427 **A ditadura total (1968-77)**
    429 Os bastidores do "milagre" brasileiro • 433 A luta pela abertura do regime
436 **A abertura (1977-85)**
444 *Questões*

445 **CAPÍTULO 15 – O Brasil atual**
445 **O governo de José Sarney (1985-90)**
    446 A instalação do novo governo • 447 O Brasil e a globalização capitalista • 451 Evolução econômica • 455 Evolução política • 457 A sucessão presidencial
459 **O governo de Fernando Collor de Mello (1990-92)**
    460 O *impeachment* de Collor • 462 A integração neoliberal
463 **O governo de Itamar Franco (1992-95)**
    464 A normalização econômica • 467 A sucessão política
469 **O governo de Fernando Henrique Cardoso (1995-2002)**
    470 Economia
        470 O capital produtivo • 472 O capital especulativo • 474 Resultados
    476 Política
        476 Interna • 478 Externa
    481 Sociedade
        482 Cultura
483 **O governo de Luiz Inácio Lula da Silva (2003-2010)**
    483 Economia e sociedade • 485 Resultados • 488 O quadro político • 490 Conclusão: rumo a uma mudança de paradigma?
492 *Questões*
493 **Atividades em história**
495 **Exercícios de vestibulares e Enem**

521 **Índice Remissivo**
525 **Bibliografia**

▬ Nota ▬

É prática difundida nos manuais de história recorrer-se à divisão em períodos para facilitar o trabalho de localização cronológica, análise e comparação do processo de desenvolvimento humano. Por ser um recurso didático, a periodização não visa à exatidão científica absoluta e, pelas controvérsias que gera, não tem aceitação unânime. Sendo assim, e por sua imprescindibilidade, utilizaremos uma divisão muito simples da história para referências temporais.

De início, tomaremos a invenção da escrita, por volta de 4000 a.C., como o marco que encerra o grande período da chamada **Pré-história**. Considerada como uma das mais importantes fontes de estudo do passado, a escrita é tomada como indicador do início dos tempos históricos, somente como recurso didático, já que, mesmo antes de sua invenção, os povos, naturalmente, tinham história, só que não a registravam em caracteres escritos.

Também a **Pré-história** foi subdividida pelos estudiosos. Neste livro, falaremos em **Paleolítico Inferior** e **Superior**, períodos que se estenderam desde a descoberta dos mais antigos espécimes humanos até perto de 10000 a.C. e que se caracterizaram pelo nomadismo e pelas atividades de caça, pesca e coleta, e em **Neolítico**, período da vida em que o ser humano se sedentariza, graças ao desenvolvimento das práticas agrícolas e da domesticação de animais, isto até à criação da escrita.

Quanto aos tempos históricos, foram divididos em quatro períodos: a **Antiguidade** (4000 a.C. a 476), caracterizada pelo predomínio do escravismo como estrutura socioeconômica, política e cultural; a **Idade Média** (476 a 1453), marcada pelo feudalismo; a **Idade Moderna** (1453 a 1789), na qual assistimos ao desenvolvimento e decadência do Antigo Regime; e a **Idade Contemporânea** (de 1789 à atualidade), quando o capitalismo atingiu sua plenitude, passando pela fase industrial e atingindo a fase de capitalismo financeiro.

No que se refere à história do Brasil, adotamos a seguinte periodização: os primórdios de nossa história, aqui denominados **Pré-história brasileira** (antes de 1500), **Brasil colônia** (de 1500 a 1808), **Brasil monárquico** (de 1808 a 1889) e **Brasil republicano** (1889 aos dias atuais). As subdivisões desses períodos serão indicadas ao longo da apresentação de suas características mais importantes.

Introdução à História do Brasil

Arte rupestre, Toca do Carmo (BA), Fernando Vivas, Abril Imagens.

UNIDADE

I

Capítulo 1

A Pré-história brasileira

Neste primeiro capítulo, vamos estudar o quadro humano americano e brasileiro mais remoto, antes da Idade Moderna e da chegada dos europeus à América no final do século XV.

Este período, conhecido também como pré-colombiano – anterior à chegada de Cristóvão Colombo ao continente americano, em 1492 –, inclui os primórdios de nossa história, já que, na época, nosso continente não apresentava as subdivisões regionais em Estados, como conhecemos atualmente. Vivia-se naquele tempo, na maior parte do atual território brasileiro, sob as estruturas que precederam as grandes organizações políticas e sociais características das chamadas grandes civilizações.

As primeiras comunidades humanas na América

Estudos mostram que a espécie humana surgiu em regiões de clima quente, nas zonas tropicais ou subtropicais do planeta, muito provavelmente no continente africano. São conhecidos inúmeros fósseis dos primeiros hominídeos, destacadamente dos *Australopithecus*, que remontam a mais de três milhões de anos.

Desenvolvendo-se desde o *Australopithecus*, o *Homo erectus*, último estágio de desenvolvimento humano antes do *Homo sapiens*, surgiu somente por volta de 1,8 milhão de anos atrás. O *Homo sapiens*, por sua vez, representando a espécie animal a que pertencemos, só apareceu no planeta há cerca de 500 mil anos. Entre os especialistas não é raro encontrar os que defendem que o *Homo erectus*, ancestral de todas as etnias humanas atuais, fosse africano e de pele negra.

Por centenas de milhares de anos e com a progressiva multiplicação populacional, estes primeiros espécimes humanos espalharam-se pela Europa e Ásia e, no final do período Paleolítico, alcançaram a América.

É provável que os primeiros humanos que chegaram à América, considerando os fósseis conhecidos, viessem em pequenos grupos nômades perto de 100 mil anos atrás. Para muitos especialistas, a América só foi alcançada por grupos humanos no atual estágio de desenvolvimento da espécie; outros estudiosos, porém, falam na possibilidade de que ancestrais do *Homo sapiens*, da espécie *erectus*, tenham sido os primeiros a conquistar o novo continente.

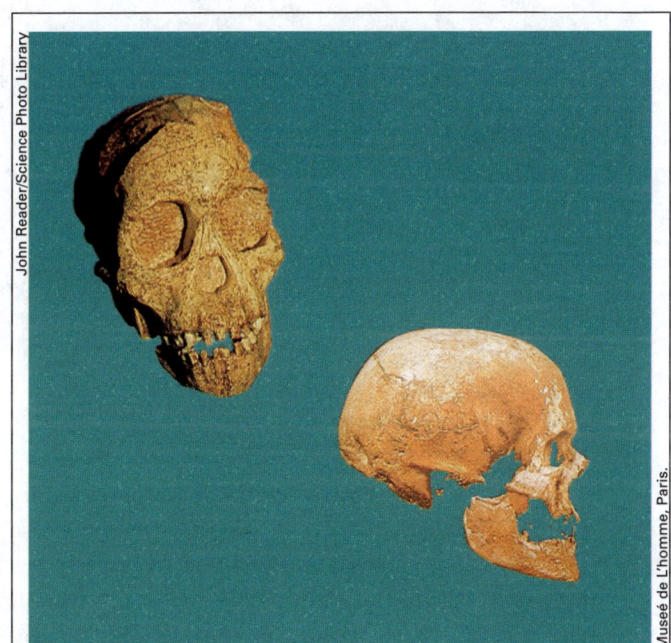

Originários de um mesmo tronco comum, o *Australopithecus* (em cima) possuía um cérebro de volume entre 350 e 600 cm³, o *Homo erectus*, entre 700 e 1 250 cm³ e o *Homo sapiens sapiens* (em baixo), entre 1 200 e 1 600 cm³.

A maioria dos paleontólogos, antropólogos e outros especialistas da origem humana reafirmam em seus estudos que o homem americano é certamente alóctone, ou seja, proveniente de outras regiões, já que os vestígios conhecidos até agora em nosso continente são bastante recentes.

Veja alguns comentários afirmativos sobre o assunto:

"O homem americano não é autóctone. Vindo do Antigo Continente não surge no Novo Mundo antes do fim do Quaternário, depois do retrocesso das grandes glaciações, e só pode chegar a ele utilizando vias de acesso iguais às existentes hoje, posto que a América possui, desde essa época remota, os seus contornos atuais."

Paul Rivet

"Uma vez que a América do Sul foi sempre desprovida de Primatas aperfeiçoados, de macacos superiores, não é nesse continente que se pode esperar descobrir representantes dos primeiros homens ou de seus antepassados."

Marcelin Boule e Henri V. Vallois

"Até agora, em toda a América do Norte e do Sul, só conhecemos o Homo sapiens, nenhum Homo primigenius ou de Neandertal. Quando, entre índios vivos, ainda hoje encontramos, no aspecto do crânio, uma ou outra característica neandertaloide, também continuam essas formas sendo de Homo sapiens recente."

(WEINERT, Hans. In *Estudos de Pré-história geral e brasileira*. São Paulo, Instituto de Pré-história, Universidade de São Paulo, 1970. p. 13.)

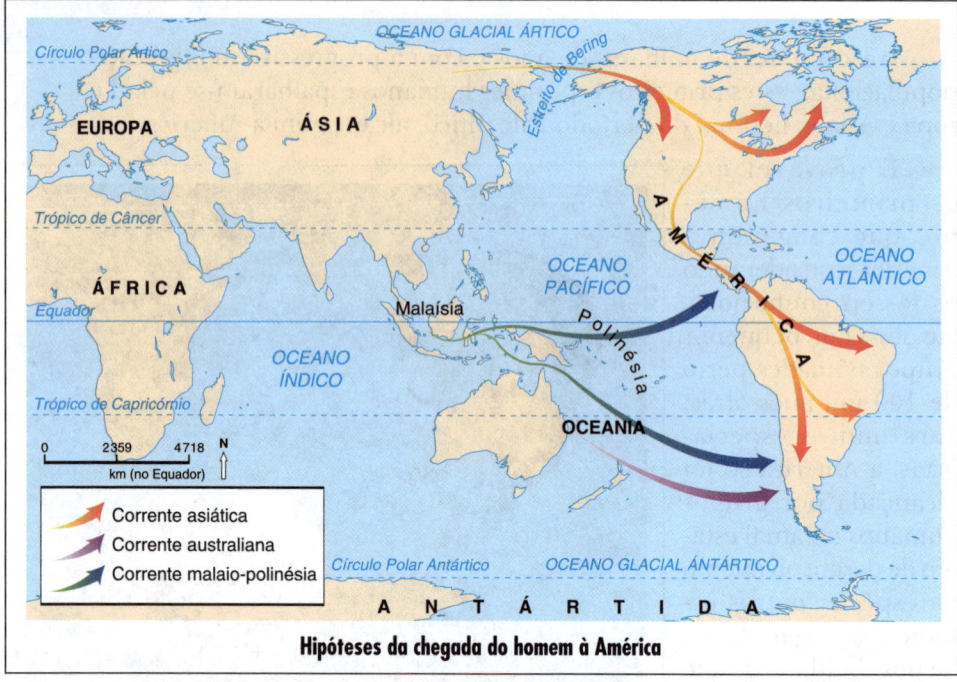

Hipóteses da chegada do homem à América

Dentre os vários caminhos possíveis que esses primeiros grupos humanos percorreram para chegar ao nosso continente, vale destacar o da Ásia para a América através do estreito de Bering. Buscando provavelmente a sobrevivência e sendo dependentes da natureza, bandos de homens paleolíticos foram expulsos de suas regiões de origem pela glaciação, fenômeno climático de vários séculos de duração, caracterizado pela diminuição intensa da temperatura. Tal situação aumentava as massas de gelo do planeta enquanto rebaixava o nível do mar, permitindo que em alguns lugares, como no estreito de Bering, o solo emergisse, ocasionando a passagem por terra firme entre o continente asiático e o americano.

Outro caminho normalmente lembrado para a chegada do homem primitivo à América é pelo oceano Pacífico. Possivelmente, usando as inúmeras ilhas da região como escala, os bandos humanos teriam atravessado o extenso oceano, passando da Ásia para a costa da América do Sul. É também possível que esses caminhos e ainda vários outros tenham sido todos eles realizados na Pré-história, permanecendo a incógnita, no entanto, sobre qual teria sido o primeiro trilhado pelos homens primitivos.

A diversidade das características biológicas, linguísticas e outras evidências dos ameríndios (populações originais da América) já estudadas favorecem a hipótese de que o povoamento da América tenha sido feito por asiáticos, através do estreito de Bering, e também por australianos e habitantes das ilhas do oceano Pacífico (como melanésios e polinésios) através da Antártida e Terra do Fogo.

> "O pressuposto de que o Homem teria vindo unicamente a pé, atravessando a Beríngia através dos rebanhos de animais que migravam, não faz justiça à capacidade intelectual humana, reduzindo o Homem americano a um descendente de um animal não mais capaz que os camelos, mastodontes e bisões que migraram para a América.
>
> Para migrar através da Beríngia os grupos humanos teriam tido que se adaptar ao frio intenso que reinava nessa planície gelada. (...)
>
> Refletimos sobre diversas possibilidades, e hoje é válido propor como hipótese de trabalho que diversos grupos humanos chegaram à América, por diferentes vias de acesso, tanto marítimas como terrestres. Pode-se também propor que os primeiros grupos chegaram até o continente há pelo menos 70 mil anos.
>
> Os sítios nos quais foram encontrados vestígios datados do Pleistoceno final são raros na América, mas no Brasil temos alguns para os quais a quantidade e a qualidade dos vestígios encontrados e número de datações 14^c [carbono -14] obtidas são excepcionais e nos permitem afirmar que o Homem colonizou as terras do continente bem antes da data admitida pela teoria clássica."
>
> (GUIDON, Niéde. "As ocupações pré-históricas do Brasil". In CUNHA, Manuela Cardoso da. *História dos índios no Brasil*. São Paulo, Cia. das Letras/Secretaria Municipal de Cultura/Fapesp, 1992. pp. 38-9.)

Há hoje, enfim, uma aceitação quase generalizada entre os especialistas de que o homem não surgiu na América, veio de fora, e de que a imigração mais provável até o momento para o povoamento da América, porém não única, foi a de asiáticos. Outra hipótese aventada é a de que esses primeiros grupos humanos tenham chegado ao novo continente antes de 40 mil anos atrás; mas aceita-se a possibilidade de que o período tenha sido 70 ou até mais de 100 mil anos atrás. Admite-se também que os primeiros povoadores apresentavam características culturais típicas do Paleolítico Superior, sendo basicamente caçadores, coletores, pescadores e nômades.

Os sítios arqueológicos mais antigos da América

Admite-se que a ocupação da América do Norte tenha durado cerca de 25 mil anos e que, a seguir ou mesmo simultaneamente a outras migrações, por uma via ainda hoje desconhecida, tenha se dirigido para a América do Sul, alcançando a Patagônia, no extremo sul do continente americano, antes de 10000 a.C.

As migrações e a dispersão populacional pelo continente, ao longo dos anos, ajudam a explicar a diversidade linguística que se observava na América pré-colombiana, chegando, no final do século XV, a mais de 2 500 línguas nativas.

No Brasil, as evidências mais antigas da presença humana estão na região do município de Central, estado da Bahia, e nas proximidades do município de São Raimundo Nonato, no Piauí. Na Bahia, o sítio arqueológico da Toca da Esperança apresenta indícios da presença do *Homo erectus* seguramente bem anteriores a 50 mil anos, mas esses dados ainda não foram oficializados pela comunidade científica internacional. Alguns especialistas arriscam estimativas até anteriores a 150 mil anos para as evidências da ocupação humana na região, sendo que as indústrias lítica (fabricação de pedras lascadas) e óssea e outras marcas humanas encontradas na Toca da Esperança foram datadas de cerca de 300 mil anos.

Os trabalhos liderados pela professora Maria Beltrão, do Museu Nacional e da Universidade Federal do Rio de Janeiro, na região do médio São Francisco, especialmente no município de Central, ganharam impulso no final da década de 1980 e, atualmente, começam a atrair o interesse internacional. Esses poderão ser os primeiros passos para a confirmação, aprofundamento e reconhecimento oficial de estimativas de tão remota existência humana no Brasil, sendo até possível que fique registrada como uma das mais antigas do continente. Porém, por enquanto, as datações já realizadas serviram-se de técnicas que levaram alguns estudiosos a opor reservas às estimativas levantadas.

Os sítios de Central e São Raimundo Nonato

Entre os sítios arqueológicos mais antigos do Brasil estão o de Central, na Bahia, e o de São Raimundo Nonato, no Piauí.

> "A Toca da Esperança foi ocupada entre mil anos atrás até 22 mil anos pelo Homo sapiens sapiens, isto é, pelo homem de hoje. Esteve desocupada por um longo período anterior a 22 mil anos quando a Toca se tornou impossível de ser habitada em razão da umidade. Entre 204 mil e 295 mil anos antes do presente ela foi possivelmente habitada pelo Homo erectus.
>
> As datações mais recentes foram obtidas pelo método do carbono-14, que data até uns 50 mil anos com bastante segurança. As datações mais antigas da Toca foram realizadas na França através do Método do Desequilíbrio da Série de Urânio (método do Urânio-Tório), ideal para datar ossos com idades entre 3 mil e 300 mil anos."
>
> (BELTRÃO, Maria. Revista Geográfica Universal. Rio de Janeiro, Bloch Editores, janeiro/fevereiro de 1992, p. 90.)

No Piauí, os arqueólogos Niéde Guidon e Fábio Parenti estudaram vários dos mais de 300 sítios arqueológicos encontrados. As pinturas rupestres foram datadas em mais de 20 mil anos e as pedras lascadas e restos de fogueiras deixados por grupos primitivos, em mais de 56 mil anos.

Nas figuras pintadas em paredes rochosas do Parque Nacional da Serra da Capivara, em São Raimundo Nonato, Piauí, destacam-se as do sítio da Pedra Furada, onde predominam cenas de caça, trabalho e vida familiar. As pinturas rupestres da região estão bem conservadas graças à aridez do clima e à dificuldade de acesso ao local, embora processos naturais de destruição tenham produzido descamações e quedas de blocos, estimando-se que cerca de 40% das pinturas tenham sido destruídas. As pesquisas desenvolvidas desde os anos 1970, e ainda em andamento, têm avançado progressivamente.

Graças a esses e outros trabalhos arqueológicos em curso no Brasil, pode-se afirmar com relativa segurança que a presença humana na América do Sul remonta a mais de 70 mil anos.

Isso representa um enorme avanço, pois, na década de 1970, os achados arqueológicos humanos não possuíam mais de 10 mil anos e, há pouco mais de 50 anos, o limite máximo da idade dos fósseis era de 6 mil anos. Estudiosos que ousassem defender que a presença humana na América era mais antiga não eram bem vistos na comunidade científica. Atualmente, ao contrário, não é raro entre os especialistas admitir-se a existência de ameríndios bem mais antigos. Na década de 1950, só se admitia a hipótese do povoamento da América por asiáticos que aqui chegaram por terra. Aceitava-se a ideia de que os primeiros habitantes do continente apresentavam reduzida capacidade intelectual e tecnológica, sem condições de avançar além de um determinado estágio de desenvolvimento. Os recentes progressos arqueológicos, contudo, apontam até mesmo a possibilidade de um povoamento da América do Sul anterior ao da América do Norte.

É provável que vestígios humanos ainda mais antigos tenham sobrevivido à destruição do tempo e que sua descoberta e estudo possam trazer à luz novos e importantes conhecimentos sobre essa época tão distante do passado americano. É admissível até que tais estudos confirmem a hipótese de que o povoamento da América iniciou-se antes de 100 mil anos atrás, como já defendem alguns especialistas respeitáveis envolvidos nesse trabalho.

Os estudos dos fósseis de Central e de São Raimundo Nonato poderão trazer novas informações importantes sobre os primeiros homens americanos. Na foto, pintura rupestre do sítio arqueológico da Toca do Carmo, na Bahia.

Outros importantes sítios arqueológicos do continente americano, com vestígios humanos anteriores a 30 mil anos, localizam-se nos Estados Unidos – nos estados da Califórnia, Nova Iorque e Texas –, no Canadá – em Old Crow, próximo ao Alasca – e no México – em El Cedral e Tlapacoya. Na América do Sul, podemos mencionar os da Bahia e do Piauí, no Brasil, e o de Monte Verde, no Chile.

Organizações sociais pré-colombianas

O avanço das investigações arqueológicas poderá, inclusive, indicar qual a primeira rota de migração dos povoadores da América.

As pesquisas realizadas nesses sítios arqueológicos têm revelado que, até a chegada dos conquistadores europeus à América, a partir do século XV, a maioria dos agrupamentos humanos que habitava a América do Norte, o Caribe, o Brasil e a parte sul do continente apresentava um tipo de vida bastante simples, sobrevivendo graças à caça, pesca, coleta e agricultura rudimentar. Já outras regiões contavam com comunidades altamente organizadas e hierarquizadas do ponto de vista social e político, desenvolvendo uma agricultura de alta produtividade quando comparada às demais regiões americanas.

> "Acreditava-se no passado ter existido um só foco de desenvolvimento da agricultura e da criação, situada no Oriente Próximo, do qual tais atividades progressivamente se estenderam, ganhando outros ambientes aos quais se adaptaram através da domesticação de novas espécies vegetais e animais. Agora acredita-se na pluralidade de focos da 'revolução neolítica'. Em particular, é hoje bastante difundida a opinião de ter ocorrido uma invenção da agricultura na América, independentemente do Velho Mundo, embora haja alguns problemas ligados à origem botânica de certas plantas e à prioridade geográfica de sua domesticação."
>
> (CARDOSO, Ciro Flamarion S. *América pré-colombiana*. São Paulo, Brasiliense, 1981. p. 36.)

No Brasil, entre os numerosos testemunhos de um quadro paleolítico e de transição neolítica estão sambaquis espalhados por todo o nosso litoral, destacadamente no Sul, confirmando que nossos antepassados partilhavam de uma vida grupal rudimentar (a palavra "sambaqui" deriva do tupi *tamba*, que significa 'marisco', e *ki*, 'amontoamento'). Alguns desses volumosos montes de conchas e esqueletos de peixes, que atestam que a base da alimentação dessas populações era composta de animais marinhos, chegam a ter mais de dez metros de altura. Outros vestígios da presença humana tão antiga e rudimentar em todo o território brasileiro são as pontas de flechas, machados, potes de barro e outros utensílios, sem se esquecer das pinturas rupestres.

A América, como já mencionamos, contou também com organizações sociais que apresentavam elevado grau de sofisticação, brilhantes civilizações que realizaram significativos avanços na agricultura, na metalurgia, na escrita, na matemática, na organização política e nas construções urbanas, que muito se assemelharam às primeiras civilizações do Egito e da Mesopotâmia. Não resta dúvida de que tais sociedades, mais complexas, tiveram um caráter regional e não continental, destacando-se as da região mesoamericana, a partir de 1200 a.C., e as da região andina central depois de 300 a.C.

Sambaquis brasileiros em Santa Catarina.

Na Mesoamérica, região que envolve o atual México e toda a América Central, ergueram-se, e depois desabaram, diversas civilizações como a dos olmecas, a da cidade de Teotihuacán, a dos maias, a dos toltecas e especialmente a asteca.

Na região andina central, correspondente à área que engloba principalmente os atuais territórios do Peru, Bolívia, Equador, Colômbia, Chile e Argentina, destacaram-se as civilizações do Império Tiahuanaco e Huari, o reino Chimu e sobretudo o Império Inca.

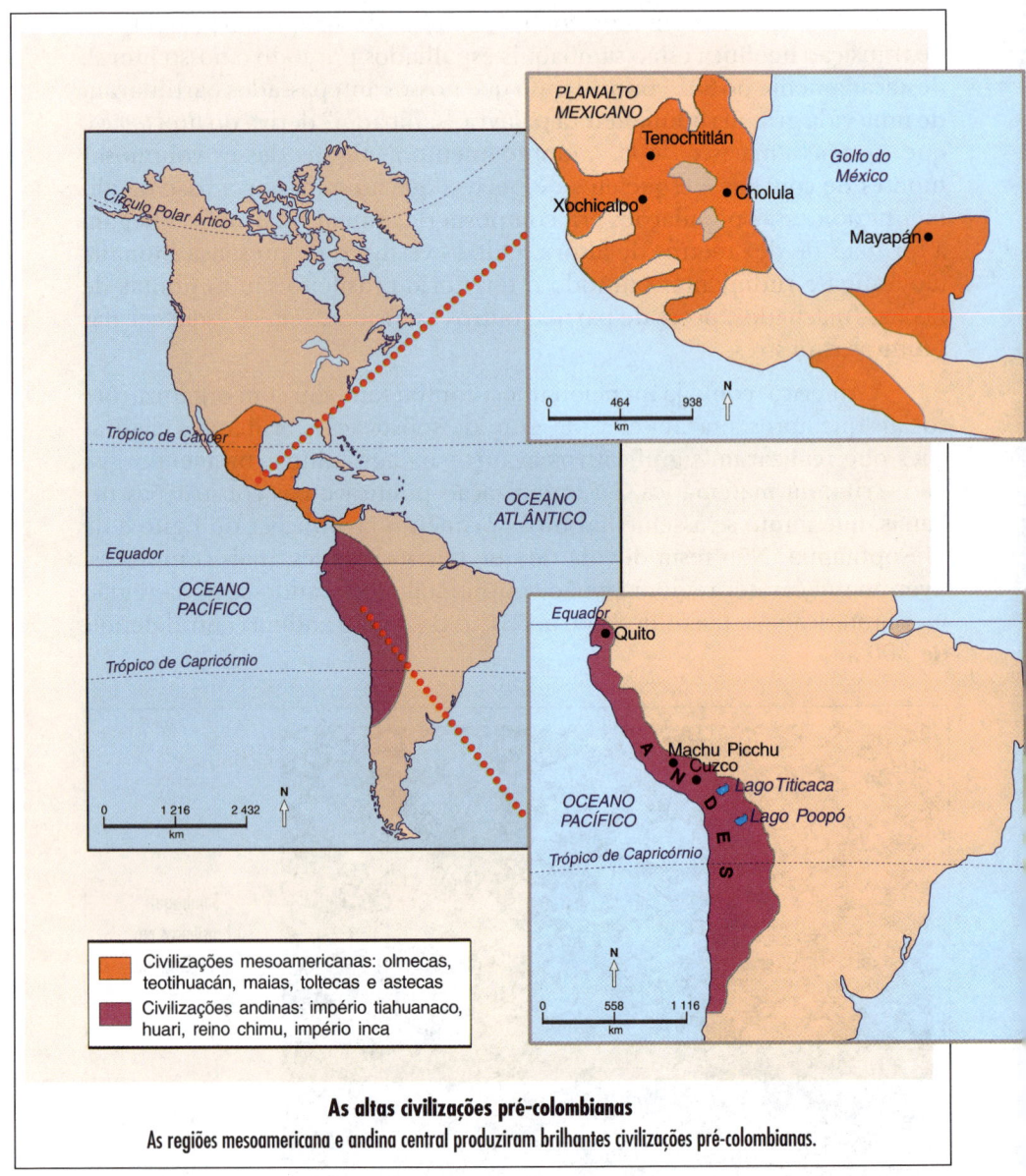

As altas civilizações pré-colombianas
As regiões mesoamericana e andina central produziram brilhantes civilizações pré-colombianas.

O ameríndio brasileiro

É provável que os primeiros grupos humanos tenham chegado ao Brasil através do estreito do Panamá por três possíveis caminhos. O primeiro pode ter sido o das zonas baixas orientais da América do Sul, pelo qual, depois de passarem pelo litoral da Colômbia e Venezuela, entraram na bacia Amazônica. Outro caminho possível teria sido o dos Andes, em latitudes baixas, e uma terceira rota seria a litorânea. Sobre essa última, os primeiros povoadores podem ter chegado ao Brasil por dois caminhos opostos: beirando o Pacífico até a Patagônia e depois rumando no sentido sul-norte do litoral Atlântico brasileiro ou, ao contrário, pelo norte, no sentido norte-sul, descendo do Caribe para o Nordeste rumo ao Atlântico Sul. Seja como for, usando uma ou mesmo todas as rotas indicadas, o certo é que por volta do ano 10000 a.C. já havia inúmeras comunidades humanas espalhadas pelo território brasileiro.

> "O Brasil foi, portanto, colonizado desde épocas bastante remotas. Todo o país já estava ocupado desde há 12 mil anos. A população era densa, pelo menos na região Nordeste, a partir de 8 mil anos.
>
> A agricultura apareceu entre -4 mil e -3 mil, sendo praticada em todo o território nacional desde -2 mil anos, mesmo que de uma maneira restrita.
>
> A técnica de fabricação de vasilhas em cerâmica, fora da Amazônia, parece ter sido corrente a partir de -3 mil anos, pelo menos na área arqueológica de São Raimundo Nonato, no Piauí. Durante todo o holoceno, grandes famílias linguísticas deviam dominar vastas áreas, mas as guerras intertribais que antecederam a chegada do colonizador branco embaralharam a situação, tornando difícil o correlacionamento entre as culturas pré-históricas e as tribos indígenas da época do contato.
>
> Um projeto de âmbito nacional deveria ser criado para pesquisar, de modo intensivo e estruturado, as origens pré-históricas dos grupos indígenas brasileiros."
>
> (GUIDON, Niéde. "As ocupações pré-históricas do Brasil". In CUNHA, Manuela Carneiro da (org.). *História dos índios no Brasil*. 1992. p. 52.)

Os dados disponíveis sobre os primeiros povoadores do Brasil costumam ser divididos segundo duas grandes áreas geográficas distintas: a região amazônica e o Brasil centro-meridional.

Os habitantes da região amazônica vieram em ondas sucessivas pelo oeste e/ou noroeste, cujos vestígios mais antigos são ligados a esta sequência tecnológica: os primeiros habitantes confeccionavam artefatos líticos rudimentares (feitos de pedra), lascados pela **percussão** de um material mais resistente contra um mais fraco; passando para os artefatos líticos, lascados por **pressão**, dos grupos de caçadores-coletores; e, mais tarde, alcançando a fabricação de **cerâmicas**, estas datadas de antes de 500 a.C. Estudos revelam que os caraíbas ocuparam o norte da América do Sul, depois de passarem pela Amazônia, emprestando o nome de sua língua ao atual Caribe.

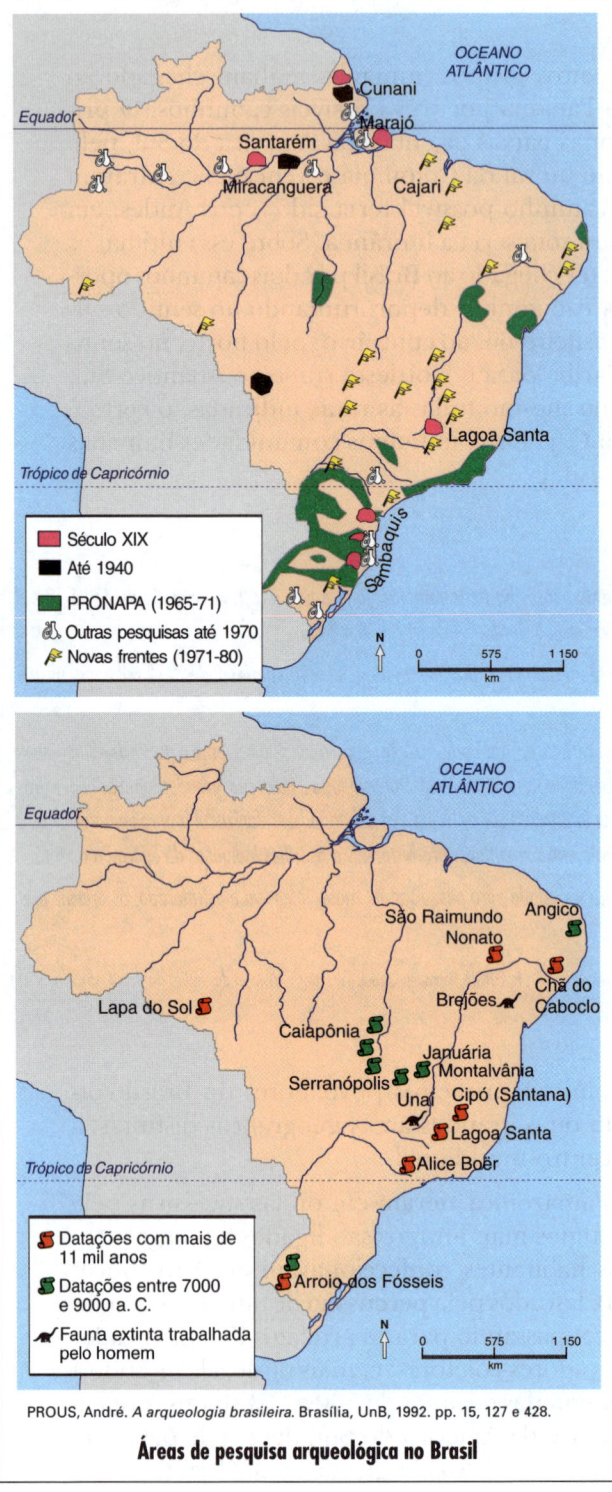

Áreas de pesquisa arqueológica no Brasil

Pouco se sabe sobre a vida humana nessa região antes do aparecimento da cerâmica. É provável que a baixa resistência de ossos e artefatos de madeira ao clima da região, bem como a escassez de instrumentos de pedra, representem uma barreira na descoberta de vestígios humanos anteriores à fase da cerâmica. Contudo, os raros achados apontam para a existência humana na região em períodos bem anteriores.

Ao sul da bacia Amazônica, na região de Lapa do Sul, Mato Grosso, foram descobertos instrumentos pré-cerâmicos, com datação estimada em cerca de 12 500 anos, e no sul de Goiás, com datas superiores a 8 000. Já ao norte da Amazônia existem vestígios arqueológicos de mais de 10 000 anos na Venezuela e de cerca de 8 000 nas Guianas.

Os povos amazônicos espalharam-se pela região sobressaindo, por volta do ano 1000, a cultura marajoara. Acredita-se que nessa época tenha-se desenvolvido a sociedade mais complexa da Amazônia, cujo desaparecimento remonta à chegada dos conquistadores europeus.

Indicando possíveis vínculos dos povos amazônicos com as culturas mais sofisticadas de outras regiões americanas, um professor do setor de arqueologia da Universidade Federal de Minas Gerais destacou:

"(...) as culturas amazônicas do início de nossa era compartilham uma série de traços tanto com a Mesoamérica quanto com as civilizações dos Andes dos períodos 'Formativo' e 'Clássico'. A breve lista que se segue é ilustrativa, embora, por certo, incompleta:

- *Importância das estatuetas femininas ocas (onipresentes no Formativo da América Central).*
- *Papel das 'pedras verdes' (desde os olmecas).*
- *Edificação de aterros, cerimoniais, ou base de habitações (idem).*
- *Vasos do tipo 'Tlaloc' (típicos da cultura Teotihuacán, que aparece também na fase Marajoara).*
- *Decoração em champlevé (idem).*
- *Vasos trípodes (particularmente comuns na área maia).*

Os elementos comuns às áreas amazônica e andina são menos numerosos, embora também impressionantes:

- *Ídolos do tipo Santarém apresentam semelhanças nítidas com estátuas peruanas, e o olho de tipo 'Ilorón' é tipicamente Tiahuanaco.*
- *Várias formas de cerâmica muito típicas, como 'tangas', bancos ou urnas cinerárias em forma de pessoa sentada num banco (culturas Marajoara e cemitérios Maracá).*
- *Os vasos 'de gargalo' Santarém apresentam um parentesco, até nos mínimos detalhes, com potes de cultura Jama-Coaque (litoral equatoriano)."*

(PROUS, André. *Arqueologia brasileira*. Brasília, Editora Universidade de Brasília, 1992. p. 470.)

Ampliando a polêmica sobre as hipóteses anteriores, Anna Curtenius Roosevelt assinala:

"A partir dos antigos pressupostos sobre as deficiências ambientais da floresta tropical sobre o hábitat para o desenvolvimento cultural e demográfico, o que se esperava originalmente era que estas culturas fossem inferiores em escala e complexidade às 'altas culturas' dos Andes e da Mesoamérica, sendo seu desenvolvimento inspirado no estímulo, senão nas invasões, provenientes de fora. Mas se o meio ambiente tropical não se constitui como limitação ao desenvolvimento cultural indígena, então estas considerações não são válidas. De fato existe uma abundância de evidências indicando que estas sociedades eram de origem local e que atingiram uma escala significativa e um alto nível de complexidade. Seu surgimento, no decorrer do último milênio antes do advento da era cristã, é posterior ao nascimento de sociedades similares nos Andes, em cerca de 2000 a.C."

(ROOSEVELT, Anna Curtenius. "Arqueologia amazônica". In CUNHA, Manuela Carneiro da (org.). *História dos índios no Brasil*. 1992. p. 81.)

Na parte central e meridional do território brasileiro destacam-se os achados da região mineira de Lagoa Santa, datados de 8000 a.C., os sambaquis litorâneos de 10000 a.C. em diante, os "cerritos" ou "cômoros", sítios encontrados sobre amontoados de origem mineral, típicos do Rio Grande do Sul, datados do século I a.C., e os sítios arqueológicos com presença de cerâmica tupi-guarani após 1000 a.C.

Cerâmica do Baixo Amazonas

Vaso antropomórfico da cultura andina nazca

Vaso Teotihuacan

Sobre as civilizações andina, mesoamericana e amazônica, continua em aberto a questão da existência ou não de uma mesma matriz evolutiva.

A população ameríndia que se fixou e desenvolveu em território brasileiro caracterizou-se pela diversificação, tanto no aspecto físico quanto no linguístico e dos costumes. A diferenciação físico-cultural ainda hoje é evidente entre os ameríndios remanescentes como já o era na época da chegada dos europeus, no século XV.

Os conquistadores, decididos a submeter os habitantes do Novo Mundo, chamaram-nos de índios, primeiro pelo engano de julgarem ter chegado às terras da Índia e, depois de constatado o erro, pela intenção de dar um nome generalizante que enfatizasse a subordinação. Tal postura trazia a concepção de que, sendo "índios", eram diferentes, "inferiores" e, principalmente, passíveis de se transformarem no instrumento de submissão à exploração colonialista dos cristãos europeus. Algumas vezes com violência ilimitada, os europeus infligiram um verdadeiro genocídio à população nativa americana, saqueando suas riquezas e forçando-a ao trabalho em função dos interesses da metrópole.

Pouco sabemos sobre a quantidade de grupos indígenas existentes no Brasil antes da conquista europeia, mas é certo que, graças a ela, "a população aborígine decresceu desde então rapidamente e não deixou de diminuir até hoje. Basta dizer que no ano de 1900 o número de grupos tribais no Brasil era de duzentos e trinta; entretanto, em 1957 era somente de cento e quarenta e três. Em apenas 57 anos, desapareceram 87 grupos tribais. Entretanto há grupos cuja população tem realmente aumentado." (Julio Cezar Melatti, *Índios do Brasil*. p. 29.)

Classificar os atuais grupos remanescentes, cuja maioria se encontra na região amazônica, seguida da Centro-Oeste, é tarefa difícil. A opção linguística, adotada pelos primeiros colonizadores, indicava a existência de dois grupos: os tupis, primeiro grupo encontrado pelos conquistadores portugueses no litoral brasileiro, e os tapuias. Como os portugueses, especialmente missionários jesuítas, aprenderam a língua tupi, chegando até a conceber uma gramática nos moldes da sua própria língua, acabaram supervalorizando os tupis, e, pejorativamente, passaram a chamar os povos de línguas diferentes de "povos de língua travada", ou tapuias. A intensidade dos contatos com o tupi permitiu, sobretudo, preservar dados mais seguros sobre seus costumes, o que não se deu com relação a outros povos.

Os estudos de Von Martius e Von den Steinen no século passado demonstraram que, entre os tapuias, existia uma variedade de línguas que não pertenciam a um mesmo tronco linguístico comum, e nova classificação foi adotada: além dos tupis, podiam-se identificar os jês, os caraíbas e os aruaques.

Recentemente, partindo dos atuais idiomas indígenas, usou-se uma classificação que reúne, numa só classe, as línguas que tiveram origem comum, a partir da análise de vocábulos e derivações segundo leis fonéticas. Dessa forma, buscou-se mostrar que as atuais línguas derivam de uma anterior, desaparecida, que até poderia ser recriada, compondo o tronco ou bloco linguístico.

Levantar gramáticas, fonologias e vocabulários organizados e detalhados das atuais línguas indígenas poderia servir para a aplicação do chamado "método de reconstrução" desenvolvido na linguística comparativa. Existem hoje conhecimentos parciais das línguas já documentadas, com significativos avanços quanto às línguas tupi e aruaque e reduzidas conquistas quanto à jê e à caraíba.

Vale observar também que o tupi é visto como um tronco composto por variadas línguas aparentadas pertencentes a um conjunto de tribos que se espalham pelo Brasil, Uruguai, Argentina, Paraguai, Bolívia e Peru.

Formando o tronco, as línguas aproximadas compõem as famílias que se subdividem em línguas, e estas, em dialetos. Assim, a família tupi-guarani reúne os grupos tribais guaranis dos vales dos rios Uruguai e Paraná e os tupis do Rio de Janeiro, Maranhão e Amazônia, segundo uma classificação bastante usual.

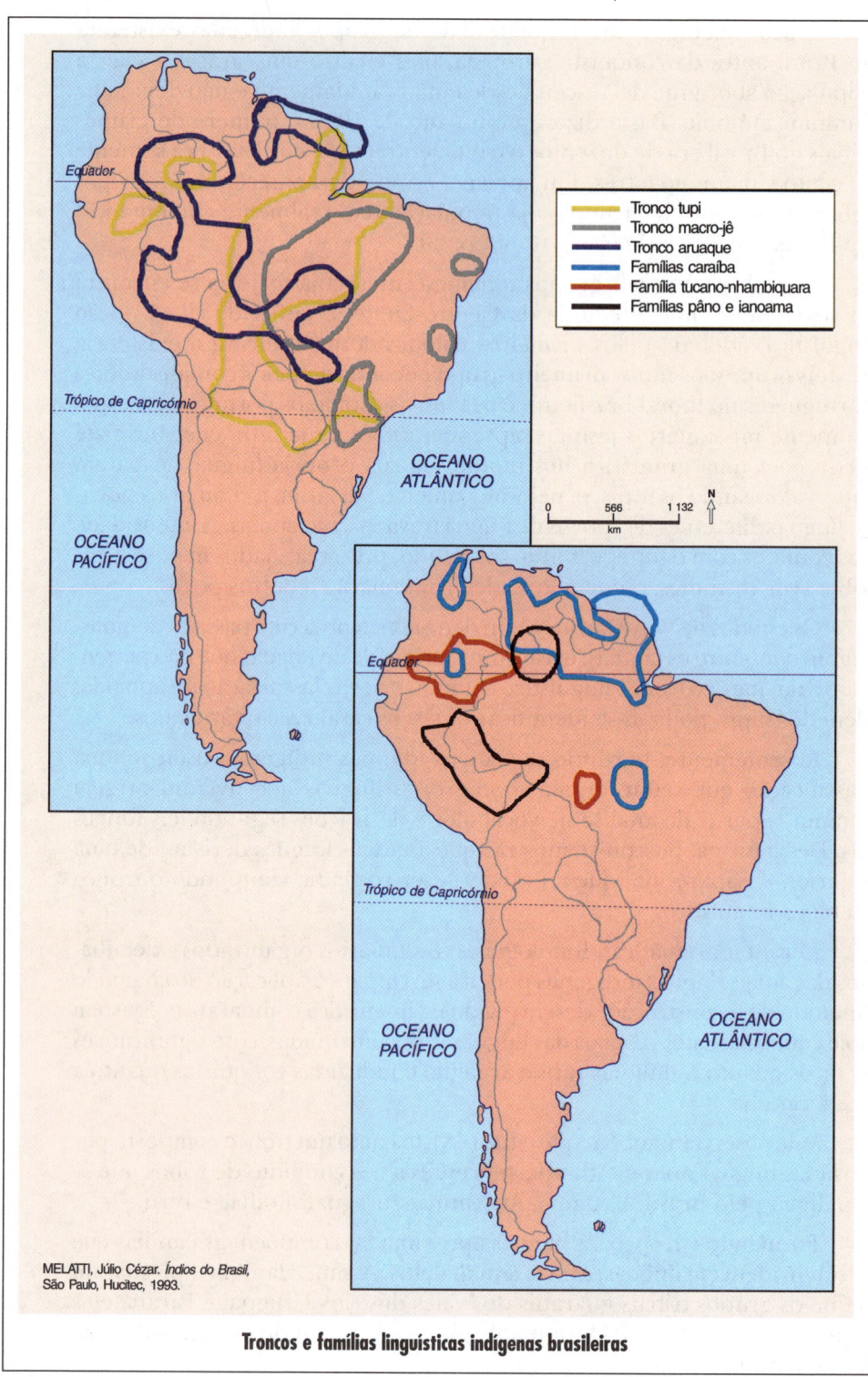

Troncos e famílias linguísticas indígenas brasileiras

MELATTI, Júlio Cézar. *Índios do Brasil*, São Paulo, Hucitec, 1993.

O professor Aryon Dall'Igna Rodrigues, estudioso das atuais línguas indígenas brasileiras, elaborou o seguinte quadro classificatório:

FAMÍLIAS, LÍNGUAS E DIALETOS DO TRONCO TUPI		
Famílias	**Línguas**	**Dialetos**
1) tupi-guarani	guarani	kayová, nandéva, mbüá
	tenetehára	guajajara, tembe
		asuriní, suruí (do Pará)
	apiaká	
	tapirapé	
	kamayurá	
	kawahíb	parintintín, diahói, tenharim, júma, kayabi
		kaapór (urubu)
		oyampi, emeriôn, karipuna (do Amapá)
	aweti	
	mawé	
2) munduruku	munduruku	
3) juruna	juruna	
4) arikêm	karitiana	
5) tupari	tupari	
	makurap	
	kepkiriwat	
6) ramarâma	itogapuk	
	arara (de Rondônia)	
7) mondé	salamâi	
	gavião (de Rondônia)	
	suruí (de Rondônia)	
	cinta-larga	
	masaká	
8) línguas não classificadas em família	avá	
	guajá	

FAMÍLIAS, LÍNGUAS E DIALETOS DO TRONCO MACRO-JÊ		
Famílias	**Línguas**	**Dialetos**
1) jê	timbira	ramkokamekrá (canela), krinkati, apinayé, krahó, gavião (do Pará), pükobyê, apaniekrá (canela)
	kayapó	xikrín, gorotire, kubén, kran-kegn e kokraimôro, mekranoti, mentuktire e txukahamâi
	suyá	
	akuên	xavante, xerente, xakriabá (não mais falada)
	kaingang, xokleng	

27

FAMÍLIAS, LÍNGUAS E DIALETOS DO TRONCO MACRO-JÊ

Famílias	Línguas	Dialetos
2) maxakali	maxakali, pataxó (não mais falada)	
3) kariri	kariri (não mais falada)	
4) borôro	borôro, umutina	
5) línguas não classificadas em famílias	krenak (não mais falada) iatê karajá guató, eripaktsá	karajá, javaé, xambioá

FAMÍLIAS, LÍNGUAS E DIALETOS DO TRONCO ARUAQUE

Famílias	Línguas	Dialetos
1) aruaque	guaná, paresi ———— manitenéri, banuwa, tariana mandawaka, wapitxana, palikur	terena waurá, mehinaku, yawalapiti apurinan, kaxarari
2) arawá	kulina, yamamadi, dani	

LÍNGUAS AINDA NÃO CLASSIFICADAS EM TRONCOS

Famílias	Línguas	Dialetos
1) karíb	bakairi ———— galibi, apalaí ———— mayongong, tiriyó ———— taulipang	nahukuá, kuikúru, kalapalo arara (do Pará), txikâo urukuyâna, wayâna hixkariâna, katxuyana, waiwai, arikiéna malkuxi, waimiri
2) maku		
3) yanoâma	sanümá, yanâm, yanomâm, yanomámu	
4) tukâno	tukâno, kobewa	
5) katukina	katukina (do Amazonas), kanamari	

LÍNGUAS AINDA NÃO CLASSIFICADAS EM TRONCOS

Famílias	Línguas	Dialetos
6) mura	mura-pirahá	
7) pâno	kaxinawa, nukiní, poyanawa, amawaka, yaminawa, katukina (do Acre), marubo, mayoruna, kulina, karipuna (de Rondônia)	
8) txapakura	pakaanova	
9) nambikuara	nambikuara do Norte, nambikuara do Sul, sabanê	
10) guaikuru	kadiwéu	

LÍNGUAS NÃO CLASSIFICADAS EM FAMÍLIAS

tukuna	kanoê	xukuru (não mais falada)
irântxe e menku	trumái	

TRIBOS QUE NÃO FALAM MAIS LÍNGUAS INDÍGENAS

karipuna	galibi-maworno
potiguara	kambiwá
atikum	pankararé
pankararu	xukuru-kariri
tuxá	kaimbé
kiriri	truká
pataxó	pataxó-hãhãhãi
xabriabá	krenak
"tupinikin"	

* Os traços horizontais (_____) indicam línguas que não receberam nomes.

MELATTI, Julio Cezar. *Índios do Brasil*. São Paulo, Hucitec, 1993. pp. 36 a 40.

Áreas culturais indígenas do Brasil
Classificação dos grupos indígenas a partir da etnologia.

Outra forma usual de classificação dos índios brasileiros é a proposta pela etnologia, definindo áreas culturais a partir não apenas da língua, mas também de costumes e artefatos das tribos, típicos de uma determinada região. Veja no mapa acima as áreas culturais indígenas brasileiras do século XX, segundo a classificação elaborada pelo etnólogo Eduardo Galvão.

A conquista do Brasil e o domínio sobre seus habitantes

A chegada dos europeus à América, no século XV, significou o início da destruição da maioria das organizações sociais, culturais e políticas existentes. Os chamados conquistadores confiscaram as terras indígenas, sua liberdade e, muito frequentemente, suas vidas. Mais da metade dos cerca de 80 milhões de ameríndios que então se distribuíam por todo o continente acabaram mortos em pouco menos de um século de colonização. No Brasil, dos aproximadamente 3,5 milhões de índios em 1500, restam atualmente pouco mais de 200 mil indivíduos.

Além da submissão à exploração colonial, dos sucessivos confrontos armados e da expulsão de suas terras, os indígenas também foram destruídos pelas doenças trazidas pelos conquistadores. Como não possuíam qualquer resistência às enfermidades desconhecidas na América, as contaminações por gripe, sarampo, catapora, pneumonia, varíola, entre outras, foram amplas e dizimadoras entre os nativos. Neste aspecto, antigas e novas doenças introduzidas ao longo da história brasileira fizeram e continuam fazendo vítimas entre os indígenas.

> "Sem entrar em detalhes, e para dar somente uma ideia global (apesar de não nos sentirmos totalmente no direito de arredondar os números em se tratando de vidas humanas), lembraremos que em 1500 a população do globo deve ser da ordem de 400 milhões, dos quais 80 habitam as Américas. Em meados do século XVI, desses 80 milhões, restam 10. Ou, se nos restringirmos ao México: às vésperas da conquista, sua população é de aproximadamente 25 milhões; em 1600, é de 1 milhão.
>
> Se a palavra genocídio foi alguma vez aplicada com precisão a um caso, então é esse. É um recorde, parece-me, não somente em termos relativos (uma destruição da ordem de 90% e mais), mas também absolutos, já que estamos falando de uma diminuição da população estimada em 70 milhões de seres humanos. Nenhum dos grandes massacres do século XX pode comparar-se a esta hecatombe."
>
> (TODOROV, Tzvetan. *A conquista da América: a questão do outro*. São Paulo, Martins Fontes, 1991. p. 129.)

Os conquistadores europeus, portadores de uma tecnologia superior e dotados da ambição comercial, impuseram um verdadeiro morticínio às populações nativas, tomando suas terras, seus domínios comuns e seus corpos, transformando-os em integrantes do projeto explorador, seja como escravos, o que foi mais comum, ou como associados, submissos ou não.

Corporificando um verdadeiro genocídio dos ameríndios, a ação europeia não sofreu variação substancial em todo o continente, realizando-se tanto nos domínios espanhóis como nos lusos, ingleses, franceses e holandeses. No máximo deu-se uma diferenciação de números absolutos no extermínio e quanto ao processo de efetivação da conquista, mantendo a qualidade violenta e dominadora do sistema explorador europeu.

No Brasil, passo a passo, as populações indígenas foram sendo empurradas para o interior, assimiladas ou exterminadas pelos conquistadores. O processo teve início no período colonial, manteve-se pela fase imperial e continuou pelo período republicano, não sendo raro na atualidade.

Apenas os primeiros contatos entre brancos e índios revestiram-se de alguma amabilidade, pois, pouco depois, os interesses dos colonizadores passaram a se opor radicalmente aos dos indígenas. De certa forma, a cordialidade dos primeiros contatos era apenas um preparativo para a dominação.

> "Ao chegarem às costas brasileiras, os navegadores pensaram que haviam atingido o paraíso terreal: uma região de eterna primavera, onde se vivia comumente por mais de cem anos em perpétua inocência. Deste paraíso assim descoberto, os portugueses eram o novo Adão. A cada lugar conferiam um nome – atividade propriamente adâmica – e a sucessão de nomes era também a crônica de uma gênese que se confundia com a mesma viagem. A cada lugar, o nome do santo do dia: Todos os Santos, São Sebastião, Monte Pascoal. Antes de se batizarem os gentios, batizou-se a terra encontrada. De certa maneira, desta forma, o Brasil foi simbolicamente criado. Assim, apenas nomeando-o, se tomou posse dele, como se fora virgem."
>
> (CUNHA, Manuela Carneiro da. "Introdução a uma história indígena". In CUNHA, Manuela Carneiro da (org.). História dos índios no Brasil. São Paulo, Cia. das Letras/Secretaria Municipal de Cultura/Fapesp. 1992. p. 9.)

No início, os índios do Brasil foram atraídos para o escambo, isto é, troca de produtos nativos por outras mercadorias. Nesta época, que corresponde aos primeiros trinta anos da presença portuguesa em território brasileiro, os europeus estavam interessados na exploração do pau-brasil, e os índios cortavam toras de madeira, depois as carregavam, empilhavam ou levavam-nas até os navios europeus, em troca de objetos sem valor para os portugueses, como espelhos, colares, tecidos, roupas e ferramentas.

Quando a empresa colonizadora-exploradora europeia se estabeleceu definitivamente, tendo como principal atividade a produção de açúcar, as relações com os índios tornaram-se cada vez mais violentas, pois os portugueses buscavam nos nativos a mão de obra escrava para o empreendimento.

No século XVI, as primeiras vítimas da ambição lusa foram os habitantes do litoral leste e sudeste, que perderam suas terras e muitas vezes foram submetidos à escravidão nas lavouras da cana-de-açúcar. Nesse período, foram eliminados os índios da faixa litorânea pertencentes ao tronco tupi, dos quais restam apenas os potiguarás, do litoral da Paraíba.

No século seguinte, os conflitos com os indígenas e seu extermínio intensificaram-se, graças às expedições caçadoras de nativos no Sul do Brasil, ao avanço da pecuária pelo Nordeste e vale do rio São Francisco e às expedições conquistadoras metropolitanas no Maranhão, Pará e Amazônia.

Também os habitantes de Minas Gerais, Goiás e Mato Grosso, regiões que, no século XVIII, tornaram-se zonas auríferas, foram vítimas da exploração portuguesa, sobretudo o grupo kayapó do Sul. Na mesma época, a expansão colonizadora no Maranhão conquistava o território dos índios timbiras.

No século XIX foi a vez dos índios xavantes e kayapós, no avanço colonizador sobre as regiões centrais do Brasil, enquanto, no início do século XX, entre tantas vítimas indígenas em todo o país, sobressaíram os kaingang em São Paulo e os índios da região amazônica. Foi a época da construção da Estrada de Ferro Noroeste e do avanço colonizador dos seringueiros e coletores de castanha-do-pará.

Nos últimos anos deste século, multiplicaram-se os conflitos nas fronteiras agrícolas, frentes mais avançadas do Norte e Oeste do país, bem como as disputas por terras, notadamente as áreas de garimpo e de exploração madeireira, entre índios e "civilizados".

Dos cerca de 200 mil índios que vivem no Brasil, encontramos desde grupos totalmente integrados à sociedade branca, como os pataxós, terenas e guaranis das regiões Sul e Sudeste, até outros que não tiveram qualquer contato com a civilização, como acontece na região amazônica.

A maior parte dos indígenas sobreviventes vive nas reservas – áreas delimitadas pelo governo – onde, nem aí, escapam dos ataques de posseiros ou garimpeiros desejosos das suas madeiras e do ouro, ou tão somente de apossar-se das suas terras. A proteção e assistência às populações indígenas brasileiras, efetivadas inicialmente pelo Serviço de Proteção aos Índios (SPI), criado em 1910, e depois pela Fundação Nacional dos Índios (Funai), não têm sido suficientes para preservar seus territórios e sua cultura face à violência dos chamados "civilizados".

Desde os primeiros contatos com os homens brancos, os índios foram vítimas de violência física, imposição cultural e opressão. Na foto, cerimônia dos índios caiapós.

A partir dos anos 1970, surgiram organizações indígenas de significativa atuação que ganharam enorme importância. Em 1980, fruto desse processo, nasceu a União das Nações Indígenas (UNI), que conta com o apoio de diversas instituições nacionais e internacionais, desde o Conselho Indigenista Missionário (CIMI), ligado à Igreja católica, passando pelas ONGs (organizações não governamentais) até a própria ONU. Dessa forma, as diversas nações indígenas têm buscado responder às continuadas agressões aos seus territórios e população. Em 1982 tivemos um primeiro representante dos índios no Congresso brasileiro, o deputado federal cacique Juruna, fato inédito na história do país.

Em 1988, no seu capítulo 8, a Constituição brasileira reconheceu aos índios "sua organização social, costumes, línguas, crenças e tradições, e os direitos originários sobre as terras que tradicionalmente ocupam, competindo à União demarcá-las, proteger e fazer respeitar todos os seus bens", evidenciando a vitória da resistência indígena, pelo menos no aspecto legal. A partir daí, tornou-se urgente a sua viabilização prática, que, no final dos anos 90, continuava exigindo maior empenho e atuação de todos para se estancar a regra histórica de sujeição e extermínio daqueles que são os representantes das nossas raízes brasileiras mais profundas.

Portadoras de uma resistência que sobreviveu a cinco séculos de duras e incessantes investidas, de uma estrutura étnico-cultural gerada por milhares de anos de construção, as nações indígenas brasileiras exigem o cumprimento de direitos que envolvem a garantia de condições de sobrevivência, autonomia e autodeterminação cultural, nada muito acima do que se espera de uma nação do século XXI.

Questões

1. O homem americano é autóctone ou alóctone? Por quê?
2. É comum afirmar-se que os primeiros povoadores do continente americano utilizaram a rota do estreito de Bering para atingir o continente. Esse, no entanto, não foi o único caminho possível. Quais as outras rotas que poderiam ter sido utilizadas por esses povoadores que se dirigiam à América?
3. Quais os possíveis caminhos da ocupação humana no território brasileiro?
4. Quais foram as grandes civilizações pré-colombianas da América Andina e da Mesoamérica?
5. Analise as diversas classificações dos indígenas brasileiros.
6. Descreva como têm sido as relações entre índios e os conquistadores do século XV ao XX e o que explica estas relações.
7. Quais são os atuais problemas da população indígena brasileira? O que tem sido feito para melhorar sua existência em nosso país?

Capítulo 2

Portugal no contexto da expansão marítimo-comercial europeia

no processo de expansão marítima dos séculos XV e XVI, Portugal desempenhou um papel pioneiro, seguido de perto pela Espanha. O pioneirismo ibérico não foi casual: suas origens remontam à Idade Média e à precoce centralização do poder político nessa região, o que, por sua vez, está intimamente ligado à dominação árabe entre os séculos VIII e XV. Antes de tratarmos do nascimento do Estado português, sua expansão e ocupação do território brasileiro, transformando-o em sua colônia, vamos estudar o contexto histórico europeu, o período medieval e, em seguida, o início dos tempos modernos.

A Idade Média europeia

A Idade Média europeia (séculos V-XV) foi marcada pelo predomínio de uma estrutura socioeconômica, política e cultural denominada **feudalismo**. A ruralização e isolamento do continente europeu, determinados pelas ondas invasoras iniciadas no século V e que contribuíram para o desmoronamento do Império Romano do Ocidente, estabeleceram as características principais dessa estrutura.

A economia, dada a precariedade das vias comerciais, tornou-se autossuficiente – voltada, sobretudo, para o consumo –; a produção agrícola realizava-se em grandes propriedades rurais, chamadas feudos.

Os proprietários dos feudos, senhores feudais, impunham autoridade absoluta em suas terras. Os camponeses, que para eles trabalhavam e deles recebiam proteção, chamados de servos, além de pagar-lhes tributos com parte da produção, deviam ainda prestar-lhes diversos serviços. Ao contrário do escravo, o servo não era "propriedade" do senhor: devia obediência e lealdade, além do trabalho, mas estava preso à terra em que trabalhava, não podendo ser vendido. Por isso era chamado de servo de gleba.

Na Idade Média, portanto, riqueza e poder advinham da terra, sobre a qual o senhor exercia suprema autoridade econômica, política e jurídica. Os reis não possuíam, nesse contexto, um poder efetivo, tendo-o por direito, mas não o exercendo de fato. Assim, a Europa converteu-se, durante a Idade Média, em um enorme mosaico de territórios quase autônomos.

A Igreja cristã também era uma poderosa instituição medieval. Detentora de muitos feudos por toda a Europa e exercendo incomparável influência sobre os indivíduos, transformou o cristianismo na religião predominante em toda a Europa feudal. O mundo medieval foi marcado pelo teocentrismo, na medida em que a cultura, os valores individuais e sociais voltavam-se para Deus e a religião. Assim, no quadro dos poderes medievais, sobressaíram os poderes locais dos senhores e o poder universal da Igreja.

Por volta do ano 1000, o feudalismo atingiu seu apogeu na Europa ocidental. A diminuição das invasões com suas grandes batalhas e o isolamento que imperava nos feudos, dificultando o contágio das epidemias que, de vez em quando, assolavam a Europa, permitiram uma melhoria nas condições de vida, favorecendo, assim, o aumento populacional.

Catedral de Amiens, construída no século XIII. As igrejas, cujos edifícios só se comparavam em dimensão e importância aos castelos medievais, eram parte do eixo de atração do pensamento teocêntrico medieval.

> "Nos primórdios do feudalismo, a Igreja foi um elemento dinâmico e progressista. Preservou muito da cultura do Império Romano. Incentivou o ensino e fundou escolas. Ajudou os pobres, cuidou das crianças desamparadas em seus orfanatos e construiu hospitais para doentes. Em geral, os senhores eclesiásticos (da Igreja) administravam melhor suas propriedades e aproveitavam melhor suas terras que a nobreza leiga.
>
> Mas há outro aspecto da questão. Enquanto os nobres dividiam suas propriedades, a fim de atrair simpatizantes, a Igreja adquiria mais e mais terras. Uma das razões por que se proibia o casamento aos padres era simplesmente porque os chefes da Igreja não desejavam perder quaisquer terras da Igreja mediante herança aos filhos de seus funcionários. A Igreja também aumentou seus domínios através do 'dízimo', taxa de 10% sobre a renda de todos os fiéis. Assim se refere a respeito um famoso historiador: 'O dízimo constituía um imposto territorial, um imposto de renda e um imposto de transmissão muito mais oneroso do que qualquer taxa conhecida nos tempos modernos. Agricultores e camponeses eram obrigados a entregar não apenas um décimo exato de toda a produção... Cobravam-se dízimos de lã até mesmo da penugem dos gansos; à própria relva aparada ao longo da estrada pagava-se o direito de portagem; o colono que deduzia as despesas de trabalho antes de lançar o dízimo a suas colheitas era condenado ao inferno'.
>
> À medida que a Igreja crescia enormemente em riqueza, sua economia apresentava tendências a superar sua importância espiritual. Muitos historiadores argumentam que, como senhor feudal, não era melhor e, em muitos casos, muito pior do que os feudatários leigos. Tão grande era a opressão de seus servos, pelo Cabido de Notre-Dame de Paris, no reinado de São Luís, que a Rainha Blanche protestou com toda a humildade, ao que os monges replicaram que 'eles podiam matar seus servos de fome se lhes aprouvesse'.
>
> Alguns historiadores pensam até que se exagerava o valor de sua caridade. Admitem o fato de que a Igreja realmente ajudava os pobres e doentes. Mas ressaltam que ela era o mais rico e poderoso proprietário de terras da Idade Média, e argumentam que, comparado ao que poderia ser feito, com sua tremenda riqueza, não chegou a realizar nem mesmo tanto quanto a nobreza. Ao mesmo tempo que suplicava e exigia ajuda dos ricos, para fazer sua caridade, tomava o maior cuidado em não sacar muito profundamente de seus próprios recursos. Esses críticos da Igreja observam ainda que, se ela não houvesse tratado tão mal a seus servos, não teria extorquido tanto do campesinato, e haveria menos necessidade de caridade."
>
> (HUBERMAN, Leo. *História da riqueza do homem*. Rio de Janeiro, Zahar, 1979. p. 23-4.)

Os europeus retomaram também a política expansionista característica da Antiguidade, o que lhes possibilitou a conquista de novos territórios. Tal política manifestou-se no fenômeno das cruzadas, expedições militares-religiosas que se dirigiram ao Oriente com o objetivo declarado de recuperar para os cristãos a cidade sagrada de Jerusalém, na Palestina, tomada pelos turcos islâmicos. Além disso, a ambição por novas terras e riqueza também impulsionou milhares de cristãos para o Oriente, conquistando produtos valiosos que expandiram o comércio europeu.

As cruzadas deram impulso ao comércio, contribuindo para o restabelecimento dos contatos entre Oriente e Ocidente.

Embora não tenham conseguido libertar a Palestina do domínio muçulmano, as cruzadas permitiram a conquista de diversas regiões, além de desalojar a supremacia árabe sobre o Mediterrâneo, reabrindo-o para o comércio da Europa. Restabeleceram-se as rotas comerciais entre Ocidente e Oriente, tendo como principais entrepostos as cidades italianas de Veneza e Gênova, e no Oriente, Constantinopla e Antioquia. Mercadorias orientais, como sedas, perfumes, porcelanas, açúcar e especiarias (pimenta, cravo, canela), dirigiam-se com exclusividade para as cidades italianas, responsáveis por seu transporte e pela comercialização com o restante da Europa.

A intensa atividade comercial no sul do continente europeu irradiou-se lentamente para o interior, estimulando o comércio local, que se organizava em centros fortificados, os burgos. Esses pequenos povoados, cercados por muralhas e que deram origem às cidades, pouco a pouco foram ganhando importância, e seus habitantes, normalmente dedicados ao comércio, ficaram conhecidos como burgueses.

Vale lembrar que, nos feudos, o lento crescimento populacional determinou um aumento da produtividade agrícola, que contou com alguns aprimoramentos nas técnicas de cultivo, viabilizando o abastecimento desses núcleos comerciais.

Os burgos transformaram-se em polos dinâmicos de uma economia cada vez mais antifeudal.

As mudanças econômicas causadas pelo ressurgimento do comércio deram aos burgueses maior importância. Nas cidades, desenvolveu-se a produção interna de diversos utensílios, como espadas, ferraduras, sapatos, móveis, etc. Lentamente, o sistema de produção feudal, voltado para a subsistência, ia sendo substituído pela produção para mercado, com base no lucro, estabelecendo as bases de um pré-capitalismo.

Os camponeses, explorados nos feudos pelos senhores feudais, foram também atraídos pelo trabalho livre das cidades, o que provocou um intenso êxodo rural. Abalados em seu poder local, pois as relações senhor-servo tiveram de ser flexibilizadas, os senhores, pertencentes à nobreza e ao clero, viam na burguesia uma ameaça ao poder que possuíam, enquanto a esta interessava pôr fim às barreiras senhoriais e aos diversos impostos que dificultavam o comércio.

Por outro lado, os reis, que até então eram muito fracos, desejando ampliar seus poderes políticos, militares e econômicos, passaram a favorecer as transformações que afetavam os poderes feudais.

Na Baixa Idade Média, burguesia e reis uniram-se para centralizar o poder: a burguesia financiava a centralização do poder real, munindo o monarca de um exército e meios para instalar instituições que assegurassem sua autoridade, e os reis, em contrapartida, eliminavam as barreiras ao comércio, além de conquistar novos mercados. Pouco a pouco, os reis se fortaleceram, criando leis, impostos, moedas e exércitos nacionais, pondo fim às normas adotadas nos feudos. Dessa forma, o poder local, exercido pelos nobres, e o universal, pela Igreja, foram sendo substituídos pelo poder do rei, de amplitude nacional.

Em pouco tempo, o fortalecimento dos poderes reais e o dinamismo comercial produziram as condições para grandes empreendimentos, que resultaram na expansão marítima e nas grandes descobertas, dentre elas a conquista do Brasil pelos portugueses.

Os dois últimos séculos da Idade Média – XIV e XV – foram marcados por crises de importantes repercussões para a Europa: França e Inglaterra lutaram durante mais de um século (1337-1453) na Guerra dos Cem Anos, disputando territórios e buscando a definição de suas fronteiras. O conflito dificultou o transporte terrestre de mercadorias, comprometendo seriamente o desenvolvimento comercial. Além disso, produziu muita miséria e levantes de camponeses insatisfeitos com as más condições de vida.

A miséria gerada pela guerra causou fome entre a população mais pobre e permitiu o alastramento de epidemias, sendo que a mais conhecida, responsável pela morte de milhões de pessoas em toda a Europa, foi a Peste Negra. Estima-se que somente a peste tenha causado a morte de um terço da população da região que vai da Índia à Islândia, um desastre cujo ápice se situou entre 1348 e 1350. Essa terrível epidemia vinha agravar a conjuntura de guerra, impostos, banditismo e rebeliões populares do período.

> "Em outubro de 1347, dois meses após a queda de Calais, navios mercantes genoveses chegaram ao porto de Messina, na Sicília, com homens mortos e agonizantes nos remos. Vinham do porto de Cafa (hoje Feodossia) no mar Negro, na Crimeia, onde os genoveses tinham um posto de comércio, ou feitoria. Os marinheiros doentes tinham estranhas inchações escuras, do tamanho de um ovo ou uma maçã, nas axilas e virilhas, que purgavam pus e sangue e eram acompanhadas de bolhas e manchas negras por todo o corpo, provocadas por hemorragias internas. Sentiam muitas dores e morriam rapidamente cinco dias depois dos primeiros sintomas. Com a disseminação da doença, outros sintomas, como febre constante e escarro sangrento, surgiram em lugar das inchações ou bubões. As vítimas tossiam, suavam muito e morriam ainda mais depressa, dentro de três dias ou menos, por vezes em 24 horas. Nos dois casos, tudo que saía do corpo – hálito, suor, sangue dos bubões e pulmões, urina sanguinolenta e excrementos enegrecidos pelo sangue – cheirava mal. A depressão e o desespero acompanhavam os sintomas físicos e 'a morte se estampava no rosto'".
>
> (TUCHMAN, Barbara W. Um espelho distante: O terrível século XIV. Rio de Janeiro, José Olympio, 1991. p. 87.)

Atingindo sobretudo as massas urbanas e camponesas, que viviam em precárias condições socioeconômicas, a Peste Negra assumiu o caráter de uma catástrofe na Europa. Como era próprio da mentalidade mística predominante na época, a peste foi, quase sempre, explicada como um castigo dos céus.

Para superar a crise do século XIV e revitalizar o comércio, era preciso obter produtos mais baratos e dinamizar a produção de riquezas: a solução encontrada foi a expansão pelo Atlântico, iniciada no século seguinte. A expansão marítima consolidou a atividade comercial e impulsionou o crescimento do capital burguês, bem como o fortalecimento ainda maior do rei, inaugurando a Idade Moderna.

A Europa na Época Moderna

Durante o final da Idade Média e o início da Idade Moderna estabeleceu-se um novo sistema econômico, que aos poucos substituiu o feudalismo. A busca do lucro, com base na atividade comercial, envolvia, cada vez mais, não apenas a burguesia em formação, como também os novos Estados nacionais.

A expansão marítimo-comercial, no século XV, integrou-se a esse processo, contando também com a crescente estruturação do absolutismo monárquico – a total centralização de poderes nas mãos dos monarcas, apoiados pela burguesia mercantil – e também do mercantilismo – política econômica dos Estados nacionais europeus em busca do enriquecimento e fortalecimento.

O mercantilismo tinha por princípios o metalismo (identificação da riqueza com entesouramento de metal precioso), a balança comercial favorável (patrocínio da entrada de metal através do aumento das exportações e redução das importações), o protecionismo, para desestimular a saída do metal e promover a sua entrada, e o exclusivismo comercial, com seus monopólios e colonialismo.

É inegável que a visão de mundo, nessa época, começou a mudar, abandonando-se pouco a pouco o teocentrismo, característico da Idade Média, em detrimento do antropocentrismo, inaugurado com o movimento cultural renascentista. O Renascimento contribui ademais para o desenvolvimento de técnicas de navegação, fundamentais para o expansionismo europeu da Época Moderna. Assim, nos grandes centros econômicos europeus, da dinamização cultural emerge o Humanismo, quebrando os tradicionais valores difundidos pela Igreja cristã. Deixavam-se as coisas de Deus como centrais da preocupação humana, substituindo-as por coisas terrenas, humanas, como exigiam as transformações e os novos tempos.

As manifestações culturais, como a pintura e a literatura, por exemplo, passaram a refletir a preocupação com o homem, com os aspectos concretos da vida humana, do mundo que o cercava, levando artistas e intelectuais a aprofundar seus conhecimentos. Retomavam-se e aprimoravam-se os valores culturais da Antiguidade clássica, grega e romana.

Escultura *A noite*, de Michelangelo, pertencente à capela Médici, em Florença. O Renascimento cultural retirou da Igreja o monopólio da explicação das coisas do mundo, impulsionando o estudo do homem e da natureza, quebrando a visão sobrenatural estabelecida pelos preceitos cristãos, desdobrando-se no espírito crítico e no desenvolvimento do conhecimento e das ciências.

Michelangelo, *Monumento a Giuliano de Medici*.

A chegada dos europeus à América deu-se nesse contexto de transformação cultural e de busca de novos territórios onde se pudesse estabelecer um comércio lucrativo e encontrar metais preciosos. Além disso, dado o declínio do poderio da Igreja católica na Europa, buscava-se também expandir a fé católica de modo a enfrentar o avanço do protestantismo.

Promovendo a ruptura da unidade da Igreja, o movimento protestante foi inicialmente liderado por Martinho Lutero, na Alemanha, que questionou antigas práticas da Igreja como a venda de cargos eclesiásticos e de indulgências, vistas como indicadoras de uma completa desmoralização do clero.

A Reforma protestante, por outro lado, contou também com o desenvolvimento comercial capitalista que se chocava com a concepção religiosa do "justo preço", da condenação da usura, fatores inibidores à acumulação burguesa. Seguindo o exemplo de Lutero, mas adaptando sua doutrina aos anseios religiosos das elites comerciais, João Calvino, em Genebra, também rompeu com a Igreja, ampliando a atuação protestante com o seu calvinismo, alicerçando espiritualmente os negócios comerciais, o lucro e o enriquecimento.

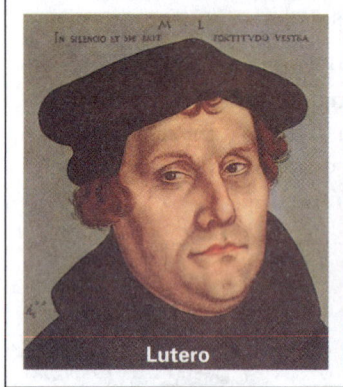

Em seu conjunto, a Reforma protestante serviu para demolir a supremacia da autoridade universal da Igreja cristã sediada em Roma, principal representante das estruturas feudais em decadência, abrindo espaço para o desenvolvimento dos tempos capitalistas modernos.

As novas teses religiosas protestantes espalharam-se rapidamente, ganhando adeptos, e acentuaram o declínio da supremacia papal, há séculos incontestável na Europa. Além do luteranismo e do calvinismo merece destaque ainda a Reforma religiosa inglesa, liderada pelo monarca Henrique VIII, o criador da Igreja anglicana.

Foram os jesuítas, também conhecidos por inacianos, que lideraram a ação cristã católica na América colonial.

Diante da expansão protestante, muitos católicos, fiéis à autoridade papal e contrários à desmoralização do clero, tentaram reformular a Igreja, desencadeando o movimento da Reforma católica e da Contrarreforma. Tal iniciativa obteve maior sucesso na Itália e nos países ibéricos, valendo destacar a atuação do militar espanhol Ignácio de Loyola, que fundou, em seu país, em 1534, uma ordem religiosa chamada **Companhia de Jesus**.

> Os membros da nova ordem, chamados jesuítas, foram responsáveis não só pelo ensino religioso, como por todo o "sistema" educacional implantado na Espanha e em Portugal. Nas colônias desses países, espalhados pela América, África e Ásia, encarregaram-se de propagar o cristianismo da Igreja romana, reunindo os nativos em missões e catequizando-os. No Brasil, tiveram muita influência na vida dos índios brasileiros, no controle cultural e da educação colonial.
>
> "A ordem religiosa dos jesuítas foi organizada de forma militar, cabendo a direção a um Geral, cujo dever era ajudar e defender de todas as formas a supremacia da autoridade do papa. A obediência era o dever primordial dos jesuítas e Loyola mostrava-se tão inflexível sobre este ponto que, quando, '... Em certa ocasião um jesuíta de família nobre dera a entender que desejaria uma residência mais espaçosa que o estreito aposento que ocupava, Ignácio prontamente ordenou que outros três membros da congregação se acomodassem junto a ele, e a vítima teve de resignar-se. Ainda na atualidade, um jesuíta não pode publicar uma só linha sem a autorização de seus superiores e nenhum livro escrito por um jesuíta pode ser editado antes do nihil obstat oficial da própria Ordem.
>
> Deve-se obediência ao Geral da Companhia tanto quanto ao papa, pois os jesuítas professam inquebrantável fidelidade à Santa Sé. Seus inimigos referem-se a eles como a 'guarda negra do papa', apelido que consideram um título honroso.'"
>
> (GRIMBERG, Carl. *História universal Daimon*. Madrid, Daimon, 1967. v. 6, p. 383.)

A atuação jesuítica na América resultou em inúmeros aldeamentos indígenas, as missões, destacando-se especialmente o "estado jesuítico" do Paraguai. As várias missões que envolveram toda a bacia do rio da Prata livraram os indígenas, pelo menos por algum tempo, da ganância branca escravizadora e perseguidora do lucro rápido. Mesmo assim, a atuação missionária não se isentou completamente da destruição nativa, seja quanto à cultura indígena, seja quanto à sua exploração econômica. O esplendor alcançado por muitas dessas missões desapareceu na segunda metade do século XVIII, com as invasões e guerras dos colonizadores contra as missões e a expulsão dos jesuítas.

Outra medida dinamizada pela Contrarreforma católica foi a reativação do tribunal do Santo Ofício, também conhecido como Inquisição, com a finalidade de vigiar e normatizar a fé e a vida dos fiéis. Sua atuação intimidou, perseguiu, torturou e matou muitos milhares de pessoas que, segundo seus critérios, eram hereges que punham em risco a fé cristã propagada pela Igreja católica.

Foi em meio à turbulência histórica europeia da transição da ordem feudal para a capitalista, típica da Idade Moderna, período carregado de novos e velhos valores que conviviam em tensão crescente, que o Brasil se incorporou à dinâmica expansionista europeia.

A liderança expansionista lusa, seguida de perto pela Espanha, decorreu não apenas das grandes mudanças que envolveram todo o continente europeu, como também das peculiaridades de suas origens e evolução. É o que estudaremos a seguir.

O reino português e a expansão ultramarina

O Estado português surgiu no início da Baixa Idade Média, no século XII, possuindo raízes históricas que em muito se misturam com o conjunto de toda península Ibérica. Assim, as mesmas bases culturais gerais que produziram o nascimento da nação portuguesa também criaram os outros reinos regionais, que, depois do surgimento de Portugal, se fundiram na formação da Espanha.

As origens de Portugal

A península Ibérica começou a ser povoada por volta de 3000 a.C. Seus primeiros habitantes foram os **iberos**, que se misturaram mais tarde com novos migrantes que chegaram à região, os **celtas** e **ligures**, dando origem ao que se convencionou chamar de **celtiberos**.

Vários outros povos também se estabeleceram na região durante a Antiguidade, legando importantes contribuições para a formação da identidade ibérica, como ocorreu com os **fenícios**, responsáveis pela fundação de algumas feitorias no litoral da península, como Cádis, Málaga e Sevilha, por volta do século XII a.C. Outros colonizadores da Ibéria foram os **gregos**, que, por volta do século VII a.C., fundaram Sagunto, seguidos posteriormente pelos **cartagineses**. Após a derrota de Cartago para os romanos, nas Guerras Púnicas (século III-II a.C.), a península transformou-se em província do **Império Romano** e absorveu a cultura latina.

> "O interesse de Roma pela península Ibérica inspirava-se em um tríplice motivo de ordem econômica, política e militar. As ricas minas de prata e a possibilidade de um retorno à influência cartaginesa com todas as suas perigosas consequências levaram os romanos à ocupação permanente e gradual da região. No início do segundo século, foram criadas duas províncias: a Espanha Citerior (ao norte, região do Ebro) e a Espanha Ulterior (ao sul, Andaluzia). A ocupação efetiva da península foi demorada e penosa. Lusitanos e celtiberos ofereceram encarniçada resistência às legiões. Coube a Tiberius Sempronius Gracchus, usando mais da diplomacia que das armas, dar um grande passo na romanização da península, assegurando um longo período de relativa tranquilidade. Infelizmente, a ambição dos representantes de Roma, que não seguiram as pegadas de Sempronius, despertou uma terrível reação nacional que levou o exército romano a uma interminável e difícil luta de guerrilhas.
>
> Os lusitanos, guiados pelo legendário camponês Viriato, que revelou qualidades excepcionais de homem de guerra batendo os romanos em sangrentas guerrilhas, resistiram desesperadamente à ocupação estrangeira, até que seu chefe tombou assassinado (139 a.C.). Puderam, então, os romanos estender seus domínios até o estuário do Tejo (Tajus).
>
> O último, trágico e sangrento episódio da luta dos celtiberos pela independência foi a destruição de Numância (no alto Douro) no ano de 133 a.C., por Cipião Emiliano, o vencedor de Cartago.

> A morte de Viriato e a tomada de Numância são dois capítulos decisivos na romanização da península Ibérica, embora a conquista completa do Norte só se efetivasse na época de Augusto. Para assegurar o domínio da Espanha, os romanos vão ocupar, sob os olhares resignados de Marselha, tradicional amiga e aliada, o sul da Gália e, mais tarde, fundar a província Narbonense."
>
> (GIORDANI, Mário Curtis. *História de Roma*. Petrópolis, Vozes, 1990. p. 49.)

Os povoadores e colonizadores da península Ibérica

O escritor romano Estrabão, comentando os costumes dos lusitanos, dizia: "Estes montanheses são de vida simples, bebem água, dormem no chão e usam cabelo comprido como as mulheres. Comem principalmente carne de cabra. Três quartas partes do ano alimentam-se de bolotas, com as quais, depois de moídas, fazem pão. Bebem também cerveja. Vinho têm pouco. Os homens usam mantos de lã grosseira. No interior, por escassez de moeda, fazem comércio por troca de mercadorias, ou usam pedaços de prata cortados".

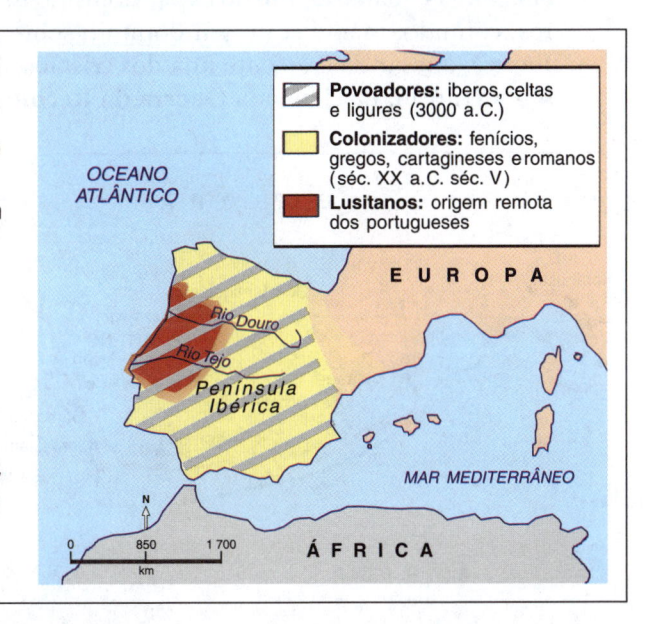

- **Povoadores:** iberos, celtas e ligures (3000 a.C.)
- **Colonizadores:** fenícios, gregos, cartagineses e romanos (séc. XX a.C. séc. V)
- **Lusitanos:** origem remota dos portugueses

Sob a dominação do Império Romano, deu-se a penetração do cristianismo em toda a península Ibérica, além de se firmarem estruturas administrativas, normas jurídicas e as bases da vida urbana municipal.

A romanização da península foi responsável ainda pelo aumento das trocas comerciais, pela construção de estradas que ligavam as várias cidades fundadas ao centro do Império e pela generalização do uso da moeda. Nessa época, o afluxo de colonos romanos para a região ampliou a área cultivada, produzindo-se cada vez mais trigo, vinha, oliveira, pomares, além do desenvolvimento de incipiente produção industrial (olarias, mineração, metalurgia, tecelagem, etc.). A península Ibérica tornou-se uma região economicamente importante na Antiguidade.

A crise do final do Império Romano, responsável por sua decadência, foi acompanhada pela invasão dos povos germânicos, e a península foi vítima dos ataques dos suevos, alanos, vândalos e, principalmente, dos **visigodos**. Esses povos, ao entrarem em contato com a cultura latina, então predominante na península, acabaram incorporando boa parte de seus valores, destacadamente a religião cristã. Aos visigodos, depois de expulsarem os vândalos e submeterem os suevos e alanos, coube a organização de um vasto reino latinizado e cristianizado.

Em 711, sob o comando de Tarik, foi a vez de os **árabes** invadirem a península Ibérica, impulsionados pelo ideal da "Guerra Santa" islâmica, em confronto com os cristãos europeus. O avanço árabe fez com que os visigodos se refugiassem na região das Astúrias, de onde, chefiados por Pelágio, iniciaram a resistência contra o domínio islâmico. Em 718, os árabes foram rechaçados pelos asturianos e, em 732, acabaram derrotados pelos francos, em Poitiers, marco do fim do expansionismo islâmico no Ocidente. Os mouros, contudo, mantiveram seu domínio sobre a maior parte da península Ibérica, apesar da crescente luta dos cristãos, que tentavam expulsá-los de seu território, na chamada **Guerra da Reconquista**.

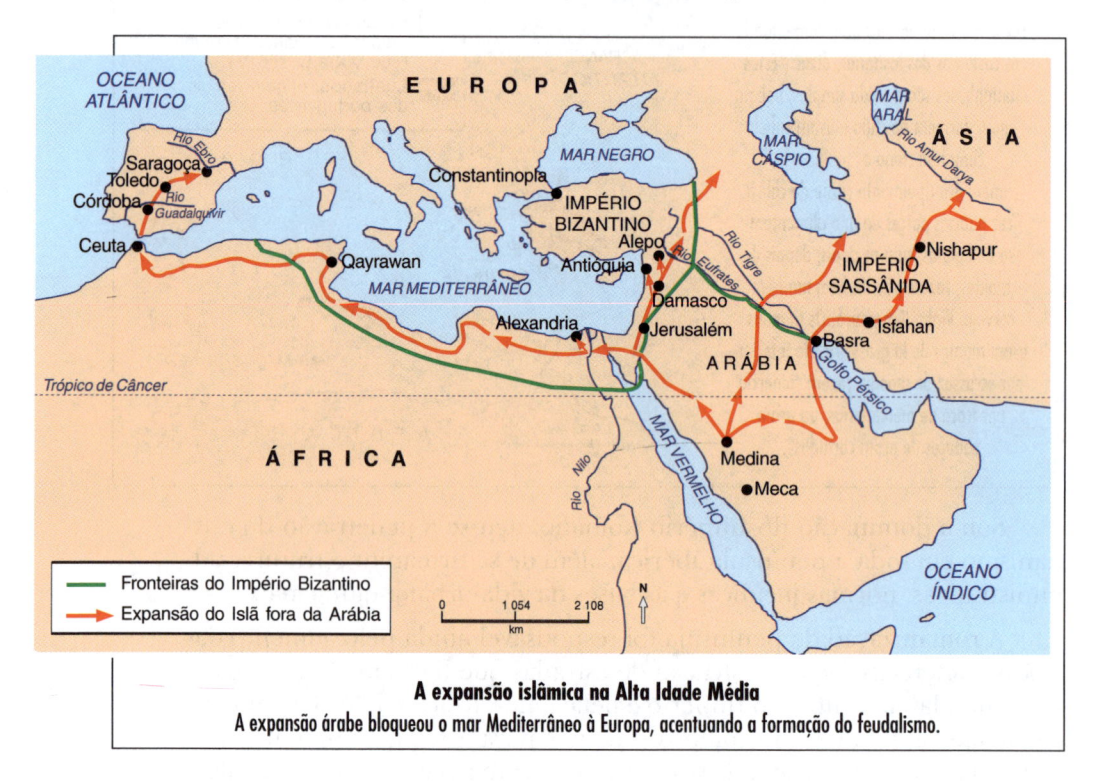

A expansão islâmica na Alta Idade Média
A expansão árabe bloqueou o mar Mediterrâneo à Europa, acentuando a formação do feudalismo.

Durante seu longo domínio sobre a região ibérica, os árabes introduziram novos produtos agrícolas – alguns cítricos, por exemplo, além do arroz – e desenvolveram a produção de outros já conhecidos pelos ibéricos, como a oliveira. Os árabes foram também responsáveis pelo aprimoramento das técnicas de irrigação para a agricultura. A presença árabe na península Ibérica marcou profundamente a cultura da região, influenciando a língua, a arquitetura e as artes locais.

A vitória definitiva dos ibéricos sobre os árabes só ocorreu em fins do século XV, quando, em 1492, os cristãos tomaram o último reduto árabe da península: a cidade de Granada. Expulsos da Ibéria, os árabes instalaram-se no norte do continente africano.

O progressivo avanço cristão sobre os territórios dominados pelos mouros (designação específica para os árabes muçulmanos da península Ibérica) deu origem, nos séculos XI e XII, aos reinos de Leão, Castela, Navarra e Aragão. As terras reconquistadas converteram-se em condados, para melhor defender-se dos ataques muçulmanos. Assim aconteceu com **Portucale** (Porto), em 868, que foi pouco a pouco se expandindo com novas conquistas aos árabes, estendendo-se para além dos rios Minho e Douro.

No século XI, devido à religiosidade e ao espírito de aventura comuns aos cavaleiros medievais, **D. Henrique** e seu primo D. Raimundo, da família francesa de **Borgonha**, colocaram-se aos serviços de Afonso VI, rei de Leão, na luta contra os árabes. Como retribuição, D. Raimundo recebeu em casamento a filha do rei, Dona Urraca, além dos territórios ao norte do rio Minho, chamados de Condado de Galiza; já D. Henrique recebeu em casamento a filha bastarda do rei, Dona Teresa, e os territórios entre o Minho e o Tejo, denominados Condado Portucalense.

Após a morte de D. Afonso VI, sua filha legítima assumiu o trono de Leão, que também passou, devido à morte de D. Henrique, a ter suserania sobre o Condado Portucalense. Dona Teresa não aceitou a subordinação à irmã, enfrentou-a e, pouco a pouco, começou a ser considerada rainha de Portugal, dando os primeiros passos para a independência do condado.

Quando Dona Teresa desistiu de lutar pela autonomia lusa em relação a Leão, devido a seus parentescos com aquele reino e sua aproximação ao conde Fernando de Galiza, seu filho, **D. Afonso Henriques de Borgonha**, assumiu seu lugar na defesa da independência de Portugal, chegando a enfrentar a própria mãe, que acabou sendo expulsa de Portugal.

Foi D. Afonso Henriques o criador do Estado português independente. Na tela acima, Dona Teresa está a seu lado.

A vitória sobre os árabes e sobre os partidários da união ao reino de Leão fortaleceu D. Afonso Henriques, que se tornou rei de Portugal em 1139. O próprio rei de Leão e Castela, Afonso VII, reconheceu, em 1143, pelo **Tratado de Zamorra**, a autonomia portuguesa e D. Afonso Henriques como o primeiro rei de Portugal. Iniciou-se, assim, o governo da dinastia de Borgonha.

O reinado da dinastia de Borgonha

Os monarcas da dinastia de Borgonha dedicaram-se a expandir o território português, tomando terras aos árabes em continuidade à Guerra da Reconquista. Outra característica desses reinados foi promover a agricultura a fim de garantir o povoamento rápido das terras reconquistadas aos mouros. Assim, após o governo de D. Afonso I, apelidado de o Fundador, morto em 1185, destacaram-se os governos de D. Sancho I, o Povoador (1185-1211), D. Afonso II, o Gordo (1211-1223), e D. Dinis, o Lavrador (1279-1325).

As terras, doadas às ordens religiosas e militares, sobretudo a nobres escolhidos pelos soberanos, conhecidos como **fidalgos**, não possuíam caráter hereditário, permitindo ao rei transferir seu domínio a outro nobre. Tal situação, típica do reino luso, obrigava os nobres proprietários a zelar por seus domínios, evitando uma possível reação árabe. Ao mesmo tempo, agia como elemento limitador da autoridade da nobreza e fortalecedor da soberania real, o que diferia substancialmente da situação vigente no restante da Europa. Em Portugal, uma relativa supremacia da autoridade do rei sobre a da nobreza efetivou-se precocemente.

As terras reconquistadas aos mouros e pertencentes ao rei denominavam-se **reguengos**; aquelas doadas aos nobres ou ordens religiosas e militares, oficializadas por uma **carta de doação real**, chamavam-se **senhorios**. Estes poderiam ser de dois tipos: **honras**, os governados por nobres, e **coutos**, os do clero. As cartas de doação definiam as regalias recebidas pelo senhorio e suas obrigações econômicas e povoadoras.

Com o intuito de atrair colonos ao povoamento dos reguengos ou senhorios, os reis de Borgonha editaram as **cartas de foral**, criando os **concelhos** (povoados urbanos ou rurais) e indicando seus direitos e deveres (impostos a pagar, os modos de administrar a justiça, etc.). Esses concelhos contavam com assembleias dos "homens bons" (pessoas ricas e importantes da comunidade), que representavam os poderes locais.

A administração portuguesa era chefiada pelo rei, que controlava a justiça, comandava as forças militares e contava, para isso, com conselheiros que formavam o "conselho do rei". O rei D. Afonso II, aprimorando a organização política do reino, criou as **Cortes**, órgão consultivo para os assuntos mais importantes que deveria ser convocado em casos especiais. Inicialmente, as Cortes reuniam a família real, a nobreza e o clero luso, mas a partir de 1254

(Cortes de Leiria) passaram também a contar com a participação dos delegados dos principais concelhos, ganhando, com isso, uma feição "popular".

Já a administração da justiça, dos impostos e das obras públicas permaneceu por mais tempo em mãos dos senhores locais. Todavia, a centralização do poder político nas mãos do rei, processo típico da Baixa Idade Média europeia, alterou essa situação de autonomia também em Portugal: os juízes eleitos pelas assembleias de "homens bons" foram substituídos por juízes nomeados pelo rei, chamados juízes de fora, que se tornaram responsáveis pela administração da justiça. Da mesma forma, foi também criado o cargo de **inquiridor**, espécie de fiscal que percorria o reino para controlar os abusos dos senhorios.

No âmbito cultural, sob o reinado de D. Dinis deu-se a fundação da primeira universidade lusa (1290), inicialmente instalada em Lisboa e, em seguida, transferida para Coimbra. Além disso, tornou o português a língua oficial do reino em substituição ao latim.

> "O Português dos séculos XIV e XV era uma língua amadurecida já por longos séculos de evolução. Mesmo no plano escrito, beneficiava-se, em meados de Trezentos, de mais de cem anos de experiência, e fora até oficializado por D. Dinis como idioma da chancelaria. Fundira harmoniosamente o galego-português, falado e escrito a norte da bacia do Douro, com os dialectos moçarabes presentes a sul daquela zona. A ascensão de Lisboa e o seu papel como sede da Corte e da administração pública a partir de meados de Duzentos promovera os falares do Centro e do Sul e convertera-os em base de um Português oficial, distinto do Galego. Lisboa, Évora, Santarém e Coimbra delimitaram o centro da língua portuguesa, como delimitaram a área principal da cultura do País até finais do século XV. O Português pôde afinar-se e uniformizar-se nas várias maneiras da sua expressão escrita ao longo desses dois séculos: a prosa literária, a prosa burocrática, a prosa epistolográfica e a poesia. Em 1500, como bem afirmou António José Saraiva, 'a fisionomia do Português está fixada, com excepção de algumas particularidades'. Os autores de Quatrocentos, atualizadas a ortografia e a pontuação, ainda são legíveis no nosso século XX."
>
> (MARQUES, A. H. de Oliveira. *Nova história de Portugal: Portugal na crise dos séculos XIV e XV*. Lisboa, Presença, 1987. v. 4. p. 400.)

Com D. Dinis nasceu em Coimbra a primeira universidade portuguesa.

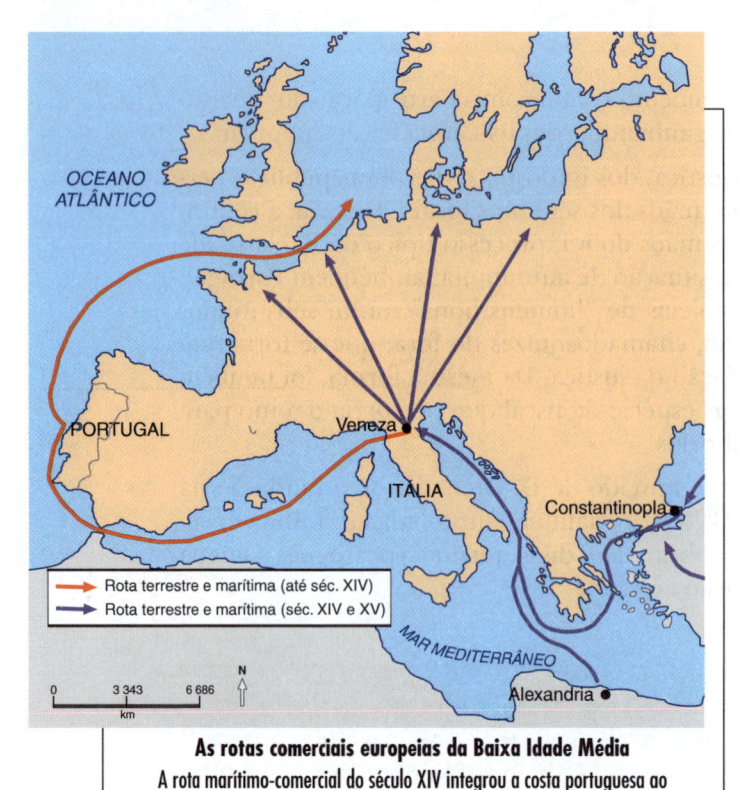

As rotas comerciais europeias da Baixa Idade Média
A rota marítimo-comercial do século XIV integrou a costa portuguesa ao desenvolvimento comercial europeu do final da Idade Média.

Durante o século XIV, época em que a Europa mergulhou numa grave crise, decorrente da Guerra dos Cem Anos (1337-1453) e da Peste Negra, o reino português também vivenciou importantes transformações econômicas, sociais e políticas, ligadas ao desenvolvimento comercial e urbano e à decadência das estruturas feudais.

O desenvolvimento comercial europeu da Baixa Idade Média foi mais intenso nas cidades italianas de Gênova e Veneza, as quais adquiriam com exclusividade as especiarias no Oriente, trazendo-as pelo mar Mediterrâneo à Itália, de onde eram levadas, por rotas terrestres, aos mercados consumidores do Norte europeu, na região do mar do Norte. Devido à insegurança gerada pela crise, as rotas terrestres usadas pelos mercadores italianos foram sendo substituídas por uma rota marítima que utilizava toda a extensão do Mediterrâneo e o oceano Atlântico. Com isso, algumas cidades do litoral ibérico, notadamente Lisboa e Porto, converteram-se em entrepostos de abastecimento para os navios cargueiros, dinamizando a economia lusa.

Muitos portugueses do litoral que antes se dedicavam às atividades pesqueiras e artesanais, ou ao abastecimento das tropas reais em suas campanhas contra os árabes, integraram-se ao comércio italiano, compondo um ascendente grupo mercantil, ativo e ávido de crescentes negócios e mercados.

No campo, porém, as dificuldades advindas da crise do século XIV, envolvendo elevada mortalidade, despovoamento de várias regiões e carência de braços na agricultura, obrigaram alguns governantes lusos a tomar medidas para aumentar a produção agrícola e estimular outras atividades econômicas. É deste período a lei de 1349, do rei D. Afonso IV, que tentou, sem sucesso, a definição de salários e a fixação dos camponeses nos trabalhos rurais. Da mesma forma, e com efeitos bastante reduzidos, em 1375, o rei D. Fernando I baixou a **Lei das Sesmarias**, obrigando os senhorios a cultivar as terras e a entregar outras a agricultores para ampliar a produção rural.

Existem inúmeras dificuldades para se determinar as origens do sistema de sesmarias e até mesmo quanto à origem do termo sesmaria. Vários trabalhos sobre o tema destacam as raízes romanas e questionam se o termo teria sido derivado de *sesma*, medida de divisão de terras usada na Roma antiga, ou de *sesma* ou *sesmo*, que em latim vulgar significava a sexta parte de alguma coisa. Discute-se também, entre outras raízes, uma origem ligada à palavra *servirato*, o conselho de seis membros da administração romana antiga, contando que a distribuição da terra cabia a um Conselho, denominado *sismo*, composto por seis membros, os chamados *sixviri* ou *seviri*.

Seja como for, o sistema foi incorporado pela península Ibérica e, na Idade Média, usava-se a denominação sexmo para cada faixa das terras comunais dos municípios portugueses quando eram distribuídas aos camponeses. E, no final deste período, a realeza assumiu o costume comunal, transformando-o em Lei Régia, passando o rei a ser o doador de sesmarias nas terras não cultivadas, incluindo aquelas que eram domínios da nobreza e da Igreja, expressando o imenso poderio do rei português sobre suas elites "feudais".

Contudo, coube ao rei D. Fernando I firmar a primeira legislação para regulamentar a concessão de sesmarias em Portugal (26/5/1375), depois de realizar um levantamento estatístico de todas as terras aráveis do reino, estando ou não em uso.

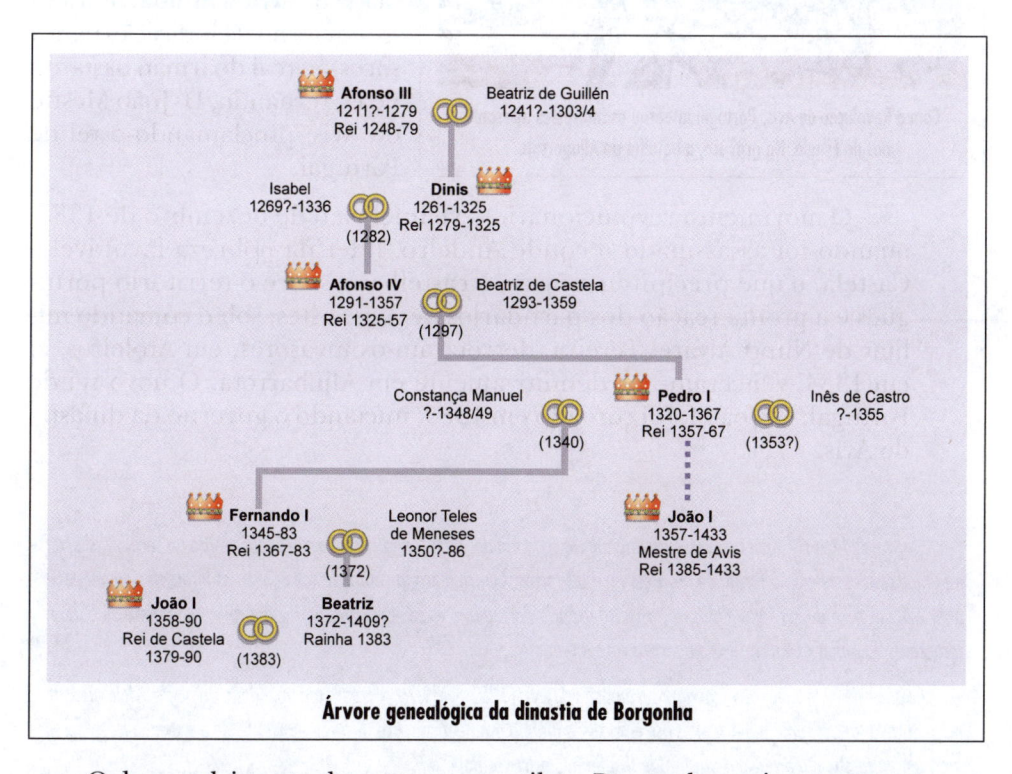

Árvore genealógica da dinastia de Borgonha

O desenvolvimento do grupo mercantil em Portugal e seu interesse por medidas governamentais mais decisivas em favor das atividades comerciais, chocaram-se, entretanto, com o caráter predominantemente agrário do governo dos monarcas de Borgonha, o que levou à eclosão da **Revolução de Avis** (1383-1385). Esse movimento dotou Portugal de um governo sintonizado com os ideais expansionistas do dinâmico grupo de mercadores lusos.

As razões da revolução devem ser buscadas na questão sucessória desencadeada com a morte do rei D. Fernando em 1383. O monarca não deixou herdeiros diretos e, por isso, foi o último governante da dinastia de Borgonha. Boa parte da nobreza decidiu, então, apoiar a entrega da Coroa portuguesa ao rei de Castela, genro de D. Fernando, enquanto o grupo mercantil viu nessa união uma ameaça aos seus interesses, devido ao caráter acentuadamente feudal da política de Castela.

Assim, mercadores, nacionalistas e gente do povo, chamada de **arraia miúda**, uniram-se em torno da indicação para a sucessão real do irmão bastardo de D. Fernando, D. João Mestre de Avis, proclamando-o rei de Portugal.

Com a Revolução de Avis, Portugal integrou os interesses mercantis aos do Estado. Na gravura, a batalha de Aljubarrota.

Chroniques d'Angleterre, de Jean de Wavrin

O movimento revolucionário teve início a 6 de dezembro de 1383, quando foi assassinado o conde Andeiro, líder da nobreza favorável a Castela, o que precipitou a invasão castelhana sobre o território português e a pronta reação dos partidários de Avis. Estes, sob o comando militar de Nuno Álvares Pereira, derrotaram os invasores, em Atoleiros, e, em 1384, venceram-nos definitivamente em Aljubarrota. O novo rei de Portugal, D. João I, foi coroado em 1385, iniciando o governo da dinastia de Avis.

"Na verdade, a nobreza atravessava uma ampla crise em decorrência da crise geral do feudalismo no século XIV e via na união com Castela uma forma de ter acesso a mais terras. Contra a grande nobreza colocam-se os interesses da pequena nobreza, desejosa de ver redivididas as terras no próprio Portugal, e os comerciantes e artesãos, principalmente de Lisboa, temerosos do poder que auferiria a nobreza com a união.

A vitória de Dom João, que inaugurou a dinastia de Avis (1385-1580), representa um abandono da política de expansão na península Ibérica, uma aliança mais estreita com o mundo dos negócios, dos ofícios e 'mesteres' — embora, é claro, fosse mantida a pressão em direção a uma saída dos limites estreitos do Reino.

Portugal, com seus exíguos 89 mil km² de terras nem sempre hábeis para a agricultura, possuía, ao final do século XIV, um milhão de habitantes, conforme Vitorino de Magalhães Godinho, com uma ampla população urbana concentrada em Lisboa e, bem menos, no Porto, Setúbal e Viana do Castelo."

(LINHARES, Maria Yedda L. (coord.). *História geral do Brasil*. Rio de Janeiro, Campus, 1990. p. 17.)

A dinastia de Avis e a expansão marítima portuguesa

Os reinados da dinastia de Avis mostraram-se intimamente ligados ao dinamismo mercantil lusitano e, livres das reduzidas, mas ainda existentes, limitações impostas pela nobreza tradicional, estabeleceram um Estado nacional forte e absolutista em Portugal. Antes de outras regiões europeias, mergulhadas em guerras, epidemias, crises, expressões do declínio do feudalismo, em Portugal estruturou-se uma organização política favorável ao desenvolvimento comercial. Mesmo na Espanha, havia dificuldades internas e externas à centralização do poder monárquico, agravadas pela presença árabe no seu território. Tais dificuldades só foram superadas por volta de 1469, quando do casamento dos reis de Aragão e Castela e com a definitiva expulsão dos mouros em 1492.

Além da precoce centralização política, vital para a expansão comercial, Portugal contava também com uma localização geográfica privilegiada. Visando ampliar sua participação no comércio europeu, D. João I (1383-1433) deu início à expansão ultramarina, quando, em 1415, tomou a cidade de Ceuta, entreposto comercial árabe do Norte da África. Procurava, com isso, ter acesso luso aos cereais produzidos no Marrocos, tão escassos em Portugal, sobretudo o trigo, às rotas do ouro africano e às especiarias asiáticas comercializadas pelos árabes, além de tentar coibir a pirataria muçulmana e alargar a área marítima portuguesa. Tratava-se, portanto, de uma decisão governamental que concebia o estímulo ao desenvolvimento comercial como meio, não só para impulsionar o progresso econômico do país, como também para fortalecer o próprio Estado.

"Ceuta era a primeira cidade marítima de Marrocos. Todos os navios que vinham do Mediterrâneo 'mesuravam' as suas velas 'ante a grandeza da cidade'. Mercadores, mesteirais e marantes animavam a chave do Estreito, a 'frol das terras de África'. Edificada sobre uma península, era assim mesmo um nó saliente das duas grandes rotas terrestres que circulavam em solo marroquino: a que vinha do Oriente com as especiarias e as sedas e a que, por Tombuctu e Messa, trazia da África negra o ouro e os escravos. Os nobres não podiam aposentar-se dentro de suas muralhas, embora aí vivessem mercadores da comunidade de Veneza, e o próprio sultão tinha de contentar-se com os paços de Aljazira, já fora da cerca da cidade.

É contra Ceuta que navega em 1415 uma esquadra portuguesa de 200 velas. Pelas suas muralhas vão trepar os guerreiros lusitanos e esventrar com as fachas os sacos das especiarias. Durante treze dias dessedentam-se no saque: canela, pimenta, jarros de mel, manteiga e azeite. Revolvem a terra mexida, descem aos poços mergulhando nas águas em busca de tesouros. Aldeões que vinham de 'choças de porcos' abrem bocas de espanto ante as casas dos mercadores ricos, ladrilhadas e de interiores requintados."

(COELHO, António Borges. *Raízes da expansão portuguesa*. Lisboa, Horizonte, 1985. p. 17.)

A conquista de Ceuta (1415)
Ceuta foi o marco inicial do expansionismo luso.

A dinastia de Avis em Portugal.

Estimulando os melhoramentos náuticos e ampliando as perspectivas expansionistas, o filho de D. João I, o infante D. Henrique, o Navegador (1394--1460), cuidou de reunir e animar os trabalhos de astrônomos, geógrafos, matemáticos, cartógrafos, navegadores, comerciantes e especialistas em instrumentos de navegação. Portugal assimilou e desenvolveu instrumentos de orientação, como o astrolábio, a balestilha, o quadrante e a bússola, e embarcações, como a caravela, equipando-se, dessa forma, para aventuras mais ousadas.

Depois da conquista de Ceuta, Portugal avançou sobre o litoral africano e ilhas atlânticas vizinhas, fundando diversas feitorias, isto é, locais fortificados de comércio. A nobreza lusa acabou aderindo ao espírito expansionista da época, atraída pela possibilidade de auferir rendimentos e títulos com as conquistas, especialmente nas praças norte-africanas do Marrocos.

Sob o estímulo do infante D. Henrique, em 1418, Portugal apossou-se da ilha da Madeira; em 1427, do arquipelago dos Açores; e, até a sua morte, em 1460, já tinha alcançado a Serra Leoa, em território africano. Neste local, foi encontrada uma mina de ouro, cuja exploração foi arrendada por D. Afonso V a Fernão Gomes, em 1469, refletindo o forte vínculo entre a monarquia e os grupos mercantis. O arrendatário tinha a obrigação de avançar 100 léguas por ano na costa africana e, em

1471, chegou à Guiné, onde foi erguido o forte de São Jorge da Mina. Em 1474, os lusos atravessaram a linha do Equador, alcançando o cabo de Santa Catarina.

Para explorar as ilhas atlânticas conquistadas – arquipelagos da Madeira e dos Açores –, a monarquia lusa deu início ao povoamento, baseado na agricultura e na pecuária. Passou-se a produzir trigo, vinhas e, especialmente, cana-de-açúcar, entre outros produtos, além da criação de gado. Para otimizar a colonização, adotou-se a divisão das terras dos arquipelagos em **capitanias hereditárias**, sistema segundo o qual os **capitães-donatários**, escolhidos pelo rei, encarregavam-se do povoamento e da distribuição das terras para a exploração econômica, recebendo, em troca, amplos poderes e regalias sobre seus territórios.

Ao lado do avanço comercial, promovido pela exploração da costa africana e ilhas atlânticas, Portugal ampliava seus conhecimentos náuticos e firmava a ambição em alcançar o Oriente, visando estabelecer uma nova rota de acesso às Índias, que passasse pelo sul do continente africano. Chegar ao Oriente por esse caminho significava romper o monopólio italiano do comércio de especiarias, tão desejadas pelo mercado europeu.

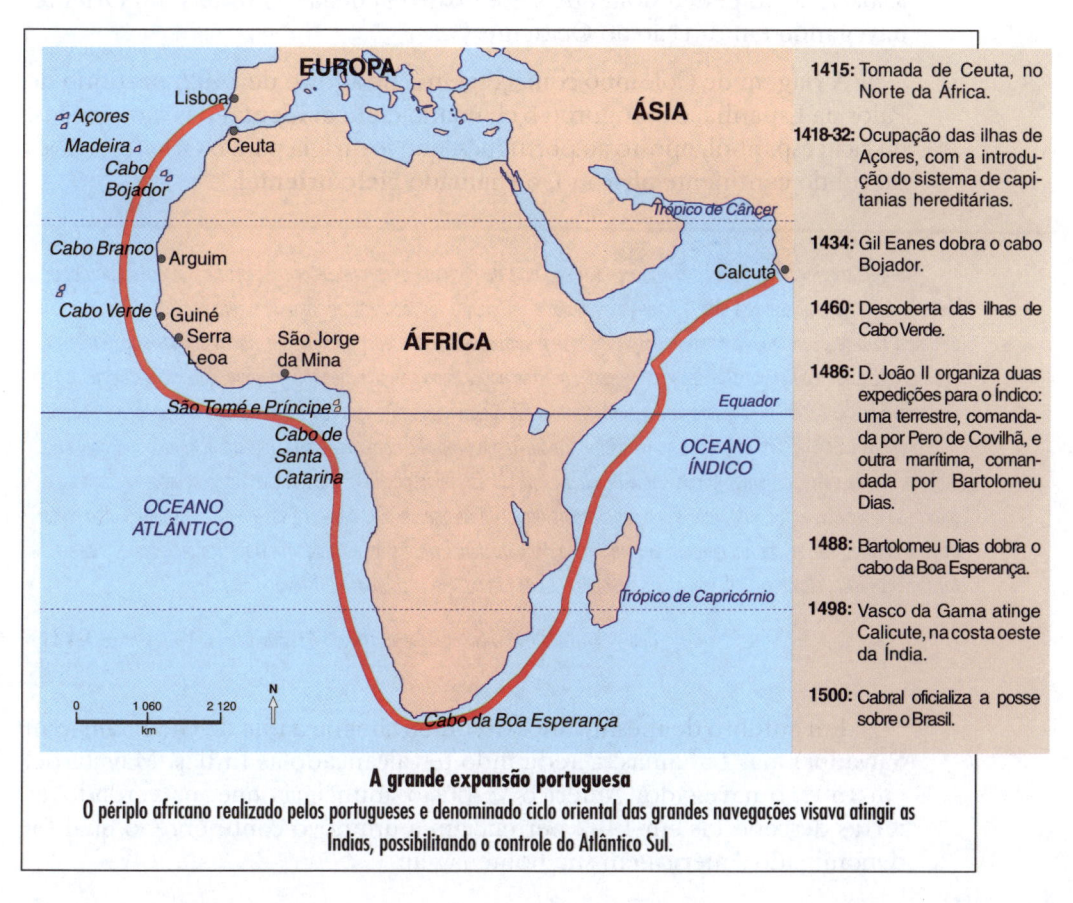

1415: Tomada de Ceuta, no Norte da África.

1418-32: Ocupação das ilhas de Açores, com a introdução do sistema de capitanias hereditárias.

1434: Gil Eanes dobra o cabo Bojador.

1460: Descoberta das ilhas de Cabo Verde.

1486: D. João II organiza duas expedições para o Índico: uma terrestre, comandada por Pero de Covilhã, e outra marítima, comandada por Bartolomeu Dias.

1488: Bartolomeu Dias dobra o cabo da Boa Esperança.

1498: Vasco da Gama atinge Calicute, na costa oeste da Índia.

1500: Cabral oficializa a posse sobre o Brasil.

A grande expansão portuguesa
O périplo africano realizado pelos portugueses e denominado ciclo oriental das grandes navegações visava atingir as Índias, possibilitando o controle do Atlântico Sul.

Em 1488, sob o reinado de D. João II (1481-1495), navegadores portugueses, sob o comando de Bartolomeu Dias, ultrapassaram o cabo da Boa Esperança, conhecido anteriormente como cabo das Tormentas. Em seguida, em 1498, sob o reinado de D. Manuel I (1495-1521), com Vasco da Gama, chegaram às Índias e, em 1500, com Pedro Álvares Cabral, ao Brasil.

A expansão marítima europeia e os tratados ultramarinos

A Espanha acompanhou de perto a expansão marítima lusa, o que gerou acirradas disputas territoriais pelo domínio do ultramar e acordos delimitadores de direitos nas conquistas realizadas.

Antes de Vasco da Gama chegar às Índias em 1498, os espanhóis já haviam chegado à América. Em 1492, o reis Fernando e Isabel, cujo casamento promovera a centralização política da Espanha, decidiram patrocinar a viagem do navegador genovês Cristóvão Colombo, que, acreditando na esfericidade da Terra, defendia a tese de navegar de *"el levante por el poniente"*, isto é, defendia que seria possível chegar às Índias, no Oriente, navegando em direção ao Ocidente.

A viagem de Colombo começou em 3 de agosto de 1492, partindo de Palos na Espanha, e inaugurou o chamado **ciclo ocidental** das navegações, ou ciclo espanhol, oposto ao português, que se dirigia para o Oriente através do sul do continente africano, o chamado **ciclo oriental**.

> "Durante o reinado de D. João II apareceram na Corte de Portugal aventureiros estrangeiros ansiosos em participar das expedições ultramarinas e adquirir com elas glória e fortuna. O rei João desconfiava de serem espiões que poderiam descobrir seus segredos, mas a maioria das vezes teve o bom senso de conceder audiência a alguns daqueles forasteiros e ouvir atento o quanto tinham para lhe dizer, e assim ocorreu pouco depois de sua chegada ao trono, quando um estrangeiro desconhecido lhe fez uma proposta interessante: pretendia dirigir-se ao alto-mar, cruzar o oceano e descobrir, segundo suas próprias palavras 'um país novo no Ocidente'. Apoiava sua proposta num argumento inédito: ninguém mais poderia realizar aquele descobrimento, já que somente ele havia sido escolhido por Deus para realizá-lo, e se achava disposto a colocar-se a serviço do rei João, mas sob a condição de uma rica recompensa. O monarca submeteu o assunto a uma junta de cosmógrafos, e estes recomendaram que não fosse dado qualquer crédito ao estrangeiro. O rei acatou a opinião de seus conselheiros e aquele obscuro personagem desapareceu de Lisboa. Ele se chamava Cristóvão Colombo."
>
> (GRIMBERG, Carl. *História universal Daimon.* Madrid, Ediciones Daimon, 1967. v. 6. pp. 163-4.)

Em outubro do mesmo ano, Colombo chegou à ilha de Guanaani (San Salvador), nas Bahamas, acreditando ter alcançado as Índias. Mais tarde, em 1504, o navegador Américo Vespúcio anunciaria que, na verdade, as terras descobertas em 1492 pertenciam a um novo continente, o qual foi denominado América em sua homenagem.

Em seguida, os espanhóis subjugaram as populações nativas americanas, cabendo a Fernão Cortez a conquista do México e a Francisco Pizarro, a conquista do Peru. A Espanha estabeleceu uma lucrativa atividade de exploração de metais preciosos encontrados nesses domínios.

O sucesso da viagem de Colombo serviu de impulso ao expansionismo espanhol, intensificando as disputas com os lusos pela posse dos territórios ultramarinos.

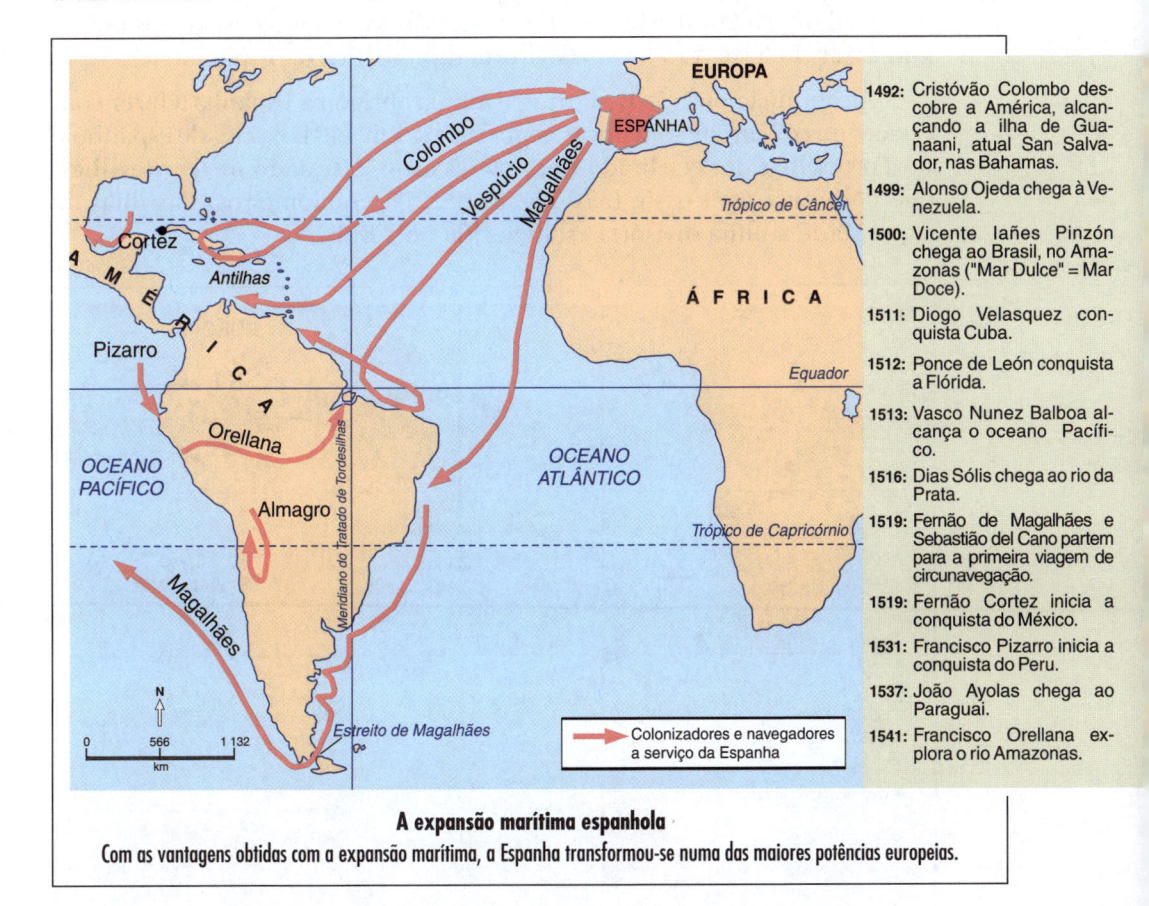

1492:	Cristóvão Colombo descobre a América, alcançando a ilha de Guanaani, atual San Salvador, nas Bahamas.
1499:	Alonso Ojeda chega à Venezuela.
1500:	Vicente Iañes Pinzón chega ao Brasil, no Amazonas ("Mar Dulce" = Mar Doce).
1511:	Diogo Velasquez conquista Cuba.
1512:	Ponce de León conquista a Flórida.
1513:	Vasco Nunez Balboa alcança o oceano Pacífico.
1516:	Dias Sólis chega ao rio da Prata.
1519:	Fernão de Magalhães e Sebastião del Cano partem para a primeira viagem de circunavegação.
1519:	Fernão Cortez inicia a conquista do México.
1531:	Francisco Pizarro inicia a conquista do Peru.
1537:	João Ayolas chega ao Paraguai.
1541:	Francisco Orellana explora o rio Amazonas.

A expansão marítima espanhola
Com as vantagens obtidas com a expansão marítima, a Espanha transformou-se numa das maiores potências europeias.

O mais antigo acordo entre portugueses e espanhóis sobre os territórios descobertos ou a descobrir na expansão ultramarina é o **tratado de Toledo**, datado de 1480, o qual estabeleceu que as terras descobertas ou a descobrir ao sul das ilhas Canárias (próximo à linha do Equador) caberiam a Portugal e as localizadas ao norte, à Espanha. Era uma vitória da diplomacia portuguesa em suas ambições expansionistas, pois garantia ao reino luso a rota sul-africana para o Oriente.

Contudo, após o sucesso da viagem de Colombo, tornaram-se letra morta as decisões de Toledo, exigindo um novo acordo que harmonizasse os interesses dos países ibéricos. Assim, em 1493, os reis Fernando e Isabel da

Espanha, que mantinham boas relações com a Igreja de Roma, recorreram ao papa Alexandre VI, um espanhol de nascimento, que resolveu editar a **Bula Intercoetera** para delimitar os direitos territoriais da Espanha e de Portugal.

A Bula determinava uma divisão do mundo ultramarino a partir dos arquipelagos de Açores e Cabo Verde, numa distância de 100 léguas a oeste (cerca de 635 quilômetros). Neste ponto se traçaria uma linha imaginária norte-sul (meridiano) cabendo aos espanhóis as terras a oeste e aos portugueses, as do leste. Era a vez da vitória diplomática da Espanha.

A contínua oposição de Portugal à Bula obrigou a Espanha a fazer concessões e a concordar com novas negociações. Em 1494, na cidade espanhola de Tordesilhas, foi celebrado um novo acordo, o **tratado de Tordesilhas**, que deslocava para oeste (370 léguas ou 2 055 quilômetros) das ilhas de Cabo Verde a linha divisória estabelecida pela Bula.

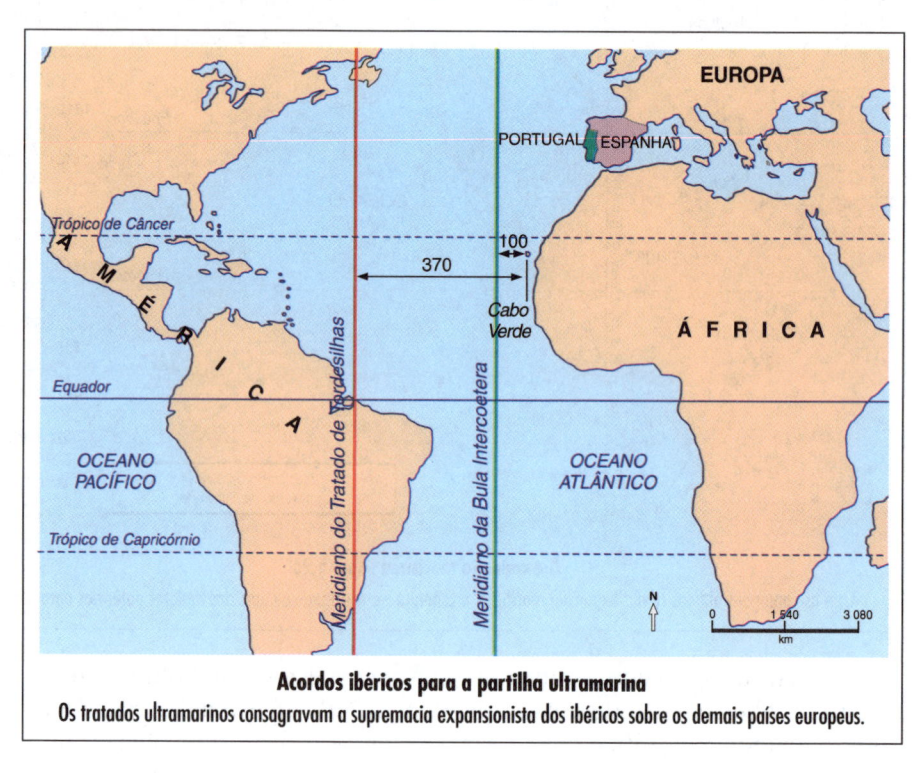

Acordos ibéricos para a partilha ultramarina
Os tratados ultramarinos consagravam a supremacia expansionista dos ibéricos sobre os demais países europeus.

Graças à assinatura desse novo acordo, Portugal garantiria o controle sobre o "corredor Atlântico" em sua rota em direção ao Oriente, na época, alvo principal das ambições lusas em seu expansionismo marítimo. Também, pela impressionante precisão relativa na delimitação das 370 léguas, que propiciou a Portugal o domínio da costa atlântica da América do Sul, evidenciam-se os amplos conhecimentos náuticos lusos sobre o hemisfério sul e até mesmo o conhecimento das terras brasileiras.

O tratado de Tordesilhas foi assinado no dia 5 de junho de 1494, há mais de 500 anos, e representou uma inovação: o uso da diplomacia para resolver divergências entre Estados.

"Segundo o professor do Departamento de História da Universidade de Brasília (UnB), Estevão de Rezende Martins, 47, a resistência de Portugal à bula levanta a hipótese de que o país já desconfiava da existência do Brasil antes da descoberta oficial em 1500.

'Se os portugueses não sabiam, ao menos intuíam a localização do Brasil a 370 léguas de Cabo Verde. De alguma forma, sabiam que a cem léguas só existia um pedaço de oceano', diz Martins.

A divisão só foi resolvida no ano seguinte, em 1494, através do Tratado de Tordesilhas.

O Tratado de Tordesilhas nasceu de uma atitude inovadora para a época: a de resolver problemas políticos entre nações concorrentes por via diplomática.

Esse é um dos aspectos do tratado destacado pelo historiador Fernando Novais, do Departamento de História da USP e do Instituto de Economia da Unicamp.

'É um tratado internacional firmado entre duas nações que no final do século XV eram as mais importantes da Europa e as únicas constituídas como Estados unificados', diz Novais.

'Tratava-se ainda de um acordo político num mundo onde a diplomacia não existia. Tordesilhas aparece como precursor das relações internacionais.'

Novais chama a atenção para a presença do papa como árbitro do acordo — uma atitude tipicamente medieval, num momento em que se estabeleciam novas formas de relações entre os Estados europeus, mais características da Idade Moderna, que começou em 1453.

O registro da linha fictícia que divide o mundo aparece pela primeira vez no mapa manuscrito elaborado em 1502. Conhecido como mapa de Cantino, encontra-se na Biblioteca Estense, em Módena, na Itália.

O mapa foi comprado ilegalmente, por uma quantia irrisória, pelo italiano Alberto Cantino e desapareceu em 1859. Em 1870, foi encontrado num açougue de uma cidade do interior da Itália.

Mas é um outro mapa que melhor representa os interesses portugueses. Em 1561, Bartolomeu Velho traçou a linha de Tordesilhas de forma a incluir do lado português a foz do rio da Prata, via de acesso às minas de prata do Peru."

(Cláudia Pas e Jaime Rodrigues. In *Folha de S.Paulo*, 5/7/1994, p. 6-16.)

A conquista espanhola da América e as conquistas lusas no Atlântico Sul e Oriente, durante o século XV, prepararam o terreno para a consolidação e o definitivo desenvolvimento comercial europeu, solucionando uma crise que se arrastava desde o século anterior. As terras americanas foram transformadas em áreas coloniais de exploração de riquezas que desembarcavam na Europa, a partir da península Ibérica, incluindo a imensa quantidade de ouro e prata que os espanhóis passaram a extrair em suas colônias.

A ampliação das rotas marítimas e a dinamização comercial impulsionaram o desenvolvimento do capitalismo comercial e o fortalecimento da burguesia e do Estado absolutista em toda a Europa. Contudo, os países que iniciaram sua corrida expansionista no século XVI passaram a contestar o exclusivismo colonial dos ibéricos, definido pelo tratado de Tordesilhas.

■ História do Brasil ■

Iniciavam-se, assim, as disputas europeias por colônias, incluindo pirataria, contrabando, invasões e guerras, fazendo da tomada e efetivação da posse sobre territórios coloniais uma prioridade dos Estados metropolitanos ibéricos.

O rei francês Francisco I (1515-1547) contestou duramente as determinações do tratado de Tordesilhas, enquanto realizava uma série de ataques piratas, especialmente contra a América portuguesa. Dentre as expedições francesas bem-sucedidas no continente americano, destacam-se as realizadas sobre a América do Norte, responsáveis pela posse dos territórios do Canadá e do centro-leste dos atuais Estados Unidos, conhecido como Louisiana.

Já as expedições voltadas para os domínios lusos não tiveram sucesso: em 1555, os franceses tentaram, sem êxito, estabelecer-se no Rio de Janeiro para fundar a França Antártica. Mais tarde, depois de contínua presença ilegal no litoral do Nordeste brasileiro, os franceses tentaram novamente uma ocupação territorial e outra vez fracassaram: invadiram, em 1612, o Maranhão, onde fundaram a França Equinocial e a cidade de São Luís. A última tentativa francesa frustrada de invasão das áreas brasileiras coloniais aconteceu no início do século XVIII (1711), novamente no Rio de Janeiro.

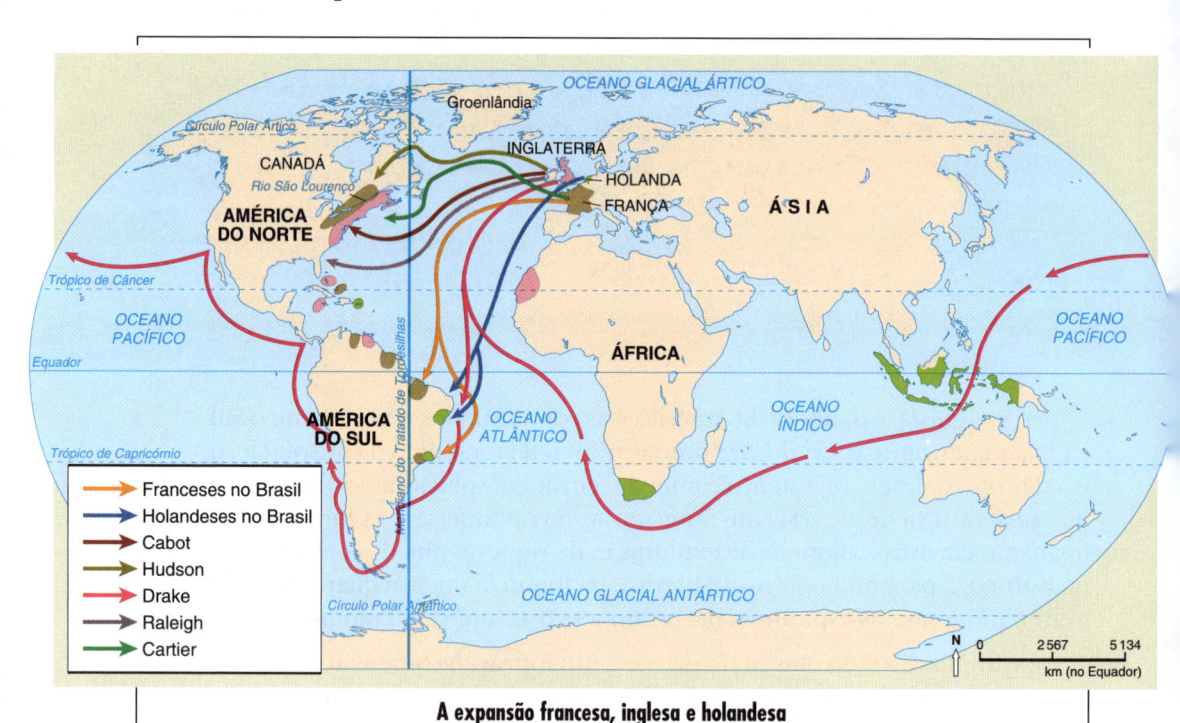

A expansão francesa, inglesa e holandesa
O expansionismo da Inglaterra, da França e da Holanda esbarrou no tratado de Tordesilhas, que definia os domínios ibéricos sobre as terras do novo continente descoberto e outros que viessem a ser descobertos.

A expansão marítima inglesa voltou-se, durante o reinado de Elizabeth I (1558-1603) para o litoral da América do Norte. Em seguida, realizaram-se expedições corsárias sobre os navios e domínios ibéricos.

Na América do Norte, a Inglaterra iniciou a colonização por volta de 1680, surgindo assim as Treze Colônias da Nova Inglaterra, embrião dos atuais Estados Unidos. Quanto à pirataria, as incursões corsárias chegaram mesmo a ser oficializadas pelo Estado, transformando-se na principal atividade dos marinheiros ingleses na segunda metade do século XVI. Foi também nessa época que a Inglaterra iniciou a atividade altamente lucrativa do tráfico de escravos negros para as Américas.

Observe a seguir a população de alguns países e algumas cidades europeias no início do século XVI e também o crescimento populacional de Lisboa ao longo desse século.

País	População (números arredondados)
França	15 000 000
Itália	10 000 000
Espanha	6 500 000
Inglaterra	3 750 000
Portugal	1 400 000
Países Baixos	900 000

Cidade	População (números arredondados)
Paris	100 000
Veneza	100 000
Lisboa	65 000
Antuérpia	50 000
Londres	40 000
Sevilha	30 000

RAMOS, José e SILVA, Rosinda. *História de Portugal*. Porto, Porto Ed. 6º ano, p. 31.

População de Lisboa no século XVI

ano	número de habitantes
1527	60 000
1550	100 000
1590	120 000

RAMOS, José e SILVA, Rosinda. *História de Portugal*. Porto, Porto Ed., 6º ano. p. 31.

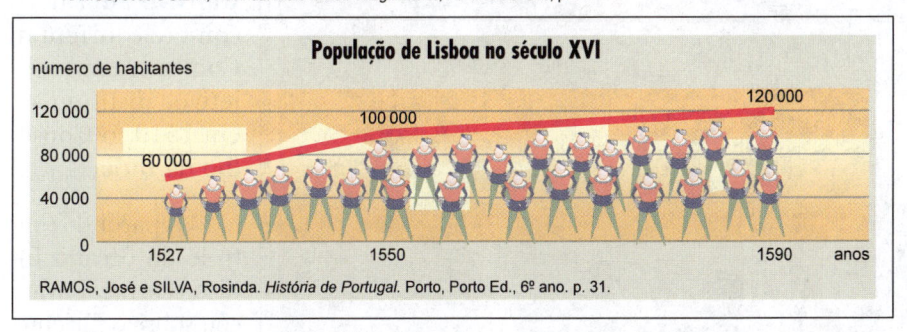

Outro país que muito investiu na expansão marítimo-comercial durante o século XVI foi a Holanda, que fizera parte do Império espanhol até 1581, quando proclamou sua independência, formando a República das Províncias Unidas dos Países Baixos. A Holanda ocupou a Guiana e as Antilhas, além de fundar a cidade de Nova Amsterdã (atual Nova Iorque, nos Estados Unidos). Os holandeses também participaram da colonização portuguesa, financiando a implantação da indústria açucareira no Nordeste brasileiro, além de dominar a distribuição do açúcar no mercado europeu. No século XVII, os holandeses promoveram invasões ao Nordeste do Brasil, mas acabaram sendo expulsos.

Portugal e o Império do Oriente

A conquista do Oriente pelos portugueses, iniciada com Vasco da Gama e continuada por Pedro Álvares Cabral, encontrou inúmeras dificuldades, especialmente na oposição dos muçulmanos, então aliados dos italianos na rota tradicional de comércio de especiarias para o Ocidente.

A investida lusa abalava a costumeira rota islâmico-italiana, segundo a qual os muçulmanos conduziam os produtos orientais pelo oceano Índico, golfo Pérsico e mar Vermelho até a costa mediterrânica, e os italianos assumiam, a partir daí, as mercadorias que seriam, então, distribuídas nas praças consumidoras europeias.

A nova rota portuguesa do comércio oriental foi consolidada pelas armas, pela derrota dos opositores. Para isso, foi criado o vice-reinado da Índia, cuja maior incumbência era orientar esforços no sentido de garantir a dominação lusa sobre o Oriente. O primeiro vice-rei nomeado para o cargo foi D. Francisco de Almeida (1505-1509).

Foi criada também, nos mesmos moldes da Casa da Guiné, a Casa da Mina e da Índia, a fim de garantir o monopólio régio sobre o lucrativo comércio oriental. Com o mesmo objetivo, instituiu-se, em 1519, o Conselho da Índia.

A partir do controle do oceano Índico, Portugal avançou sobre o Oriente, conquistando Goa, na Índia, em 1510, e Málaca, no Sudeste Asiático, em 1511,

Tomada de Málaca por Afonso de Albuquerque (detalhe). Domingos Rebelo.

A conquista do Oriente e a manutenção dos domínios na região representaram despesas militares contínuas e crescentes para os portugueses, dificultando a preservação desses domínios.

encerrando a fase de hegemonia comercial muçulmana na região e construindo seu Império oriental, nunca reconhecido pelos derrotados. Ao contrário, os islâmicos continuaram buscando oportunidades para reconquistá-la. Assim, devido aos custos da conquista, a Coroa portuguesa teve de se preocupar em obter recursos para manter a dominação sobre seus domínios no Oriente.

A edificação do Império oriental luso converteu o Atlântico em eixo econômico mundial, ligando Lisboa aos principais centros do Oriente, atingindo, inclusive, China e Japão. Para Lisboa afluíam as especiarias e, de lá, a parte não consumida era levada para a região de Flandres, centro responsável por sua distribuição nas diversas praças consumidoras europeias. Do Norte da Europa, ao contrário, os portugueses compravam diversos produtos, especialmente os manufaturados, para o seu consumo e distribuição no ultramar. Dessa forma, Portugal firmou-se como grande intermediário do comércio internacional em expansão.

As maiores vantagens desse rentável intercâmbio comercial eram auferidas pelo Estado português, que acabava por repassar parte delas às elites detentoras de cargos, títulos e subsídios. A estrutura administrativa lusa obedecia ao centralismo absolutista, aprimorado graças ao expansionismo ultramarino, que, sob o governo do rei D. Manuel, atingiu seu apogeu. Este monarca uniformizou a coleta de impostos e a aplicação das leis, definidas nas Ordenações Manuelinas. Para uma noção das relações lusas com o Império oriental, veja ao lado o movimento de navios (em números aproximados) entre Lisboa e o Oriente ao longo do século XVI.

Como Portugal importava do Norte da Europa os mais variados artigos de luxo (especialmente tecidos finos) para o seu consumo, somados aos custos da dominação do Império oriental e aos privilégios concedidos à elite, a maior parte da riqueza em trânsito por Lisboa era transferida para fora de suas fronteiras, especialmente para outros grupos comerciais europeus, os quais acabaram apossando-se da maior parte dos lucros do comércio internacional.

Além disso, os portugueses, detentores de lucrativo comércio e riqueza que se produzia fora de suas fronteiras, passaram a negligenciar a produção interna, dependendo cada vez mais das importações e, dessa forma, contribuindo para o fluxo crescente de riquezas para a burguesia europeia, descapitalizando o reino.

MOVIMENTO DE NAVIOS (SÉC. XVI)

Anos	Partindo do Oriente (n.º de navios)	Chegando a Lisboa (n.º de navios)
1501-1510	64	56
1511-1520	56	55
1521-1530	37	36
1531-1540	(?)	(?)
1541-1550	46	41
1551-1560	45	32
1561-1570	37	32
1571-1580	44	43
1581-1590	47	41
1591-1600	39	23

RAMOS, José e SILVA, Rosinda. *História de Portugal.* Porto, Porto Ed. 6.º ano, p. 31.

> "A descoberta da Índia dera, a princípio, consideráveis lucros ao Estado português. As armadas, que faziam o tráfico, pertenciam a ele, ou melhor, ao rei, que era a sua personificação. A cobrança do quinto e outros tributos e a venda dos produtos do Oriente acumularam fortunas em suas mãos, tendo sido consumidas na maior parte em gastos suntuários, como na construção de edifícios portentosos, em dádivas e benefícios, em embaixadas e no fausto da Corte. O luxo da Corte de D. Manuel era admirado em toda a Europa. Logo, porém, as exigências relativas à manutenção, funcionamento e defesa dos domínios, mormente a construção de novas armadas e o estabelecimento de guarnições militares, vieram reduzir em muito os lucros do grande negócio que parecia ser o comércio da Índia. A ausência em Portugal de uma burguesia bastante forte, que dispusesse de capitais e condições e organização para o comércio que se abria, fez com que o Estado português praticamente internacionalizasse o trato com o Oriente. Pôde recrutar junto à nobreza e aos fidalgos do reino os dirigentes para a administração dos domínios. Entretanto, teve que vincular-se a negociantes e banqueiros estrangeiros, como os Marchiones, os Welser e os Függer, para suprir-se do que lhe faltava: capitais e meios de comercialização dos produtos indianos. Criou-se uma dependência com outros centros comercialmente mais desenvolvidos, principalmente com as nações do noroeste europeu, que transferia para elas a maior parte dos ganhos; e transformava Lisboa num simples entreposto de escala dos produtos que seguiam imediatamente para os seus verdadeiros centros de distribuição, como a feitoria de Flandres, que, depois de sua fundação, mudou para lá a parte mais considerável dos negócios.
>
> Os gastos e o endividamento crescente, que arruinaram as finanças portuguesas, criavam uma situação de desencanto quanto às perspectivas do Oriente. Contrapunha-se a isso os sucessos que vinha conseguindo a coroa espanhola na exploração de suas colônias das Américas. Nesse momento se esboça, com D. João III, uma política de colonização do Brasil."
>
> (MARANHÃO, Ricardo; MENDES JÚNIOR, Antonio & RONCARI, Luiz. *Brasil história: Texto & consulta.* São Paulo, Brasiliense, 1976. v. 1, p. 88.)

Às contínuas investidas de muçulmanos e indianos contra as praças comerciais portuguesas no Oriente, somaram-se as investidas dos demais países marginalizados pelo tratado de Tordesilhas, elevando em muito os custos do comércio oriental.

Com o início do domínio espanhol sobre Portugal, a partir de 1580, ingleses e holandeses passaram a comerciar diretamente com os orientais, assumindo a decadente rota lusa através do sul do continente africano e também grande parte do que restava do Império oriental português. Nas últimas décadas do século XVI já não era possível mais recorrer à autoridade papal para afirmar o "direito" ibérico sobre a Índia, segundo o tratado de Tordesilhas, pois tal autoridade perdera sua força internacional, pelo menos diante das nações que aderiram ao protestantismo, justamente aquelas que acabaram herdando a maior parte do comércio oriental.

Inversamente a todo este processo de decadência do Império oriental luso, elevou-se em importância e peso a colônia portuguesa do Brasil como principal centro de exploração e dominação, ativando as medidas para garantir o domínio e ampliar a lucratividade sobre ela.

Questões

1. Descreva as transformações socioeconômicas e políticas da Baixa Idade Média, explicando suas razões.

2. Caracterize a crise do século XIV na Europa e aponte seus principais efeitos.

3. Estabeleça as relações entre absolutismo, mercantilismo e colonialismo, componentes essenciais do Antigo Regime europeu.

4. O domínio romano sobre a península Ibérica deixou importantes marcas, algumas com um enraizamento muito profundo. Quais foram as principais influências romanas sobre a vida ibérica?

5. Qual a importância da Guerra da Reconquista na formação do reino de Portugal?

6. Compare o poder da nobreza europeia ao poder da nobreza lusitana. Ao que se deve a diferença entre ambos?

7. No processo de formação da nação portuguesa, defina:
    - reguengos;
    - cartas de doação;
    - senhorios;
    - coutos;
    - carta de foral;
    - Cortes;
    - assembleias de "homens bons";
    - juízes de fora.

8. De que maneira a crise do século XIV interferiu no desenvolvimento do grupo mercantil lusitano?

9. O que determinava a Lei de Sesmarias do rei D. Fernando I?

10. Que grupos sociais se uniram no processo revolucionário de Avis e quais eram seus objetivos?

11. O que eram as capitanias hereditárias e os capitães-donatários nas ilhas atlânticas colonizadas pelos portugueses no século XV? Quais as atribuições destes últimos?

12. Caracterize os tratados de limites estabelecidos entre Portugal e Espanha no século XV.

13. Descreva o papel econômico desempenhado por Portugal no comércio entre seu império no Oriente e a Europa.

Capítulo 3

O Brasil como colônia portuguesa

a chegada de Pedro Álvares Cabral ao Brasil, em 1500, não correspondeu à pronta integração do novo território à economia de Portugal, pois os lusos aqui não encontraram, de imediato, produtos tão valiosos quanto aqueles que, então, obtinham no Oriente. Portugal manteve sua atenção e recursos voltados para o comércio oriental, deixando o Brasil, por alguns anos, numa posição secundária, preocupando-se apenas em garantir a posse sobre seu território frente às continuadas investidas de outros países europeus.

Frota de Cabral, Roque Gameiro.

Acima, brasão de Pedro Álvares Cabral. Sua chegada marca a posse formal (oficial) de Portugal sobre o Brasil. Mas, para garantir a posse efetiva, era preciso viabilizar a sua exploração, integrando o novo território à economia portuguesa.

Nesse período de relativo abandono, entre 1500 e 1530, os portugueses dedicaram-se ao reconhecimento e defesa do território brasileiro, bem como à extração do pau-brasil presente no litoral, pois não tinham encontrado os metais preciosos que tanto desejavam, nem tampouco produtos similares aos que se obtinham no comércio afro-asiático.

O sistema de feitorias, adotado pelos portugueses em outras regiões coloniais, também não era viável para uma efetiva exploração econômica, na medida em que nossos indígenas, ao contrário de alguns ameríndios encontrados pelos espanhóis, como astecas e incas, viviam numa economia natural, sem produção de excedentes imediatamente comercializáveis.

Passados, porém, trinta anos da chegada de Cabral e diante da progressiva crise de seu comércio no Oriente, Portugal voltou-se para a efetiva colonização das terras brasileiras, preocupando-se em consolidar em definitivo sua dominação sobre o Brasil.

> "O descobridor, antes de ver a terra, antes de estudar as gentes, antes de sentir a presença da religião, queria saber de ouro e prata. Na noite de 24 de abril, na primeira sexta-feira do descobrimento, o cap. Pedro Álvares Cabral travou entrevista solene com os donos da terra. Esta troca de gestos, que o fiel escrivão registrou, desnuda muitas intenções e prenuncia uma decepção. Ela indica a inaptidão de ver fora das viseiras douradas do comércio e dos metais preciosos: 'O Capitão, quando eles vieram, estava sentado em uma cadeira, bem vestido, com um colar de ouro mui grande ao pescoço, e aos pés uma alcatifa por estrado. Sancho de Tovar, Simão de Miranda, Nicolau Coelho, Aires Correia e nós outros que aqui na nau com ele vamos, sentados no chão, pela alcatifa. Acenderam-se tochas. Entraram. Mas não fizeram sinal de cortesia, nem de falar ao Capitão nem a ninguém. Porém um deles pôs olho no colar do Capitão, e começou de acenar com a mão para a terra e depois para o colar, como que nos dizendo que ali havia ouro. Também olhou para um castiçal de prata e assim mesmo acenava para a terra e novamente para o castiçal como se lá também houvesse prata'."
>
> (FAORO, Raymundo. *Os donos do poder*. Rio de Janeiro, Globo, 1989. p. 99.)

A partir de 1530, o Brasil assumiu de fato sua função complementar na economia metropolitana, dentro dos parâmetros mercantilistas, ou seja, a exploração econômica deu-se sob o controle do Estado português, fornecendo recursos crescentes para ampliar o seu poderio, acelerando o desenvolvimento do capitalismo comercial europeu e de seus grupos mercantis.

Vamos agora estudar o conjunto de fatores que levou à colonização lusa, seus instrumentos, mecanismos e desdobramentos que fizeram do Brasil a principal colônia portuguesa.

O Brasil pré-colonial (1500-30)

Antes de 1530, Portugal enviou para o Brasil expedições exploradoras e guarda-costas, não se preocupando com a efetiva fixação de colonos no novo território. De um lado, o governo luso buscava avaliar a potencialidade econômica da região e, de outro, reprimir militarmente as frequentes incursões estrangeiras que ameaçavam a posse lusitana sobre o Brasil.

Composta por oficiais e importantes mercadores portugueses, a primeira expedição exploradora foi chefiada por **Gaspar de Lemos** e chegou ao Brasil em 1501. Percorrendo o litoral brasileiro, Gaspar de Lemos nomeou diversos locais de acordo com os santos do dia (cabo São Roque, rio São Francisco, Baía de Todos-os-Santos, São Sebastião do Rio de Janeiro, porto de São Vicente, etc.) e confirmou a existência do **pau-brasil**, madeira há muito utilizada largamente na Europa para tingir tecidos.

Em 1503, sob o comando de **Gonçalo Coelho**, realizou-se uma nova expedição ao Brasil, buscando localizar novas riquezas e carregar os seus navios com a madeira de pau-brasil. Entre o Rio de Janeiro e Cabo Frio, Gonçalo Coelho também fundou **feitorias**, postos de armazenagem de madeira e de carregamento dos navios.

A abundância do pau-brasil no litoral brasileiro, entre o Rio Grande do Norte e o Rio de Janeiro, e a possibilidade de exploração lucrativa levaram Portugal a estabelecer o **estanco** sobre o produto, isto é, o monopólio estatal sobre a sua exploração. Com a exclusividade, o governo português fazia concessões periódicas do direito de exploração e comercialização a particulares, em troca do pagamento de um quinto do valor da madeira extraída e da defesa do território contra traficantes, especialmente franceses, que cada vez mais frequentavam a costa brasileira.

O primeiro arrendamento da exploração do pau-brasil para o período entre 1502 e 1505, foi cedido a **Fernão de Noronha**, **cristão-novo** (denominação criada para designar judeus convertidos ao cristianismo, normalmente para escapar às perseguições da Inquisição) que liderava um grupo de comerciantes de Lisboa.

Atividade meramente extrativa, a exploração do pau-brasil não fixava o homem à terra, além de apresentar um **caráter predatório**, responsável pela devastação de boa parte da nossa vegetação litorânea original. No final do período pré-colonial já não se encontrava com facilidade a madeira na costa brasileira, a qual praticamente desapareceu de nossa mata já no século passado.

O escambo constituiu a primeira relação econômica entre os nativos e os europeus. No detalhe, brasão de Gaspar de Lemos.

A extração do pau-brasil propiciou, por outro lado, o estabelecimento das primeiras relações econômicas entre portugueses e indígenas, fundamentadas no **escambo** (troca): os índios cortavam as árvores e carregavam a madeira para a feitoria, recebendo em troca do trabalho todo o tipo de objetos, normalmente vistosos e atraentes para os indígenas, mas de baixo valor para os portugueses, como espelhos, miçangas, tecidos, facas, canivetes, machados, etc.

Muitos contrabandistas estrangeiros, sobretudo os franceses, também se dedicaram à extração do pau-brasil, chegando mesmo a ameaçar com sua presença em nosso litoral o domínio português sobre o Brasil. Para coibi-los, foram organizadas expedições militares, cabendo a **Cristóvão Jacques** o comando das armadas de 1516 e de 1526.

Apesar da violência com que tratava os contrabandistas aprisionados, afundando seus navios e enforcando muitos deles, a função policiadora de Cristóvão Jacques esbarrava nas grandes dimensões da nossa costa, obstáculo natural à eficiência das expedições guarda-costas. Diante do perigo representado pelos corsários estrangeiros, o governo português pouco a pouco se conscientizava da necessidade de efetivar o povoamento e a colonização do Brasil, ao mesmo tempo que o comércio oriental se tornava cada vez menos rentável e mais oneroso.

No Oriente, turcos e indianos atacavam continuamente as fortalezas portuguesas e concorriam com os lusos, reativando antigas rotas comerciais que cruzavam o mar Vermelho e o golfo Pérsico. Acrescente-se ainda os não raros naufrágios das embarcações portuguesas e os frequentes ataques dos corsários no oceano Atlântico, que elevavam os riscos e prejuízos e dificultavam o comércio português com o Oriente, e veremos por que declinou o interesse luso pelas Índias.

À medida que diminuíam os lucros, o Estado português desativava fortalezas na costa africana e reduzia o fluxo de navios para o Oriente. Enquanto Portugal tornava menos intensas suas transações comerciais com o Oriente, holandeses e ingleses ampliavam sua participação nesse comércio, assumindo progressivamente a rota Atlântico-Índico através do cabo da Boa Esperança, juntando o domínio da distribuição das especiarias na Europa, que já possuíam, ao da obtenção dos produtos diretamente no Oriente.

Ao declínio do comércio oriental, somou-se a ameaça ao domínio português sobre o Brasil, estimulando o rei D. João III a iniciar uma nova política em relação à sua colônia americana, defendendo, ocupando e explorando economicamente o território através da fixação dos colonos à terra, da criação de povoados e fortificações que se espalharam pela costa e garantiram a dominação portuguesa sobre o Brasil. Para viabilizar tais objetivos, foram organizadas expedições colonizadoras, sendo que a primeira, chefiada por **Martim Afonso de Souza**, chegou ao Brasil em 1531.

Com Martim Afonso de Souza tem início a montagem do sistema colonial no Brasil.

O início da colonização brasileira

A expedição colonizadora de Martim Afonso de Souza

A expedição de Martim Afonso de Souza, composta por cinco navios, partiu de Lisboa em dezembro de 1530, trazendo cerca de 400 homens, sementes, plantas, ferramentas agrícolas e animais domésticos. Nomeado capitão-mor da esquadra e das terras coloniais pelo rei de Portugal, Martim Afonso tinha amplos poderes para descobrir novas riquezas, combater estrangeiros, policiar, administrar e povoar as terras brasileiras.

Martim Afonso, para melhor conhecer e proteger o território sob seu poder, organizou expedições que penetraram no interior brasileiro em busca também de riquezas. Além disso, dirigiu-se à foz do rio da Prata, para efetivar o domínio luso diante da crescente presença espanhola na região, e acabou por aprisionar vários navios piratas franceses.

Como colonizador, Martim Afonso de Souza iniciou a distribuição de **sesmarias** – lotes de terras – aos novos habitantes que se dispusessem a cultivá-las, além de dar início à plantação da cana de açúcar. Foi ele o responsável pela construção do primeiro engenho da colônia, chamado **Engenho do Governador**.

> A prática de doação de sesmarias, que era há tempo muito comum em Portugal, originando quase sempre minifúndios, assumiria no Brasil a função de fundar as bases de uma ordem rural latifundiária, pois partiu da doação de sesmarias de grandes extensões territoriais. Em Portugal, a Lei das Sesmarias de 1375 obrigava os senhorios a cultivar suas terras ou a doá-las aos camponeses, subordinando os proprietários ao rei, à produção e à partilha em propriedades pequenas. No Brasil, ao contrário, a doação das sesmarias, pelo próprio contexto local, fundamentou-se em grandes propriedades que garantiam reserva de poder e *status* aos proprietários. Em outras palavras, se na metrópole o sistema sesmarial funcionou bem próximo de uma relativa "reforma agrária", possibilitando alguma desconcentração fundiária, aqui, ao contrário, serviu como raiz de uma estrutura agrária elitizante e antidemocrática, fundada nas megapropriedades.

Martim Afonso, dando continuidade à sua política colonizadora, fundou, em 1532, a primeira vila do Brasil, **São Vicente**, situada no atual estado de São Paulo e, em seguida, dirigindo-se para o interior da mesma região, a vila de Santo André da Borda do Campo.

Em 1533, o capitão-mor Martim Afonso retornou a Portugal, enquanto o governo português adotava novas medidas para intensificar a ocupação do território brasileiro, implantando atividades econômicas duradouras e lucrativas na sua colônia americana.

O sistema de capitanias hereditárias

Ao contrário dos espanhóis, que logo encontraram abundantes jazidas de metais preciosos em suas colônias americanas, os portugueses, além de estar às voltas com contrabandistas estrangeiros que ameaçavam sua posse sobre o território brasileiro, ainda não tiveram a "sorte" de descobrir uma riqueza de fácil exploração em seus domínios. A lucratividade da colônia dependia de se procurar cultivar um gênero de alto valor e fácil comercialização no mercado europeu. O gênero escolhido, pela favorabilidade de cultivo dentro das condições naturais brasileiras, foi a **cana de açúcar**.

Para viabilizar a colonização e evitar gastos para a metrópole, o rei D. João III decidiu implantar em terras brasileiras o sistema que já tivera sucesso nos arquipélagos da Madeira e dos Açores: a divisão do território em grandes faixas de terra, chamadas de capitanias, doadas a fidalgos portugueses – os capitães-donatários. Almejava assim, garantir a posse da colônia e transferir a particulares os maiores gastos com a colonização, já que Portugal dispunha de reduzidos recursos para empreendimentos tão custosos.

Em 1504, ainda no reinado de D. Manuel, fora cedida isoladamente, a **Fernão de Noronha**, o que se considera a primeira capitania hereditária do Brasil, correspondente ao arquipélago que atualmente leva o seu nome. Essa concessão voltou a ser confirmada em 1522, pelo rei D. João III.

Fernão de Noronha (brasão, à direita) recebeu a primeira capitania hereditária do Brasil: o arquipélago que recebeu seu nome atualmente está sob administração do estado de Pernambuco e é um dos mais importantes pontos turísticos de nosso litoral.

Como já dissemos, Fernão de Noronha pertencia ao grupo dos judeus forçados a se converter ao cristianismo, chamados cristãos-novos. A imposição da conversão refletia mais uma das facetas das perseguições, prisões e extermínios aplicados pela sociedade ocidental europeia aos considerados não integrados. Oposta à diversidade cultural e religiosa, a Europa cristã sempre reagia com violência e opressão aos que eram tidos como ameaçadores aos seus interesses, privilégios, princípios e valores.

As origens judaicas da península Ibérica remotam à Antiguidade, como atestam algumas lápides com inscrições hebraicas do século III d.C. Sem nunca se integrarem completa e harmonicamente à cultura da região, as relações judaico-cristãs se agravaram especialmente com a centralização monárquica do final da Idade Média, processo político baseado na ideia de um só território, uma só lei e uma só religião.

Da mesma forma, disputas por posições sociais e econômicas entre a emergente burguesia ibérica cristã e a tradicional burguesia judaica serviram de intenso estímulo a campanhas antijudaicas.

> "Em Castela, Navarra e Aragão, esporadicamente, explodiam manifestações antijudaicas, e em 1391 dá-se um massacre no qual 4 000 judeus foram mortos nas ruas de Sevilha. Uma onda antijudaica, insuflada principalmente pelo clero fanático e supersticioso, espalhou-se por diversas regiões, e as mais importantes e florescentes comunidades judaicas foram destruídas.
>
> (...)
>
> Fernando e Isabel subiram ao trono em 1474 e deram amplas oportunidades aos extremistas da Igreja de advogar uma solução para a questão dos conversos e judeus, que se havia agravado. Para consolidar seu governo os reis católicos precisavam do apoio dos homens da Igreja e dos burgueses, os homens das cidades. Em troca desse apoio, introduziram uma série de medidas restritivas contra os conversos e judeus. Atrás desse fato encontram-se os vazios cofres do Tesouro e a ambição de Fernando de expulsar os mouros, ainda instalados em Granada, para o que não tinha meios financeiros. Esses meios são conseguidos com os lucros provenientes do confisco dos bens dos condenados pela Inquisição. O Tribunal da Inquisição na Espanha foi criado com o objetivo de extirpar a heresia judaica e eliminar os conversos suspeitos de a praticarem, acusados de estarem contagiando a sociedade espanhola. Neste fato, jaz a especificidade da Inquisição moderna. Seu móvel principal foram os judeus espanhóis convertidos ao catolicismo.
>
> Os monarcas espanhóis negociaram o estabelecimento do Tribunal com o papa Xisto IV, que inicialmente não se mostrou muito favorável à ideia, expressando textualmente suas dúvidas sobre as 'intenções' puramente religiosas de Isabel. Por razões políticas acabou concordando, e em 1º de novembro de 1478 autorizou a nomeação de inquisidores em todas as partes de Castela.
>
> Andaluzia era então um dos centros mais populosos de conversos, e a Inquisição começou seu trabalho em Sevilha. Muitos suspeitos foram presos, acusados de serem hereges judaizantes, inclusive personalidades ilustres. Segundo o cronista dos reis católicos André Bernaldes, entre os anos 1481 e 1488 mais de 700 conversos foram queimados vivos e mais de 5 000 foram presos e penitenciados.
>
> Em 1483 Xisto IV autorizou também o estabelecimento do Tribunal em Aragão, Catalunha e Valência, e Tomás de Torquemada, chefe do mosteiro dominicano de Santa Cruz em Segóvia, foi apontado inquisidor-geral. A Inquisição adquire então toda sua força e o caráter que vai marcá-la nos séculos seguintes.
>
> A Inquisição ibérica ultrapassou de longe a crueldade e intensidade da Inquisição papal na Idade Média. Foi estabelecida com a autorização do papa, mas seu idealizador foi o rei, com o objetivo principal não de resolver um problema aparentemente religioso, mas social. Não restam dúvidas de que desde seu início a Inquisição respondeu a imperativos políticos.

> Em 1492 os reis católicos, com os lucros que haviam recolhido do confisco dos bens dos cristãos-novos presos pela Inquisição, que funcionava regularmente desde 1482, conseguiram vencer politicamente os mouros de Granada. Hasteando a bandeira ideológica da unificação política decretaram, em março desse mesmo ano, a expulsão dos judeus."
>
> (NOVINSKY, Anita Waingort. *A Inquisição*. São Paulo, Brasiliense, 1982. pp. 25, 30-2.)

Milhares de judeus abandonaram a Espanha e cerca de 100 mil deles dirigiram-se para Portugal, onde se submeteram a novos conflitos, incluindo-se aqui a decisão de D. Manuel, em 1497, que obrigava todos os judeus ao batismo, originando os cristãos-novos lusos, também chamados de conversos, marranos ou anussim.

Assim, para efetivar a colonização, a Coroa lusitana doou, entre 1534 e 1536, 15 extensas faixas de terras, que formavam 14 capitanias e iam do litoral ao limite de Tordesilhas, a 12 donatários, atraídos pelo direito de administrar, explorar a sua capitania e poder transferi-la como herança ao filho mais velho.

O sistema de capitanias foi regulamentado pelas **cartas de doação** e **forais**, instrumentos jurídico-administrativos que assinalavam os direitos e deveres dos donatários. Nas cartas de doação constavam os poderes político-administrativos cedidos ao donatário e nos forais especificavam-se os detalhes fiscais do sistema.

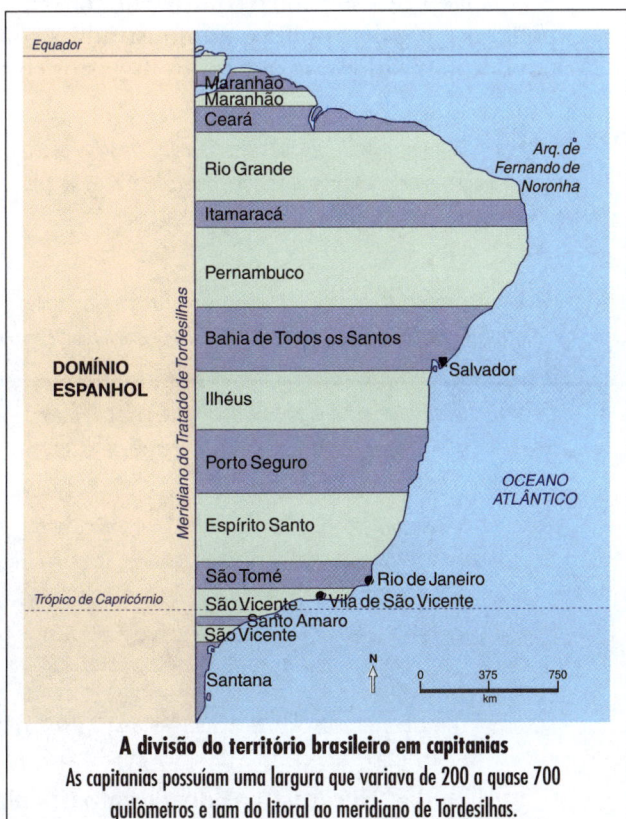

A divisão do território brasileiro em capitanias
As capitanias possuíam uma largura que variava de 200 a quase 700 quilômetros e iam do litoral ao meridiano de Tordesilhas.

Cabia ao donatário colonizar a capitania, fundando vilas, bem como policiar suas terras, protegendo os colonos contra ataques de índios e estrangeiros. Deveria ainda fazer cumprir o monopólio real do pau-brasil e do comércio colonial e, no caso de serem encontrados metais preciosos, um quinto do valor obtido seria pago à Coroa.

O donatário, também chamado de "capitão", "capitão-mor" e "governador", tinha ainda a prerrogativa de doar sesmarias a colonos, isto é, propriedades privadas que deveriam ser ocupadas e exploradas num prazo máximo de cinco anos, sob risco de perdê-las. O próprio donatário tinha o direito a uma sesmaria dentro da sua capitania, entre 10 e 16 léguas, além de poder escravizar índios, montar engenhos, cobrar impostos e exercer a justiça em seus domínios.

Vale destacar que a capitania era uma província e que, apesar de hereditária, tinha no donatário um administrador, um mandatário do rei e não um senhor feudal, já que a propriedade da terra cabia ao Estado. Assim, a capitania não possuía um caráter autárquico e muito menos apresentou uma estrutura interior servil, mas sim fundada nos ideais lucrativos de donatários, camponeses e de exploração escravista.

Apesar de estar sob o controle do rei, o donatário contava com amplos poderes e regalias político-administrativas como forma de atraí-lo para a tarefa colonizadora, já que todos os gastos corriam por sua conta.

> "O rei não abdicava, entretanto, à sua soberania e império sobre as terras do Brasil. A aparente descentralização e transferência de poderes tinha limites estreitos e a atuação dos capitães era, para as condições da época, bastante bem vigiadas pelos funcionários reais, diretamente submetidos à Coroa.
>
> (...)
>
> Na verdade, a expansão ultramarina deu-se sob a égide da centralização monárquica, a mercantilização da vida econômica do país e a vinculação do Império aos grandes centros comerciais europeus, como Flandres e a Itália do século XVI.
>
> Toda a obra administrativa portuguesa foi feita conforme o estabelecido nas Ordenações Manuelinas, de 1521, mandadas organizar, com um nítido sentido centralizador e absolutista, pelo rei Venturoso. Praticamente, nenhum alvará, regimento ou provisão deixava de fazer referência à necessidade de se observar 'as minhas Ordenações' e estabelecia, claramente, a impossibilidade de 'inovar'.
>
> Além disso, o rei nomeava um feitor ou almoxarife, para cuidar dos seus impostos; um provedor, para fiscalizar as atividades dos capitães e dos colonos, além de inúmeros tabeliães. Contava o monarca, ainda, com um ouvidor, com alçada sobre o cível e o crime, com direito a um meirinho e escrivães, tudo conforme o costume do Reino. Mais importante, enviava regularmente um 'juiz de fora parte', nomeado pelo rei frente a quem cessavam as atribuições de outros. Mais tarde, com a chegada dos governadores-gerais, tal processo de centralização será claramente fortalecido."
>
> (LINHARES, Maria Yedda (org.). *História geral do Brasil*. Rio de Janeiro, Campus, 1990. pp. 31-2.)

Além das 15 capitanias doadas a particulares, D. João III criou mais duas insulares, uma, em 1539 (ilha de Trindade), e outra, em 1556, (ilha de Itaparica). Nesse mesmo ano, o rei D. Sebastião I criou a última capitania do século XVI, a do Recôncavo da Bahia.

Em termos gerais, o sistema de capitanias resultou em algum sucesso, sobretudo no que se refere a evitar o estabelecimento de estrangeiros no território brasileiro, mas fracassou enquanto estímulo ao processo colonizador. Parte desse fracasso deveu-se principalmente à falta de recursos e, muitas vezes, de interesse dos donatários (alguns deles nem chegaram a vir ao Brasil, a exemplo do donatário da capitania de Ilhéus), além da distância entre as capitanias e a metrópole e entre as próprias capitanias, da falta de apoio da metrópole ao projeto colonizador, da hostilidade do gentio, dos ataques dos corsários. A tudo isso devem ser acrescidos a falta de um órgão coordenador das capitanias e o caráter hostil da natureza para a ocupação colonizadora. A própria extensão das capitanias constituiu um fator negativo para o êxito da colonização, já que algumas delas tinham mais de 400 mil km².

Alguns donatários, porém, mostraram vivo interesse em realizar o seu projeto de colonização, mas tiveram de enfrentar tamanhas dificuldades e custos que todo o esforço empreendido anulou qualquer possibilidade de progresso da capitania, como foi o caso de Pero de Campo Tourinho, da capitania de Porto Seguro, e de Francisco Pereira Coutinho, da Bahia.

O primeiro, um rico proprietário de Portugal, vendeu seus bens na metrópole e embarcou com a família e 600 colonos para apossar-se de sua capitania. Teve de enfrentar ataques dos índios aimorés e resolver conflitos com os seus próprios colonos, que o denunciaram à Inquisição como herege, sendo, por isso, reconduzido a Portugal.

Monumento a Pero de Campo Tourinho em Porto Seguro, na Bahia. Processado pelo tribunal do Santo Ofício e proibido de voltar ao Brasil, morreu em sua cidade natal, Viana da Foz do Lima, por volta de 1555.

Já o donatário da Bahia também viveu dissensões entre os seus colonos e acabou morto em meio ao combate com os indígenas tupinambás.

Apesar de todas as dificuldades, duas capitanias apresentaram significativo progresso: a de São Vicente, no sul, cujo donatário era Martim Afonso de Souza, e a de Pernambuco ou Nova Lusitânia, no norte, pertencente a Duarte Coelho.

O desenvolvimento de São Vicente foi possível graças às medidas adotadas anteriormente pela Coroa, bem como pela criação de novas povoações, como Santos, Itanhaém e São Paulo. Foi importante também o sucesso da região no cultivo da cana de açúcar e na criação de gado.

O maior progresso verificado na colônia, entretanto, foi o da capitania de Duarte Coelho. Pernambuco tornou-se a mais próspera das capitanias devido a diversos fatores, especialmente a favorabilidade ao cultivo da cana de açúcar (clima adequado e solo bastante propício, chamado **massapê**). Outro aspecto que contribuiu para o progresso da capitania foi a atuação do seu donatário, que investiu grandes somas na fundação de vilas, como Igarassu e Olinda, e na pacificação dos índios tabajaras, com recursos obtidos no comércio oriental. Acrescente-se ainda a abundância de pau-brasil e a localização mais próxima em relação à metrópole, o que barateava o transporte de produtos para Portugal, ampliando o comércio.

Vila de Igarassu retratada pelo pintor holandês Frans Post e brasão do donatário da bem-sucedida capitania de Pernambuco, Duarte Coelho.

O sistema de governos-gerais

Devido ao fracasso das capitanias hereditárias, D. João III decidiu centralizar a administração para coordenar a defesa contra ataques índios e piratas e efetivar a colonização, adotando o sistema de governos-gerais, ainda que mantivesse as capitanias.

Oficialmente o novo sistema administrativo foi criado em 1548 por um documento denominado **Regimento**, no qual se reafirmavam a autoridade e soberania da Coroa sobre os dispersos poderes dos donatários e se fortaleciam os instrumentos de colonização.

> "O Regimento e a Carta de Nomeação não superpõem, senão que absorvem na autoridade do governador-geral a autoridade dos capitães-donatários. Tomé de Souza, em nome do rei, passou a subordinar os agentes coloniais, reduzidos todos, mesmo se nomeados pelos donatários, em agentes do soberano, obrigados a prestar miúdas contas de seus encargos. O governador-geral cuidaria, sobretudo, da defesa contra o gentio e da defesa contra o estrangeiro, com o cuidado de vigiar o litoral. De outro lado, disciplinaria os donos de embarcações, perturbadoras das relações entre as capitanias, ao abrigo das linhas oficiais. Ninguém, daí por diante, deveria construir e armar navios e caravelões sem licença, vedado ao colono o comércio com os índios senão pelos cânones aprovados pelo governo. Os moradores não podiam, também, entrar no sertão, sem a licença direta do soberano. Estas diretrizes, no seu conjunto, indicam a consciente e deliberada preocupação de reduzir o espaço econômico ao espaço administrativo, mantendo o caranguejo agarrado à praia. O povoamento e a colonização deveriam estar ao alcance dos instrumentos de controle e de repressão da metrópole, de seus navios e das suas forças obedientes da colônia. A Coroa está atenta para 'manter aquele mesmo sistema de povoamento litorâneo, permitindo contato mais fácil e direto com a metrópole e ao mesmo tempo previne, ou chama exclusivamente a si, enquanto tem forças para fazê-lo, as entradas ao sertão, tolhendo aqui, sobretudo, o arbítrio individual'. A real fazenda instala, pouco a pouco, seus mil olhos, muitas vezes desnorteados com a extensão territorial, denunciando o 'cunho largamente mercantil da ação colonial dos reis portugueses'. A centralização era o meio adequado, já cristalizado tradicionalmente, para o domínio do novo mundo."
>
> (FAORO, Raymundo. *Os donos do poder*. Rio de Janeiro, Globo, 1989. v.1, pp. 145-6.)

O governo-geral de Tomé de Souza (1549-53)

Pelo Regimento de 1548, o primeiro governador-geral seria Tomé de Souza, a quem caberia, entre outras tarefas e competências, combater ou fazer alianças com os indígenas, incluindo a concessão de terras aos nativos aliados, enfrentar e reprimir os corsários, fundar vilas, povoações e feiras, construir navios e fortes, garantir o monopólio real sobre a exploração do pau-brasil, incentivar a lavoura da cana de açúcar, procurar metais preciosos pelo interior e defender os colonos.

Os auxiliares diretos do governador, com funções um pouco parecidas com as dos ministros atuais, eram o **provedor-mor**, encarregado das finanças e responsável pela arrecadação de tributos e pelos gastos; o **capitão-mor**, responsável pela defesa e vigilância do litoral; e o **ouvidor-mor**, encarregado da aplicação da justiça, devendo castigar e anistiar réus, inclusive nas capitanias hereditárias.

Para ser a sede do governo-geral no Brasil, a Coroa comprou a capitania da Bahia aos herdeiros do donatário Pereira Coutinho, falecido em naufrágio. Por seis meses dedicou-se à construção de casas, edifícios públicos e fortificações que permitiram inaugurar a primeira cidade e capital do Brasil, **Salvador**, com pouco mais de mil habitantes, em 1º de novembro de 1549. Esta continuaria a ser a sede administrativa do Brasil até o século XVIII, quando a capital da colônia foi transferida para o Rio de Janeiro.

Salvador, a primeira capital do Brasil, foi a sede do governo-geral do Brasil.

Tomé de Souza trouxe centenas de colonos para o Brasil, a quem doou sesmarias para a montagem de fazendas, além de regularizar doações realizadas anteriormente. O primeiro governador também estabeleceu engenhos de açúcar, construiu um estaleiro e introduziu gado bovino trazido das ilhas de Cabo Verde, distribuído aos colonos junto com ferramentas e as sesmarias, desenvolvendo a produção agrícola e a criação de gado.

Com o governador, também vieram escravos africanos, as primeiras mulheres e um grupo de jesuítas liderados por Manuel da Nóbrega. Aos jesuítas caberia catequizar os índios, criando aldeamentos e impondo aos nativos a cultura europeia ocidental. Foram eles que estabeleceram as primeiras unidades de ensino da colônia, os "colégios".

Ainda durante o governo de Tomé de Souza, e por decisão do papa Júlio III, em 1551, foi criado o primeiro bispado no Brasil (a Bahia), sendo para ele nomeado D. Pero Fernandes Sardinha, ex-colega de Ignácio de Loyola, o fundador da Companhia de Jesus.

Durante suas visitas às capitanias, o governador e seus auxiliares, além de inspecionar e regularizar questões de fisco e de justiça, ajudavam nas lutas contra corsários e índios, bem como na construção de fortificações. Dentre as mais importantes capitanias, o governador-geral só não visitou a mais próspera, por exigência do seu donatário Duarte Coelho, que não admitia concorrência à sua autoridade em Pernambuco.

A instalação do governo-geral sobre as capitanias hereditárias, com um poder centralizador em meio à autonomia dos donatários, não ocorreu de forma tão harmônica como esperava o governo metropolitano. Surgiram, algumas vezes, divergências e sérios conflitos entre governador-geral e donatário, como aconteceu entre Tomé de Souza e o donatário Duarte Coelho de Pernambuco.

> *"Entregue a seu governador, essa capitania havia prosperado e desempenhava-se principalmente na produção do açúcar, sem que se deixassem de lado outras atividades. Duarte Coelho não aceitava a imposição de normas absolutistas na colônia, como acontecia no reino, limitando a liberdade e autonomia dos colonos, pois estes já cumpriam o que se esperava deles (...). Não via ele a necessidade de alteração daquela 'ordem' que havia montado, em que a nova administração procurava mexer e controlar. Ressentia-se com isso, e continuava seus reclamos escrevendo à Coroa: 'Ora, pois, Senhor, pois que eu cá por minha parte trabalho e faço tanto o que devo, não consinta V. A. lá bolirem em tais cousas, porque não é tempo pera com tal se bolir mas pera mais acrescentar as liberdades e privilégios e não pera os diminuir, peço a V. A. que veja esta minha e que lhe tome o intento e que sobre todas estas cousas proveja com brevidade e que me leve em conta minha boa e sã intenção, e pois sabe que minha condição e minha intenção é fazer verdade e falar com verdade com todos em geral, quanto mais com V. A. e nas causas de seu serviço sobre que ando trabalhando e que tanto cumpre e importa que isto não faça, e se assim não entendesse juro pela hora da morte que dias há que pera Portugal me fora, pois sou homem pera em todas partes de mais honra e proveito servir a V. A. do que até o presente tenho, e sei de certo que desse boa conta de mim como que a melhor deu ou der'.*
>
> *D. João III, cedendo aos apelos de Duarte Coelho, interditou a Tomé de Souza as visitações que este deveria fazer à capitania, junto com o provedor-mor e o ouvidor-geral, do que estavam incumbidos pelos seus regimentos. O governador--geral, por duas vezes, reclamou em cartas contra essa medida.(...)*
>
> *O significado desse conflito nos é dado pelos limites que encontrava a política de centralização no Brasil e a reticência da própria Coroa em afirmá-la, temendo, talvez, tolher os principais esforços da colonização, como os que se realizavam em Pernambuco, que vinham justamente de encontro aos seus propósitos mercantis."*
>
> (MARANHÃO, Ricardo; MENDES JÚNIOR, Antonio & RONCARI, Luiz. *Brasil história: Texto & consulta.*
> São Paulo, Brasiliense, 1976. v. 1. pp. 124-5.)

O governo-geral de Duarte da Costa (1553-58)

Duarte da Costa, o segundo governador-geral, chegou ao Brasil em 1553, trazendo mais colonos, órfãs para casamento com colonos brancos e jesuítas. Entre eles, o padre José de Anchieta, que, com Nóbrega, fundou o colégio de São Paulo, embrião da atual cidade de São Paulo, no planalto da capitania de São Vicente, em 1554.

O novo governador teve uma administração bastante turbulenta, mergulhada em conflitos entre colonos e jesuítas, entre governador e bispo, e ataques indígenas e de corsários, incluindo uma invasão francesa ao Rio de Janeiro.

Os crescentes atritos entre jesuítas e colonos deviam-se à oposição que os religiosos faziam à escravização dos nativos e ao confisco de suas terras, vistos como constante ameaça aos seus aldeamentos e catequese.

Outro conflito que agitou bastante a capital brasileira deu-se entre o bispo Pero Fernandes Sardinha e o governador. O bispo criticara publicamente a vida particular desregrada do filho de Duarte da Costa, o jovem D. Álvaro da Costa. Os colonos dividiram-se, o mesmo ocorrendo com os religiosos presentes no bispado. O governador entrou em choque com os defensores do bispo, o que gerou desavenças e ressentimentos entre a autoridade pública e a eclesiástica. A tensão só refluiu quando da morte do bispo, em 1556, que, tendo sobrevivido a um naufrágio em viagem para Portugal, acabou sendo morto pelos índios caetés.

O governador Duarte da Costa teve de enfrentar ainda, e sem sucesso, uma poderosa invasão francesa ao Rio de Janeiro, em 1555. Franceses huguenotes (calvinistas), fugindo às perseguições religiosas em seu país, fundaram na região onde hoje se localiza a cidade uma colônia que denominaram **França Antártica**. Devido à aliança com os índios tamoios, os franceses, liderados por Nicolau Durand Villegaignon, obtiveram expressivas vitórias sobre os soldados portugueses, encarregados de expulsá-los. O apoio indígena aos invasores explica-se pela hostilidade nascida entre eles e os portugueses, que não raramente os escravizavam.

A ineficiência de Duarte da Costa diante das dificuldades obrigou o rei de Portugal a nomear outro governador, o que contribuiu para a consolidação do sistema de governos-gerais.

O governo-geral de Mem de Sá (1558-72)

Mem de Sá, o novo governador-geral, buscou restabelecer o completo domínio luso na colônia e resolver as dificuldades nascidas durante o mandato de seu antecessor. Suas primeiras medidas foram juntar os aldeamentos indígenas dos jesuítas, formando as "missões", a fim de reduzir os conflitos entre jesuítas e colonos; favorecer a integração dos índios à cultura portuguesa cristã e defendê-los dos ataques dos colonos que buscavam escravos. Além de proporcionar uma aproximação com os jesuítas, tentou também restabelecer as boas relações com o bispado: visando à moralização dos costumes, procurou coibir o jogo, a vadiagem e os vícios que se ampliavam entre os colonos.

Outra preocupação do governador foi expulsar os franceses do Rio de Janeiro. Para isso, contou com o apoio decisivo dos jesuítas Nóbrega e Anchieta, que, interferindo junto aos tamoios, provocaram o rompimento de sua aliança com os invasores franceses. Os reforços vindos da metrópole, chefiados por seu sobrinho Estácio de Sá, foram fundamentais para vencer os franceses e expulsá-los do território brasileiro. Junto com Estácio, fundou a cidade de São Sebastião do Rio de Janeiro, em 1565, para organizar a resistência contra os ataques dos invasores. Num desses ataques, Estácio de Sá foi mortalmente ferido.

A cidade do Rio de Janeiro foi fundada em meio às lutas contra os franceses.

Fundação do Rio de Janeiro, Firmino Monteiro.

Em 1570, a Coroa portuguesa nomeou um novo governador-geral para a colônia, que, entretanto, não chegou ao Brasil, pois foi vítima de ataques piratas franceses em alto-mar.

Dois anos depois, com 74 anos de idade e bastante doente, Mem de Sá faleceu na Bahia. A metrópole decidiu, então, dividir a administração da colônia entre dois governadores: D. Luís de Brito, que se instalou em Salvador, a capital do Norte, e D. Antônio Salema, no Rio de Janeiro, capital do governo do Sul.

O domínio espanhol no Brasil (1580-1640)

Em 1557, o rei D. João III morreu, deixando o trono para seu neto D. Sebastião, com apenas dois anos de idade. Até a sua maioridade, em 1568, Portugal teve dois regentes: D. Catarina, avó do herdeiro, e o cardeal D. Henrique, seu tio-avô.

D. Sebastião governou Portugal e colônias até 1578, quando, com 24 anos de idade, morreu durante a batalha de Alcácer-Quibir contra os mouros, no Norte da África. O rei não deixara descendentes diretos e, por isso, a Coroa voltou às mãos do cardeal D. Henrique, que morreu em 1580, sem também deixar herdeiros na família de Avis.

Foi nesse contexto que o rei da Espanha, Filipe II, neto de D. Manuel, o Venturoso, invadiu Portugal com suas tropas e assumiu o trono lusitano, unindo Portugal e Espanha e iniciando um período conhecido como **União Ibérica**.

> "O rei marroquino Abd el-Malik morreu em pleno combate, porém seus oficiais mais próximos dissimularam tão bem seu falecimento que as tropas marroquinas ignoraram este fato e assim se evitou que as mesmas se desmoralizassem. O rei D. Sebastião, com seu ardor juvenil, arremeteu-se contra o inimigo, de lança na mão, sem se preocupar em dirigir as tropas. Rodeado de cadáveres de oficiais e notáveis personagens da nobreza portuguesa, seguiu lutando destemidamente: 'Minha honra me impede que se diga que fugi', exclamava, e quando caíram todos os componentes de sua escolta, respondeu a seu ministro favorito, Cristóbal de Tabora, que lhe perguntava se esperava salvação: 'Sim, a do céu, se a merecermos... A liberdade de um rei só deve ser perdida com a vida'. Ambos sucumbiram minutos depois, e os inimigos esfaquearam o monarca português no rosto e no pescoço: 'assim morreu o valoroso rei D. Sebastião – disse o historiador Lafuente – na flor da idade, pois não contava ainda vinte e cinco anos, vítima de sua fé religiosa, de sua educação mística, de seu espírito aventureiro e cavaleiro, de sua inflexível tenacidade, de sua lamentável obcecação, de seu ardor bélico e de sua audácia imprudente'.
>
> Contudo, circulou o rumor, cada vez com maior insistência, de que o rei D. Sebastião não havia perecido na batalha, mas que conseguiu sobreviver e que se apresentaria de novo em Portugal, a qualquer momento, para recuperar o seu trono. Surgiu assim um curioso messianismo político lusitano, que traria consequências bastante graves, anos mais tarde."
>
> (GRIMBERG, Carl. *História universal Daimon*. Madrid, Daimon, 1967. p. 106.)

Pelo **Juramento de Tomar**, feito em 1581, Filipe II assumiu compromissos para com Portugal, como preservar relativa autonomia do país e manter as colônias unidas e não submetidas à Espanha. Assegurou também sua disposição em respeitar usos, costumes, leis e administração portuguesas.

Para o Brasil, como colônia, o domínio espanhol trouxe poucas mudanças políticas significativas, efetuando-se apenas uma substituição da metrópole que exercia o monopólio comercial e o controle administrativo. Há que se considerar também que, nessa época, os espanhóis extraíam grandes quantidades de metais preciosos nas suas próprias colônias americanas, vendo poucos atrativos na colônia portuguesa.

Índios trabalhando numa mina, A. Thevet, 1575.

Explorando a mão de obra nativa, os espanhóis extraíam enormes quantidades de prata e ouro de suas colônias americanas.

No que se refere à futura configuração territorial brasileira, entretanto, o domínio espanhol acabou por abolir as determinações do tratado de Tordesilhas, o que favoreceu o avanço português em direção ao interior, permitindo a expansão do território, especialmente estimulada pela busca de metais preciosos.

Por outro lado, no que diz respeito aos interesses econômicos da elite lusitana no Brasil, como a Espanha estava envolvida em diversos conflitos militares na Europa, o domínio espanhol atraiu, contra o Brasil, seus inimigos, como Inglaterra, França e Holanda, que realizaram várias invasões no território da colônia.

Os inúmeros conflitos que envolveram Portugal e suas colônias em função da União Ibérica enfraqueceram a economia lusitana, resultando num movimento pela **restauração** da autonomia portuguesa, liderado pelo duque de Bragança. A luta contra o domínio espanhol só foi vencida pelos restauradores em 1640, quando o duque foi coroado rei de Portugal com o título de D. João IV, inaugurando o governo da dinastia de **Bragança**.

Diante das imensas dificuldades econômicas herdadas do período anterior, D. João IV intensificou a exploração colonial e reforçou a administração do Brasil, criando, nesse sentido, um órgão chamado **Conselho Ultramarino**.

> "Pelo Conselho transitavam todos os negócios da colônia, salvo unicamente os da competência da Mesa de Consciência e Ordens, outro departamento da administração portuguesa, e que se ocupava com os assuntos eclesiásticos, bens de defuntos e ausentes, e com os negócios das Ordens Militares (as de Cristo, Avis e S. Tiago); estas ordens estavam organizadas no Brasil, embora seu papel aqui fosse praticamente nulo.
>
> As funções do Conselho não se limitavam a uma simples direção geral. Entrava no conhecimento de todos os assuntos coloniais, por menos importante que fossem, e cabia-lhe resolvê-los não só em segunda instância, mas quase sempre diretamente. Os delegados régios, por mais elevada que fosse sua categoria, não davam um passo sem sua ordem ou consentimento expresso. A extensa e pormenorizada correspondência dos governadores, as minuciosas ordens e cartas régias que de lá se expediam mostram a que particulares e detalhes mínimos desciam as providências diretas da metrópole. 'A ingerência da metrópole nos mínimos negócios coloniais', escreverá J. F. Lisboa, 'tocava a extremos quase fabulosos. Empregados semissubalternos iam prestar suas contas à corte; na corte deviam justificar-se todas as dívidas de ausentes excedentes a uma alçada ínfima; começadas na Bahia, na corte é que iam concluir-se as arrematações de certas rendas. Era da corte finalmente que se expediam licenças para advogar, passaportes, baixas, isenções de recrutamento e diversas outras providências sobre foguetes, marca e qualidade das madeiras das caixas de açúcar, e custa a crê-lo, até sobre as saias, adornos, excursões noturnas e lascívia das escravas'. De tudo se queria saber em Lisboa, e por tudo se interessava o Conselho. Pelo menos teoricamente, pois na realidade, a impossibilidade material de atender a tamanho acúmulo de serviço não só atrasava consideravelmente o expediente, de dezenas de anos às vezes, mas deixava grande número de casos a dormir o sono da eternidade nas gavetas dos arquivos."
>
> (PRADO JÚNIOR, Caio. *Formação do Brasil contemporâneo*. São Paulo, Brasiliense, 1977. pp. 304-5.)

Na colônia, os governos-gerais ampliaram seus poderes administrativos, subordinando colonos e donatários e eliminando progressivamente as capitanias particulares. A centralização política intensificava-se, fundada na rigidez fiscalizadora metropolitana, produzindo inúmeros choques entre a Coroa e os interesses locais, semeando as primeiras manifestações contra a autoridade metropolitana.

A administração portuguesa no Brasil e os poderes locais

Depois da divisão da colônia em dois governos-gerais, a administração voltou a ser unificada em 1578, com Lourenço da Veiga, a qual durou somente até 1608, quando nova divisão foi feita, sendo abandonada em seguida.

Em 1621, realizou-se uma nova divisão administrativa da colônia, desta vez entre o **estado do Maranhão e Grão-Pará**, com capital inicialmente em São Luís e depois em Belém, e o **estado do Brasil**, com capital em Salvador e a partir de 1763 no Rio de Janeiro. Vale destacar que, depois de 1640 e até a chegada da família real ao Brasil, em 1808, foi cada vez mais comum usar-se o título de vice-rei em lugar de governador-geral.

A convivência entre os dois sistemas administrativos, o das capitanias hereditárias e o dos governos-gerais, inaugurado com o Regimento de Tomé de Souza, em 1548, continuaria ainda até o século XVIII. Durante esse período, foram criadas novas capitanias, algumas hereditárias e outras pertencentes ao Estado, chamadas de **capitanias da Coroa**, administradas por um governador nomeado pelo rei.

Pouco a pouco, entretanto, as capitanias hereditárias foram retomadas pelo governo português e transformadas em capitanias reais, seja através da compra, ou por falta de herdeiros, ou ainda por não se achar efetivamente ocupada. Já no século XVI, o rei de Portugal criou as quatro primeiras capitanias da Coroa: Bahia de Todos os Santos, São Sebastião do Rio de Janeiro, Paraíba e Rio Grande (do Norte).

As últimas capitanias particulares foram tomadas pelo governo português por ordem do marquês de Pombal, ministro do rei D. José, em meados do século XVIII. No início do século XIX, ainda foram criadas outras capitanias reais, como Alagoas e Sergipe, que somadas às anteriores definiram boa parte da atual divisão territorial dos estados brasileiros.

Depois do domínio espanhol (1580-1640), acentuou-se a disposição da Coroa em submeter os poderes locais: o governador passou a desempenhar cada vez mais atribuições e poderes, sobrepondo-se às demais autoridades coloniais, representando e encarnando a monarquia absoluta no Brasil.

Nas Forças Armadas, considerando as variações de estrutura e de nomes até o século XVIII, o governador-geral e o governador das capitanias chegaram a contar com as **tropas de linha**, efetivo regular e profissional em armas, as **milícias**, força auxiliar às vezes chamada de tropas urbanas, e as **ordenanças**, compostas por toda a população masculina em condições físicas e idade militar (entre 18 e 60 anos), convocadas quando necessário. Enquanto a estruturação das milícias ocorreu no século XVII, as ordenanças foram definidas em 1570, com o Regimento das Ordenanças, que buscava organizar e racionalizar a formação militar, definindo levantamentos e origens das companhias, compostas quase sempre de 10 esquadras de 25 homens.

Soldados e oficiais das tropas brasileiras, chamadas terços, no século XVIII.

Os primeiros efetivos militares regulares da colônia vieram com os governadores-gerais, mas as primeiras feitorias já apresentavam um caráter militar, dadas as circunstâncias de então. Dessa forma, os colonos da época da instalação das donatarias apresentavam-se investidos de poderes militares frente às contínuas ameaças internas e externas, processo que foi completado e, continuamente, aprimorado a partir da instalação do sistema de governos-gerais. Assim, de um lado, permitiu-se a combinação entre fortes e povoados desde os primórdios de nossa história, não raramente constituindo o ponto de partida de importantes centros urbanos de norte a sul da colônia. De outro lado, firmou-se a ordem militar como o meio de integração do colono às diretrizes metropolitanas.

Enquanto nas tropas de linha predominavam os regimentos portugueses, as milícias, antes chamadas de terços, eram formadas por recrutas convocados entre a população da colônia e obrigados ao serviço. Os milicianos, comandados por um oficial civil, escolhido pelo governador segundo prestígio e riqueza, não eram remunerados. A população colonial era, enfim, permanentemente organizada para garantir a estabilidade, o fisco e a possível ou efetiva guerra (contra o indígena e contra o estrangeiro), o que fazia lembrarem, e muito, os nossos povoados, feitorias e sedes rurais, uma versão colonial dos antigos castelos portugueses.

Até os primeiros abalos da conjunção de interesses entre as elites proprietárias coloniais e o governo metropolitano, as milícias e toda esta organização militar funcionaram satisfatoriamente na viabilização da exploração colonial.

Pode-se dizer que no período colonial, especialmente no século XVIII, todos os homens, entre 16 e 60 anos, ou serviam nas tropas de linha, ou nas milícias ou nas ordenanças, em meio a constantes deserções e sob recrutamentos forçados.

> "O recrutamento para as tropas constitui, durante a fase colonial da história brasileira, como depois ainda no Império, o maior espantalho da população; e a tradição oral ainda conserva em alguns lugares bem viva a lembrança deste temor. E não é para menos. Não havia critério quase nenhum para o recrutamento, nem organização regular dele. Tudo dependia das necessidades do momento e do arbítrio das autoridades. Fazia-se geralmente assim: fixadas as necessidades dos quadros, os agentes recrutadores saíam à cata das vítimas; não havia hora ou lugar que lhes fosse defeso e entravam pelas casas adentro, forçando portas e janelas, até pelas escolas e aulas para arrancar delas os estudantes. Quem fosse encontrado e julgado em condições de tomar as armas, era incontinenti, sem atenção a coisa alguma, arrebanhado e levado aos postos. Refere Vilhena que muitas vezes se espalharam pela cidade (Bahia) os soldados de um regimento todo, que, em hora antemão fixada, tinha ordem de deter quantas pessoas estivessem a seu alcance, com as únicas limitações de serem brancas e não militares. Todos os detidos eram conduzidos à cadeia e aos corpos de guarda, e somente lá se fazia a seleção dos capazes para o serviço militar. Havia casos em que de centenas de presos se apuravam apenas poucas dezenas de aptos. Até eclesiásticos sofriam destas violências, o que não é pouco num meio em que a batina merecia um respeito geral e profundo.
>
> Explica-se assim porque, ao menor sinal de recrutamento próximo, a população desertasse os lugares habitados indo refugiar-se no mato. O mesmo Vilhena refere que na Bahia, logo que se começavam a fazer recrutas, era infalível a carestia dos gêneros de primeira necessidade, porque os lavradores abandonavam as roças. Em 1797, vemos em São Paulo despovoarem-se as regiões de Atibaia e Nazaré porque nelas se assinalara a presença de agentes recrutadores; e a Câmara paulistana alarmada, pois era naquelas regiões que se abastecia a capital, pedia providências ao governador. Exemplos entre mil outros da verdadeira convulsão periódica que provocava o recrutamento em todos os setores da colônia."
>
> (PRADO JÚNIOR, Caio. *Formação do Brasil contemporâneo*. São Paulo, Brasiliense, 1977. pp. 310-1.)

Não muito diferente era a ação dos religiosos na cobrança de seus dízimos.

> "Saint-Hilaire, que observou o fato de perto, e assistiu pessoalmente à ação dos dizimeiros, lhes atribuía uma das principais responsabilidades pela dispersão da população rural, que se afastava para retiros quase inacessíveis em que se condenava a vegetar miseravelmente, mas onde contava escapar à ação nefasta e aniquiladora do fisco."
>
> (Idem, p. 323.)

Os administradores das vilas, povoados em terras particulares, e das cidades, centros urbanos em terras da Coroa, reuniam-se nos **senados das câmaras (Câmaras Municipais)**, órgãos secundários da administração-geral. Cuidavam dos problemas políticos, administrativos, judiciários, fiscais, monetários e militares ao nível local. As câmaras eram compostas por vereadores originários e eleitos pela classe dos grandes proprietários de terras, ricos senhores, chamados de **homens bons**. A presidência cabia a um **juiz**, chamado de **juiz de fora** quando nomeado pela autoridade régia e de **ordinário** quando eleito como os demais membros. A partir de 1696, os juízes de fora praticamente substituíram os ordinários nos grandes núcleos urbanos.

Engenho de Pernambuco (detalhe), Franz Post, Brasília, Itamaraty.

Os "homens bons" eram membros e representantes políticos das elites locais, aqueles que reuniam os maiores poderes no Brasil colônia após os poderes metropolitanos.

Quanto ao controle que as elites locais realizavam sobre a administração municipal, distanciando-a de igualdades democráticas, vale ressaltar a discriminação constante contra a maioria da população, a exemplo da provisão de 1705, que determinava que os eleitores e elegíveis às Câmaras Municipais não poderiam ser "mecânicos, operários, degredados, judeus e outros pertencentes à classe dos peões".

Aos poucos, as câmaras se converteram, "*depois de curto viço enganador, em simples executoras das ordens superiores. De 'cabeça do povo' descem, passo a passo, a passivo instrumento dos todos poderosos vice-reis, capitães generais e capitães-mores. A introdução dos juízes de fora já havia aviltado a autoridade do juiz ordinário, filho da eleição popular. Na Bahia a intervenção chegou ao achincalhe: os vereadores foram designados pelo rei. As câmaras caíram à categoria de departamentos administrativos da capitania, meros cumpridores de determinações superiores*".

(FAORO, Raymundo. *Os donos do poder*. Rio de Janeiro, Globo, 1989. p. 186.)

Admitindo, contudo, que a denominação popular tem muito mais um caráter formal do que real, pois, como apontamos, seus membros tinham origem na elite colonial proprietária, por várias vezes e em diversos municípios, as Câmaras Municipais tomaram decisões contrárias àquelas determinadas pelo governador e metrópole, envolvendo desde contestação à participação de "reinóis", comerciantes portugueses, em seu meio até contra tributos devidos à Coroa, entre outros motivos. Também, não poucas vezes, tiveram que sujeitar-se à intervenção dura dos representantes mais graduados do poder real português, chegando ao século XVIII com reduzida autonomia e poderes.

Certamente, foi a arrecadação de tributos e os recrutamentos forçados que mais espalharam abusos, descontentamentos e mesmo a desorganização produtiva e a ruína entre muitos colonos. A arrecadação tributária, com destaque para o dízimo (décima parte de qualquer produção), era geralmente arrendada a particulares, por meio de contrato, dada a escassez de recursos disponíveis para isso: o "contratador" pagava uma determinada soma às autoridades lusas e, em troca, recebia os poderes de cobrar da população.

Concluindo, administração e exploração resumiam muito bem o papel que cabia à colônia e à grande massa colonial, mesmo que considerada livre: servir o Estado mercantilista e o desenvolvimento capitalista europeu, sob as diretrizes das elites administradoras, comerciais e proprietárias.

Questões

1. Por que chamamos de pré-colonial ao período que se estende de 1500 a 1530?
2. Quais eram os objetivos da expedição chefiada por Martim Afonso de Souza e por que foi organizada?
3. O que foi o sistema de distribuição de terras e de poderes conhecido como capitanias hereditárias e quais foram os seus resultados?
4. Aponte os objetivos da criação dos governos-gerais.
5. Caracterize os governos de Tomé de Souza, Duarte da Costa e Mem de Sá.
6. Assinale as razões e os efeitos do domínio espanhol (1580-1640) sobre o Império português.
7. Caracterize a administração portuguesa no Brasil colonial após 1572.
8. Comente a frase: "As Câmaras Municipais foram a fonte dos poderes dos senhores locais".

UNIDADE I — INTRODUÇÃO À HISTÓRIA DO BRASIL

ATIVIDADES EM HISTÓRIA

1. Procure em revistas e jornais artigos referentes a assuntos abordados nesta unidade e discuta alguns de seus aspectos. Sugestões:
   a) As recentes descobertas arqueológicas no Brasil e no mundo e sua importância para o conhecimento do passado da humanidade.
   b) Os atuais problemas da população indígena na América e as medidas que vêm sendo tomadas para solucioná-los.

2. Segue abaixo uma lista de filmes relacionados aos temas desta unidade. Elabore um texto sobre cada filme assistido, apontando seu roteiro, suas principais passagens e, principalmente, suas próprias opiniões sobre a obra.
   - *A guerra do fogo* (1981). Direção de Jean-Jacques Annaud. Destaca a descoberta e a importância do fogo nas comunidades primitivas, as dificuldades de sobrevivência e a diversidade cultural e organizacional do homem pré-histórico;
   - *Desmundo* (2002). Direção de Alain Fresnot. Falado em português arcaico, o filme conta a história de uma família de colonos e suas dificuldades nos primeiros tempos da colonização (século XVI);
   - *Raízes do Brasil* (2003). Direção de Nelson Pereira dos Santos. Tendo como subtítulo "Uma cinebiografia de Sérgio Buarque de Hollanda", o documentário trata da vida deste importante historiador brasileiro, autor de clássicos como *Raízes do Brasil*;
   - *1492 – a conquista do paraíso* (1992). Direção de Ridley Scott. Aborda as ideias e viagens de Cristóvão Colombo;
   - *Anchieta, José do Brasil* (1978). Direção de Paulo César Sarraceni. Filme sobre o jesuíta Anchieta.

3. **Trabalho interdisciplinar de história e literatura:**
   a) Discussão de trechos da obra *Os lusíadas*, de Luís de Camões, inserindo-a no quadro de transformações europeias do início da Idade Moderna. Destacar sobretudo o movimento renascentista e a expansão marítima.
   b) Analisar trechos das obras dos cronistas que descreveram a terra e a gente do Brasil no início do povoamento (Frei Vicente Salvador, Pero de Magalhães Gândavo) e discutir primeiros contatos entre europeus e indígenas.

4. **Trabalho interdisciplinar de história e artes:**
   Leia o texto abaixo e elabore um comentário crítico sobre o assunto desenvolvido.

   "A representação do índio, presente em grande parte dos relatos de viagem seiscentista, vem a ser um atestado do confronto homem selvagem × homem civilizado. Não deixa de apontar, inúmeras vezes, e de forma contraditória, a descrição e a interpretação de características comuns (ou opostas) atribuídas a uma outra sociedade, contribuindo à construção da *imagem do Outro*.

A figura do 'selvagem', já presente na literatura de viagem — textos de viajantes, cronistas e missionários —, ocupará um espaço significativo junto com informes relativos à realidade observada. Estes textos, na maior parte das vezes, descrevem a percepção de uma realidade, onde uma posição maniqueísta: inferno ou paraíso, bom ou mau selvagem, incorporam, também, uma 'louvação' às riquezas da natureza americana comparando-as ao Paraíso Terrestre. Seus habitantes vivem numa idade de ouro, ignorantes à exploração de suas riquezas e suas terras."

(SANTOS, Yolanda Lhullier dos. "A figura do índio em texto e imagem do século XVI".
In *DO Leitura*. Imesp, São Paulo, 11/7/1992. p. 10.)

Pesquise em livros imagens e textos que confirmem o texto acima, fazendo um relatório ilustrado, com comentários sobre as figuras e/ou textos encontrados. Não deixe de indicar a bibliografia consultada.

5. Considerando o texto acima, trace paralelos com dados da atualidade brasileira, usando discursos presentes nos atuais meios de comunicação (jornais, revistas, televisão) sobre um grupo social determinado.

EXERCÍCIOS DE VESTIBULARES E ENEM

1. (Enem) Distantes uma da outra quase 100 anos, as duas telas seguintes, que integram o patrimônio cultural brasileiro, valorizam a cena da primeira missa no Brasil, relatada na carta de Pero Vaz de Caminha. Enquanto a primeira retrata fielmente a carta, a segunda — ao excluir a natureza e os índios — critica a narrativa do escrivão da frota de Cabral. Além disso, na segunda, não se vê a cruz fincada no altar.

Primeira Missa no Brasil, de Victor Meirelles, 1860.

Primeira Missa no Brasil, de Candido Portinari, 1948.

Ao comparar os quadros e levando-se em consideração a explicação dada, observa-se que
a) a influência da religião católica na catequização do povo nativo é objeto das duas telas.
b) a ausência dos índios na segunda tela significa que Portinari quis enaltecer o feito dos portugueses.
c) ambas, apesar de diferentes, retratam um mesmo momento e apresentam uma mesma visão do fato histórico.
d) a segunda tela, ao diminuir o destaque da cruz, nega a importância da religião no processo dos descobrimentos.
e) a tela de Victor Meirelles contribuiu para uma visão romantizada dos primeiros dias dos portugueses no Brasil.

2. (Unicamp-SP) Referindo-se à expansão marítima dos séculos XV e XVI, o poeta português Fernando Pessoa escreveu, em 1922, no poema "Padrão":

"E ao imenso e possível oceano
Ensinam estas Quinas, que aqui vês,
Que o mar com fim será grego ou romano:
O mar sem fim é português."

(PESSOA, Fernando. *Mensagem — poemas esotéricos*. Madri, ALLCA XX, 1997. p. 49.)

Nestes versos identificamos uma comparação entre dois processos históricos. É válido afirmar que o poema compara
a) o sistema de colonização da Idade Moderna aos sistemas de colonização da Antiguidade Clássica: a navegação oceânica tornou possível aos portugueses o tráfico de escravos para suas colônias, enquanto gregos e romanos utilizavam servos presos à terra.
b) o alcance da expansão marítima portuguesa da Idade Moderna aos processos de colonização da Antiguidade Clássica: enquanto o domínio grego e romano se limitava ao mar Mediterrâneo, o domínio português expandiu-se pelos oceanos Atlântico e Índico.
c) a localização geográfica das possessões coloniais dos impérios antigos e modernos: as cidades-Estado gregas e depois o Império Romano se limitaram a expandir seus domínios pela Europa, ao passo que Portugal fundou colônias na costa do norte da África.
d) a duração dos impérios antigos e modernos: enquanto o domínio de gregos e romanos sobre os mares teve um fim com as guerras do Peloponeso e Púnicas, respectivamente, Portugal figurou como a maior potência marítima até a independência de suas colônias.

3. (Fuvest-SP) "Os cosmógrafos e navegadores de Portugal e Espanha procuram situar estas costas e ilhas da maneira mais conveniente aos seus propósitos. Os espanhóis situam-nas mais para o Oriente, de forma a parecer que pertencem ao Imperador (Carlos V); os portugueses, por sua vez, situam-nas mais para o Ocidente, pois deste modo entrariam em sua jurisdição."

(Carta de Robert Thorne, comerciante inglês, ao rei Henrique VIII, em 1527.)

O texto remete diretamente
a) à competição entre os países europeus retardatários na corrida pelos descobrimentos.
b) aos esforços dos cartógrafos para mapear com precisão as novas descobertas.
c) ao duplo papel da marinha da Inglaterra, ao mesmo tempo mercantil e corsária.
d) às disputas entre países europeus, decorrentes do Tratado de Tordesilhas.
e) à aliança das duas Coroas ibéricas na exploração marítima.

4. (UEL-PR) Sobre a expansão marítima ibérica da época dos descobrimentos, é correto afirmar que
   a) ocorreu de maneira pacífica, com a colonização e povoamento das Américas.
   b) fundamentou a expansão do capitalismo mercantil, acompanhado pelas missões.
   c) acabou com o comércio mediterrânico, concentrando-se tão somente no Atlântico.
   d) fortaleceu as cidades-Estados italianas, tradicionais no comércio mercantil.
   e) concedeu cidadania aos súditos que emigrassem para as colônias de além-mar.

5. (Unicamp-SP) Em carta ao rei D. Manuel, Pero Vaz de Caminha narrou os primeiros contatos entre os indígenas e os portugueses no Brasil:

   "Quando eles vieram, o Capitão estava com um colar de ouro muito grande ao pescoço. Um deles fitou o colar do Capitão, e começou a fazer acenos com a mão em direção à terra, e depois para o colar, como se quisesse dizer-nos que havia ouro na terra. Outro viu umas contas de rosário, brancas, e acenava para a terra e novamente para as contas e para o colar do Capitão, como se dissesse que dariam ouro por aquilo.
   Isto nós tomávamos nesse sentido, por assim o desejarmos! Mas se ele queria dizer que levaria as contas e o colar, isto nós não queríamos entender, porque não havíamos de dar-lhe!"

   (Adaptado de Leonardo Arroyo. *A carta de Pero Vaz de Caminha*. São Paulo, Melhoramentos; Rio de Janeiro, INL, 1971. pp. 72-4.)

   Esse trecho da carta de Caminha nos permite concluir que o contato entre as culturas indígena e europeia foi
   a) favorecido pelo interesse que ambas as partes demonstravam em realizar transações comerciais: os indígenas se integrariam ao sistema de colonização, abastecendo as feitorias, voltadas ao comércio do pau-brasil, e se miscigenando com os colonizadores.
   b) guiado pelo interesse dos descobridores em explorar a nova terra, principalmente por meio da extração de riquezas, interesse que se colocava acima da compreensão da cultura dos indígenas, que seria quase dizimada junto com essa população.
   c) facilitado pela docilidade dos indígenas, que se associaram aos descobridores na exploração da nova terra, viabilizando um sistema colonial cuja base era a escravização dos povos nativos, o que levaria à destruição da sua cultura.
   d) marcado pela necessidade dos colonizadores de obterem matéria-prima para suas indústrias e ampliarem o mercado consumidor para sua produção industrial, o que levou à busca por colônias e à integração cultural das populações nativas.

6. (Fuvest-SP) Sobre o tratado de Tordesilhas, assinado em junho de 1494, pode-se afirmar que objetivava
   a) demarcar os direitos de exploração dos países ibéricos, tendo como elemento propulsor o desenvolvimento da expansão comercial marítima.
   b) estimular a consolidação do reino português, por meio de exploração das especiarias africanas e da formação do exército nacional.
   c) impor a reserva de mercado metropolitano, por meio da criação de um sistema de monopólios que atingia todas as riquezas coloniais.
   d) reconhecer a transferência do eixo do comércio mundial do Mediterrâneo para o Atlântico, depois das expedições de Vasco da Gama às Índias.
   e) reconhecer a hegemonia anglo-francesa sobre a exploração colonial, após a destruição da Invencível Armada de Felipe II, da Espanha.

7. (UPM-SP) "Desde cedo, aprendemos, em casa ou na escola, que o Brasil foi descoberto por Pedro Álvares Cabral, em abril de 1500. Esse fato constitui um dos episódios da expansão marítima portuguesa, iniciada em princípios do século XV. Para entendê-la, devemos começar pelas transformações ocorridas na Europa Ocidental, a partir de uma data situada em torno de 1150."

(FAUSTO, Boris. *História do Brasil.*)

Entre as transformações citadas no texto, e que se encontram entre as causas da expansão marítima europeia no século XV, podemos, corretamente, citar
a) o conflito religioso resultante da Reforma na Europa, o que fez com que missionários luteranos desembarcassem na América Ibérica, convertendo milhares de nativos à fé protestante, em detrimento do Catolicismo.
b) o estudo das atividades marítimas e técnicas de navegação desenvolvidas na Espanha medieval, principalmente em relação à exploração do litoral africano, o que fez deste país o pioneiro na navegação do Oceano Atlântico no século XV.
c) a precoce centralização do poder na Inglaterra – garantida pela união da monarquia plantageneta com a rica burguesia comercial –, possibilitando, aos ingleses, investimentos na compra de navios portugueses entre os séculos XIII e XV.
d) a permanência do "espírito cruzadista" na Península Ibérica, o que fez com que Portugal e Espanha estivessem empenhados na luta contra os "infiéis" no Oriente Médio, atrasando em dois séculos (XIV-XVI) a Expansão Marítima Ibérica.
e) a contradição entre o crescimento populacional nesse período e a baixa produção feudal, gerando a necessidade de se procurar novas áreas geográficas para exploração europeia, aumentando, assim, a quantidade de recursos materiais e alimentícios na Europa.

8. (PUC-SP) "Ao embarcar em um navio rumo ao Novo Mundo, famílias portuguesas, aventureiros de todas espécies, nobres, religiosos, degredados, prostitutas e marinheiros deixavam para trás tudo o que se poderia relacionar com dignidade. Não havia a bordo privacidade nem garantia de integridade física – doenças, estupros, fome e sede eram riscos inerentes à viagem, sem contar o perigo de acidentes."

(RAMOS, Fábio Pestana. "Os apuros dos navegantes". In: *História viva*, n. 68, jun. 2009, p. 60.)

O texto menciona aspectos curiosos e importantes da conquista europeia da América.
Sobre as viagens mencionadas no texto, podemos afirmar que
a) as pessoas que aceitavam embarcar nos navios que partiam em direção ao Novo Mundo eram predominantemente miseráveis, o que explica a pobreza da população nas colônias.
b) escravos eram arregimentados na África para trabalhar nos navios que cruzavam os oceanos e para manter, dessa forma, um mínimo de organização e ordem a bordo.
c) as navegações ultramarinas, apesar de todos os inventos técnicos e da racionalidade que impulsionaram, tinham caráter aventuresco e comportavam inúmeros riscos.
d) nobres e pobres misturavam-se nos navios, sem que houvesse qualquer distinção social, o que explica a democracia racial e social implantada nas terras conquistadas.
e) as mulheres da nobreza que atravessavam o Atlântico conheciam os perigos da viagem e, por isso, levavam armas para que pudessem se defender de ataques a bordo.

9. (UFMG-MG) Leia o texto:

"A língua de que [os índios] usam, toda pela costa, é uma: ainda que em certos vocábulos difere em algumas partes; mas não de maneira que se deixem de entender. (...) Carece de três letras, convém a saber, não se acha nela F, nem L, nem R, coisa digna de espanto, porque assim não tem Fé, nem Lei, nem Rei, e desta maneira vivem desordenadamente (...)."

(GÂNDAVO, Pero de Magalhães. *História da Província de Santa Cruz*, 1578.)

A partir do texto, pode-se afirmar que todas as alternativas expressam a relação dos portugueses com a cultura indígena, **exceto**:
a) a busca de compreensão da cultura indígena era uma preocupação do colonizador.
b) a desorganização social dos indígenas se refletia no idioma.
c) a diferença cultural entre nativos e colonos era atribuída à inferioridade do indígena.
d) a língua dos nativos era caracterizada pela limitação vocabular.
e) os signos e símbolos dos nativos da costa marítima eram homogêneos.

10. (Fuvest-SP) "O que mais espanta os Índios e os faz fugir dos Portugueses, e por consequência das igrejas, são as tiranias que com eles usam, obrigando-os a servir toda sua vida como escravos, apartando mulheres de maridos, pais de filhos, ferrando-os, vendendo-os, etc. (...) estas injustiças foram a causa da destruição das igrejas..."

(Padre José de Anchieta, na segunda metade do século XVI.)

A partir do texto, é correto afirmar que
a) a defesa dos indígenas feita por Anchieta estava relacionada a problemas de ordem pessoal entre ele e os colonizadores da capitania de São Paulo.
b) a escravidão dos índios, a despeito das críticas de Anchieta, foi uma prática comum durante o período colonial, estimulada pela Coroa portuguesa.
c) os conflitos entre jesuítas e colonizadores foram constantes em várias regiões, tais que: Maranhão, São Paulo e Missões dos Sete Povos do Uruguai.
d) a posição de defesa dos indígenas, assumida por Anchieta, foi isolada nas Américas, tanto na Portuguesa quanto na Espanhola.
e) a defesa dos jesuítas foi assumida pela Coroa nos episódios em que essa ordem religiosa lutou por interesses antagônicos aos dos colonizadores.

11. (Unesp-SP) "Esta capitania [do Rio de Janeiro] tem um rio muito largo e fermoso; divide-se dentro em muitas partes, e quantas terras estão ao longo dele se podem aproveitar, assim para roças de mantimentos como para cana-de-açúcar e algodão (...) E por tempo hão de se fazer nelas grandes fazendas: e os que lá forem viver com esta esperança não se acharão enganados."

(GÂNDAVO, Pero de Magalhães. *História da Província de Santa Cruz ou Tratado da Terra do Brasil*, 1576.)

O texto refere-se
a) ao projeto da administração portuguesa de transferir a capital da Colônia de Salvador para o Rio de Janeiro.
b) à incompetência da elite econômica e política da metrópole portuguesa, que desconhece as possibilidades de crescimento econômico da Colônia.

c) ao perigo de fragmentação política da Colônia do Brasil, caso o território permaneça despovoado na sua faixa litorânea.
d) à necessidade de ocupação econômica da Colônia, tendo em vista a ameaça representada pela Inglaterra e pela Espanha.
e) ao vínculo entre o povoamento de regiões da Colônia do Brasil e as atividades econômicas de subsistência e de exportação.

12. (Ufop-MG) Sobre o papel das Câmaras Municipais, no Brasil colonial, não podemos afirmar:
a) Eram responsáveis pela administração pública e pelo exercício da justiça nas vilas e cidades.
b) Eram compostas pelos chamados homens bons que constituíam a sociedade colonial.
c) Exerciam controle sobre o comércio de abastecimento dos aglomerados urbanos.
d) Foram responsáveis pelo processo de centralização política que ocorreu na colônia.

13. (UPM-SP) "Pouco fruto se pode obter deles se a força do braço secular não acudir para domá-los. Para esse gênero de gente, não há melhor pregação do que a espada e a vara de ferro."

(José de Anchieta & Pedro Casaldáliga. In: *Na procura do reino*.)

O fragmento de texto acima, escrito nos primórdios da colonização do Brasil, refere-se:
a) à evangelização do negro e ao apresamento de escravos pelos bandeirantes.
b) à expansão de cana-de-açúcar para o interior do Mato Grosso e à utilização de mão de obra indígena.
c) à catequização dos índios pelos jesuítas e à utilização dos silvícolas como mão de obra nas propriedades da Companhia de Jesus.
d) à inadaptação do índio para o trabalho e à escravização do negro pelos jesuítas em suas reduções de ouro.
e) à determinação dos jesuítas em pregar o Evangelho junto aos índios e negros, ampliando os horizontes da fé.

14. (Enem) "Formou-se na América tropical uma sociedade agrária na estrutura, escravocrata na técnica de exploração econômica, híbrida de índio — e mais tarde de negro — na composição. Sociedade que se desenvolveria defendida menos pela consciência de raça, do que pelo exclusivismo religioso desdobrado em sistema de profilaxia social e política. Menos pela ação oficial do que pelo braço e pela espada do particular. Mas tudo isso subordinado ao espírito político e de realismo econômico e jurídico que aqui, como em Portugal, foi desde o primeiro século elemento decisivo de formação nacional; sendo que entre nós através das grandes famílias proprietárias e autônomas; senhores de engenho com altar e capelão dentro de casa e índios de arco e flecha ou negros armados de arcabuzes às suas ordens."

(FREYRE, Gilberto. *Casa-Grande e Senzala*. Rio de Janeiro, José Olympio, 1984.)

De acordo com a abordagem de Gilberto Freyre sobre a formação da sociedade brasileira, é correto afirmar que
a) a colonização na América tropical era obra, sobretudo, da iniciativa particular.
b) o caráter da colonização portuguesa no Brasil era exclusivamente mercantil.
c) a constituição da população brasileira esteve isenta de mestiçagem racial e cultural.
d) a Metrópole ditava as regras e governava as terras brasileiras com punhos de ferro.
e) os engenhos constituíam um sistema econômico e político, mas sem implicações sociais.

15. (PUC-SP) "Para um homem se ver a si mesmo são necessárias três coisas: olhos, espelho, luz. Se tem espelho e é cego, não se pode ver por falta de olhos; se tem espelho e olhos e é de noite, não se pode ver por falta de luz. Logo há mister luz, há mister espelho, há mister olhos. Que coisa é a conversão de uma alma senão entrar um homem dentro em si e ver-se a si mesmo? Para esta vista são necessários olhos, é necessária a luz, e é necessário espelho. O pregador concorre com o espelho que é a doutrina; Deus concorre com a luz que é a graça; o homem concorre com os olhos, que é o conhecimento."

(VIEIRA, Pe. Antonio. *Sermão da sexagésima*, 1655.)

No trecho acima, padre Antonio Vieira reflete sobre a importância da conversão dos índios ao cristianismo, para que atingiam a "luz, representada pela graça de Deus". Tal trabalho de conversão de indígenas foi realizado pela igreja durante o período colonial. Identifique e comente o papel da igreja durante a colonização e a defesa dos índios muitas vezes feita pelos religiosos, contra a escravização.

16. (Unicamp-SP) "A base da tese de que o Brasil teria sido descoberto por Duarte Pacheco em 1498 gira em torno de seu manuscrito intitulado "Esmeraldo de *situ orbis*", produzido entre 1505 e 1508. Trata-se de um relato das viagens de Duarte Pacheco não só ao Brasil como também à costa da África, principal fonte de riqueza de Portugal no século XV. O rei Dom Manoel I considerou tão valiosas as informações náuticas, geográficas e econômicas contidas no documento que jamais permitiu que este fosse tornado público."

(Adaptado de *Isto É*, 26/11/1997, pp. 65-6.)

a) Em que o relato de Duarte Pacheco altera a versão oficial do descobrimento do Brasil?
b) Por que, no contexto da expansão ultramarina, Portugal procurou manter esse relato em segredo?
c) Quais os interesses de Portugal com a expansão ultramarina?

17. (Unicamp-SP) "A união de Espanha e Portugal, em 1580, trouxe vantagens para ambos os lados. Portugal era tratado pelos monarcas espanhóis não como uma conquista, mas como um outro reino. Os mercados, as frotas e a prata espanhóis revelaram-se atraentes para a nobreza e para os mercadores portugueses. A Espanha beneficiou-se da aquisição de um porto atlântico de grande importância, acesso ao comércio de especiarias da Índia, comércio com as colônias portuguesas na costa da África e contrabando com a colônia do Brasil."

(Adaptado de SCHWARTZ, Stuart B. *Da América portuguesa ao Brasil*. Lisboa, Difel, 2003. pp. 188-9.)

Segundo o texto, quais foram os benefícios da união ibérica para Portugal e para a Espanha?

Estruturação do Domínio Oligárquico no Brasil

Lavagem do ouro (detalhe), Rugendas.

UNIDADE II

Capítulo 4

A consolidação colonial brasileira

Nos séculos XV e XVI, dada a expansão ultramarina europeia, o continente americano foi integrado à história da Europa. A colonização de sua extensa área não seguiu, entretanto, um padrão único, assumindo, de acordo com o contexto metropolitano e as realidades encontradas, diferentes características.

A América Latina, rica em metais preciosos e gêneros tropicais de alto valor no mercado europeu, tornou-se região de **exploração** pelos países ibéricos, contribuindo enormemente para o enriquecimento das metrópoles, mas, por sua função de economia complementar, revelava total dependência em relação à Europa. Denominou-se **pacto colonial** o conjunto de relações entre metrópoles e colônias, o qual garantia a exclusividade do comércio colonial para sua respectiva metrópole, promovendo, dessa forma, o acúmulo de capital no continente europeu.

"As minas abundantes em ouro e prata que os espanhóis encontraram em sua parte da América reforçaram a estrutura social autoritária que haviam trazido. O comércio de peles desempenhou papel semelhante na América francesa. No início, os colonizadores ingleses procuraram também ouro ou uma passagem no noroeste que lhes abriria o Pacífico e as riquezas do fabuloso Oriente. Eles, também, tentaram impor às suas colônias uma forma rígida de organização social destinada a promover mais fins corporativistas do que individuais. O Novo Mundo inglês, a zona temperada da América do Norte, porém, não gerava riquezas fáceis. Em vez disso, revelou ser soberbamente apropriado para as atividades mais humildes de agricultura, pesca e comércio, tarefas estas mais adaptadas à iniciativa individual do que corporativista.

Paradoxalmente, as colônias inglesas floresceram porque fracassaram em seus objetivos corporativistas iniciais, abrindo, por isso, campo à iniciativa de colonos ingleses isolados. E foi nessas circunstâncias que a América inglesa assomou ao primeiro plano da evolução do mundo atlântico para a modernidade."

(SELLERS, Charles & McMILLEN, Neil R. *Uma reavaliação da história dos Estados Unidos*. Rio de Janeiro, Jorge Zahar Editor, 1990. p. 20.)

Já a América do Norte, povoada por ingleses e cujas características naturais assemelhavam-se muito às da Europa, integrou-se à economia do velho continente, como região de **povoamento**. A ocupação inglesa da América do Norte iniciou-se nos últimos anos do século XVI e ganhou intensidade no século seguinte. Isso foi reflexo dos crescentes conflitos políticos e religiosos, em que se achava envolvida a Inglaterra, que estimularam a emigração para as regiões temperadas do Novo Mundo setentrional. Aí formaram-se, ao longo dos séculos XVII e XVIII, treze colônias, cujas atividades econômicas não se orientavam complementarmente para a metrópole, sendo a área geograficamente pouco atraente para projetos de exploração mercantilista. Foi este o ponto de partida que favoreceu o surgimento de uma produção diversificada, com precoce desenvolvimento do mercado interno e emprego de mão de obra livre em maiores proporções que em outras áreas do continente. O mesmo não aconteceu na parte sul dos atuais Estados Unidos, onde foram montadas grandes propriedades agrícolas exploradoras, produzindo para o mercado externo e usando mão de obra escrava. Assim, essa região constituiu a exceção do caráter colonial norte-americano.

Vale observar que, no caso da América portuguesa, a existência de um mercado interno, por mais dinâmico que tenha se tornado ao longo dos três séculos de domínio português, sempre se fez à sombra da dominação metropolitana.

A colonização norte-americana de povoamento fundou as bases do progresso econômico e político dos Estados Unidos. Na gravura, Filadélfia, em 1701.

A peculiaridade da colonização ibérica centrou-se no domínio monopolista metropolitano, a serviço do Estado e de sua classe mercantil, a quem interessava assegurar a posse colonial e executar a administração, a fiscalização e a exploração. Quanto à dependência, especialmente no plano econômico, para com os grandes centros comerciais e financeiros europeus, Portugal e Espanha já a carregavam desde as primeiras décadas de sua evolução histórica.

Esses Estados ibéricos não foram países de desenvolvimento capitalista autônomo, nem possuidores de estruturas comerciais e financeiras nacionais suficientes que pudessem projetar, com a montagem de seus impérios coloniais, um completo desenvolvimento capitalista. Pelo contrário, foram nações que sempre se viram obrigadas, segundo o interesse do Estado e de suas elites, a recorrer aos recursos de outras praças europeias, dividindo com elas as iniciativas e as riquezas obtidas no expansionismo. Fez-se, pouco a pouco, a ratificação de uma posição progressivamente dependente e, dessa forma, subalterna na economia, que, no caso de Portugal, dirigiu-se principalmente para os holandeses e depois para os ingleses.

Na América espanhola, a imediata descoberta de metais preciosos possibilitou uma exploração das colônias baseada na obtenção de ouro e prata e de alguns produtos tropicais, segundo um rígido sistema de monopólio mercantil e fiscalização. Sob a direção do **Conselho Real e Supremo das Índias** definiram-se as ligações comerciais entre metrópole e colônia, estruturadas a partir do regime de "porto único", isto é, todas as transações comerciais entre as colônias e a metrópole realizavam-se necessariamente em portos especialmente destinados a esse fim: na Espanha, foi inicialmente escolhido o porto de Sevilha e, mais tarde, o de Cádiz, e nas colônias estavam autorizados a receber e expedir mercadorias os portos de Veracruz (México), Porto Belo (Panamá) e Cartagena (Colômbia).

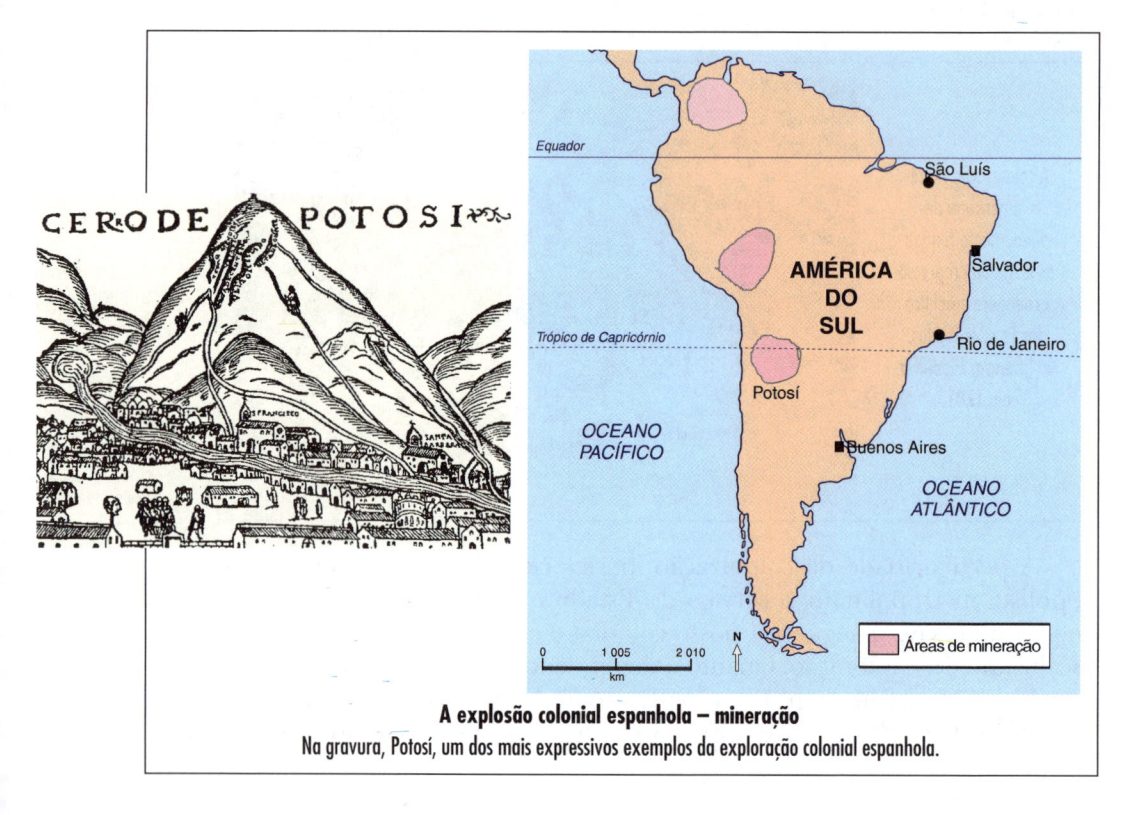

A explosão colonial espanhola – mineração
Na gravura, Potosí, um dos mais expressivos exemplos da exploração colonial espanhola.

Tal política impossibilitou a integração das áreas coloniais hispano-americanas e impediu o desenvolvimento de outras atividades que não fossem voltadas para os interesses metropolitanos, favorecendo o isolamento das várias regiões coloniais e quase nenhum desenvolvimento econômico de atividades voltadas para o mercado interno. Por outro lado, a dependência econômica da Espanha em relação a outras nações europeias, sobretudo França e Inglaterra, estimulada pela manutenção de um suntuoso e oneroso Estado, bem como pelo sustento da elite nacional, promoveu a transferência das suas fabulosas riquezas, obtidas nas colônias, para outras partes da Europa.

O Brasil, tal como as regiões hispano-americanas, integrou-se ao quadro econômico europeu como colônia de exploração. A realidade brasileira, no entanto, impôs certas características peculiares à colonização portuguesa, destacando-se a opção pela agricultura. Por outro lado, não foi possível a utilização em larga escala da mão de obra indígena, ao contrário do que se verificou nas regiões mineradoras do México e do Peru, onde a população nativa era numerosa e achava-se concentrada e hierarquizada socialmente.

> "O Brasil constitui uma realidade profundamente específica: trata-se de uma economia criada praticamente em função do capitalismo em expansão. Ao contrário de certos países asiáticos ou africanos, onde a Europa utilizou para os seus fins as estruturas socioeconômicas existentes, o Brasil no seu conjunto é criado como complemento econômico. Debruçar-se sobre a economia brasileira significa pois, antes de tudo, debruçar-se sobre as funções sucessivas que ele desempenhou na formação e no desenvolvimento do capitalismo das metrópoles.
>
> Nota-se a especificidade do Brasil relativamente ao mundo colonial em geral: enquanto na maior parte das outras colônias a metrópole sobrepunha às estruturas econômicas e políticas preexistentes um aparelho de dominação e mecanismos de exploração, no Brasil a fraqueza — tanto do ponto de vista numérico como, sobretudo, do ponto de vista social e organizativo — da população indígena obrigou a metrópole a criar uma economia, determinar as suas funções e escolher os produtos a partir de um único fator de produção preexistente: a terra.
>
> Não se trata pois de uma reorientação de atividades locais para as necessidades da metrópole, mas de sua criação. A dualidade característica que se encontra em outros países de terceiro mundo — sobretudo de duas civilizações ou de duas dinâmicas — não existe portanto no Brasil.
>
> Por outro lado, constatamos a especificidade do Brasil dentro da própria América Latina: em primeiro lugar, a América Hispânica é em geral bastante próxima do caso geral de sobreposição de estruturas coloniais sobre estruturas indígenas. Com efeito, a Espanha encontrou nas terras que conquistou uma civilização que, se bem que de diferentes níveis segundo as regiões, se situava claramente acima dos índios que os portugueses encontraram no Brasil. A tarefa dos espanhóis foi pois, antes de tudo, submeter as estruturas sociais e econômicas existentes. Em segundo lugar, a existência de ouro e da prata na parte espanhola da América Latina orientou os colonizadores para a rapina e para a dinamização da extração de metais preciosos. (...) Ao contrário, na parte portuguesa da América Latina, o fato de as riquezas minerais terem permanecido durante longo tempo desconhecidas orientou desde o início os colonos para atividades produtivas.
>
> A economia brasileira vê-se, pois, desde logo organizada para a produção em função de necessidades externas."
>
> (DOWBOR, Ladislau. A formação do capitalismo dependente no Brasil. Lisboa, Prelo, 1977. pp. 57-9.)

O projeto agrícola da exploração colonial brasileira

Como vimos, as três primeiras décadas da conquista portuguesa na América caracterizaram-se pelo reconhecimento e defesa do território colonial, bem como pela ampliação da extração do pau-brasil, madeira abundante na faixa litorânea. Essa primeira atividade econômica estruturou-se com base no estanco metropolitano, na instalação de feitorias e na utilização do trabalho indígena por meio do escambo. Todavia, o caráter predatório da exploração madeireira não se encaixou na nova política portuguesa do início dos anos 1530, voltada, a partir de então, para uma efetiva colonização do Brasil.

Inaugurada pelo rei D. João III, essa política visava à ocupação da costa brasileira para garantir o domínio luso sobre o território colonial frente às ameaças crescentes de outras nações europeias, interessadas em desrespeitar as determinações do tratado de Tordesilhas. Para viabilizar a ocupação e povoamento da colônia, a Coroa portuguesa recorreu ao cultivo da cana de açúcar para sustentar sua colonização na América, visto que, ao contrário do que ocorrera nas áreas de dominação espanhola, não foram aqui descobertas jazidas de metais preciosos. Criou-se, dessa forma, o mito da vocação agrícola do Brasil.

Levado da Ásia para a Europa por árabes e cristãos engajados nas cruzadas durante a Idade Média, o açúcar era uma especiaria das mais valiosas no início do século XV, comercializada a preços elevados e garantindo alta lucratividade aos mercadores. Era um produto raro e muito procurado, fazendo parte até mesmo de dotes de rainhas e princesas.

Além do alto preço do açúcar e de um mercado em contínua ampliação na Europa, Portugal já conhecia a agricultura da cana de açúcar desde o século XIII. Porém, foi só na segunda metade do século XIV, com o infante D. Henrique, o Navegador, que a atividade açucareira ganhou amplitude, deixando de ser uma produção limitada e isolada.

Nessa época, foram instalados alguns engenhos na ilha da Madeira, seguidos de melhorias das técnicas de cultivo e grande utilização da mão de obra escrava, dada a conquista de diversas regiões da costa africana, onde os negros eram capturados. Assim, as lavouras de cana espalharam-se pelos arquipelagos atlânticos, ganhando importância em várias ilhas, destacando-se, além de Madeira, os Açores, São Tomé e Cabo Verde.

A produção em larga escala do açúcar nas ilhas do Atlântico permitiu a Portugal cimentar fortes relações com os mercadores e banqueiros de Flandres, responsáveis pelo financiamento, refino e distribuição do açúcar produzido pelos portugueses nas praças europeias. Esses vínculos facilitaram, posteriormente, o acesso dos portugueses à infraestrutura comercial europeia, controlada pelos holandeses, bem como a seus abundantes capitais, para o financiamento do empreendimento agrícola brasileiro.

Tapeçaria retratando cena da conquista da costa africana. Nas ilhas atlânticas, na costa africana, e em Flandres, Portugal desenvolveu técnicas para o cultivo da cana de açúcar, o uso da mão de obra escrava e o comércio com a Europa.

Tapeçaria de Arzila. Ministério das Finanças/Lisboa.

> "Coube a Portugal a tarefa de encontrar uma forma de utilização econômica das terras americanas que não fosse a fácil extração de metais preciosos. Somente assim seria possível cobrir os gastos de defesa dessas terras. Este problema foi discutido amplamente e a alto nível, com a interferência de gente — como Damião de Góis — que via o desenvolvimento da Europa contemporânea com uma ampla perspectiva. Das medidas políticas que então foram tomadas resultou o início da exploração agrícola das terras brasileiras, acontecimento de enorme importância na história americana. De simples empresa espoliativa e extrativa — idêntica à que na mesma época estava sendo empreendida na costa da África e nas Índias orientais — a América passa a constituir parte integrante da economia reprodutiva europeia, cuja técnica e capitais nela se aplicam para criar de forma permanente um fluxo de bens destinados ao mercado europeu."
>
> (FURTADO, Celso. *Formação econômica do Brasil.* São Paulo, Nacional, 1971. p. 8.)

Possuidor de técnicas agrícolas apropriadas e de vínculos com os mercadores que tinham, além de capital, amplo acesso ao mercado consumidor europeu, Portugal também detinha a solução para o problema da mão de obra para dar início a um empreendimento de tão vastas proporções.

Há muito, os lusos adotaram a escravidão no próprio reino e depois em suas conquistas ultramarinas. A escravidão era considerada, pelos portugueses, como uma instituição "justa", já que, no início, escravizavam-se os mouros, considerados "infiéis" pelos cristãos. Essa característica de infidelidade religiosa acabou sendo estendida a todos os negros africanos. Estima-se que, entre 1450 e 1500, o número de negros capturados e escravizados pelos portugueses tenha se aproximado da cifra de 150 mil.

Para a implantação da indústria canavieira no Brasil, o projeto colonizador luso precisava contar com mão de obra compulsória e abundante, dada a extensão do território. Inicialmente, foram utilizados os nativos, mas, em seguida, passou-se a usar os africanos. Dois fatores explicam o emprego do trabalho escravo africano em maior escala quando comparado ao indígena: o primeiro deles envolve os interesses ligados ao tráfico negreiro, que logo se tornou um empreendimento altamente lucrativo para a Coroa e mercadores portugueses. O segundo refere-se ao simples desaparecimento da população indígena da área açucareira.

A instalação da *plantation* açucareira

As primeiras mudas de cana de açúcar foram trazidas da ilha da Madeira para o Brasil por Martim Afonso de Souza, que instalou o primeiro engenho da colônia em São Vicente, no ano de 1533. Inaugurava-se, assim, a base econômica sobre a qual se assentaria a colonização portuguesa no Brasil.

A multiplicação dos engenhos pela costa brasileira foi bastante rápida, chegando a mais de 60 em 1570, 200 no final do século XVI e 400 em 1610. A importância econômica do açúcar como principal riqueza colonial torna-se evidente se considerarmos as seguintes estimativas: até o final do século XVIII, período do apogeu da economia aurífera, o valor de açúcar exportado foi superior a 300 milhões de libras esterlinas, enquanto a mineração, na mesma época, gerou um lucro de cerca de 200 milhões.

Coube à região Nordeste, destacadamente o litoral de Pernambuco e Bahia, o papel de principal produtora de açúcar da colônia, como revelam a tabela e o gráfico abaixo:

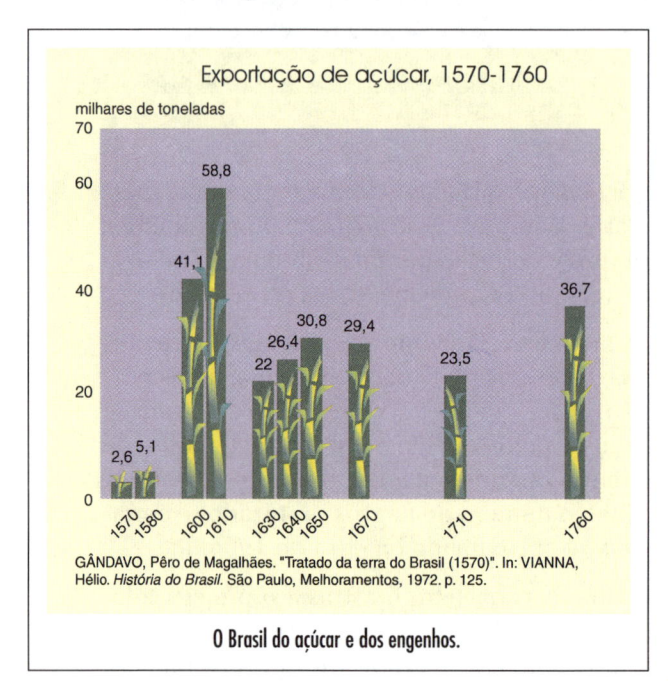

Exportação de açúcar, 1570-1760
milhares de toneladas

Ano	Valor
1570	2,6
1580	5,1
1600	41,1
1610	58,8
1630	22
1640	26,4
1650	30,8
1670	29,4
1710	23,5
1760	36,7

GÂNDAVO, Pêro de Magalhães. "Tratado da terra do Brasil (1570)". In: VIANNA, Hélio. *História do Brasil.* São Paulo, Melhoramentos, 1972. p. 125.

O Brasil do açúcar e dos engenhos.

ENGENHOS INSTALADOS NO BRASIL (1570)

Pernambuco	23
Bahia	18
Ilhéus	8
Porto Seguro	5
São Vicente	4
Espírito Santo	1
Itamaracá	1

GÂNDAVO, Pero de Magalhães. "Tratado da torre no Brasil (1571)". In: VIANNA, Hélio. *História do Brasil.* São Paulo, Melhoramentos, 1972. p. 125.

As unidades açucareiras agroexportadoras, conhecidas como engenhos, eram grandes propriedades de terra, obtidas com as doações de sesmarias pelos donatários e governos-gerais a quem se interessasse pelo empreendimento. Por seu gigantismo, não tinham qualquer semelhança com as pequenas e médias propriedades camponesas de outras regiões europeias e do Norte da América inglesa. Tal caráter determinou a não formação de uma classe camponesa e impediu o desenvolvimento significativo de atividades comerciais e artesanais que pudessem ativar um mercado interno com dinâmica própria, isto é, introvertido. Assim, a produção de açúcar voltava-se exclusivamente para a exportação e, por gerar elevados lucros, comandava a economia colonial. Outras lavouras desenvolveram-se no Brasil, mas geralmente apresentavam um caráter complementar e secundário, como destacaremos mais à frente. À produção canavieira destinavam-se as melhores terras, grandes investimentos de capital e a maioria da mão de obra. O responsável pela produção – o senhor de engenho – ocupava um papel de destaque e usufruía de enorme prestígio social. Podemos afirmar que, sobre o quadripé constituído pelo latifúndio monocultor, escravista e exportador, assentava-se a agricultura brasileira no início da colonização de nosso território, normalmente denominado *plantation*.

O **engenho**, que em alguns casos chegava a ter perto de 5 000 moradores, era constituído por áreas extensas de florestas, fornecedoras de madeira; plantações de cana; a residência do proprietário, sua família e agregados e a sede da administração, conhecida como **casa-grande**; a **capela** e a **senzala**, normalmente um grande barracão onde se alojavam os escravos.

A **fábrica do açúcar** era formada pela **moenda**, a **casa das caldeiras** e a **casa de purgar**. Na moenda, a cana era esmagada, extraindo-se o caldo; na casa das caldeiras, esse caldo era engrossado ao fogo em grandes tachos; finalmente, na casa de purgar o melaço de cana era colocado em fôrmas de barro para secar e atingir o "ponto de açúcar". Após algum tempo, esses blocos eram desenformados dando origem aos **pães de açúcar**, que eram então colocados em caixas de até 750 kg e enviados para Portugal. A seguir, o açúcar era despachado para a Holanda, onde passava por um processo de refinação, ficando pronto para comercialização e consumo. Estima-se a produção anual de cada um desses engenhos entre 45 a 150 toneladas de açúcar.

Eram chamados de **engenhos reais** aqueles movimentados por força hidráulica, considerados os mais produtivos, e de **engenhos trapiches**, os movidos por tração animal (bois ou cavalos) ou pela força humana. Havia ainda as "engenhocas" ou "molinetes", dedicados à produção de aguardente, que servia como elemento de troca no escambo de escravos e para o consumo local.

A aristocracia rural nas regiões açucareiras era composta pelos **senhores de engenho**, ricos proprietários destas imensas unidades agroexportadoras.

Essa elite era geralmente formada por homens brancos, de ascendência lusitana, que possuíam algum capital para a instalação dos engenhos. A terra era doada e simbolizava uma recompensa por serviços prestados à

Coroa, o que garantia prestígio social e influência política. O poder dessa **aristocracia** ia além de suas terras, expandindo-se pelas vilas, dominando as Câmaras Municipais e quase toda a vida colonial.

Henry Koster, *Fazendeiro com esposa em viagem.*

> A autoridade do senhor de engenho ia além de suas terras, alcançando povoados e vilas através de seu controle sobre as Câmaras Municipais.

A autoridade do senhor de engenho era também predominante em seu domicílio, devendo ser obedecido e respeitado como chefe. Às mulheres ficava reservado o papel de administradoras do lar e do trabalho dos escravos domésticos. Todavia, a autoridade do senhor era muitas vezes abalada pelas estratégias de resistência dos escravizados (fugas; assassinatos; agressões) e pela atuação feminina, sendo registrados casos em que as mulheres herdavam a propriedade dos maridos, assumindo suas responsabilidades na estrutura econômica açucareira.

Chama atenção, na economia açucareira, a existência de diversos tipos de proprietários de terra, destacando-se os "lavradores de cana". Trata-se de proprietários de terra que não possuíam o equipamento necessário para a produção do açúcar propriamente dito, limitando-se à produção da matéria-prima – a cana – a ser processada no engenho pertencente a um senhor e pagando a este, em geral, metade do açúcar obtido. Dentre os "lavradores de cana" incluíam-se grandes e pequenos proprietários e, apesar de se encontrarem em posição inferior ao do senhor de engenho, destacavam-se em relação a outros lavradores (desde grandes "lavradores de fumo" até humildes agricultores de subsistência, muitas vezes tolerados em uma grande propriedade).

Abaixo dos proprietários, na escala social, encontravam-se pessoas livres dedicadas às atividades complementares no engenho e nos poucos núcleos urbanos da época. Eram os feitores, capatazes, mestres de açúcar, bem como padres, militares, funcionários da Coroa, comerciantes e artesãos. Dentro dos domínios de grandes proprietários de terra, era comum a existência de "agregados", que eram aceitos no convívio da família de um senhor de engenho, por exemplo, pelos mais diversos motivos.

Finalmente, a grande massa de escravos formava a base econômica dessa sociedade de pequena mobilidade, sendo responsáveis pela maior parte do trabalho realizado e representando, nas palavras do jesuíta André João Antonil, "as mãos e os pés do senhor de engenho".

A maioria deles trabalhava de sol a sol na lavoura e na produção de açúcar sob a vigilância atenta de um feitor e debaixo de constantes castigos físicos. Outros realizavam serviços domésticos na casa-grande, como cozinheiras, arrumadeiras, amas de crianças, moleques de recados, cocheiros, etc. Dentre os castigos mais comuns a que estavam sujeitos os escravos estava o açoite com o "bacalhau" (chicote de couro cru) e a prisão no "vira-mundo" (algemas de ferro que prendiam mãos e pés). Também não era muito raro a prática hedionda de cortar orelhas e narizes e marcar com ferro em brasa o corpo e o rosto de escravos sob o pretexto de castigá-los.

O escravo na economia açucareira

A generalização do trabalho escravo africano no Brasil, a partir do final do século XVI, deveu-se a diversos fatores. No início da colonização, recorreu-se à escravização da mão de obra nativa, rompendo as relações amistosas que haviam se estabelecido entre portugueses e indígenas nos primeiros contatos. Os missionários jesuítas, apoiados pelo Estado metropolitano, não aceitaram a imposição da escravidão aos índios e entraram em choque com os colonos. Estes necessitavam de braços para iniciar a atividade agrícola e os religiosos desejavam a cristianização dos nativos, sua pacificação e transformação em trabalhadores livres. Para isso, contaram com diversas leis reais e eclesiásticas que negavam a sua escravização.

> "... vos ordenamos e mandamos a vós, e a vossos sucessores que cada um por si ou pelos seus ministros, assistindo com o socorro de uma eficaz proteção a todos os índios habitantes das províncias do Paraguai, do Brasil das margens do rio da Prata, e de quaisquer outros lugares, e terras das Índias ocidentais e meridionais; mandeis afixar editos públicos, pelos quais apartadamente se proíba, debaixo da excomunhão latae sententiae (das quais os transgressores não poderão ser absolvidos senão por nós e pelos romanos pontífices, que nos sucederam, salvo se for no artigo da morte, dando primeiro uma competente satisfação) que alguma pessoa, ou seja secular, ou eclesiástica, de qualquer estado, ou sexo, grau, condição e dignidade (...) se atreva, nem atende daqui em diante fazer escravos os referidos índios, vendê-los, comprá-los, trocá-los ou dá-los; separá-los de suas mulheres, e filhos; despojá-los de seus bens, e fazendas; levá-los para outras terras; transportá-los, ou por qualquer modo privá-los de sua liberdade, e retê-los em escravidão..."
>
> (NEVES, Maria de Fátima. *Documentos sobre a escravidão no Brasil*. São Paulo, Contexto, 1996. pp. 77-8.)

A prática jesuítica mais comum, com o objetivo de evitar a escravização dos nativos, bem como erradicar suas tradições que contrariavam os preceitos cristãos (poligamia, antropofagia, crença nos poderes do pajé), foi reuni-los em aldeamentos, conhecidos como missões. Tal prática promoveu uma ruptura significativa com os padrões culturais dos indígenas, destribalizando-os. Por outro lado, os cada vez mais intensos contatos entre indígenas e brancos facilitaram a expansão de epidemias, aumentando dramaticamente a mortalidade dos primeiros, o que também se verificou nos aldeamentos jesuíticos. Esses aldeamentos acabaram sendo vítimas de expedições de aprisionamento de escravos, patrocinadas por colonos que necessitavam de mão de obra para a lavoura.

Assim, as epidemias, as mortes pelo trabalho forçado, a desarticulação da economia de subsistência, a fuga de tribos para o interior, o reduzido número disponível de nativos e a impossibilidade de adequação livre ao trabalho colonial inviabilizaram a transformação do índio em principal força de trabalho da empresa açucareira, apesar de sua contribuição continuar expressiva em atividades complementares até o século XVIII.

A subordinação e exploração dos africanos era garantida pela violência, inerente à própria escravidão.

Utilizando já há longa data o escravo africano, e com o *asiento*, direito de explorar o tráfico negreiro cedido pelo rei a companhias particulares mediante pagamento significativo, pouco a pouco a escravidão negra foi-se ampliando e superando o trabalho indígena.

Existiram três formas de tráfico de escravos no Império português: o tráfico particular, o tráfico das companhias em meio a outras atividades comerciais e o tráfico submetido ao *asiento*. Este último estava ligado à existência de um indivíduo ou companhia, o contratador, que recebera o domínio de uma praça africana, ou várias. Do indivíduo ou companhia contratadora era obtida a garantia de fornecimento de escravos e a ele se pagava pela quantidade de cativos que saíam pelos portos africanos. Devido à crescente força e atuação dos particulares e companhias, prevaleceu a relação direta entre o Brasil e os portos africanos, com predomínio cada vez maior dos comerciantes estabelecidos em cidades como Rio de Janeiro e Salvador, que escapavam, assim, da passagem por Lisboa como ocorria no comércio triangular mercantilista.

> *"Como definir o escravo? Seguindo David Brion Davis, apontaremos três características principais: 1) sua pessoa é propriedade de outro homem; 2) sua vontade está subordinada à autoridade do seu dono; 3) seu trabalho é obtido mediante coação. Outros autores acrescentariam que tais características só definiriam um escravo nos casos em que transcendessem os limites das relações estritamente familiares: não são chamados escravos os filhos e esposas explorados por pais e maridos tirânicos em sociedades patriarcais. Além do exposto, diversos outros atributos decorrem de ser o escravo uma propriedade. A sua situação não depende da relação que tenha com um senhor em particular, e não está limitada no tempo e no espaço. Em outras palavras, sua condição é hereditária e a propriedade sobre a sua pessoa é transmissível por venda, doação, legado, aluguel, empréstimo, confisco etc. Esta característica transforma o escravo legalmente numa 'coisa'. Ele não tem direitos nem família legal – quando a lei reconhece a validade do casamento religioso, como no Brasil colonial, este é com frequência impedido pelo senhor. Carece, mesmo, do direito ao próprio nome, que o dono pode mudar quando quiser. Não pode legalmente possuir, legar, iniciar processo. E, no entanto, sua incapacidade jurídica não é acompanhada pela incapacidade penal: pelo contrário, ao escravo estão reservados os castigos mais duros e a tortura.*
>
> *O mundo dos escravos não era homogêneo. Distinguia-se, em primeiro lugar, entre o cativo recém-chegado da África, o 'boçal', e o 'ladino' – africano já aculturado e entendendo o português. Os africanos eram, como um todo, opostos aos 'crioulos' nascidos no Brasil. Havia ainda distinções reconhecidas entre 'nações' africanas de origem, diferentemente valorizadas. E, dada a mestiçagem, a pele mais ou menos clara também era fator de diferenciação. Os mulatos e os negros crioulos eram preferidos para as tarefas domésticas, artesanais e de supervisão, cabendo aos negros, sobretudo os africanos, a dura labuta dos campos e outras tarefas pesadas."*
>
> (CARDOSO, Ciro Flamarion Santana. "O trabalho na colônia". In LINHARES, Maria Yedda (org.). *História geral do Brasil*. Rio de Janeiro, Campus, 1990. pp. 80-1.)

Os negros eram capturados na África pelos portugueses, que, não raramente, promoviam ou estimulavam guerras entre as tribos africanas para poder comprar, dos chefes vencedores, os negros derrotados. Aos poucos, os próprios africanos passaram a capturar seus conterrâneos para poder trocá-los com os traficantes: chefes locais, chamados **sobas**, vendiam aos comerciantes portugueses os escravos em troca de fumo, tecidos, cachaça, armas, joias, vidros, etc.

Da África, os escravos eram conduzidos para o Brasil em navios negreiros chamados **tumbeiros**, em cujos porões eram amontoados, ficando sujeitos a condições tão insalubres que a taxa média de mortalidade era estimada entre 15 e 20%. Nesses navios não havia espaço suficiente para os negros, nem água ou alimento. A "mercadoria" transportada não podia deixar o porão para tomar sol, pois a tripulação temia rebeliões a bordo. A viagem entre África e Brasil durava entre 35 e 120 dias, dependendo das localidades de partida e chegada, bem como das calmarias e intempéries. Em cada navio eram carregados, em média, entre 200 e 700 negros.

Calcula-se que, somente no século XVI, cerca de 1 milhão de negros foram enviados como escravos para os diversos empreendimentos coloniais americanos e, até o século XIX, não menos de 25 milhões foram capturados pelos brancos e deslocados para a América. Para o Brasil dirigiram-se perto de 40% dos escravos que vieram para a América.

Não seria exagero estimar que o número de vítimas envolvendo os escravos transportados e os que morreram na luta contra as incursões brancas ou por seus desdobramentos chegaria a algo próximo do triplo dos africanos deslocados para a América.

Os sobreviventes eram desembarcados e vendidos nos principais portos da colônia, como Salvador, Recife e Rio de Janeiro, completando-se a ligação entre o centro fornecedor de mão de obra (África) e o centro produtor de açúcar (Brasil), integrados na empresa da colonização metropolitana.

A maioria dos negros africanos trazida ao Brasil pertencia aos seguintes grandes grupos étnicos: **bantos**, capturados no Congo, Angola e Moçambique; os **sudaneses**, originários da Nigéria, Daomé e Costa do Marfim; e, em menor número, os **maleses**, sudaneses convertidos ao islamismo, entre os quais se destacavam os haussás, grupo sempre lembrado por sua constante insubordinação e continuadas revoltas. Os sudaneses dirigiram-se predominantemente para a Bahia e os bantos, para Pernambuco, Minas Gerais e Rio de Janeiro.

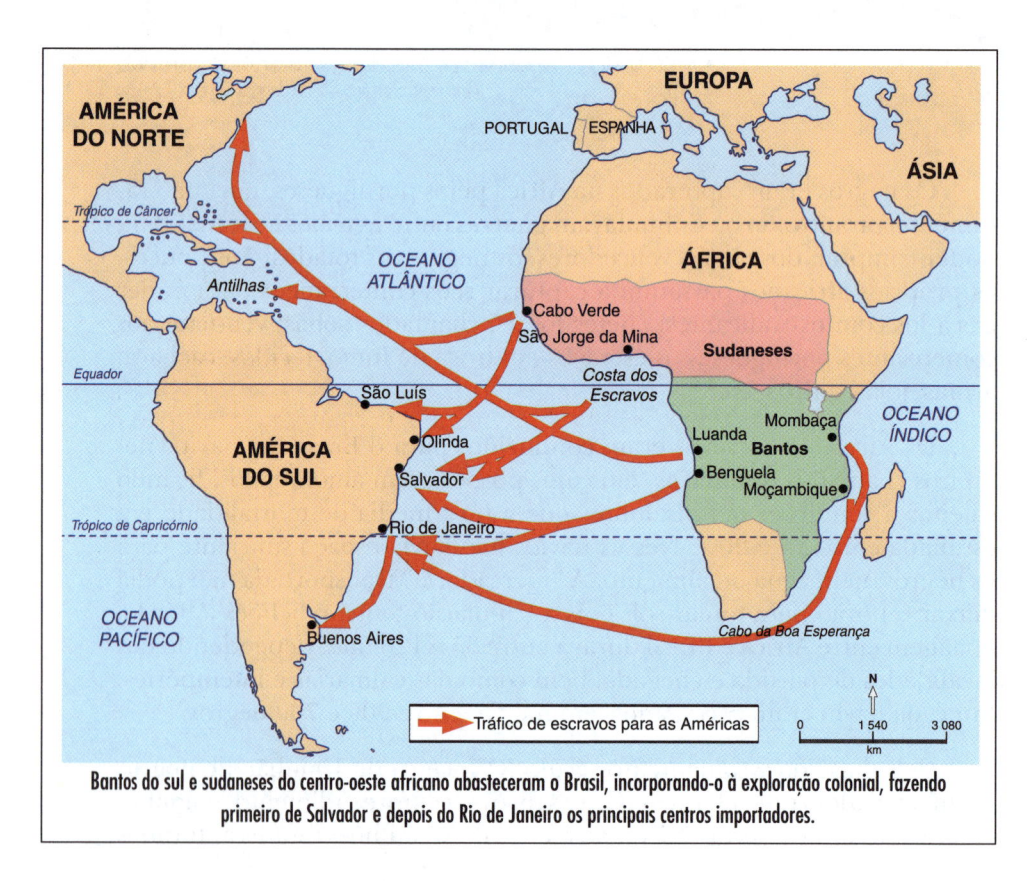

Bantos do sul e sudaneses do centro-oeste africano abasteceram o Brasil, incorporando-o à exploração colonial, fazendo primeiro de Salvador e depois do Rio de Janeiro os principais centros importadores.

A diáspora africana

Quando começou a ser realizada em grande escala pelos europeus, a escravidão não era novidade na África. Em alguns grupos, os prisioneiros de guerra eram escravizados; em outros, a escravidão era um recurso utilizado como garantia de pagamento de dívidas ou punição para crimes graves. Na dimensão que os europeus lhe deram, contudo, a escravidão representou um imenso desequilíbrio na sociedade, cultura e economia dos povos africanos.

Com a interferência europeia, as práticas de escravidão mudaram completamente na África. Alguns grupos se especializaram em fazer guerra com o objetivo único de capturar prisioneiros e vendê-los. Desse modo, nas rotas comerciais africanas, os escravos apareceram como mais uma mercadoria a ser trocada no litoral com os traficantes de escravos. De consequência de conflitos entre grupos e povos, a escravidão passou a ser uma causa, desequilibrando de forma profunda as relações que existiam anteriormente. Pode-se dizer que, após o contato com os europeus, a escravidão africana mudou de sentido, e o escravo, que antes era uma presa de guerra, passou a ser uma mercadoria negociável no mercado atlântico.

Forte de mouros na Ilha Moyella, gravura de Pieter van der Aa, cerca de 1729.

Segundo o historiador Charles Boxer[1], a maior parte dos africanos escravizados obtidos pelos portugueses na África ocidental foi, de início, comprada na costa da Guiné, e quase todos pertenciam à etnia sudanesa ocidental. **Guiné** era o termo usado para denominar uma região mais ampla do que a Guiné atual; essa região abrangia desde a embocadura do Rio Senegal até o Rio Orange. Mais tarde, o centro do comércio deslocou-se em direção ao sul, para o reino banto do Congo, e, posteriormente, para o reino de Angola.

Sobre a origem dos africanos trazidos à força para o Brasil, o historiador Jaime Pinsky afirma:

"Na verdade, se essa 'Grande Guiné' foi uma das zonas de origem do negro escravo, Angola foi outra. Através de seus portos, como Benguela e Luanda, sem dúvida um número muito grande de negros foi enviado, desde o início do tráfico. De outras regiões, como ilhas africanas ocidentais, ou zonas da África Oriental — como Madagáscar e Moçambique — o tráfico foi menor, embora não desprezível.

Deve-se, contudo, lembrar que o porto de origem do escravo não tinha, necessariamente, relação com sua origem étnica. Como já vimos, a captação de escravos dava-se, com frequência, no interior, muitas vezes a distâncias significativas dos locais de embarque.

Dessa forma poderemos notar uma grande variedade de grupos negros trazidos ao Brasil pelos traficantes (portugueses e ingleses, os mais expressivos, já no século XVIII). Se temos os **guinéus** e os **angolanos**, temos também os **bantus**, os **sudaneses**, os **minas**, entre outros."

(PINSKY, Jaime. *A escravidão no Brasil*. São Paulo, Contexto, 1988. p. 32.)

A grande diversidade de grupos étnicos e de clãs que eram comprados nos portos africanos decorria do próprio processo de apresamento, mas também do interesse dos senhores, que preferiam ter escravos de origens diferentes. Adquirindo africanos escravizados de diversas etnias, cada um com seu idioma e seus costumes, o proprietário dificultava sua integração e tornava mais difícil o risco de qualquer forma de organização para resistir à ordem escravocrata no Novo Mundo.

O tráfico negreiro, somado a outros fatores, acabou provocando um grande declínio demográfico na região de Angola. Mesmo assim, os portugueses continuaram a obter a maioria de seus escravos daquela mesma procedência; afinal, controlavam a área, não tendo ali concorrentes estrangeiros, o que tornava a atividade mais lucrativa.

A resistência do povo africano

A exploração do negro africano foi sempre acompanhada de constantes atos de rebeldia, desde tentativas de assassinato de feitores e senhores até fugas e, mesmo, suicídios. Os negros que fugiam eram perseguidos pelos

---

[1] BOXER, Charles Ralph. *A idade de ouro no Brasil*. São Paulo, Editora Nacional, 1969. p. 26.

capitães do mato, e muitos dos que não eram recapturados acabavam organizando comunidades negras livres, chamadas **quilombos**. Existiram mais de cem quilombos espalhados por toda a colônia, especialmente no Nordeste, principal região econômica do Brasil, onde, até o século XVIII, se concentrava o maior número de escravos.

O mais importante foco de resistência negra contra a escravidão foi o **quilombo de Palmares**, que se formou na serra da Barriga, em Alagoas. Nessa região de difícil acesso, desenvolveu-se uma comunidade autossuficiente que produzia milho, mandioca, banana, cana-de-açúcar e que, durante um certo período, chegou a comercializar seus excedentes com as regiões vizinhas.

Palmares estabeleceu-se ao longo do século XVII, chegando a abrigar mais de 20 mil negros fugidos dos engenhos, dispersos durante a invasão holandesa. O quilombo era dividido em aldeias menores, chamadas mocambos, e liderado pelos mais destacados guerreiros. Sobrevivendo por mais de 60 anos, Palmares conseguiu derrotar diversas expedições militares organizadas pelos holandeses, pela Coroa portuguesa e pelos fazendeiros. Para os senhores de engenho, Palmares constituiu uma ameaça, um exemplo perigoso, pois o seu sucesso estimulava o desejo de liberdade e a formação de outros quilombos.

Em 1694, depois de um longo cerco, o paulista Domingos Jorge Velho, a serviço dos senhores de engenho, invadiu e destruiu Palmares. Muitos de seus habitantes conseguiram fugir e se reorganizaram, sob o comando de Zumbi, continuando a luta contra os brancos. Em 20 de novembro de 1695, Zumbi, o mais famoso líder da luta pela liberdade dos escravos, foi preso, morto e esquartejado, sendo sua cabeça exposta numa praça de Recife para atemorizar as possíveis rebeliões.

Atualmente, o dia 20 de novembro é lembrado como o dia da consciência negra, o dia símbolo da continuada luta de todos os brasileiros contra preconceitos e o racismo.

Zumbi foi o principal chefe guerreiro de Palmares.

> *"Um quilombo é um esconderijo de escravos fugidos. É preciso distingui-lo dos verdadeiros movimentos insurrecionais organizados contra o poder branco. O quilombo quer paz, somente recorre à violência se atacado, se descoberto pela polícia ou pelo exército que tentam destruí-lo, ou se isto for indispensável à sua sobrevivência. Quilombos e mocambos são constantes na paisagem brasileira desde o século XVI. Reação contra o sistema escravista? Retorno à prática da vida africana ao largo da dominação dos senhores? Protesto contra as condições impostas aos escravos, mais do que contra o próprio sistema, espaço livre para a celebração religiosa? Os quilombos são tudo isso ao mesmo tempo. Eles surgem da própria instabilidade do regime escravista, do trabalho organizado sem qualquer fantasia, da severidade rígida, das injustiças e maltratos. Representam uma solução a todos os problemas de inadaptação do escravo aturdido entre a comunidade branca e o grupo negro. Brotam repentinamente mas com a força do número, numa sociedade de maioria negra e de organização política totalmente incapaz de impedir esse tipo de concentração marginal. Os quilombolas encontram sempre apoios e solidariedade que lhes possibilitam viver fora da sociedade. Contudo, o quilombo jamais é fruto de um plano premeditado; nasce espontaneamente, pode reunir num mesmo refúgio a negros e crioulos, escravos ou homens livres, vítimas de alguma lei discriminatória. Livres e forros do quilombo são frequentemente desertores, ladrões, assassinos, ou simplesmente homens aos quais foi negado o exercício de certas profissões. Assim uma população extremamente variada. Em geral, ela se esconde nas áreas rurais, em pontos de acesso difícil, longe das cidades, das estradas, das plantações. É o caso do célebre quilombo de Palmares, instalado no século XVII no interior do atual estado de Alagoas, pertencente à época à capitania de Pernambuco. O do famosíssimo mocambo do Pará, estabelecido por volta de 1820 a nordeste de Manaus, na floresta do rio Trombetas. Alguns quilombos, porém, formam-se mesmo às portas das grandes cidades. O baiano do Cabula, por exemplo, somente foi destruído, por uma expedição militar, no começo do século XIX, pois abrigava-se nas grotas e matas das colinas que cercam Salvador a nordeste."*
>
> (MATTOSO, Kátia M. de Queirós. *Ser escravo no Brasil*. São Paulo, Brasiliense, 1990. pp. 158-9.)

O desenvolvimento da economia açucareira

Durante o século XVI e início do XVII, o Brasil se tornou o maior produtor de açúcar do mundo, gerando imensas riquezas para os senhores de engenho, para Portugal e, sobretudo, para os holandeses. Estes chegaram a controlar, no final do século XVI, cerca de 66% de todas as mercadorias transportadas entre Brasil e Portugal e contavam com 25 refinarias em Amsterdã para completar a transformação do açúcar brasileiro em mercadoria pronta para o consumo. Estima-se que, somente com a refinação e comercialização do açúcar, os holandeses abocanhassem a terça parte do valor do produto vendido.

Vale ressaltar ainda que os senhores de engenho do Nordeste, ostentando sua opulência, importavam desde roupas e alimentos até louças e objetos de decoração da Europa e, como consequência da maciça importação de mercadorias europeias e da participação dos holandeses e portugueses no comércio de açúcar, boa parte da riqueza aqui gerada acabou se dirigindo para áreas metropolitanas.

No século XVII, a empresa açucareira do Brasil, devido sobretudo a fatores externos, começou a apresentar sinais de retração. Contribuiu para isso o domínio espanhol sobre Portugal e suas colônias (1580-1640) e a consequente guerra entre Holanda e Espanha, que levou os holandeses a produzir o açúcar em suas próprias colônias. Conhecedores das técnicas de produção e senhores do processo de refino e comercialização, os holandeses deram início à sua produção nas Antilhas, concorrendo vantajosamente com o açúcar brasileiro e levando-o a uma série crise. Entre 1650 e 1688, o preço do açúcar brasileiro na praça de Lisboa caiu a um terço de seu valor (de 3 800 réis para 1 300 réis a arroba). A concorrência e a queda dos preços trouxeram prejuízos tanto para a economia metropolitana quanto para a colonial.

A prolongada crise econômico-financeira que emergiu em Portugal graças à decadência da produção colonial de açúcar, levou o rei, D. Pedro II (1683-1706), a buscar soluções para superá-la. Nesse sentido, destaca-se a atuação do **conde de Ericeira**, ministro do rei, que baixou as leis chamadas de "pragmáticas", proibindo o uso de certos produtos estrangeiros, a fim de reduzir as importações e, assim, equilibrar a deficitária balança comercial lusa. Por outro lado, o conde procurou reorientar as atividades produtivas no reino e nas colônias, contratando para isso técnicos estrangeiros.

O ministro do rei D. Pedro II (na gravura), o conde Ericeira, com as leis "pragmáticas", buscava reverter a crise do reino.

> "Pragmática de 1677
>
> Ordeno que:
>
> 1. Nenhuma pessoa possa usar, nos adornos que novo fizer, de seda, rendas, fitas ou bordados que tenham ouro ou prata fina.
> 2. Nenhuma pessoa se poderá vestir de pano que não seja fabricado neste reino; como também se não poderá usar de voltas de renda, cintos e chapéus que não sejam feitos nele."
>
> (Citado em RAMOS, José & SILVA, Rosinda. *História de Portugal*. Porto, Porto Ed., 1987. p. 167.)

No Brasil, estimulou-se a produção do tabaco e outros produtos alimentares destinados à exportação, bem como intensificou-se a busca de "drogas do sertão". Foram feitos esforços também para revitalizar a produção açucareira, medidas que surtiriam efeitos positivos um pouco mais tarde, já no início do século XVIII, coincidindo com o início da atividade mineradora. O açúcar, porém, nessa fase, apresentava uma rentabilidade bem mais baixa que nos séculos anteriores e concorria num mercado bastante competitivo, buscando o aumento da produção a partir de melhorias técnicas e racionalização administrativa.

É preciso destacar, no entanto, que, mesmo perdendo a supremacia no conjunto da economia colonial, o açúcar sempre foi o principal produto nas exportações. No século XVIII, mesmo na época em que houve maior extração de ouro na colônia, o açúcar representava metade das exportações brasileiras, isto considerando o comércio legal, já que o contrabando era prática bastante comum. No século XIX, os principais centros produtores de açúcar no Brasil eram a Bahia e Pernambuco, seguidos do Rio de Janeiro.

Já em Portugal, a política de desenvolvimento econômico perseguida por Ericeira foi logo abandonada, sobretudo devido à valorização de alguns produtos exportáveis, como o vinho. Em 1703, as pressões inglesas sobre Portugal e os produtores de vinho levaram à assinatura do **tratado de Methuen**, pelo qual Portugal abria o reino aos importados ingleses, normalmente caros produtos manufaturados, e a Inglaterra fazia o mesmo para o vinho português. O tratado recebeu o nome do comerciante inglês que encaminhou as negociações entre os dois países e estabeleceu uma desigualdade financeira nas relações comerciais entre Inglaterra e Portugal, o qual passou a viver difícil situação socioeconômica.

Vindima no alto Douro. O tratado de Methuen, favorecendo alguns círculos sociais lusitanos, atrelou Portugal à Inglaterra, oficializando uma completa dependência econômica.

Litografia, Banco de Portugal

As disputas luso-europeias pelo Brasil

A consolidação do domínio português sobre o Brasil foi inúmeras vezes ameaçada por países europeus desde a chegada de Cabral. A centralização administrativa, simbolizada pelos governos-gerais, e a implantação bem-sucedida da empresa canavieira não conseguiram afastar as incursões estrangeiras que, ao contrário, aumentaram nos séculos XVI e XVII. Durante o domínio espanhol sobre Portugal, conhecido como União Ibérica (1580-1640), os inimigos dos castelhanos que tentaram ocupar o território brasileiro aumentaram os problemas que Portugal teve de enfrentar para manter a integridade territorial de sua colônia na América.

No final do século XVI, a Espanha era considerada uma potência mundial, pois, anualmente, contava com a imensa riqueza em metais preciosos das colônias americanas, além de controlar outros territórios coloniais, inclusive na Ásia. O poderio espanhol, no entanto, descontentava outras importantes nações emergentes na Europa, como Inglaterra, França e os recém-independentes, mas já poderosos comercialmente, Países Baixos, Estados que também ambicionavam participar mais ativamente dos lucrativos negócios coloniais.

As investidas dessas nações em diversos pontos do litoral brasileiro, buscando fundar suas próprias colônias, compuseram o quadro das invasões estrangeiras no Brasil, dentre as quais se destacaram as dos franceses e holandeses.

As invasões francesas

A presença francesa na costa brasileira remonta aos primeiros anos do século XVI, com o contrabando do pau-brasil. Durante o governo de Duarte da Costa, em 1555, como vimos, os franceses chegaram a invadir o Rio de Janeiro, fundando ali uma colônia chamada **França Antártica**. De lá foram expulsos pelos portugueses durante o governo de Mem de Sá, em 1567.

O fracasso no Rio de Janeiro levou-os, então, a intensificar sua presença no Nordeste brasileiro, em regiões que, atualmente, correspondem aos estados da Paraíba, Rio Grande do Norte, Ceará e Pará. Contando frequentemente com a ajuda dos nativos, obrigaram Portugal a organizar diversas expedições militares para a sua expulsão.

Em 1612, os franceses tentaram novamente organizar uma colônia no Brasil, chamada de **França Equinocial**, e enviaram para a área do Maranhão uma expedição chefiada por Daniel de La Touche, a qual fundou o forte de São Luís, nome escolhido em homenagem ao rei francês Luís XIII. Tal tentativa também redundou em fracasso, pois as autoridades portuguesas organizaram expedições militares para expulsá-los, comandadas por Jerônimo de Albuquerque e Alexandre Moura.

Chegada da esquadra de Nicolau Villegaignon ao Rio de Janeiro, em 1555.

No século seguinte, em 1710 e 1711, os franceses tentaram estabelecer-se no Rio de Janeiro, sendo mais uma vez derrotados, e, a partir de então, reorientaram suas investidas para o extremo Norte do Brasil, onde se apossaram da Guiana Francesa.

As invasões holandesas

Desde a Baixa Idade Média, a região dos Países Baixos vivia um grande desenvolvimento comercial e, no início da Idade Moderna, adotou o protestantismo calvinista como religião, o que impulsionou ainda mais suas atividades econômicas. A região incluía a Holanda e a Bélgica e pertencia, nessa época, ao Império espanhol. Há muito tempo, porém, lutava por sua autonomia política.

A partir de 1572, o norte intensificou a luta para separar-se da Espanha e, em 1581, proclamou sua independência, formando a **República das Províncias Unidas**, com sede em Amsterdã. Os Países Baixos tornaram-se, assim, inimigos da Espanha, pois tentavam libertar toda a região de seu domínio. Com a implantação do domínio espanhol sobre Portugal, desde 1580, a inimizade holandesa estendeu-se também ao Império luso. A guerra entre Holanda e Espanha terminou em 1648, quando esta última reconheceu a independência dos Países Baixos, com a Paz de Westfália.

No início do conflito, o rei da Espanha, Filipe II, proibiu o comércio entre a Holanda e suas colônias, o que incluía o embargo à participação flamenga no empreendimento açucareiro do Brasil. Em resposta, os holandeses fundaram, em 1602, a **Companhia das Índias Orientais**, destinada a manter suas tradicionais relações comerciais com os domínios ibéricos. Sua atuação incluiu saques na costa brasileira, sobretudo no Nordeste, e, com maior sucesso, a conquista de domínios espanhóis na Ásia e na África, assumindo boa parte do tráfico de escravos africanos.

A luta com a Holanda enfraqueceu o poderio espanhol, situação agravada com a perda da poderosa esquadra naval, a **Invencível Armada**, afundada, em 1588, quando a Espanha tentou invadir a Inglaterra. Enfrentando sérias dificuldades, o governo espanhol concordou com uma trégua (a Trégua dos Doze Anos), assinada em 1609, o que permitiu a continuidade e até a intensificação das atividades dos holandeses com o Brasil.

Encerrada a trégua, os Países Baixos retomaram a ofensiva militar, fundando, em 1621, a **Companhia das Índias Ocidentais**, empresa destinada a garantir o controle sobre o comércio do açúcar brasileiro, e, ao mesmo tempo, tentar se apossar dos domínios ibéricos na costa americana e africana. Três anos depois, a companhia patrocinou a invasão de Salvador, na Bahia, durante a qual foi aprisionado o governador Diogo de Mendonça Furtado. A invasão só não obteve sucesso graças à forte resistência dos colonos, encabeçada pelo bispo D. Marcos Teixeira, que impediu seu avanço para o interior da capitania.

Na invasão holandesa da Bahia, o próprio governador foi aprisionado. Na foto, retrato do governador Diogo de Mendonça Furtado e o provincial dos jesuítas, Domingos Coelho, tomados como reféns.

Os holandeses acabaram sendo expulsos de Salvador em 1625, quando os espanhóis atacaram as Províncias Unidas e os portugueses organizaram a **Jornada dos Vassalos**, uma poderosa esquadra comandada por Fradique de Toledo Osório e composta de 52 navios e mais de 12 mil homens vindos dos domínios ibéricos.

Dois anos depois, contudo, já recuperados dos reveses, os holandeses voltaram a atacar a Bahia, saqueando um carregamento de açúcar, fumo e outros produtos e, em 1626, aprisionaram um grande carregamento de prata nas proximidades de Cuba. Pouco depois, organizaram uma nova e grande expedição invasora, em 1630, que atacou a principal área produtora de açúcar do Brasil colônia, a região de Olinda e Recife.

O governo holandês em Pernambuco (1630-54)

Para evitar a fixação dos invasores, a população pernambucana recuou para o interior da capitania, onde formou núcleos de resistência, destacando-se o Arraial do Bom Jesus. No início, a tática de guerrilhas – incursões que surpreendem o inimigo –, conseguiu impedir que os holandeses avançassem para além da faixa litorânea. A partir de 1632, porém, graças à ajuda de Domingos Fernandes Calabar, bom conhecedor da região e que optou por servir aos holandeses contra a dominação portuguesa, os invasores obtiveram vitórias sobre a resistência lusa, conquistaram pontos importantes do interior pernambucano, destruindo inclusive o Arraial do Bom Jesus (1635). Posteriormente, Calabar foi preso pelos portugueses e executado.

> "Calabar, nascido em Porto Calvo, conhecia bem o território e os métodos de luta dos pernambucanos, tendo colaborado para os grandes sucessos que os flamengos passaram a ter na luta contra luso-brasileiros. Os historiadores de então afirmam que Calabar teria traído os seus compatriotas mediante o recebimento de suborno, ou de que o teria feito por ter dado desfalque no erário e temer punição. Daí, então, o nome Calabar passou a ser considerado como sinônimo de traição.
>
> Há, porém, uma série de estudiosos que procura tirar esta mancha do desertor alagoano, dizendo que ele traiu o Brasil e que, se vendo diante de uma dupla ação, continuar o seu país a ser colônia portuguesa ou tornar-se colônia holandesa, preferiu a segunda opção, e por isto mudou de posição no campo de luta. Ao estudar esta figura, o cronista Assis Cintra (1933) salienta que o escritor maranhense, Viriato Correa, e o historiador Varnhagen faziam as maiores acusações a Calabar, mas que, em contrapartida, o ministro e professor de direito, Américo Brasiliense, o abolicionista Joaquim Nabuco e o tribuno José Bonifácio, o moço, consideravam-no um herói e defendiam a sua atitude.
>
> Fica aos historiadores e leitores a reflexão sobre os motivos que levaram Calabar a mudar de lado na luta, se por interesses econômicos ou medo de punição ou se por razões patrióticas, por considerar que os holandeses eram mais liberais que os portugueses e espanhóis, tratando melhor os povos que dominavam. A esta ideia está ligada uma outra, muito aceita ainda hoje em Pernambuco, a de que os holandeses, sendo mais adiantados que os ibéricos, teriam feito melhor administração e propiciado maior desenvolvimento à colônia se o seu domínio tivesse permanecido; muitas vezes o povo atribui aos holandeses a construção das grandes obras antigas, até de igrejas católicas, quando os batavos eram protestantes, calvinistas. (...) Observa-se também que a colonização holandesa na Indonésia, em Suriname e nas Antilhas, não produziu nações progressistas, formaram colônias de exploração em que os colonizadores eram em pequeno número, dominando uma população nativa numerosa ou povos transplantados, como os hindus e muçulmanos do Suriname."
>
> (Encarte "Pernambuco imortal nº 2". *Jornal do Comércio*, Recife, 1995. p. 5.)

Os holandeses estabeleceram sua dominação sobre uma região que abrangia desde o litoral do estado do Maranhão até Sergipe, nomeando para governar o Brasil holandês o conde **Maurício de Nassau**, que permaneceu no cargo entre 1637 e 1644. Este, preocupado em normalizar a produção açucareira, conseguiu a colaboração de muitos senhores de engenho, para quem foi adotada uma política de concessão de empréstimos que permitiu o aumento da produtividade. Além disso, graças à conquista das praças fornecedoras de escravos de Angola e São Tomé, na África, a Holanda normalizou e ampliou o abastecimento de cativos para a região de Pernambuco.

Nassau destacou-se ainda por suas realizações urbanísticas e culturais, saneando e modernizando a cidade de Recife, a qual se converteu num centro urbano repleto de obras arquitetônicas. Muitas ruas foram calçadas, pântanos drenados, canais e pontes sobre o delta dos rios Capibaribe e Beberibe construídos, assim como um observatório astronômico, um zoológico, teatros e palácios. Recife passou a chamar-se Mauritzstadt, ou Cidade Maurícia, em homenagem ao governador holandês.

Ainda sob o governo de Maurício de Nassau foram realizados estudos e registros sobre a flora e fauna tropicais, para os quais foram convidados cientistas e artistas europeus, que permaneceram alguns anos na colônia. Destacam-se os nomes de Frans Post, Albert Eckhout, o naturalista Jorge

■ Estruturação do Domínio Oligárquico no Brasil ■

Marcgrave, autor da obra *História natural brasileira*, e o médico William Piso, que escreveu um tratado sobre medicina brasileira.

Até mesmo no aspecto religioso, o Brasil sofreu a influência dos holandeses, com a implantação da liberdade de credo. O objetivo dessa medida era evitar possíveis atritos com os luso-brasileiros. A liberdade religiosa, garantida pelo domínio holandês calvinista, estendeu-se também aos judeus e a todos os católicos, só não atingindo os jesuítas, pois representavam a principal força papal cristã na luta contra o protestantismo.

Finalmente, no âmbito administrativo, Nassau criou as chamadas **Câmaras dos Escabinos**, órgãos municipais que, seguindo o costume holandês, foram abertos à participação dos senhores de engenho.

Em 1640, enquanto Nassau governava o Nordeste holandês, Portugal restaurava sua autonomia frente à Espanha, contando para isso com o apoio econômico e militar da Holanda e da Inglaterra. O novo rei de Portugal pós-Restauração foi D. João IV, da dinastia de Bragança.

Diante da resistência espanhola à separação das Coroas ibéricas e ameaçado pela continuação da guerra, Portugal buscou reforçar suas alianças na Europa, assinando em 1641 a Trégua dos Dez Anos com a Holanda. Dessa forma, os holandeses ainda mantiveram o domínio sobre o Nordeste brasileiro.

As disputas entre Portugal e Espanha estenderam-se até 1668, o que desgastou sobremaneira os reinos ibéricos, bem como suas possessões coloniais. Nesse ano, esses países assinaram um tratado de paz.

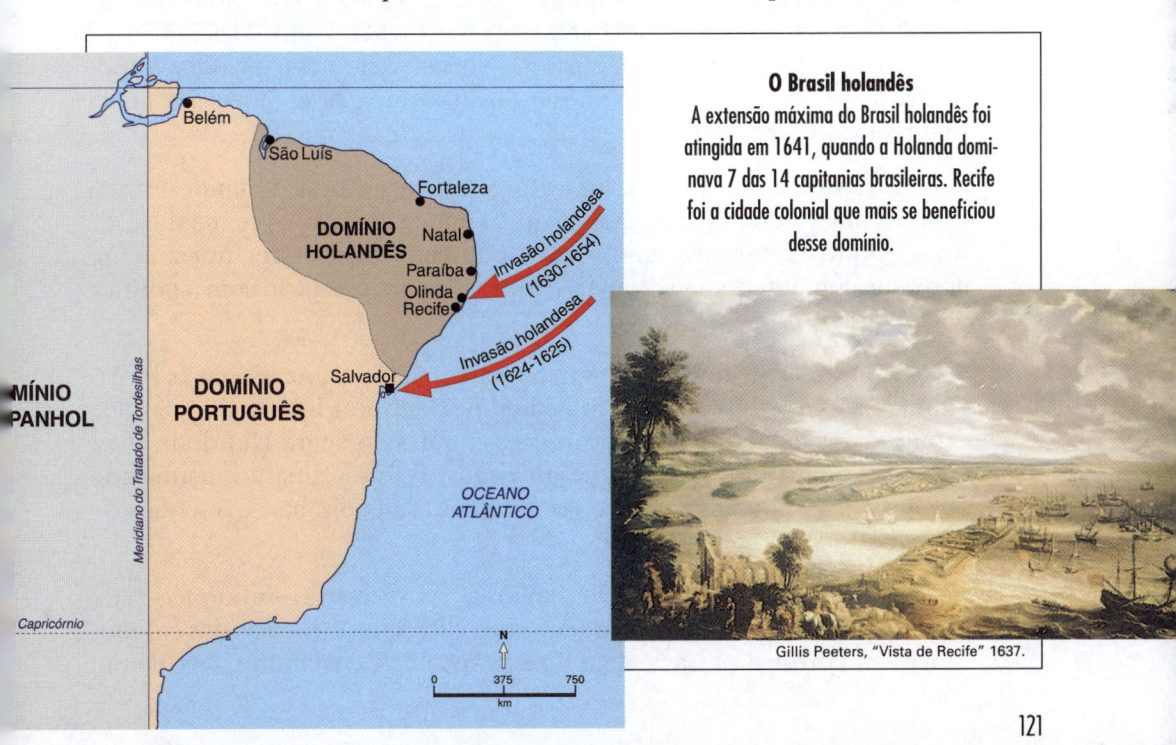

O Brasil holandês
A extensão máxima do Brasil holandês foi atingida em 1641, quando a Holanda dominava 7 das 14 capitanias brasileiras. Recife foi a cidade colonial que mais se beneficiou desse domínio.

Gillis Peeters, "Vista de Recife" 1637.

A Insurreição Pernambucana (1645-54)

Devido aos elevados custos das continuadas guerras na Europa, a Companhia das Índias Ocidentais adotou uma política financeira cada vez mais rigorosa para a região nordestina, impondo crescentes restrições aos gastos, bem como a cobrança dos empréstimos feitos aos senhores de engenhos. Nassau manifestou claro descontentamento com a nova política e acabou sendo destituído do cargo, regressando à Holanda em 1644.

Os últimos anos do governo Nassau coincidiram com as crescentes dificuldades da economia açucareira nordestina: os preços declinaram no mercado internacional; as safras foram vítimas de incêndios, pragas e inundações; os juros dos empréstimos elevaram-se consideravelmente, levando muitos senhores de engenho à falência.

As relações entre holandeses e a população colonial se deterioraram rapidamente, acrescidas agora pela saída de Nassau. Como a resistência ao domínio holandês nunca desaparecera por completo, esse novo quadro impulsionou a retomada do confronto com a Companhia das Índias Ocidentais.

A luta foi reacendida no Maranhão, quando Nassau ainda estava no Brasil. Em 1644, os holandeses foram expulsos de São Luís. Aos poucos a insurreição foi se alastrando por todo o Nordeste brasileiro, atingindo Pernambuco em 1645. Nessa capitania, a situação se tornava cada vez mais tensa, dada a intensificação da cobrança das dívidas contraídas junto aos comerciantes holandeses na época de Nassau. Em breve, eclodiu o movimento que determinou a expulsão dos invasores da região, a chamada **Insurreição Pernambucana**.

Durante certo tempo, a luta dos colonos contra os holandeses não contou com a ajuda de Portugal, já que, então, vigorava a Trégua dos Dez Anos. O movimento assumiu, nesse momento, um caráter tipicamente nativista, com interesses coloniais próprios e em desacordo com a política oficial lusa.

Os grandes senhores de engenho passaram a colaborar com as forças populares, o que fortaleceu o movimento. Dentre os líderes da luta pela expulsão dos holandeses, destacam-se os nomes do negro Henrique Dias, que comandava um batalhão de africanos, Felipe Camarão, conhecido por índio Poty, comandando tropas indígenas catequizadas, e o senhor de engenho João Fernando Vieira.

A tática de guerrilhas e de emboscadas sucessivas enfraqueceram, pouco a pouco, o poderio holandês e, à medida que as vitórias dos colonos ocorriam, Portugal passava a auxiliar os rebeldes, enviando reforços. Em

1646, os holandeses foram derrotados na batalha do monte das Tabocas e, em 1648 e 1649, nas duas batalhas de Guararapes. Nessa época, o apoio português aos colonos era quase total.

Na Europa, por outro lado, a Holanda enfraquecia-se ainda mais ao ter de enfrentar a Inglaterra, que se transformara na sua principal concorrente no comércio internacional. A rivalidade se intensificou quando o governo inglês de Oliver Cromwell decretou, em 1650, os Atos de Navegação, medida que protegia os mercadores ingleses e suprimia a forte participação holandesa no comércio inglês. Em 1652, teve início a guerra entre Holanda e Inglaterra (1652-1654), o que favoreceu uma maior aproximação inglesa e portuguesa e um significativo desgaste holandês com sua derrota militar.

A derrota holandesa diante da Inglaterra foi o desgaste necessário para outra derrota no Brasil, pondo fim ao Brasil holandês. Na gravura, expulsão dos holandeses pelos colonos brasileiros.

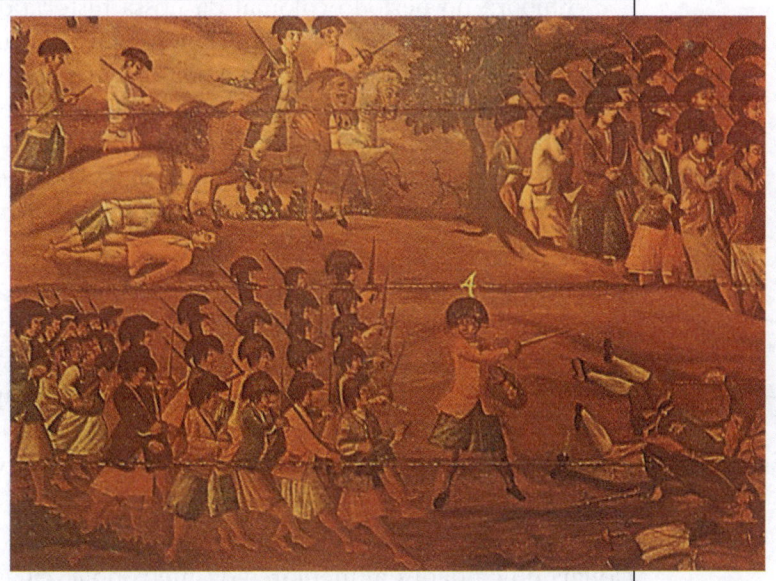

Painel da igreja de N. Sra. da Conceição dos Militares, em Recife (detalhe).

O desgaste holandês na Europa favoreceu as forças luso-pernambucanas que, em 1654, puseram fim à dominação sobre o Brasil. A vitória definitiva veio após a batalha da Campina do Taborda. Contudo, os holandeses continuaram reivindicando seus direitos sobre os domínios coloniais portugueses no Nordeste e, muitas vezes, recorreram às armas para recuperá-los.

Graças, porém, à aliança entre Portugal e Inglaterra, esta última detentora de poderosa esquadra, os holandeses foram obrigados a concordar com a Paz de Haia, assinada em 1661, reconhecendo os domínios coloniais lusos em troca de uma indenização de quatro milhões de cruzados.

Os vínculos entre portugueses e ingleses estreitavam-se progressivamente, reforçando a dependência de Portugal com a Inglaterra, culminando, como já vimos, no tratado de Methuen, de 1703.

A expulsão definitiva dos holandeses do Nordeste brasileiro, em contrapartida, levou a economia colonial açucareira a uma séria crise. Os holandeses puderam implantar a empresa açucareira em seus domínios nas Antilhas e a produção passou a concorrer vantajosamente com o açúcar brasileiro, já que eles haviam aprendido profundamente as técnicas de cultivo e produção do açúcar. A economia colonial enfrentava, assim, sua primeira crise, levando o Nordeste à decadência e perda de sua supremacia econômica no Brasil.

Atividades complementares e expansão territorial

Embora no período colonial da nossa história o açúcar tenha sido o principal produto da política colonizadora portuguesa, canalizando as preocupações e os esforços de boa parte da população colonial, havia outras atividades, realizadas para complementar as necessidades da sociedade. Entre as chamadas atividades "secundárias" ou "acessórias", destinadas tanto à exportação quanto à subsistência dos colonos, podemos mencionar os cultivos de mandioca, tabaco, algodão e a produção de aguardente e rapadura.

A cultura da mandioca era de enorme importância na vida da colônia, pois esse gênero representava a base da alimentação colonial, especialmente dos escravos. Sua produção, que chegou a ser imposta aos senhores a fim de evitar crises alimentares, foi uma preocupação quase constante da administração metropolitana. Entretanto, esse tipo de imposição era normalmente desrespeitado pelos proprietários, que não se mostravam interessados em desviar esforços e, sobretudo, mão de obra da produção do açúcar, atividade muito mais lucrativa.

As exigências do governo português deviam-se, sobretudo, às tradicionais dificuldades alimentares da metrópole, cujas condições naturais, especialmente quanto ao solo e extensão territorial, nunca favoreceram o equilíbrio entre oferta e procura de gêneros alimentícios. Se o alimento era escasso na metrópole, as dificuldades para se abastecer a colônia pareciam insuperáveis, levando a Coroa, que temia pelo sucesso do projeto colonizador, a exigir o plantio da mandioca. Dessa forma, evitou-se que as crises alimentares afetassem seriamente a população colonial, ainda que o abastecimento de gêneros de subsistência não fosse regular.

Já o fumo, produzido sobretudo na Bahia, destinava-se ao escambo com regiões africanas, onde era trocado por negros escravos. O produto era muito valorizado naquele continente e, no Brasil, chegou a representar a segunda maior receita de exportação agrícola. Sua importância econômica, acrescida dos baixos investimentos necessários ao seu cultivo (o tabaco exige menos terra e menor emprego de mão de obra), atraíram inúmeros lavradores, especialmente entre o final do século XVII e início do XVIII. A maioria dos produtores de tabaco, em fins dos seiscentos, era constituída por brancos, mas, no final do século seguinte, contava com quase 30% de mulatos e negros livres. A agricultura do tabaco, porém, nunca foi uma atividade da elite colonial: dedicavam-se a ela os segmentos mais baixos da sociedade, sobretudo, negros forros e escravos.

O cultivo de algodão foi mais intenso no Maranhão e visava, apenas, à produção de tecidos rústicos usados na confecção das roupas dos escravos, já que, para os senhores e suas famílias, os tecidos vinham normalmente da Europa. A produção de gêneros manufaturados na colônia, inclusive tecidos, era controlada por leis da metrópole, a quem interessava assegurar a venda dos tecidos produzidos na Europa.

Também a produção de aguardente e rapadura, apesar de reduzida, era muito importante para a obtenção de escravos africanos. Sua principal área de fabricação era o litoral de São Vicente.

Engenho de açúcar no Nordeste, no século XVII, durante o domínio holandês.

Certas atividades ditas secundárias foram decisivas para a ocupação do interior brasileiro, destacando-se, entre elas, a pecuária e a extração das "drogas do sertão", sem mencionar as expedições militares organizadas contra invasores estrangeiros, índios, negros e aquelas que buscavam riquezas para além de Tordesilhas, como metais preciosos e índios para escravizar. Tanto as atividades econômicas como as expedições serviram para ampliar as fronteiras da colônia.

A ocupação do Nordeste e da região amazônica

Até o início do século XVII, a região mais rica da colônia era a faixa litorânea das capitanias de Pernambuco e Bahia, devido à bem-sucedida empresa açucareira. Foi junto aos engenhos que nasceu a criação de gado, a qual, pouco a pouco, foi deixando o litoral para se transformar num importante fator de ocupação do interior nordestino.

Sendo uma atividade complementar, a importância comercial da criação de gado era muito menor que a do açúcar, não ultrapassando 5% do valor do açúcar exportado. Todavia, a pecuária era indispensável como força motriz e meio de transporte, além de ser fonte de alimentação e fornecedora do couro, usado na confecção de roupas, calçados, móveis e outros utensílios.

O gado era criado de forma extensiva, ou seja, solto nas terras e sempre à procura de melhores pastagens. Tal fato favoreceu seu avanço pelo sertão, alcançando, já no século XVII, as capitanias do Ceará e Maranhão ao norte e, ao sul, as margens do rio São Francisco. Nessas regiões surgiram importantes fazendas de gado, chamadas **currais**.

Foram os currais que garantiram a ocupação do interior nordestino.

Além da busca de melhores pastagens, a criação de gado teve de se deslocar para o interior em função dos interesses da lavoura canavieira: muitas vezes os animais destruíam os canaviais. A criação de gado se espalhou, assim, pelo interior do Nordeste, originando fazendas com 200 a 1 000 cabeças. Algumas, no entanto, chegaram a possuir mais de 20 mil animais e ocupavam cerca de 13 mil pessoas. O rebanho nordestino estimado no início do século XVII correspondia a cerca de 650 mil reses; já no princípio do século seguinte esse rebanho havia dobrado de número.

A criação de gado era uma atividade que quase não ocupou escravos, predominando o uso de trabalhadores livres, normalmente mestiços de indígenas e negros. Era comum o pagamento do trabalho com parte das crias ao longo de cinco anos (uma como pagamento para cada quatro criadas), o que servia de estímulo ao vaqueiro e firmava a mobilidade social na pecuária, em contraste com a sociedade do açúcar. Muitos colonos, de extratos sociais inferiores, incluindo aqueles que passaram por sérias dificuldades durante a crise açucareira e, até mesmo, de regiões distantes, como os vicentinos, foram atraídos pela atividade pecuarista do sertão nordestino.

> *"Tudo indica que no longo período, que se estende do último quartel do século XVII aos começos do século XIX, a economia nordestina sofreu um lento processo de atrofiamento, no sentido de que a renda real per capita de sua população declinou secularmente. É interessante observar, entretanto, que esse atrofiamento constituiu o processo mesmo de formação do que no século XIX viria a ser o sistema econômico do Nordeste brasileiro, cujas características persistem até hoje. A estagnação da produção açucareira não criou necessidade — como ocorreria nas Antilhas — de emigração do excedente da população livre formada pelo crescimento vegetativo desta. Não havendo ocupação adequada na região açucareira para todo o incremento de sua população livre, parte desta era atraída pela fronteira móvel do interior criatório. Dessa forma, quanto menos favoráveis fossem as condições da economia açucareira maior seria a tendência imigratória para o interior. As possibilidades da pecuária para receber novos contingentes de população — quando existe abundância de terras — são sabidamente grandes, pois a oferta de alimentos é, nesse tipo de economia, muito elástica a curto prazo. Contudo, como a rentabilidade da economia pecuária dependia em grande medida da rentabilidade da própria economia açucareira, ao transferir-se população desta para aquela nas etapas de depressão, se intensificava a conversão da pecuária em economia de subsistência. Não fora este mecanismo, e a longa depressão do setor açucareiro teria provocado, seja uma emigração de fatores, seja a estagnação demográfica. Sendo a oferta de alimentos pouco elástica na região litorânea, o crescimento da população teria sido muito menor não fora essa articulação com o sistema pecuário.*
>
> *(...)*
>
> *A expansão da economia nordestina, durante esse longo período, consistiu, em última instância, num processo de involução econômica: o setor de alta produtividade ia perdendo importância relativa e a produtividade do setor pecuário declinava na medida que este crescia. Na verdade, a expansão refletia apenas o crescimento do setor de subsistência, dentro do qual se ia acumulando uma fração crescente da população. Dessa forma, de sistema econômico de alta produtividade a meados do século XVII, o Nordeste se foi transformando progressivamente numa economia em que grande parte da população produzia apenas o necessário para subsistir. A dispersão de parte da população, num sistema de pecuária extensiva, provocou uma involução nas formas de divisão de trabalho e especialização, acarretando um retrocesso mesmo nas técnicas artesanais de produção. A formação da população nordestina e de sua precária economia de subsistência — elemento básico do problema econômico brasileiro em épocas posteriores — estão ligados a esse lento processo de decadência da grande empresa açucareira que possivelmente foi, em sua melhor época, o negócio colonial-agrícola mais rentável de todos os tempos."*
>
> (FURTADO, op. cit., pp. 80-2.)

Com o desenvolvimento da mineração no Centro-Sul da colônia, a partir do início do século XVIII, a pecuária nordestina ganhou novo impulso, juntamente com a atividade de criação no Sul do Brasil, abastecendo o consumo alimentar e de transporte do interior minerador.

Outro importante fator na ocupação do interior do Nordeste e também da região amazônica foi o constante combate à presença estrangeira, especialmente durante a União Ibérica. Para enfrentá-la, organizaram-se expedições militares e fundaram-se vários fortes, que, com o tempo, se transformaram em importantes cidades da região.

Dentre as fortificações nascidas durante o domínio espanhol, destacam-se a de Filipeia de Nossa Senhora das Neves, fundada em 1584, na Paraíba, que se transformou na atual João Pessoa; o forte dos Reis Magos (1597), no Rio Grande do Norte, atual cidade de Natal; a fortaleza de São Luís do Maranhão, fundada por franceses em 1612 e conquistada por portugueses em 1615; no Ceará, o forte de Nossa Senhora do Amparo (1613), que deu origem à atual capital do estado, Fortaleza; e o forte Presépio de Santa Maria de Belém, fundado em 1616 no Pará, atualmente Belém do Pará.

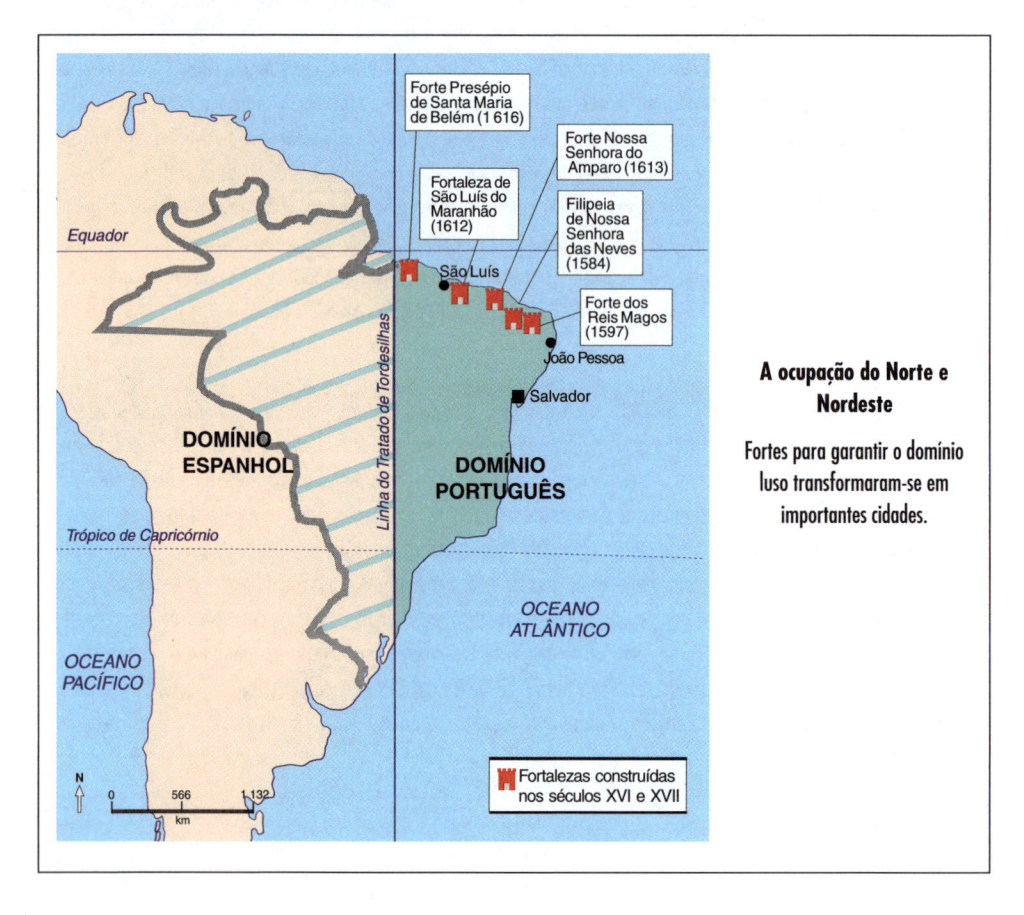

A ocupação do Norte e Nordeste

Fortes para garantir o domínio luso transformaram-se em importantes cidades.

Quanto à região amazônica, o governo da União Ibérica decidiu pela criação do estado do Maranhão e Grão-Pará, em 1621, fazendo de Belém a base para repelir as investidas estrangeiras que colocavam em risco as minas de prata da região do Peru.

Além dos militares que se fixaram na região para evitar a presença de franceses, ingleses e holandeses, que, mesmo depois da Restauração portuguesa, continuaram atuando na região, a ocupação do Amazonas contou também com apresadores de índios e jesuítas, que fundaram dezenas de aldeias de catequese. Contudo, a principal base econômica para a ocupação da Amazônia foi a coleta de recursos florestais, chamados de **drogas do sertão**, como o cacau, baunilha, guaraná, pimenta, cravo, castanha, ervas medicinais e aromáticas, em que se destacaram os jesuítas, usando a mão de obra indígena.

O movimento das bandeiras

Enquanto a economia do Nordeste se desenvolvia, graças ao sucesso do empreendimento açucareiro, na região de São Vicente, próspera nos primeiros anos após a chegada dos portugueses à América, praticava-se a agricultura de subsistência, reduzindo à pobreza sua escassa população. Assim, nos poucos núcleos urbanos surgidos ao longo do século XVI, isolados e bastante pobres, organizaram-se as expedições, chamadas de **bandeiras**, cujo objetivo maior era procurar riquezas no interior.

Como havia na colônia um mercado consumidor de trabalhadores escravos indígenas, mais baratos que os africanos, que se destinavam sobretudo aos engenhos do Nordeste, grupos de paulistas organizaram, durante os séculos XVII e XVIII, sucessivas expedições de preação de índios, de ataque aos quilombos e de busca de metais preciosos.

As primeiras bandeiras de apresamento de índios visavam obter mão de obra para a pequena lavoura paulista ou vendê-la para regiões próximas. Entretanto, quando os holandeses ocuparam Pernambuco e a região de Angola, na África, os senhores de engenho da Bahia passaram a enfrentar dificuldades em obter escravos para seus engenhos, recorrendo aos índios capturados pelos paulistas, impulsionando fortemente a expansão bandeirante.

Muitas bandeiras atacaram as missões jesuíticas do Mato Grosso e Rio Grande do Sul, capturando dezenas de milhares de índios, a maioria já aculturados, de valor mais elevado pois se adaptavam mais "docilmente" ao trabalho agrícola.

Com o fim do domínio espanhol e a retomada do comércio de africanos pelos portugueses, normalizando o abastecimento de escravos para a colônia, a atividade apresadora de índios entrou em decadência.

As bandeiras procuravam riquezas, submetendo índios, escravos fugidos e descobrindo metais preciosos.

Os habitantes da capitania de São Vicente também, organizados em bandeiras, dedicaram-se a atacar aldeamentos de índios insubmissos e de negros fugidos que viviam em quilombos. Como eram contratadas e pagas pelos fazendeiros ou pela administração colonial, essas expedições foram chamadas de bandeiras de contrato, destacando-se entre elas a de Domingos Jorge Velho, que venceu a resistência dos índios cariris e janduís e destruiu o quilombo de Palmares, em fins do século XVII.

No entanto, as mais importantes bandeiras foram as destinadas à procura de metais preciosos, incentivadas pela metrópole devido ao declínio da economia açucareira nordestina da segunda metade do século XVII. O financiamento das expedições paulistas desembocou na descoberta de ouro na região de Minas Gerais, depois Mato Grosso e Goiás, dando início a uma nova atividade econômica na colônia, a mineração.

Em 1693, Antônio Rodrigues de Arzão descobriu ouro em Cataguases, atual estado de Minas Gerais; pouco depois, em 1698, Antônio Dias Oliveira descobriu ouro em Vila Rica, atual Ouro Preto; e, em 1700, foi a vez de Borba Gato achar ouro em Sabará.

A notícia da descoberta de ouro atraiu portugueses, estrangeiros e colonos de outras áreas para a região das minas, originando conflitos armados entre os descobridores das jazidas e os forasteiros, apelidados pelos paulistas de emboabas. Estes venceram os conflitos e expulsaram os primeiros povoadores da região.

Os bandeirantes paulistas passaram, então, a buscar metais preciosos em outras partes do interior, como Mato Grosso e Goiás – em 1719, Pascoal Moreira Cabral descobriu ouro em Cuiabá e, em 1722, Bartolomeu Bueno Filho achou riquezas em Goiás.

O mito bandeirante

As bandeiras procuravam riquezas, submetendo nativos e escravos fugidos e descobrindo metais preciosos. Ao longo do tempo, foi surgindo uma versão histórica de glorificação desses aventureiros desbravadores de novos territórios. O viajante francês Saint Hilaire, que esteve no Brasil entre 1816 e 1822, escreveu sobre a expansão interiorana dos paulistas, enfatizando a coragem desses conquistadores e apontando-os como "uma raça de gigantes". Outros historiadores seguiram pelo mesmo caminho, exaltando os feitos dos bandeirantes, transformando-os em homens cultos, ricos e "heróis da pátria". Contudo, considerando-se que entre os séculos XVI e XVIII o Brasil ainda era português, não se sustenta essa ideia de "heróis nacionais". E mais: os bandeirantes primaram pelo uso da violência, escravizando indígenas e atacando jesuítas e escravos rebelados. Por fim, ao contrário do mito construído, não predominava a riqueza na região paulistana dos bandeirantes, pois boa parte deles tinha origem nos pequenos lavradores desejosos de mão de obra escrava indígena e pequenos comerciantes que buscavam a fortuna rápida.

> Entre o final do século XIX e o início do século XX, em pleno contexto de expansão da economia cafeeira, a elite paulista reforçou a construção do "mito do bandeirante", visando ampliar e justificar seu controle do estado brasileiro. Nas palavras da historiadora Kátia Maria Abud:
>
> "As camadas dirigentes paulistas recorriam à história para justificar seu direito a uma maior participação política. Para eles, desde o início da colonização os habitantes de Piratininga tinham sido responsáveis pela ampliação do território nacional, enriquecendo a metrópole com o ouro que encontraram em regiões distantes do litoral e levando a civilização para os mais longínquos rincões da América, transformados por eles em possessão portuguesa. Graças à integração territorial que promoveram, os bandeirantes eram tidos como fundadores da unidade nacional. Representavam, por um lado, a lealdade ao estado de São Paulo. Por outro, a lealdade ao Brasil (...)."
>
> (ABUD, Kátia Maria. "Somos todos bandeirantes". In: *Dossiê bandeirantes. Revista de História da Biblioteca Nacional*, 1/7/2008. Disponível em: <http://bit.ly/ZIGIp>. Acesso em: 12 fev. 2011.)

A conquista do Sul

As bandeiras de apresamento, destruindo diversas reduções e expulsando jesuítas espanhóis, abriram a vasta área ao sul e sudoeste de São Paulo ao domínio português. Além disso, a metrópole portuguesa, desejando garantir a posse sobre o estuário do rio da Prata, por onde escoava a produção de Potosí, fundou, em 1680, a **colônia de Sacramento**, próximo à cidade espanhola de Buenos Aires. O sucesso da presença lusa na bacia do Prata contou também com o respaldo da Inglaterra, interessada no comércio daquela região. Quatro anos depois, imigrantes lusos do arquipelago dos Açores e paulistas fundavam, mais ao norte, Laguna, em Santa Catarina.

Várias disputas ocorreram entre os ibéricos e, para garantir a dominação lusa sobre a região, criaram-se as estâncias, grandes fazendas de gado. O êxito dessas fazendas foi favorecido pelas condições naturais dos pampas, uma planície forrada de excelente pastagem, e, também, pelo mercado consumidor das Minas Gerais.

Comprando-o dos gaúchos, os paulistas levavam o gado até São Paulo, centralizando os negócios na feira de **Sorocaba**, de onde era encaminhado para as regiões mineradoras. Com a pecuária gaúcha, desenvolveu-se também a produção de charque (carne-seca), mais fácil de transportar e utilizar, superando o predomínio anterior da produção do couro.

Assim, a pecuária tornou-se a base da economia da região sulista, responsável, também, pelo progressivo sucesso do controle português, efetivado plenamente no final do século XVIII.

A oficialização das fronteiras lusas: os tratados de limites

O expansionismo territorial português anulou os antigos limites estabelecidos pelo tratado de Tordesilhas, e, para resolver as contínuas disputas entre espanhóis e portugueses no Sul do Brasil, foi assinado, em 1750, um novo tratado de limites: o **tratado de Madri**.

Durante as negociações desse tratado, Portugal foi representado por Alexandre de Gusmão, que utilizou o princípio do *uti possidetis* para garantir a ampliação do território colonial. Segundo ele, um território deveria pertencer a quem o tivesse efetivamente colonizado.

Em certas regiões do Sul do Brasil, o princípio invocado por Gusmão promoveria uma descontinuidade territorial, intercalando domínios portugueses e espanhóis. Para solucionar esse problema, foi acrescentada uma cláusula ao tratado de Madri que previa a entrega da **colônia de Sacramento** à Espanha e, em troca, Portugal receberia a região dos Sete Povos das Missões (Santo Ângelo, São Borja, São João Batista, São Lourenço, São Nicolau, São Miguel e São Luís Gonzaga).

Os padres jesuítas espanhóis dos Sete Povos, no entanto, se opuseram à decisão do tratado. Para defender seus territórios contra os portugueses, os jesuítas armaram os guaranis, possuidores de vivas lembranças da atuação escravizadora dos bandeirantes. Quando as autoridades portuguesas tentaram ocupar a região, iniciou-se a **Guerra Guaranítica**. Nesse confronto, além da morte de boa parte dos cerca de 30 mil índios que viviam na região, Portugal recuou quanto à entrega da colônia de Sacramento à Espanha.

O *utis possidetis* de Alexandre de Gusmão

Alexandre de Gusmão e sua tese do *uti possidetis* viabilizaram a maior parte da atual configuração do território brasileiro.

As disputas entre Portugal e Espanha por territórios na América agravaram-se ainda mais na segunda metade do século XVIII, com o início da **Guerra dos Sete Anos**, na Europa (1756-63), quando os dois países ibéricos tiveram de apoiar lados opostos em confronto: Portugal juntou-se à Inglaterra, e a Espanha, à França. Aproveitando-se do conflito, a Espanha invadiu e dominou a colônia de Sacramento, o sul do Rio Grande do Sul e a ilha de Santa Catarina.

Em 1777, a Espanha assinou com Portugal o **tratado de Santo Ildefonso**, obtendo, dessa forma, a região de Sacramento e dos Sete Povos e devolvendo o Rio Grande do Sul e a ilha de Santa Catarina a Portugal. O clima de confronto e tensão no Sul do Brasil não diminuiu, porém, com a assinatura desse novo acordo, pois Portugal sentiu-se prejudicado com a partilha. As rivalidades territoriais só vieram a se resolver definitivamente em 1801, ano em que ambos os países assinaram o **tratado de Badajós**, que estabelecia que Portugal recuperaria a região dos Sete Povos das Missões, e a Espanha, a colônia de Sacramento. Na prática, retomaram-se e ratificaram-se as decisões do tratado de Madri.

Questões

1. Assinale as principais diferenças entre a colonização praticada pelos ingleses no Norte de suas colônias americanas e a colonização ibérica na América Latina. A partir daí, pode-se afirmar que, se nosso país tivesse sido colonizado pelos ingleses, apresentaria um maior desenvolvimento econômico na atualidade?

2. Comente a afirmação: "Nos territórios espanhóis da América procedeu-se a uma reorientação das atividades produtivas locais para as necessidades da metrópole, enquanto na América portuguesa isso não foi possível".

3. Que razões levaram a Coroa portuguesa a optar pela produção de açúcar como atividade capaz de viabilizar a efetiva colonização do Brasil?

4. Como se explica, no sistema de *plantation*, a utilização em larga escala do trabalho escravo africano no lugar do indígena americano?

5. Por que a economia açucareira não criou um mercado interno de dimensões significativas no Brasil?

6. Caracterize a sociedade colonial brasileira.

7. O papel da Igreja católica no processo de colonização das terras americanas foi extremamente importante. Comente a atuação dos religiosos jesuítas no que se refere à população nativa brasileira.

8. Quais foram os principais grupos étnicos africanos trazidos como escravos para o Brasil? De que regiões da África se originaram e qual era seu destino no Brasil?

9. O que eram e o que objetivavam as "leis pragmáticas", aplicadas por D. Pedro II?

10. O que era o *asiento*?

11. Identifique as principais consequências da assinatura do tratado de Methuen para Portugal e Brasil.

12. Em que contexto os holandeses invadiram o Brasil no século XVII? Caracterize seu governo em Pernambuco.

13. Por que a pecuária pode ser considerada de grande importância para a ocupação do interior nordestino? Em que outras partes do Brasil ela se desenvolveu?

14. Qual o principal fator que explica a expansão bandeirante a partir do século XVII?

15. O que foi e o que estabelecia o tratado de Madri, assinado em 1750?

Capítulo 5

Apogeu e crise do sistema colonial no Brasil

a expansão bandeirante propiciou a descoberta de metais preciosos na região de Minas Gerais e, assim, iniciou-se a exploração mineradora que rapidamente se converteu na principal atividade econômica do Brasil colonial.

As primeiras descobertas de ouro datam do final do século XVII, época, como vimos, em que o açúcar enfrentava uma séria crise. As notícias da descoberta de ouro e diamantes espalharam-se pela colônia e pela Europa, atraindo milhares de imigrantes europeus (portugueses, entre outras nacionalidades) e colonos de outras regiões brasileiras, sobretudo do Nordeste. Tal fluxo migratório em direção às minas produziu efeitos profundos na sociedade colonial brasileira.

A economia mineradora

As descobertas auríferas provocaram um grande aumento demográfico no Brasil, cuja população passou de cerca de 300 mil habitantes no final do século XVII para 3 300 000 no final do XVIII. Boa parte dos imigrantes dirigiu-se, como era de esperar, para a região mineira, promovendo a ocupação e povoamento dos territórios de Minas Gerais e, em seguida, de Goiás e Mato Grosso, onde também foram descobertas jazidas de metais preciosos. Desse processo, surgiram vilas e cidades, alterando o caráter predominantemente rural da colonização. Ao mesmo tempo, o eixo econômico da colônia deslocou-se da costa litorânea nordestina para a região Centro-Sul, determinando a transferência da capital de Salvador para o

Rio de Janeiro, em 1763, quando ambas contavam com uma população de cerca de 40 mil habitantes, cada uma.

Para interligar a região das minas ao porto do Rio de Janeiro, construíram-se estradas, o que propiciou uma intensificação do comércio, visando, sobretudo, ao abastecimento da região mineradora. A dinamização econômica foi beneficiada pelo aumento populacional e pela riqueza obtida com o ouro, que ampliaram o mercado consumidor, estimulando a importação de artigos manufaturados, além de favorecerem a produção interna de alimentos e a criação de gado. Tropas de mulas, o principal meio de transporte do período colonial, cruzavam o Brasil em direção às Minas Gerais e ao Rio de Janeiro, levando e trazendo mercadorias, favorecendo a integração econômica nacional e a consolidação do mercado interno.

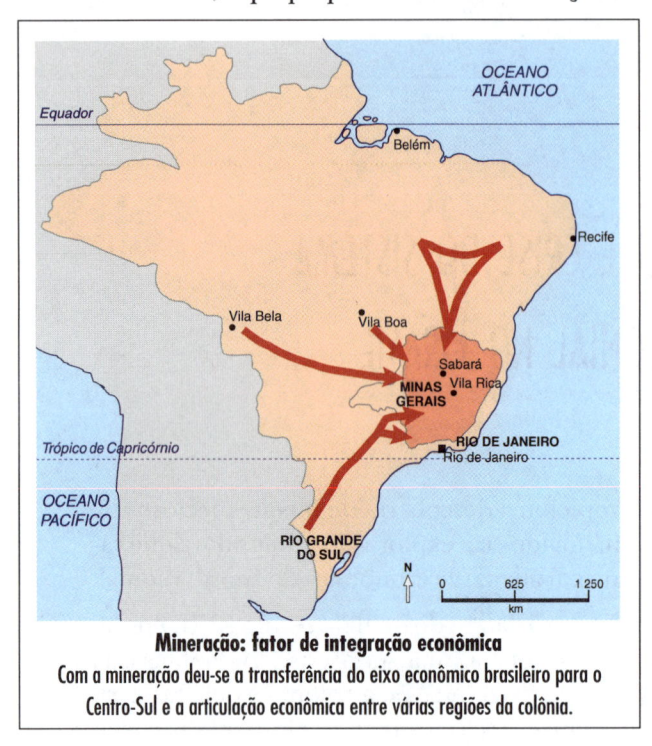

Mineração: fator de integração econômica
Com a mineração deu-se a transferência do eixo econômico brasileiro para o Centro-Sul e a articulação econômica entre várias regiões da colônia.

Por outro lado, a composição e estrutura da sociedade colonial alteraram-se substancialmente, sobretudo devido ao caráter urbano da atividade mineradora. Multiplicou-se o número de artesãos, comerciantes, pequenos proprietários, intelectuais, padres e funcionários públicos, que constituíram uma camada social intermediária entre os grandes proprietários de minas e os escravos. Assim, a tradicional rigidez da sociedade colonial brasileira, dividida basicamente em senhores e escravos, herança da época açucareira, foi sendo substituída por uma maior flexibilidade e mobilidade, que incluía uma relativa distribuição de riquezas entre ricos e a classe média produtiva composta de homens livres.

"Conclui-se que a economia mineira apresentava baixos níveis de renda distribuídos de uma maneira menos desigual do que no caso do açúcar. Mas se a sociedade mineira foi uma das mais abertas da colônia, essa abertura teria se dado por baixo, pela falta — quase ausência — do grande capital e pelo seu baixo poder de concentração. Daí o número de pequenos empreendedores, daí o mercado maior constituído pelo avultado número de homens livres — homens esses, entretanto, de baixo poder aquisitivo e pequena dimensão econômica."

(MELLO E SOUZA, Laura de. *Desclassificados do ouro: a pobreza mineira no século XVIII*. Rio de Janeiro, Graal, 1986. p. 29.)

No início da atividade mineradora, predominavam as técnicas de faiscação ou garimpagem, isto é, a retirada do ouro de lavagem encontrado nos rios e barrancos. Como tais técnicas exigiam poucos recursos e mão de obra, não era raro, nessa época, encontrar homens livres pobres, geralmente aventureiros em busca do rápido enriquecimento, procurando ouro às margens dos rios, munidos de instrumentos simples.

Ao contrário do que até então se verificara na colônia, cerca de metade dos trabalhadores envolvidos nas atividades mineradoras era formada por homens livres, contando com um caráter menos elitista que o da produção açucareira. Em outras palavras: quase todos podiam participar da atividade aurífera. Mais tarde, quando se consolidou a mineração no Brasil, estruturaram-se grandes unidades exploradoras – as lavras –, exigindo maiores investimentos para as escavações e para a compra de escravos.

> "A descoberta das jazidas auríferas e diamantíferas nas terras do interior do Brasil, notadamente nas Minas Gerais, modifica sensivelmente o sistema do tráfico, que se prolonga muito além da simples venda no porto de desembarque. Chamam-se com frequência 'tratantes' aos comerciantes menores, cujo papel é o de servir de intermediários entre os grandes importadores do litoral e os necessitados de escravos nas zonas mineiras. A estrutura comercial do tráfico, já complicada pelo surgimento desse grupo novo de comerciantes, torna-se ainda mais complexa com a eclosão de um espírito altamente especulativo, cuja consequência imediata será a brutal elevação dos preços da mão de obra servil. A explosão de preços encoraja o aparecimento de um novo mercado de transferência: o tráfico interno.
>
> Aquilo que os historiadores costumam chamar 'o ciclo do ouro' da economia brasileira se inicia em 1693. É exatamente o momento em que a economia canavieira entra em sua primeira crise comercial profunda, que levará os negociantes da Bahia e do Rio à única solução de sobrevivência: a multiplicação de seus contratos comerciais. E quem melhor do que eles, com a experiência adquirida, para enfrentar os novos problemas do mercado de mão de obra e as enormes distâncias que os separam dos novos solicitadores de escravos? É então que se organiza o espaço comercial brasileiro, quando Salvador e Rio de Janeiro afirmam-se como os grandes mercados, onde se abastecem de artigos de subsistência as vastas regiões interioranas carentes de ferramentas, tecidos e sobretudo de escravos, tão preciosos quanto o ouro pelo qual são trocados."
>
> (MATTOSO, Kátia de Queirós. *Ser escravo no Brasil*. São Paulo, Brasiliense, 1990. p. 57.)

Na mina, muitas vezes o escravo trabalhava por conta própria, mas era obrigado a entregar quantidades de ouro estabelecidas pelos senhores; alguns escravos chegavam mesmo a ser recompensados com a liberdade e se tornavam **negros forros**. O aumento populacional advindo da migração metropolitana (incentivada pela economia mineradora) foi acompanhado da intensificação do tráfico negreiro e do tráfico interno. Apesar da inexistência de censo oficial, estimativas apontam que dos 320 mil habitantes da capitania de Minas Gerais, em 1776, havia cerca de 130 mil alforriados ou descendentes de ex-escravos, 110 mil escravos e 80 mil brancos.

Estima-se que, dos 320 mil habitantes da capitania de Minas em 1776, 52% eram negros e 25%, mulatos.

Carlos Julião, *Escravos na extração de diamantes*.

Apesar da presença considerável do elemento livre ou forro nas lides da mineração, essa atividade, como a agricultura canavieira, era realizada majoritariamente por negros escravos. A extração aurífera nas lavras causava acidentes e doenças, e a intensidade do trabalho de exploração resultava em baixa expectativa de vida para o cativo, que, normalmente, não ultrapassava os 12 anos de atividade. A reação dos negros à exploração levou-os à fuga e à luta, formando-se centenas de quilombos em Minas, violentamente combatidos pela elite branca.

A riqueza extraída das minas incentivou a produção cultural na colônia: a música, as artes em geral e a arquitetura barroca desenvolveram-se consideravelmente, como revelam as igrejas mineiras do século XVIII. Nessa área, destaca-se o nome de Antônio Francisco Lisboa, o **Aleijadinho**, filho de um construtor português e de uma escrava, cujas obras acham-se espalhadas por várias cidades de Minas Gerais.

As mesmo tempo, o enriquecimento de alguns grandes proprietários levou-os a enviar seus filhos à Europa para realizar seus estudos universitários. Estes, ao regressar ao Brasil, traziam na bagagem os novos ideais iluministas que eram difundidos no Velho Mundo. Alguns intelectuais e homens de letras ganharam destaque nesse período, como Tomás Antônio Gonzaga, Cláudio Manuel da Costa e Inácio de Alvarenga Peixoto, entre outros.

Para administrar a região mineradora, a metrópole criou, em 1702, a **Intendência das Minas**, órgão presente em cada uma das capitanias de onde se extraía ouro, visando controlar de perto a exploração aurífera. A Intendência era constituída por um guarda-mor e auxiliares submetidos diretamente à Coroa. Era responsável pela distribuição dos lotes a serem explorados, chamados de **datas**, e pela cobrança de 20% do ouro encontrado pelos mineradores, imposto conhecido como **quinto**. As datas eram distribuídas segundo a capacidade de exploração do minerador, avaliada em número de escravos. Como veremos, interessava a Portugal explorar rápida e eficientemente as jazidas de ouro e, por isso, quanto maior fosse a quantidade de trabalhadores empregados na extração, maior seria a riqueza da Coroa.

Apesar do controle imposto pelas autoridades metropolitanas, o contrabando era intenso e, para coibi-lo, a Coroa proibiu a circulação de ouro em pó e em pepitas, criando, em 1720, as **casas de fundição**. Todo o ouro encontrado nas lavras – grandes minas – ou nos garimpos, onde era feita a faiscação nas areias dos rios, tinha de ser entregue nesses locais, onde era derretido, quintado (ou seja, era-lhe extraído o quinto pertencente à Coroa) e transformado em barras.

Aprofundando ainda mais o controle fiscal, o governo português fixou em 100 arrobas de ouro (1 468,9 kg) anuais o mínimo a ser arrecadado em cada município como pagamento do quinto. Para garantir a arrecadação desse montante, foi instituída a **derrama**: a cobrança dos impostos à população seria efetuada pelos soldados portugueses, chamados de **dragões**, que estavam autorizados a invadir casas e a tomar tudo o que tivesse valor, a fim de completar as 100 arrobas devidas à metrópole. Essa prática portuguesa deixou um rastro de insatisfação na colônia. Todo o arrocho fiscalizador conseguiu temporariamente diminuir o tráfico ilegal, mas nunca o suprimiu por completo. De qualquer modo, aliviou por algum tempo as dificuldades financeiras de Portugal.

Na execução da derrama eram frequentes as violências e abusos das forças policiais, invadindo casas, prendendo pessoas e confiscando bens.

A descoberta de diamantes em 1729, no Arraial do Tijuco, hoje Diamantina, em Minas Gerais, levou Portugal a adotar uma fiscalização apropriada à extração diamantífera. Inicialmente, dada a dificuldade em se quintar o diamante, a metrópole determinou a expulsão dos mineiros da região e arrendou a exploração a empresários, chamados **contratadores**, indivíduos que antecipavam parte dos lucros à Coroa e recebiam o direito de explorar com exclusividade os filões de diamantes. Em 1771, o próprio governo português assumiu a exploração do diamante, estabelecendo a **real extração**.

O esgotamento das jazidas e o uso de técnicas rudimentares na mineração levaram ao declínio a produção do ouro na Colônia, sobretudo na segunda metade do século XVIII, diferentemente do que aconteceu com a economia açucareira, que, mesmo depois da crise da segunda metade do século XVII, nunca deixou de ser uma atividade econômica significativa.

O desenvolvimento e a queda da exploração mineradora confirmaram uma evolução tipicamente cíclica, partindo para um ápice produtivo e depois involuindo para uma produção econômica quase desprezível, o que permite adequadamente considerar a mineração aurífera como um ciclo econômico. Note-se que isso não aconteceu com a economia açucareira, pois, mesmo depois da crise da segunda metade do século XVII, nunca deixou de ser uma atividade econômica significativa, seja na produção, seja na pauta das exportações. Veja na tabela abaixo o comportamento da atividade mineradora no Brasil:

A PRODUÇÃO DE OURO NO BRASIL (1701-1820) (em toneladas)	
Anos	Produção média anual (em quilos)
1701-1720	2 750
1721-1740	8 850
1741-1760	14 600
1762-1780	10 350
1781-1800	5 450
1801-1820	2 750

Cifras de Frédèric Mauro. *Histoire de Brèsil*. Paris, PUF, 1973. p. 37. Apud DOWBOR, Ladislau. *A formação do capitalismo dependente do Brasil*. Lisboa, Prelo, 1977. p. 107.

Assim, preocupada com a diminuição da produção aurífera, a metrópole aumentou a pressão fiscal sobre os colonos brasileiros a fim de manter suas rendas, gerando descontentamento e rebeldia entre eles, o que culminou no movimento denominado **Inconfidência Mineira**, tida como a mais importante revolta colonial brasileira.

Outro importante resultado da atividade mineradora no Brasil foi o de acelerar o desenvolvimento do capitalismo europeu, já que toneladas de ouro foram levadas para a Europa, por intermédio de Portugal, na forma de pagamento de impostos, ou pagamento pelos diversos produtos importados, especialmente os manufaturados.

Como já apontamos, na época da mineração, Portugal vivia sob a dependência econômica da Inglaterra, importando desse país quase tudo o que necessitava. O tratado de Methuen, assinado em 1703 e conhecido como "tratado dos panos e vinhos", definira a rota e o destino das riquezas extraídas no Brasil colonial a partir do século XVIII. Em outras palavras, a riqueza do Brasil passava por Portugal e encontrava seu destino na Inglaterra. Além disso, firmaram-se entraves ao desenvolvimento e ao dinamismo econômico interno português, dificultando a sua diversificação, por exemplo, através do setor manufatureiro.

Convém observar que a subordinação da Colônia à Metrópole não impediu que houvesse certo dinamismo nas relações econômicas e comerciais no interior da América portuguesa. Houve até mesmo um comércio direto com áreas que não pertenciam ao domínio português, como a região do Rio da Prata, no sul da América, e com regiões africanas, como Angola, Costa da Mina e Moçambique, além de Goa e Macau, na Ásia. Também no tráfico de africanos escravizados, vários comerciantes que abasteciam de escravos o Brasil residiam na própria Colônia, negociando diretamente com fornecedores locais africanos. Outras atividades que reforçavam esse dinamismo eram o comércio interno de alimentos e os empréstimos. Alguns indivíduos, como observamos, dedicavam-se a cobrar impostos em nome da Coroa, mediante contratos nos leilões da Coroa, prática usual metropolitana, que "terceirizava" a arrecadação. Vários desses mercadores enriqueceram e, em geral, compraram terras e escravos, conquistando maior prestígio na sociedade colonial.

Além da atividade comercial, a Colônia também cultivava produtos como mandioca, arroz, milho, feijão, tabaco e algodão, e produzia aguardente e rapadura, tanto para a subsistência dos colonos quanto para exportação. Como se percebe, apesar da importância da empresa açucareira e da mineração para a política colonizadora portuguesa, havia outras atividades econômicas significativas no interior da Colônia.

A crise portuguesa e o reforço do pacto colonial

Portugal mergulhou numa séria crise econômico-financeira a partir do domínio espanhol (1580-1640), motivada pela luta contra a dominação espanhola, pela presença holandesa no território colonial e, sobretudo, pelo declínio do comércio do açúcar decorrente da expulsão dos holandeses em 1654. A exploração do ouro, descoberto no Brasil em fins do século XVII, permitiu a Portugal reequilibrar em parte suas finanças, mas, por outro lado, ampliaram-se os gastos da Coroa com a fiscalização e controle da atividade mineradora. O esgotamento progressivo das jazidas minerais forçou a metrópole a adotar medidas a fim de ampliar a arrecadação de impostos e, assim, fazer frente às inúmeras dificuldades financeiras. Para isso, os governos absolutistas da dinastia de Bragança aumentaram as restrições mercantilistas sobre o Brasil, reforçando o pacto colonial.

Desde o século XVII, o **exclusivo metropolitano** ou **pacto colonial**, monopólio da metrópole sobre o comércio externo da colônia, foi se intensificando, originando arrendamentos de setores da economia, exploração direta do Estado sobre diversas atividades e também companhias privilegiadas de comércio.

Por princípio, o Estado absoluto era **patrimonialista**, isto é, considerava tudo como patrimônio do rei, comprometido e articulado com as elites nacionais e internacionais. Ao mesmo tempo, buscava ampliar seus negócios continuamente e extrair o máximo de seus domínios, o que nem sempre coincidia com os interesses dos colonos, especialmente quando as dificuldades econômicas se avolumavam.

Óleo de Veloso Salgado, Museu Militar.

O governo dos Bragança comandou o aperto colonizador sobre o Brasil, buscando garantir a força e a riqueza do Estado e das elites a ele vinculadas. Na gravura, aclamação de D. João IV, rei de Portugal.

De certa forma, foi assim com a **Companhia Geral de Comércio do Estado do Brasil** (1649-1720), que passou a ter a exclusividade sobre o comércio da região compreendida entre o atual Rio Grande do Norte e São Vicente. A reserva de mercado para esta companhia, estabelecida inicialmente pelo prazo de vinte anos, significava, na prática, o monopólio sobre diversos produtos fornecidos à colônia, como vinho, azeite, farinha de trigo, bacalhau, entre outros. O mesmo ocorreu com a **Companhia do Comércio do Estado do Maranhão** (1682-1685).

Em troca das concessões aos mercadores, a Coroa portuguesa antecipava parte dos lucros obtidos pelo grupo mercantil privilegiado destinados ao Tesouro, sem falar da riqueza conseguida com a participação direta nos negócios e ampliação da arrecadação.

A concessão de monopólios, porém, encarecia os produtos vindos da Europa, ao mesmo tempo em que barateava os coloniais, gerando insatisfação e, não raramente, violenta reação por parte dos colonos. Muitas vezes a Coroa foi obrigada a rever essas reservas de mercado a fim de acalmar os ânimos.

No século XVIII, ao mesmo tempo em que a metrópole portuguesa reforçava o controle fiscal e administrativo e a espoliação sobre a colônia, como demonstram a criação das casas de fundição e a instituição da derrama, em diversos países da Europa e mesmo em certas regiões da América nasciam ideias e atitudes contrárias ao colonialismo mercantilista.

Na Europa, este século foi marcado por um grande movimento cultural denominado **Iluminismo**, cujos intelectuais, entre os quais se destacaram Voltaire, Montesquieu e Rousseau, condenavam as estruturas absolutistas, colonialistas e de privilégios características do que chamavam, pejorativamente, de Antigo Regime. Defendiam a reorganização da sociedade com base numa lei básica, a Constituição, que garantiria a liberdade individual e econômica, cabendo ao Estado apenas cuidar da segurança e do aprimoramento nacional.

As ideias iluministas combatiam o Antigo Regime. Voltaire, Montesquieu e Rousseau, retratados acima, da esquerda para a direita, são representantes do Iluminismo europeu.

Afinado com o desenvolvimento do capitalismo, demonstrando que o avanço da burguesia europeia dispensava a ação controladora e interventora do Estado absolutista, o Iluminismo pleiteava a criação de um **Estado liberal**, sintonizado com as transformações econômicas advindas da Revolução Industrial recém-iniciada na Inglaterra.

As ideias iluministas desenvolveram-se principalmente na Inglaterra e França, países onde a burguesia achava-se mais forte e, portanto, desejosa da consolidação e ampliação de seu espaço socioeconômico. Nas demais nações europeias, que contavam com uma burguesia incipiente, adotou-se parte dos seus princípios liberais. Nesses países, dado o atraso econômico, introduziram-se medidas de racionalização administrativa e modernização econômica sem se abandonar o tradicional controle mercantilista, conjunto de práticas convencionalmente chamadas de **despotismo esclarecido**. Tratava-se, em essência, de manter o Estado absoluto, despótico, acrescido de alguns ideais iluministas: um absolutismo reformado, como aconteceu em Portugal, Espanha, Rússia, Áustria e Prússia.

Os ideais iluministas chegaram à América colonial e contribuíram para firmar os anseios emancipacionistas que culminaram na independência dos Estados Unidos da América, em 1776, e, no século seguinte, dos demais países ibero-americanos. Além disso, inspiraram os participantes do movimento propulsor de grande transformação na Europa, a Revolução Francesa, de 1789, e seus desdobramentos, que alterariam substancialmente o panorama sociopolítico ocidental.

No bojo dessas alterações, em Portugal destacou-se a atuação do ministro do rei D. José I, Sebastião José Carvalho e Melo, conde de Oeiras e marquês de Pombal (1750-1777).

Pombal, percebendo a extrema dependência econômica de seu país em relação à Inglaterra, até porque foi embaixador naquele país, preocupou-se em reequilibrar a deficitária balança comercial lusa, adotando medidas que, se de um lado foram inspiradas no racionalismo iluminista, buscando uma maior eficiência administrativa e desenvolvimento econômico no reino, de outro, reforçaram as práticas mercantilistas no que se refere ao Brasil. Em parte, Pombal tentava repetir a experiência do conde de Ericeira, empreendendo diversas reformas econômicas e administrativas.

Assumindo os ideais iluministas no reino, Pombal atraiu a oposição da grande nobreza e do clero e, quando do atentado contra a vida do rei D. José I, mandou executar alguns membros da alta aristocracia e expulsou os jesuítas de Portugal e colônias (1759).

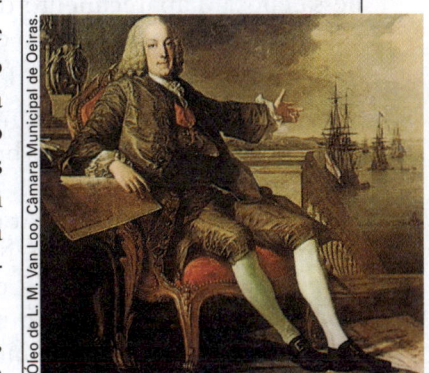

Óleo de L. M. Van Loo, Câmara Municipal de Oeiras.

Como "déspota esclarecido", D. José serviu-se de Pombal (acima), que combinou o absolutismo dos Bragança com o racionalismo iluminista.

> "Até sua indicação para o ministério, com mais de cinquenta anos, Pombal tivera uma carreira relativamente obscura como representante de Portugal na Inglaterra e diplomata na corte austríaca. Sua obra, realizada ao longo de muitos anos (1750-1777), representou um grande esforço no sentido de tornar mais eficaz a administração portuguesa e introduzir modificações no relacionamento metrópole-colônia. A reforma constituiu uma peculiar mistura do velho e do novo, explicável pelas características de Portugal. Ela combinava o absolutismo ilustrado com a tentativa de uma aplicação consequente das doutrinas mercantilistas."
>
> (FAUSTO, Boris. *História do Brasil*. São Paulo, Edusp, 1994. pp. 109-10.)

A expulsão dos jesuítas visava ao fim da autonomia dessa ordem religiosa frente à Coroa, um Estado dentro do Estado, como se dizia, subordinando a Igreja ao governo, além do confisco de suas imensas propriedades. Além disso, a ação dos jesuítas espanhóis contra as autoridades portuguesas no Sul do Brasil, por ocasião da assinatura do tratado de Madri (1750), levou à Guerra Guaranítica, mais um elemento que estimulou Pombal a expulsá-los do reino.

Inspirado nos preceitos anticlericais iluministas, procura racionalizar o sistema educacional do reino, em mãos dos religiosos inacianos desde a instalação da ordem em Portugal. Como todo o ensino colonial dependia da Companhia de Jesus, sua expulsão criou um vazio educacional, levando Pombal a criar o **subsídio literário**, imposto para custear a educação assumida pelo Estado metropolitano – as aulas régias.

Ao contrário da Espanha, que fundara na América, já no século XVI, várias universidades (São Domingos, São Marcos e Cidade do México), Portugal limitara o acesso dos colonos à cultura acadêmica, temendo que uma melhor capacitação desses indivíduos ameaçasse sua dominação. A expulsão dos jesuítas gerava um problema de difícil resolução, registrando-se apenas nessa época o aparecimento de alguns clubes de intelectuais em grandes cidades como Rio de Janeiro e Salvador, onde se discutiam e assimilavam os ideais filosóficos, sociais e políticos da Ilustração.

Acreditando na importância de se integrar os índios ao domínio luso, para consolidar as fronteiras brasileiras, Pombal determinou ainda a extinção da escravidão indígena em 1757, transformando algumas de suas aldeias em vilas, especialmente na Amazônia, visando incorporar esses territórios à administração portuguesa. Nessa região, porém, a expulsão dos jesuítas trouxe mais dificuldades do que integração ao domínio metropolitano. Com esse mesmo objetivo, o ministro de D. José I procurou estimular os casamentos entre colonos e índios.

O marquês determinou a supressão da distinção entre "cristãos-velhos" e "cristãos-novos" (descendentes de judeus), objetivando favorecer a integração destes últimos no reino, dada a sua sempre importante atuação econômica e social tanto em Portugal como no Brasil. Pombal tentou também fomentar a produção manufatureira, especialmente em Portugal, sem grande sucesso, é bom lembrar, e combateu duramente o contrabando colonial.

Entre as inúmeras dificuldades que teve de enfrentar durante seu governo, deve-se registrar o grande terremoto de 1755, que destruiu parte da cidade de Lisboa, e o declínio da produção de ouro no Brasil. A Coroa viu-se obrigada a ampliar os gastos para reconstruir a capital do reino, ao mesmo tempo em que diminuía o ingresso de recursos.

Para a reconstrução de Lisboa, Pombal recorreu ao aumento dos tributos. Com o objetivo de ampliar as rendas do tesouro, estabeleceu monopólios, como a Companhia Geral da Agricultura das Vinhas do Alto Douro, protegendo e estimulando a produção vinícola da região do Porto, cujo vinho era muito apreciado no restante da Europa e, por isso, tratava-se de um importante gênero de exportação, e a Companhia de Pescas da Baleia, em 1756.

O terremoto de 1755 devastou a cidade de Lisboa e causou grande penúria econômica à população.

Na colônia, Pombal extinguiu definitivamente as capitanias hereditárias, comprando e confiscando os territórios dos poucos donatários ainda existentes, incorporando-os aos domínios das capitanias da Coroa. Também criou a **Companhia Geral do Comércio do Estado do Grão-Pará e Maranhão** (1755-1778) e a **Companhia Geral do Comércio de Pernambuco e Paraíba** (1759-1779). Procurava assim controlar o comércio colonial e aumentar as rendas da Coroa.

Em termos administrativos, criou cargos e órgãos, visando à racionalização burocrática, e transferiu a capital colonial de Salvador para o Rio de Janeiro, a fim de fiscalizar com rigor a exportação de ouro. Foi ainda Pombal quem aumentou e zelou pela cobrança dos impostos devidos à metrópole, efetivando a primeira derrama (1762-1763); pouco depois, estabeleceu o controle real sobre a exploração de diamantes.

Após a morte do rei D. José I, Pombal deixou o ministério e seus opositores assumiram o governo, anulando muitas de suas realizações. Logo foram extintas as companhias de comércio e publicado o Alvará de 1785, que proibia a instalação e funcionamento de manufaturas na colônia. As poucas existentes foram fechadas e a população viu-se novamente obrigada a recorrer às caras manufaturas importadas.

Tais medidas acabaram caracterizando a "Viradeira", como ficou conhecido o período. Em sua maior parte, foram implantadas durante o governo da rainha D. Maria I, que mais tarde seria chamada de "A Louca" (sobretudo devido à depressão a que foi acometida após a morte de seu primeiro filho). Em seu governo, arrocharam-se significativamente as restrições metropolitanas, ao mesmo tempo em que se aproveitava dos maiores recursos advindos do reerguimento da agricultura colonial do final do século XVIII.

D. Maria I, a Viradeira, extinguiu as empresas pombalinas e reforçou o aperto colonizador, aprovando uma derrama impopular que ativou os projetos dos inconfidentes de Minas Gerais.

O chamado renascimento agrícola, que se seguiu à crise da mineração, contou com uma conjuntura internacional bastante favorável, destacando-se a Revolução Industrial inglesa, que ampliou a procura por alguns produtos coloniais, a exemplo do algodão e do tabaco.

Quanto ao algodão, devido ao desenvolvimento da indústria têxtil européia e a guerra de independência dos Estados Unidos, tradicional fornecedor do produto para as fábricas da Europa, observou-se um grande crescimento na produção em várias regiões brasileiras, destacando-se o Maranhão. Já o fumo teve seu consumo ampliado graças à expansão do hábito tabagista na Europa. No Brasil, a principal região produtora do tabaco foi o Recôncavo Baiano.

Também o açúcar, sempre liderando as exportações da colônia, contou com considerável valorização no final do século XVIII devido às insurreições de escravos ocorridas nas Antilhas a partir de 1791, quando se iniciou a luta pela independência do Haiti. A interrupção da produção e oferta do açúcar antilhano favoreceu a produção brasileira, sobressaindo as áreas produtoras da Bahia e Pernambuco.

As revoltas coloniais

A partir do século XVII, surgiram no Brasil os primeiros movimentos de contestação ao domínio e aos abusos da metrópole sobre a colônia. Os primeiros não chegaram a reivindicar a independência nacional: tratava-se de manifestações contra medidas isoladas e contrárias aos interesses dos colonos de uma ou outra região brasileira. Tais movimentos, porém, serviram para mostrar a existência de interesses de uma população já enraizada no Brasil e receberam o nome de **rebeliões nativistas**.

Nas últimas décadas do século XVIII, ocorreram, no entanto, **rebeliões separatistas**, movimentos com típico caráter de libertação nacional, como a Inconfidência Mineira, em 1789, a Inconfidência Baiana, em 1798, e a Insurreição Pernambucana, em 1817. O caráter separatista desses movimentos, inspirados pelos ideais de libertação presentes na filosofia iluminista, inseria-se no contexto das transformações ocorridas na "era das revoluções", cujo maior exemplo para o Brasil e outras colônias ibero-americanas foi a independência dos Estados Unidos (1776).

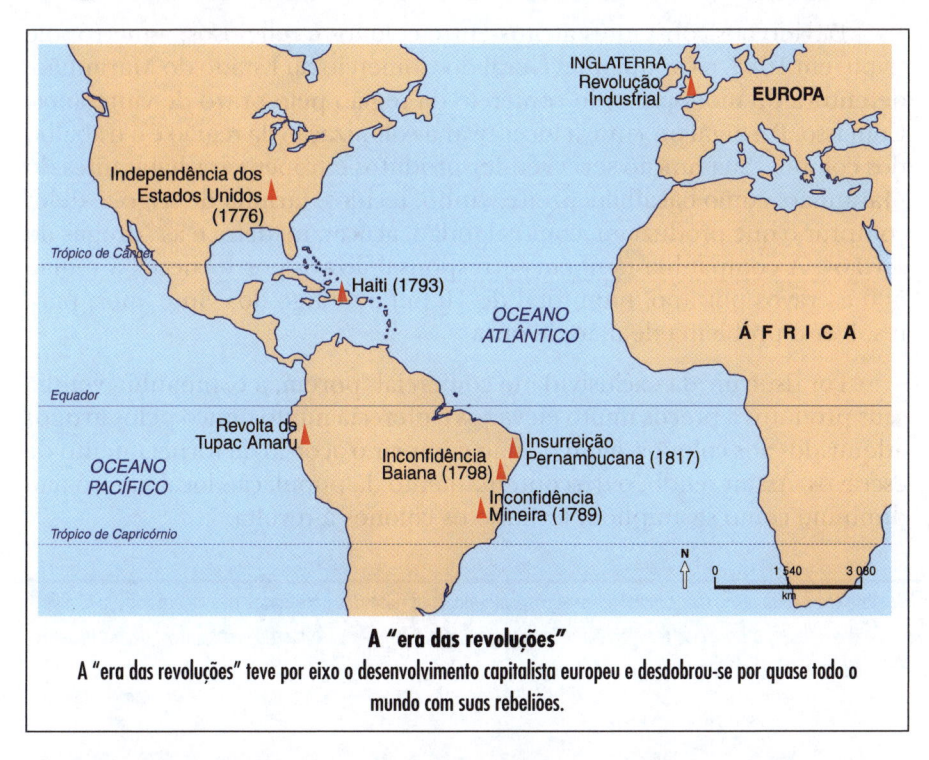

A "era das revoluções"
A "era das revoluções" teve por eixo o desenvolvimento capitalista europeu e desdobrou-se por quase todo o mundo com suas rebeliões.

Vale ressaltar, entretanto, que, considerando-se todo o conjunto da população, as rebeliões coloniais no Brasil foram setoriais e não revelavam indícios de uma tomada de consciência verdadeiramente nacional. Além de regionais, não reivindicavam a abolição da escravidão e, com isso, a integração da população cativa ao quadro nacional, nem tampouco almejavam profundas alterações na estrutura socioeconômica sedimentada ao longo do período colonial.

As rebeliões nativistas

Vamos apresentar inicialmente as principais rebeliões nativistas, aquelas que foram motivadas principalmente pelo descontentamento de parcelas regionais da população colonial contra determinadas medidas da metrópole consideradas prejudiciais aos seus interesses.

A Revolta de Beckman (Maranhão, 1684)

No século XVII, o Maranhão era uma região pobre, vivendo principalmente da exploração das "drogas do sertão" e da pequena lavoura com mão de obra indígena, mais barata que a africana, empregada sobretudo nos engenhos da Bahia e Pernambuco. O uso dos nativos como escravos desencadeou a forte oposição dos jesuítas da região, que também utilizavam os índios para manter suas propriedades.

Devido aos constantes atritos entre colonos e religiosos, a metrópole criou, em 1682, a Companhia Geral do Comércio do Estado do Maranhão, detentora do monopólio do comércio da região pelo prazo de vinte anos. Com isso, Portugal procurava incentivar a colonização da região e o trabalho dos colonos. Sua função seria vender produtos europeus aos habitantes do Maranhão, como bacalhau, azeite, vinho, tecidos, farinha de trigo, e deles comprar o que produziam, como algodão, açúcar, madeira e as "drogas do sertão". A companhia também se responsabilizava por fornecer à região 500 escravos por ano, num total de 10 mil ao longo dos vinte anos, para resolver o problema de mão de obra.

Por usufruir da exclusividade comercial, porém, a companhia vendia seus produtos a preços muito elevados e oferecia muito pouco pelos artigos adquiridos aos colonos, além de não cumprir o acordo de fornecimento de escravos. Assim sendo, o descontentamento da população local não só não diminuiu como se ampliou, levando os colonos à revolta.

> "Não resta outra coisa senão cada um defender-se por si mesmo; duas coisas são necessárias: a revogação do monopólio e a expulsão dos jesuítas, a fim de se recuperar a mão livre no que diz respeito ao comércio e aos índios; depois haverá tempo de mandar ao rei representantes eleitos e obter a sanção dele."
>
> Manuel Beckman

Contra o monopólio da companhia de comércio e contra os jesuítas, Beckman levantou os colonos maranhenses.

Antônio Parreiras, *Beckman no sertão do Alto Mearim*.

Sob o comando do fazendeiro **Manuel Beckman**, os revoltosos ocuparam a cidade de São Luís, de onde expulsaram os representantes da companhia e os jesuítas que se opunham à escravização indígena, governando o Maranhão por quase um ano.

O irmão de Manuel, Tomás Beckman, dirigiu-se como emissário a Lisboa, para afirmar a fidelidade ao rei e reforçar acusações contra a companhia pelo descumprimento do contrato e várias outras irregularidades.

Contudo, a reação metropolitana foi violenta: um novo governador, Gomes Freire de Andrade, foi nomeado e enviado para o Maranhão, bem como tropas para combater os revoltosos. O movimento foi vencido e seus principais líderes, Manuel Beckman e Jorge Sampaio, foram enforcados. Os colonos, entretanto, conseguiram extinguir a companhia, em 1685, depois de confirmadas as queixas dos revoltosos.

A Guerra dos Emboabas (Minas Gerais, 1708-09)

A descoberta de ouro em Minas Gerais pelos bandeirantes paulistas, em finais do século XVII, atraiu para a região milhares de colonos de outras províncias, além de um grande número de europeus. Julgando-se com direito exclusivo de exploração das minas, os paulistas hostilizavam os forasteiros, que apelidaram de **emboabas** (em tupi, *amô-abá* significa 'estrangeiro').

Sob a liderança de Manuel Nunes Viana, alcunhado de "governador das minas", os emboabas enfrentaram os paulistas em vários combates. O mais marcante deles ocorreu no chamado Capão da Traição, no qual 300 paulistas foram cercados pelos emboabas. Diante da promessa de que ninguém seria morto, os paulistas se renderam e entregaram as armas. O comandante dos emboabas, Bento de Amaral Coutinho, entretanto, ordenou o ataque e massacrou os inimigos.

Em 1709 o governo português interveio e, a fim de pacificar e melhor administrar a região, separou a capitania de São Paulo e Minas Gerais da capitania do Rio de Janeiro. Pouco depois, os bandeirantes paulistas partiram em busca de ouro em Goiás e Mato Grosso, abandonando a região das Minas Gerais.

Além disso, alguns deles, enriquecidos com a exploração de ouro, retornaram a São Paulo, onde estabeleceram unidades de produção de gêneros de abastecimento para as minas, integrando, dessa forma, a economia paulista à mineira.

A Guerra dos Mascates (Pernambuco, 1710-11)

Desde a expulsão dos holandeses do Nordeste e a consequente decadência da economia açucareira, a aristocracia rural da vila de Olinda, em Pernambuco, enfrentava dificuldades econômicas. Continuava, no entanto, controlando a vida política da capitania, através de sua Câmara Municipal, à qual estava submetido o povoado de Recife.

Enquanto Olinda decaía economicamente, Recife prosperava graças ao intenso comércio exercido pelos portugueses, apelidados de **mascates**. Além dos grandes lucros obtidos com a venda de mercadorias, os comerciantes passaram a emprestar dinheiro aos olindenses a juros altos. Assim, Recife se transformava no principal centro econômico de Pernambuco, enquanto Olinda mantinha o predomínio político.

Em 1709, os comerciantes de Recife conseguiram da Coroa sua emancipação, deixando de ser um simples povoado e obtendo o estatuto de vila independente, com condições de vir a ser o centro político de Pernambuco. Os olindenses, então, sentindo-se prejudicados, invadiram Recife, iniciando a Guerra dos Mascates.

Capitania de Pernambuco: palco da luta contra os holandeses e da Guerra dos Mascates.

Os conflitos terminaram no ano seguinte, quando Portugal nomeou Félix José Machado governador de Pernambuco. Este prendeu os principais envolvidos no conflito e manteve a autonomia de Recife. No ano seguinte, todos os revoltosos foram anistiados e Recife passou a ser a sede administrativa de Pernambuco.

A Revolta de Filipe dos Santos (Vila Rica, Minas Gerais, 1720)

A Revolta de Filipe dos Santos, ou de Vila Rica, ocorreu como consequência dos crescentes tributos aplicados por Portugal em Minas Gerais.

A rebelião começou quando o governo português proibiu a circulação de ouro em pó, exigindo que todo o ouro extraído fosse entregue às casas de fundição, onde seria transformado em barras e quintado. Mais de 2 mil mineradores se rebelaram contra a medida e dirigiram-se ao governador, o **conde de Assumar**. Este, porém, não contava com soldados suficientes para fazer frente aos manifestantes e, estrategicamente, prometeu atender-lhes as exigências, que incluíam a não instalação das casas de fundição e o fim de vários tributos sobre o comércio local.

Mas, assim que o governador conseguiu reunir tropas suficientes – os Dragões da Cavalaria – para conter os manifestantes, lançou-as contra os revoltosos de Vila Rica, prendendo vários deles e queimando diversas casas.

O português **Filipe dos Santos**, um dos líderes mais pobres da revolta, foi condenado à morte, enforcado e esquartejado como exemplo para evitar outras rebeliões. Ao mesmo tempo, garantindo a vitória metropolitana, foram mantidas as casas de fundição e, para melhor controlar a região mineradora, Minas Gerais foi separada da capitania de São Paulo.

As rebeliões separatistas

As rebeliões separatistas foram as primeiras a revelar de alguma forma a intenção dos participantes em lutar pela emancipação política em relação a Portugal, além de mostrar certa capacidade de organização política e militar. A Inconfidência Mineira, a Conjuração dos Alfaiates e a Insurreição Pernambucana não se limitaram a contestar determinados aspectos da dominação colonial (impostos, abusos), mas questionavam o próprio pacto colonial, a dependência e sujeição da colônia à metrópole. Buscavam, enfim, a independência política diante de Portugal, apesar de circunscritas às regiões em que aconteceram, Minas Gerais, Bahia e Pernambuco.

Os revoltosos sofreram forte influência dos acontecimentos históricos do período, como a independência dos Estados Unidos, em 1776, e o início da Revolução Francesa, em 1789. Esses fatos propagaram ideais de liberdade e foram exemplos de lutas vitoriosas contra a dominação e exploração, como acontecia com o regime colonial brasileiro. As rebeliões separatistas, seja pelo movimento em si e seus resultados, seja pela projeção simbólica que acabaram adquirindo, disseminaram o sentimento de nacionalidade entre vários setores brasileiros.

A Inconfidência Mineira (1789)

Esse movimento separatista ocorreu, em parte, devido aos pesados tributos cobrados por Portugal em Minas Gerais, cujo pagamento tornou-se quase impossível com a decadência da produção mineradora na segunda metade do século XVIII. Nessa época, a região aurífera já não conseguia, com a arrecadação do quinto, alcançar as 100 arrobas exigidas anualmente pela Coroa. Dessa forma, a dívida com a metrópole ampliava-se consideravelmente. O governo português, julgando que os mineiros estivessem sonegando os impostos devidos, lançava mão da derrama para obter o montante estipulado, forçando a população mineira a entregar, sob violência, parte dos seus bens para pagar a dívida.

O descontentamento dos colonos crescia na mesma medida em que se arrochava a tributação e ocorriam atos de violência dos soldados portugueses. Além disso, as autoridades portuguesas controlavam a divulgação de ideias, proibindo a impressão de jornais e livros na colônia, e os altos cargos administrativos eram ocupados só por lusitanos.

A tal quadro explosivo, deve ser adicionada a cobrança de elevados preços pelos produtos importados, como tecidos, calçados, ferramentas, sabão e outros manufaturados, proibidos de ser produzidos na colônia pelo Alvará de 1785.

Diante dessa situação, um grupo de colonos passou a se reunir secretamente, sobretudo em Vila Rica, conspirando contra o governo português e preparando a revolta. A maioria dos participantes dessas reuniões era pessoas da alta sociedade mineira. Alguns deles estudaram na Europa, destacando-se os nomes de José Joaquim Maia, que estabeleceu contato com Thomas Jefferson quando este ocupava o cargo de embaixador dos Estados Unidos na França, e José Álvares Maciel, que buscou apoio de comerciantes ingleses à rebelião. Apesar dos contatos e assimilação das ideias revolucionárias iluministas, os membros da elite mineira não conseguiram apoio efetivo em favor da conspiração, exceto manifestações de simpatia.

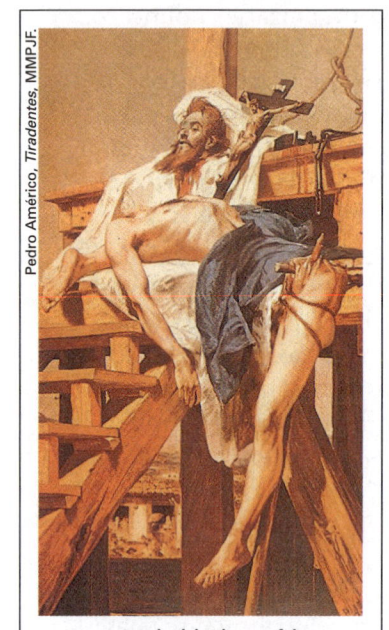

O mais popular líder da Inconfidência Mineira, Tiradentes, morreu enforcado; seu corpo foi esquartejado e os pedaços foram espalhados por várias cidades.

No início de 1789, a cidade de Vila Rica devia mais de 5 mil quilos de ouro à Coroa e estava na expectativa da decretação de uma nova derrama. Assim, os conspiradores decidiram intensificar suas reuniões e acelerar a eclosão da revolta. Entre os mais ativos, destacam-se os poetas **Cláudio Manuel da Costa**, **Inácio José de Alvarenga Peixoto** e **Tomás Antônio Gonzaga**, os padres **José de Oliveira Rolim**, **Carlos Correia de Toledo e Melo** e **Manuel Rodrigues da Costa**, o tenente-coronel **Francisco de Paula Freire Andrade**, os coronéis **Domingos de Abreu** e **Joaquim Silvério dos Reis** e o alferes **Joaquim José da Silva Xavier**, conhecido como **Tiradentes**. Este atuou como divulgador do movimento junto ao povo e foi um dos poucos participantes de origem modesta: fora tropeiro, comerciante, dentista-prático e militar.

Dentre os conspiradores, destacavam-se os contratadores de impostos: membros da elite mineira que arremetavam o direito de cobrar impostos em uma determinada região. Para a autoridade portuguesa, tratava-se de uma forma bastante prática de viabilizar a cobrança de impostos, entregando-a a particulares e, portanto, dispensando o alto custo de manter funcionários encarregados de fazê-la. Além disso, era uma forma de receber antecipadamente os recursos arrecadados. Quanto aos contratantes, tratava-se de atividade lucrativa, uma vez que o montante de impostos arrecadados poderia ser superior ao valor do direito arrematado. Porém, a diminuição na extração de ouro e, portanto, da arrecadação, fez com que muitos desses contratadores se vissem pesadamente endividados, tornando-os cada vez mais simpáticos à conspiração.

Entre os objetivos estabelecidos pelos rebeldes estavam a adoção do sistema republicano de governo, tomando a Constituição dos Estados Unidos como modelo, a transformação de São João del Rei na capital do novo país, a obrigatoriedade do serviço militar e o apoio à industrialização. Adotariam para a nova nação uma bandeira branca tendo ao centro um triângulo verde com os dizeres: *Libertas quae sera tamen*, que, em latim, significa "Liberdade ainda que tardia". Quanto à escravidão nada ficou definido, pois poucos inconfidentes manifestaram-se favoravelmente à sua extinção, já que a maioria deles possuía terras e muitos escravos.

Os líderes do movimento também decidiram que o início da revolta ocorreria assim que a derrama começasse a ser aplicada pelo novo governador da região, o visconde de Barbacena, e esperavam poder prendê-lo, contando com o apoio de uma população revoltada. Ainda segundo o plano, Tiradentes iria ao Rio de Janeiro para divulgar o movimento e obter apoio, armas e munições.

Apesar dos preparativos, a rebelião em Vila Rica não chegou a acontecer, porque foi denunciada por alguns de seus participantes que, em troca do perdão de suas dívidas pessoais, traíram o movimento. Os traidores, com destaque para o tenente-coronel Joaquim Silvério dos Reis, entregaram ao governador o plano da revolta com o nome de todos os participantes.

O visconde de Barbacena suspendeu a derrama e deu início à prisão dos conspiradores, frustrando a revolta. Presos, os revoltosos aguardaram durante três anos o julgamento. Cláudio Manuel da Costa, segundo a versão oficial, enforcou-se na prisão antes do julgamento. Acredita-se que tenha sido assassinado por seus carcereiros.

Os demais líderes, mesmo negando a participação na conspiração, foram condenados ao desterro, sendo enviados às colônias portuguesas na África. Apenas Tiradentes, que assumiu integralmente a responsabilidade pela conspiração, foi condenado à morte, sendo enforcado em 21 de abril de 1792, no Campo de São Domingos, no Rio de Janeiro. Seu corpo foi esquartejado e os pedaços distribuídos pelas cidades onde estivera buscando apoio. Sua cabeça foi exposta publicamente em Vila Rica a fim de intimidar possíveis conspiradores e evitar novas rebeliões.

> "Segundo uma testemunha, '... então se vio representada a scena mais tragico e comica, que se póde imaginar. Mutuamente pedirão perdão e o derão; porém cada um fazia por imputar a sua ultima infelicidade ao excessivo depoimento do outro. Como tinhão estado, ha tres annos incommunicados, era n'elles mais violento o desejo de fallar...' Depois de quatro horas de recriminações recíprocas os presos foram postos sob pesadas correntes ligadas às janelas da sala. Então, dramaticamente como fora planejada, a leitura da carta de clemência da rainha transformou a situação. Todas as sentenças, salvo a do alferes Silva Xavier, foram comutadas em banimento. O espetáculo estava quase no fim. Na manhã de 21 de abril de 1792, Tiradentes, escoltado pela cavalaria do vice-rei, foi conduzido a um grande patíbulo nas cercanias da cidade. Aí, ao redor das 11 horas, sob o rigor do sol, com os regimentos formados em triângulo, depois de discursos e aclamações 'à nossa augusta, pia e fidelíssima Rainha', o bode expiatório foi sacrificado."
>
> (MAXWELL, Kenneth. *A devassa da devassa*. 2ª ed, Rio de Janeiro, Paz e Terra, 1978. pp. 221-2.)

Um dos aspectos mais relevantes que se deve ter em mente ao analisar a Inconfidência Mineira é o fato de que a decadência da atividade mineradora não foi a decadência econômica da capitania das Minas Gerais. Por um lado, a região de Vila Rica reorientava sua economia para outras atividades além do extrativismo mineral; por outro, a região sul da capitania, comarca do Rio das Mortes, assistia a um florescimento da atividade agrícola. Nessa próspera região sul viveu a maior parte dos inconfidentes, porém não os mais ativos ou intelectualizados.

Dentre os mais ativos encontravam-se aqueles como Tomás Antônio Gonzaga e Joaquim José da Silva Xavier, que tinham prestígio e até certa prosperidade por atuar como funcionários da Coroa portuguesa no Brasil. De fato, no âmbito das reformas pombalinas, a ampliação do quadro de funcionários da Coroa no Brasil contou com a participação dos aqui nascidos, conhecidos como "mazombos". Com a queda de Pombal e as mudanças políticas da "Viradeira", tais funcionários viram diminuídas suas funções. Daí se explica a estranha afirmação de Tiradentes, recolhida no inquérito realizado posteriormente: diante de um comentário sobre a natureza do "levante", Tiradentes teria dito "Não diga levantar, é restaurar".

É preciso registrar que a Inconfidência Mineira só ganhou importância e dimensão de maior revolta colonial brasileira muito tempo depois, durante o século XX. Isso se deu porque, no século XIX, o Brasil era ainda governado por descendentes diretos de D. Maria I, D. Pedro I e, depois, D. Pedro II. Foi só no período republicano que, enfatizando uma posição contrária aos ex-monarcas e ao regime imperial, exaltaram-se as lideranças da Inconfidência, especialmente a de Tiradentes, transformado em herói e mártir republicano.

A Inconfidência Baiana (1798)

A Inconfidência Baiana, dentre as rebeliões coloniais, foi a que manifestou um caráter nitidamente popular. Dela tomaram parte padres, médicos, advogados, mas sobretudo pessoas do povo, como sapateiros, escravos, ex-escravos, soldados e vários alfaiates, motivo pelo qual ficou também conhecida como **Conjuração dos Alfaiates**.

> "Retomar o estudo da sedição de 1798 é tarefa mais difícil do que se imagina. Sobre a mesma base documental conhecida e publicada, os 'Auto da Devassa do Levantamento e Sedição Intentados na Bahia em 1798', vários escritos históricos se produziram buscando responder aos requisitos mais diversos. O regionalismo baiano fez dos Alfaiates um dos seus avatares, visando demonstrar a maior contribuição baiana, mais social e mais popular do que a mineira, para a formação do Brasil independente. Aí também buscou-se a manifestação sul-americana da Revolução Francesa, que, segundo alguns autores, viajou mundo afora. Outros daí extraíram o esboço de um protoproletariado brasileiro, já precocemente socialista. Hoje grupos culturais como o Olodum recuperam o caráter étnico da sedição de 1798, chamando-a inclusive pelo seu nome mais popular: Revolta dos Búzios."
>
> (ARAUJO, Ubiratan C. "A Inconfidência Baiana". In *Folha de S.Paulo*, Caderno de Resenhas, 9/8/1996. p. 6.)

As origens da revolta devem ser buscadas na transferência da capital para o Rio de Janeiro, em 1763, que acarretou dificuldades econômicas para a cidade de Salvador. Nela vivia uma população miserável, sobrecarregada de tributos, que contestava com frequência a exploração metropolitana. Este clima de descontentamento estimulou a propagação dos ideais de liberdade, igualdade e fraternidade, que varriam a Europa e a América, favorecidos pelo sucesso da independência dos Estados Unidos (1776), pelas realizações da Revolução Francesa, de 1789, e pela rebelião de escravos das Antilhas, ocorrida a partir de 1791, que culminou na independência do Haiti em 1793.

Esses ideais chegavam à Bahia por intermédio dos intelectuais e profissionais liberais e empolgavam a população de Salvador, ocasionando encontros secretos em que se discutiam os princípios revolucionários e se preparava uma conspiração contra as autoridades lusas. Nesse quadro, sobressaiu a atuação revolucionária da organização secreta Cavaleiros da Luz, sediada na casa do farmacêutico Figueiredo Melo.

Participaram da preparação do movimento tanto membros da elite baiana, como indivíduos representando as camadas pobres da população de Salvador – mulatos livres e até mesmo alguns escravos. Os objetivos de segmentos tão distantes da sociedade colonial brasileira coincidiam no que se refere ao desejo de autonomia do Brasil, mas divergiam quanto às mudanças da estrutura interna. Tanto que, quando as camadas populares passaram a enfatizar a luta contra os privilégios senhoriais e contra a escravidão, vários membros da elite local retiraram-se do movimento.

O tom popular da revolta foi dado pelos diversos motins que envolveram soldados e pessoas simples das ruas de Salvador, incluindo saques a armazéns e propriedades. Além disso, panfletos contendo ideias e propostas radicais foram afixados nas esquinas e muros de igrejas da cidade.

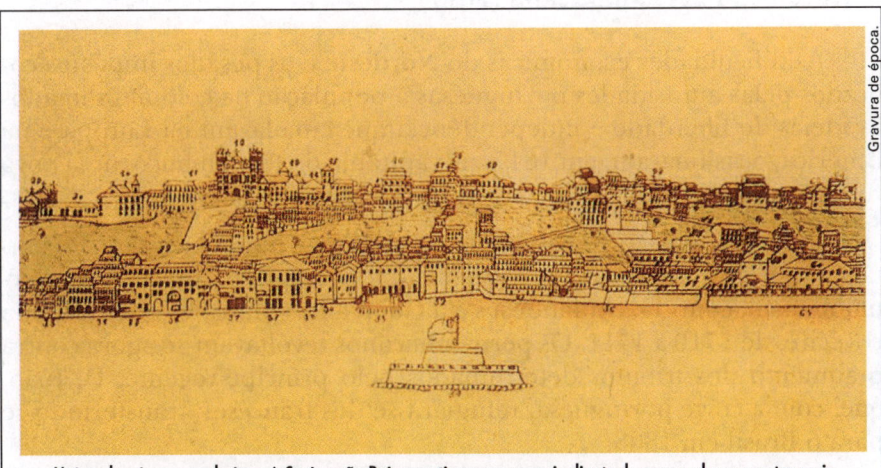

Muitos dos ricos que aderiram à Conjuração Baiana retiraram seu apoio diante do avanço das propostas mais populares. Na gravura, Salvador na época da revolta.

Entre os principais líderes da revolta estavam os alfaiates **João de Deus** e **Manuel Faustino dos Santos Lira**, os soldados **Lucas Dantas de Amorim Torres, Luís Gonzaga das Virgens** e **Romão Pinheiro**, o padre **Francisco Gomes**, o farmacêutico **João Ladislau de Figueiredo**, o professor **Francisco Barreto** e o médico **Cipriano Barata**.

Os conspiradores pregavam a proclamação de um governo republicano, democrático e livre de Portugal, a liberdade de comércio, o aumento dos salários dos soldados e boa parte deles defendia também o fim da escravidão e do preconceito contra os negros e mulatos.

No dia 12 de agosto de 1798, os rebeldes espalharam cartazes pela cidade proclamando o início da rebelião, ao mesmo tempo que o então governador de Pernambuco, D. Fernando José de Portugal, iniciava a repressão contra o movimento. A revolta acabou sendo denunciada às autoridades portuguesas por alguns traidores, que apontaram, inclusive, seus líderes, permitindo ao governador prender os cabeças do movimento. Foram presos dezenas de envolvidos, a maioria pessoas modestas, incluindo nove escravos. A revolta acabou sendo desarticulada por completo.

Depois de mais de um ano de prisões, interrogatórios e depoimentos foram definidas as sentenças dos envolvidos. Aos mais pobres couberam as penas mais duras: João de Deus Nascimento, Manuel Faustino, Lucas Dantas e Luís Gonzaga das Virgens foram enforcados e esquartejados, e as partes de seus corpos, espalhadas pela cidade de Salvador. Vários condenados receberam castigos corporais. As penas mais leves foram reservadas aos membros da elite baiana e alguns deles acabaram sendo inocentados; outros, porém, foram presos e degredados.

A Revolução Pernambucana (1817)

As dificuldades econômicas do Nordeste e os pesados impostos cobrados pelas autoridades portuguesas à população da colônia, somados às ideias de liberdade e independência que circulavam na Europa e na América, ocasionaram, em 1817, na capitania de Pernambuco, uma nova rebelião colonial.

Diversas vezes, a região havia passado por momentos de confrontação entre interesses locais e externos, a exemplo da Insurreição Pernambucana contra os holandeses e a Guerra dos Mascates entre Olinda e Recife, de 1710 a 1711. Os pernambucanos revoltavam-se agora contra o aumento dos tributos determinados pelo príncipe-regente, D. João, que, com a corte portuguesa, refugiara-se dos franceses, transferindo-se para o Brasil em 1808.

A transferência da sede da monarquia lusa para o Rio de Janeiro promoveu o aumento dos gastos para custear as crescentes despesas da corte e, consequentemente, a elevação dos tributos devidos ao governo português. Isso gerou descontentamento entre os colonos, que, no início do século XIX, enfrentavam difícil situação financeira, pois vendiam produtos cujos preços estavam em baixa no mercado mundial (como o algodão e o açúcar, por exemplo). Diante disso, grupos populares e de classe média, entre os quais muitos padres, militares, comerciantes e intelectuais, organizaram-se para libertar o Brasil do domínio português e instalar um regime republicano em Recife.

Entre os revoltosos, destacaram-se o comerciante **Domingos José Martins** e os padres **João Ribeiro** e **Miguel Joaquim de Almeida e Castro**, conhecido como padre Miguelinho, que derrubaram o governador e implantaram um novo governo, decretando a extinção de impostos, a liberdade de imprensa e de religião e a igualdade entre os cidadãos. Chegaram a buscar, sem sucesso, apoio e reconhecimento dos Estados Unidos, Inglaterra e Argentina, ao mesmo tempo que conquistaram a adesão de revoltosos em Alagoas, Paraíba e Rio Grande do Norte.

A Lei Orgânica, publicada pelo governo republicano como se fosse esboço de constituição, destacava a igualdade de direitos e também a garantia de propriedade privada, inclusive de escravos, o que tranquilizava a elite local, mas descontentava alguns de seus líderes mais radicais que defendiam o fim da escravidão.

> "De fato, os limites da camada que se propunha dirigente se definiam mais claramente no mundo do trabalho. E, nesse nível, o elemento dominante era composto pela escravaria, a qual se encontrava especialmente inquieta na segunda década do Dezenove. Não deve o observador iludir-se, entretanto, procurando situar a raiz dos conflitos apenas nos segmentos em que se encontrava a mão de obra escrava: de outros setores também provinham contestações à ordem estabelecida e, desde logo, pode-se incluir parcela da população livre, composta de mulatos, pretos forros, índios e até mesmo militares de baixa extração..."
>
> (MOTA, Carlos Guilherme. *Nordeste 1817*. São Paulo, Perspectiva, 1972. p. 143.)

Contudo, as divergências internas ao movimento e, especialmente, a violenta repressão portuguesa reforçada por tropas vindas da Bahia e do Rio de Janeiro levaram a república nordestina à derrota. Seus participantes foram presos e alguns, mortos em execuções sumárias.

O movimento, que começara em 6 de março de 1817, acabou vencido em 19 de maio do mesmo ano. A ele seguiu-se a devassa que investigou o plano e determinou a execução dos líderes, como o padre Miguelinho, e a prisão de mais de duas centenas de implicados, que só foram soltos graças ao indulto das Cortes de Lisboa de 1821. O fracasso da Insurreição Pernambucana, de 1817, no entanto, deixou profundas raízes na sociedade de Pernambuco, que, poucos anos depois, revoltou-se novamente durante a rebelião de 1824.

A Revolução Pernambucana foi uma das últimas rebeliões antes da independência. Na figura, execução do padre Miguelinho e outros implicados.

Apesar da derrota das rebeliões coloniais, tornava-se cada dia mais evidente que a definitiva separação entre Brasil e Portugal não tardaria. As insatisfações, motivadas pela exploração e opressão da metrópole, apontavam para a impossibilidade de se sustentar o sistema colonial no Brasil. A resistência colonial prendia-se ao sentido parasitário e inviabilizador de qualquer desenvolvimento interno da exploração lusa. Fortaleciam-se os interesses comuns entre setores coloniais e as grandes potências capitalistas industriais, exigindo uma economia livre do controle mercantilista.

O fim do pacto colonial

O período compreendido entre o fim do século XVIII e o início do século XIX ficou conhecido como a "era das revoluções" devido às grandes transformações históricas ocorridas em todo o mundo. No âmbito econômico, o capitalismo alcançou sua maturidade com a Revolução Industrial, enquanto na vida política a classe burguesa derrubava as últimas barreiras feudais ao seu desenvolvimento, assumindo o controle do governo, como aconteceu com a independência dos Estados Unidos e com a Revolução Francesa.

A independência brasileira, seja por servir-se dos ideais e das transformações do período, seja por produzir uma completa integração do Brasil aos principais centros econômicos do desenvolvimento capitalista, livre do controle parasitário metropolitano, mostrou-se plenamente relacionada com a "era das revoluções". Em especial, com os desdobramentos da Revolução Francesa e com as guerras napoleônicas, que acabaram envolvendo diretamente Portugal e obrigaram a transferência da família real para o Brasil, o que serviu para acelerar o processo de nossa independência.

As guerras napoleônicas e a vinda da família real portuguesa para o Brasil

Enquanto a Revolução de 1789 seguia seu curso, com a derrubada do absolutismo e do Antigo Regime (o rei da França, Luís XVI, fora guilhotinado em 1793), vários países europeus de tendência absolutista declararam guerra à França, tentando combater o seu perigoso exemplo.

Em meio a essas guerras, despontou a competência militar e política de **Napoleão Bonaparte,** que, aproveitando-se das dificuldades internas e do continuado ataque internacional, assumiu o governo francês com um golpe de estado, em 1799.

O período de governo de Napoleão Bonaparte irradiou as transformações revolucionárias francesas para toda a Europa.

J. L. David, Retrato equestre de Bonaparte no Monte Sain Bernard, 1801.

Após tomar o poder em seu país, Napoleão foi vencendo a maioria dos inimigos, fazendo da França uma potência no continente europeu. Tal posição esbarrava na Inglaterra, maior centro capitalista e industrial do período, e, para superá-la, Napoleão buscou a confrontação direta. No entanto, acabou derrotado na batalha de Trafalgar, o que tornou evidente a superioridade naval inglesa.

Aproveitando-se do domínio sobre quase todos os países da Europa continental, Napoleão buscou, então, um outro meio de derrotar a Inglaterra, decretando em 1806 o **Bloqueio Continental**. Pelo decreto ficava proibido o comércio entre os países da Europa sob seu domínio e a Inglaterra. Com isso, a França buscava arruinar a poderosa economia inglesa, primeiro passo para uma posterior vitória de Bonaparte no âmbito militar.

Devido à dependência econômica de Portugal em relação à Inglaterra, o príncipe-regente, D. João, substituto de sua mãe, D. Maria I, afastada do trono por demência desde 1792, não acatou de imediato a imposição do Bloqueio Continental. Enquanto cresciam as pressões francesas, o embaixador inglês em Lisboa, Lord Strangford, forçava D. João a assinar uma **convenção secreta**, acordo que definia a transferência da sede da monarquia portuguesa para o Brasil, a integração da marinha lusa à inglesa e facilidades comerciais inglesas no Brasil, entre outros acertos, em troca da proteção fornecida pelos britânicos contra os franceses.

Diante da hesitação do regente português, Napoleão assinou com a Espanha, sua aliada, em 1807, o **Acordo de Fontainebleau**, que determinava a invasão de Portugal por tropas franco-espanholas, a derrubada do governo de Bragança e o desmembramento do reino e suas colônias.

Em novembro de 1807, os franceses, sob o comando do general Junot, invadiram Portugal. A família real e cerca de 15 mil pessoas, entre nobres e demais funcionários, abandonaram em pânico o país, carregando o que conseguiam, num típico salve-se quem puder.

> "O Marechal Junot, da Infantaria francesa, entrou em Lisboa junto com a chuva. Uma chuva fina, matinal, que agulhava os ossos. A corte tinha de fugir, conforme o combinado com a Inglaterra.
>
> Os fujões quiseram raspar até a prata dos altares. Em suas arcas, atocharam pra mais de 80 milhões de cruzados, em ouro e diamantes. (Curiosa ironia: migalhas da riqueza iam de volta, agora, para o Brasil...)
>
> O cais de Belém lembrava uma feira, mas feira do inferno. Lacaios se entrechocavam e mordiam. Marujos ingleses berravam palavrões cabeludos por sobre as cabeças das senhoras. A um simples estouro de cavalos, centenas de peralvilhos jogaram-se no mar. A quem assistisse – 15 mil nobres embarcando em 36 navios – o espetáculo podia ser divertido, jamais bonito.
>
> E D. João? Corria que já embarcara. Mas quando? Perguntava a turba com raiva, contida pela fileira de soldados. 'Foi aquela criada grandona, andar de pata choca, não viram?' O covarde disfarçara-se. Agora é a vez da rainha-mãe. Arrancada aos murros, a demente sorve aflitivamente o ar das ruas: há 16 anos não a tiram da cela. (No seu cativeiro, D. Maria só recebia a visita de Napoleão, sob a forma de mil demônios. O corso imundo fazia careta por baixo do tapete, pendurado no teto...)
>
> Achavam que a coitada não percebia nada. A chuva, contudo, acordou-lhe a razão. Começou a berrar.
>
> — Não corram tanto! Acreditarão que estamos fugindo. Por que fugir sem ter combatido?"
>
> (SANTOS, Joel Rufino dos. *História do Brasil*. São Paulo, Marco Editorial, 1979. p. 77.)

Brasil, sede da monarquia portuguesa (1808-21)

A fuga da família real de Portugal transformou o Brasil na sede político-administrativa do Império luso, permanecendo Lisboa tomada pelos franceses. Tinha início a luta da população portuguesa, que, graças ao apoio inglês, venceu diversas vezes as tropas invasoras napoleônicas, impossibilitando sua efetiva vitória e ocupação integral do território luso.

A frota que trazia a família real portuguesa aportou em Salvador a 22 de janeiro de 1808, seguindo depois para o Rio de Janeiro. Ainda em Salvador, dias depois de sua chegada, D. João decretou a **abertura dos portos às nações amigas**, liberando a importação de quaisquer produtos vindos de países que mantivessem relações amigáveis com Portugal. Na prática, tal medida beneficiava exclusivamente a Inglaterra, mas significava para a colônia o fim do "exclusivo colonial" português no Brasil. Atendiam-se, dessa forma, os interesses imediatos da burguesia industrial inglesa de comercializar diretamente com o Brasil.

D. João pôs fim ao pacto colonial, vinculando o Brasil diretamente à Inglaterra.

Ainda em 1808, D. João também revogou a proibição, imposta em 1785, de se instalarem indústrias no Brasil. Tal medida, no entanto, não foi suficiente para promover um surto manufatureiro na colônia dada a impossibilidade de nossos produtos concorrerem com a poderosa e capacitada indústria inglesa, que abastecia o mercado brasileiro com abundância de produtos a baixos preços.

Em seguida, ampliando ainda mais seu predomínio econômico sobre o Brasil, a Inglaterra obrigou Portugal a assinar os **tratados de 1810**, entre os quais se destacaram o **tratado de Comércio e Navegação** e o **tratado de Aliança e Amizade**. Esses acordos garantiam à Inglaterra privilégios na venda de seus produtos ao Brasil, que pagavam 15% de imposto de importação, enquanto as mercadorias portuguesas pagariam 16% e as dos demais países, 24%. Os ingleses superavam os próprios portugueses nos privilégios comerciais sobre o Brasil.

Além de vantagens econômicas, os ingleses conseguiram outros benefícios na relação com o Brasil, como, por exemplo, o de que qualquer inglês que infringisse a lei dentro do Império português seria julgado por leis e juízes ingleses. Estabeleceram ainda os tratados de liberdade de culto protestante para cidadãos ingleses, até então proibido. Na prática, a Inglaterra conseguia subordinar o governo português aos seus interesses, na medida em que este dependia da proteção britânica diante da ameaça francesa de Napoleão.

■ História do Brasil ■

D. João transformou o Rio de Janeiro na capital do Império luso e quis dar à cidade um ar europeu, digno da sede de uma monarquia. Para isso, criou órgãos públicos, como **ministérios** e **tribunais**, e fundou a **Casa da Moeda** e o **Banco do Brasil**. Também buscou estimular a produção artística, científica e cultural através da criação do **Jardim Botânico**, das **escolas de medicina** da Bahia e do Rio de Janeiro, do **Teatro Real**, da **Imprensa Real**, da **Academia Real Militar**, da **Academia Real de Belas--Artes**, da **Biblioteca Real**, além de patrocinar a vinda de artistas europeus que retratassem a paisagem e os costumes brasileiros – a Missão Artística Francesa, cujo principal representante foi o pintor Jean-Baptiste Debret.

> "A vinda da família real deslocou definitivamente o eixo da vida administrativa da colônia para o Rio de Janeiro, mudando também a fisionomia da cidade. Entre outros aspectos, esboçou-se aí uma vida cultural. O acesso aos livros e a uma relativa circulação de ideias foram marcas distintivas do período. Em setembro de 1808, veio a público o primeiro jornal editado na colônia; abriram-se também teatros, bibliotecas, academias literárias e científicas, para atender aos requisitos da corte e de uma população urbana em rápida expansão. Basta dizer que, durante o período de permanência de Dom João VI no Brasil, o número de habitantes da capital dobrou, passando de cerca de 50 mil a 100 mil pessoas. (...)
>
> Se muita coisa mudou, não devemos exagerar o alcance das transformações. A presença da corte implicava uma alteração do acanhado cenário urbano da colônia, mas a marca do absolutismo acompanharia a alteração. Um exemplo disso é a imprensa. O primeiro jornal brasileiro – A gazeta do Rio de Janeiro – tinha caráter quase oficial e estava sujeito, como todas as demais publicações, a uma comissão de censura encarregada de 'examinar os papéis e livros que se mandassem publicar e fiscalizar que nada se imprimisse contra a religião, o governo e os bons costumes'. O jornal brasileiro independente dessa época, que continha críticas à política portuguesa, era o Correio Braziliense de Hipólito José da Costa, editado em Londres entre 1808 e 1822."
>
> (FAUSTO, Boris. *História do Brasil*. São Paulo, Edusp, 1994. p. 125-7.)

J. B. Debret, *Vista do Largo do Palácio do Rio de Janeiro.*

Vista da praça do Palácio, na cidade do Rio de Janeiro, durante a estada da corte portuguesa no Brasil.

Na política externa, D. João declarou guerra à França e conquistou, em 1809, a Guiana Francesa, a qual só foi devolvida em 1817, depois da derrota de Napoleão Bonaparte pelas forças europeias. D. João também se aproveitou das guerras pela independência da América Espanhola, iniciadas com o período napoleônico, e conquistou o Uruguai, transformando-o na Província Cisplatina, estendendo as fronteiras brasileiras até o rio da Prata. Somente em 1828 o Uruguai conseguiria a sua independência, separando-se do Brasil.

Em fevereiro de 1815, o Brasil foi elevado à categoria de **Reino Unido de Portugal e Algarves**, deixando oficialmente de ser colônia, medida acertada no Congresso de Viena, reunião das potências que venceram Bonaparte. Com isso, buscou-se restabelecer o equilíbrio de forças na Europa e legitimar a permanência de D. João no Rio de Janeiro.

Como já vimos, o aumento das despesas, oriundo da presença da corte portuguesa no Brasil, acarretou crescente tributação sobre a população brasileira, o que, somado ao anseio de liberdade política e às dificuldades econômicas vivenciadas pelo Nordeste, detonou, em 1817, a Insurreição Pernambucana, violentamente esmagada pelas tropas governamentais.

No ano seguinte, faleceu a rainha D. Maria I e o príncipe-regente foi coroado rei, com o título de D. João VI.

Enquanto isso, em Portugal, mesmo com a expulsão dos franceses, ampliavam-se cada vez mais as dificuldades econômicas e, dada a ausência do monarca, o governo local era exercido efetivamente pelo comandante militar inglês, Lord Beresford. Essa situação e a difusão intensa dos ideais iluministas determinaram a eclosão, na cidade do Porto, em 1820, de uma revolução liberal. A luta antiabsolutista ganhava força na Europa e os princípios constitucionais eram proclamados em vários pontos do continente. Em Portugal, os rebeldes do Porto decidiram pela convocação das **Cortes**, assembleia encarregada de redigir uma Constituição para Portugal. Ao mesmo tempo, exigiram o imediato regresso de D. João VI e o afastamento de Beresford.

As Cortes portuguesas, originárias da Rebelião do Porto, eram liberais em Portugal e desejavam a recolonização do Brasil.

As Cortes eram compostas por 205 deputados eleitos em todo o Império luso, cabendo ao Brasil pouco mais de 70 deputados, dos quais apenas 50 se apresentaram. Para a escolha dos deputados no Brasil foram estabelecidas as juntas governativas ligadas aos revolucionários, organizadas nas capitanias, que passaram a ser chamadas a partir de então de províncias.

O sucesso da Revolução Liberal do Porto e o receio de perder a Coroa obrigaram D. João VI a retornar a Portugal em abril de 1821, deixando seu filho D. Pedro como príncipe-regente do Brasil.

Antes de partir, pressentindo a possibilidade de o Brasil se separar de Portugal, D. João VI aconselhara D. Pedro a assumir a liderança de um movimento caso os brasileiros se manifestassem pela independência, dizendo ao filho: "Pedro, se o Brasil se separar, antes seja para ti, que me hás de respeitar, do que para algum desses aventureiros".

As Cortes portuguesas, de um lado, defendiam o liberalismo em Portugal, reformulando a estrutura política lusa segundo os princípios europeus; de outro, no entanto, vislumbravam que a solução para suas dificuldades econômicas passava pelo restabelecimento do pacto colonial. Para isso, procuraram instituir medidas visando à recolonização do Brasil, como restaurar antigos monopólios, reimplantar privilégios portugueses e anular a autonomia administrativa representada pelos diversos órgãos criados por D. João durante sua permanência no Rio de Janeiro e pela regência do príncipe D. Pedro. Ordens vindas de Lisboa promoveram a transferência de várias repartições governamentais e exigiram o imediato regresso de D. Pedro a Portugal, sob a justificativa de que era preciso completar sua formação cultural.

Tais medidas foram mal recebidas pelos brasileiros, que perceberam as reais intenções das Cortes de Lisboa e não estavam dispostos a retornar à situação anterior a 1808. Tudo isso acelerou o processo de ruptura entre Brasil e Portugal.

A regência de D. Pedro e a proclamação da Independência

Os brasileiros, sentindo-se ameaçados em sua autonomia, formaram o que se convencionou chamar de **Partido Brasileiro**, união de indivíduos favoráveis à independência. Não se tratava propriamente de um partido político, mas de um agregado de posições contrárias às medidas recolonizadoras vindas de Portugal. Representava basicamente os interesses da aristocracia rural, mas também de burocratas, comerciantes e, até mesmo, portugueses com vínculos econômicos estabelecidos no Brasil.

O Partido Brasileiro procurou o apoio de D. Pedro em sua luta contra a recolonização. Seus principais líderes foram Gonçalves Ledo, Januário da Cunha Barbosa e José Bonifácio de Andrada e Silva. O retorno de D. Pedro para Portugal, como desejavam as Cortes, enfraqueceria a autonomia administrativa do Brasil e, para que isso fosse evitado, os brasileiros elaboraram um documento que contava com cerca de 8 mil assinaturas, pedindo a D. Pedro que ficasse no Brasil. A 9 de janeiro de 1822, José Clemente Pereira entregou o documento ao príncipe, que declarou: "Como é para o bem de todos e felicidade geral da nação, estou pronto: diga ao povo que fico". Esse fato ficou conhecido como o Dia do Fico e foi fundamental para acelerar o avanço em direção ao rompimento com Portugal.

Sessão das cortes portuguesas que decidiu pelo retorno do regente. A decisão de D. Pedro em permanecer no Brasil, eternizada como o Dia do Fico, foi a opção do regente pelo Partido Brasileiro e mais um passo para o rompimento com as Cortes.

A decisão de D. Pedro contrariou as determinações do reino, o que levou as tropas portuguesas, comandadas por Jorge de Avilez, a se manifestar contra o príncipe-regente. A intervenção pessoal de D. Pedro forçou Avilez a abandonar o Rio de Janeiro. Pouco depois, os ministros portugueses se demitiram, levando D. Pedro a organizar um novo ministério, formado só por brasileiros, sob a chefia de José Bonifácio, um dos mais ativos defensores da independência.

Para fazer frente às medidas recolonizadoras de Portugal, esse ministério decretou, em maio de 1822, o "Cumpra-se", pelo qual as ordens de Portugal só seriam executadas com a expressa autorização de D. Pedro, transformado em símbolo da autonomia brasileira. Dias depois, o príncipe-regente recebia o título de "Defensor Perpétuo do Brasil", dado pela Câmara do Rio de Janeiro e pela maçonaria, confirmando o seu comprometimento com os brasileiros.

Em junho de 1822, D. Pedro convocou uma Assembleia Constituinte para elaborar as leis que deveriam regulamentar a vida dos brasileiros. Com isso, consolidava-se o clima pró-independência que existia na nação, tornando cada vez mais inevitável uma confrontação com Portugal.

Em agosto de 1822, D. Pedro estava em São Paulo, visitando as comarcas da região e deixara sua esposa, Dona Leopoldina, como regente, no Rio de Janeiro. Chegaram, então, novas ordens de Lisboa, determinando a anulação das decisões de D. Pedro e exigindo o imediato regresso do regente sob a ameaça de envio de tropas metropolitanas ao Brasil.

José Bonifácio, diante da urgência e gravidade de tais notícias, enviou o mensageiro **Paulo Bregaro** ao encontro de D. Pedro para colocá-lo a par das notícias recém-chegadas da corte. Bregaro encontrou D. Pedro na tarde do dia 7 de setembro, voltando de Santos, às margens do riacho Ipiranga, em São Paulo, e, ao ler as notícias e as considerações de protesto de José Bonifácio e de Dona Leopoldina, D. Pedro decidiu proclamar a independência do Brasil, oficializando a separação do Brasil frente a Portugal.

Se, de um lado, a independência proclamada em 7 de setembro de 1822 quebrou os laços coloniais com os portugueses, por outro, ficou mantida a ligação dependente para com o capitalismo inglês e as estruturas sociais do período colonial.

Em seguida foram derrotadas as tropas portuguesas sediadas no Brasil e contrárias à independência e D. Pedro foi coroado imperador do Brasil, com o título de D. Pedro I.

Como o processo de independência foi dirigido pela aristocracia, sem a participação da grande massa da população, o fim do período colonial não implicou mudanças nem na estrutura produtiva nem na sociedade brasileira. Ficaram garantidos os interesses da elite agrária dominante: a escravidão, que era a base da economia brasileira, e a produção agrícola voltada para a exportação. Permaneceram também os privilégios dos ingleses e seu predomínio sobre a nossa economia, pois era grande a dependência do novo país em relação à importação de manufaturas e à obtenção de empréstimos.

Assim, a oficialização da independência brasileira foi acompanhada da manutenção não somente da dependência econômica, livre, sem dúvida, das amarras do pacto colonial, como também das estruturas de predomínio socioeconômico e político da aristocracia rural e da subjugação da grande maioria dos brasileiros aos interesses dessa elite. Vale lembrar que a instituição escravista permaneceu intocada.

O que se colocava agora era a definição de como se estruturaria o Estado nacional brasileiro, considerando que as elites nem eram homogêneas politicamente nem tinham um projeto claro de ordenamento para a nova nação.

Questões

1. Descreva as transformações econômicas e sociais provocadas pelo desenvolvimento da atividade mineradora no Brasil do século XVIII.
2. Quais os principais impostos cobrados na região mineradora?
3. Qual era o destino do ouro extraído das minas do Brasil?
4. Quais as principais medidas adotadas pelo marquês de Pombal para recuperar o Estado português?
5. O que foi o "renascimento agrícola" no Brasil?
6. Aponte as principais rebeliões nativistas do período colonial. Como diferenciá-las dos movimentos separatistas?
7. Diferencie a Inconfidência Mineira, de 1789, da Inconfidência Baiana, de 1798.
8. Comente o significado da abertura dos portos decretada por D. João em 1808.
9. Em que medida a Inglaterra foi beneficiada pelos tratados assinados em 1810 por D. João?
10. Comente a afirmação: "A Revolução Liberal do Porto em 1820 apresentava-se como um movimento modernizador do ponto de vista político e reacionário do ponto de vista econômico".
11. Que medidas tomadas pelo regente D. Pedro entre 1820 e 1822 aceleraram o processo de rompimento entre Brasil e Portugal?
12. Quais as alterações provocadas na estrutura socioeconômica do Brasil com a independência em 1822?

Capítulo 6

A organização do Brasil independente

a proclamação da independência garantiu, de um lado, a autonomia brasileira em relação a Portugal, inviabilizando a recolonização que ameaçava os interesses das elites nacionais; de outro, transformou D. Pedro no eixo da ordem política que nascia sem as amarras do dirigismo das cortes portuguesas.

A partir do episódio do 7 de setembro de 1822, porém, era fundamental consolidar a independência e definir o perfil da ordem política do novo país. Essa tarefa durou mais de duas décadas, durante as quais se verificaram divergências entre grupos sociais e lutas para manter a unidade territorial e a supremacia do poder central, localizado no Rio de Janeiro, bem como várias disputas pelo controle dos aparelhos de Estado.

Entre 1822 e 1831, período a que chamaremos de **Primeiro Reinado**, deu-se basicamente a consolidação da independência e a inserção da nova nação ao sistema internacional, que também havia sofrido profundos abalos. Já no período compreendido entre 1831 e 1840, iniciado com a abdicação de D. Pedro I e que

D. Pedro I, o primeiro dos dois monarcas brasileiros.

se estende até a ascensão de D. Pedro II ao trono, chamado de **Período Regencial**, observa-se a intensificação das lutas políticas e sociais pelo predomínio político no cenário nacional, com vitória das forças oligárquicas, que passaram a controlar as estruturas de poder no Brasil.

O Primeiro Reinado (1822-31)

O processo de emancipação e organização do Estado brasileiro apresentou significativas diferenças em relação às demais ex-colônias da América, o que se deveu, fundamentalmente, ao fato de a colônia ter-se transformado na sede da monarquia lusitana por alguns anos. Enquanto no Brasil a luta pela independência mostrou-se menos duradoura e, em curto espaço de tempo, instituiu-se o regime monárquico, nos demais países latino-americanos ocorreram longas guerras que acabaram por estabelecer o regime republicano, como ocorrera, no século anterior, nos Estados Unidos, na América do Norte.

A independência dos países latino-americanos foi apenas política, diferentemente da dos Estados Unidos, que se caracterizou pela libertação econômica. Além disso, observou-se a fragmentação político-territorial da América Espanhola, bem como a ampla participação da população nas guerras de libertação, enquanto a ex-colônia portuguesa manteve a integridade territorial e política e, excetuando-se algumas poucas regiões, apenas as elites participaram da luta pró-independência.

É preciso destacar, contudo, que além de nossa independência não ter sido pacífica, ao contrário do que costuma ser afirmado, a ordem socioeconômica não sofreu qualquer alteração substancial e muito menos chegou a sofrer desgaste que pudesse abalar as estruturas herdadas do período colonial, como o escravismo, a ordem latifundiária e o predomínio aristocrático, aproximando-nos do conjunto latino-americano.

> "A atuação das elites brasileiras na independência e na definição do perfil político nacional partiu de uma estrutura escravista oposta a uma meta de ampliação dos direitos populares e mesmo contra o envolvimento participativo do conjunto da população brasileira. Até porque, por suas raízes, predominavam entre nossas elites as posições ideológicas de padrão bastante autoritário e conservador, mesmo quando se aproximavam das tendências liberais europeias do período.
>
> A preocupação das elites brasileiras em criar um Estado nacional que evitasse a fragmentação política da América Espanhola foi prioritária sobre a construção de uma democracia liberal. Além do que, os liberais brasileiros, diferentemente das elites crioulas latino-americanas, eram avessos ao liberalismo radical francês, considerado como propenso à anarquia, e optaram pelo liberalismo lockiano e pré-democrático da tradição inglesa que dominava os cursos jurídicos de Coimbra."
>
> (TRINDADE, Hélgio. "Construção da cidadania e representação política: Lógica liberal e práxis autoritária". In BAQUERO, Marcello (org.). *Cultura política e democracia: Desafios das sociedades contemporâneas*. Porto Alegre, Editora da Universidade/UFRGS, 1994. pp. 47-8.)

As guerras de independência

Para garantir a independência, D. Pedro I precisou expulsar as tropas portuguesas que se opunham à separação entre Brasil e Portugal. Diante da inexistência de um exército organizado, o monarca reestruturou as milícias, adquiriu navios e contratou experientes militares ingleses e franceses para organizar e comandar a luta contra os portugueses, destacando-se entre eles Lord Cochrane, Pierre Labatut, John Taylor e John Grenfell. Os recursos financeiros foram obtidos graças à atuação de José Bonifácio e de seu irmão, o ministro da Fazenda Martim Francisco de Andrada e Silva, junto às elites nacionais, bem como em função da ampliação da arrecadação de impostos.

Primeiro passo da independência da Bahia, óleo de Antonio Parreiras.

O processo de independência brasileiro, apesar de breve, nada teve de pacífico.

Em algumas províncias, como Bahia, Pará e Cisplatina, os conflitos foram mais intensos, sobretudo na primeira, onde a luta contou com a participação de muitos mercenários ingleses, franceses e alemães, além das milícias e de populares. Atacadas por Labatut e depois por Cochrane, as tropas comandadas por Madeira de Melo acabaram derrotadas e expulsas da Bahia em julho de 1823.

Nos meses seguintes, foram vencidas as tropas portuguesas no Piauí, Maranhão, Pará e, finalmente, na província da Cisplatina, em novembro de 1823. Nessa, depois da expulsão dos portugueses, a luta dos habitantes dirigiu-se, então, contra o domínio brasileiro e em favor da independência uruguaia, reconhecida por D. Pedro I somente em 1828.

No Pará, o conflito entre forças pró e contra a emancipação do Brasil envolveu centenas de paraenses e o comandante inglês a serviço do Império, John Grenfell. As divergências surgiram quando a população do Pará, em vez de aceitar o presidente da província nomeado pelo imperador, tentou estabelecer um governo controlado por líderes políticos locais. Tal manifestação de insubordinação às ordens do governo central resultou uma violenta repressão chefiada pelo militar inglês, com perseguição, prisões e mortes dos principais líderes. Vale registrar que 252 rebeldes foram encarcerados no porão do navio Palhaço e, antes de serem fechadas as escotilhas, sobre eles foi jogada cal virgem, morrendo todos horas depois.

Em pouco tempo, estavam derrotadas as forças militares lusas contrárias à independência e mantida a unidade territorial do Brasil, sob o comando de D. Pedro I, oficialmente coroado imperador em dezembro de 1822.

O reconhecimento da independência

O cenário político europeu na época da independência brasileira e de outras colônias latino-americanas caracterizava-se pela reação absolutista que se seguiu à derrota de Napoleão Bonaparte em 1815, representada pelo princípio da legitimidade e pela Santa Aliança, instituídos pelo Congresso de Viena.

As nações vitoriosas reuniram-se na Áustria e determinaram o restabelecimento das fronteiras e estruturas políticas anteriores à Revolução Francesa. Para garantir o sucesso da restauração do Antigo Regime, foi criada a Santa Aliança, uma força militar intervencionista e conservadora.

Nesse quadro reacionário, em que se procurava evitar o avanço das ideias liberais na Europa e emancipacionistas na América, processo já há algum tempo em curso, foi difícil obter o reconhecimento internacional de nossa independência. O primeiro país a fazê-lo foram os Estados Unidos, em 1824, devido à política do então presidente, James Monroe, denominada **doutrina Monroe**, cuja máxima era "a América para os americanos". Os Estados Unidos procuravam com essa política barrar a intervenção recolonizadora europeia no continente americano, garantindo para si o controle político sobre a região e, consequentemente, os promissores mercados latino-americanos.

A primazia norte-americana no reconhecimento da independência brasileira decorreu da política do presidente James Monroe, contrária à Santa Aliança e atrelada ao desenvolvimento capitalista.

Desenho de Newton Resende.

A Inglaterra, tradicional aliada de Portugal, mas interessada em inserir o Brasil no novo sistema internacional sem os entraves colonialistas, atuou como mediadora junto às cortes portuguesas pelo reconhecimento de nossa independência.

A ação britânica foi eficiente e, em agosto de 1825, Portugal reconheceu a emancipação política de sua colônia na América. Para isso, porém, exigiu o pagamento de uma indenização de cerca de 2 milhões de libras esterlinas. Como o Brasil não possuía esse montante, emprestou-o da Inglaterra, que imediatamente cobrou de Portugal uma dívida do mesmo valor. Assim, o dinheiro pago a Portugal para que reconhecesse a independência do Brasil não saiu de Londres.

Segundo o tratado de Paz e Aliança entre Portugal e Brasil, em que a ex-metrópole reconhecia a independência do Brasil, D. Pedro I ainda se obrigava a ceder o título honorário de imperador do Brasil a D. João VI e, a despeito dos fortes vínculos de brasileiros traficantes de escravos na África, a não aceitar qualquer união com outras colônias portuguesas.

Logo depois da assinatura desse tratado, a Inglaterra oficializou seu reconhecimento, seguida por outras nações europeias e por repúblicas da América Latina. Graças à sua ação mediadora, a Inglaterra obteve importantes vantagens comerciais com o Brasil. Em 1827, foram reafirmados os tratados de 1810, ratificando-se sobretudo as tarifas aduaneiras pagas pelos produtos britânicos ao entrar no mercado brasileiro. O governo imperial comprometeu-se também, a partir de exigências inglesas, a abolir o tráfico de escravos africanos até 1830, o que acabou não se concretizando dados os interesses das elites escravistas e proprietárias nacionais. Em 1828, D. Pedro I estendeu a tarifa alfandegária de 15%, usufruída pela Inglaterra, a vários outros países, inaugurando uma política livre-cambista.

Porto de Santos, na província de São Paulo, em 1822.

O baixo preço das mercadorias vendidas no Brasil, especialmente as britânicas, inviabilizou o desenvolvimento da produção industrial interna, além de ter provocado um crescente déficit em nosso comércio internacional. Assim, o país foi obrigado a recorrer a frequentes empréstimos, o que o endividava cada vez mais e aumentava a dependência econômica em relação à Inglaterra. Consolidava-se, assim, a divisão capitalista das funções econômicas: o Brasil abastecia o mercado de produtos primários e permanecia dependente do núcleo econômico capitalista, liderado pela Inglaterra.

A organização política do Estado brasileiro

Após a independência política do Brasil em 1822, era necessário organizar o novo Estado, fazendo leis e regulamentando a administração, por meio de uma Constituição. Para tanto, reuniu-se, em maio de 1823, uma Assembleia Constituinte composta por 90 deputados pertencentes à aristocracia rural (grandes proprietários, membros da Igreja, juristas). Na abertura dos trabalhos, o imperador D. Pedro I revelou sua posição autoritária, comprometendo-se a defender a futura Constituição desde que ela fosse digna do Brasil e dele próprio.

Entre os deputados constituintes, predominava um liberalismo moderado, isto é, defendiam a monarquia constitucional que garantisse os direitos individuais e limitasse os poderes do imperador mas que não promovesse alterações estruturais que afetassem o domínio aristocrático-escravista e, mais ainda, um regime democrático. Evidenciava-se também uma certa xenofobia entre os constituintes, dirigida sobretudo aos portugueses, por ainda ocorrerem, nessa época, as guerras da independência.

Reunida a Assembleia, o deputado Antônio Carlos de Andrada, irmão de José Bonifácio, apresentou um projeto de Constituição, no qual se destacavam dois princípios básicos:

- subordinação do poder executivo (imperador) ao legislativo (deputados e senadores), correspondendo aos anseios de dirigismo político da aristocracia rural. O projeto previa, nesse sentido, que o imperador não poderia dissolver a Câmara dos Deputados e que as Forças Armadas estariam subjugadas ao legislativo e não a D. Pedro I;
- restrição de acesso à vida política nacional à maioria da população brasileira, através da instituição do **voto censitário**: o eleitor ou o candidato ao legislativo (deputado ou senador) teria de comprovar elevada renda, conseguida, especialmente, através da atividade agrícola.

A renda dos eleitores e candidatos era avaliada pela quantidade anual de alqueires de mandioca que suas terras produzissem ou receitas equivalentes. Isso porque quem tinha muitos trabalhadores e grandes propriedades produzia mais mandioca, o alimento básico dos escravos. Obviamente, altas rendas significavam quase sempre posse de grandes propriedades e muitos escravos. Para candidatar-se a deputado, exigia-se uma renda mínima de 500 alqueires de mandioca; para senador, 1000; para ser um simples eleitor, 150.

O projeto definia os eleitores de paróquia como aqueles de primeiro grau, ou seja, os que elegeriam os eleitores de província, os de segundo grau (renda mínima de 250 alqueires), que, por sua vez, elegeriam os deputados e senadores.

O projeto constitucional de Antônio Carlos, apelidado de "Constituição da Mandioca", excluía a grande maioria da população das eleições.

Assim, o projeto constitucional de Antônio Carlos, apelidado de "Constituição da Mandioca", impedia o acesso da grande maioria da população brasileira à participação política, visto que somente uma pequena elite detinha terras e escravos. Excluía também os comerciantes, com renda em dinheiro e não em terras e escravos, cuja maioria era de portugueses. O próprio José Bonifácio, opondo-se a qualquer ampliação dos direitos políticos populares, não poupava palavras contra a "suja e caótica democracia".

A D. Pedro I, porém, não agradou a tentativa de limitar seu poder prevista no projeto e, por isso, ele recorreu à força para fechar a Constituinte, em novembro de 1823. Muitos deputados foram presos ou exilados, inclusive os irmãos Andrada (José Bonifácio, Martim Francisco e Antônio Carlos).

O pretexto para o fechamento da Constituinte foi a crítica crescente dos deputados e dos jornais oposicionistas – *A Sentinela* e *Tamoio* –, vinculados aos irmãos Andrada, aos militares e burocratas portugueses que se acercavam de D. Pedro I.

A Constituição de 1824

Após dissolver a Constituinte, D. Pedro I nomeou um Conselho de Estado, formado por seis ministros e quatro personalidades políticas, para ajudá-lo a redigir a Constituição. Nos trabalhos, sobressaiu a atuação de José Joaquim Carneiro de Campos, futuro marquês de Caravelas, considerado o principal redator do texto constitucional, além da do próprio imperador, que em 25 de março de 1824 outorgou a primeira Constituição brasileira.

Antes de ser outorgada, porém, foram enviadas cópias do texto aos municípios para que dessem sugestões a ser acrescentadas. Com isso, o imperador procurava disfarçar seu autoritarismo, na medida em que sua estrutura básica já estava definida e não se alterou.

A Constituição de 1824 apresentava uma evidente inspiração europeia, utilizando como base a Carta Outorgada de Luís XVIII de 1814.

Entre outras coisas, o documento constitucional estabelecia:

- uma monarquia hereditária;
- a divisão dos poderes do Estado em quatro: executivo, legislativo, judiciário e moderador. Assim, o imperador adaptava um elemento da obra do pensador franco-suíço Benjamin Constant aos seus anseios absolutistas, negando a proposta iluminista de Montesquieu, que previa a divisão do poder do Estado em três;
- o poder executivo seria exercido pelo imperador e ministros de Estado, com a função de executar as leis formuladas pelo legislativo;
- o poder legislativo, formado pela Câmara de Deputados e pelo Senado, encarregar-se-ia da elaboração das leis. Os deputados teriam mandato de quatro anos e o cargo de senador era vitalício. A eleição seria feita por sufrágio indireto e com base no critério censitário, conforme afirmava o texto: as "nomeações dos Deputados e Senadores para a Assembleia-Geral, e dos membros dos Conselhos Gerais das Províncias, serão feitas por Eleições indiretas, elegendo a massa dos cidadãos ativos em Assembleias Paroquiais, os Eleitores de Província, e estes os Representantes da Nação, e Província". Assim, surgiram dois tipos de eleitores: os de paróquia, que participariam da eleição em primeiro grau, e os eleitores de província que, indicados pelos primeiros, escolheriam os deputados e senadores numa segunda eleição. Ambos ainda teriam de ser maiores que 25 anos (exceto os já bacharéis ou oficiais) e do sexo masculino.

Como o voto era censitário, o eleitor ou candidato deveria comprovar uma determinada renda mínima anual. No caso, 100 mil réis para o votante da paróquia, 200 mil réis para o eleitor de província, 400 mil réis para deputados e 800 mil réis para senadores. Os senadores vitalícios eram escolhidos pelo imperador a partir de uma lista tríplice elaborada em cada província.

> "O voto, segundo a Carta Constitucional de 1824, era oral e descoberto, devendo o votante anunciar em quem queria votar às mesas de votação, compostas pelos secretários das mesas paroquiais. Estes compunham a cédula que então era lida e assinada pelo votante com uma cruz.
>
> Tal situação 'advinha por um lado da noção corrente na época de que o voto constituía um ato público e uma forma de o eleitor manter abertamente suas opiniões, embora, na verdade, funcionasse como uma forma de controlar o voto. Por outro lado, respondia a uma questão prática na medida em que o direito de voto se estendia aos analfabetos'. É preciso considerar que, mesmo entre a elite agrária, a maioria dos indivíduos era analfabeta.
>
> Quanto ao controle do voto, ele era possível graças à força das mesas eleitorais, que fizeram da fraude e da corrupção uma prática constante nas eleições brasileiras. Dada a falta de leis precisas sobre os trabalhos eleitorais, cabia às mesas determinar quem estava qualificado ao pleito e isto no mesmo dia da eleição, além de ser responsável pela apuração dos votos, o que, de certa forma, já dirigia o resultado eleitoral.
>
> A composição da mesa eleitoral dava-se da seguinte forma: 'o presidente da assembleia (que deveria ser um juiz de fora) juntamente com o pároco propunham à massa do povo, reunida na matriz, quatro cidadãos de confiança pública — dois para serem secretários e dois para escrutinadores — que, se aprovados por aclamação do povo, formariam com eles a

> mesa eleitoral. Por este processo de composição da mesa, pouco se poderia esperar da neutralidade dos trabalhos eleitorais, pois, na verdade, quem determinava a escolha dos cidadãos que preencheriam as funções da mesa eleitoral, cabendo à multidão apenas referendá-los ou não, eram o presidente e o pároco, ambos figuras ligadas ao governo. E assim as eleições se faziam, aceitando a mesa o voto de quem queria e recusando outros a pretexto de falta de condições legais, iniciando e terminando a votação no momento em que lhe aprouvesse, e apurando os votos como lhe convinha'".
>
> (KINZO, Maria D'Alva Gil. *Representação política e sistema eleitoral no Brasil*. São Paulo, Símbolo, 1980. pp. 51 e 70.)

A Constituição outorgada por D. Pedro I, em 1824, previa ainda que:

- o poder judiciário seria formado por juízes e tribunais, cuja função seria de zelar pelo cumprimento das leis e julgar os infratores; seu órgão máximo era o Supremo Tribunal de Justiça com juízes nomeados pelo imperador;

- o exercício do poder moderador era atribuição exclusiva do imperador, cuja pessoa era definida como "inviolável e sagrada", não estando "sujeita a responsabilidade alguma". O poder moderador teria a função de regular os demais poderes, cabendo a ele a decisão final, dando ao imperador o poder político absoluto. Era a chave da organização política brasileira, astutamente combinando o constitucionalismo com a estrutura política do Antigo Regime;

- oficialização do Conselho de Estado, composto de conselheiros vitalícios, nomeados pelo imperador, cujo "número não excederia a 10", devendo possuir idade mínima de 40 anos e renda não inferior a 800 mil réis;

- divisão do país em províncias, "na forma em que atualmente se acha", dirigidas por presidentes nomeados pelo imperador;

- oficialização da religião católica e subordinação da Igreja ao controle do Estado, sendo seus membros considerados funcionários públicos. Determinava também a liberdade de culto às outras religiões desde que em recinto particular ou doméstico, sem "forma alguma exterior de templo".

Capa, primeira e última páginas da constituição outorgada por D. Pedro I, em 1824.

Em suma, a Carta Outorgada de 1824, de um lado, impedia qualquer participação política da maioria da população, dos grupos sociais menos favorecidos, mantendo a essência elitista da "Constituição da Mandioca". De outro, concentrava os principais poderes nas mãos do imperador, diferenciando-se, por isso, do anteprojeto de Antônio Carlos. O exercício do poder moderador garantia a D. Pedro I o direito de nomear ministros, dissolver a Assembleia, controlar as Forças Armadas, nomear os presidentes das províncias e juízes, etc. Era, enfim, o principal poder político brasileiro, consagrando a forma centralizada de governo.

> "O sistema criado pela Carta de 1824 e calcado sobre a tradição portuguesa assume caráter próximo à oligarquia que o imperador preside. A supremacia da Coroa mitiga-se por órgãos de controle saídos das entranhas monárquicas, o Senado e o Conselho de Estado, e por via de um órgão dependente da eleição, a Câmara dos Deputados. A inautenticidade eleitoral, inautenticidade derivada menos do censo, que restringe o número de eleitores, do que de circunstâncias sociais, aptas a selecionar o corpo deliberante, e de circunstâncias legais, engendradas para filtrar a vontade primária, reduz a importância, o peso e a densidade do elo popular e representativo. A Constituição não desempenha, senão remotamente, senão por tolerância ou consentimento, o papel de controle, em nome dos destinatários do poder, os cidadãos convertidos em senhores da soberania. Constituição puramente nominal, incapaz de disciplinar, coordenar, imperar, ideal teórico de uma realidade estranha à doutrina e rebelde à ideologia política importada. Verdade que esse modelo de papel exerce, embora tenuemente, influxo sobre o sistema, inspirando o debate e motivando as reações."
>
> (FAORO, Raymundo. *Os donos do poder*. Rio de Janeiro, Globo, 1989. p. 291.)

A Confederação do Equador

As medidas autoritárias de D. Pedro I, como o fechamento da Constituinte e a imposição da Constituição de 1824, provocaram protestos em várias províncias, especialmente no Nordeste, onde ao descontentamento político somaram-se as continuadas dificuldades econômicas e os crescentes impostos determinados pelo Rio de Janeiro.

Desde o início do século XIX, muitos produtos da região estavam em crise, especialmente os de exportação, como o açúcar e o algodão, devido à concorrência estrangeira. O primeiro sofria a concorrência da produção cubana e do açúcar de beterraba europeu, e o algodão perdia para a produção norte-americana em expansão.

A lembrança dos ideais pernambucanos, presentes no movimento revolucionário de 1817, e a adoção do regime republicano em toda a América aguçaram a insatisfação da população pernambucana. Quando D. Pedro nomeou um novo presidente para a província, os pernambucanos se rebelaram sob a liderança do governador deposto, o liberal Manuel de Carvalho Paes de Andrade. O movimento, de caráter separatista, republicano e basicamente urbano e popular, partiu de Pernambuco e espalhou-se pelo Nordeste, obtendo a adesão do Rio Grande do Norte, Ceará e Paraíba. As províncias insurgentes proclamaram a formação da Confederação do Equador, nome devido à localização geográfica das províncias rebeldes, que se situavam próximas à linha do Equador, e adotaram a Constituição da Colômbia provisoriamente.

> "A análise histórica da Confederação do Equador dá margem a uma série de controvérsias; alguns historiadores a consideram como separatista por rejeitar a autoridade do imperador e pregar a autonomia das províncias que deveriam se unir formando uma Confederação. Também porque adotou provisoriamente a Constituição da Colômbia, no período em que uma Assembleia Constituinte, no Recife, promulgasse a sua própria Constituição. Outros autores, porém, alegam que ela não era separatista, em vista dos depoimentos prestados pelos prisioneiros, após o malogro da mesma, que diziam defender apenas a autonomia e até procuravam se libertar da 'pecha' de republicanos, e que apenas não queriam se submeter a uma Constituição imposta, que limitava o direito do povo e das províncias. Barbosa Lima Sobrinho (1986; 271/281) defende veementemente este ponto de vista."
>
> ("Entre mártires e rebeldes". In Pernambuco Imortal, *Jornal do Commércio*. Recife, 1995. p. 10.)

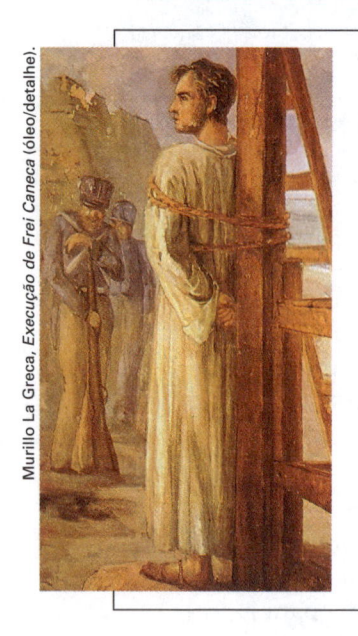

Murillo La Greca, *Execução de Frei Caneca* (óleo/detalhe).

Joaquim do Amor Divino, o Frei Caneca, foi padre, professor, jornalista, escritor e a grande expressão revolucionária da Confederação do Equador.

Entre os principais líderes do movimento estavam, além de Paes de Andrade, o religioso Joaquim do Amor Divino Rebelo, mais conhecido como Frei Caneca, divulgador dos ideais republicanos em seu jornal *Tífis Pernambucano*, e Cipriano Barata, veterano das insurreições de 1798 na Bahia e de 1817, dirigente de vários jornais do Nordeste, especialmente *Sentinela da Liberdade*, de Pernambuco.

Para reprimir a rebelião, D. Pedro I enviou tropas à região sob o comando de Francisco de Lima e Silva e contratou navios e os serviços de Lord Cochrane. O preço da repressão aos confederados pernambucanos elevou-se a mais de um milhão de libras esterlinas, que foram conseguidas graças a empréstimos obtidos junto à Inglaterra.

A repressão foi violenta, os ataques deram-se por terra e por mar e rapidamente a revolta foi contida. O tribunal, manipulado por D. Pedro I e presidido por Lima e Silva, condenou e determinou a execução de 16 revoltosos, sendo que, no caso de Frei Caneca, a pena de enforcamento teve de ser mudada para fuzilamento. Tal fato deveu-se a que, seguidamente, os responsáveis pela execução da sentença, mesmo sob ameaças e tortura, recusavam-se a executar o padre carmelita.

A abdicação de D. Pedro I

A situação financeira do Brasil durante o Primeiro Reinado foi de dificuldade: a balança comercial apresentou sucessivos déficits e os frequentes empréstimos junto à Inglaterra aumentavam a dívida externa, tornando frágil a economia nacional. A diminuição das receitas obtidas com a exportação deveu-se, em parte, à queda das importações europeias dadas as dificuldades internacionais após as guerras napoleônicas. Além disso, a oferta de produtos primários, como o açúcar e o algodão, aumentou consideravelmente, graças ao aumento de produtividade de outros países.

Na década de 1820, começou a despontar um outro produto na pauta de exportações brasileiras: o café, produzido nessa época na Baixada Fluminense. Ele representava cerca de 20% das exportações nacionais e só ultrapassaria o açúcar e o algodão na década seguinte. Não servia, portanto, para aliviar as dificuldades econômicas do Império.

Além disso, o governo imperial contava com parcas receitas, advindas, sobretudo, dos impostos sobre as exportações. Desguarnecido de significativa fonte de recursos e assumindo gastos elevados com a organização do Estado e outras despesas, D. Pedro I autorizou sucessivas emissões de dinheiro, desvalorizando a moeda circulante e produzindo crescente inflação. As dificuldades eram tamanhas que o governo decretou a falência do Banco do Brasil em outubro de 1829.

A alta inflacionária tornava mais baratos nossos produtos de exportação, beneficiando os exportadores, mas, ao mesmo tempo, encarecia as importações necessárias ao abastecimento do mercado brasileiro. Tal situação promoveu o aumento da hostilidade contra os portugueses, que controlavam boa parte do comércio varejista brasileiro e estavam mais próximos do imperador, usufruindo de importantes privilégios.

O descontentamento por parte de setores da elite agrária e dos grupos urbanos com o autoritarismo do imperador desgastou as relações políticas entre eles. O fechamento da Constituinte e a outorga da Constituição de 1824, medidas consideradas de caráter absolutista, aprofundaram a distância entre D. Pedro I e o grupo brasileiro politicamente mais atuante. O imperador, revelando seu caráter despótico, governou o Brasil sem o poder legislativo até 1826, atraindo críticas cada vez mais acirradas dos brasileiros alijados do poder.

Muitos jornais passaram a criticar a atuação de D. Pedro, entre os quais se destacaram *O Observador Constitucional*, do jornalista Líbero Badaró, e o *Aurora Fluminense*, do jornalista Evaristo da Veiga. Esses periódicos centravam suas críticas no autoritarismo imperial e, especialmente depois do episódio da Confederação do Equador, acusavam o imperador de antibrasileiro.

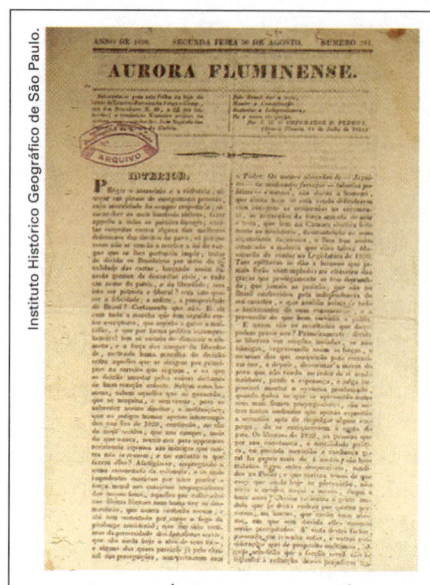

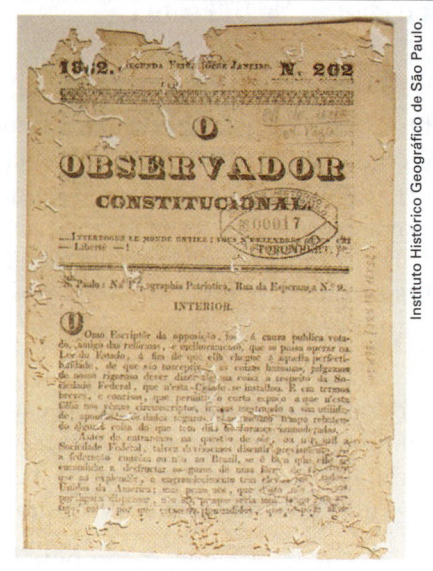

Entre mais de 60 jornais, o *Aurora Fluminense* representava a ala moderada de crítica a D. Pedro I e *O Observador Constitucional*, a tendência mais radical.

Além disso, usavam a aproximação dos grupos portugueses ao governo, para alertar das intenções recolonizadoras do imperador, servindo para ampliar a impopularidade de D. Pedro I. Após a Guerra da Cisplatina e a Guerra de Sucessão portuguesa, o desgaste do Primeiro Reinado atingira seu ponto máximo, impedindo D. Pedro I de permanecer à frente do governo brasileiro. O envolvimento do imperador nesses dois conflitos acarretou enormes despesas para uma nação em dificuldades financeiras. Por outro lado, o recrutamento forçado de soldados para participar dos combates gerou insatisfação e revolta, sobretudo porque a maioria deles era pessoas simples e pobres que ansiavam por melhores condições de vida após a independência. Finalmente, a participação brasileira nesses episódios militares não foi coroada de êxito, aguçando ainda mais os protestos contra o imperador.

De língua e cultura espanholas, a população da província da Cisplatina, cujo território foi anexado ao Brasil por D. João VI em 1816, sempre se opusera ao domínio brasileiro e, em 1825, sob o comando de Lavalleja e Rivera, iniciou a guerra pela independência, contando com o apoio da Argentina, que ambicionava incorporá-la ao seu território. O conflito, de resultado duvidoso em termos de vantagens para o Brasil e marcado por sucessivas derrotas das forças militares brasileiras, onerou os cofres do governo imperial, obrigando-o a recorrer a novos empréstimos junto aos bancos ingleses, ampliando a dívida externa e a fragilidade econômica nacional.

Em 1828, a província da Cisplatina obteve sua independência política, constituindo a República do Uruguai. Ao mesmo tempo, garantiu-se a livre navegação na bacia do Prata, o que atendia aos interesses ingleses de acesso comercial à região e também ao trânsito fluvial brasileiro para alcançar a região de Mato Grosso. De qualquer maneira, a obstinação do imperador em manter anexada a Cisplatina ao território brasileiro gerou críticas e insatisfação.

A participação de D. Pedro I na questão sucessória de Portugal, por ocasião da morte de D. João VI, em 1826, foi outro elemento que acarretou a oposição ao imperador. A morte do rei de Portugal fazia de D. Pedro I o herdeiro natural ao trono lusitano, o que reacendeu, entre os brasileiros, o temor da recolonização. Pressionado por brasileiros e portugueses, D. Pedro abdicou à Coroa portuguesa em favor de sua filha Maria da Glória, de apenas sete anos de idade, determinando que seu irmão e pretendente ao trono, D. Miguel, exercesse a regência até a maioridade de Maria da Glória. Entretanto, D. Miguel proclamou-se o novo rei de Portugal, assumindo sozinho o poder.

D. Pedro moveu uma guerra contra o irmão a fim de recuperar a Coroa para a filha, organizando e financiando tropas, o que trouxe enorme prejuízo ao Brasil.

D. Miguel (à esquerda) usurpou o trono da sobrinha, Dona Maria da Glória (no centro), fazendo-se aclamar rei de Portugal. À direita, D. Pedro I do Brasil, que seria D. Pedro IV em Portugal.

Da imprensa partiam as críticas mais violentas contra D. Pedro, que, por diversas vezes, mostrou seu descontentamento. Em 1830, aliados políticos do imperador assassinaram, em São Paulo, o jornalista liberal **Líbero Badaró**, ferrenho opositor de D. Pedro I. Esse episódio desencadeou uma onda de manifestações contrárias ao governo que agitaram as províncias, condenando o despotismo imperial.

Em Minas Gerais, as manifestações de repúdio ao governo tornaram-se violentas e obrigaram o monarca a visitar Ouro Preto, capital da província. Ao chegar à cidade, o imperador foi recebido com faixas negras em sinal de luto pela memória do jornalista assassinado.

Ao retornar ao Rio de Janeiro, os partidários de D. Pedro, portugueses em sua maioria, decidiram organizar uma recepção, buscando compensar as hostis manifestações mineiras. Esse fato atraiu a oposição dos brasileiros, desdobrando-se em inúmeros conflitos de rua, nos quais os contendores carregavam paus e garrafas. Era a "Noite das Garrafadas", de 13 de março de 1831, uma versão brasileira das manifestações liberais ocorridas na Europa contra a restauração aristocrática imposta pelo Congresso de Viena.

Desejando reconciliar-se com os brasileiros, D. Pedro I, em 19 de março, nomeou um ministério liberal, composto apenas por brasileiros. Entretanto, as agitações cresceram e, em 5 de abril, o imperador demitiu esse ministério, nomeando um outro composto por amigos de tendência absolutista, o chamado "ministério dos marqueses". Como resultado, milhares de populares foram às ruas exigir a volta do "ministério brasileiro".

Em meio à radicalização das posições, as elites nacionais contrárias ao imperador ganharam o apoio das tropas do exército e, com base na movimentação popular, exigiram a demissão do "ministério dos marqueses". Na madrugada de 7 de abril de 1831, D. Pedro I abdicou ao trono em favor de seu filho de cinco anos, D. Pedro de Alcântara, e embarcou para Portugal. Lá, D. Pedro enfrentou e venceu seu irmão D. Miguel, tornando-se rei com o título de D. Pedro IV. Em 1834, abdicou novamente ao trono português em favor de sua filha, Dona Maria da Glória.

A abdicação de D. Pedro I gerou um problema, pois D. Pedro de Alcântara era menor de idade. Obedecendo à Constituição de 1824, decidiu-se que o governo seria exercido por uma regência e o futuro imperador ficaria sob os cuidados de José Bonifácio.

A volta de D. Pedro a Portugal serviu para afastar definitivamente a ameaça recolonizadora que assombrava o país, consolidando a nossa independência. No entanto, deu-se início um período de transição política no qual se concretizou a hegemonia da elite agrária, comercial e burocrática, apesar das inúmeras manifestações contrárias. Ao final do conturbado período regencial, o Estado brasileiro estava plenamente organizado, fundado na monarquia, unidade, centralização, elitismo e escravismo.

O período regencial

O período compreendido entre 1831 e 1840 foi um dos mais agitados da história brasileira. Iniciado pela abdicação de D. Pedro I em favor de seu filho de apenas cinco anos de idade, determinou a escolha de uma regência para governar o país. Entretanto, segundo a Constituição, a eleição dos regentes deveria ser feita pela Assembleia-Geral, que, naquele momento, estava em recesso (férias) e boa parte dos parlamentares, ausentes do Rio de Janeiro. Assim, para contornar a situação, os poucos deputados presentes na capital decidiram escolher uma Regência Provisória, até que os demais parlamentares retornassem e a eleição pudesse, enfim, ser realizada.

A Regência Trina Provisória (abril a junho de 1831)

Os deputados escolheram para ocupar provisoriamente o governo os senadores **Nicolau Pereira de Campos Vergueiro**, **José Joaquim Carneiro de Campos** e o brigadeiro **Francisco de Lima e Silva**. A primeira atitude dos regentes foi readmitir o "ministério dos brasileiros", deposto por D. Pedro I; em seguida, anistiaram os prisioneiros políticos e decretaram a suspensão temporária do exercício do poder moderador.

A Regência Provisória governou o país por pouco mais de dois meses, ao final dos quais foi possível realizar eleições para escolher uma Regência Permanente.

A Regência Trina Permanente (1831-35)

Eleita para um mandato de quatro anos pelos deputados e senadores reunidos na Assembleia-Geral, a Regência Trina Permanente era composta pelo brigadeiro **Francisco de Lima e Silva** e pelos deputados **João Bráulio Muniz**, representante das províncias do norte do Brasil, e **José da Costa Carvalho**, representando as províncias do sul. Para exercer o Ministério da Justiça, os regentes escolheram o padre **Diogo Antonio Feijó**, cuja principal função era manter a ordem no país, reprimindo as constantes e crescentes rebeliões.

O enérgico padre Diogo Antonio Feijó assumiu a função de garantir a "ordem pública", isto é, a ordem aristocrática, ameaçada pelo ativismo político das manifestações populares após a abdicação.

Oscar Pereira da Silva, Regente Feijó, MP.

Logo no início de seu mandato, o ministro criou a **Guarda Nacional**, milícia armada dirigida por brasileiros abastados, que passou a ser o principal instrumento do governo para reprimir os levantes populares. Era uma nova organização militar, mais confiável aos olhos das classes dominantes. Tal medida fez com que o papel do exército fosse reduzido: a ação da Guarda tinha um caráter local (o alistamento era obrigatório para todos os cidadãos com direito de voto nos municípios) e determinava uma redução dos quadros militares, já que os membros da Guarda Nacional eram dispensados de servir o exército.

> Como definia a lei de agosto de 1831 que a criou, a Guarda Nacional teria a função de "... Defender a Constituição, a Liberdade, a Independência, e a Integridade do Império; manter a obediência às leis, conservar, ou restabelecer a ordem e a tranquilidade pública, e auxiliar o Exército de Linha na defesa das fronteiras e costas..."

O comando da Guarda Nacional em cada município cabia ao coronel, patente geralmente vendida pelo governo aos grandes fazendeiros. Estes acabavam por assumir o papel do Estado, garantindo a ordem e os poderes existentes, ao mesmo tempo em que defendiam seus interesses locais.

Em novembro de 1832, reforçando a autonomia dos poderes locais, foi aprovado o **Código do Processo Criminal**, que dava plena autoridade judiciária e policial, no nível municipal, aos juízes de paz, normalmente escolhidos e nomeados entre os grandes proprietários de uma dada região. A par do fortalecimento dos poderes locais da aristocracia fundiária, instituíram-se o júri e o *habeas corpus*, medidas jurídicas que representavam avanços do liberalismo muito mais no papel que na prática, mas revelavam a influência da ordem jurídica norte-americana e inglesa.

Ainda em 1832, o padre Feijó, buscando enfraquecer o grupo político dos Restauradores (portugueses) e, para isso, lutando pela destituição de José Bonifácio da tutoria de D. Pedro, tentou dar um golpe e transformar-se no único regente a fim de governar o país com plenos poderes. Fracassado seu intento, porém, Feijó viu-se obrigado a renunciar ao cargo de ministro.

As correntes políticas durante a Regência

No Brasil regencial, observa-se a presença de três tendências políticas, grupos formados por indivíduos de posses, preocupados em preservar seus interesses, mas que divergiam quanto à forma de como governar o país durante a menoridade de D. Pedro.

Um desses agrupamentos políticos ficou conhecido como **restaurador** ou **caramuru**, por defender a volta de D. Pedro I ao governo do Brasil e contar com o jornal *O Caramuru* como principal veículo de divulgação de suas ideias. Formado por comerciantes portugueses e liderado por José Bonifácio, o grupo restaurador, reunido em torno da Sociedade Conservadora da Constituição

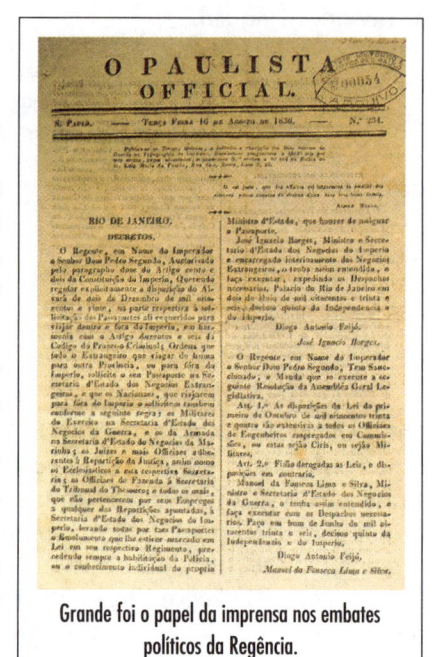

Grande foi o papel da imprensa nos embates políticos da Regência.

Brasileira, mostrava-se contrário a reformas socioeconômicas e favorável ao absolutismo monárquico. Os restauradores desapareceram em 1834, após a morte de D. Pedro I, em Portugal.

Um outro grupo, de tendência mais "radical" dentro do cenário político brasileiro e reunido em torno da Sociedade Federal, era chamado de **liberal exaltado**. Participavam dessa corrente proprietários rurais, membros das classes médias urbanas e do exército, que defendiam a autonomia das províncias e, consequentemente, a descentralização do poder imperial. Também conhecidos por **jurujubas**, seus membros mais radicais eram favoráveis ao fim da monarquia e à instituição da república, destacando-se entre seus líderes o major do exército Miguel Frias e o jornalista Cipriano Barata. Suas propostas de mudança eram bem recebidas pelos setores menos favorecidos da sociedade e, pela fácil penetração junto a esses grupos, ficaram conhecidos como farroupilhas.

Um último grupo que merece destaque era chamado de **liberal moderado** ou **chimangos**. Reunia também membros da aristocracia rural envolvidos no governo regencial e integrados na Sociedade Defensora da Liberdade e da Independência Nacional, que defendia a ordem existente, especialmente a monarquia e a escravidão, fontes de seus privilégios. Advogavam um governo centralizado no Rio de Janeiro e a unidade territorial do Brasil, tendo como principais líderes o padre Feijó, o jornalista Evaristo da Veiga e o político Bernardo Pereira de Vasconcelos. Opunham-se à volta do ex-imperador e aos "exageros" defendidos pelos exaltados.

Tanto os liberais exaltados como os moderados concordavam, de início, com a necessidade de reformas que garantissem maior autonomia das províncias bem como a unidade do Império. Nesse sentido, empreenderam as mudanças descentralizadoras do início do período regencial, o que representou um avanço liberal. Esse liberalismo estendeu-se de 1831 a 1835 e teve como ponto alto o Ato Adicional de 1834.

Os dois grandes 'partidos' do Segundo Reinado foram o Partido Conservador e o Partido Liberal, cujas bases remontam ao Período Regencial.

Tomando 'alguns marcos institucionais' que 'tiveram importância direta sobre a organização partidária' brasileira é necessário considerar que eles "jamais darão conta dos processos que marcaram a vida política, mas podem ser indicadores dos esforços do Estado em manter a ordem social sob o seu controle, a manutenção do poder que vimos estar no íntimo da criação de uma organização partidária consentida.

O marco 1822 e os momentos que o cercam são claros, nesse sentido; não por serem um marco zero, já que o universo político que vem à luz nesse período já estava estabelecido muito antes, mas por exigirem claramente um reordenamento institucional que pusesse, entre outras coisas, ordem ao mundo da política — reordenamento, que, por sinal, não se fará sem problemas. (...)

Esse primeiro período, ainda de acomodação de tendências em luta contra o poder do imperador, ou a seu favor, possui complicadores nas inúmeras oposições regionais que se negaram a fazer parte do jogo político instalado no Rio de

> *Janeiro. Uma maior definição partidária em torno do poder talvez só se cristalize num segundo período, com a reabertura dos trabalhos legislativos após o fechamento da Assembleia, de 1826 até 1831. Neste último ano, com a abdicação de D. Pedro I e o início da Regência, teria início um terceiro período, onde aos grupos de opinião seria concedida uma participação importante na administração do governo e nos negócios do Estado. Um quarto período, iniciado com a maioridade do imperador e o triunfo do projeto conservador, redefiniria o papel dos partidos, frente ao Executivo, inclusive nos esforços de captar oligarquias dissidentes para a prática do jogo político, principalmente após a pacificação das últimas rebeliões separatistas."*
>
> (FERREIRA NETO, Edgard Leite. *Os partidos políticos no Brasil.* São Paulo, Contexto, 1988. pp. 19-20.)

O Ato Adicional de 1834

As manifestações políticas que ocorreram no Brasil após a abdicação representavam, de um lado, as disputas pelo controle do poder no país e, de outro, o descontentamento diante das condições econômicas e políticas existentes. As pressões por mudanças que ameaçavam a ordem vigente e colocavam em risco o predomínio da aristocracia rural levaram à criação, como vimos, da Guarda Nacional, em 1831, e à instituição do Código de Processo Penal no ano seguinte. Como as pressões e as divergências não diminuíram, novas medidas foram adotadas.

Após a demissão de Feijó do Ministério da Justiça, exaltados e moderados acirraram suas disputas. Para atenuá-las, foi elaborado, em 1834, o Ato Adicional à Constituição, estabelecendo alterações à Carta Outorgada de 1824. O Ato visava conciliar as tendências políticas centralizadoras dos moderados e descentralizadoras dos exaltados e, assim, acrescentou as seguintes emendas à Constituição de 1824:

- criação das **assembleias legislativas provinciais** com amplos poderes, em substituição aos antigos conselhos gerais das províncias, submissos às decisões do imperador. Tratava-se de uma medida descentralizadora, pois cada província poderia, a partir de então, fazer suas próprias leis, conquistando liberdade administrativa. As assembleias podiam, por exemplo, admitir e demitir funcionários públicos, reforçando os poderes locais. Em contrapartida, os presidentes das províncias continuavam sendo escolhidos pelo poder central, o que, de certa maneira, permitia ao governo central manter relativo controle sobre a vida provincial;

- criação do **Município Neutro do Rio de Janeiro**, território independente da província do Rio de Janeiro, sede da administração central, no qual as autoridades seriam nomeadas pelo governo imperial. Essa medida agradou aos moderados, uma vez que propiciava uma centralização política;

- substituição da Regência Trina pela **Regência Una**, eleita pelas assembleias provinciais de todo o país, com mandato de quatro anos. Era uma medida ao mesmo tempo centralizadora, já que concentrava o poder político na pessoa de um regente, e descentralizadora, ao permitir que a escolha do regente fosse aberta aos eleitores das províncias, ou seja, os grandes proprietários rurais;
- suspensão do exercício do poder moderador e do Conselho de Estado, eixos do centralismo do Primeiro Reinado, enquanto durasse a Regência.

Câmara dos senadores no Campo da Aclamação. O Legislativo foi fortalecido durante o período regencial.

O Ato Adicional de 1834, revelando seu caráter liberal, fez concessões tanto a moderados quanto a exaltados, buscando a conciliação e composição entre as duas facções políticas em disputa. Em 1835, em meio ao quadro das mudanças políticas definidas pelo Ato Adicional, o padre Feijó foi eleito regente uno.

A Regência Una de Feijó (1835-37)

A par das conquistas liberais obtidas durante a primeira fase da Regência, surgiram, nesse período, manifestações de oposição à ordem existente, às dificuldades econômicas da maioria da população e de interesses regionais prejudicados.

Refletindo anseios por mudanças mais profundas no país, multiplicaram-se os movimentos regionais que desembocaram em diversos levantes provinciais, a exemplo da Cabanagem no Pará, da Sabinada na Bahia e da revolução Farroupilha no Rio Grande do Sul, entre outros.

Durante a regência de Feijó, o grupo moderado dividiu-se em **progressistas**, favoráveis à manutenção da autonomia provincial das assembleias e adeptos do governo Feijó, e **regressistas**, defensores de uma maior centralização para enfrentar e acabar com as rebeliões provinciais.

Pouco a pouco, o grupo progressista acabou se convertendo no **Partido Liberal**, enquanto os regressistas, liderados por Bernardo Pereira de Vasconcelos, criaram o **Partido Conservador**, grupamento que reunia, principalmente, os grandes proprietários rurais, os grandes comerciantes, magistrados e burocratas. Já o Partido Liberal aglutinou a classe média urbana, clérigos e alguns proprietários rurais das novas áreas agrícolas, especialmente de São Paulo, Minas e Rio Grande do Sul. Os partidos Conservador e Liberal representavam as principais forças políticas no Brasil durante a Regência. Apesar do nome "partido", esses agrupamentos, contudo, expressavam interesses pouco divergentes da elite social brasileira.

> "Bernardo Pereira de Vasconcelos fora o redator do projeto do Ato Adicional de 1834 que, segundo suas palavras, desejava 'diluir os laços da centralização' e ainda 'parar o carro revolucionário'. Devido às emendas acrescidas, Bernardo acabou por defini-lo como 'o código da anarquia', responsável pelas sucessivas revoltas que sacudiram o Império entre 1835 e 1840. Liderando o grupo regressista, que atraíra boa parte dos moderados e também os antigos restauradores, Bernardo Pereira justificava assim a sua nova posição conservadora: 'Fui liberal, então a liberdade era nova no país, estava nas aspirações de todos, mas não nas leis, não nas ideias práticas; o poder era tudo: fui liberal. Hoje, porém, é diverso o aspecto da sociedade: os princípios democráticos tudo ganharam e muito comprometeram; a sociedade, que então corria risco pelo poder, corre agora risco pela desorganização e pela anarquia. Como então quis, quero hoje servi-la, quero salvá-la, e por isso sou regressista. Não sou trânsfuga, não abandono a causa que defendo, no dia de seus perigos, da sua fraqueza; deixo-a no dia em que tão seguro é o seu triunfo que até o excesso a compromete.'"
>
> (FAORO, Raymundo. *Os donos do poder*. Rio de Janeiro, Globo, 1989. pp. 321-2.)

Litografia de S. A. Sisson.

Bernardo Pereira de Vasconcelos: o Ato Adicional para "parar o carro revolucionário".

Em 1837, revelando certa incapacidade em conter as revoltas que se multiplicavam e diante da acirrada oposição regressista, Feijó renunciou ao cargo de regente.

A Regência Una de Araújo Lima (1837-40)

A renúncia de Feijó fez do presidente da Câmara, Araújo Lima, grande proprietário pernambucano e partidário dos conservadores, o novo regente do país. A substituição foi confirmada pelas eleições que se seguiram na própria Câmara. O novo governo apresentou uma tendência nitidamente conservadora, em oposição ao predomínio liberal do início do período. Durante a regência de Araújo Lima, as conquistas liberais da fase anterior foram anuladas e verificou-se um retrocesso no sentido da centralização monárquica.

Araújo Lima nomeou regressistas para os ministérios, destacando-se o líder conservador **Bernardo Pereira de Vasconcelos** na pasta da Justiça. Esse ministério foi responsável por importantes realizações, como a criação do Colégio Pedro II, do Arquivo Público Nacional e do Instituto Histórico e Geográfico Brasileiro. Por isso, e por sua composição, recebeu o apelido de "ministério das capacidades".

O governo conservador de Araújo Lima considerava os levantes provinciais produto do Ato Adicional de 1834. Em sua opinião, o "Ato da anarquia" devia ser anulado para se restaurar a ordem no país. Em maio de 1840, o Ato Adicional foi alterado por uma **lei interpretativa**, aprovada pelos deputados, a qual devolvia ao poder central do Rio de Janeiro o controle dos órgãos da polícia e da justiça, antes nas mãos das assembleias provinciais, incluindo a prerrogativa de nomear os funcionários públicos. Buscava-se a centralização como forma de enfrentar eficazmente os levantes provinciais que ameaçavam a ordem estabelecida.

O mandato de Araújo Lima deveria estender-se até 1842, mas os liberais de oposição lutaram para recuperar o poder. Em 1840, fundaram o **Clube da Maioridade**, que defendia a antecipação da maioridade de D. Pedro II – na época com 15 anos incompletos. Segundo eles, a presença do imperador no trono poria fim às revoltas regionais em curso e afastaria o fantasma da fragmentação política e territorial do país, argumento que cativou a adesão da elite política do país.

A vitória do Clube da Maioridade concretizou-se em julho de 1840, quando D. Pedro II foi coroado imperador, encerrando o período regencial. Tal episódio recebeu o nome de **Golpe da Maioridade**.

D. Pedro II: imperador aos 14 anos.

Contudo, o golpe não representou o fim da tendência centralizadora verificada durante o período regressista, iniciado em 1837. Na verdade, as tendências políticas nascidas após o Golpe da Maioridade – conservadores e liberais – não se antagonizavam, pois ambas as facções representavam os interesses da elite nacional, organizada em torno da grande propriedade escravista. Os liberais, interessados também na manutenção da ordem aristocrática, não opuseram obstáculos às medidas centralizadoras dos conservadores.

A partir de 1841, a tendência regressista conseguiu reinstituir o Conselho de Estado, órgão de assessoria do imperador e de enorme força nacional, e promoveu a reforma do Código de Processo Criminal, subordinando a polícia e a justiça ao ministro da Justiça. Completando o processo de centralização imperial, em 1850, a Guarda Nacional passou para a esfera de influência do Ministério da Justiça.

As rebeliões regenciais

Como vimos, o período regencial foi marcado por considerável instabilidade política. As chamadas **rebeliões regenciais** questionaram não só o excesso de centralização política e a cobrança dos inúmeros tributos instituídos pelo Rio de Janeiro com vistas à organização e sustento do novo Estado brasileiro, mas também a situação de miséria em que se encontrava a maioria da população, reivindicando liberdade e maior acesso ao cenário político.

A Cabanagem (Pará, 1835-40)

O levante dos cabanos, nome dado ao movimento ocorrido na província do Pará entre os anos de 1835 e 1840, teve como ponto de partida as disputas locais em torno da nomeação do presidente da província que dividiram a elite paraense, envolvendo boa parte de seus habitantes. A revolta contou com a adesão da população pobre da província, índios, mestiços e negros da região, que viviam em cabanas, à beira dos rios, em condições miseráveis.

Insatisfeitos com os privilégios das oligarquias locais e visando melhorar as péssimas condições de vida que enfrentavam, os rebeldes tomaram a cidade de Belém e assumiram o governo provincial. Pelo porto de Belém, cuja população era de cerca de 12 mil habitantes, escoava a produção da província, constituída de tabaco, cacau, arroz, borracha e "drogas do sertão", sob o controle de uma elite de comerciantes locais, formada sobretudo de portugueses que exploravam a população mais humilde.

Uma vez no governo, os insurgentes hesitaram entre estabelecer um governo autônomo e republicano ou manter a fidelidade ao Rio de Janeiro, terminando por proclamar a independência. Entre eles destacaram-se como líderes o cônego **Batista Campos**, os irmãos **Vinagre** (**Antônio e Francisco**) e o seringueiro **Eduardo Angelim**.

Humildes cabanas à beira-rio na província do Pará, de onde saíram muitos dos rebeldes. Depois de proclamar a independência do Pará, os cabanos não chegaram a abolir a escravidão, apesar de muitos de seus membros serem escravos.

De caráter eminentemente popular, o movimento acabou sendo traído por vários participantes. Além disso, a falta de consenso entre seus líderes e a indefinição quanto aos rumos do governo da província promoveram o esvaziamento da revolta, que acabou sendo violentamente sufocada pelas tropas governamentais enviadas à região. Em 1840, o Pará foi "pacificado" às custas de um total de mortos superior a 30 mil, perto de 20% de toda a população da província.

A Sabinada (Bahia, 1837-38)

A Bahia, principalmente a cidade de Salvador, sempre foi palco de resistência e luta contra a opressão desde a época colonial, a exemplo da Insurreição dos Alfaiates, de 1798. Na fase regencial eclodiram diversas rebeliões de escravos na província, sendo que a mais importante deu-se em 1835, envolvendo os negros malês, escravos de religião muçulmana e bastante cultos, que, com seus gritos de "morte aos brancos, viva os nagôs", espalharam o terror aproximando os senhores, que conseguiram esmagar o movimento.

O excesso de autonomia local, as dificuldades econômicas vivenciadas pela província já há muito tempo, o descontentamento dos grupos médios urbanos e a resistência da população local contra as determinações do governo central ganharam novo impulso em 1837, quando foi instituído o recrutamento forçado para formação de tropas que iriam combater os farroupilhas no Rio Grande do Sul. Iniciou-se assim uma revolta contra a truculência do governo, que desembocou na conquista do poder na Bahia e na proclamação da **República Bahiense** pelos insurgentes.

O movimento tinha à frente o médico **Francisco Sabino Barroso**, morador da cidade de Salvador. Por causa dele, a revolta ficou conhecida como Sabinada. Os revoltosos eram contrários à centralização política desejada pelo Rio de Janeiro e decidiram manter o governo republicano e independente até que D. Pedro II pudesse assumir o trono brasileiro, o que deveria ocorrer em 1843. Almejavam, sobretudo, manter a autonomia provincial conseguida com o Ato Adicional de 1834, chegando também a assumir o compromisso de libertar os escravos nascidos no Brasil que apoiassem a revolução, mantendo, porém, os demais sob cativeiro.

Em Salvador, a Sabinada defendia a liberdade somente aos escravos "crioulos" (nascidos no Brasil).

A Regência enviou tropas que cercaram a cidade de Salvador e, com a ajuda dos senhores de engenho da região do Recôncavo, fiéis ao Rio de Janeiro, venceram os revoltosos em 1838. Ao final da violenta repressão, além de milhares de prisioneiros, mais de 2 mil pessoas estavam mortas, inclusive seus mais expressivos líderes, que acabaram executados.

A Balaiada (Maranhão, 1838-41)

A origem dessa revolta, ocorrida no Maranhão, deve ser buscada nas disputas políticas pelo controle do poder local. Os rebeldes, constituídos por pobres e miseráveis da região, incluindo mesmo escravos que sonhavam com a liberdade, contestavam os privilégios dos latifundiários e comerciantes portugueses.

Nessa época, a província do Maranhão contava uma população de cerca de 200 mil habitantes, metade representada por escravos dedicados à agricultura do algodão e à pecuária. Sua economia enfrentava graves dificuldades dado o declínio das exportações de algodão frente à concorrência dos Estados Unidos.

Os principais líderes do movimento rebelde foram o vaqueiro **Raimundo Gomes**, apelidado de "Cara Preta", **Manuel dos Anjos Ferreira**, o "Balaio", fabricante de cestos e inspiração para o nome da revolta, e o negro **Cosme Bento**, que liderou uma força de cerca de 3 mil escravos. Os balaios chegaram mesmo a ocupar a Vila de Caxias, importante centro urbano da província, e ameaçavam tomar também a capital, São Luís.

Devido às divergências entre seus líderes e à falta de unidade entre os rebeldes, o movimento entrou em rápido declínio quando, então, chegaram as tropas do governo, que, sob o comando do coronel Luís Alves de Lima e Silva, derrotaram os insurgentes e retomaram o poder da província. Aliás, foi graças a essa vitória que o coronel recebeu o título de barão de Caxias.

A definitiva pacificação da região só foi conseguida, contudo, com a anistia concedida pelo imperador aos revoltosos sobreviventes, em 1841, seguida da reescravização dos negros que tinham participado da rebelião e do enforcamento do líder Cosme Bento em 1842.

Foi no meio das disputas entre os membros das elites locais que a Balaiada maranhense desembocou numa revolta popular. Na foto, São Luís em meados do século XIX.

A revolução Farroupilha (Rio Grande do Sul, 1835-45)

A revolução Farroupilha, ou guerra dos Farrapos, foi a mais longa rebelião da história brasileira. Liderada pelos **estancieiros** (fazendeiros de gado do Sul do país), apesar de o nome **farroupilha** advir dos pobres esfarrapados que compunham a maioria da tropa insurgente, o movimento reivindicava maior autonomia provincial e a redução dos altos impostos que incidiam sobre o charque (carne-seca) gaúcho, que, dessa forma, não tinha condições de competir em situação de igualdade com o charque platino. Além da vantagem tributária, o charque platino era produzido com mão de obra assalariada, mais eficiente e produtiva que o caro braço escravo usado nas estâncias gaúchas, resultando quase sempre em melhor qualidade e preço.

Outros produtos, como o gado, couro e o sebo, que eram destinados a outras províncias brasileiras, enfrentavam obstáculos semelhantes. A situação era bem diferente do que ocorria no restante do país, onde a economia se voltava predominantemente para o mercado externo.

Painel em homenagem à República Riograndense (10/9/1836). A revolução Farroupilha, apesar do nome, foi iniciada por estancieiros da fronteira e membros da classe média urbana.

A revolução Farroupilha teve início em 1835, quando **Bento Gonçalves**, filho de um rico proprietário de terras no Rio Grande do Sul, tomou a cidade de Porto Alegre, depondo o presidente da província. No ano seguinte, os revoltosos proclamaram a **República Rio-Grandense**, com sede na Vila Piratini.

Logo a revolta alastrou-se pelo Sul do país, atingindo Santa Catarina, onde foi proclamada a **República Juliana**, com o auxílio de **Davi Canabarro** e **Giuseppe Garibaldi**, líder revolucionário italiano que participou ativamente do movimento.

A partir de 1842, já durante o Segundo Reinado, a rebelião entrou em declínio, especialmente diante da repressão empreendida pelo governo central, comandada pelo barão de Caxias. As sucessivas derrotas frente às forças imperiais levaram os revoltosos a assinar, em 1845, um acordo de paz chamado **Paz de Ponche Verde**, obtida mediante concessão de anistia geral aos revoltosos, incorporação dos oficiais farroupilhas no exército imperial, devolução das terras ocupadas aos antigos proprietários, taxação de 25% sobre o charque platino e libertação dos escravos que lutaram na revolução. Fez também parte do acordo de paz a encampação das dívidas contraídas pelos governos criados pelos revolucionários. Por sua importante atuação, Caxias recebeu o título de "Pacificador do Império".

A transição para o Segundo Reinado

Encerrada a fase regencial de nossa história, com o Golpe da Maioridade de 1840, os grupos mais expressivos da vida política brasileira tinham avançado no sentido da edificação da ordem imperial, consolidando o centralismo oligárquico garantidor da unidade nacional. A elite agrária e burocrática assumiu o controle sobre as estruturas do Estado, mantendo-o durante o Segundo Reinado e assegurando a base escravista, latifundiária e exportadora do Brasil independente, herança do período colonial.

Quando se observa a evolução política do período regencial, nota-se uma importante transformação no projeto oligárquico: defensores da descentralização política, sobretudo grandes proprietários de terra, converteram-se em adeptos da centralização, o que não deve ser atribuído apenas ao temor da fragmentação política, provocado pelas rebeliões da época, mas também a uma mudança radical nas perspectivas políticas e econômicas da classe dos latifundiários.

Assim, do ponto de vista político, a luta contra a centralização empreendida pela aristocracia nos primeiros anos do Brasil independente significava manter afastada das decisões a elite administrativo-burocrática, composta por portugueses. A oposição a esse setor da população, tão próximo das inclinações absolutistas e recolonizadoras do imperador D. Pedro I, revelava um caráter de luta pela manutenção da independência e controle do país por um grupo nacional. No entanto, na medida em que a elite administrativo-burocrática de origem lusa foi sendo substituída por outra de origem brasileira, a questão ganhou novo significado: agora a centralização política passava a ser sinônimo do controle do país pela oligarquia, principalmente aquela proveniente de um Nordeste economicamente decadente.

Do ponto de vista econômico, a luta contra a centralização política podia ser esperada, na medida em que os latifundiários encontravam-se espalhados geograficamente pelo Brasil. Mas a decadência do Nordeste e o avanço da oligarquia nordestina em direção ao controle do aparelho de Estado, somado a uma concentração geográfica dos produtores de uma nova riqueza nacional em

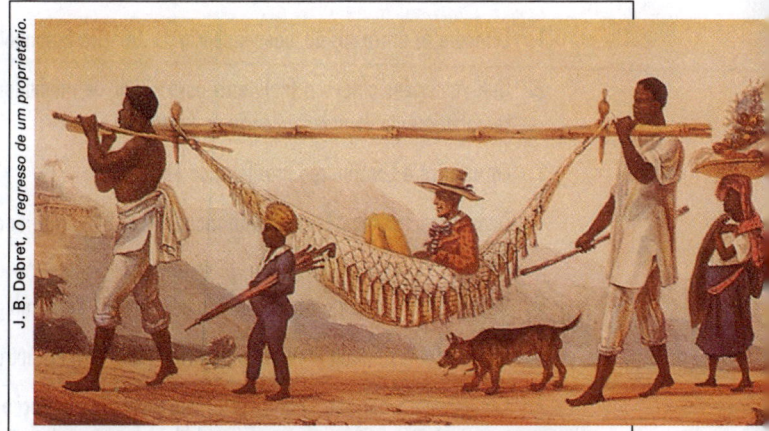

J. B. Debret, *O regresso de um proprietário*.

A construção da ordem política brasileira dos anos 1820 aos anos 1840 teve por eixo a exclusão popular, garantia da estrutura escravista e elitista.

torno do Rio de Janeiro, mudaram esse panorama. A nova riqueza nacional a que nos referimos era o café, em franca expansão durante a Regência, sobretudo na região da Baixada Fluminense. Assim, a figura do rico produtor (ou negociante) de café ligado à Baixada, mas morando na corte e com seus interesses ali concentrados, viabilizou a mudança de perspectiva e orientação política das elites rumo à centralização.

A unidade nacional, aliás, acabou vitoriosa graças, especialmente, à comunhão de interesses das elites estabelecidas, as quais sempre puderam contar com força suficiente para reprimir tentativas de subversão da ordem. A necessária coesão para fazer frente às ameaças das sublevações internas também serviu de respaldo às elites imperiais diante de algumas pressões externas, que julgavam ser ameaçadoras ao seu predomínio. Neste caso, por exemplo, situa-se a pressão inglesa pelo fim do tráfico negreiro. Essa pressão foi contornada e possibilitou a sobrevida da escravidão no Brasil, que se estendeu por quase todo o período imperial.

Há que se destacar também que a elite política imperial apresentava coesão ideológica, reforçada por sua formação cultural bastante homogênea. Eram os letrados do país, normalmente graduados em universidades europeias, em meio a uma massa de analfabetos.

Ao final da Regência, as estruturas socioeconômicas e políticas no Brasil não apresentavam sintomas de alteração substancial: manteve-se o caráter latifundiário, exportador e escravista de nossa economia, ao mesmo tempo que se preservou a exclusão social e política da grande maioria da população brasileira, formada, sobretudo, por escravos, pobres e mulheres.

Questões

1. Compare os processos de independência da América Espanhola e do Brasil.
2. Que vantagens obteve a Inglaterra para servir de mediadora nas negociações que resultaram no reconhecimento da independência do Brasil?
3. Caracterize a Constituição brasileira de 1824.
4. Demonstre, usando a Carta Constitucional de 1824, o caráter oligárquico do nascente sistema político brasileiro.
5. Descreva o movimento revolucionário ocorrido em Pernambuco em 1824.
6. Caracterize a situação econômica do Brasil durante o Primeiro Reinado.
7. Comente a afirmação: "Pode-se dizer que a simples abdicação de D. Pedro I e a instalação do governo regencial já significaram uma relativa liberalização política".
8. Caracterize as três tendências políticas presentes na elite brasileira do início do período regencial.
9. Descreva as principais rebeliões do período regencial.
10. Quais as alterações instituídas pelo Ato Adicional de 1834 e qual a sua importância para a vida política nacional?
11. Como se explica o sucesso do projeto centralizador ao final do período regencial? Em que sentido esse projeto consolidava o domínio oligárquico no Brasil?

Capítulo 7

O Império oligárquico

a antecipação da maioridade de D. Pedro II, em 1840, encerrou o período regencial de nossa história, inaugurando o Segundo Reinado, época de apogeu da monarquia brasileira, representante legítima dos interesses das elites. As principais divergências quanto à estruturação da vida política nacional haviam sido conciliadas em grande parte ou, até mesmo, superadas. Permaneceram, sem dúvida, algumas dificuldades que por algumas décadas não imporiam obstáculos à ordenação socioeconômica brasileira do Segundo Reinado, nem às instituições políticas estabelecidas. Somente a partir dos anos 1870 é que essas fissuras ganharam espaço, promovendo impasses que culminariam com a derrocada da ordem imperial e a instauração do regime republicano.

No início do Segundo Reinado, teve continuidade a centralização da vida política e administrativa, iniciada em 1837, marcada pela desmontagem da legislação desconcentradora de poderes nascida após a abdicação, durante parte do período regencial. Verificou-se também a pacificação do país com a repressão às revoltas herdadas do período anterior, bem como a novos movimentos que colocavam em risco a ordem monárquica.

Consolidando o domínio oligárquico, estabeleceu-se um governo de conciliação dos dois partidos dominantes no Império, o **Conservador** e o **Liberal**. O primeiro aglutinava principalmente a burocracia estatal, os grandes comerciantes e fazendeiros ligados à lavoura de exportação; já o Liberal contava em suas fileiras com profissionais liberais urbanos, agricultores encarregados do abastecimento do mercado interno e os das áreas mais recentes de colonização. Depois da superação de disputas e divergências, conservadores e liberais integraram o governo elitista de D. Pedro II durante o período denominado **Conciliação**, contribuindo para consolidar a ordem imperial oligárquica brasileira.

Mesmo considerando que, durante o século XIX, o Brasil não se limitava apenas à estrutura socioeconômica agroexportadora e à ordenação política oligárquica, foi a presença hegemônica da produção escravista-exportadora, especialmente açucareira e cafeeira, e de seus representantes na organização imperial que acabou marcando a feição do país durante o reinado de D. Pedro II. Essa supremacia decorreu das heranças coloniais, bem como da evolução desses setores socioeconômicos e da sujeição dos demais.

Economia e sociedade do Segundo Reinado

A ordem socioeconômica brasileira, construída ao longo do processo de colonização, continuou a prevalecer durante o Segundo Reinado. Do ponto de vista econômico, o país permaneceu dedicado à produção de alguns gêneros de exportação, especialmente o café. Já no âmbito social, manteve-se a predominância de um pequeno grupo rico e poderoso.

Porém, apesar da aparente continuidade entre o período colonial e o Império, o quadro diversificou-se, admitindo novas forças sociais emergentes, em especial as nascidas do surto industrial e do processo de urbanização, que ocorreram no país na segunda metade do século XIX.

Novos produtos, de alto valor comercial no mercado externo, como o cacau e a borracha, ganharam destaque na produção agrícola brasileira. Da mesma forma, a mão de obra escrava foi sendo gradualmente substituída pela assalariada, constituída basicamente por imigrantes. Todas essas mudanças promoveram uma modernização conservadora: mantinha-se o caráter elitista da dominação política, ao mesmo tempo em que a economia avançava no sentido do desenvolvimento do capitalismo, tornando-se mais racional, produtiva e com dinâmicas modificadas de exclusão social. Surgiram personagens e atuações novas para antigos papéis.

Tais transformações promoveram a definitiva transferência do eixo econômico do Nordeste para o Sudeste brasileiro, como atesta a estrutura de posse de escravos no período: em 1819, cerca de 51% dos cativos brasileiros pertenciam a senhores nordestinos, enquanto, em 1872, eram os proprietários do Sudeste que detinham perto de 59% da massa escrava. Até mesmo em termos populacionais, eram evidentes as mudanças, como atestam os censos de 1819, 1872 e 1890: em números absolutos, a população brasileira saltou de 4 600 000 habitantes, em 1819, para 9 930 000, em 1872, e daí para 14 333 000, segundo o último censo do século passado. Veja, a seguir, um gráfico da distribuição da população brasileira por regiões, em 1872.

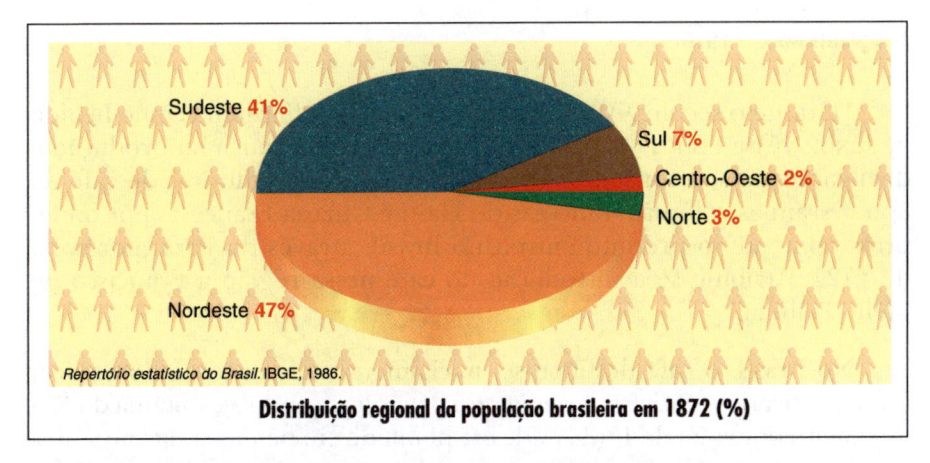

Distribuição regional da população brasileira em 1872 (%)

- Sudeste 41%
- Sul 7%
- Centro-Oeste 2%
- Norte 3%
- Nordeste 47%

Repertório estatístico do Brasil. IBGE, 1986.

Ainda no âmbito demográfico, as mudanças também puderam ser sentidas na estrutura étnico-social da população brasileira: enquanto, em 1819, cerca de 69% da população era constituída por indivíduos livres, dos quais 30% eram brancos, o censo de 1872 registrou o aumento da população livre para cerca de 85%, da qual 38% era branca. Esses números revelam a progressiva substituição da mão de obra escrava pela livre e a entrada de imigrantes europeus no Brasil. Veja os gráficos a seguir para visualizar esses dados:

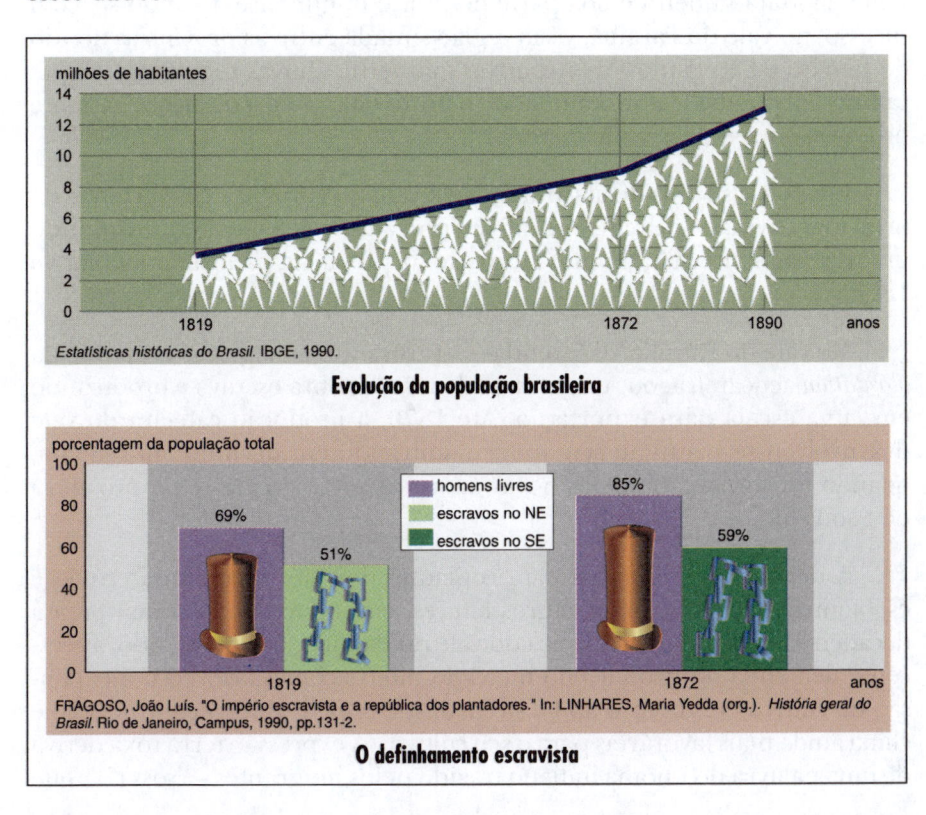

Evolução da população brasileira

Estatísticas históricas do Brasil. IBGE, 1990.

O definhamento escravista

- 1819: homens livres 69%, escravos no NE 51%
- 1872: homens livres 85%, escravos no SE 59%

FRAGOSO, João Luís. "O império escravista e a república dos plantadores." In: LINHARES, Maria Yedda (org.). *História geral do Brasil.* Rio de Janeiro, Campus, 1990, pp.131-2.

A ascensão do café

Durante o século XVII, o café começou a ganhar fama como bebida de luxo. Nessa época, os franceses detinham a liderança da produção e divulgação do seu consumo. Os grandes centros produtores de café na época eram as colônias francesas do Haiti e Guiana Francesa, por onde, provavelmente, o produto entrou no Brasil, através do Pará, por volta de 1727. Atribuiu-se a introdução do café nessa região a Francisco de Mello Palheta.

No Brasil, o café destinou-se, inicialmente, ao consumo doméstico, sendo cultivado em diversas regiões do país, alcançando a capitania do Rio de Janeiro por volta de 1760, onde era plantado em pequenas lavouras nos arredores da cidade. Seu valor comercial, no entanto, permaneceu reduzido até o final do século XVIII, quando a produção colonial francesa se desorganizou e entrou em crise, devido aos processos revolucionários que envolveram a França e suas colônias. A partir de então, a produção cafeeira no Brasil adquiriu um caráter comercial e passou a ser realizada cada vez mais em larga escala e para exportação.

Das pequenas lavouras próximas ao Rio de Janeiro, o café atingiu a Zona da Mata mineira e boa parte do litoral fluminense, fixando-se, com sucesso, no vale do Paraíba, vasta região situada entre as províncias do Rio de Janeiro e São Paulo. Aí encontrou solo fértil, chuvas regulares, temperaturas adequadas e a proximidade do porto da capital, condições bastante propícias ao seu desenvolvimento.

Em 1825, depois de alastrar-se pelo vale do Paraíba e converter-se na principal atividade da região, a cafeicultura alcançou São Paulo, avançando progressivamente até atingir o Noroeste da província paulista por volta de 1850.

No vale do Paraíba, as fazendas estruturaram-se segundo o padrão da *plantation* açucareira, ou seja, utilizando mão de obra escrava e produzindo em larga escala para exportação. Até 1870, a produção cafeeira do vale desenvolveu-se e atingiu seu apogeu, entrando em declínio em seguida, quando foi suplantada pelas novas áreas cafeeiras do Oeste da província de São Paulo.

A derrubada das matas para o plantio do café, seguida da erosão e esgotamento do solo, entre outros fatores, em muito contribuíram para a decadência da produção cafeeira do vale do Paraíba. Por outro lado, a crescente demanda do produto no mercado internacional favoreceu a expansão do cultivo em direção ao Oeste paulista, onde o café encontrou solo e clima ainda mais favoráveis para o seu cultivo. (A expressão terra roxa deriva de uma palavra do idioma italiano trazido pelos imigrantes – "rossa" –, que significa 'vermelha'.) Graças a isso, a província de São Paulo transformou-se no principal centro produtor do país, e o porto de Santos, situado no litoral paulista, passou a ser o mais importante escoadouro da produção cafeeira, ultrapassando o Rio de Janeiro em importância comercial. Da região de Campinas, as fazendas de café espalharam-se em direção a Ribeirão Preto, alcançando mais tarde, o Sul de Minas Gerais e o Norte do Paraná.

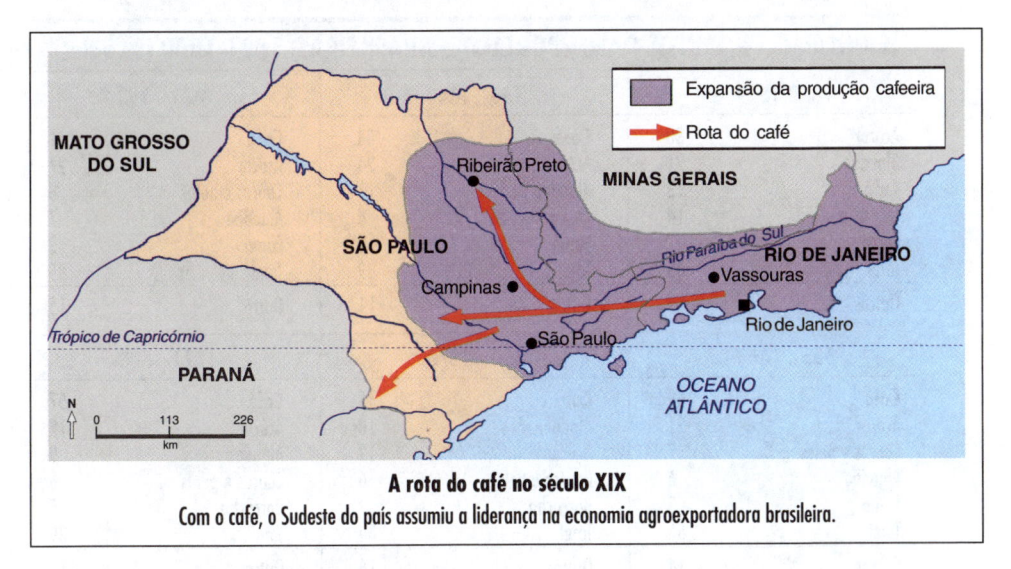

A rota do café no século XIX
Com o café, o Sudeste do país assumiu a liderança na economia agroexportadora brasileira.

Por volta de 1850, a economia cafeeira sofreu sensível impulso graças aos novos investimentos oriundos da proibição do tráfico de escravos, que gerou um significativo excedente de capitais. A expansão da produção de café destinava-se, sobretudo, ao abastecimento dos mercados norte-americano e europeu, cujo consumo por parte das suas classes intermediárias ampliava-se continuamente.

Os primeiros cafeicultores, em sua maioria, provinham das camadas sociais que não eram os grupos mais privilegiados da sociedade da época: comerciantes, pequenos proprietários e membros da alta burocracia estatal, especialmente militares. Essa "mobilidade" só foi viável graças aos recursos originários da ampliação comercial após a vinda da corte portuguesa ao Rio de Janeiro, no início do século XIX.

Já no final do século XIX, em São Paulo, província transformada no novo eixo econômico do país, os proprietários das fazendas de café, chamados "barões", ganharam cada vez mais importância na vida econômica e política e, diferentemente da tradicional elite açucareira, acabaram fixando-se nos elegantes arredores das cidades, contando com o desenvolvimento dos meios de transporte (estradas de ferro e portos) e de comunicação (telégrafo e telefone). Não foi raro, dada a vida urbana desses proprietários, a dedicação a outras atividades econômicas, como o comércio, bancos e indústrias, tornando mais diversificada a economia nacional.

A liderança do café

A partir da década de 1820, o café começou a ganhar importância no cenário econômico nacional como produto de exportação. Nas décadas seguintes, assumiu a liderança das exportações brasileiras. Veja os dados comparativos a seguir:

PRINCIPAIS PRODUTOS DAS EXPORTAÇÕES BRASILEIRAS, 1821-1900 (% valor)

1821-1830		1831-1840		1841-1850	
Açúcar	30	Café	44	Café	41
Algodão	21	Açúcar	24	Açúcar	27
Café	18	Algodão	11	Couros e peles	8
Couros e peles	14	Couros e peles	8	Algodão	7
Fumo	2	Fumo	2	Fumo	2
Total	85	Total	89	Total	85
Outros	15	Outros	11	Outros	15

1851-1860		1861-1870		1871-1880	
Café	49	Café	45	Café	57
Açúcar	21	Algodão	18	Açúcar	12
Couros e peles	7	Açúcar	12	Algodão	9
Algodão	6	Couros e peles	6	Couros e peles	6
Fumo	3	Borracha	3	Borracha	5
Total	86	Total	84	Total	89
Outros	14	Outros	16	Outros	11

1881-1890		1891-1900	
Café	61	Café	64
Açúcar	10	Borracha	15
Borracha	8	Açúcar	7
Algodão	4	Algodão	3
Couros e peles	3	Couros e peles	2
Total	86	Total	91
Outros	14	Outros	9

Revista de História da Economia Brasileira. Ano 1, jun. 1953. p. 8.

Revista de História da Economia Brasileira, ano 1, jun, 1953. p. 8.

Participação do café nas exportações brasileiras – 1821-1900

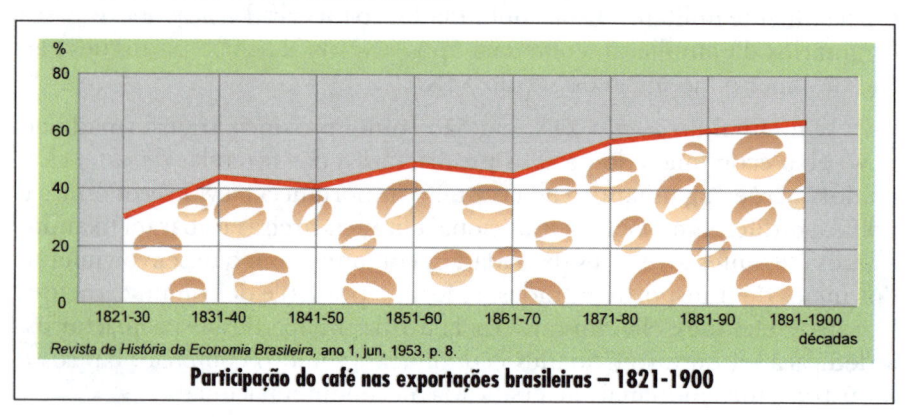

Ao mesmo tempo que o café ampliava sua participação na vida econômica do país, produtos até então importantes, como açúcar, algodão, fumo e couros, perdiam suas posições. O **açúcar** voltou a sofrer a concorrência da produção antilhana, recuperada após a turbulência das lutas pró-independência, e teve de enfrentar a produção do açúcar de beterraba europeu. Este surgira para suprir a falta do produto originário das colônias americanas, em decorrência do Bloqueio Continental, que Napoleão Bonaparte impusera no início do século XIX.

Além disso, dado o protecionismo adotado pelos países produtores, foi ganhando progressivamente o mercado consumidor europeu, excluindo pouco a pouco a participação do açúcar brasileiro. A Inglaterra, por exemplo, principal consumidora do produto, que na década de 1870 chegara a absorver mais de 75% de nossas exportações de açúcar, acabou, nos anos 1890, por consumir menos de 13% das exportações brasileiras desse produto, graças ao avanço da produção do açúcar de beterraba.

Os Estados Unidos, por sua vez, passam a ser o principal mercado do açúcar brasileiro, desbancando a Inglaterra, chegando no final dos anos 1880 a comprar mais de 60% das nossas exportações. Mas, no final daquele século, os Estados Unidos substituíram a produção brasileira pela de áreas recém-tomadas à Espanha, após a guerra de 1898, como Porto Rico, Havaí e Cuba.

Não se pode esquecer de esclarecer que o aumento da produção açucareira determinava certamente a depreciação do preço do produto no mercado internacional.

> "Entre 1850 e 1900, os preços do açúcar no mercado internacional caem a uma taxa anual de 1%. A isto se acrescenta a perda pelo açúcar brasileiro de certos mercados, antes tradicionais compradores. Esta tendência negativa afetaria particularmente as tradicionais regiões exportadoras do Nordeste do país.
>
> Quanto aos efeitos na produção açucareira brasileira 'era de esperar que a agroexportação canavieira nordestina entrasse em declínio. Entretanto, contrariando tal previsão, não é isto que se observa. Entre 1850 e 1910, as exportações açucareiras do Brasil crescem a uma taxa positiva anual de 0,27%.'"
>
> (FRAGOSO, João Luis. "O império escravista e a república dos plantadores". In LINHARES, Maria Yedda (org.). História geral do Brasil. Rio de Janeiro, Campus, 1990. pp. 152-3.)

O que surpreende, no entanto, é que a queda dos preços do açúcar no mercado externo, fruto da ampliação dos cultivos e acirramento da competição entre os produtores, não correspondeu a uma igual queda nas exportações nacionais, o que pode ser explicado pela desigual distribuição social das vantagens e dos prejuízos da economia açucareira. Isto é, o baixo custo da mão de obra (escravos, subassalariados, trabalho familiar, etc.) criou condições para um sobretrabalho que custeou a produção nordestina em meio a um mercado internacional adverso, cimentando dominações sociais, hierarquias e ampliação de riquezas da elite açucareira.

Quanto ao **algodão** brasileiro, a ampliação do seu consumo e produção decorreu da mecanização da indústria têxtil inglesa, que exigia maiores quantidades de matéria-prima. Era, porém, a produção algodoeira dos Estados Unidos que ocupava a principal função de fornecedora do mercado inglês, chegando ao ponto de, nas primeiras décadas do século XIX, constituir mais da metade das suas exportações. Ao mesmo tempo, o aumento da produção e exportação norte-americanas fez-se acompanhar de continuada redução dos preços, que caíram rapidamente para menos da terça parte do seu valor.

No Brasil, a produção de algodão concentrava-se especialmente no Maranhão, complementando a oferta internacional do produto em épocas de crise e a renda de famílias pobres que se dedicavam à agricultura de subsistência. A redução dos preços, no entanto, não oferecia grandes vantagens econômicas para quem o cultivava, a não ser em certos períodos. Assim ocorreu durante a guerra de independência dos Estados Unidos (1776-1783) e, principalmente, durante a Guerra de Secessão (1861-1865), quando, então, a produção algodoeira floresceu e prosperou em algumas regiões do Brasil.

A gravura do século XIX retrata várias atividades ligadas ao algodão: colheita, transporte de fardos e fiação.

Outros produtos de menor importância no setor exportador, como **fumo** e **couros**, não contavam com condições favoráveis de expansão de seus mercados. O primeiro acabou por perder o consumo africano devido ao fim do tráfico negreiro, e o segundo sofria a concorrência da produção do rio da Prata.

O início da industrialização brasileira: a "era Mauá"

Como vimos, a assinatura dos tratados de 1810 com a Inglaterra estabelecera baixa tarifa alfandegária (15%) sobre os importados britânicos, inviabilizando o desenvolvimento de manufaturas no Brasil. A mudança desse quadro geral teve início com o novo contexto econômico brasileiro do Segundo Reinado.

Visando aumentar a arrecadação pública com a elevação dos impostos sobre a importação, o governo brasileiro, por meio do ministro das Finanças, Manuel Alves Branco, aproveitou o término da vigência do tratado de Comércio, em 1842, e decidiu não renová-lo, decretando em 1844 a **tarifa Alves Branco**.

A decisão nada tinha que ver com um projeto de desenvolvimento manufatureiro e sim com a alavancagem da receita advinda das tarifas alfandegárias, principal fonte de recursos governamentais, mas acabou por favorecê-lo. Já no ano seguinte à implantação das novas taxas de importação, houve o aumento da arrecadação alfandegária, cujas taxas variavam entre 30 e 60%, dependendo da mercadoria. Em conjunto, o preço dos gêneros importados sofreu sensível elevação e estimulou a implantação de indústrias no país que abastecessem o mercado interno.

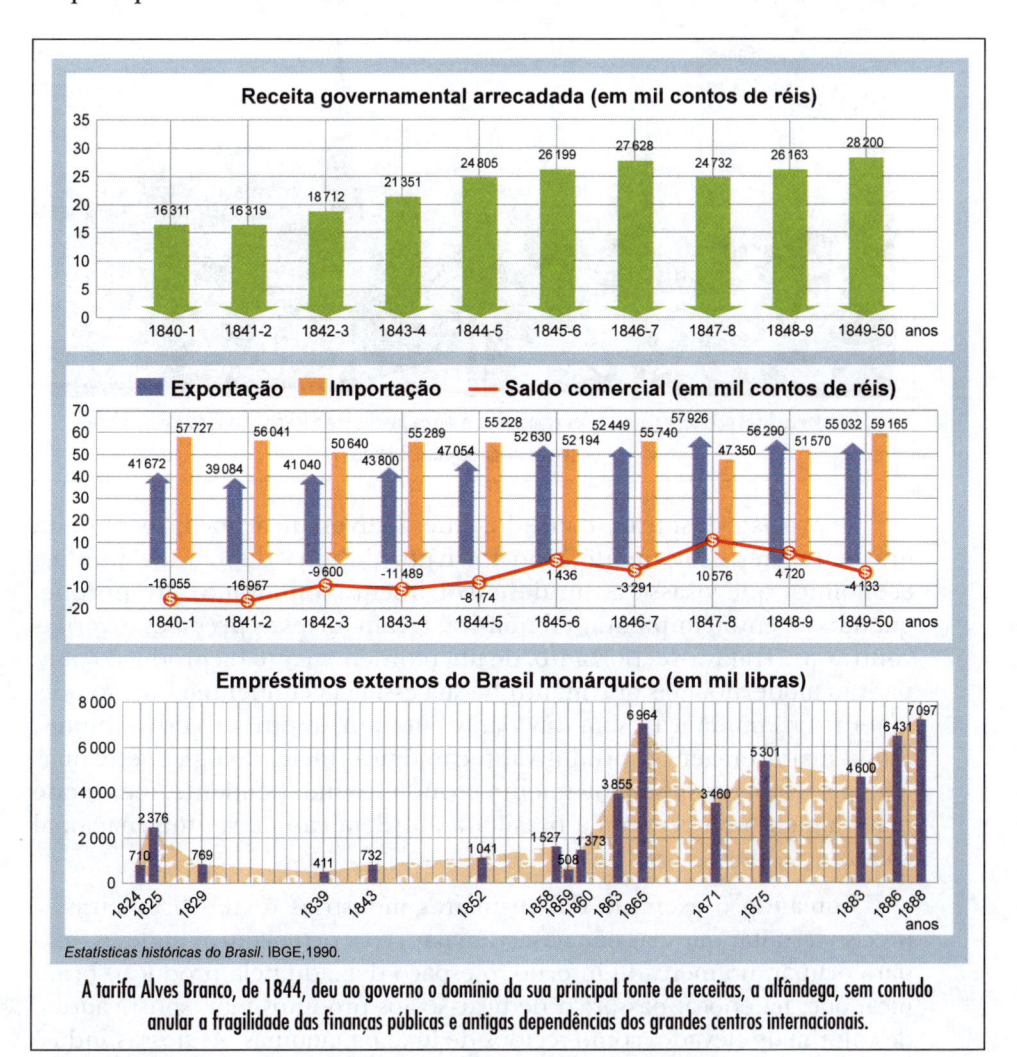

Receita governamental arrecadada (em mil contos de réis)

anos	valor
1840-1	16 311
1841-2	16 319
1842-3	18 712
1843-4	21 351
1844-5	24 805
1845-6	26 199
1846-7	27 628
1847-8	24 732
1848-9	26 163
1849-50	28 200

Exportação / Importação / Saldo comercial (em mil contos de réis)

anos	Exportação	Importação	Saldo comercial
1840-1	41 672	57 727	-16 055
1841-2	39 084	56 041	-16 957
1842-3	41 040	50 640	-9 600
1843-4	43 800	55 289	-11 489
1844-5	47 054	55 228	-8 174
1845-6	52 630	52 194	1 436
1846-7	52 449	55 740	-3 291
1847-8	57 926	47 350	10 576
1848-9	56 290	51 570	4 720
1849-50	55 032	59 165	-4 133

Empréstimos externos do Brasil monárquico (em mil libras)

ano	valor
1824	2 376
1825	710
1829	769
1839	411
1843	732
1852	1 041
1858	1 527
1859	508
1860	1 373
1863	3 855
1865	6 964
1871	3 460
1875	5 301
1883	4 600
1886	6 431
1888	7 097

Estatísticas históricas do Brasil. IBGE, 1990.

A tarifa Alves Branco, de 1844, deu ao governo o domínio da sua principal fonte de receitas, a alfândega, sem contudo anular a fragilidade das finanças públicas e antigas dependências dos grandes centros internacionais.

A essa medida tarifária favorável devem-se somar os efeitos da extinção do tráfico legal de escravos africanos, em 1850. O fim do tráfico negreiro, determinado pela Lei Eusébio de Queirós, liberou enormes capitais, que foram dirigidos para outras atividades econômicas, entre as quais a indústria. Os fazendeiros, em dificuldades para conseguir obter produtos importados, decidiram substituí-los por nacionais e, contando com recursos anteriormente empregados na aquisição da mão de obra cativa, passaram a investir na produção interna de mercadorias.

Eixo das decisões políticas e de inovações econômicas, o Rio de Janeiro era a feição urbana da modernidade conservadora do Segundo Reinado.

É preciso destacar, contudo, que a diversificação da economia brasileira, nesse momento, não foi fruto de uma deliberada política econômica que visasse a um desenvolvimento autônomo. Até porque, quando se tentou implantar tal política, foram fortes as pressões externas contrárias. Tratava-se, portanto, de um reordenamento da produção num padrão moderno, mas que mantinha sua essência eminentemente exportadora. Tais mudanças, sem dúvida, resultaram, dentro de certos limites, numa maior eficiência produtiva, tecnológica, mercadológica, etc., mas não buscavam um desenvolvimento econômico independente, mantendo o atrelamento da economia brasileira à ordem capitalista internacional com função periférica.

Tomando o exemplo das primeiras indústrias têxteis brasileiras, é preciso ressaltar que elas não nasceram para concorrer com as inglesas, mas para ocupar, no mercado interno, o espaço deixado pela produção britânica, que, na época, passara a dedicar-se aos produtos mais sofisticados e de valor mais elevado, como tecidos de luxo e máquinas. As nossas indústrias têxteis dedicavam-se, inicialmente, à produção de tecidos de baixa qualidade, mais grosseiros, destinados principalmente a vestir escravos.

O primeiro surto industrial brasileiro teve à frente um grande empresário, **Irineu Evangelista de Souza**, o **barão de Mauá**, do qual se originou a designação de era Mauá dada ao período.

O ministro da Fazenda Manuel Alves Branco elevou as tarifas de importação, o que criou condições para o surgimento de várias indústrias no Brasil.

Óleo de João Francisco Lopes Rodrigues.

Nascido no Rio Grande do Sul, em 1813, Irineu Evangelista de Souza começou a trabalhar como caixeiro (espécie de "office-boy") aos 9 anos, no Rio de Janeiro. Aos 23 anos, tornou-se sócio de um empresário escocês que se estabelecera na cidade e, sete anos depois, já era um dos homens mais ricos do Império.

"Num mundo onde os grandes empresários privados costumavam ter uma única empresa, Mauá apostou na diversificação. No país onde agricultura parecia destino manifesto, ele montava uma indústria atrás da outra. Enquanto os brasileiros lamentavam a falta de escravos, Mauá implementava administrações participativas e distribuição de lucros para empregados. Cercado de nobres em busca de feitores, ele contratava engenheiros para desenvolver a tecnologia de seus novos projetos. Se argentinos e uruguaios reclamavam contra a natureza, que deteriorava a carne e assim os impedia de exportá-la para o resto do mundo, o barão publicava anúncios nos jornais da Europa prometendo prêmios em dinheiro a quem inventasse um método de conservação. Já que os ingleses duvidavam da viabilidade do Brasil, ele aproveitava o espaço para crescer ainda mais, usando as brechas que deixavam. Com sucesso passou a dividir o mundo entre aliados e adversários de suas ideias, e a ter cada vez mais certeza de que estava no bom caminho."

(CALDEIRA, Jorge. *Mauá: empresário do império*. São Paulo, Companhia das Letras, 1995. p. 18.)

"Na figura e na trajetória de Mauá vislumbra-se uma potencialidade da história brasileira que entretanto não se realizou. É por isso que, sem qualquer ranço apologético, a figura de Mauá aparece com feições titânicas. Ele distendeu ao extremo a corda da nossa modernidade econômica do século XIX. Mas, exatamente porque não era um titã que desafiasse deuses, apenas um barão (ainda que nada desprezível) condenado a mover-se entre outros barões menores na sua terra e o grande baronato do capitalismo mundial novecentista, sua flecha ganhou altura mas não atingiu o alvo."

(COHN, Gabriel. "O besouro e a borboleta". In *Folha de S.Paulo/Discurso Editorial/US*, Especial-3, Jornal de Resenhas, 5/6/1995.)

Mauá dirigiu inúmeros empreendimentos em meados do século XIX, dentre os quais se destacaram: os bancos Mauá, Mac-Gregor & Cia. e Casa Mauá & Cia., cuja atuação foi significativa no Brasil, Inglaterra, França, Estados Unidos e países platinos; a Companhia de Bondes do Jardim Botânico (Rio de Janeiro); a Companhia de Gás do Rio de Janeiro; a Companhia de Navegação a Vapor do Rio Amazonas; a Estrada de Ferro Mauá; a Companhia de Rebocadores a Vapor do Rio Grande do Sul; e a fundição e estaleiro da Ponta de Areia, em Niterói.

Mauá, com 17 empresas, levou seus negócios a seis países, fazendo inúmeros adversários, inclusive poderosos capitalistas internacionais.

Além de suas empresas particulares, Mauá também se associou ao governo na construção de várias estradas (ferrovias e rodovias) e ainda trabalhou na instalação, em 1874, de um cabo submarino que permitiu a comunicação direta entre o Brasil e a Europa. Chegou a possuir 17 empresas em seis países, as quais dirigia com tal dinamismo que chegava a contrastar com a acomodação dependente dos ricos proprietários brasileiros. Sua atuação assemelhava-se à dos grandes empresários capitalistas da época. Apesar de todo esse dinamismo, Mauá faliu, em 1878, em virtude, sobretudo, da falta de apoio governamental e da concorrência estrangeira.

De certa forma, Mauá foi um excêntrico no Segundo Reinado: sua atuação apontou para a potencialidade da economia brasileira, que podia desenvolver-se autonomamente, mas que não foi ou não podia ser perseguida. O Brasil não podia integrar-se plenamente à modernidade capitalista por sua estrutura escravista e provinciana.

Assim, pode-se afirmar que o processo de industrialização, iniciado no Brasil do Segundo Reinado, significou principalmente uma modificação nas relações de dependência entre o país e o núcleo capitalista. Verificou-se, sobretudo, uma modernização tecnológica, que permitiu um rearranjo econômico à medida que se desenvolviam as forças produtivas globais. Em outras palavras, a hipótese de que a industrialização tendia, por si própria, a romper com as relações de dependência, conduzindo um país atrasado do ponto de vista do desenvolvimento do capitalismo como o Brasil à rota do desenvolvimento capitalista até igualar-se, progressivamente, aos países ricos e centrais, historicamente não se verificou.

> "Uma das verdades correntemente aceitas é que a industrialização tende por sua própria natureza a romper as estruturas da dependência. O raciocínio implícito é que a industrialização, independentemente da sua orientação, coloca o país no caminho do desenvolvimento capitalista, e em consequência na via dos países capitalistas hoje desenvolvidos. De uma certa forma deixam de 'estagnar' e entram na 'corrida'.
>
> A limitação da relação da dependência à sua forma clássica, ou seja, ao intercâmbio de bens primários contra bens manufaturados, constitui um a priori cuja validez ainda está por ser demonstrada. Parece mesmo contrário à lógica mais elementar: com efeito, se raciocinamos além dos esquemas estagnacionistas e consideramos o subdesenvolvimento como uma orientação determinada do desenvolvimento, é natural que, à medida que se desenvolvem as forças produtivas no mundo e também nos países subdesenvolvidos, as bases técnicas da relação de dependência tenham também que modificar-se.
>
> (...)
>
> Assim, o Brasil lançava as suas primeiras e modestas empresas industriais com muitas proclamações nacionalistas, mas partia na realidade com uma decolagem que o levava a ocupar terrenos à medida que iam sendo abandonados pelo capitalismo dominante. Ao comprar máquinas para satisfazer um mercado que já não interessava a Inglaterra senão de forma marginal, o Brasil permitia ao capitalismo dominante manter a relação neocolonial em dia com o desenvolvimento das suas forças produtivas e renovar as bases técnicas da dependência sem questioná-las."
>
> (DOWBOR, Ladislau. *A formação do capitalismo dependente no Brasil*. Lisboa, Prelo, 1977. pp. 133 e 136.)

Assim, na prática, o surgimento de novas e várias indústrias no Brasil do Segundo Reinado nada mais foi que um surto, um espasmo, e não um verdadeiro processo de industrialização. Multiplicaram-se os estabelecimentos industriais, dedicados aos mais diversos ramos da indústria, sendo os mais expressivos o extrativo (como o sal), o de vestuário (a exemplo de chapéus, bengalas e calçados), o têxtil e o de alimentação (principalmente bebidas). No conjunto, saltou-se de 67 estabelecimentos, em 1849, para 482 em 1889, mas o têxtil, por seu significado técnico e implicação econômico-social, foi o de maior peso, passando de 1 para 46.

Observe graficamente esse crescimento:

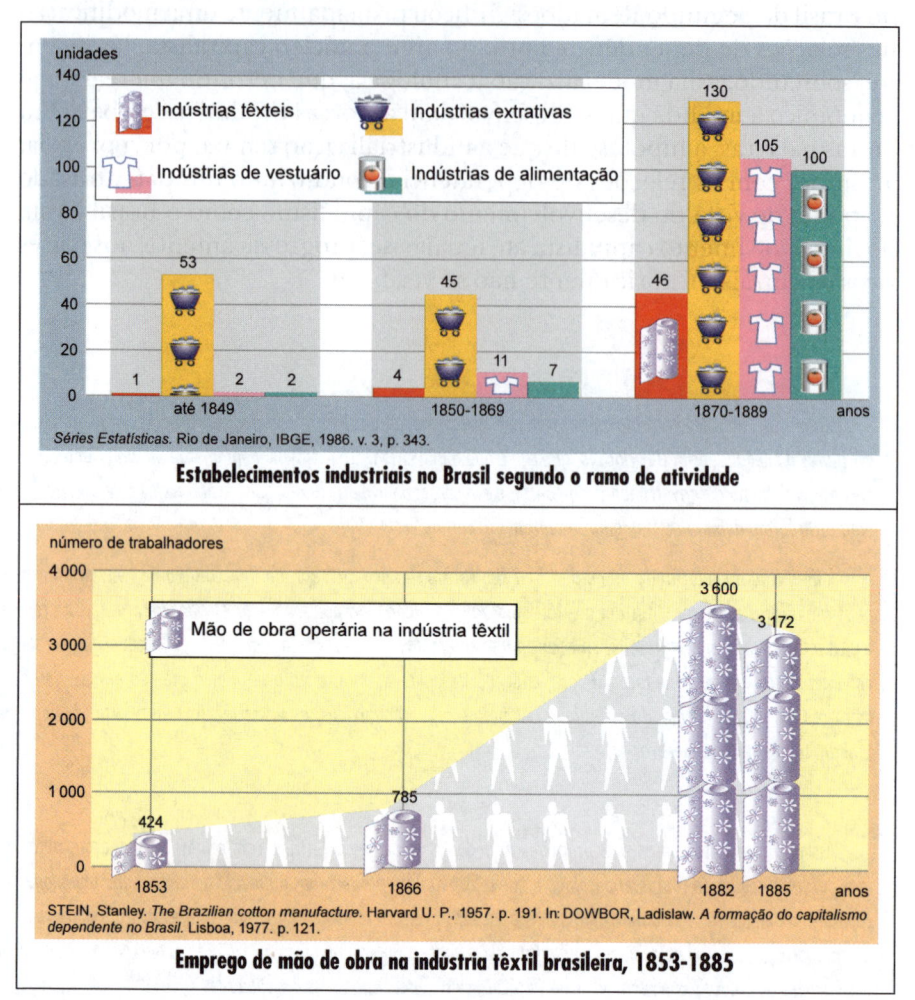

Estabelecimentos industriais no Brasil segundo o ramo de atividade

Legenda: Indústrias têxteis, Indústrias extrativas, Indústrias de vestuário, Indústrias de alimentação.

anos	têxteis	extrativas	vestuário	alimentação
até 1849	1	53	2	2
1850-1869	4	45	11	7
1870-1889	46	130	105	100

Séries Estatísticas. Rio de Janeiro, IBGE, 1986. v. 3, p. 343.

Emprego de mão de obra na indústria têxtil brasileira, 1853-1885

Mão de obra operária na indústria têxtil:
- 1853: 424
- 1866: 785
- 1882: 3 600
- 1885: 3 172

STEIN, Stanley. *The Brazilian cotton manufacture.* Harvard U. P., 1957. p. 191. In: DOWBOR, Ladislaw. *A formação do capitalismo dependente no Brasil.* Lisboa, 1977. p. 121.

A dinamização dos negócios, sobretudo na capital do Império, fez surgir a **bolsa de valores do Rio de Janeiro**, sendo que, em 1845, através de um decreto do ministro Alves Branco, foi regulamentada a profissão de corretor e, em 1849, foi instituída a Junta dos Corretores Públicos da Corte. Nessa época, os corretores ainda se reuniam a céu aberto para fazer seus negócios, mas, em 1876, uma lei determinou a construção de um recinto fechado para as transações.

Outro aspecto do processo de modernização da economia brasileira foi a instalação de estradas de ferro com o objetivo de melhorar o sistema de comunicações e transportes e, assim, facilitar o escoamento da produção agrícola. Em 1854, foi inaugurada a primeira estrada de ferro do Brasil, a Rio-Petrópolis, obra de Mauá, ligando a baía da Guanabara ao sopé da serra, com 14 quilômetros de extensão.

No ano seguinte, sob o patrocínio de empresas inglesas, teve início a construção da ferrovia Recife-São Francisco. Ainda em 1855, iniciou-se a construção da ferrovia D. Pedro II, mais tarde chamada de Central do Brasil, que também recebeu incentivos ingleses, além de recursos governamentais e de diversos empresários brasileiros. A nova estrada pretendia interligar o Rio de Janeiro a São Paulo, atravessando o vale do Paraíba.

Em 1856, pavimentou-se com pedras a primeira rodovia no Brasil, chamada União e Indústria, ligando Petrópolis a Juiz de Fora, com uma extensão de 144 quilômetros.

Buscando favorecer a iniciativa privada no âmbito dos transportes, o governo imperial estabeleceu "garantias de juros baixos" e o "privilégio de zona" (decreto de 1852), isto é, a garantia de que, uma vez construída uma ferrovia por uma empresa particular, outras empresas não poderiam construir outra estrada de ferro no limite de 30 quilômetros da já existente.

Período	Extensão da rede no fim do período (km)	Total acrescentado durante o período (km)
1854-1872	932,2	932,2
1873-1888	9 320,9	8 388,7

DOWBOR, Ladislau. *A formação do capitalismo dependente no Brasil.* Lisboa, Prelo, 1977. p. 157.

- Estrada de ferro D. Pedro II (mais tarde, Central do Brasil); primeiro trecho assentado: 1865.
- Estrada de ferro Santos-Jundiaí (mais tarde, Railway Company Limited); fundação: 1860; extensão total: 1867.
- Companhia Paulista de Estradas de Ferro Jundiaí a Campinas (Companhia Paulista); fundação: 1868.
- Companhia Ituana de Estrada de Ferro; fundação: 1870.
- Companhia Sorocabana de Estrada de Ferro; fundação: 1870.
- Companhia Mogiana de Estrada de Ferro; fundação: 1872.

Expansão da rede ferroviária brasileira no século XIX
A expansão da rede ferroviária brasileira está intimamente relacionada com a economia cafeeira.

"É a fase em que capitais ingleses são investidos na construção ferroviária aqui, começando pela estrada que permitia o transporte do café das áreas produtoras aos portos do Rio, a princípio, e de Ubatuba e Santos, depois. Exemplar, nesse sentido, ficou fixado no contrato com a São Paulo Railway, que assegurou o monopólio prático desse escoamento, ligando São Paulo a Santos. Esse contrato, modelo de transação extorsiva, fez da Inglaterra sócia da expansão cafeeira. Por força de seus dispositivos, de tipo colonial mais nítido, a ferrovia ficava isenta de prejuízos pela garantia de uma taxa de lucro de 6%, altíssima para a época. Isto é, se os lucros fossem menores do que 6% do capital investido, o Brasil entrava com a diferença. Não ocorreu o caso, e nem era de esperar: o crescimento da expansão cafeeira foi, com altos e baixos, tendenciosamente positivo; assegurou aos investidores britânicos lucros cujo montante ficou sempre vedado ao conhecimento dos brasileiros."

(SODRÉ, Nelson Werneck. *A farsa do neoliberalismo.* Rio de Janeiro, Graphia, 1996. p. 12.)

A modernização dos transportes esteve intimamente relacionada ao desenvolvimento econômico do Império, unindo os centros produtores aos portos por onde a produção escoava, destacando-se o açúcar no Nordeste e, especialmente, o café no Centro-Sul. Assim, as ferrovias avançaram até a Zona da Mata, em Minas Gerais, e pelo interior paulista. Quanto mais o Oeste paulista conquistava liderança na produção cafeeira, mais o sistema ferroviário regional ia sendo impulsionado, a exemplo da implantação da estrada de ferro Santos-Jundiaí, ligando o interior ao porto e a outras localidades, atingindo a região central da província nas primeiras décadas do século XX.

A questão da mão de obra no Segundo Reinado

Até o início do século XIX, foram raros os questionamentos às más condições de vida impostas aos escravos em toda a América, bem como à ordem escravista. Ao longo de três séculos, desembarcaram no continente cerca de 20 milhões de africanos, dos quais perto de 20% dirigiu-se para o Brasil. A falta de liberdade, o trabalho excessivo e os maus-tratos não eram vistos por grande parte dos homens livres como injustiças, mas como aspectos da existência de seres que, naturalmente, haviam sido preparados para isso. A visão dos homens livres, especialmente dos brancos, foi mudando ao longo da primeira metade do século XIX, e a Inglaterra – cada vez mais consolidando-se como a grande potência mundial – esteve à frente dessas mudanças.

Dentre as causas dessas mudanças observamos, em primeiro lugar, o avanço das concepções do liberalismo e sua ênfase na questão do direito à liberdade como um princípio universal. De fato, dentro do parlamento inglês passaram a se articular grupos que defendiam não apenas o fim da escravidão, mas também a mobilização do poder naval inglês para seu combate. Nesse contexto, destacou-se a atuação parlamentar de grupos religiosos protestantes, como os *quakers*. Deve-se acrescentar que o receio gerado pela revolta de escravos no Haiti, encerrada em 1804, fortaleceu a convicção de que a manutenção de escravos em suas colônias sempre traria riscos.

Tendo abolido o tráfico (1807) e a escravidão (1833) em suas colônias, os ingleses temiam pela perda de mercado de seus produtos coloniais, passando a atuar com cada vez mais insistência no combate mundial ao tráfico de escravos. Dessa forma, percebe-se que, por trás de questões de fundo ético, havia interesses econômicos evidentes na ação inglesa. Nesse sentido, percebe-se também o desejo inglês de redirecionar capitais até então destinados ao tráfico negreiro para o consumo de produtos industriais, que a Inglaterra produzia em volume cada vez maior. Além disso, a desarticulação do tráfico negreiro no Atlântico levaria à decadência grupos mercantis americanos (por exemplo, brasileiros), que eventualmente poderiam se opor às ambições de hegemonia inglesa nos mercados tanto do Brasil quanto da África.

Finalmente, devemos lembrar que a Inglaterra encontrava-se em pleno processo de projeção imperialista em todo o planeta, e uma política de combate ao tráfico negreiro daria ao país uma oportunidade de intervenção onde julgasse necessário, ainda mais se estivesse reforçada pelo "nobre" princípio da defesa da liberdade.

As pressões inglesas sobre o governo brasileiro para a extinção do tráfico de escravos africanos iniciaram-se logo após a independência. Entre as determinações impostas pelo governo inglês para reconhecer a emancipação do Brasil, estava o compromisso, assumido por D. Pedro I em 1827, de extinguir o tráfico negreiro até 1830, compromisso que, após a abdicação do imperador, foi ratificado pela Regência, em 1831. Tais decisões do governo, porém, não saíram do papel.

Em 1845, em resposta à não renovação dos tratados de 1810, que garantiam amplas vantagens para a Inglaterra no comércio com o Brasil, foi decretada pelo governo britânico a **Bill Aberdeen**, determinação segundo a qual a Marinha inglesa possuía poderes para prender qualquer navio negreiro que cruzasse o Atlântico em direção ao Brasil.

Apesar da resistência dos grandes proprietários de terra, que mantiveram o tráfico ilegal de africanos, o governo brasileiro acabou cedendo aos interesses britânicos, assinando a **Lei Eusébio de Queirós**, em 1850, que interrompeu o abastecimento de escravos africanos para o nosso país. Tal decisão deveu-se ao peso das empresas inglesas instaladas no Brasil, que controlavam mais da metade das nossas exportações, além das pressões militares e políticas, como a ameaça de bloquear portos brasileiros.

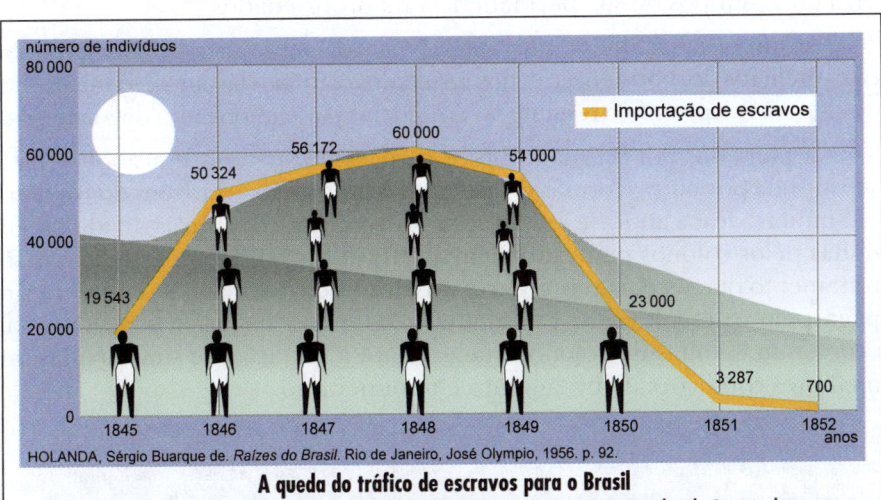

HOLANDA, Sérgio Buarque de. *Raízes do Brasil*. Rio de Janeiro, José Olympio, 1956. p. 92.

A queda do tráfico de escravos para o Brasil

O aumento da importação de escravos nos anos imediatamente anteriores à Lei Eusébio de Queirós decorreu da preocupação dos senhores brasileiros com o esperado desfecho das pressões inglesas. A lei, por sua vez, não extinguiu completamente o tráfico, que continuou ilegalmente, de forma bastante reduzida e em declínio.

Se o peso das pressões inglesas foi decisivo para o fim do tráfico, foram igualmente marcantes o papel desempenhado pelas pressões e resistências internas (fugas e rebeliões de escravos, atuação de novas forças sociais contrárias à escravidão, entre outros) e o estímulo à imigração para abastecer o mercado de mão de obra com novos trabalhadores. Mesmo considerando que o tráfico interprovincial de escravos intensificou-se após a promulgação da lei e que o contrabando de africanos continuou ao longo da segunda metade do século XIX, a utilização de cativos como mão de obra básica da economia brasileira tinha os dias contados, sobretudo, na cafeicultura.

Os imigrantes e o trabalho "livre"

A solução temporária para o problema da falta de mão de obra nas lavouras de café, ocasionada pela extinção do tráfico legal de africanos, foi o tráfico interprovincial de escravos, verificando-se um deslocamento de trabalhadores do Nordeste decadente para a região Centro-Sul. A cafeicultura, porém, sobretudo nas regiões pioneiras do Oeste de São Paulo, estava em franca expansão, demandando maiores contingentes de trabalhadores rurais. Os fazendeiros, diante do problema, recorreram à imigração, trazendo, a partir da segunda metade do século XIX, milhares de estrangeiros para trabalhar nos cafezais.

A primeira iniciativa importante de incentivo à imigração aconteceu em 1847, quando o senador **Nicolau de Campos Vergueiro**, em sua fazenda de Ibicaba, na província de São Paulo, adotou o **sistema de parceria**. A medida do senador, logo seguida por outros fazendeiros, consistia em custear, a título de antecipação dos rendimentos, o transporte de trabalhadores europeus até as fazendas, bem como sustentá-los e a suas famílias nos primeiros tempos de sua permanência na propriedade.

Assim que instalados, os imigrantes deviam dar início ao trabalho, cultivando café e gêneros de subsistência, e, dos resultados com suas lavouras, retinham 1/3 dos lucros, entregando o restante ao fazendeiro para amortizar a dívida inicial.

A parceria, porém, não obteve o sucesso esperado e acabou sendo substituída por outras formas de estímulo à imigração. As razões do fracasso são muitas, destacando-se os elevados juros cobrados sobre as dívidas assumidas pelos colonos para trabalhar no Brasil (de até 12% ao mês), o mau tratamento que recebiam por parte dos fazendeiros e a baixa remuneração paga pelo café cultivado. Em algumas fazendas, inclusive a de Ibicaba, ocorreram revoltas de colonos que exigiam a quitação de suas dívidas ou melhores condições de tratamento e remuneração.

> "Pelos riscos e insegurança a que era submetido o colono, esse tipo de contrato adquiria um caráter leonino. Além disso, o padrão de convivência entre o fazendeiro e o capataz, de um lado, e os colonos e escravos, por outro, tornava a existência dos imigrantes e seus familiares bastante difícil. O padrão escravista de administração e tratamento não deixa de contaminar as relações de trabalho no sistema de parceria, dificultando o ajustamento social do colono. As condições de existência desse melhoraram pouco a pouco, devido à experiência progressivamente acumulada lado a lado e à medida que agoniza a escravatura.
>
> Depois difunde-se o regime misto, ou de assalariado propriamente dito..."
>
> (IANNI, Otávio. Citado in FENELON, Dea Ribeiro. *Cinquenta textos de história do Brasil*. São Paulo, Hucitec, 1986. p. 107.)

Entrada de imigrantes no Brasil, 1840-1889

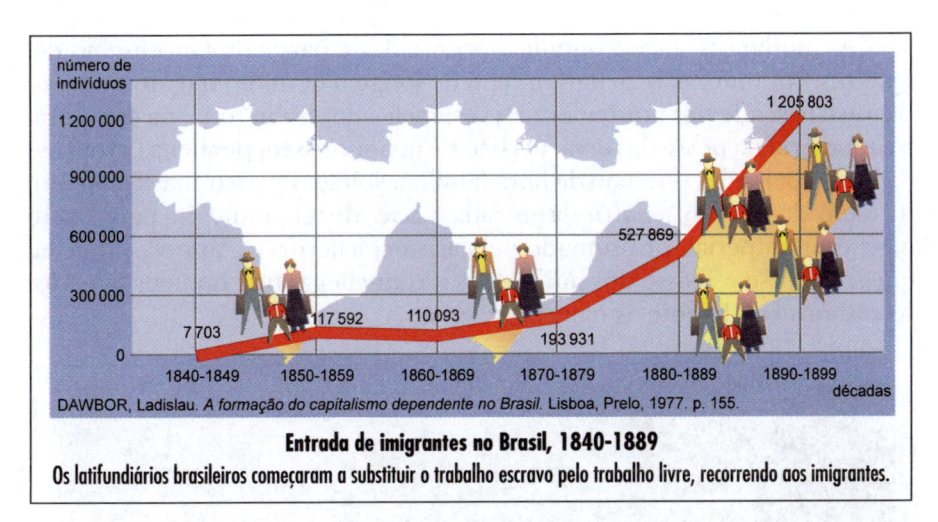

Os latifundiários brasileiros começaram a substituir o trabalho escravo pelo trabalho livre, recorrendo aos imigrantes.

DAWBOR, Ladislau. *A formação do capitalismo dependente no Brasil*. Lisboa, Prelo, 1977. p. 155.

Entretanto, a imigração para o Brasil não diminuiu, graças à difícil conjuntura europeia da segunda metade do século XIX, quando, à crise econômica agregaram-se os efeitos de inúmeras guerras, obrigando uma grande massa camponesa a abandonar suas terras e buscar oportunidades em outras regiões.

Além disso, a ameaça de falta de braços nas fazendas de café fez com que crescessem as pressões dos cafeicultores sobre o governo brasileiro, no sentido de que patrocinasse a imigração europeia. Tal ameaça tornou-se mais séria especialmente a partir de 1870, dado o avanço da campanha abolicionista no Brasil. O governo imperial, atendendo aos interesses dos fazendeiros do Sul, adotou o sistema de **imigração subvencionada** em substituição ao sistema de parceria. Nesse caso, o Estado substituiu a iniciativa privada na contratação e custeio da vinda de imigrantes europeus, além de regulamentar as relações entre fazendeiros e trabalhadores a fim de evitar abusos por parte dos primeiros.

A Itália e a Alemanha, países que passavam por inúmeras dificuldades, incluindo guerras pela unificação nacional, foram os maiores "exportadores" de mão de obra para o Brasil. De lá vieram os mais numerosos grupos de imigrantes, seguidos dos eslavos. Esses europeus dirigiram-se principalmente para as províncias de São Paulo, Santa Catarina e Rio Grande do Sul.

Logo após a abolição da escravidão no Brasil, em 1888, a média de entrada de imigrantes atingiu 100 mil por ano e, confirmando a relação café-imigração, nas últimas décadas do século XIX, a maior parte dos imigrantes fixou-se na província de São Paulo, atingindo no final do período mais de 50% do total dos imigrantes chegados ao Brasil. A consolidação do trabalho livre, assalariado, decorrente da imigração fortaleceu o mercado interno brasileiro, criando condições para a posterior expansão industrial do país.

As mudanças socioeconômicas, ocorridas a partir da Lei Eusébio de Queirós, contudo, não abalaram nem de longe o domínio oligárquico tradicional baseado nos fundamentos já estabelecidos, sobretudo, na estrutura latifundiária da posse da terra. O risco de que surgissem pequenas propriedades, trabalhadas por mão de obra familiar, voltadas para o abastecimento do mercado interno, a partir da entrada maciça de imigrantes no país, levou o governo imperial, pressionado pela aristocracia rural, a aprovar uma lei que impedisse o acesso dos imigrantes recém-chegados e homens livres às terras, principalmente as mais produtivas.

Grande parte dos imigrantes dirigiu-se para as fazendas de café.

Assim, a **Lei de Terras**, aprovada em 1850, após oito anos tramitando na Assembleia Nacional, determinava que as terras públicas só poderiam tornar-se propriedade privada por meio da compra, e não mais por doação ou posse. Os preços de venda deviam ser elevados para inviabilizar o acesso de pessoas de poucos recursos, incapazes de manter o caráter exportador de nossa economia. Todas as terras que não estivessem regularizadas deveriam ser registradas, o que envolvia altos custos para demarcação e registro, o mesmo ocorrendo com as novas propriedades. A aprovação da Lei de Terras significou uma medida decisiva para evitar que se desviasse mão de obra livre para outras atividades que não a agroexportação. Os recursos arrecadados com a venda e registro das terras deviam subsidiar a imigração.

"É em meio e ligado ao processo de crise da escravidão, efetivamente sacramentado pela extinção do tráfico negreiro, que temos o surgimento de uma outra questão também atinente à reprodução das estruturas econômicas do Império: a da terra. A Lei 601 de 18 de setembro de 1850 obrigava ao registro de todas as terras efetivamente ocupadas e impedia a aquisição das terras devolutas (baldios) a não ser por compra. Com tal legislação pretendia-se garantir a subordinação

> do trabalhador livre (nacional, imigrante ou ex-escravo) enquanto produtor de sobretrabalho para outro. Dificultava-se, assim, seu acesso (do trabalhador livre) à terra, garantindo-se a sobrevivência da grande lavoura e de seu grupo social frente ao definhamento da escravidão: o grupo social dominante do Império escravista, grosso modo, poderia manter esta posição mesmo após o fim da escravidão."
>
> (FRAGOSO, João Luís & SILVA, Francisco Carlos Teixeira da. "A política no Império e no início da República Velha: dos barões aos coronéis". In LINHARES, Maria Yedda (org.). *História geral do Brasil*. Rio de Janeiro, Campus, 1990. p. 184.)

Os vínculos dominantes e íntimos das elites econômicas com o Estado imperial escravista combinaram uma quase monopolização dos recursos econômicos (terras, capitais e trabalho) com a manutenção das bases complementares de nossa economia e de dependência internacional. Deram conteúdo à forma imperial do Brasil independente: a expressão política das estruturas de poder da ordem oligárquica brasileira. Com o controle político, as elites imperiais, especialmente a cafeeira, puderam acionar mecanismos para garantir e maximizar seus lucros e suas fontes de poder, firmando o caráter oligárquico do Segundo Reinado.

A evolução política do Segundo Reinado

A evolução política do Segundo Reinado pode ser analisada em três fases: a da **consolidação do domínio oligárquico**, situada entre o golpe da Maioridade e o sucesso do imperador D. Pedro II em estabilizar e pacificar a vida política do país (1840-1850); a da **conciliação oligárquica** (1850--1870), período de apogeu do Império, quando se combinaram estabilidade política e desenvolvimento econômico, fundado na produção cafeeira e modernização – foi também a época em que o Brasil envolveu-se em conflitos com países vizinhos, destacando-se a Guerra do Paraguai –; finalmente, a fase da crise do Império (1870-1889), período de agonia da dominação imperial encerrado com a proclamação da República.

Consolidação e conciliação oligárquica na política interna

O Partido Conservador e o Partido Liberal, nascidos na época regencial, eram os dois principais grupos políticos no Brasil monárquico. Como já vimos, esses partidos não chegavam a representar interesses ou, muito menos, projetos políticos opostos ou substancialmente diferentes. Sem apresentar coesão interna, lutando com todas as armas pelo poder, aceitavam e defendiam a estrutura oligárquica, imperial e escravista da sociedade brasileira, divergindo apenas na forma como mantê-la. Isso explica a alternância desses grupos no controle do governo imperial.

D. Pedro sustenta os cavalinhos, montados pelos partidos Liberal e Conservador. Sua diplomacia gira maliciosamente o carrossel.

Com sua diplomacia, D. Pedro II sustentava e, ao mesmo tempo, manipulava os partidos Liberal e Conservador.

Além disso, expressavam a baixa representatividade dos cargos eletivos, já que os partidos e as eleições não envolviam os grandes contingentes da população brasileira, tanto escravos, naturalmente excluídos, quanto boa parte da população livre, marginalizada em função do critério censitário que norteava a vida política nacional.

Dos 36 gabinetes ministeriais do Segundo Reinado, 21 deles foram do Partido Liberal, controlando o poder por quase 20 anos, e 15, do Partido Conservador, detendo o poder por quase 30 anos. O primeiro gabinete do Segundo Reinado foi organizado pelo Partido Liberal, pois o Golpe da Maioridade fora articulado por esse setor político, desalojando do poder os conservadores, que governavam desde o início da regência de Araújo Lima.

Os liberais dissolveram a Câmara e convocaram eleições para a escolha de deputados. Além disso, substituíram juízes, chefes de polícia, funcionários e até presidentes de províncias de tendência conservadora para que, ao final do processo eleitoral, a maioria da Assembleia fosse formada por liberais. Não pouparam, inclusive, o recurso à violência para "convencer" eleitores a votar nos candidatos do Partido Liberal. Esse pleito, marcado pela fraude e pela violência, ficou conhecido por "eleições do cacete".

Instalados no governo, porém, os liberais não conseguiram controlar a situação revolucionária existente no Rio Grande do Sul, onde ainda se desenvolvia a revolução Farroupilha. Por isso, em 1841, D. Pedro II demitiu o ministério liberal e nomeou um ministério conservador. Novas eleições foram realizadas, nos moldes da anterior, e a vitória, como era de esperar, foi conservadora, com novas "derrubadas", substituição de liberais por conservadores em cargos provinciais e locais de nomeação direta do governo imperial.

> "Finalmente, os partidos pouco se diferenciavam quanto a métodos e processos de 'fazer política'. Tanto que ambos mantiveram inalterado o sistema de preenchimento das presidências de província de acordo com as necessidades eleitoralistas, e encobriam-se com o fantasma do 'poder pessoal' para a justificação de suas faltas. Esta a razão do provérbio: 'nada tão semelhante a um conservador do que um liberal no poder'. Divergindo, embora, quanto aos temas de maior importância na organização política do país, adotavam processos sensivelmente iguais na prática habitual de todos os dias."
>
> (TORRES, João Camilo de Oliveira. *A democracia coroada*. Petrópolis, Vozes, 1964. p. 292-4. In FENELON, Dea Ribeiro. *Cinquenta textos de história do Brasil*. São Paulo, Hucitec, 1974. p. 101-2.)

A subida ao poder do novo governo foi acompanhada da adoção de medidas centralizadoras, como o controle sobre a polícia e a justiça nas várias províncias, o que causou descontentamento entre os liberais, desencadeando, em São Paulo, Minas Gerais e no Rio de Janeiro, uma onda de levantes armados contra o governo central. A chamada **Revolta Liberal de 1842**, liderada em São Paulo pelo padre Feijó e Campos Vergueiro, em Minas por Teófilo Ottoni, e no Rio de Janeiro por Joaquim de Souza Breves, acabou sufocada pelas tropas governamentais comandadas por Luís Alves de Lima e Silva, o duque de Caxias.

Em 1844, D. Pedro II demitiu os conservadores, que, fortalecidos pela vitória sobre os liberais, entraram em atrito com o imperador devido às pressões inglesas pela abolição do tráfico negreiro. Para o lugar dos conservadores, D. Pedro II nomeou um governo liberal, cuja principal decisão foi o estabelecimento da tarifa Alves Branco (1844). Completando a consolidação política do Segundo Reinado, em 1847 foi criado o cargo de presidente do Conselho de Ministros, estabelecendo o **parlamentarismo** brasileiro.

Na Inglaterra, onde nasceu esse regime político, o partido que detém a maioria no Parlamento indica o primeiro-ministro, o chefe do governo que comanda o poder executivo, firmando a subordinação do executivo ao poder legislativo.

No Brasil, ao contrário, o que se verificava era que o chefe do ministério, uma espécie de primeiro-ministro, era escolhido pelo imperador, fazendo o legislativo refém do executivo, já que deveria ter maioria do partido do presidente do Conselho de Ministros. Era o chamado **parlamentarismo às avessas**, de caráter centralizador e oligárquico, não representativo da sociedade brasileira devido à exclusão escravista e ao critério censitário.

Assim, o imperador escolhia o presidente do Conselho de Ministros e, caso houvesse divergência entre este e o Parlamento, o imperador ou dissolvia a Câmara para nova eleição ou demitia o ministro.

O ministério liberal comandou o governo brasileiro até 1848, quando, mais uma vez, foi substituído pelos conservadores, que permaneceram no poder até 1853. Neste novo governo conservador, destacaram-se medidas como a promulgação da Lei Eusébio de Queirós e da Lei de Terras.

Em 1853, sob o gabinete do marquês de Paraná, Hermeto Carneiro Leão, estabeleceu-se a **conciliação partidária**: um novo ministério, formado por liberais e conservadores, chamado de ministério da conciliação, passou a controlar a vida do país. Com isso, completava-se a consolidação político-oligárquica. A tranquilidade estabelecida com a conciliação durou até 1858, quando se retomou o revezamento de liberais e conservadores no poder, quadro que predominou até o final do Império.

A guerra do Paraguai (1865-70) marcou o início de um profundo processo de mudanças políticas no Império. Na ilustração, a batalha do Riachuelo.

A emergência de novos setores sociais ligados ao café na vida política, bem como os efeitos da Guerra do Paraguai (1865-1870), impediram a manutenção do esquema conciliador estabelecido anos antes. Alguns membros do Partido Liberal passaram a exigir reformas mais profundas na sociedade brasileira, como a ampliação do direito de voto, maior autonomia provincial e a abolição gradual da escravidão. Membros dissidentes desse partido fundaram, em 1870, o Partido Republicano. A partir de então começava a reversão política frente à ordem monárquica, que acabaria culminando na proclamação da República em 1889.

A Revolução Praieira (Pernambuco, 1848-50)

Em meados do século XIX, ocorreu a última das rebeliões provinciais, em Pernambuco, chamada Praieira. A instabilidade provincial da época regencial fora pouco a pouco superada, com a derrota dos "balaios" no Maranhão; depois, em 1842, foram dispersos os levantes liberais, e, em 1845, a revolução Farroupilha do Rio Grande do Sul foi contida.

Em 1848, porém, na província de Pernambuco, ocorreu um movimento revolucionário, reacendendo a tradição contestadora da região. A Praieira foi o fecho de um longo ciclo revolucionário pernambucano, enquadrando-se, a partir de então, a região à ordem política imperial.

O nome Praieira advinha do fato de o jornal divulgador dos ideais dos revoltosos, o *Diário Novo*, ter sua sede na rua da Praia. Nesse jornal, em 1848, os rebeldes publicaram o "Manifesto ao Mundo", escrito por Borges da Fonseca, no qual apresentavam suas principais reivindicações, como o voto livre e universal, a liberdade de imprensa, a garantia de trabalho, a nacionalização do comércio que estava em mãos de portugueses, a abolição do trabalho escravo e a instalação da república. Entre os principais líderes do movimento encontrava-se o capitão **Pedro Ivo** e o intelectual e socialista utópico general **Abreu e Lima**, que pregava a divisão das fortunas.

Inserida no contexto das revoluções populares que varreram a Europa no ano de 1848 e atingiram várias localidades na América, conhecida como "Primavera dos Povos", a Praieira teve suas origens nas difíceis condições econômicas e sociais da província de Pernambuco e na enorme concentração fundiária nas mãos de poucos proprietários.

Recife na época da Praieira, o movimento político-militar brasileiro da "Primavera dos Povos".

Sem ser uma rebelião socialista, a Praieira retomava a luta por liberdade, mudanças sociais e políticas e melhorias das condições de vida, reinvocando o ideal republicano presente em outros movimentos ocorridos em Pernambuco. A revolta chegou mesmo a contar com a participação de alguns senhores de engenho ligados ao Partido Liberal, que rivalizavam com os portugueses de Recife por monopolizarem o comércio da região. A rebelião foi derrotada pelas tropas governamentais, em 1850, e nos dois anos seguintes toda a região estava pacificada.

Sufocadas as insatisfações e conciliados os interesses da elite dominante, foi possível ao governo de D. Pedro II viver seu período de apogeu, propiciando o desenvolvimento de um novo setor da economia exportadora nacional: o café.

Questões

1. Descreva as principais tendências partidárias no início do Segundo Reinado.

2. Caracterize a economia brasileira do Segundo Reinado, confrontando os elementos que representam uma continuidade em relação ao período colonial aos que refletem novas iniciativas.

3. Descreva o processo de expansão cafeeira no Brasil iniciado nos anos 1820.

4. Quais os principais efeitos na infraestrutura da região Sudeste com a implantação e expansão cafeeira no Brasil imperial?

5. O surto industrial ocorrido no Brasil sob os auspícios do barão de Mauá só foi possível graças à criação de um mercado consumidor de produtos industrializados produzidos no Brasil e à mobilização de capitais disponíveis. Em que contexto essas duas condições se realizaram no Brasil de meados do século XIX?

6. Qual a posição da Inglaterra frente às iniciativas de industrialização no Brasil do século XIX?

7. Explique a postura inglesa frente ao tráfico e à manutenção da escravidão no Brasil.

8. Quais os objetivos e as consequências da Bill Aberdeen, de 1845?

9. O que foi o "sistema de parceria" experimentado na província de São Paulo?

10. Explique a afirmação: "A Lei de Terras de 1850 não apenas inviabilizou a democratização do acesso à terra no Brasil, criando uma situação que em grande parte perdura até hoje, como também reafirmou o caráter oligárquico do Império".

11. O que chamamos de "Conciliação" na vida política brasileira do Segundo Reinado?

12. O que foi a Revolução Praieira, de 1848, e em que se aproximou e distanciou de movimentos pernambucanos precedentes?

UNIDADE II — ESTRUTURAÇÃO DO DOMÍNIO OLIGÁRQUICO NO BRASIL

ATIVIDADES EM HISTÓRIA

1. Pesquise, na biblioteca ou repartições públicas, a história de sua cidade. A partir das informações recolhidas monte um painel assinalando:
   a) data de fundação do município;
   b) mapa do município na época de sua fundação, comparando-o com o atual;
   c) composição da população (se for possível) na época da fundação e na atualidade;
   d) principais atividades econômicas desempenhadas na época da fundação e hoje em dia;
   e) se havia tribos indígenas na região na época, como viviam;
   f) se foi área de disputa entre diferentes países e quais as consequências disso;
   g) se existiam escravos e como viviam; se houve a formação de algum quilombo na região;
   h) se se tratava de região de passagem entre lugares distantes;
   i) as atividades culturais existentes na época e que permanecem até hoje e as que desapareceram;
   j) os edifícios religiosos e públicos existentes na época (eles ainda existem hoje? qual o seu estado de conservação?);
   k) tente descobrir o papel desempenhado pela região onde se encontra sua cidade em relação ao restante do Brasil no período colonial.

2. Trabalho interdisciplinar de história e artes:
   Faça uma pesquisa sobre a música africana e sua introdução na América. Observe os principais núcleos de povoamento africano no continente (Brasil, Caribe, Estados Unidos) e informe-se a respeito da música negra nessas regiões na atualidade. Identifique a permanência dos ritmos africanos na música contemporânea no continente, enfatizando o Brasil. Finalmente, busque identificar algum vínculo entre o tipo de música (brasileira) de sua preferência e suas raízes africanas; seja nos ritmos, nos instrumentos utilizados ou até no conteúdo das letras quando for possível.

3. Redija dois relatórios sobre o episódio da traição de Calabar. No primeiro deles, você deve assumir o papel de promotor e, no segundo, o papel de advogado de defesa, procurando inocentá-lo. Procure informar-se a respeito da biografia de Calabar. Ao redigir cada relatório, siga o seguinte roteiro:
   a) informações pessoais de Calabar: nome, data e local de nascimento, ocupação;
   b) descrição dos fatos envolvendo o episódio da traição;
   c) argumentação condenando Calabar (no caso do relatório do promotor) ou absolvendo-o (no caso do advogado de defesa).

   Observe que o item **a** dos dois relatórios pode ser idêntico, enquanto o **b** pode ou não. Além disso, podem ser anexadas "provas" documentais, mapas, etc., para dar maior peso a uma ou outra posição.

4. Segue abaixo uma lista de filmes relacionados aos temas desta unidade. Elabore um texto sobre cada filme assistido, apontando seu roteiro, suas principais passagens e, principalmente, suas próprias opiniões sobre a obra.
   - *Ganga Zumba, Rei de Palmares* (1964), dirigido por Carlos Diegues;
   - *O caçador de esmeraldas* (1979), por Oswaldo de Oliveira;
   - *Carlota Joaquina* (1995), por Carla Camurati;
   - *Quilombo* (1984), por Carlos Diegues;
   - *A Missão* (1986), por Roland Joffé.

5. "Heróis são símbolos poderosos, encarnações de ideias e aspirações, pontos de referência, fulcros de identificação coletiva. São, por isso, instrumentos eficazes para atingir a cabeça e o coração dos cidadãos a serviço da legitimação dos regimes políticos. Não há regime que não promova o culto de seus heróis e não possua o seu panteão cívico. Em alguns casos, os heróis surgiram quase espontaneamente das lutas que precederam a nova ordem das coisas. Em outros, de menor profundidade popular, foi necessário maior esforço na escolha e promoção da figura do herói. É exatamente nesses últimos casos que o herói é mais importante. A falta de envolvimento real do povo na implantação do regime leva à tentativa de compensação, por meio da mobilização simbólica. Mas, como a criação de símbolos não é arbitrária, não se faz no vazio social, é aí também que se colocam as maiores dificuldades na construção do panteão cívico. Herói que se preze tem que ter, de algum modo, a cara da nação. Tem de responder a alguma necessidade de aspiração coletiva, refletir algum tipo de personalidade ou de comportamento que corresponda a um modelo coletivamente valorizado. Na ausência de tal sintonia, o esforço de mitificação de figuras políticas resultará vão. Os pretendidos heróis serão, na melhor das hipóteses, ignorados pela maioria e, na pior, ridicularizados."

(CARVALHO, José Murilo de. *A formação das almas*. São Paulo, Cia. das Letras, 1990. pp. 55-6.)

É surpreendente que até hoje não saibamos exatamente a aparência real de Tiradentes, uma vez que não existe nenhuma imagem da época a retratá-lo. Todas as figuras que conhecemos são criações posteriores, "invenções" de artistas a partir da ideia de herói. Faça uma pesquisa procurando diversas representações de Tiradentes, identificando quando elas foram elaboradas e em que contexto histórico. Faça comentários sobre suas semelhanças e diferenças, tentando descobrir o que significam esses elementos. Se possível, relacione com o texto acima.

Finalmente, como atividade optativa, procure identificar quais os valores coletivos encarnados por "heróis" da atualidade (por exemplo, aqueles indivíduos valorizados pela imprensa, incluindo artistas, desportistas, etc.). Dê sua opinião a respeito de heróis.

6. Trabalho interdisciplinar de história e literatura:
Informe-se a respeito de Tomás Antonio Gonzaga. Faça um trabalho incluindo dados sobre sua biografia. Junto ao professor de literatura, informe-se sobre a sua obra no contexto da época em que escreveu e, junto ao professor de história, informe-se a respeito de sua atuação política. Procure estabelecer vínculos entre a obra e as ideias políticas.

7. Trabalho interdisciplinar de história e artes ou literatura:
Pesquise sobre o barroco mineiro nas artes e arquitetura. Procure mapear os locais onde se encontram os principais monumentos artísticos de Minas Gerais. Descreva as obras e procure caracterizar a partir

daí o estilo barroco. No caso de você habitar um município onde existem obras do período, procure levantar documentos a respeito deles (incluindo dados sobre conservação e restauração).

O mesmo pode ser feito em relação à literatura. Pesquise sobre as manifestações barrocas na literatura, destacando seus principais autores e obras e caracterizando o estilo.

8. Pesquise na sua cidade sobre a presença de imigrantes europeus (ou asiáticos), procurando responder às seguintes perguntas:
Qual é o histórico da imigração europeia (ou asiática) no seu município? É possível identificar um período de maior fluxo de imigrantes? Qual a origem desses imigrantes e o que os motivou a vir para o Brasil? Quais as atividades a que eles se dedicaram? Tente entrevistar um imigrante estrangeiro, traçando sua biografia. Anexe fotos ou outros documentos (passaportes, etc.). Se for possível, compare a trajetória de vida e as motivações de imigrantes vindos em épocas diferentes (pelo menos 20 anos de intervalo). Por último, procure saber se você conhece alguém que "inverteu" o caminho, saindo do Brasil para tentar a vida no exterior.

9. Faça uma comparação entre o sistema parlamentarista vigente no Império e o parlamentarismo de alguma monarquia contemporânea (a inglesa, por exemplo), destacando semelhanças e diferenças. Em seguida, descreva o atual sistema presidencialista brasileiro. Finalmente, procure indicar, dentre os regimes analisados, qual possui maior representatividade ou qual é mais democrático.

EXERCÍCIOS DE VESTIBULARES E ENEM

1. (Enem) "Quando tomaram a Bahia, em 1624-5, os holandeses promoveram também o bloqueio naval de Benguela e Luanda, na costa africana. Em 1637, Nassau enviou uma frota do Recife para capturar São Jorge da Mina, entreposto português de comércio do ouro e de escravos no litoral africano (atual Gana). Luanda, Benguela e São Tomé caíram nas mãos dos holandeses entre agosto e novembro de 1641. A captura dos dois polos da economia de plantações mostrava-se indispensável para o implemento da atividade açucareira."

(Adaptado de ALENCASTRO, L. F. "Com quantos escravos se constrói um país?" In *Revista de História da Biblioteca Nacional*. Rio de Janeiro, ano 4, n. 39, 12/2008.)

Os polos econômicos aos quais se refere o texto são
a) as zonas comerciais americanas e as zonas agrícolas africanas.
b) as zonas comerciais africanas e as zonas de transformação e melhoramento americanas.
c) as zonas de minifúndios americanas e as zonas comerciais africanas.
d) as zonas manufatureiras americanas e as zonas de entreposto africano no caminho para Europa.
e) as zonas produtoras escravistas americanas e as zonas africanas reprodutoras de escravos.

2. (Fuvest-SP)

Este quadro, pintado por Franz Post por volta de 1660, pode ser corretamente relacionado
a) à iniciativa pioneira dos holandeses de construção dos primeiros engenhos no Nordeste.
b) à riqueza do açúcar, alvo principal do interesse dos holandeses no Nordeste.
c) à condição especial dispensada pelos holandeses aos escravos africanos.
d) ao início da exportação do açúcar para a Europa por determinação de Maurício de Nassau.
e) ao incentivo à vinda de holandeses para a constituição de pequenas propriedades rurais.

3. (Fuvest-SP) "É assim extremamente simples a estrutura social da colônia no primeiro século e meio de colonização. Reduz-se em suma a duas classes: de um lado os proprietários rurais, a classe abastada dos senhores de engenho e fazenda; doutro, a massa da população espúria dos trabalhadores do campo, escravos e semilivres. Da simplicidade da infraestrutura econômica — a terra, única força produtiva, absorvida pela grande exploração agrícola — deriva a da estrutura social: a reduzida classe de proprietários e a grande massa, explorada e oprimida. Há naturalmente no seio desta massa gradações, que assinalamos. Mas, elas não são contudo bastante profundas para se caracterizarem em situações radicalmente distintas."

(PRADO JR, Caio. *Evolução política do Brasil*. 20a. ed. São Paulo, Brasiliense, 1993 [1942]. pp. 28-9.)

Neste trecho, o autor observa que, na sociedade colonial,
a) só havia duas classes conhecidas, e que nada é sabido sobre indivíduos que porventura fizessem parte de outras.
b) havia muitas classes diferentes, mas só duas estavam diretamente ligadas a critérios econômicos.
c) todos os membros das classes existentes queriam se transformar em proprietários rurais, exceto os pequenos trabalhadores livres, semilivres ou escravos.
d) diversas classes radicalmente distintas umas das outras compunham um cenário complexo, marcado por conflitos sociais.
e) a população se organizava em duas classes, cujas gradações internas não alteravam a simplicidade da estrutura social.

4. (Enem) "A Superintendência Regional do Instituto do Patrimônio Histórico e Artístico Nacional (Iphan) desenvolveu o projeto "Comunidades Negras de Santa Catarina", que tem como objetivo preservar a memória do povo afrodescendente no sul do País. A ancestralidade negra é abordada em suas diversas dimensões: arqueológica, arquitetônica, paisagística e imaterial. Em regiões como a do Sertão de Valongo, na cidade de Porto Belo, a fixação dos primeiros habitantes ocorreu imediatamente após a abolição da escravidão no Brasil. O Iphan identificou nessa região um total de 19 referências culturais, como os conhecimentos tradicionais de ervas de chá, o plantio agroecológico de bananas e os cultos adventistas de adoração."

(Disponível em: <http://portal.iphan.gov.br/portal/montarDetalheConteudo.do?id=14256&sigla=Noticia&retorno=detalheNoticia>. Acesso em: 1 jun. 2009. Com adaptações.)

O texto acima permite analisar a relação entre cultura e memória, demonstrando que
a) as referências culturais da população afrodescendente estiveram ausentes no sul do País, cuja composição étnica se restringe aos brancos.
b) a preservação dos saberes das comunidades afrodescendentes constitui importante elemento na construção da identidade e da diversidade cultural do País.
c) a sobrevivência da cultura negra está baseada no isolamento das comunidades tradicionais, com proibição de alterações em seus costumes.
d) os contatos com a sociedade nacional têm impedido a conservação da memória e dos costumes dos quilombolas em regiões como a do Sertão de Valongo.
e) a permanência de referenciais culturais que expressam a ancestralidade negra compromete o desenvolvimento econômico da região.

5. (Fuvest-SP) "A sociedade colonial brasileira 'herdou concepções clássicas e medievais de organização e hierarquia, mas acrescentou-lhe sistemas de graduação que se originaram da diferenciação das ocupações, raça, cor e condição social. (...) as distinções essenciais entre fidalgos e plebeus tenderam a nivelar-se, pois o mar de indígenas que cercava os colonizadores portugueses tornava todo europeu, de fato, um gentil-homem em potencial. A disponibilidade de índios como escravos ou trabalhadores possibilitava aos imigrantes concretizar seus sonhos de nobreza. (...) Com índios, podia desfrutar de uma vida verdadeiramente nobre. O gentio transformou-se em um substituto do campesinato, um novo estado, que permitiu uma reorganização de categorias tradicionais. Contudo, o fato de serem aborígines e, mais tarde, os africanos, diferentes étnica, religiosa e fenotipicamente dos europeus, criou oportunidades para novas distinções e hierarquias baseadas na cultura e na cor'."

(SCHWARTZ, Stuart B. *Segredos internos.*)

A partir do texto pode-se concluir que:
a) a diferenciação clássica e medieval entre clero, nobreza e campesinato, existente na Europa, foi transferida para o Brasil por intermédio de Portugal e se constituiu no elemento fundamental da sociedade brasileira colonial.
b) a presença de índios e negros na sociedade brasileira levou ao surgimento de instituições como a escravidão, completamente desconhecida da sociedade europeia nos séculos XV e XVI.
c) os índios do Brasil, por serem em pequena quantidade e terem sido facilmente dominados, não tiveram nenhum tipo de influência sobre a constituição da sociedade colonial.
d) a diferenciação de raças, culturas e condição social entre brancos e índios, brancos e negros tendeu a diluir a distinção clássica e medieval entre fidalgos e plebeus europeus na sociedade.
e) a existência de uma realidade diferente no Brasil, como a escravidão em larga escala de negros, não alterou em nenhum aspecto as concepções medievais dos portugueses durante os séculos XVI e XVII.

6. (Unesp-SP) Entre as formas de resistência negra à escravidão, durante o período colonial brasileiro, podemos citar
   a) a organização de quilombos, nos quais, sob supervisão de autoridades brancas, os negros podiam viver livremente.
   b) as sabotagens realizadas nas plantações de café, com a introdução de pragas oriundas da África.
   c) a preservação de crenças e rituais religiosos de origem africana, que eram condenados pela Igreja Católica.
   d) as revoltas e fugas em massa dos engenhos, seguidas de embarques clandestinos em navios que rumavam para a África.
   e) a adoção da fé católica pelos negros, que lhes proporcionava imediata alforria concedida pela Igreja.

7. (Fuvest-SP) No Brasil, os escravos
   1. trabalhavam tanto no campo quanto na cidade, em atividades econômicas variadas.
   2. sofriam castigos físicos, em praça pública, determinados por seus senhores.
   3. resistiam de diversas formas, seja praticando o suicídio, seja organizando rebeliões.
   4. tinham a mesma cultura e religião, já que eram todos provenientes de Angola.
   5. estavam proibidos pela legislação de efetuar pagamento por sua alforria.

   Das afirmações acima, são verdadeiras apenas
   a) 1, 2 e 4.
   b) 3, 4 e 5.
   c) 1, 3 e 5.
   d) 1, 2 e 3.
   e) 2, 3 e 5.

8. (Fuvest-SP) "Quando os holandeses passaram à ofensiva na sua Guerra dos Oitenta Anos pela independência contra a Espanha, no fim do século XVI, foi contra as possessões coloniais portuguesas, mais do que contra as espanholas, que os seus ataques mais fortes e mais persistentes se dirigiram. Uma vez que as possessões ibéricas estavam espalhadas por todo o mundo, a luta subsequente foi travada em quatro continentes e em sete mares e esta luta seiscentista merece muito mais ser chamada a Primeira Guerra Mundial do que o holocausto de 1914-1918, a que geralmente se atribui essa honra duvidosa. Como é evidente, as baixas provocadas pelo conflito ibero-holandês foram em muito menor escala, mas a população mundial era muito menor nessa altura e a luta indubitavelmente mundial."
   (BOXER, Charles. *O império marítimo português, 1415-1825*. Lisboa, Edições 70, s.d. p. 115.)

   Podem-se citar, como episódios centrais dessa "luta seiscentista", a
   a) conquista espanhola do México, a fundação de Salvador pelos portugueses e a colonização holandesa da Indonésia.
   b) invasão holandesa de Pernambuco, a fundação de Nova Amsterdã (futura Nova York) pelos holandeses e a perda das Molucas pelos portugueses.
   c) presença holandesa no litoral oriental da África, a fundação de Olinda pelos portugueses e a colonização espanhola do Japão.
   d) expulsão dos holandeses da Espanha, a fundação da Colônia do Sacramento pelos portugueses e a perda espanhola do controle do Cabo da Boa Esperança.
   e) conquista holandesa de Angola e Guiné, a fundação de Buenos Aires pelos espanhóis e a expulsão dos judeus de Portugal.

9. (Fuvest-SP) Em 1694, uma expedição chefiada pelo bandeirante Domingos Jorge Velho foi encarregada pelo governo metropolitano de destruir o quilombo de Palmares. Isto se deu porque:
   a) os paulistas, excluídos do circuito da produção colonial centrada no Nordeste, queriam aí estabelecer pontos de comércio, sendo impedidos pelos quilombos.
   b) os paulistas tinham prática na perseguição de índios, os quais, aliados aos negros de Palmares ameaçavam o governo com movimentos milenaristas.
   c) o quilombo desestabilizava o grande contingente escravo existente no Nordeste, ameaçando a continuidade da produção açucareira e da dominação colonial.
   d) os senhores de engenho temiam que os quilombolas, que haviam atraído brancos e mestiços pobres, organizassem um movimento de independência da colônia.
   e) os aldeamentos de escravos rebeldes incitavam os colonos à revolta contra a metrópole visando trazer novamente o Nordeste para o domínio holandês.

10. (Fuvest-SP) "Personagem atuante no Brasil colônia, foi 'fruto social de uma região marginalizada, de escassos recursos materiais e de vida restrita (...)', 'teve suas ações orientadas no sentido de tirar o máximo proveito das brechas que a economia colonial eventualmente oferecia para efetivação de lucros rápidos e passageiros em conjunturas favoráveis – como no caso da caça ao índio – ou no sentido de buscar alternativas econômicas fora dos quadros da agricultura voltada para o mercado externo (...)'."

   (Carlos Henrique Davidoff, 1982.)

   O personagem e a região a que o texto se refere são, respectivamente,
   a) o jesuíta e a província da Cisplatina.
   b) o tropeiro e o Vale do Paraíba.
   c) o caipira e o interior paulista.
   d) o bandeirante e a capitania de São Paulo.
   e) o caiçara e o litoral baiano.

11. (UPM-SP) "Os bandeirantes foram romantizados (...) e postos como símbolo dos paulistas e do progresso, associação enobrecedora. A simbologia bandeirante servia para construir a imagem da trajetória paulista como um único e decidido percurso rumo ao progresso, encobrindo conflitos e diferenças."

   (ABUD, K. Maria. In MATOS, Maria Izilda Santos. *São Paulo e Adoniran Barbosa*.)

   Ainda que essa imagem idealizada do bandeirante tenha sido uma construção ideológica, sua importância, no período colonial brasileiro, decorre
   a) de sua iniciativa em atender à demanda de mão de obra escrava do Brasil holandês, durante o governo de Maurício de Nassau.
   b) de sua extrema habilidade para lidar com o nativo hostil, garantindo sua colaboração espontânea na busca pelo ouro.
   c) de sua colaboração no processo de expansão territorial brasileira, à medida que ultrapassou o Tratado de Tordesilhas e fundou povoados, garantindo, futuramente, o direito de Portugal sobre essas terras.
   d) de sua atuação decisiva na Insurreição Pernambucana, que resultou na expulsão dos holandeses do nordeste, em 1654, considerada como o primeiro movimento de cunho emancipacionista da colônia.
   e) da colaboração dos mesmos na formação das Missões Jesuíticas, cujo objetivo era a proteção e catequização de índios tupis, obstáculo à ocupação do território colonial.

12. (UEL-PR) No Brasil colônia, a pecuária teve um papel decisivo na:
a) ocupação das áreas litorâneas.
b) expulsão do assalariado do campo.
c) formação e exploração dos minifúndios.
d) fixação do escravo na agricultura.
e) expansão para o interior.

13. (Fuvest-SP) A atividade extrativista desenvolvida na Amazônia, durante o período colonial, foi importante, porque
a) garantiu a ocupação da região e aproveitou a mão de obra indígena local.
b) reproduziu, na região, a estrutura da grande propriedade monocultora.
c) gerou riquezas e permitiu a abertura de estradas na região.
d) permitiu a integração do norte do Brasil ao contexto andino.
e) inviabilizou as aspirações holandesas de ocupação da floresta.

14. (UFMG-MG) Considerando-se as reduções, ou missões, jesuítico-guaranis fundadas no início do século XVII, na América do Sul, é **incorreto** afirmar que
a) entraram em conflito com os encomenderos da América Espanhola e com os bandeirantes, que penetravam na região com o objetivo de aprisionar e escravizar os indígenas.
b) resistiram às pressões das Coroas Espanhola e Portuguesa e continuaram a existir até o fim do período colonial, tendo sido destruídas por ocasião dos movimentos de independência.
c) se estabeleceram na região platina, em áreas fronteiriças dos Impérios Espanhol e Português, que correspondem, atualmente, a territórios do Paraguai, do nordeste da Argentina e do sul do Brasil.
d) tinham por objetivo a cristianização dos índios guaranis, que foram concentrados em comunidades aldeãs, administradas pelos jesuítas, sob rígida organização e disciplina de trabalho.

15. (Fuvest-SP) "E o pior é que a maior parte do ouro que se tira das minas passa em pó e em moeda para os reinos estranhos e a menor quantidade é a que fica em Portugal e nas cidades do Brasil..."

(ANTONIL, João. *Cultura e opulência do Brasil por suas drogas e minas*, 1711.)

Esta frase indica que as riquezas minerais da colônia
a) produziram ruptura nas relações entre Brasil e Portugal.
b) foram utilizadas, em grande parte, para o cumprimento do Tratado de Methuen entre Portugal e Inglaterra.
c) prestaram-se, exclusivamente, aos interesses mercantilistas da França, da Inglaterra e da Alemanha.
d) foram desviadas, majoritariamente, para a Europa por meio do contrabando na região do rio da Prata.
e) possibilitaram os acordos com a Holanda que asseguraram a importação de escravos africanos.

16. (Fuvest-SP) A exploração dos metais preciosos encontrados na América Portuguesa, no final do século XVII, trouxe importantes consequências tanto para a colônia quanto para a metrópole. Entre elas,
a) o intervencionismo regulador metropolitano na região das Minas, o desaparecimento da produção açucareira do nordeste e a instalação do Tribunal da Inquisição na capitania.
b) a solução temporária de problemas financeiros em Portugal, alguma articulação entre áreas distantes da Colônia e o deslocamento de seu eixo administrativo para o centro-sul.

c) a separação e autonomia da capitania das Minas Gerais, a concessão do monopólio da extração dos metais aos paulistas e a proliferação da profissão de ourives.
d) a proibição do ingresso de ordens religiosas em Minas Gerais, o enriquecimento generalizado da população e o êxito no controle do contrabando.
e) o incentivo da Coroa à produção das artes, o afrouxamento do sistema de arrecadação de impostos e a importação dos produtos para a subsistência diretamente da metrópole.

17. (PUC-SP) "Quando a capitania das Minas Gerais conhecia o seu apogeu, milhares de homens viviam na miséria, passavam fome, vagavam sem destino pelos arraiais, tristes frutos deteriorados de um sistema econômico doente e de uma estrutura de poder violenta. Da riqueza extraída das Minas, quase tudo ia para a Metrópole, onde se consumia em gastos suntuários, em construções monumentais (...), no pagamento das importações de que Portugal necessitava."

(SOUZA, Laura de Mello e. *Opulência e miséria nas Minas Gerais*. São Paulo, Brasiliense, 1997. pp. 75-6.)

O texto acima mostra várias faces da exploração do ouro nas Minas Gerais durante o período colonial. A partir dele e de seus conhecimentos sobre o período, indique a alternativa correta.
a) Poucos se beneficiaram da riqueza oferecida pelos minérios e nenhum brasileiro enriqueceu com a extração de ouro ou de diamantes porque apenas os portugueses podiam realizá-la.
b) A mão de obra escrava predominava nas Minas Gerais porque a Igreja Católica impedia que os índios trabalhassem e nenhum homem livre se dispunha a enfrentar as dificuldades da região.
c) O sonho do enriquecimento fácil e rápido atraiu milhares de pessoas para a região e todos podiam explorar livremente, pois a metrópole não estabelecia qualquer limite ou restrição à atuação dos mineradores.
d) A imensa riqueza extraída era compartilhada de forma desigual, dada a forte dependência da Metrópole, o alto custo dos alimentos na região e o grande volume de impostos.
e) Quase todos os escravos que trabalharam nas Minas Gerais obtiveram alforria, por meio do furto de parte do minério encontrado ou porque os proprietários libertavam aqueles que descobriam ouro.

18. (Enem)

"Torno a ver-vos, ó montes; o destino
Aqui me torna a pôr nestes outeiros,
Onde um tempo os gabões deixei grosseiros
Pelo traje da Corte, rico e fino.

Aqui estou entre Almendro, entre Corino,
Os meus fiéis, meus doces companheiros,
Vendo correr os míseros vaqueiros
Atrás de seu cansado desatino.

Se o bem desta choupana pode tanto,
Que chega a ter mais preço, e mais valia
Que, da Cidade, o lisonjeiro encanto,

Aqui descanse a louca fantasia,
E o que até agora se tornava em pranto
Se converta em afetos de alegria."

(COSTA, Cláudio Manoel da. In: FILHO, Domício Proença. *A poesia dos inconfidentes*. Rio de Janeiro, Nova Aguilar, 2002. pp. 78-9.)

Considerando o soneto de Cláudio Manoel da Costa e os elementos constitutivos do Arcadismo brasileiro, assinale a opção correta acerca da relação entre o poema e o momento histórico de sua produção.
a) Os "montes" e "outeiros", mencionados na primeira estrofe, são imagens relacionadas à Metrópole, ou seja, ao lugar onde o poeta se vestiu com traje "rico e fino".
b) A oposição entre a Colônia e a Metrópole, como núcleo do poema, revela uma contradição vivenciada pelo poeta, dividido entre a civilidade do mundo urbano da Metrópole e a rusticidade da terra da Colônia.
c) O bucolismo presente nas imagens do poema é elemento estético do Arcadismo que evidencia a preocupação do poeta árcade em realizar uma representação literária realista da vida nacional.
d) A relação de vantagem da "choupana" sobre a "Cidade", na terceira estrofe, é formulação literária que reproduz a condição histórica paradoxalmente vantajosa da Colônia sobre a Metrópole.
e) A realidade de atraso social, político e econômico do Brasil Colônia está representada esteticamente no poema pela referência, na última estrofe, à transformação do pranto em alegria.

19. (UFRN-RN) Sobre a chamada Inconfidência Mineira, a historiadora Cristina Leminski afirmou:

"Sem a derrama, o movimento esvaziava-se. Para a população em geral, se a derrama não fosse imposta, não fazia grande diferença se Minas era ou não independente. O movimento era fundamentalmente motivado por interesses, não por ideais (...). A prisão dos homens mais eminentes de Vila Rica provocou (...) alvoroço na cidade (...) e o Visconde de Barbacena foi obrigado a admitir que a tentativa de manter sigilo sobre o processo seria inútil."

(LEMINSKI, Cristina. *Tiradentes e a conspiração de Minas Gerais.* São Paulo, Scipione, 1994. pp. 59-64.)

O movimento do século XVIII abordado nesse fragmento textual relaciona-se com a
a) pretensão das lideranças econômicas de Vila Rica, principais beneficiadas com a arrecadação tributária portuguesa.
b) repercussão da Revolução Francesa no seio da elite intelectual colonial da região aurífera nas Minas Gerais.
c) exploração tributária feita pela Metrópole sobre os colonos portugueses, no contexto da crise do antigo sistema colonial.
d) revolta desencadeada pela decisão da Coroa de instalar as Casas de Fundição, com o propósito de cobrar o quinto.

20. (Unicamp-SP) "A arte colonial mineira seguia as proposições do Concílio de Trento (1545-1553), dando visibilidade ao catolicismo reformado. O artífice deveria representar passagens sacras. Não era, portanto, plenamente livre na definição dos traços e temas das obras. Sua função era criar, segundo os padrões da Igreja, as peças encomendadas pelas confrarias, grandes mecenas das artes em Minas Gerais."

(Adaptado de SANTIAGO, Camila F. G. "Traços europeus, cores mineiras: três pinturas coloniais inspiradas em uma gravura de Joaquim Carneiro da Silva". In: FURTADO, Junia (Org.). *Sons, formas, cores e movimentos na modernidade atlântica. Europa, Américas e África.* São Paulo, Annablume, 2008. p. 385.)

Considerando as informações do enunciado, a arte colonial mineira pode ser definida como
a) renascentista, pois criava na colônia uma arte sacra própria do catolicismo reformado, resgatando os ideais clássicos, segundo os padrões do Concílio de Trento.
b) barroca, já que seguia os preceitos da Contrarreforma. Era financiada e encomendada pelas confrarias e criada pelos artífices locais.

c) escolástica, porque seguia as proposições do Concílio de Trento. Os artífices locais, financiados pela Igreja, apenas reproduziam as obras de arte sacra europeias.
d) popular, por ser criada por artífices locais, que incluíam escravos, libertos, mulatos e brancos pobres que se colocavam sob a proteção das confrarias.

21. (Ibmec) Leia o trecho abaixo sobre o Marquês de Pombal, importante ministro de Portugal, entre 1750 e 1777:

"A longa preeminência de Pombal nos assuntos de Estado não ocorreu, é claro, isolada do resto da experiência histórica do século XVIII português. O contexto social, político e econômico criou poderosas restrições ao que qualquer ministro, por mais poderoso que fosse, pudesse alcançar. Para Pombal, essas restrições decorriam das características especiais do longo século XVIII português, que começou no final da década de 1660 e terminou em 1807. Foi, na verdade, a avaliação sagaz de Pombal da realidade das circunstâncias de Portugal que lhe forneceu muitas das alavancas que ele utilizou para consolidar o seu poder e, depois, levar a influência do Estado a apoiar os propósitos de reforma."

(MAXWELL, Kenneth. *Marquês de Pombal: paradoxo do Iluminismo.* São Paulo, Paz e Terra, 1996. p. 37.)

Sobre a reforma citada no texto é correto afirmar que Pombal:
a) Buscava a modernização portuguesa inspirado em princípios iluministas; porém usava mecanismos tradicionais do poder absolutista para tentar efetivá-la.
b) Dificultava, como legítimo representante da nobreza lusitana, qualquer mudança proposta pela burguesia de seu país que buscasse a adoção de princípios liberais.
c) Ampliava a autonomia da colônia portuguesa na América por meio da diminuição de impostos e pela liberdade comercial entre Brasil e África.
d) Restringia a participação da nobreza portuguesa nos negócios da colônia, em benefício dos membros da Igreja Católica, principalmente os jesuítas.
e) Apoiava a reforma educacional proposta pelos defensores da retomada de valores cristãos nos cursos de direito, diante do avanço de ideais cientificistas.

22. (UFMS-MS) Acerca da relação entre Estado e Igreja Católica Apostólica Romana, na história do Brasil, nos tempos coloniais, é correto afirmar que
a) embora sendo instituições distintas, naqueles tempos uma estava ligada à outra. Isso porque, na época, diferentemente do que existe hoje, não havia o conceito de cidadania, de pessoas com direitos e deveres com relação ao Estado, independentemente da religião. Portanto, a religião do Estado era católica, e os súditos, isto é, os membros da sociedade, deveriam ser católicos.
b) no caso português, ocorreu uma subordinação do Estado em relação à Igreja, através de um mecanismo conhecido como padroado real, isto é, uma ampla concessão do Estado português à Igreja de Roma.
c) a Igreja era responsável por cobrar dos súditos os impostos destinados ao Estado. Do total arrecadado, ela retirava o dízimo que lhe era de direito, ou seja, um décimo de tudo quanto era obtido sob forma de tributos pagos ao Estado.
d) não havia distinção entre os papéis do Estado e da Igreja. Ambos atuavam em conjunto no "controle das almas" na vida diária e na garantia da soberania portuguesa sobre a colônia.
e) na época, a Igreja era um dos órgãos oficiais da administração do Estado português, um Estado absolutista por excelência. Os outros órgãos administrativos podem ser agrupados em três setores: o Militar, a Justiça e a Fazenda.

23. (UFGO-GO) Leia o fragmento a seguir.

"Queremos falar de um grande rancho chamado das baianas, que caminhavam adiante da procissão, atraindo mais ou tanto como os santos, os andores, os emblemas sagrados, os olhares dos devotos; era formado esse rancho por um grande número de negras vestidas à moda da província da Bahia, donde lhe vinha o nome, e que dançavam nos intervalos dos *Deo gratias* uma dança lá a seu capricho."

(ALMEIDA, Manuel Antônio de. *Memórias de um sargento de milícias*. São Paulo, Martin Claret, 2009. p. 78.)

A descrição da procissão dos ourives reporta-se à sociedade da Corte, no Brasil do século XIX. Com base na leitura do fragmento, conclui-se que essa sociedade caracterizava-se

a) pelo estranhamento às manifestações culturais das províncias, tratadas na Capital como profanas.
b) pela reformulação das manifestações populares, influenciada pelo contato com as missões francesas.
c) pelo hibridismo religioso, decorrente da interação entre as culturas europeia e africana.
d) pela normatização das manifestações populares, associadas ao ideal de modernidade joanino.
e) pela liberação das práticas religiosas autorizadas desde a chegada da Família Real.

24. (Unesp-SP) "Artigo 5º — O comércio de mercadorias inglesas é proibido, e qualquer mercadoria pertencente à Inglaterra, ou proveniente de suas fábricas e de suas colônias é declarada boa presa. (...)
Artigo 7º — Nenhuma embarcação vinda diretamente da Inglaterra ou das colônias inglesas, ou lá tendo estado, desde a publicação do presente decreto, será recebida em porto algum.
Artigo 8º — Qualquer embarcação que, por meio de uma declaração, transgredir a disposição acima, será apresada e o navio e sua carga serão confiscados como se fossem propriedade inglesa.

(Excerto do Bloqueio Continental, Napoleão Bonaparte. Citado por MATTOSO, Kátia M. de Queirós. *Textos e documentos para o estudo da história contemporânea (1789-1963)*, 1977.)

Esses artigos do Bloqueio Continental, decretado pelo Imperador da França em 1806, permitem notar a disposição francesa de

a) estimular a autonomia das colônias inglesas na América, que passariam a depender mais de seu comércio interno.
b) impedir a Inglaterra de negociar com a França uma nova legislação para o comércio na Europa e nas áreas coloniais.
c) provocar a transferência da Corte portuguesa para o Brasil, por meio da ocupação militar da Península Ibérica.
d) ampliar a ação de corsários ingleses no norte do Oceano Atlântico e ampliar a hegemonia francesa nos mares europeus.
e) debilitar economicamente a Inglaterra, então em processo de industrialização, limitando seu comércio com o restante da Europa.

25. (Fuvest-SP) Em novembro de 1807, a família real portuguesa deixou Lisboa e, em março de 1808, chegou ao Rio de Janeiro.

O acontecimento pode ser visto como
a) incapacidade dos Braganças de resistirem à pressão da Espanha para impedir a anexação de Portugal.
b) ato desesperado do Príncipe Regente, pressionado pela rainha-mãe, Dona Maria I.
c) execução de um velho projeto de mudança do centro político do Império português, invocado em épocas de crise.
d) culminância de uma discussão popular sobre a neutralidade de Portugal com relação à guerra anglo-francesa.
e) exigência diplomática apresentada por Napoleão Bonaparte, então primeiro cônsul da França.

26. (Fuvest-SP) A chamada Guerra dos Mascates, ocorrida em Pernambuco em 1710, deveu-se:
a) ao surgimento de um sentimento nativista brasileiro, em oposição aos colonizadores portugueses.
b) ao orgulho ferido dos habitantes da vila de Olinda, menosprezados pelos portugueses.
c) ao choque entre comerciantes portugueses do Recife e a aristocracia rural de Olinda pelo controle da mão de obra escrava.
d) ao choque entre comerciantes portugueses do Recife e a aristocracia rural de Olinda, cujas relações comerciais eram, respectivamente, de credores e devedores.
e) a uma disputa interna entre grupos de comerciantes, que eram chamados depreciativamente de mascates.

27. (Fuvest-SP) "Eis que uma revolução, proclamando um governo absolutamente independente da sujeição à corte do Rio de Janeiro, rebentou em Pernambuco, em março de 1817. É um assunto para o nosso ânimo tão pouco simpático que, se nos fora permitido [colocar] sobre ele um véu, o deixaríamos fora do quadro que nos propusemos tratar."

(VARNHAGEN, F. A. *História geral do Brasil*, 1854.)

O texto trata da Revolução pernambucana de 1817. Com relação a esse acontecimento é possível afirmar que os insurgentes
a) pretendiam a separação de Pernambuco do restante do reino, impondo a expulsão dos portugueses desse território.
b) contaram com a ativa participação de homens negros, pondo em risco a manutenção da escravidão na região.
c) dominaram Pernambuco e o norte da colônia, decretando o fim dos privilégios da Companhia do Grão-Pará e Maranhão.
d) propuseram a independência e a república, congregando proprietários, comerciantes e pessoas das camadas populares.
e) implantaram um governo de terror, ameaçando o direito dos pequenos proprietários à livre exploração da terra.

28. (UnB-DF) Leia o texto que se segue:

"A independência do Brasil não resultou em maiores alterações da ordem social e econômica, ou da forma de governo.
Exemplo único na história da América Latina, o Brasil ficou sendo uma monarquia entre repúblicas."

(FAUSTO, Boris. *História do Brasil*.)

Quanto às razões dessa continuidade social e econômica entre a colônia e o Império, julgue os itens seguintes.
0) A abertura dos portos por D. João estabeleceu uma ponte entre a Coroa portuguesa e os setores dominantes na colônia.
1) A elite política promotora da independência, embora desejasse rupturas sociais mais profundas, teve que enfrentar a resistência da corte portuguesa.
2) A monarquia transformou-se em um símbolo de autoridade, nos primeiros anos após a independência, mesmo quando D. Pedro I era constestado.
3) A continuidade foi facilitada pela existência de uma elite política orgânica, com uma base social firme e um projeto claro para a nova nação.

29. (Enem) No tempo da independência do Brasil, circulavam nas classes populares do Recife trovas que faziam alusão à revolta escrava do Haiti:

> "Marinheiros e caiados
> Todos devem se acabar,
> Porque só pardos e pretos
> O país hão de habitar."

(AMARAL, F. P. do. Apud CARVALHO, A. *Estudos pernambucanos*. Recife, Cultura Acadêmica, 1907.)

O período da independência do Brasil registra conflitos raciais, como se depreende
a) dos rumores acerca da revolta escrava do Haiti, que circulavam entre a população escrava e entre os mestiços pobres, alimentando seu desejo por mudanças.
b) da rejeição aos portugueses, brancos, que significava a rejeição à opressão da Metrópole, como ocorreu na Noite das Garrafadas.
c) do apoio que escravos e negros forros deram à monarquia, com a perspectiva de receber sua proteção contra as injustiças do sistema escravista.
d) do repúdio que os escravos trabalhadores dos portos demonstravam contra os marinheiros, porque estes representavam a elite branca opressora.
e) da expulsão de vários líderes negros independentistas, que defendiam a implantação de uma república negra, a exemplo do Haiti.

30. (Fuvest-SP) A organização do Estado brasileiro que se seguiu à independência resultou do projeto do grupo:
a) liberal-conservador, que defendia a monarquia constitucional, a integridade territorial e o regime centralizado.
b) maçônico, que pregava a autonomia provincial, o fortalecimento do executivo e a extinção da escravidão.
c) liberal-radical, que defendia a convocação de uma Assembleia Constituinte, a igualdade de direitos políticos e a manutenção da estrutura social.
d) cortesão, que defendia os interesses recolonizadores, as tradições monárquicas e o liberalismo econômico.
e) liberal-democrático, que defendia a soberania popular, o federalismo e a legitimidade monárquica.

31. (Enem) As imagens reproduzem quadros de D. João VI e de seu filho D. Pedro I nos respectivos papéis de monarcas. A arte do retrato foi amplamente utilizada pela nobreza ocidental, com objetivos de representação política e de promoção social. No caso dos reis, essa era uma forma de se fazer presente em várias partes do reino e, sobretudo, de se mostrar em majestade.

Jean-Baptiste Debret. *Retrato de D. João VI*, 1817. Óleo sobre tela.

Henrique José da Silva. *Retrato do Imperador em trajes majestáticos*.

A comparação das imagens permite concluir que
a) as obras apresentam substantivas diferenças no que diz respeito à representação do poder.
b) o quadro de D. João VI é mais suntuoso, porque retrata um monarca europeu típico do século XIX.
c) os quadros dos monarcas têm baixo impacto promocional, uma vez que não estão usando a coroa, nem ocupam o trono.
d) a arte dos retratos, no Brasil do século XIX, era monopólio de pintores franceses, como Debret.
e) o fato de pai e filho aparecerem pintados de forma semelhante sublinha o caráter de continuidade dinástica, aspecto político essencial ao exercício do poder régio.

32. (Enem) Constituição de 1824:

"Art. 98. O Poder Moderador é a chave de toda a organização política, e é delegado privativamente ao Imperador (...) para que incessantemente vele sobre a manutenção da Independência, equilíbrio, e harmonia dos demais poderes políticos (...) dissolvendo a Câmara dos Deputados nos casos em que o exigir a salvação do Estado.

Frei Caneca:
O Poder Moderador da nova invenção maquiavélica é a chave mestra da opressão da nação brasileira e o garrote mais forte da liberdade dos povos. Por ele, o imperador pode dissolver a Câmara dos Deputados, que é a representante do povo, ficando sempre no gozo de seus direitos o Senado, que é o representante dos apaniguados do imperador."

(Voto sobre o juramento do projeto de Constituição.)

Para Frei Caneca, o Poder Moderador definido pela Constituição outorgada pelo Imperador em 1824 era
a) adequado ao funcionamento de uma monarquia constitucional, pois os senadores eram escolhidos pelo Imperador.
b) eficaz e responsável pela liberdade dos povos, porque garantia a representação da sociedade nas duas esferas do poder legislativo.
c) arbitrário, porque permitia ao Imperador dissolver a Câmara dos Deputados, o poder representativo da sociedade.
d) neutro e fraco, especialmente nos momentos de crise, pois era incapaz de controlar os deputados representantes da Nação.
e) capaz de responder às exigências políticas da nação, pois supria as deficiências da representação política.

33. (Enem) "A Confederação do Equador contou com a participação de diversos segmentos sociais, incluindo os proprietários rurais que, em grande parte, haviam apoiado o movimento de independência e a ascensão de D. Pedro I ao trono. A necessidade de lutar contra o poder central fez com que a aristocracia rural mobilizasse as camadas populares, que passaram então a questionar não apenas o autoritarismo do poder central, mas o da própria aristocracia da província. Os líderes mais democráticos defendiam a extinção do tráfico negreiro e mais igualdade social. Essas ideias assustaram os grandes proprietários de terras que, temendo uma revolução popular, decidiram se afastar do movimento. Abandonado pelas elites, o movimento enfraqueceu e não conseguiu resistir à violenta pressão organizada pelo governo imperial."

(Adaptado de FAUSTO, B. *História do Brasil*. São Paulo, EDUSP, 1996.)

Com base no texto, é possível concluir que a composição da Confederação do Equador envolveu, a princípio,
a) os escravos e os latifundiários descontentes com o poder centralizado.
b) diversas camadas, incluindo os grandes latifundiários, na luta contra a centralização política.
c) as camadas mais baixas da área rural, mobilizadas pela aristocracia, que tencionava subjugar o Rio de Janeiro.
d) as camadas mais baixas da população, incluindo os escravos, que desejavam o fim da hegemonia do Rio de Janeiro.
e) as camadas populares, mobilizadas pela aristocracia rural, cujos objetivos incluíam a ascensão de D. Pedro I ao trono.

34. (Unesp-SP) "O quadro político é evidentemente alterado com a nova ordem: quem fazia oposição ao governo se divide em dois grandes grupos – o dos moderados, que estão no poder; os exaltados, que sustentam teses radicais, entre elas a do federalismo, com concessões maiores às Províncias. Outros, deputados, senadores, Conselheiros de Estado, jornalistas... permanecem numa atitude de reserva, de expectativa crítica. Deles, aos poucos surgem os restauradores ou caramurus..."

(IGLESIAS, Francisco. *Brasil, sociedade democrática*.)

O texto refere-se à nova ordem decorrente:
a) da elaboração da Constituição de 1824.
b) do Golpe da Maioridade.
c) da renúncia de Feijó.
d) da abdicação de D. Pedro I.
e) das revoluções liberais de 1824.

35. (Fuvest-SP) "Nossas instituições vacilam, o cidadão vive receoso, assustado; o governo consome o tempo em vãs recomendações...
O vulcão da anarquia ameaça devorar o Império: aplicai a tempo o remédio."

(Padre Antonio Feijó, em 1836.)

Essa reflexão pode ser explicada como uma reação à
a) revogação da Constituição de 1824, que fornecia os instrumentos adequados à manutenção da ordem.
b) intervenção armada brasileira na Argentina, que causou grandes distúrbios nas fronteiras.
c) disputa pelo poder entre São Paulo, centro econômico importante, e Rio de Janeiro, sede do governo.
d) crise decorrente do declínio da produção cafeeira, que produziu descontentamento entre proprietários rurais.
e) eclosão de rebeliões regionais, entre elas, a Cabanagem no Pará e a Farroupilha no sul do país.

36. (UFPI-PI) "Movimento social envolvendo grande parte da população das províncias do Piauí e Maranhão, com repercussões em outras províncias vizinhas, como Ceará, Pará, Bahia e Goiás. De um lado, os grandes proprietários de terras; de outro, a massa de trabalhadores – vaqueiros, escravos, artesãos, lavradores, nativos (índios) e pequenos fazendeiros."

(DIAS, Claudete M. Miranda. *Balaios e bem-te-vis. A guerrilha sertaneja*. Teresina, Instituto Dom Barreto, 2002. p. 13.)

O texto acima refere-se, respectivamente, ao embate entre
a) os tenentes e a população, na Cabanagem.
b) os potentados e a população pobre, na Sabinada.
c) as oligarquias locais e a massa da população, na Balaiada.
d) a população pobre e os oligarcas, na Sabinada.
e) a população explorada e as oligarquias, na Balaiada.

37. (Fuvest-SP) Sabinada na Bahia, Balaiada no Maranhão e Farroupilha no Rio Grande do Sul foram algumas das lutas que ocorreram no Brasil em um período caracterizado:
a) por um regime centralizado na figura do imperador, impedindo a constituição de partidos políticos e transformações sociais na estrutura agrária.
b) pelo estabelecimento de um sistema monárquico descentralizado, o qual delegou às províncias o encaminhamento da "questão servil".
c) por mudanças na organização partidária, o que facilitava o federalismo, e por transformações na estrutura fundiária de base escravista.
d) por uma fase de transição política, decorrente da abdicação de D. Pedro I, fortemente marcada por um surto de industrialização, estimulado pelo Estado.
e) pela redefinição do poder monárquico e pela formação dos partidos políticos, sem que se alterassem as estruturas sociais e econômicas estabelecidas.

38. (UFMG-MG) Durante o período regencial, várias revoltas, ocorridas nas províncias, agitaram a vida política do país. O Segundo Reinado, no entanto, vai assistir, em 1848, à última rebelião provincial.

Todas as alternativas apresentam medidas políticas adotadas a partir de 1840, com vistas à centralização política e ao restabelecimento da autoridade do imperador, exceto:
a) a antecipação da maioridade de D. Pedro II e o restabelecimento do Conselho de Estado.
b) a extinção da Guarda Nacional, que eliminou a competição com o exército e o encarregou da ordem local e nacional.
c) a modificação do Código do Processo Criminal, que retornou o poder judiciário para o governo central.
d) a retirada de atribuições políticas dos poderes provinciais pelo Ato Adicional.

39. (Ufop-MG) Segundo o historiador José Murilo de Carvalho, após a independência do Brasil, um dos indicadores das dificuldades encontradas para estabelecer um sistema nacional de dominação com base na Monarquia reside no número e no conteúdo das chamadas "rebeliões regenciais". Qual entre os movimentos sociais abaixo relacionados constitui uma das revoltas do referido período?
a) Revolta dos Cabanos.
b) Conjuração Mineira.
c) Revolta do Vintém.
d) Revolta da Vacina.

40. (UFMG-MG) Leia o texto.

"(...) consideram-se os senhores de engenho a parte mais importante e de mais prestígio da população da Bahia; eles próprios se julgam a nobreza do país, e, por sua extraordinária riqueza, ocupam os primeiros postos nas milícias, as quais aqui são muito bem organizadas. (...) Como as milícias da cidade são constituídas pela gente melhor e mais úteis do que a polícia, porque esta é impotente, age sem consequência, por falta de meios e por causa da grande quantidade de negros, que podem ser contratados para qualquer mau intuito."

(SPIX & MARTIUS. *Viagem pelo Brasil*. Belo Horizonte, Itatiaia, 1981. v. 2, p. 153.)

O trecho do relato dos viajantes Spix e Martius refere-se:
a) à formação de contingentes militares profissionalizados por influência da Guerra do Paraguai.
b) à generalização de exércitos particulares de jagunços que serviam aos senhores de engenho.
c) ao embrião de uma estrutura paramilitar que ajudava no controle da ordem política e social.
d) ao recrutamento de grande número de escravos para integrar os contingentes policiais.

41. (UFS-SE) "Declarada a maioridade em 23 de julho de 1840, o jovem de 15 anos seria sagrado imperador no mesmo dia, com o título de D. Pedro II. Seu governo duraria 49 anos. Seria o último imperador do Brasil e o dirigente que mais tempo permaneceu no comando do país. O período de 1840-1870 foi marcado inicialmente por lutas civis e pela pacificação interna, foi um período de consolidação do Estado nacional e de relativa prosperidade econômica."

(ARRUDA, J. Jobson de A. & PILETTI, Nelson. *Toda a História*. São Paulo, Ática, 2003. p. 283.)

Identifique as afirmações associadas aos acontecimentos na província de Sergipe, durante o período a que o texto se refere.

( ) Revolta de Santo Amaro provocada pela falsificação das atas de eleição, constando mais votos do que a população da província.
( ) Epidemia de cólera na província que se alastrou com rapidez causando mortalidade e crise no abastecimento de alimentos.
( ) Reconhecimento por parte do governo central da independência da província que pertencia à Bahia de Todos-os-Santos.
( ) Transferência da capital de São Cristóvão para Aracaju, para facilitar o escoamento da produção açucareira da província.
( ) Participação dos bispos da província no atrito com o Imperador, devido à aplicação da bula papal, que condenava os sacerdotes.

42. (UFMG-MG) Observe o esquema:

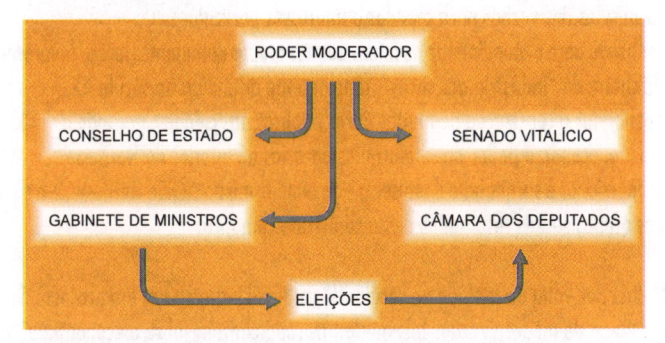

Esse esquema representa a situação política brasileira durante o Segundo Reinado.
Nesse momento, o sistema parlamentarista foi considerado às avessas porque
a) a composição ministerial era indicada pelo imperador, mas dependia da aprovação do legislativo.
b) o exercício do ministério está limitado a um plano de ação imposto pelo legislativo.
c) os ministros de Estado deveriam prestar contas de seus atos ao imperador e não pelo legislativo.
d) os ministros de Estado eram escolhidos pelo imperador e não pelo legislativo.
e) os ministros tinham prazo determinado para permanecer no poder, mesmo fazendo um bom governo.

43. (Fuvest-SP) Nas atas dos debates parlamentares e nos jornais brasileiros da década de 1850, encontram-se muitas referências, positivas ou negativas, à Inglaterra. Estas últimas, em geral, devem-se à irritação provocada em setores da sociedade brasileira por pressões exercidas pelo governo inglês para
a) diminuir gradativamente a utilização de escravos na agricultura de exportação.
b) dar ao protestantismo o mesmo *status* de religião oficial que tinha o catolicismo.
c) impedir o julgamento por tribunais brasileiros de um oficial inglês que assassinou um cidadão brasileiro.
d) a extinção do tráfico de escravos, tendo seus objetivos sido alcançados em 1850.
e) subordinar a política externa brasileira a interesses na África e na Ásia.

44. (UFRN-RN) O historiador Durval M. de Albuquerque Júnior, analisando a seca de 1877 no Nordeste, escreveu:

"Sentindo-se acuados pelas ameaças partidas de cangaceiros e das populações famintas, os grandes proprietários de terra, com a produção paralisada, não tinham condições de se manter no interior e migraram para as capitais das províncias, onde (...) passaram a viver do desvio de parte dos recursos enviados pelo governo imperial, (...) despertando essas elites para a utilização da seca como meio de arregimentar recursos públicos e carreá-los para seus próprios bolsos."

(ALBUQUERQUE JÚNIOR, Durval Muniz de. "Palavras que calcinam, palavras que dominam: a invenção da seca do Nordeste". In *Revista Brasileira de História*. São Paulo, ANPUH/Marco Zero, v. 14, n. 28, 1994, p. 115.)

Considerando-se esse fragmento textual, pode-se inferir que a seca de 1877 foi singular pelo fato de
a) ter o governo central suspendido o envio de recursos para o Nordeste, em razão de denúncias de desvios das verbas para atender a interesses particulares.
b) ser usada para o atendimento de interesses dos grupos dominantes locais, favorecendo o surgimento da chamada "indústria das secas", amplamente difundida no século XX.
c) possibilitar a construção de muitas obras públicas nas cidades, gerando a "indústria das secas" e enfraquecendo o poder das oligarquias agrárias do interior do Nordeste.
d) proporcionar o surgimento da miséria e do banditismo na região Nordeste, em razão da magnitude dos efeitos sociais resultantes dessa catástrofe climática.

45. (UFBA-BA) Por volta da metade do século XIX, o Brasil ingressa em um processo de mudanças a que se dá o nome de modernização. Tais mudanças repercutiram sobre a economia e, também, sobre as práticas e valores da sociedade brasileira da época. A respeito desse processo, leia o texto a seguir:

"A extinção do tráfico muda as circunstâncias — o poderoso comércio negreiro encontra-se sem emprego, com disponibilidades monetárias de grande cabedal. Cerca de 16.000 contos, para um papel-moeda em circulação de 46.000, provocaram súbitas febres no mercado (...). Coincidiu o fato extraordinário com a maturação da economia cafeeira, que projetava no setor urbano, as sobras, muitas, mais aparentes do que reais, dos investimentos e reinvestimentos agrícolas. É a época de ouro da liderança de Mauá (...), financiada com empréstimos autorizados pelo Poder Legislativo. O grande empresário funda, agora com capitais privados, o Banco do Brasil (1851). (...) O folhetinista do Jornal do Comércio, de 28 de maio de 1854, via bem o momento: 'Ao jogo, cidadãos, ao jogo! Abandonai o comércio, abandonai vossos empregos, abandonai todos os interesses de vossas vidas, e da sociedade (...) não se perca tempo, banco comercial, banco hipotecário, banco nacional, estrada de Mauá, iluminação à gás (...), navegação do Paraguai, tudo serve; podem representar no baralho da especulação como damas, valetes e reis. (...) Iluminai o Pão de Açúcar, o corcovado (...)'."

(FAORO, Raymundo. *Machado de Assis: a pirâmide e o trapézio*. São Paulo, Nacional, 1976. pp. 252, 254.)

Sobre a modernização brasileira no Império, é correto afirmar:
a) Os capitais liberados pelo tráfico negreiro deram margem à criação de bancos, companhias de navegação, de transporte e de serviços urbanos, tais como iluminação, água e esgoto, mas também à criação de muitas empresas de fachada, que colocaram títulos e ações na Bolsa como mero jogo de especulação financeira.

b) Os capitais liberados com o fim do tráfico negreiro, em 1850, eram vultuosos, porém, não puderam ser utilizados em atividades urbanas, porque o Governo Imperial, vinculado aos interesses agroexportadores, só permitiu o seu reinvestimento em culturas agrícolas para o mercado externo.
c) O incentivo do Governo, isentando de impostos a importação de máquinas, possibilitou um irreversível processo de industrialização, cujo efeito foi a substituição das manufaturas inglesas por produtos nacionais, direcionados para o atendimento do mercado interno.
d) Os empreendimentos do Barão de Mauá, maior empresário brasileiro do período, tiverem enorme êxito devido ao seu consórcio com cafeicultores, interessados em investir seus excedentes de capitais, e com capitalistas industriais ingleses, interessados em ampliar o mercado consumidor de suas manufaturas.
e) O lucro e a riqueza, com o jogo especulativo-financeiro desencadeado durante o processo modernizador, converteram-se em novos valores sociais, expressando mudanças profundas na sociedade brasileira em seu conjunto, ou seja, a passagem de uma configuração agrária para uma configuração, predominantemente urbano-industrial.

46. (Unesp-SP) A expansão da economia do café para o oeste paulista, na segunda metade do século XIX, e a grande imigração para a lavoura de café trouxeram modificações na história do Brasil como
a) o fortalecimento da economia de subsistência e a manutenção da escravidão.
b) a diversificação econômica e o avanço do processo de urbanização.
c) a divisão dos latifúndios no Vale do Paraíba e a crise da economia paulista.
d) o fim da república oligárquica e o crescimento do movimento camponês.
e) a adoção do sufrágio universal nas eleições federais e a centralização do poder.

47. (UFMS-MS) A respeito dos fatores que favoreceram o efetivo estabelecimento da cultura do café no Brasil, é correto afirmar que
a) a disponibilidade de mão de obra, inicialmente de escravos, em seguida de imigrantes, e a guerra de independência no Haiti, que muito prejudicou sua própria produção de café, diminuíram o abastecimento desse produto no mercado internacional.
b) a destruição quase que completa de toda a produção cafeeira paraguaia, durante a Guerra da Tríplice Aliança, fez com que, logo em seguida, o Brasil passasse a abastecer de café o mercado internacional.
c) a guerra de independência no Paraguai prejudicou a produção de café, fazendo com que aquele país deixasse de abastecer o mercado internacional.
d) a grande crise de 1929, que afetou principalmente a economia dos Estados Unidos, permitiu ao Brasil ocupar um grande mercado internacional consumidor de café.
e) a disponibilidade de mão de obra de imigrantes italianos, alemães e japoneses, desde as primeiras plantações, foi um dos fatores preponderantes para o crescimento da cultura de café no país.

48. (UFU-MG) A Lei n. 601, de 18 de setembro de 1850, ficou conhecida como a "Lei de Terras" no Brasil Imperial.
Sobre as consequências desta lei para o Brasil, é correto afirmar que:
a) esta lei tornou possível a compra e a regulamentação de terras, inclusive por pequenos proprietários, alterando as formas de acesso à propriedade fundiária no país.

b) a "Lei de Terras" deu aos grandes proprietários a possibilidade de aumentar suas posses e de regularizá-las junto ao governo, mediante o pagamento de um imposto adicional.
c) a "Lei de Terras" iniciou a reforma agrária no Brasil, possibilitando a divisão dos latifúndios improdutivos entre os sem-terra, o que inaugurou uma nova era de política agrária no país.
d) esta lei tornou possível a doação das terras devolutas a pequenos e a grandes proprietários, brasileiros e estrangeiros, para a formação de novas colônias agrícolas no país.

49. (UFS-SE) Considere a afirmação a seguir.

"O desenvolvimento do capitalismo industrial central, gerando a necessidade de uma contínua expansão do mercado, pressionava no sentido do desaparecimento da mão de obra escrava nas suas áreas periféricas."

(FRANCO JUNIOR, Hilário & CHACON, Paulo Pan. *História econômica geral e do Brasil*. São Paulo, Atlas, 1980. p. 269.)

A expansão do mercado mencionada pelos autores se relaciona à transição do trabalho escravo para o trabalho livre, que no Brasil contou com o apoio de algumas nações e determinados setores da sociedade. Analise as proposições que tratam das condições e das pressões que marcaram esse processo de transição [e assinale verdadeiro ou falso].

( ) A Lei Eusébio de Queirós, que extinguia o tráfico de escravos, não foi suficiente para dar cabo dessa prática e foi complementada alguns anos depois pela Lei Nabuco de Araújo, que punia autoridades portuárias que colaborassem com o tráfico ilegal.
( ) O Bill Aberdeen foi um decreto aprovado pelo Parlamento inglês que autorizava a marinha britânica a atacar navios negreiros no Atlântico, entretanto, essa pressão inglesa foi incapaz de conter a comercialização de escravos.
( ) O encarecimento do preço do escravo acelerou a transição para a mão de obra assalariada e o fim do tráfico fez com que investimentos fossem direcionados para o setor industrial, que viveu um "surto" conhecido como Era Mauá.
( ) O crescimento da mão de obra assalariada no Brasil não significou um aumento no mercado consumidor, uma vez que muitos trabalhadores imigrantes, apesar de assalariados, trabalhavam em condições de semiescravidão.
( ) A imigração subsidiada pelo Estado e a repercussão internacional da Lei de Terras e das vantagens do sistema de Parceria foram estímulos importantes para a vinda de milhões de europeus para as zonas rurais brasileiras.

50. (Unesp-SP) O poeta Olavo Bilac, numa carta endereçada a um amigo em 1887, construiu uma imagem negativa da cidade onde residia, São Paulo, que, segundo ele, era
"uma bexiga. Isto não vale dois caracóis (...) Não posso viver numa terra onde só há frio, garoa, lama, republicanos, separatistas e tupinambás.
Decênios depois, Patrícia Galvão (Pagu) apresentava uma cidade diferente:
São Paulo é o maior centro industrial da América do Sul: o pessoal da tecelagem soletra no cocoruto imperialista do [bonde] 'camarão'. A italianinha matinal dá uma banana pro bonde."

(Parque industrial, 1933.)

Da data da carta de Bilac ao ano da publicação do livro de Pagu, houve em São Paulo modificações provocadas

a) pelos lucros advindos da exportação de produtos manufaturados e pela consolidação da república democrática.
b) pela proteção governamental da indústria têxtil, em prejuízo da economia agroexportadora.
c) pela expansão da mão de obra assalariada e pelo crescimento do mercado consumidor interno.
d) pela implantação da indústria siderúrgica e pela eficácia das leis estatais anti-imigratórias.
e) pela instalação das primeiras linhas de estradas de ferro e pelo comportamento submisso dos operários.

51. (Fuvest-SP) "Não há hoje a menor razão para que desconheçamos a importância da parte indígena na população do Brasil; e menos ainda para que, apaixonados, [de]clamemos contra selvagens que por direito natural defendiam sua liberdade, independência e as terras que ocupavam... De mais, a terra é quem dá a nacionalidade a seus filhos; e dessa nacionalidade não são excluídos os que primeiro aqui nasceram antes dos seus conquistadores."

(MAGALHÃES, Gonçalves de. *Os indígenas do Brasil perante a História*, 1860.)

Este texto
a) constituía o preâmbulo da lei do Império sobre a concessão da cidadania aos indígenas.
b) espelhava a opinião dominante na sociedade da época, que era favorável aos indígenas.
c) justificava a transformação dos indígenas em tema do romantismo brasileiro.
d) apresentava-se como ultrapassado, uma vez que os indígenas já haviam sido dizimados.
e) separava os indígenas da população brasileira, pois eles eram vistos como selvagens.

52. (Unicamp-SP) "O primeiro recenseamento geral do Império foi realizado em 1872. Nos recenseamentos parciais anteriores, não se perguntava sobre a cor da população. O censo de 1872, ao inserir essa informação, indica uma mudança, orientada por um entendimento do conceito de raça que ancorava a cor em um suporte pretensamente mais rígido. Com a crise da escravidão e do regime monárquico, que levou ao enfraquecimento dos pilares da distinção social, a cor e a raça tornavam-se necessárias."

(Adaptado de LIMA, Ivana Stolze. *Cores, marcas e falas: sentidos da mestiçagem no Império do Brasil*. Rio de Janeiro, Arquivo Nacional, 2003. pp. 109, 121.)

A partir do enunciado, podemos concluir que há um uso político na maneira de classificar a população, já que
a) o conceito de raça permitia classificar a população a partir de um critério mais objetivo do que a cor, garantindo mais exatidão nas informações, o que era necessário em um momento de transição para um novo regime.
b) no final do Império, o enfraquecimento dos pilares da distinção social era causado pelo fim da escravidão. Nesse contexto, ao perguntar sobre a raça da população, o censo permitiria a elaboração de políticas públicas visando à inclusão social dos ex-escravos.
c) a introdução do conceito de raça no censo devia-se a uma concepção, cada vez mais difundida após 1870, que propunha a organização e o governo da sociedade a partir de critérios objetivos e científicos, o que levaria a uma maior igualdade social.
d) no final do Império, a associação entre a cor da pele e o conceito de raça criava um novo critério de exclusão social, capaz de substituir as formas de distinção que eram próprias da sociedade escravista e monárquica em crise.

53. (Unesp-SP) Leia os seguintes trechos do poema "Vozes d´África", escrito por Castro Alves em 1868, e assinale a alternativa que os interpreta corretamente.

"Deus! Ó Deus! Onde estás que não respondes?
(...)
Há dois mil anos te mandei meu grito,
Que embalde desde então corre o infinito...
(...)
Hoje em meu sangue a América se nutre
— Condor que transformara-se em abutre,

Ave da escravidão
(...)
Basta, Senhor! De teu potente braço
Role através dos astros e do espaço
Perdão p´ra os crimes meus! ...
Há dois mil anos... eu soluço um grito...
(...)"

a) O poeta procura convencer a Igreja Católica e os cristãos brasileiros dos malefícios econômicos da escravidão.
b) Castro Alves defendeu os postulados da filosofia positivista e da literatura realista, justificando a escravidão.
c) O continente americano figura no poema como a pátria da liberdade e da felicidade do povo africano.
d) Abolicionista, Castro Alves leu em praça pública do Rio de Janeiro o poema "Vozes d´África" para comemorar a Lei Áurea.
e) Castro Alves incorpora no poema o mito bíblico da danação do povo africano, cumprido através de milênios pela maldição da escravidão.

54. (UFBA-BA)

Entrada de africanos escravizados no Brasil		
Século	Quantitativo	Portos receptores
XVI	100 000	Salvador, Recife
XVII	600 000	Salvador, Recife
XVIII	1 300 000	Salvador, Recife, Rio de Janeiro

ALENCAR et al., p. 31.

Levando em consideração os dados da tabela, indique um dos fatores responsáveis pela predominância dos portos do Nordeste, como importadores de africanos escravizados. Justifique sua resposta.

55. (UFMG-MG) "Restituídas as capitanias de Pernambuco ao domínio de Sua Majestade, livres já dos inimigos que de fora as vieram conquistar, sendo poderosas as nossas armas para sacudir o inimigo, que tantos anos nos oprimiu, nunca foram capazes para destruir o contrário, que das portas adentro nos infestou, não sendo menores os danos destes do que tinham sido as hostilidades daqueles."

("Relação das guerras feitas aos Palmares de Pernambuco no tempo do Governador D. Pedro de Almeida, de 1675 a 1678". Citado por CARNEIRO, Edson. *Quilombo dos Palmares*. 2a. ed. São Paulo, CEN, 1958. v. 302. Brasiliana.)

O texto faz referência tanto às invasões holandesas ("... dos inimigos que de fora as vieram conquistar") quanto ao quilombo de Palmares ("... o contrário, que das portas adentro nos infestou"). O quilombo de Palmares, núcleo de rebeldia escrava no Nordeste brasileiro, alcançou considerável crescimento durante o período de ocupação holandesa em Pernambuco. Mesmo após a expulsão dos invasores estrangeiros pela população local, o quilombo resistiu a inúmeros ataques de tropas governistas.
a) Apresente uma razão para a ocupação holandesa do Nordeste brasileiro.
b) Explique, com base em um argumento, a longa duração de Palmares.

56. (UFBA-BA) Com base nos conhecimentos sobre o período colonial brasileiro, indique, para cada situação em destaque, um fator que comprove a importância da economia colonial brasileira para as relações econômicas entre Portugal/Holanda e Portugal/Inglaterra entre os séculos XVII e XVIII.

57. (UFRJ-RJ) "(...) o povo nada ganhou absolutamente com a mudança operada. A maioria dos franceses lucrou com a Revolução que suprimiu privilégios e direitos auferidos por uma casta favorecida. Aqui, lei alguma consagrava a desigualdade, todos os abusos eram o resultado do interesse e dos caprichos dos poderosos e dos funcionários. Mas são estes homens que, no Brasil, foram os cabeças da revolução. (...)"

(SAINT-HILAIRE, A. de. "Segunda viagem do Rio de Janeiro a Minas Gerais e São Paulo – 1822". In: MATTOS, Ilmar R. & ALBUQUERQUE, Luís Affonso S. de. *Independência ou morte: a emancipação política do Brasil*. São Paulo: Atual, 1991. pp. 63-4.)

O processo de ruptura do pacto colonial assumiu dimensão definitiva por ocasião das mudanças ocorridas quando da era napoleônica. Os interesses colonialistas sofreram contestações e o ideário da Revolução Francesa influiu decisivamente nos movimentos políticos ocorridos no interior das colônias americanas. No Brasil, esse processo reflete-se em ações que resultaram na independência de 1822, precedida de movimentos, como o da Insurreição Pernambucana de 1817, que visavam ao rompimento com a metrópole.
a) Cite duas razões que contribuíram para a eclosão da Insurreição Pernambucana de 1817.
b) Justifique o apoio dos grandes proprietários ao processo de independência no Brasil.

58. (Fuvest-SP) "As ruas estão, em geral, repletas de mercadorias inglesas. A cada parte as palavras *Superfino de Londres* saltam aos olhos: algodão estampado, panos largos, louça de barro, mas acima de tudo, ferragens de Birmingham, podem ser obtidos nas lojas do Brasil a um preço um pouco mais alto do que em nossa terra." Esta descrição das lojas do Rio de Janeiro foi feita por Mary Graham, uma inglesa que veio ao Brasil em 1821.
a) Como se explica a grande quantidade de produtos ingleses à venda no Brasil desde 1808 e sobretudo depois de 1810.
b) Quais os privilégios que os produtos ingleses tinham nas alfândegas brasileiras?

59. (Unicamp-SP) Iniciada como conflito entre facções da elite local, a Cabanagem, no Pará (1835-1840), aos poucos fugiu ao controle e tornou-se uma rebelião popular. A revolta paraense atemorizou até mesmo liberais como Evaristo da Veiga. Para ele, tratava-se de gentalha, crápula, massas brutas. Em outras revoltas, o conflito entre elites não transbordava para o povo. Tratava-se, em geral, de províncias em que era mais sólido o sistema da grande agricultura e da grande pecuária. Neste caso está a revolta Farroupilha, no Rio Grande do Sul, que durou de 1835 a 1845.

(Adaptado de CARVALHO, José Murilo de. "A construção da ordem: a elite imperial". *Teatro de sombras: a política imperial*. Rio de Janeiro, Civilização Brasileira, 2003. pp. 252-3.)

a) Segundo o texto, o que diferenciava a Cabanagem da Farroupilha?
b) Quais os significados das revoltas provinciais para a consolidação do modelo político imperial?
c) O que levava as elites agricultoras e pecuaristas a se rebelarem contra o poder central do Império?

60. (UFMG-MG) Nos textos seguintes, Gilberto Freyre descreve, respectivamente, a rotina de uma senhora de engenho, dona de casa ortodoxamente patriarcal, e a rotina de um novo tipo de mulher, surgida nos meados do século XIX.

"(...) levantando-se cedo a fim de dar andamento aos serviços, ver se partir a lenha, se fazer o fogo na cozinha, se matar a galinha mais gorda para a canja; a fim de dar ordem ao jantar (...) e dirigir as costuras das mucamas e molecas, que também remendavam, cerziam, remontavam, alinhavavam a roupa da casa, fabricavam sabão, vela, vinho, licor, doce, geleia. Mas tudo devia ser fiscalizado pela iaiá branca, que às vezes não tirava o chicote da mão.
(...) acordando tarde por ter ido ao teatro ou a algum baile; lendo romance; olhando a rua da janela ou da varanda; levando duas horas no toucador (...) outras tantas horas no piano, estudando a lição de música; e ainda outras na lição de francês ou de dança. Muito menos devoção religiosa do que antigamente. O médico de família mais poderoso que o confessor. O teatro seduzindo as senhoras elegantes mais que a igreja. O próprio baile mascarado atraindo senhoras de sobrado."

(FREYRE, Gilberto. *Sobrados e mocambos*. Rio de Janeiro, J. Olympio, 1968. t. 1. pp. 109-10.)

a) Indique três mudanças ocorridas na estrutura socioeconômica do Brasil, na segunda metade do século XIX, que explicam as transformações ocorridas no papel feminino.
b) Descreva a condição da cidadania da mulher no período primário-exportador.

61. (Unicamp-SP) O progresso econômico no Brasil da segunda metade do século XIX acarretou profundo desequilíbrio entre poder econômico e poder político. Na década de 1880, o sistema político concebido a partir de 1822 parecia pouco satisfatório aos setores novos. O Partido Republicano recrutou adeptos nesses grupos sociais insatisfeitos.

(Adaptado de Emília Viotti da Costa. *Da monarquia à república: momentos decisivos*. São Paulo: Editorial Grijalbo, 1977, p. 15-16.)

a) Dê duas características do sistema político brasileiro concebido em 1822.
b) Quais as transformações ocorridas no Brasil da segunda metade do século XIX que levaram ao desequilíbrio entre poder econômico e poder político?

O Apogeu do Domínio Oligárquico no Brasil

Aurélio Figueiredo, *O último baile da monarquia* (detalhe), Museu Histórico Nacional, Rio de Janeiro.

U N I D A D E

· III ·

Capítulo 8

A política externa do Império oligárquico e o declínio do Segundo Reinado

A pacificação interna e a organização administrativa do país marcaram a vida política no início do Segundo Reinado. A atenção do governo durante os anos 1840 esteve voltada para a ordenação política e social, que, pouco a pouco, cimentou a aliança entre os poderosos do país, aglutinando os membros da alta magistratura, do grande comércio e da grande propriedade.

Este projeto político de coesão de grandes interesses, garantindo a monarquia, a unidade territorial, a centralização administrativa com reduzida representatividade popular, permitiu também que os conflitos entre membros da própria elite, fossem eles efetivos ou potenciais, contassem com a mediação do governo. A oligarquia assegurava, assim, que suas divergências e disputas não viessem a implodir a ordem que servia a todos os seus membros.

O ponto alto da concretização desse regime oligárquico que garantia a desejada estabilidade política, sinônimo de manutenção do *status quo*, deveu-se, sobretudo, à instauração do parlamentarismo imperial no final dos anos 1840. A fase da Conciliação, inaugurada por Carneiro Leão na década de 1850, significou o auge da dominação político-oligárquica durante o Império.

A partir da consolidação do projeto político imperial oligárquico no plano interno, nos anos 50 e 60, as maiores atenções governamentais voltaram-se para a política externa, ocorrendo, nessa fase, diversos conflitos na região do Prata, no extremo sul do país, e atritos diplomáticos com a Inglaterra.

Relações externas no Segundo Reinado

Os sucessivos atritos entre Brasil e Inglaterra durante o Segundo Reinado relacionavam-se à dependência política e econômica estabelecida há décadas e culminaram no rompimento das relações diplomáticas entre os dois países, episódio que ficou conhecido como a Questão Christie.

Para compreendermos as dimensões do acontecimento é preciso considerar o poderio que a Inglaterra, então chamada de "oficina do mundo", desfrutava no século XIX, mas que começava a ser ameaçado por novas potências emergentes, e, também, sua enorme força nas relações com o Brasil imperial.

A Questão Christie (1863)

As raízes do considerável peso que a Inglaterra exercia sobre a vida brasileira, especialmente no âmbito econômico, vinham desde a independência de 1822, situação herdada da ordem colonial lusitana e da combinação de interesses com nossas elites econômicas. Como já vimos, tal quadro acabou sendo reafirmado quando do reconhecimento do Brasil como país independente na comunidade internacional, época em que a Inglaterra obteve a renovação dos privilegiados tratados de 1810, que reforçavam a vantagem de seus produtos no mercado brasileiro. Acrescente-se ainda a frequente concessão de empréstimos por parte da Inglaterra ao governo brasileiro, estabelecendo dependência econômica quase completa.

Durante o Segundo Reinado, porém, esse quadro de dependência começou a sofrer algumas mudanças, obtendo o Brasil algum espaço de autonomia em relação à Inglaterra, dentre as quais estavam as crescentes exportações brasileiras de café que dinamizavam a economia nacional. Por outro lado, a Revolução Industrial havia se expandido, alcançando a França, a Alemanha e os Estados Unidos, dos quais o Brasil passou a comprar gêneros industrializados. Tudo isso garantiu alguma autonomia frente à tradicional hegemonia inglesa.

Capitais de países que viviam a Segunda Revolução Industrial passaram a fluir para o Brasil, garantindo alguma autonomia frente à Inglaterra. Na charge de Angelo Agostini, a entrada de capitais estrangeiros.

Nesse quadro de alteração das relações entre os dois países, a questão do tráfico de escravos, fundamental para a estrutura produtiva brasileira, mas contestada pela Inglaterra, emergiu como fator de tensão crescente.

Por trás das justificativas humanitárias dos diplomatas ingleses que defendiam o fim do comércio de seres humanos, havia interesses econômicos. Um deles estava na produção açucareira das Antilhas britânicas, que utilizavam trabalho assalariado e não tinham condições de concorrer, no mercado internacional, com o açúcar brasileiro, produzido com mão de obra escrava. Nesse sentido, pressionavam o governo inglês para exigir a abolição, ainda que gradual, da escravidão no Brasil. Acreditavam que, ao suprimir o abastecimento regular de africanos para as plantações brasileiras, acabariam por promover a substituição do trabalho escravo pelo livre.

Não menos importante era o fato de os ingleses sofrerem a concorrência dos "tumbeiros" no comércio africano. Além disso, sentiam-se prejudicados pelo deslocamento de africanos para a América quando estes poderiam servir à produção e consumo na própria África (lembremos que o continente africano encontrava-se cada vez mais sob controle direto da Inglaterra, no contexto da expansão imperialista do século XIX).

A tudo isso, deve-se agregar a própria dinâmica do capitalismo industrial, que buscava a ampliação constante dos mercados consumidores, indo de encontro à estrutura escravista americana, que, por sua natureza, tinha no escravo apenas uma mercadoria, um agente da produção, não um consumidor.

A extinção do tráfico de africanos já estava prevista no tratado de Comércio de 1827 e na Lei Regencial de 1831, mas não entrou em vigor, gerando descontentamento entre os diplomatas ingleses. A Lei de 1831, que previa penas aos traficantes e liberdade aos cativos que chegassem, acabou não sendo aplicada, devido à força política das elites escravistas locais. Assim, a lei serviu apenas "para inglês ver", não teve validade real, o que estimulava seguidas represálias da marinha inglesa aos navios negreiros.

O agravamento das tensões anglo-brasileiras ampliou-se ainda mais em 1844, quando o governo brasileiro, não só decidiu não renovar o tratado de Comércio com a Inglaterra, como também aprovou a tarifa Alves Branco. Esta acabou com as vantagens alfandegárias que os produtos ingleses tinham no Brasil, aumentando os impostos, aliviando a situação financeira do governo imperial, mas afetando diretamente as vendas inglesas no país.

A resposta do governo britânico a essas medidas foi a aprovação, pelo Parlamento inglês, da Bill Aberdeen, lei que proibia o tráfico de escravos no Atlântico e previa a apreensão de qualquer navio que transportasse negros e a prisão e julgamento dos traficantes segundo as leis inglesas.

É interessante observar que a mobilização da poderosa marinha inglesa na perseguição dos traficantes brasileiros, a partir da Bill Aberdeen, acabou provocando uma significativa elevação dos preços dos escravos novos. Essa lei estimulou, ainda, um recrudescimento do próprio tráfico: o número de escravos negros entrados no Brasil e provenientes da África cresceu progressivamente a partir de 1845, atingindo seu apogeu em 1848, conforme vemos no gráfico da página 213. Assim, os efeitos reais provocados pela Bill Aberdeen acabaram por ser diametralmente opostos aos inicialmente pretendidos.

O Parlamento inglês no século XIX: ao aprovar a Bill Aberdeen criou atritos com o Brasil.

A medida inglesa foi seguida de várias ocorrências que desestabilizaram as relações diplomáticas entre Brasil e Inglaterra, como a apreensão de navios brasileiros em alto-mar e até mesmo em águas territoriais brasileiras, e a aprovação, em 1850, por pressão inglesa, da Lei Eusébio de Queirós, que proibiu definitivamente o tráfico de escravos, não sem antes estimular algum sentimento anti-inglês no país.

Em 1861, um novo incidente precipitou as desavenças entre os dois países, quando o navio inglês Príncipe de Gales, que transportava mercadorias para o Uruguai, naufragou no litoral do Rio Grande do Sul e sua carga, resgatada para a costa, acabou sendo roubada por desconhecidos. O embaixador inglês no Rio de Janeiro, William Dougal Christie, irritado com o fato, exigiu que um oficial inglês acompanhasse as investigações e que o governo brasileiro indenizasse a Inglaterra no valor de 3 200 libras esterlinas pela perda da carga do navio.

Em 1862, enquanto se discutia a questão da carga roubada do navio inglês, ocorreu um novo incidente. Alguns marinheiros ingleses, embriagados e em trajes civis, foram presos por autoridades brasileiras por promover arruaças nas ruas do Rio de Janeiro. Mesmo com a imediata soltura dos prisioneiros, depois de constatada sua condição de militares, o embaixador Christie exigiu o pronto pagamento da carga do navio roubado, a demissão dos policiais que tinham efetuado a prisão dos marinheiros ingleses e desculpas oficiais do governo brasileiro à Inglaterra.

Diante da negativa do Brasil em cumprir as exigências britânicas, Christie ordenou o aprisionamento, por seus navios de guerra, de cinco navios brasileiros ancorados no Rio de Janeiro. A decisão acirrou os ânimos na capital, resultando em diversas manifestações contra a Inglaterra.

D. Pedro II, visando resolver tudo amistosamente, recorreu ao rei da Bélgica, Leopoldo I, para arbitrar a questão e, antes mesmo de sua decisão, pagou a indenização referente ao roubo da carga do navio inglês naufragado no Rio Grande do Sul.

Leopoldo I arbitrou a questão Brasil-Inglaterra e deu ganho de causa ao Brasil. A atitude inglesa que se seguiu precipitou o rompimento das relações diplomáticas entre os dois países.

Em 1863, diante do parecer favorável ao Brasil de Leopoldo I e como o governo inglês se negasse a pedir desculpas oficiais pela atitude de seu embaixador, D. Pedro II decidiu romper relações diplomáticas com a Inglaterra. Era o desfecho da Questão Christie, e somente quando o governo inglês apresentou desculpas oficiais ao imperador brasileiro, em 1865, é que se reataram as relações Brasil-Inglaterra.

Chama-nos atenção em todo o episódio a relativa timidez da Inglaterra nas suas represálias contra o Brasil. Por mais que as atitudes de William Christie fossem autoritárias, quando não francamente arrogantes, e que o aprisionamento dos navios brasileiros significasse quase um ato de guerra, a ação da Inglaterra para com seus parceiros econômicos na América Latina geralmente era mais agressiva. A própria reação inglesa à tarifa Alves Branco de 1844 foi muito tímida, se levarmos em consideração que a Inglaterra do século XIX era capaz até da guerra para defender os princípios do livre-comércio.

As intervenções brasileiras na região do rio da Prata

A região do rio da Prata transformou-se, a partir de 1850, no principal centro das atenções da diplomacia brasileira, resultando no envolvimento brasileiro em novos conflitos armados. Os motivos principais desse envolvimento iam desde as disputas territoriais, passando pela intenção de controlar a navegação nos rios da bacia do Prata, para garantir o acesso a algumas províncias, especialmente a de Mato Grosso, até a tentativa de impedir o surgimento de algum poderoso Estado rival nas suas fronteiras do sul.

■ O Apogeu do Domínio Oligárquico no Brasil ■

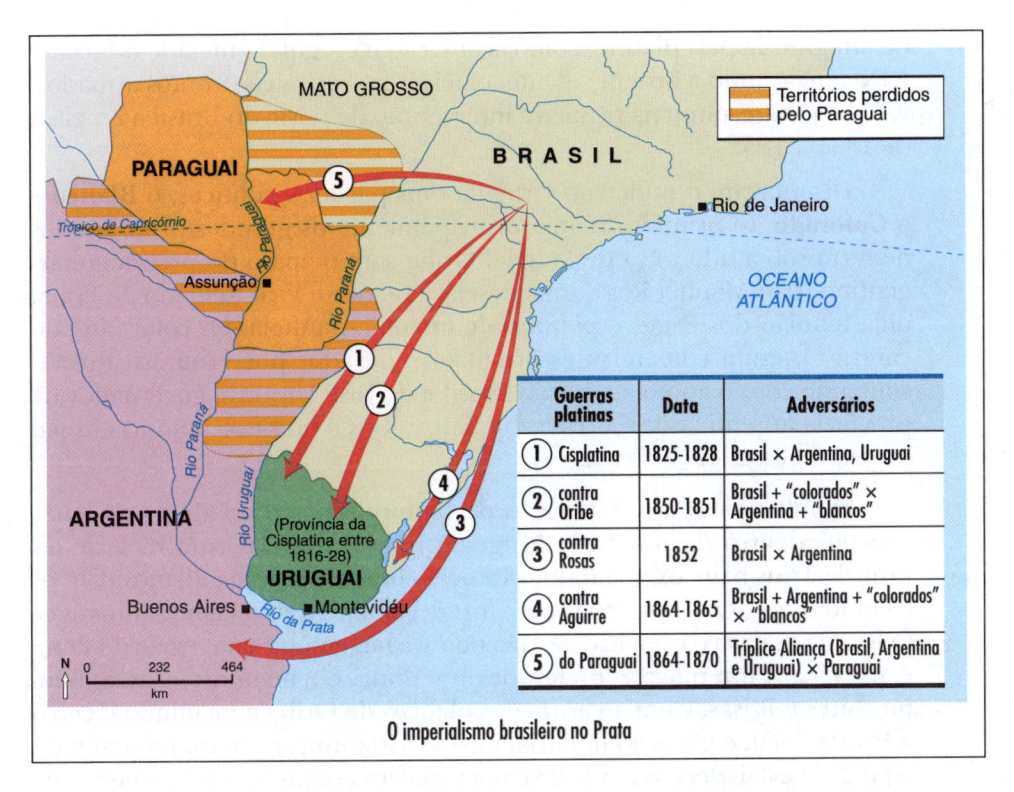

Guerras platinas		Data	Adversários
①	Cisplatina	1825-1828	Brasil × Argentina, Uruguai
②	contra Oribe	1850-1851	Brasil + "colorados" × Argentina + "blancos"
③	contra Rosas	1852	Brasil × Argentina
④	contra Aguirre	1864-1865	Brasil + Argentina + "colorados" × "blancos"
⑤	do Paraguai	1864-1870	Tríplice Aliança (Brasil, Argentina e Uruguai) × Paraguai

O imperialismo brasileiro no Prata

Como vimos em capítulos anteriores, a região fora motivo de conflitos territoriais desde a época colonial. Logo em seguida à independência de 1822, ao anexar o Uruguai (província da Cisplatina), o Brasil ganhou a oposição da Argentina, que também ambicionava a região, daí resultando novas disputas que culminaram na transformação do Uruguai em país independente em 1828.

> "Sob todos os aspectos, a guerra fora um desastre para o Império do Brasil: custara mais de 80 mil contos de réis e 8 mil mortos, do lado brasileiro; as atividades produtivas na Província do Rio Grande do Sul tinham sido seriamente prejudicadas e, durante a guerra, a insistência do Brasil no bloqueio do rio da Prata gerara uma manifestação belicosa da frota francesa bem em frente ao Rio de Janeiro. Por fim, a derrota do imperador, numa guerra impopular, acabara por destruir o último vestígio de garbo do 'Defensor Perpétuo do Brasil', contribuindo, assim, para a sua abdicação, em 1831."
>
> (FRAGOSO, João Luís & SILVA, Francisco Carlos Teixeira da. "A política no Império e no início da República Velha: dos barões aos coronéis". In LINHARES, Maria Yedda (org.). *História geral do Brasil*. Rio de Janeiro, Campus, 1990. p. 198.)

Mesmo após a independência do Uruguai, a geopolítica da região (com Estados fracos, como Paraguai, Argentina e o próprio Uruguai) favorecia a influência brasileira na área platina, defendendo a liberdade de navegação nos rios da região, situação que também garantia a forte presença comercial da Inglaterra. Porém, quando ganharam força projetos políticos de criação de um grande país platino, como aconteceu na segunda metade do século XIX, ameaçando a ordem vigente, emergiram vários confrontos armados. Este quadro resultou na primeira intervenção de porte do Brasil na região, de 1851 a 1852.

Disputavam o poder no Uruguai dois partidos políticos, o **Blanco** e o **Colorado**. O primeiro reunia principalmente os grandes proprietários de terra sob a liderança de Manuel Oribe com o apoio do presidente argentino Juan Manuel Rosas, que desejava recriar o Vice-Reinado do Prata, uma reunião dos Estados platinos de língua espanhola. Os colorados, ao contrário, eram comerciantes uruguaios liderados por Frutuoso Rivera, contando com o apoio aberto do Brasil e de José Urquiza, governador da província argentina de Corrientes e Entre Rios e opositor a Rosas em seu projeto unificador do Prata.

Simultaneamente, a atuação de latifundiários e criadores de gado gaúchos dentro do território uruguaio levava a atritos com os grandes proprietários blancos, jogando o Império brasileiro numa aliança com os colorados que, de resto, servia para fortalecer um eventual bloco antirrosas. O Brasil ensaiava o exercício de uma política hegemônica na região do Prata e, para isso, enfrentava as pretensões argentinas ou, no mínimo, as de Buenos Aires e Rosas. Com a vitória dos blancos de Oribe e incluindo o cerco a Montevidéu, o governo imperial passou a identificar um rompimento do equilíbrio estabelecido em 1828 e uma ameaça aos interesses brasileiros na região. Em 1850, D. Pedro II ordenou a ocupação de Montevidéu e Buenos Aires, depondo os governantes Oribe e Rosas e substituindo-os por Rivera, no Uruguai, e Urquiza, na Argentina.

Na batalha de Monte Caseros (1852), Rosas foi derrotado pelas tropas de Urquiza com apoio das forças intervencionistas brasileiras.

Em 1864, eclodiu novo conflito na região, envolvendo mais uma vez o Uruguai e, em lugar da Argentina, o Paraguai.

As contínuas disputas entre blancos e colorados no Uruguai e a interferência frequente de pecuaristas gaúchos na política platina agravaram mais uma vez a situação no Prata, a partir de 1863. Governava o Uruguai, nessa época, Atanásio Cruz Aguirre, do Partido Blanco, com o apoio do governante paraguaio, Francisco Solano López, criador de uma respeitável marinha fluvial e de um poderoso exército em seu país.

Contando com o apoio do líder colorado Venâncio Flores e sob o pretexto da negativa do presidente Aguirre em indenizar os fazendeiros gaúchos pelos prejuízos causados com os ataques de uruguaios às suas fazendas sulinas, as tropas imperiais brasileiras intervieram em 1864, derrubando Aguirre e empossando Flores. Em resposta à intervenção brasileira no Uruguai, o governo do Paraguai rompeu relações com o nosso país.

Francisco Solano López defendia a modernização do Paraguai.

A Guerra do Paraguai (1864-70)

O Paraguai no século XIX era um país que destoava do conjunto latino-americano, na medida em que alcançara um certo progresso econômico autônomo, iniciado desde a independência em 1811. Durante os longos governos de José Francia (1811-1840) e Carlos López (1840-1862), erradicara-se o analfabetismo no país, fábricas haviam sido implantadas, inclusive de armas e pólvora, indústrias siderúrgicas haviam surgido, bem como estradas de ferro e um eficiente sistema de telégrafo. A população havia conquistado um invejável nível alimentar graças ao controle governamental das "estâncias da pátria", que abasteciam o consumo nacional de produtos agrícolas. Tal quadro de relativo sucesso socioeconômico e de autonomia internacional foi acompanhado, durante o governo de Solano López, iniciado em 1862, de uma política de ênfase nos setores militar-expansionista.

Guerra do Paraguai

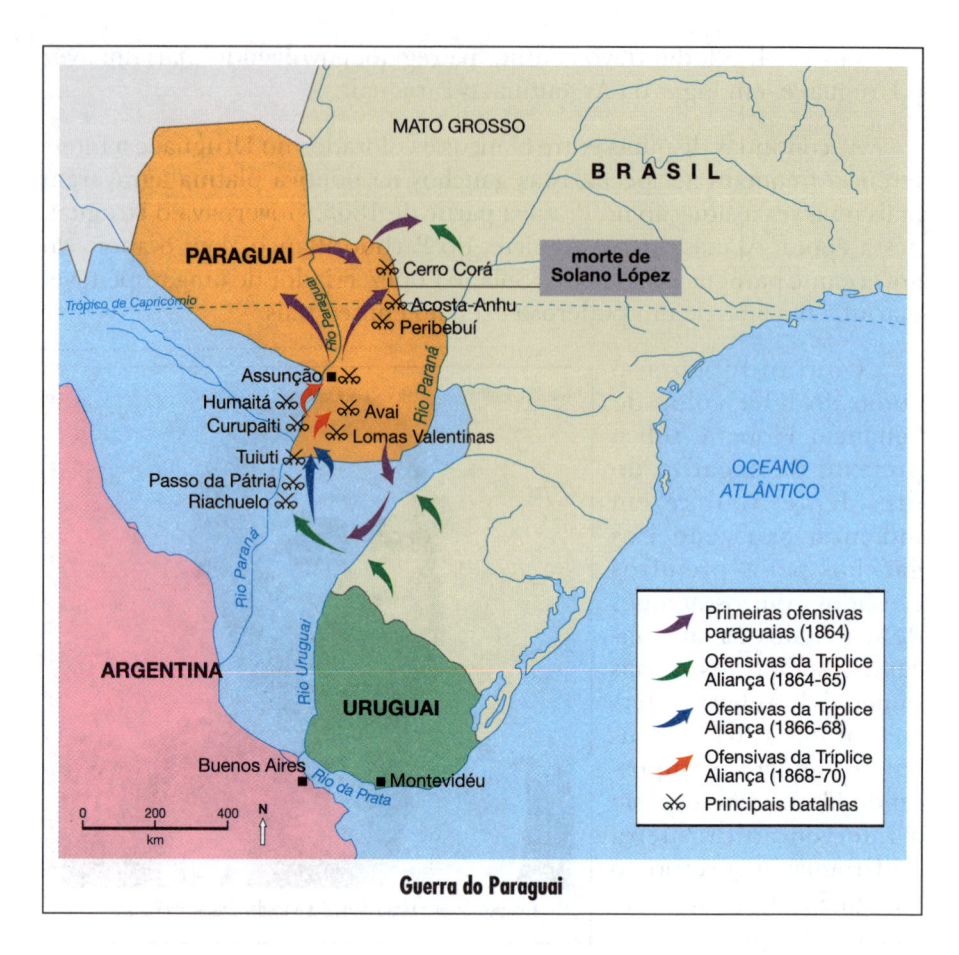

Solano López desejava ampliar o território paraguaio, criando o "Paraguai Maior". Visava, sobretudo, obter acesso ao Atlântico, tido como imprescindível para a continuação do progresso econômico do país, e, para tanto, ambicionava anexar regiões da Argentina, Uruguai e do Brasil, no Rio Grande do Sul e Mato Grosso.

As ambições territoriais do Paraguai não se diferenciavam muito daquelas dos países vizinhos, Brasil e Argentina, que cobiçavam fatias do território paraguaio. A indefinição persistente das fronteiras e de um tratado abrangente que pudesse defini-las abria caminho para reivindicações dos três países, criando um clima de instabilidade. Nesse sentido, chama a atenção a falta de habilidade da diplomacia paraguaia, que acabou levando o país a uma guerra. O autoritarismo de Solano López contribuiu para a desastrada condução dos negócios externos do país.

Além disso, aparentemente a expansão paraguaia prejudicava os interesses econômicos ingleses na região. Não apenas o mercado consumidor paraguaio estava diminuindo, como resultado da expansão das manufaturas locais, como talvez existisse o temor de que a área fora do controle econômico da Inglaterra se estendesse na América do Sul para além do território paraguaio. Porém, deve-se ressaltar que não existem provas concretas de que a Inglaterra tenha efetivamente estimulado o início do conflito ou, como se acreditou durante muito tempo, que tenha "manipulado" os governos de Brasil e Argentina visando um conflito. Pelo contrário: em dezembro de 1864, com o rompimento de relações entre Brasil e Paraguai, o representante inglês em Buenos Aires (e, por extensão, dos assuntos relacionados ao Paraguai) ofereceu-se como mediador para evitar uma guerra na região.

Certamente a Inglaterra acabou lucrando com a guerra, vendendo armas para Brasil, Argentina e Uruguai. Porém, isso não pode ser considerado um argumento para provar seu envolvimento no planejamento do conflito; a venda de armas foi uma resposta da Inglaterra a um fato consumado, ou seja, o início da guerra. Lembremos ainda que, como resultado da Questão Christie, Brasil e Inglaterra nem sequer mantinham relações diplomáticas durante os anos de crise diplomática que precederam o início do conflito.

Contando com um exército de aproximadamente 64 mil homens e 28 mil reservistas veteranos – o exército imperial brasileiro não chegava a 18 mil homens em armas; a Argentina possuía cerca de 8 mil e o Uruguai, mil –, Solano López tomou a ofensiva ao romper relações diplomáticas com o Brasil, usando como pretexto a intervenção brasileira no Uruguai. Afirmava que se tratava de uma atitude ameaçadora à paz e prosperidade do Paraguai, pois simbolizava um primeiro passo na limitação do livre trânsito pelo estuário do Prata, um bloqueio à saída paraguaia ao Atlântico.

Em novembro de 1864, como medida complementar, o governo paraguaio ordenou o aprisionamento do navio brasileiro Marquês de Olinda, no rio Paraguai, retendo, entre seus passageiros e tripulantes, o presidente da província de Mato Grosso, Carneiro de Campos. A resposta imediata foi a declaração de guerra por parte do imperador brasileiro.

Em 1865, mantendo-se na ofensiva, o Paraguai invadiu o Mato Grosso e o norte da Argentina, e, no mesmo ano, os governos do Brasil, Argentina e Uruguai criaram a **Tríplice Aliança** contra Solano López.

Apesar de as primeiras vitórias da guerra terem sido paraguaias, o país não pôde resistir a uma guerra prolongada. A população paraguaia mal chegava aos 900 mil habitantes, enquanto os países da Tríplice Aliança contavam com mais de 14 milhões. Além disso, por mais competente que fosse o exército paraguaio, a ocupação militar dos territórios dos países da Tríplice Aliança era fisicamente impossível. Por outro lado, o inverso era possível e, realmente, no final da guerra praticamente todo o pequeno território do Paraguai estava ocupado pelas tropas da Aliança. Finalmente, Brasil, Argentina e Uruguai contavam com o apoio inglês, recebendo empréstimos para equipar e manter poderosos exércitos.

Outra deficiência paraguaia era a quase ausência de uma marinha de guerra para operações fluviais, vitais na região. Já em 1865, o almirante brasileiro Barroso venceu a batalha do Riachuelo, destruindo a frota do Paraguai e assumindo o controle dos rios, isto é, dos principais meios de comunicação. A partir daí, as forças da Tríplice Aliança passaram a ter a iniciativa na guerra.

Com todas essas limitações, o Paraguai ainda conseguiu resistir a forças muito superiores durante os quase cinco anos que durou a guerra, numa prova do grau relativamente alto de desenvolvimento e autosuficiência que havia obtido, além do engajamento da sua população em defesa do país.

Batalha de Avaí, vencida pelos brasileiros em 1868. O Paraguai lutou contra poderosos vizinhos durante anos; no final, ao render-se, era um país em ruínas.

O exército brasileiro esteve à frente das operações militares, fornecendo o maior contingente das tropas da Aliança, transformando, assim, a guerra num conflito basicamente entre brasileiros e paraguaios. Mas a guerra provocou um sério problema para o Brasil, na medida em que praticamente inexistia um exército brasileiro até então. Como sabemos, a Guarda Nacional cumpria, ainda que mal, as funções normalmente destinadas ao exército. Diante de uma tropa bem organizada e treinada como a paraguaia, era necessária uma nova força armada para o Brasil. O reduzido corpo de oficiais profissionais do exército brasileiro encarregou-se dessa função com bastante sucesso, ainda que isso tivesse demandado tempo.

Para formar o grosso da tropa, o governo imperial decretou, em novembro de 1866, que os escravos que voluntariamente se apresentassem para lutar na guerra alcançariam a liberdade. Muitos se alistaram de maneira voluntária; mas outros foram obrigados a fazê-lo, normalmente para substituir os filhos de seus senhores que haviam sido recrutados. Daí o grande número de negros na tropa.

> "Canções folclóricas, que surgiram no Brasil à época, mostram a imagem que a população tinha da guerra. Nelas predominam os sentimentos de perda causados pelo conflito, em lugar da exaltação da luta. Assim, na cantiga de ninar 'Morreu no Paraguai', os versos dizem:
>
> Na, na, na, na, na
> Que é feito do papai?
> Na, na, na, na, na
> Morreu no Paraguai
> Na, na, na, na, na
> Na tropa se alistou
> Na, na, na, na, na
> E nunca mais voltou...
>
> Em Atibaia, província de São Paulo, as mulheres criaram, em 1867, a 'Marcha dos Voluntários da Pátria', na qual cantavam:
>
> Aos vinte e cinco de agosto
> Às cinco prás seis da tarde
> Embarcavam os voluntários
> Ai meu Deus que crueldade
> As mães choram prôs seus filhos
> As irmãs prôs seus irmãos
> As jovens prôs seus queridos."
>
> (DORATIOTO, Francisco. *Maldita Guerra: nova história da Guerra do Paraguai*. São Paulo, Cia.das Letras, 2002. p. 269.)

Em 1866, o Brasil alcançou expressiva vitória na batalha de Tuiuti. Destacou-se o general Osório, que comandava as tropas. Nesse ano ainda, Luís Alves de Lima e Silva, barão de Caxias, assumiu o comando das forças militares imperiais e, rapidamente, venceu importantes batalhas como as de Itororó, Avaí, Angosturas e Lomas Valentinas, ocorridas no mês de dezembro de 1868 e, por isso, conhecidas por "dezembradas".

Foi a partir dessas batalhas que se abriu caminho para a invasão de Assunção, tomada em janeiro de 1869. Pouco depois, o comando militar brasileiro foi transferido para o conde D'Eu, genro de D. Pedro II, que liderou a última fase da guerra, conhecida como Campanha da Cordilheira, completada com a morte de Solano López em 1870.

A guerra devastou o território paraguaio, desestruturando a economia e causando a morte de cerca de 75% da população (aproximadamente 600 mil mortos). Acredita-se que a guerra foi responsável pela morte de mais de 99% da população masculina com mais de 20 anos, sobrevivendo a população formada por velhos, crianças e, principalmente, mulheres. Sabendo-se que o exército paraguaio era bastante inferior numericamente aos da Tríplice Aliança (exceto no início da guerra) e considerando também as vítimas das epidemias que fizeram devastações dos dois lados, notadamente o cólera, pode-se identificar uma política genocida adotada pelos governos da Tríplice Aliança e colocada em prática contra a população paraguaia.

Para o Brasil, além da morte de aproximadamente 40 mil homens (sobretudo negros), a guerra trouxe forte endividamento perante a Inglaterra.

Se, por um lado, a Inglaterra pode ser apontada como a principal beneficiária do conflito, fornecendo armas e empréstimos, ampliando seus negócios na região e acabando com a experiência econômica paraguaia, por outro, o Brasil conseguiu a manutenção do *status quo* platino, porém a um preço exorbitantemente alto.

Rendição de Uruguaiana, Pedro Américo (litografia).

O início da queda do Paraguai: em 1865, comandantes paraguaios se rendem às forças brasileiras.

"O Brasil ficou economicamente exaurido. Terá que recorrer aos empréstimos ingleses. Entre 1871 e 1889 contrai dívidas que montam a 45 504 100 libras. Seu comércio exterior está dominado por capitalistas britânicos. O café, seu principal produto de exportação, foi monopolizado pelas seguintes firmas: Phipps Irmãos, Schwin McKinnell, Ed, Johnson and Co., Wright and Co., Boje e Cia. Apenas um nome brasileiro, o último da lista. Em 1875, do volume de comércio de toda a América Latina com a Inglaterra 32% das exportações e 40% das importações cabe ao Brasil Império. Nesse setor, o Brasil ocupa o primeirissimo lugar, com larga diferença em relação aos outros. Os investimentos ingleses, nesse ano, incluindo os empréstimos não amortizados, atingem a casa de 31 289 000 libras.

(...)

Em que setores os ingleses fizeram seus investimentos no Brasil? Para não cansar o leitor e apenas a título de exemplo, diremos que os ingleses passaram a controlar a Rio de Janeiro Gás Company Limited, a Rio de Janeiro Street Railway Co., a Carros do Botanical Gardens Rail Road Co., a St. John D'El-Rey Mining Co., a Compañia Ferry, a Companhia de Navegação do Amazonas, a London and Brazilian Bank Ltd., o English Bank of Rio de Janeiro Ltd., etc., etc. A guerra do Paraguai torna o Brasil mais dependente que antes, endividado e alienado de si mesmo."

(POMER, León. *Paraguai: nossa guerra contra esse soldado*. São Paulo, Global, 1984. p. 50.)

Entretanto, a principal consequência da Guerra do Paraguai para o Brasil foi o fortalecimento e a institucionalização do exército brasileiro. Surgiu uma força organizada, relativamente coesa, com seu corpo de oficiais experiente, grande, disciplinado e pronto para defender os interesses próprios da instituição. Além disso, dotado do poder armado, o exército surgia agora como uma organização capaz de impor suas ideias à força, caso necessário, acrescentando uma dose de instabilidade ao regime imperial. Em breve os oficiais iriam abraçar as causas abolicionista e republicana, entrando em choque direto com o governo do Império.

O fim do Império

A partir dos anos 70 do século XIX teve início a decadência do Segundo Reinado, repleta de crises que desembocaram no movimento republicano de 1889. O desgaste do regime imperial pode ser atribuído a diversos fatores, destacando-se o fim da escravidão, os choques com a Igreja, o avanço do movimento republicano e o conflito com o exército. Vamos levantar cada uma dessas questões para que possamos compreender a queda da monarquia e a proclamação da República no Brasil.

O fim da escravidão

No capítulo anterior vimos que as disputas políticas pelo governo foram quase neutralizadas durante o reinado de D. Pedro II, graças à composição entre os grupos oligárquicos, o que não significou que as diferenças e interesses conflitantes entre eles tivessem desaparecido.

Em meio às grandes transformações socioeconômicas do período, as elites imperiais acabaram adotando posições políticas diferenciadas e que tenderam ao enfraquecimento da monarquia. Um exemplo disso deu-se na questão do fim da escravidão, decorrente da ascensão da economia cafeeira no Centro-Sul, enquanto decaía a economia nordestina. Nesse caso, especialmente depois da Bill Aberdeen, foi intenso o tráfico interprovincial de cativos para a cafeicultura, juntamente com o deslocamento de escravos das cidades para as fazendas de café, levando os cafeicultores a agarrar-se ao escravismo ou ao princípio da abolição com indenização. Os proprietários de terras e escravos chegaram mesmo a advogar a libertação de cativos desde que feita por suas próprias mãos, sem a interferência do governo, que poderia, ao instituir direitos para os negros, acirrar o radicalismo na luta dos escravos.

> "Desde 1847, devido a grandes secas no Nordeste e sobretudo no Ceará, os cativos dessas regiões eram vendidos para o Centro-Sul cafeicultor. Antes da publicação da lei, grandes quantidades de cativos foram importados preventivamente. Quando elas se esgotaram, os cafeicultores do Centro-Sul passaram a comprar, a alto preço, cativos das cidades e das províncias de todo o Brasil.
>
> Por décadas, o tráfico interno alimentaria as necessidades da produção cafeicultora. Porém, o novo comércio de trabalhadores escravizados modificaria, de forma revolucionária, a sociedade. Valorizados, cativos empregados em regiões ou em atividades menos produtivas eram vendidos, de todos os pontos do Brasil, aos cafeicultores. Pela mesma razão, os senhores urbanos desfaziam-se de seus negros.
>
> Com a concentração dos cativos no Centro-Sul e importantes regiões despovoando-se de escravos, em poucos anos rompeu-se a unanimidade escravista nacional. Pela primeira vez na história do Brasil, surgiam, nas cidades e nos campos, regiões e grupos sociais que não dependiam do trabalho escravizado."
>
> (MAESTRI, Mario. *O escravismo no Brasil*. São Paulo, Atual, 1994. p. 98.)

A opinião abolicionista foi favorecida nos anos 1860, além do quadro internacional antiescravista, pelo fim da Guerra de Secessão nos Estados Unidos e consequente abolição, deixando o Brasil como o último país independente da América a manter a escravidão. (Cuba e Porto Rico eram também escravistas, porém pertenciam, ainda, à Espanha. Em 1870 foi determinada pela Espanha a liberdade dos filhos de escravos e dos anciãos nessas suas colônias.)

O envolvimento governamental na efervescência das pregações abolicionistas e a posição conservadora dos cafeicultores chegaram ao ápice em 1871, quando acabou sendo aprovada a **Lei do Ventre Livre**, mesmo com os votos contrários das províncias de São Paulo, Minas Gerais, Rio de Janeiro, Espírito Santo e Rio Grande do Sul. A lei determinava que os filhos de escravas nascidos a partir daquela data seriam considerados livres, e a sua tramitação na Assembleia afastou o governo das elites mais poderosas do país, fixadas no Centro-Sul do Brasil, que argumentavam que a medida era uma afronta ao direito de propriedade sobre os cativos.

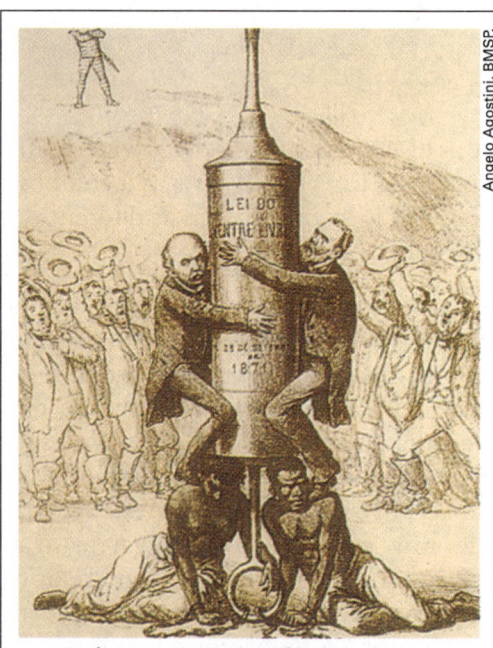

A Lei do Ventre Livre pouco significou, na prática, para acelerar o processo de libertação dos escravos.

Os efeitos da Lei do Ventre Livre, também conhecida como Rio Branco, foram reduzidos, na medida em que o escravo, livre no momento do seu nascimento, mas considerado "ingênuo", permaneceria sob a tutela do proprietário da mãe até atingir oito anos de idade. Nesse momento, o proprietário escolhia receber uma indenização ou o direito de explorar gratuitamente o trabalho do escravo "livre" até este completar 21 anos.

Em 1885, foi aprovada a **Lei dos Sexagenários**, que libertava os escravos com mais de 65 anos de idade. Obviamente, apenas um número muito reduzido de escravos foi libertado por meio dessa lei, uma vez que poucos atingiam tal idade. Além disso, um escravo de 65 anos quase sempre não estava mais em condições de trabalhar, representando apenas custo para o proprietário. A legislação abolicionista criada pelo governo imperial, portanto, era estéril na prática, representando apenas uma tentativa de aplacar o movimento abolicionista, particularmente forte na imprensa.

Ao mesmo tempo, multiplicavam-se em todo o Brasil as fugas de escravos e, dada a impossibilidade de mantê-los sob controle, esse fator acelerou o processo de abolição. Lembremos que o exército brasileiro, fortalecido inclusive politicamente após a Guerra do Paraguai (1865-70), tinha fortes tendências abolicionistas, não sendo raros os oficiais que desobedeciam às ordens de caça a escravos fugidos. Algumas províncias, notadamente Ceará e Amazonas, anteciparam-se ao governo imperial, abolindo a escravidão em seus territórios já em 1884, sendo seguidas por algumas cidades do Rio Grande do Sul no ano seguinte.

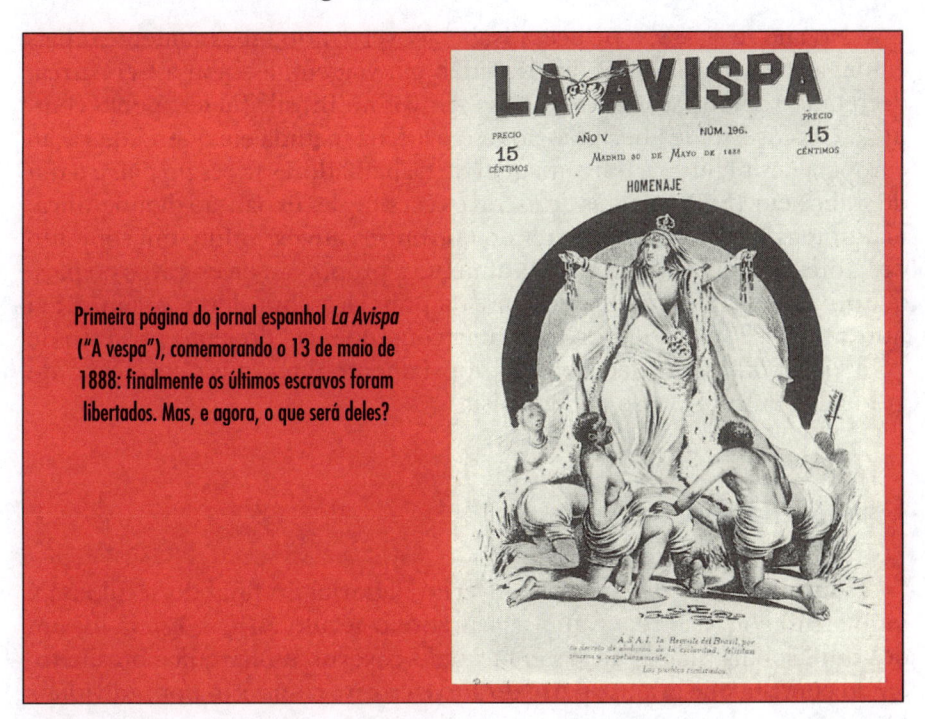

Primeira página do jornal espanhol *La Avispa* ("A vespa"), comemorando o 13 de maio de 1888: finalmente os últimos escravos foram libertados. Mas, e agora, o que será deles?

Observa-se que o movimento abolicionista confundia-se com o crescente republicanismo. Na verdade, criticava-se o Império, taxando-o de politicamente atrasado por manter a escravidão.

Grande parte da agitação abolicionista resumia-se a atividades panfletárias e jornalísticas nos grandes centros urbanos, notadamente no Rio de Janeiro. Tal agitação teve sua importância em pressionar o governo a tomar medidas abolicionistas, muito embora, como observamos, as iniciativas imperiais no campo das leis eram praticamente inúteis.

Enquanto isso, surgia em São Paulo o grupo dos **caifazes**, voltados ao combate à escravidão através de medidas práticas, em alguns casos, até revolucionárias. Infiltravam-se nos alojamentos dos escravos planejando e ajudando a realizar fugas em massa de cativos, criando rotas de fuga e áreas de concentração de negros fugidos, muitas vezes dentro de grandes cidades.

> "Eram liderados por Antonio Bento de Souza e Castro, proveniente de uma família abastada, advogado, promotor e juiz de direito. Antonio Bento era uma figura insólita: seu abolicionismo intransigente era baseado num profundo fanatismo cristão, que o fazia considerar-se, bem como a seus seguidores, os porta-vozes da redenção da Pátria, manchada pelo estigma da escravidão. Andava sempre com um chapeirão de abas largas e uma enorme capa preta. Dele conta-se que uma vez levou um negro que havia sido torturado pelo seu senhor a uma procissão, 'expondo teatralmente os mais implacáveis aspectos da escravidão e identificando, ao mesmo tempo, o destino do homem torturado e os escravos da nação com o martírio de Cristo.'"
>
> (MENDES JR., Antonio & MARANHÃO, Ricardo. *Brasil história: Texto e consulta.* São Paulo, Brasiliense, 1981. v. 1, pp. 126-7.)

No ano de 1888, a princesa Isabel, governando interinamente o país em lugar de seu pai, D. Pedro II, então em viagem, assinou a **Lei Áurea**, decretando a libertação de todos os escravos no Brasil. Tal lei apenas completou o processo de libertação dos escravos, na medida em que a imigração europeia (ampliando a porcentagem de trabalhadores livres no país), o fim do tráfico em 1850, as fugas de escravos e a simples expansão demográfica, mais intensa entre homens livres do que entre cativos, enfim, um conjunto de fatores ajudou a diminuir radicalmente a proporção de escravos no país, que atingia em 1888 no máximo 5% da população brasileira. Assim, a Lei Áurea pode ser considerada mais uma consequência do lento processo de decadência da escravidão do que propriamente uma causa, um fecho do gradual e lento processo abolicionista.

A questão religiosa

Outro fator de desgaste do governo imperial no final do século XIX foi o atrito com a Igreja católica. Durante o século XIX, a Igreja foi um dos tradicionais pilares de sustentação do governo monárquico brasileiro, tendo em vista que grande parte do alto clero era composto por indivíduos provenientes das camadas mais abastadas, justamente aquelas beneficiadas pelo Estado. Além disso, a Constituição imperial de 1824 havia instaurado no Brasil a união entre Igreja e Estado. Tal união se processava através do regime do **padroado**, ou seja, o poder do imperador de nomear os bispos, controlando, assim, o conjunto do clero.

Portanto, o clero brasileiro não estava subordinado diretamente à autoridade do papa em Roma, cujas decisões só seriam adotadas no Brasil se contassem com o "beneplácito", ou seja, a autorização imperial. O clero aceitava essa situação, na medida em que o Estado passava a se responsabilizar pelo sustento dos religiosos, construção de igrejas, etc.; e principalmente porque, na prática, o imperador jamais contrariava as decisões papais.

No entanto, em 1864 ocorreu um rompimento: o papa Pio IX, através da bula *Syllabus* proibiu a permanência de membros da maçonaria dentro dos quadros da Igreja. Tratava-se de uma tentativa de extinguir o poder alternativo que essa sociedade secreta representava dentro da Igreja católica. O imperador, ele mesmo pertencente à maçonaria e cercado de políticos da mesma linha, rejeitou a bula de 1864, criando uma situação difícil para os membros do clero. Afinal, a quem obedecer? A maior parte do clero permaneceu fiel ao imperador, porém, dois bispos preferiram acatar o papa e expulsaram de suas dioceses párocos ligados à maçonaria. Foram eles os bispos de Olinda, D. Vidal de Oliveira, e de Belém, D. Antônio de Macedo. O imperador reagiu a esses atos de insubordinação, punindo os bispos "rebeldes", processando-os e condenando-os à prisão com trabalhos forçados.

A questão religiosa representou um sério abalo no já enfraquecido Império.

O episódio como um todo parece ser um evento menor, reforçado pelo fato de que os dois bispos acabaram sendo anistiados pouco depois. Entretanto, levou a uma tomada de posição de vários membros do clero contra a monarquia. A punição aos bispos foi considerada muito severa, e diversos religiosos deixaram de se alinhar ao imperador. A Igreja não chegou a conspirar contra a monarquia, mas, se por acaso o regime fosse ameaçado, não se deveria buscar apoio junto ao clero.

A questão militar

Como sabemos, o exército saiu fortalecido da Guerra do Paraguai, não apenas militarmente, mas principalmente do ponto de vista político. Ao longo do final do século XIX, a corporação foi assumindo uma posição cada vez mais contrária ao governo imperial, num movimento que culminou com o golpe de 15 de novembro de 1889.

O exército se apresentava como uma instituição bastante peculiar no Brasil da segunda metade do século XIX. Já desde 1850 haviam sido adotadas regras racionais e burocráticas de ascensão dentro da carreira, fazendo com que os oficiais, permanecessem relativamente à margem de influências políticas e apadrinhamentos. Tal medida só foi possível graças à iniciativa do ex-ministro da Guerra, Manuel Felizardo de Souza, e das próprias dimensões do exército em 1850, então um corpo de pouca importância.

No entanto, sabemos que a Guerra do Paraguai transformou o exército, sem no entanto prejudicar sua estrutura funcional. As Forças Armadas começaram a atrair cada vez mais jovens provenientes de classes menos abastadas e interessados na carreira de oficiais que garantia a perspectiva da ascensão profissional (e, portanto, social) através quase que exclusivamente de méritos próprios. Ensaiava-se uma verdadeira "meritocracia" no exército. Paralelamente, as escolas militares começaram a ganhar importância após a Guerra do Paraguai, com destaque especial para a Escola Militar da Praia Vermelha, no Rio de Janeiro.

Porém, a "meritocracia" esbarrava no pouco interesse que o governo imperial tinha no exército e no rígido controle que o poder civil exercia sobre o militar. Tal situação se refletia nos baixos soldos, nas lentas promoções e nos quase inexistentes investimentos. Aos poucos, surgiam atritos entre os oficiais do exército e os "casacas", como eram chamados pejorativamente os políticos civis.

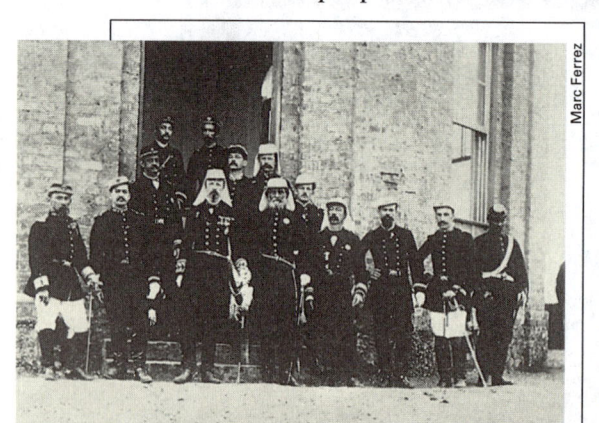

Oficiais do exército brasileiro que se institucionalizava na segunda metade do século XIX.

> "A supremacia do poder civil foi justamente uma das características mais notáveis da política imperial. Militares que ocuparam importantes posições políticas, como Caxias e Osório, o fizeram predominantemente na posição de representantes de partidos; não do Exército. O predomínio do poder civil era motivo de orgulho para a Monarquia, principalmente quando se comparava a situação do Brasil com a de seus vizinhos (...).
>
> Para José Murilo de Carvalho (...), o controle civil da política durante o Império foi em grande parte possível graças à homogeneidade da elite portuguesa e, posteriormente, brasileira. Em vez de baseada numa origem social comum, essa homogeneidade era de natureza principalmente ideológica, produzida pelo treinamento e pela socialização profissional e política. A educação superior, com o predomínio absoluto dos cursos de direito, foi importante elemento de unificação ideológica da elite política imperial. Com essa coesão, os conflitos internos aos grupos dominantes foram reduzidos, bem como a gravidade de conflitos sociais mais amplos.
>
> A 'mocidade militar' com estudos superiores sofria, portanto, dupla marginalização: como parte do Exército dentro da ordem monárquica dominada pelos bacharéis em direito e como um grupo de oficiais com estudos superiores dentro de um exército que não se modernizava. O isolamento e o ressentimento daí resultantes possibilitariam o desenvolvimento de características ideológicas distintas e em grande parte contrárias às da elite civil."
>
> (CASTRO, Celso. *Os militares e a República*. Rio de Janeiro, Zahar, 1995. p. 20.)

Os oficiais do exército passaram a assumir posições radicalmente contrárias às da monarquia em todas as questões relevantes do final do Império, defendendo a abolição e a república. O próprio ensino ministrado nas escolas militares levava a essas posições, predominando uma crescente mentalidade positivista (ver capítulo 10). Pregava-se, acima de tudo, a modernização, e essa modernização poderia passar pela instalação de uma república no Brasil, no lugar do "carcomido" regime imperial.

Os choques não tardaram. Em 1883, o tenente-coronel **Sena Madureira** manifestou-se publicamente, através da imprensa, contra as reformas no sistema de aposentadoria militar. Foi punido e, em seguida, o governo proibiu todo tipo de declaração dos militares na imprensa sobre qualquer assunto relacionado à política.

Pouco depois, o mesmo Sena Madureira homenageou o jangadeiro cearense Francisco Nascimento, apelidado de "dragão do mar", que havia se recusado a transportar escravos em sua embarcação. O governo imperial, sensível a críticas contra o escravismo, acabou por determinar a prisão de Sena Madureira, gerando grande mal-estar em meio à oficialidade.

Em 1885, em visita de inspeção a guarnições do Piauí, o coronel Cunha Matos notou o desaparecimento de material do exército. Apurou as responsabilidades e puniu o comandante local, Pedro José de Lima. Este, por sua vez, tinha amigos na corte, deputados do Império, que acabaram criticando publicamente o coronel Matos, levando-o a se defender através da imprensa. Assim agindo, foi punido pelo imperador e mais uma vez foi desencadeada uma avalanche de manifestações militares em apoio ao coronel, envolvendo inclusive o prestigiado comandante militar do Rio Grande do Sul, marechal Deodoro da Fonseca.

Os choques com o exército, no contexto da Questão Militar, ajudaram a precipitar o fim do Império. Na charge de Angelo Agostini, o marechal Deodoro da Fonseca, que se recusou a punir Sena Madureira, é deposto pelo gabinete ministerial do cargo de presidente e comandante de armas do Rio Grande do Sul.

Finalmente, em 1886, o mesmo Sena Madureira fez declarações públicas e teria sido ainda uma vez punido, não fosse a negativa de Deodoro da Fonseca, seu superior, em fazê-lo, num claro ato de insubordinação contra o governo imperial. O descontentamento atingira seu auge.

A expansão do republicanismo

Em 1870, a imprensa do Rio de Janeiro publicou o "Manifesto Republicano", elaborado por membros de uma dissidência radical do Partido Liberal. Tratava-se, nesse momento, da divulgação de um movimento em formação, ainda que cada vez mais importante dentro de certos círculos intelectuais e jornalísticos do Rio de Janeiro. Pouco tempo depois, fundou-se o Partido Republicano e, em 1873, o **Partido Republicano Paulista**. No mesmo ano, um grupo contendo alguns dos principais cafeicultores paulistas aderiu ao movimento republicano na Convenção de Itu.

Assim, em alguns poucos anos, o movimento republicano nasceu, cresceu e, o que é mais importante, teve o seu centro de atividades deslocado do Rio de Janeiro para São Paulo, mais especificamente para o interior do estado. O posicionamento dos cafeicultores e seu apoio cada vez mais intenso ao projeto republicano foram decisivos para viabilizar a futura proclamação da República.

Na verdade, os cafeicultores paulistas detinham parcela cada vez maior do produto nacional, e, já há algum tempo, o Oeste paulista era o centro mais dinâmico da economia do país. O rápido escoamento do café através de ferrovias e a utilização do trabalho assalariado geravam um mercado consumidor em franca expansão e um dinamismo pouco conhecido em outras regiões do país. No entanto, o poder econômico dos cafeicultores não encontrava contrapartida na política, uma vez que o Império era excessivamente centralizado no Rio de Janeiro. A elite burocrática imperial era, em grande parte, proveniente de outras áreas do país (Nordeste, Baixada Fluminense), portanto desvinculada dos interesses ligados à moderna cafeicultura do Oeste paulista. Assim, surgia um descompasso entre a modernização paulista e o imobilismo burocrático do governo imperial.

O movimento republicano se articulava; a adesão dos cafeiculturores do Oeste paulista foi decisiva. Acima, a Convenção de Itu.

Os cafeicultores, sabendo que qualquer mudança dentro do quadro institucional do Império fatalmente iria gerar resistência da burocracia estatal, abraçaram o ideal de república, ainda mais que, como veremos no próximo capítulo, esse ideal envolvia a ideia de **federação**, isto é, de grande autonomia para os estados membros. Assim, o advento de uma república federativa transformaria a província imperial de São Paulo, fortemente dependente do governo central, no estado de São Paulo, com grande dose de autonomia.

Assim, pode-se perceber o início daquela aliança que, em última análise, tornou possível o advento do regime republicano: de um lado os militares do exército e de outro, os cafeicultores paulistas. Além disso, os setores médios urbanos, sem qualquer participação no jogo político do Império, aderiram ao republicanismo, enquanto a Igreja nada fez para salvar um regime a essa altura moribundo. Finalmente, a abolição da escravidão foi encarada, pela aristocracia agrária tradicional, ainda dependente da exploração do trabalho escravo e única força de sustentação do governo imperial, como uma espécie de traição. Seu distanciamento do governo, a partir de 1888, significou um golpe de morte para o regime. A república passava a ser inevitável.

A proclamação da República

No final de 1888, um envelhecido D. Pedro II nomeou para o cargo de primeiro-ministro Afonso Celso de Oliveira Figueiredo, o visconde de Ouro Preto. Este lançou um projeto de reformas políticas em grande parte inspiradas nas ideias republicanas, tentando com isso salvar a monarquia. O Parlamento, cujos deputados tentavam ainda manter seus privilégios, recusou o projeto, desencadeando uma crise que culminou com o fechamento do legislativo e a convocação de novas eleições. Os republicanos aproveitaram a crise para divulgar o boato segundo o qual o governo iria desencadear violenta repressão aos oficiais do exército, incluindo as prisões de Deodoro da Fonseca e Benjamin Constant, feroz crítico do regime.

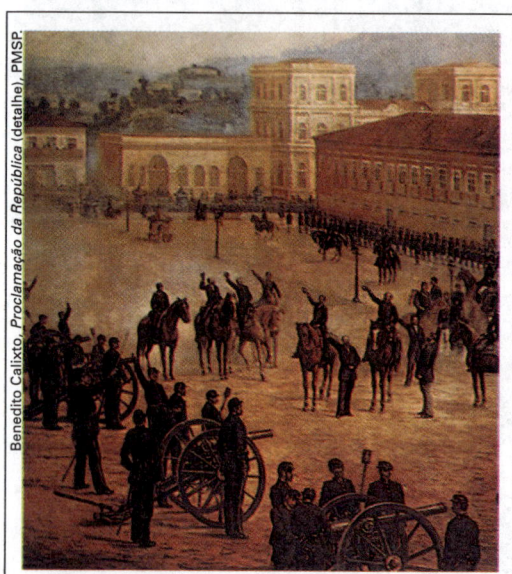

Óleo de Benedito Calixto representando a proclamação da República por Deodoro da Fonseca.

No dia 14 de novembro à noite, rebelaram-se as unidades militares estacionadas em São Cristóvão, no Rio de Janeiro, e, na manhã do dia seguinte, os rebeldes marcharam em direção ao centro da cidade, sob o comando de Deodoro, depondo D. Pedro II, que seria enviado para o exílio dois dias depois. Na tarde do mesmo dia, na Câmara Municipal do Rio de Janeiro, José do Patrocínio declarava a proclamação da República. Enquanto isso, os cafeicultores do Oeste paulista aplaudiam e preparavam-se para participar da montagem do novo regime.

Questões

1. O que foi a Questão Christie? Quais foram seus desdobramentos em termos da política externa brasileira do Segundo Reinado?

2. Descreva a atuação brasileira na região do rio da Prata na segunda metade do século XIX e destaque os interesses em jogo nesse período.

3. Faça um relatório com um elenco de argumentos a favor de Solano López e outro de críticas à sua política regional, justificando-os.

4. Que razões levaram Brasil, Argentina e Uruguai a entrar em conflito com o Paraguai? Que país ficou por trás do conflito e quais eram seus interesses na devastação do Paraguai?

5. Assinale os efeitos da Guerra do Paraguai para o Brasil.

6. Em que medida a extinção da escravidão no Brasil significou uma cisão na base social de apoio à monarquia?

7. Como se deu o processo de abolição da escravidão no Brasil e quais foram seus efeitos para os escravos emancipados?

8. Explique o que foi a Questão Religiosa e de que forma interferiu nos futuros acontecimentos políticos brasileiros.

9. Qual a importância da Questão Militar no processo de substituição da monarquia pela república no Brasil?

10. Que grupos sociais se uniram em torno do projeto republicano no Brasil do final do Império e como se deu a queda de D. Pedro II?

11. Em que medida o centralismo monárquico afetava os interesses da elite cafeeira paulista? O que essa elite desejava politicamente?

Capítulo 9

A República da Espada

Sabemos que a proclamação da República no Brasil foi, em grande parte, resultado da aliança do café com a espada, isto é, dos cafeicultores paulistas com os militares do exército. Vimos também que essa aliança ocorreu por motivos, antes de tudo, táticos, pois ambos os grupos, ainda que por razões diferentes, tinham um inimigo comum: o Império. Decretado o seu fim, as divergências entre cafeicultores e militares acabaram vindo à tona, uma vez que as duas forças eram portadoras de projetos políticos republicanos distintos.

Ainda assim, parece ter havido um consenso nos primeiros dias após o 15 de novembro, no sentido de que os militares deveriam exercer o poder político durante o delicado período de gestação e instalação das instituições republicanas. A república recém-nascida era frágil e temia-se um contragolpe monárquico. Portanto, nada melhor do que um governo forte, militar, para proteger o regime nos seus primeiros anos. Chamamos de República da Espada a este primeiro período da história republicana do Brasil, marcado pelos governos militares dos marechais Deodoro da Fonseca (1889-1891) e Floriano Peixoto (1891-1894).

Vencida a primeira etapa de instauração do regime republicano no país, o consenso entre cafeicultores e militares sobre a permanência do exército no poder logo se rompeu, pois o grupo paulista não estava disposto a aceitar por mais tempo a hegemonia política militar.

Os diferentes projetos republicanos

A proclamação da República em 1889 e a libertação dos escravos um ano antes representaram o surgimento de uma alternativa histórica excepcional para o Brasil, ou seja, a possibilidade de se criar um regime fundado na soberania popular, no exercício pleno da cidadania ampliada, inclusive, aos setores da população anteriormente marginalizados dentro da sociedade ou simplesmente excluídos do jogo político.

> "Tratava-se da primeira grande mudança de regime político após a independência. Mais ainda tratava-se da implantação de um sistema de governo que se propunha, exatamente, a trazer o povo para o proscênio da atividade política (...). O regime monárquico, vivendo à sombra do poder moderador, era condenado pelo manifesto republicano de 1870 como incompatível com a soberania nacional, que só poderia ser baseada na vontade popular. O jornal Revolução, publicado no Rio em 1881 por um funcionário demitido da Alfândega, Fávila Nunes, conclama o povo, segundo ele roubado em seus direitos pelo governo monárquico, a empunhar o estandarte da liberdade – a bandeira da República – no meio da praça pública, ao som da Marselhesa, proclamando a soberania popular."
>
> (CARVALHO, José Murilo de. *Os bestializados*. São Paulo, Companhia das Letras, 1987. p. 11.)

Portanto, a expectativa em torno da instalação da república era bastante grande, bem antes mesmo do 15 de novembro, inclusive (ou, talvez, principalmente) entre alguns setores populares, por mais que estes não tenham participado do episódio propriamente dito.

Podemos identificar claramente a existência de três projetos de república para o Brasil de 1889. É o que veremos a seguir.

Ideal de uma república liberal

Trata-se do projeto defendido pelos cafeicultores paulistas e pelo PRP (Partido Republicano Paulista), com o apoio de vários grupos oligárquicos de outros estados. São Paulo vinha apresentando um crescimento econômico significativo desde meados do século XIX, devido basicamente à cafeicultura. Seguramente, não interessava aos cada vez mais poderosos cafeicultores a subordinação a um poder político excessivamente centralizado e, em grande parte, externo a eles, como era o caso do governo imperial. Pretendiam, concretamente, estabelecer o "administrar o que é nosso", uma vez que seu interesse básico era substituir o centralismo imperial por uma descentralização republicana.

Se cada estado tivesse grande dose de autonomia, nos moldes de uma república federativa, os latifundiários do café poderiam gerir plenamente a economia cafeeira paulista, inclusive sob o ponto de vista da administração pública. A partir daí, entende-se a inspiração norte-americana embutida nas ideias da república liberal, fundada nos princípios de federação: autonomia relativa dos estados membros, além das ideias derivadas do contratualismo anglo-saxão e de John Locke (1632-1704), pelas quais a soma dos interes-

Alegoria republicana 1: a proclamação da República em desenho da imprensa (17/11/1890). Observe uma das primeiras bandeiras da República brasileira e sua semelhança com a norte-americana.

ses individuais faz o interesse público, cabendo ao Estado a administração desses mesmos interesses.

De acordo com esse ideário, a melhor forma de administração incluiria a garantia de um sistema de livre competição e liberdades individuais (direitos de ir e vir, de propriedade, de livre expressão), a separação dos três poderes (sendo o legislativo bicameral), a instauração de eleições e a separação entre Igreja e Estado.

Observe-se que, desde a sua gênese, o projeto republicano dos cafeicultores sugeria a ideia de que o poder público é um mero acessório ao poder privado, ou seja, um meio através do qual os interesses e lucros particulares pudessem ser maximizados. Esse princípio marcou a República Velha com um caráter de classe tão amplo que é quase incomparável com o quadro político brasileiro mais recente.

Ideal de uma república jacobina

Usando como referência – ainda que exagerada – o radicalismo jacobino da Revolução Francesa (1789), tal projeto era defendido por setores da população urbana, incluindo uma baixa classe média (pequenos comerciantes, funcionários) e setores urbanos intelectualizados (jornalistas e profissionais liberais, como médicos, advogados e professores). Rejeitavam a monarquia por seu imobilismo, por sua ligação com o escravismo, visto como forma de limitar oportunidades de trabalho, e por impedir a participação desses setores sociais na vida política, já que no Império o voto era censitário e a renda exigida para se habilitar à participação nas eleições era elevada.

> *"Para essas pessoas, a solução liberal ortodoxa não era atraente, pois não controlavam recursos de poder econômico e social capazes de colocá-las em vantagem num sistema de competição livre. Eram mais atraídas pelos apelos abstratos em favor de liberdade, de igualdade, de participação, embora nem sempre fosse claro de que maneira tais apelos poderiam ser operacionalizados. A própria dificuldade de visualizar sua operacionalização fazia com que se ficasse no nível das abstrações. A ideia de povo era abstrata. Muitas das referências eram quase simbólicas..."*
>
> (CARVALHO, José Murilo de. *A formação das almas*. São Paulo, Companhia das Letras, 1990. p. 26.)

A inspiração desses grupos vinha da Primeira República Francesa (1792-1794), de Danton e Robespierre, fundada nas ideias de Rousseau. Trata-se da defesa da liberdade pública (e não privada), de reunião e discussão, de decidir coletivamente os destinos da nação. A participação popular na administração pública era vista como uma necessidade, requisito mesmo de um regime fundado na liberdade e na vontade geral. Ao mesmo tempo, o grupo era bastante sensível a medidas que tinham algum alcance social. Por último, os radicais eram fortemente xenófobos, principalmente antilusitanos, se não na prática pelo menos no discurso.

Alegoria republicana 2: a república francesa abraça a república brasileira (21/6/1890). Por que a "baixinha", isto é, a brasileira, parece estar sendo carregada pela francesa?

Ideal de uma república positivista

O projeto republicano positivista baseava-se nas ideias do filósofo francês **Auguste Comte** (1798-1857) e tinha ampla aceitação dentro do exército. Partia da condenação à monarquia, vista como um impedimento à evolução da humanidade. O progresso deveria ser alcançado a qualquer custo, mas sempre dentro da ordem, daí o papel do Estado como seu promotor. A ideia de um governo forte, excessivamente centralizado, uma verdadeira "ditadura republicana", sustentava o ideário positivista.

A adesão à doutrina positivista por setores do exército pode ser explicada por vários fatores, especialmente por três elementos. Em primeiro lugar, destacam-se as disputas com o imperador no contexto da Questão Militar, que gerou um estado de espírito contrário à monarquia dentro dos quartéis. Em segundo, a solução autoritária positivista não era estranha à mentalidade militar, sempre impregnada de valores como o exercício da disciplina e da obediência ao serviço da pátria. Por último, o fato de que parte significativa da oficialidade do exército constituía verdadeira intelectualidade, e as escolas militares (notadamente a da Praia Vermelha, onde reinava o "papa" do positivismo entre nós, Benjamin Constant) eram, ao mesmo tempo, centros de divulgação e debate de ideias filosóficas e os únicos núcleos de ensino técnico superior no país. Os seus cursos formavam algo próximo a "oficiais-filósofos-engenheiros", indivíduos perfeitamente adequados para levar o país ao progresso, assumindo a frente de uma república positivista.

Benjamin Constant, ideólogo do positivismo e propagandista da república. Mais um homem de letras do que um soldado, seu aparente desconforto com a farda é visível na foto acima.

A ideia de cidadão para os positivistas era bastante peculiar, uma vez que eram reconhecidos os seus direitos civis e sociais, muito embora estes jamais devessem surgir a partir da livre manifestação dos indivíduos, seja em um contexto legal (parlamentar) ou revolucionário. Cabia ao Estado, através da administração "científica" de seus líderes, proteger os cidadãos, garantir os seus direitos, zelar pela ordem e, enfim, promover o progresso.

"Vários jovens oficiais sentiam-se encarregados de uma 'missão salvadora' e pretendiam corrigir os vícios da organização política e social do país. Mesmo entre os oficiais mais graduados a perspectiva republicana encontrava eco. Generalizava-se entre os militares a ideia de que os homens de farda eram 'puros' e 'patriotas'. O republicanismo militar olhava com desconfiança os civis. Os 'casacas', como diziam, eram corruptos, venais e sem nenhum sentimento patriótico."

(MENDES JR., Antonio & MARANHÃO, Ricardo (org.). *Brasil história*. 5. ed. São Paulo, Hucitec, 1991. v. 3, p. 136.)

O governo provisório de Deodoro da Fonseca (1889-91)

O primeiro governo da recém-instalada república apresentou um caráter provisório, ou seja, foi estabelecido para resolver os primeiros e mais urgentes problemas criados pela proclamação e dirigir o país até que pelo menos fosse redigida a Constituição. O próprio apoio dos cafeicultores devia-se a esse caráter provisório, apesar de Deodoro da Fonseca, o presidente que assumiu o poder, desde o início, ter-se cercado de oficiais positivistas. Benjamin Constant, por exemplo, foi nomeado ministro da Guerra.

No entanto, alguns problemas já podiam ser notados desde o início, como a falta de apoio da marinha, ainda fortemente monarquista. Além disso, Deodoro, oficial *troupier* (isto é, cuja carreira fora feita mais em contato com a tropa e menos em escolas militares), com longa experiência remontando à Guerra do Paraguai (1864-1870) e afeito à rígida disciplina da estrutura militar, acostumado a dar ordens e a ser obedecido, carregou para a presidência um excessivo autoritarismo. Essa característica esbarrou em vários interesses civis, dificultando articulações políticas e inviabilizando a busca de algum consenso com o poderoso grupo dos cafeicultores. Era a falta de habilidade política com resultados negativos previsíveis.

Mesmo assim, cumprindo a função provisória, Deodoro implementou as primeiras e mais urgentes medidas, destacando-se:

- extinção das instituições imperiais como a Constituição de 1824, o Conselho de Estado, o poder legislativo imperial, provincial e municipal, isto é, Senado, Câmara dos Deputados, Assembleias Provinciais e Câmaras Municipais;
- banimento da família imperial;
- separação entre Igreja e Estado;
- grande projeto de naturalização, oferecendo a cidadania brasileira a todos os estrangeiros residentes no Brasil (lembremos o grande número de imigrantes que o Brasil vinha recebendo nas últimas décadas);
- convocação de eleições para uma Assembleia Constituinte, a serem realizadas em setembro de 1890.

Manuel Deodoro da Fonseca (1827-1892) liderou a proclamação da República em 1889 e tornou-se o primeiro presidente.

Contudo, entre as mais importantes medidas adotadas de início por Deodoro, vale destacar a nomeação do intelectual baiano **Rui Barbosa** (1849-1923) para o Ministério da Fazenda. Apesar de poder ser considerado um livre-pensador, Rui Barbosa defendia algumas ideias muito simpáticas ao exército, em geral, e aos positivistas, em particular. Era um industrialista convicto e estava disposto a tomar as medidas necessárias para promover o progresso do país nesse sentido. E Deodoro estava pronto para apoiá-lo. Observe-se, portanto, que o governo Deodoro representa o primeiro momento na história do Brasil em que o Estado decidia-se em favor de uma proposta industrialista.

Rui Barbosa identificava como um dos principais obstáculos ao desenvolvimento industrial do Brasil a falta de crédito, ou seja, de recursos a serem aplicados na indústria. Além disso, acreditava que a libertação dos escravos e a entrada maciça de imigrantes no país levavam à expansão do trabalho assalariado, gerando forte demanda por moeda. A solução para esses dois problemas encontrava-se, segundo Rui Barbosa, na emissão pura e simples de papel-moeda.

Assim sendo, o ministro concedeu a alguns bancos privados o direito de emitir papel-moeda. Ao mesmo tempo, Rui Barbosa criou leis facilitando o estabelecimento de sociedades anônimas, isto é, empresas de capital aberto com ações na bolsa de valores, além de ter criado um novo regime de taxas alfandegárias, com o objetivo de dificultar a entrada do produto estrangeiro, protegendo assim a supostamente nascente indústria brasileira. Com esse conjunto de medidas, previa-se uma grande ativação dos negócios e o aparecimento de indústrias.

> "Sob a ação deste jorro emissor não tardará que da citada ativação dos negócios se passe rapidamente para a especulação pura. Começam a surgir um grande número de novas empresas de toda ordem e finalidade. Eram bancos, firmas comerciais, companhias industriais, de estradas de ferro, de toda sorte de negócios possíveis e impossíveis (...). Naturalmente, a quase totalidade das empresas era fantástica, e não tinha existência senão no papel. Organizavam-se apenas com o fito de emitir ações e despejá-las no mercado de títulos, onde passavam rapidamente de mão em mão em valorizações sucessivas (...). Ninguém se lembrava nunca de indagar da exequibilidade de uma empresa, das perspectivas do negócio. Tudo era pretexto para a incorporação de sociedades, emissão de títulos e especulação.
>
> Está claro que tal situação não poderia durar. Em fins de 1891 estoura a crise e rui o castelo de cartas levantado pela especulação. De um momento para outro desvanece-se o valor da enxurrada de títulos que abarrotava a bolsa e o mercado financeiro. A débâcle arrastará muitas instituições de bases mais sólidas mas que não resistirão à crise; e as falências se multiplicam."
>
> (PRADO JR., Caio. *História econômica do Brasil.* 38. ed. São Paulo, Brasiliense, 1990. p. 220.)

A febre especulativa do período ficou conhecida como **Encilhamento** e marcou os primeiros anos da república, inclusive com o desencadeamento de violento processo inflacionário, resultado das grandes emissões de papel-moeda sem lastro. Ao mesmo tempo, pode-se imaginar a grande insatisfação dos cafeicultores com as medidas tomadas, que geraram uma crise econômica em nome de uma tentativa de industrialização que efetivamente não se encontrava nos seus planos.

Encilhamento: a especulação afetou os poderosos; as falências e a inflação afetaram a todos. A gravura retrata o movimento e a agitação em frente à bolsa de valores do Rio de Janeiro.

Enquanto era redigida a Constituição, Deodoro e o grupo positivista davam sinais do interesse em se manter no poder por muito mais tempo, contando para isso com o caráter inevitavelmente autoritário do governo provisório. Assim, buscaram retardar ao máximo a instalação da Assembleia Constituinte, que só foi convocada em junho de 1890 após intensas pressões do grupo paulista. As eleições foram realizadas a 7 de setembro, mas, a essa altura, já existia um projeto de Constituição redigido previamente. Tal projeto havia sido preparado por uma comissão liderada por Rui Barbosa e se inspirara fortemente no modelo de Constituição norte-americano. "Embutia-se o Brasil no molde norte-americano, como outrora o tinham enquadrado no constitucionalismo francês" (J. M. Bello). A Constituinte instalou-se no Rio de Janeiro em novembro de 1890 e, após três meses de debates sobre o projeto já preparado, promulgou-se a nova Constituição.

Foram características da Constituição de 1891:

- o Brasil transformava-se numa república federativa, com um governo central e 20 estados membros. Cada estado teria grande dose de autonomia, podendo, por exemplo, contrair empréstimos no exterior sem consultar o governo central e manter Forças Armadas próprias (as Forças Públicas estaduais). Além disso, era significativa a autonomia jurídica, administrativa e até fiscal (impostos sobre exportação) dos estados;

- o governo federal, isto é, a União, ainda manteria grande poder, controlando a política econômica, as relações exteriores e a defesa nacional, além de cobrar a maior parte dos impostos. A autonomia jurídica dos estados era limitada pelo fato de o governo federal ser responsável pela elaboração dos Códigos Civil e Penal;
- procedia-se à divisão dos três poderes, executivo, legislativo e judiciário, independentes entre si. O poder executivo federal era controlado pelo presidente da República, o estadual, pelos "presidentes" (governadores) dos estados e o municipal, pelos prefeitos. O poder legislativo federal era exercido pelo Congresso Nacional bicameral (Câmara dos Deputados e Senado), o estadual, pelas Assembleias Estaduais e o municipal, pelas Câmaras de Vereadores. Todos os cargos do executivo e legislativo, nos níveis federal, estadual ou municipal, eram escolhidos através do voto;
- estabelecia-se a existência do "voto universal masculino", estando excluídos do jogo eleitoral mulheres, analfabetos, mendigos, menores de 21 anos, padres e soldados. O voto não era secreto.

Capa da Constituição republicana promulgada em 1891.

A Constituição de 1891 parece bastante liberal, avançada mesmo, se comparada com a Constituição imperial até então vigente. No entanto, iremos perceber que uma democracia liberal no Brasil da República Velha só iria existir na aparência.

Nas "disposições transitórias" da Constituição de 1891 ficava determinado que o primeiro presidente da República após a promulgação da Constituição, excepcionalmente, não seria eleito pelo voto universal, mas pela Assembleia Constituinte. E, efetivamente, em março de 1891, por 129 votos contra 97, Deodoro da Fonseca se transformou no primeiro presidente constitucional da república brasileira.

O governo constitucional de Deodoro da Fonseca (1891)

A permanência de Deodoro da Fonseca na presidência após a promulgação da nova Constituição decorreu, em grande parte, das pressões do grupo militar ao grupo dos cafeicultores e oligarquias agrárias em geral.

Para as elites civis, o governo provisório já havia cumprido a sua missão de garantir a nova Constituição e de dar os primeiros passos no sentido da consolidação republicana. Criticavam, no entanto, os efeitos desastrosos da política econômica do governo e cultivavam a ideia de que já era tempo do retorno dos militares aos quartéis.

Contudo, Deodoro e o grupo positivista que o cercava, desejosos de um continuísmo e de retardar ao máximo as eleições para a Assembleia Constituinte, articularam a candidatura do marechal à presidência da República. Pressionando os eleitores (deputados-constituintes), enviando cartas anônimas e fazendo ameaças e intimidações em geral, conseguiram inviabilizar o sucesso da candidatura de Prudente de Morais, representante dos cafeicultores.

Deodoro tinha como companheiro de chapa, candidato à vice-presidência, o almirante Wandenkolk, enquanto Prudente era acompanhado pelo marechal Floriano Peixoto. Este representava a facção jacobina dentro do exército, e sua candidatura à vice-presidência na chapa de Prudente era uma tentativa dos cafeicultores de apresentar algum tipo de concessão aos militares. Deodoro acabou eleito pelos constituintes, com uma reduzida vantagem de votos (apenas 32 a mais que Prudente de Morais), em meio à possibilidade, nem um pouco remota, de um golpe militar que poderia garantir a sua permanência. Ao mesmo tempo, o candidato a vice da oposição, Floriano, conseguiu uma votação superior à do próprio candidato a presidente.

O novo governo, entretanto, representou algo de novo em relação ao provisório, pois, se este foi basicamente uma "ditadura consentida", o governo constitucional representou um período de legalidade: as tendências autoritárias de Deodoro ainda permaneciam, mas agora o presidente deveria submeter sua vontade à de um Congresso controlado pelos cafeicultores. Os choques entre presidente e Congresso tornaram-se, então, inevitáveis, acrescentando à crise econômica a primeira grande crise política republicana.

> "O Estado é sempre a expressão de uma classe mais ou menos homogênea apoiada em sólidas bases econômicas: a posse dos meios de produção. E estes se achavam em mãos de um grupo que não se encontrava no poder. O governo republicano deveria pertencer, como seria lógico, aos donos da terra e dos meios de produção, isto é, aos republicanos objetivistas e realistas, os fazendeiros de café de São Paulo. Entretanto, por causas fortuitas, uma complicação militar de interesse secundário, caiu o poder nas mãos do exército. Tal governo, apesar do efêmero apoio de uma parte das classes médias, somente poderia se manter no poder pela força das armas. Esse antagonismo imediato entre a maioria do Congresso e o governo do Marechal Deodoro só podia ser liquidado pela destruição de um ou de outro."
>
> (BASBAUM, Leôncio. *História sincera da República*. São Paulo, Alfa-Ômega, 1968. p. 21.)

O barão de Lucena, de origens monárquicas e "sentando" na Constituição da República (abril, 1891).

Numa tentativa malsucedida de serenar os ânimos, Deodoro convocou para o cargo de ministro da Fazenda uma figura da velha guarda monarquista, ligada aos latifundiários – o barão de Lucena –, com a missão, inclusive, de chefiar o ministério. Tratou-se de uma escolha duplamente infeliz, gerando a desconfiança da oficialidade positivista do exército (que, bem ou mal, vinha apoiando Deodoro) e dos cada vez mais insatisfeitos cafeicultores paulistas (que passaram a temer um retorno à monarquia).

Dada a oposição aberta no Congresso ao seu governo e fiel ao seu estilo autoritário, Deodoro partiu para uma solução de força: na manhã de 3 de novembro de 1891, o presidente decretou estado de sítio, fechou o Congresso e prendeu vários políticos da oposição. No entanto, a reação foi tão forte quanto inesperada, com alguns dos principais líderes da oposição escapando da prisão (Prudente de Morais, Campos Sales, Bernardino de Campos) e articulando o enfrentamento ao golpe. Ao mesmo tempo, em Minas Gerais, Pernambuco e Rio Grande do Sul a oposição movimentou-se, com os gaúchos já pegando em armas. Até mesmo dentro do exército cresceu a oposição, tendo como centro articulador o vice-presidente, marechal Floriano Peixoto.

Completando o quadro de crise, no dia 22 de novembro, iniciou-se a greve dos trabalhadores da Estrada de Ferro Central do Brasil, contrária ao golpe, talvez a primeira grande greve política da história do país. E, no dia seguinte, a insatisfação da marinha veio à tona, quando o almirante Custódio de Melo colocou-se no comando dos navios atracados na baía da Guanabara e apontou os canhões para a cidade, ameaçando o bombardeio e exigindo a renúncia de Deodoro. Diante das crescentes pressões, Deodoro recua e renuncia.

O governo de Floriano Peixoto (1891-94)

A ascensão de Floriano foi apoiada por muitos dos que viam na quase ditadura de Deodoro da Fonseca uma ameaça à república. Floriano, apelidado pela imprensa de "Esfinge", devido à impressão de ser uma figura enigmática e silenciosa, exerceu a presidência com certa obsessão, tomando uma série de medidas que ampliaram consideravelmente sua popularidade, ao mesmo tempo que o cercaram de poderosos inimigos. Além disso, Floriano, bastante hábil, bem ao contrário de seu antecessor, conseguiu a proeza de articular em torno de si o apoio do republicanismo radical (ao ponto de "florianismo" poder ser considerado sinônimo de "jacobinismo") e dos positivistas. Seu autoritarismo, sempre que possível exercido dentro dos limites da Constituição, conseguiu agradar a uns e a outros e sua política econômica voltou-se tanto para as pretensões sociais e populares do republicanismo radical quanto para as ambições modernizadoras dos positivistas.

Outra grande proeza do governo Floriano foi o apoio conseguido dos cafeicultores, os porta-vozes de um projeto republicano liberal. Intimidados com as medidas de força de Deodoro, tidas como ameaçadoras à ordem republicana, a elite cafeeira acercou-se de Floriano, considerado fiador da ordem e defensor do regime. Para ela, o autoritarismo de Floriano era considerado moderado e necessário na luta contra os inimigos da república, algo que poderia ser tolerado, embora não por muito tempo, pelos cafeicultores.

No início, sua ascensão ao poder foi vista como uma volta à normalidade, uma vez que o Congresso foi restabelecido e o estado de sítio, suspenso. Os governadores que apoiaram o golpe de Deodoro foram substituídos por partidários de Floriano, num típico exemplo de medida autoritária bem-recebida, pois representava o retorno à normalidade e a defesa da república.

Floriano Vieira Peixoto (1839-1895), chamado pela imprensa de "Esfinge".

Nos primeiros dias de seu governo, Floriano baixou um decreto reduzindo o valor dos aluguéis das habitações populares e, mais tarde, iniciou um projeto de construção de casas populares e demolição de cortiços. Além disso, suspendeu a cobrança do imposto sobre a carne vendida no varejo, provocando uma queda no preço do produto e, para evitar qualquer tipo de especulação, através do prefeito nomeado do Rio de Janeiro, Barata Ribeiro, combateu violentamente os intermediários.

O alcance popular e o próprio ineditismo dessas medidas tiveram um papel inquestionável, apesar de algumas limitações. Todas as medidas estavam restritas à cidade do Rio de Janeiro, fazendo com que a figura do presidente fosse, ao mesmo tempo, muito querida junto aos setores populares da capital federal e quase a de um estranho no resto do Brasil. Além disso, todas as medidas populares foram marcadas por uma razoável dose de **paternalismo**: o povo não participava do governo, não apresentava reivindicações próprias, apenas recebia algumas poucas concessões, como se fossem "presentes" que o líder podia oferecer para satisfazer suas carências.

Do povo, como resposta natural, o governo esperava tão somente o agradecimento, contrapartida lógica do paternalismo governamental, que evitava a sedimentação dos interesses das classes populares a fim de impedir a corporificação de projetos políticos próprios. Nascia assim uma prática política muito comum na história do Brasil republicano: o paternalismo combinado à sujeição agradecida, um estilo governamental que seria muito aprimorado posteriormente, esvaziando qualquer ação política de maior envergadura e duração daqueles que poderiam colocar em cheque a ordem dos poderes estabelecidos.

Paralelamente, Floriano estimulava a indústria, autorizando o Banco do Brasil a abrir uma linha de crédito de 100 mil contos de réis em 1892. As leis alfandegárias foram revistas, preparando-se um projeto de reforma que visava estabelecer o **protecionismo**, ou seja, proteger da concorrência estrangeira a ainda incipiente, porém crescente, indústria nacional. Contudo, dentre as limitações dessa política industrialista estavam a necessidade de combate à inflação, a insuficiência de recursos disponíveis e o descontrole econômico-financeiro dos primeiros anos da república. A oposição estrangeira também era significativa, o que acabou por possibilitar a Floriano o exercício do **nacionalismo** exacerbado em seus pronunciamentos e atos, incitando ainda mais a xenofobia dos republicanos radicais.

O nacionalismo, contraposto às ameaças, reais ou ilusórias, criava a falsa concepção da unidade da nação brasileira, escamoteando as desigualdades e as latentes divisões sóciopolíticas da ordem existente.

Se, por um lado, Floriano obtete apoio político em todos os setores

> "Estabelece logo a mística do poder nacionalista, o que lhe vale dedicações totais e animosidades também totais. Floriano foi o primeiro chefe populista na vida brasileira. Perseguiu de maneira implacável os inimigos ou quem lhe fazia qualquer reparo (...). Tornar-se-ia ídolo de alguns e um demônio de outros. Sua personalidade, conhecida como a Esfinge ou o Marechal de Ferro, seria posta à prova sobretudo em duas grandes lutas, das mais sangrentas, como se evidencia a seguir. Venceu-as. Parecia inaugurar uma época nacional.
>
> De fato, é o primeiro carisma da república. Seu alegado sentimento nacionalista, que o levava à defesa intransigente da segurança ou à construção de um país forte e economicamente emancipado, através da indústria (...) todo esse programa atribuído a Floriano tem algo de abstrato, pois não há palavras que o confirmem. Surge aí o presidente carismático, popular, aberto a um novo Brasil, em tese: a ser comprovado, contudo."
>
> (IGLÉSIAS, Francisco. *Trajetória política do Brasil*. São Paulo, Companhia das Letras, 1993. pp. 201-2.)

da sociedade brasileira, por outro, nunca obteve unanimidade e, com seus atos de governo, atraiu muitos inimigos. Por exemplo, qualquer cafeicultor paulista que apoiasse Floriano em nome da normalidade e segurança da república, poderia a qualquer momento transformar-se em inimigo do presidente, uma vez que suas medidas econômicas e seu nacionalismo eram muito malvistos no exterior e tinham o potencial de gerar represálias das grandes potências estrangeiras, algo que, sem dúvida, afetaria as exportações de café e os interesses privados dos cafeicultores.

As primeiras manifestações de oposição a Floriano apoiaram-se no argumento da inconstitucionalidade de seu governo, iniciado com a renúncia de Deodoro da Fonseca. Pela carta constitucional republicana, o presidente e o vice deveriam ser eleitos através do voto direto, por maioria absoluta, e o vice só poderia assumir a presidência no caso de impedimento ou morte do titular se houvesse decorrido metade do mandato presidencial, isto é, pelo menos dois anos. Como vimos, Deodoro renunciou à presidência passados apenas nove meses do mandato e nesses casos a Constituição previa a realização de novas eleições. Floriano rejeitava essa tese e contra-argumentava lembrando o caráter excepcional do primeiro governo da república, eleito por voto indireto e não por sufrágio universal.

Em abril de 1892, treze generais do exército assinaram um manifesto contrário a Floriano, pedindo seu afastamento e a realização de eleições. A reação do presidente foi pronta e dura, porém estritamente dentro da lei. Os oficiais envolvidos foram afastados e presos, conforme previsto no Código Militar para casos de insubordinação.

Agravando ainda mais a difícil situação do governo, o Rio Grande Sul mergulhou em acirradas disputas políticas que envolviam o governo estadual, liderado por **Júlio de Castilhos** do PRR (Partido Republicano Rio-grandense), defensor de ideias positivistas e apoiador do presidente Floriano. É importante notar que, no Rio Grande do Sul, houve uma grande adesão de civis ao positivismo, devido ao "castilhismo", ao contrário do que se verificava no resto do Brasil, onde o positivismo estava intimamente ligado ao meio militar. Ali, o PRR mandava no estado e havia sido o principal responsável pela elaboração da Constituição estadual – pois o Brasil agora era uma república federativa e os estados tinham autonomia para fazer suas próprias leis.

Após o "Manifesto dos 13 generais", Floriano reagiu com demissões e muitas promoções (maio, 1892).

A oposição ao PRR partia de Silveira Martins, líder do Partido Federalista, contrário a Júlio de Castilhos e à excessiva centralização política vigente. Em fevereiro de 1893, os federalistas se levantaram contra os republicanos no Rio Grande do Sul e Floriano assumiu a defesa do governador ameaçado. Logo o conflito local transformou-se em conflito nacional, já que os opositores de Floriano acabaram apoiando o movimento federalista.

> "O movimento visava inicialmente depor o governo castilhista gaúcho (...).
>
> Ideologicamente, os federalistas não eram partidários da Federação; defendiam a existência de um poder central forte (naturalmente sem a presença de Floriano Peixoto) e a adoção de um regime parlamentarista, a exemplo do que vigorou durante o Segundo Reinado."
>
> (MENDES JR., Antonio & MARANHÃO, Ricardo (org.). *Brasil história*. 5 ed. São Paulo, Hucitec, 1991. v. 3, p. 159.)

Em um primeiro momento, os federalistas – também chamados de "maragatos" – conseguiram algumas vitórias militares, mas logo foram sobrepujados pelos republicanos, conhecidos como "pica-paus". A **Revolução Federalista** só iria ganhar uma nova dimensão e se expandir na direção dos outros estados do Sul, quando da eclosão da Revolta da Armada, em setembro de 1893.

A rebelião atingiu a marinha brasileira devido a uma situação política bastante peculiar. Além das tendências monarquistas presentes no seu corpo de oficiais, tendo à frente o prestigiado almirante Saldanha da Gama, e de alguma "normal" rivalidade com o exército, a marinha contava ainda com o republicanismo de alguns oficiais que apoiavam as pretensões políticas do almirante Custódio de Melo, que desde 1891 ambicionava a presidência.

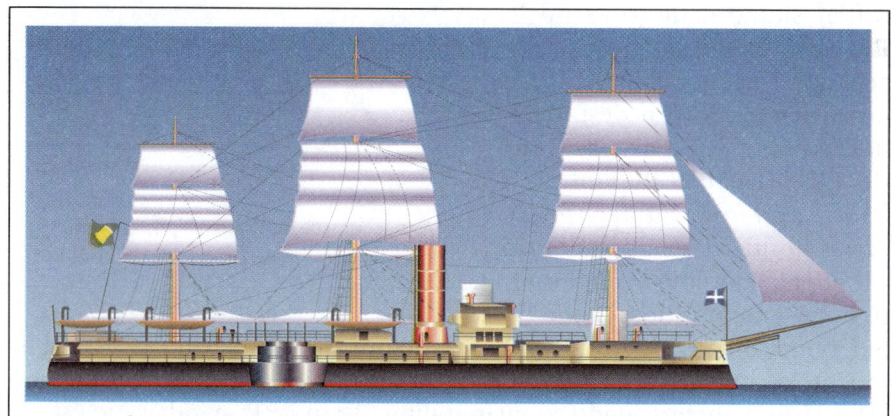

O navio de guerra Riachuelo, de velas enfunadas, apesar de ter poderosa maquinaria a vapor. Dispunha de 4 canhões de 9,2 polegadas (234 mm) em torres giratórias a meia-nau, além de 6 canhões fixos de 5,5 polegadas (140 mm) e armamento secundário. Enfim, um poder de fogo arrasador.

Em tal situação a marinha sublevou-se dentro da baía da Guanabara, repetindo a Revolta da Armada de 1891. Novamente dirigiram os canhões em direção à cidade do Rio de Janeiro e exigiu-se a renúncia de Floriano, que, ao contrário do que fizera Deodoro, resistiu. Entre setembro de 1893 e março de 1894, a cidade do Rio de Janeiro foi constantemente bombardeada pelos canhões dos poderosos navios da marinha brasileira, enquanto o exército e as fortalezas em terra respondiam ao fogo dos navios. Em meio à destruição provocada pelo fogo cruzado, a população fugia da cidade para o interior.

Contando com a popularidade de Floriano, foram organizados vários batalhões de voluntários na cidade, com o objetivo de guarnecer as praias e impedir um desembarque dos rebeldes. O Marechal de Ferro decidiu, ainda, encomendar às pressas novos navios de guerra, principalmente dos Estados Unidos, enquanto continuavam os combates.

> Mas, enquanto não chegavam os reforços contratados, prosseguiam os confrontos, passando inclusive a fazer parte do cotidiano dos cariocas.
>
> "Os soldados já estavam nas trincheiras, armas à mão; o canhão tinha ao lado a munição necessária. Uma lancha avançava lentamente, com a proa alta assestada para o posto. De repente, saiu de sua borda um golfão de fumaça espessa: Queimou! – gritou uma voz. Todos se abaixaram, a bala passou alto, zunindo, cantando, inofensiva. A lancha continuava a avançar impávida. Além dos soldados, havia curiosos, garotos, a assistir o tiroteio, e fora um destes que gritara: 'Queimou!'
>
> E assim sempre. Às vezes eles chegavam bem perto à tropa, às trincheiras, atrapalhando o serviço; em outras um cidadão qualquer chegava ao oficial e muito delicadamente pedia: 'O senhor dá licença que dê um tiro?' O oficial acedia, os serventes carregavam a peça e o homem fazia a pontaria e um tiro partia.
>
> Com o tempo, a revolta passou a ser uma festa, um divertimento da cidade (...).
>
> Alugavam-se binóculos e tanto os velhos como as moças, os rapazes como as velhas, seguiam o bombardeio como uma representação de teatro: 'Queimou Santa Cruz! Agora é o Aquidabã! Lá vai'. E dessa maneira a revolta ia correndo familiarmente, entrando nos hábitos e costumes da cidade."
>
> (LIMA BARRETO. Triste fim de Policarpo Quaresma. São Paulo, Scipione, 1994. p. 123.)

Em novembro de 1893, Gumercindo Saraiva, outro líder federalista gaúcho, avançou sobre Santa Catarina, rumando para a capital do estado, a cidade de Desterro, onde iria se encontrar com destacamentos navais chefiados por Custódio de Melo. A Revolução Federalista unia-se à Revolta da Armada e, em janeiro do ano seguinte, os rebeldes já chegavam ao Paraná, tomando inclusive a cidade de Curitiba.

Mas o fôlego rebelde já estava no fim e, na batalha da Lapa, no Paraná, os revoltosos foram vencidos pelas tropas florianistas comandadas por Gomes Carneiro. A chegada de reforços paulistas possibilitou o início da contraofensiva, que expulsou os rebeldes para o sul, sendo inclusive conquistada a cidade de Desterro, daí em diante chamada de Florianópolis.

No Rio de Janeiro, os navios de guerra recém-adquiridos por Floriano Peixoto formaram a "esquadra de papelão" (conforme ironicamente denominada pelos revoltosos) e derrotaram os últimos navios ainda sublevados na baía da Guanabara, levando à rendição dos rebeldes no dia 10 de março de 1894. Era o fracasso das revoltas e a garantia da continuidade de Floriano, que iria governar até o último dia do seu mandato.

Enquanto Floriano derrotava a marinha e caminhava para uma vitória também contra os federalistas no Rio Grande do Sul, aproximava-se a sucessão presidencial. Os paulistas, cujas principais lideranças estiveram ao lado do presidente, preparavam-se para a escolha do candidato à sucessão, naquela que foi a primeira eleição presidencial da república através do voto direto. O republicano histórico **Prudente de Morais** foi escolhido candidato, tendo como vice o político baiano Manoel Vitorino, intimamente ligado ao grupo florianista. Feitas as eleições e contados os votos, os cafeicultores paulistas assumiram o controle do primeiro governo civil da república.

Prudente de Morais (indicado pela seta) e amigos, em 1898. As eleições presidenciais de 1894 foram as primeiras da república.

Enfim, a ascensão de Prudente de Morais encerrou o período da República da Espada, com uma vitória aparente dos paulistas, tidos como os que haviam conseguido manter o regime republicano em meio às inúmeras turbulências, além de realizar e vencer as primeiras eleições diretas da república. A Constituição, redigida de acordo com o projeto liberal dos paulistas, estava consolidada, e o regime, fortalecido, enquanto pouco a pouco perdiam força o republicanismo radical (ou jacobinismo florianista) e o positivismo republicano.

Os dois projetos republicanos fracassados, como vimos, tinham alguns elementos em comum, conforme ficou claro principalmente no governo de Floriano Peixoto. A causa do seu colapso também apresentou elementos comuns, sendo o principal deles a ausência de uma base de classe significativa para viabilizá-los.

Quanto ao republicanismo radical, só poderia fazer vingar o seu projeto caso houvesse uma base social ligada às suas reivindicações populares, isto é, se contasse com o respaldo do proletariado urbano, da massa de trabalhadores assalariados e mesmo da pequena burguesia das cidades. Porém, essas classes inexistiam no Brasil, país, naquela época, eminentemente rural, recém-egresso do escravismo. Quando muito, apenas o Rio de Janeiro, onde as ideias radicais vingaram de alguma maneira, contava com essa base de sustentação e, mesmo assim, de forma muito frágil e desarticulada.

Já o projeto republicano positivista, com sua ênfase na modernização e na industrialização, exigia uma classe social a defendê-lo, uma burguesia nacional ou mesmo uma classe média disposta a enfrentar os desafios da industrialização. O embrião da burguesia nacional, ou seja, os únicos detentores de capital por essa época eram os latifundiários ligados à lavoura de exportação, notadamente os cafeicultores paulistas; mas eles pouco se interessavam por um projeto industrialista. Quanto à classe média, sua fragilidade era total, como já vimos. Dispunha apenas de uma vanguarda organizada, o exército, que todavia pouco poderia fazer sem uma base social mais consistente.

Assim, a vitória coube ao projeto de uma república liberal dos cafeicultores paulistas. Mas essa república será bem pouco democrática, se comparada com seu modelo norte-americano, lembrando que na base mesmo de sua formulação esse projeto insistia na ideia de uma república que garantisse os direitos individuais, por exemplo, o direito à propriedade. No caso do Brasil de 1890, tratava-se basicamente de perpetuar a injustiça social e os privilégios de uns poucos. A própria ideia de um sistema que garantisse a livre competição entre os indivíduos soava, no mínimo, esdrúxula, num país marcado por desigualdades sociais tão drásticas. Finalmente, o principal instrumento para o exercício da cidadania era o voto, que, aliás, não era acessível para muitos.

Durante a República Velha a porcentagem de eleitores dentro da população variou entre 1,4% em 1906 e 5,7% em 1930.

"Sendo função social antes que direito, o voto era concedido àqueles a quem a sociedade julgava poder confiar sua preservação. No Império como na República, foram excluídos os pobres (seja pelo censo, seja pela exigência de alfabetização), os mendigos, as mulheres, os menores de idade, as praças de pré, os membros de ordens religiosas. Ficava fora da sociedade política a grande maioria da população. A exclusão dos analfabetos pela Constituição republicana era particularmente discriminatória, pois ao mesmo tempo se retirava a obrigação do governo de oferecer a educação primária, que constava do texto imperial. Exigia-se para a cidadania política uma qualidade que só o direito social da educação poderia fornecer e, simultaneamente, desconhecia-se esse direito. Era uma ordem liberal, mas profundamente antidemocrática e resistente aos esforços de democratização."

(CARVALHO, José Murilo de. *Os bestializados*. São Paulo, Companhia das Letras, 1987. pp. 44-5.)

A eleição de Prudente de Morais inaugurou um novo período da história republicana do Brasil, dominado pela oligarquia cafeicultora paulista, apenas aparentemente liberal. Quanto ao povo, a atitude de desconfiança em relação ao regime republicano recém-instaurado manifestou-se por meio de uma atitude de "pragmatismo fisiológico", apoiando o regime na medida em que conseguia extrair dele umas poucas vantagens, e também por meio da reação violenta, quando nem mesmo suas mínimas necessidades estavam sendo satisfeitas pelo regime. Com o tempo, a organização popular e suas reivindicações acabaram ganhando maior consistência, o que contribuiu para que a evolução da República Oligárquica ficasse longe de ser pacífica.

O povo brasileiro: da indiferença à reação violenta frente à república liberal consolidada em 1894. Na foto, chegada do recém-empossado Prudente de Morais ao palácio presidencial, no Rio de Janeiro.

Questões

1. Faça um quadro, apontando os três projetos políticos republicanos de 1889, seus principais representantes, suas fontes de inspiração e as ideias que defendiam.

2. Indique as primeiras medidas de Deodoro da Fonseca no governo provisório.

3. O que foi o Encilhamento? Quem o implementou e por quê? Quais seus efeitos principais sobre a vida econômica brasileira no início da república?

4. Caracterize, em seus principais pontos, a Constituição brasileira de 1891.

5. Comente a frase: "O novo governo, entretanto, representou algo de novo em relação ao provisório, pois se este foi basicamente uma 'ditadura consentida', o governo constitucional representou um período de legalidade...".

6. Por que Deodoro da Fonseca renunciou à presidência da República em 1891? Quem o substituiu e como foi seu governo?

7. Em que consistiu a política paternalista de Floriano Peixoto e quais seus resultados sobre as camadas populares?

8. O que foi a Revolta da Armada de 1891?

9. Como se deu a passagem do governo de Floriano para o de Prudente de Morais? Explique.

Capítulo 10

A República oligárquica

O governo de Prudente de Morais (1894-98)

Consideramos o período de governo de Prudente de Morais como uma transição entre os primeiros e agitados anos da república brasileira, com os governos militares (a República da Espada), e o pleno domínio oligárquico no Brasil a partir de seu sucessor Campos Sales (1898-1902). O caráter transitório do governo de Prudente de Morais deve-se à presença, ainda significativa, de políticos florianistas próximos ao poder e à possibilidade bastante real de um retorno dos militares ao governo. Enquanto isso, a Revolução Federalista ainda estava em andamento quando da posse do novo presidente, acrescentando uma razoável dose de intranquilidade ao novo governo.

A principal obra de Prudente deveria ser, portanto, fazer o país retornar à normalidade, dentro do projeto político – liberal – hegemônico da oligarquia cafeeira. Entre suas primeiras obras chama a atenção a pacificação do país com o fim da Revolução Federalista, em agosto de 1895. Na verdade, o movimento já havia perdido muito do seu vigor quando da substituição de Floriano Peixoto por Prudente de Morais. Ainda assim, a habilidade política de Prudente, anistiando os principais líderes "maragatos", foi importante para o encerramento relativamente pacífico das hostilidades no Rio Grande do Sul.

Prudente José de Morais e Barros (1841-1902): seu governo significou o início da consolidação da República oligárquica.

Ainda dentro do espírito de estabelecimento da normalidade, Prudente de Morais procurou resolver algumas questões diplomáticas pendentes desde o período imperial. Reatou relações diplomáticas com Portugal, que Floriano – para alegria de seus seguidores, os xenófobos antilusitanos jacobinos – havia rompido em 1893, devido ao aparente apoio daquele país à Revolta da Armada. Em seguida, e aproveitando-se da intermediação portuguesa, tomou posse da ilha de Trindade, que alguns anos antes havia sido tomada ao Brasil pela Inglaterra. Por último, Prudente resolveu a questão das fronteiras com a Argentina, na região das Missões, através da intermediação do presidente Cleveland, dos Estados Unidos.

Em junho de 1895, devido a uma violenta crise hepática, morreu o ex-presidente Floriano Peixoto. O fato serviu para desencadear reações do grupo jacobino-florianista contra o presidente, como no enterro de Floriano, ao qual compareceram cerca de 30 mil pessoas e durante o qual os gritos de "Viva Floriano!" confundiam-se com os de "Morra Prudente!". O período de maior agitação florianista, no entanto, coincidiu com o do afastamento temporário de Prudente de Morais da presidência, provocado por motivos de saúde, entre novembro de 1896 e março de 1897. Assumiu interinamente o vice-presidente, Manuel Vitorino. Adepto do florianismo, Vitorino só fora convidado para ocupar a vice-presidência para acalmar o grupo jacobino quando da eleição de Prudente.

Com o retorno do presidente, os últimos meses do governo foram gastos para colocar em prática suas principais medidas econômicas. Defendendo os interesses dos cafeicultores, sua política contrariava em tudo a tendência nacionalista e até modernizadora dos primeiros governos republicanos. As taxas alfandegárias protecionistas que, de algum modo, se mantinham desde o período de Rui Barbosa, foram bruscamente alteradas em dezembro de 1897.

> "É sintomático o decreto de 17/12/1897 que, de acordo com Fernando Henrique Cardoso, significaria o fim do protecionismo. Enquanto o café vendia bem, os paulistas não se bateram por reformas alfandegárias importantes. Agora que o café vendia mal, com seu preço oito vezes diminuído em nove anos e com uma inflação galopante encarecendo todo e qualquer produto de consumo, era preciso, aos olhos dos homens do café, conseguir bons empréstimos (e lançar para o futuro as dívidas) e, para isso, era preciso mostrar muito boa vontade para com os capitalistas estrangeiros, financiadores da economia, os Rothschilds e seus parceiros. O decreto mudava totalmente a política alfandegária, reduzindo em 25% as taxas em geral, chegando contudo a reduzir em 80% as taxas sobre alguns produtos especiais. 'A reação foi longe demais. Ela atingira interesses solidamente estabelecidos, como o das fábricas de tecidos de algodão que foram duplamente prejudicadas, pois a nova pauta, além de reduzir as taxas sobre tecidos, aumentara as do fio.' Com isso preparava-se o caminho para novos empréstimos, o que de fato foi conseguido por Campos Sales, nas suas negociações dos meses de abril e maio de 1898."
>
> (MENDES JR., Antonio & MARANHÃO, Ricardo. *Brasil história*. 5. ed. São Paulo, Hucitec, 1991. v. 4, p. 166.)

Um outro acontecimento, bem diferente das lutas políticas do Rio de Janeiro, marcou o governo de Prudente: a **Guerra de Canudos**, entre 1896-1897. Trata-se de um grande conflito que envolveu a população sertaneja do interior do Nordeste, principalmente da Bahia. Suas causas remontam basicamente à injusta situação fundiária do país e ao total abandono a que estavam submetidas as populações mais humildes. No interior do Nordeste, a situação era (como é ainda hoje) traumática.

A uma estrutura agrária viciada, marcada pela concentração de terras nas mãos de poucos e pelo predomínio do latifúndio improdutivo em vastas áreas, soma-se o total descaso das elites e do governo com uma população sertaneja tão grande quanto carente. A tensão social daí resultante explodia com frequência, quase sempre em momentos de seca prolongada, como ocorreu nas duas últimas décadas do século passado.

População sertaneja no início do século XX: carente, desassistida e faminta, tornava-se foco potencial de revolta social.

Nesses momentos, as alternativas disponíveis para a população sertaneja eram poucas. Dentre elas, a emigração, muito embora a precariedade dos meios de transporte e comunicação naquela época a tornasse pouco viável. Também era uma alternativa o banditismo social, sob a forma aparente do cangaço. Finalmente, o misticismo religioso: uma vez condenados à miséria material, os sertanejos passavam a buscar compensações no plano espiritual, levando uma vida de devoção religiosa e exaltação mística. O misticismo religioso quase sempre se desenvolvia em torno de um líder messiânico, ou seja, um líder carismático, portador de um discurso capaz de mobilizar as populações ao seu redor ao prometer, por exemplo, a salvação eterna em troca das misérias terrenas.

Antônio Vicente Mendes Maciel, o **Antônio Conselheiro**, foi um desses líderes. Percorria o interior do Nordeste, a pé, fazendo os seus discursos e profecias, dando conselhos, proclamando a fé no Reino de Deus. Além das pregações, prestava alguma assistência à população mais pobre, erguendo ou reformando igrejas e construindo cemitérios. Seu discurso era cativante a ponto de começar a reunir seguidores, inclusive um número expressivo de cangaceiros.

Em 1893, o Conselheiro e seus seguidores se estabeleceram na antiga fazenda de Canudos, às margens do rio Vaza-Barris. Fundaram a aldeia de Belo Monte, que logo começou a atrair multidões.

> "(...) o trabalho nas fazendas estava desorganizado porque a maioria das famílias estava sempre pronta para seguir o Conselheiro, muitos pequenos proprietários também vendiam seus bens e partiam para Canudos."
>
> (Barão de Geremoabo, 1897.)
>
> "(...) o povo chegava em Canudos por devoção, curiosidade, moléstia e perseguição da justiça ou de particulares."
>
> (M. Benício, 1899.)
>
> "(...) corriam para Canudos os descontentes, os que se julgavam inseguros: pequenos proprietários ameaçados pelos grandes, artesãos, vaqueiros, emigrantes, ex-escravos e numerosos camponeses, inconformados com a pobreza e o desamparo."
>
> (Edmundo Moniz.)
>
> (Trechos extraídos de ATAÍDE, Yara Dulce Bandeira de. "As origens do povo do Bom Jesus do Conselheiro". In *Revista da USP*, n. 20, 1993-94, pp. 89-99.)

Não é difícil fazer uma analogia entre Canudos e os quilombos, principalmente se levarmos em consideração o significado de sua simples existência (em termos de questionamento da ordem social e econômica vigente), a composição social de seus habitantes e até mesmo sua etnia.

A comunidade livre de Belo Monte representava uma alternativa para o tradicional regime de exploração a que estavam submetidas, há séculos, as populações sertanejas; portanto, sua existência era vista como uma ameaça pelos poderosos, como revela a frase do barão de Geremoabo, citada acima: "o trabalho nas fazendas estava desorganizado porque a maioria das famílias estava sempre pronta para seguir o Conselheiro...". Não demorou para que o governo do estado da Bahia resolvesse acabar com o "mau exemplo" do Conselheiro e de sua comunidade mística.

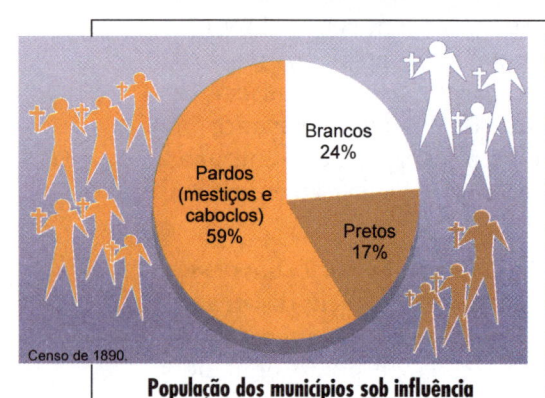

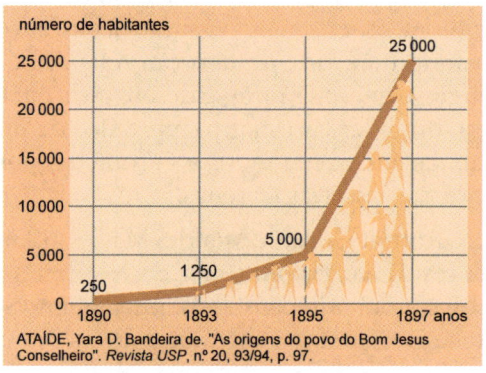

População dos municípios sob influência do Conselheiro (Censo de 1890)
- Brancos 24%
- Pardos (mestiços e caboclos) 59%
- Pretos 17%

População de Canudos (estimativas)
- 1890: 250
- 1893: 1 250
- 1895: 5 000
- 1897: 25 000

ATAÍDE, Yara D. Bandeira de. "As origens do povo do Bom Jesus Conselheiro". *Revista USP*, nº 20, 93/94, p. 97.

Composição provável da população de Canudos.

Além disso, o líder sertanejo criticava abertamente a ordem republicana, como se observa nos versos abaixo, recolhidos por Euclides da Cunha:

"Garantidos pela lei
Aqueles malvados estão
Nós temos as leis de Deus
Eles têm a lei do cão!

Bem desgraçados são eles
Pra fazerem a eleição
Abatendo a lei de Deus
Implantando a lei do cão!

Casamento vão fazendo
Para o povo iludir
Vão casar o povo todo
No casamento civil!

D. Sebastião já chegou
E traz muito regimento
Acabando com o civil
E fazendo o casamento!

O Anticristo nasceu
Para o Brasil governar
Mas aí está o Conselheiro
Para dele nos livrar!

Visita vem nos fazer
Nosso rei D. Sebastião
Coitado daquele pobre
que viver na lei do cão!"

(Extraído de CUNHA, Euclides da. *Os sertões*. 33. ed. Rio de Janeiro, Francisco Alves, 1987. p. 139.)

Como se vê, identificava-se o governo republicano com o "cão", isto é, o demônio. As realizações da república (como o casamento civil, as eleições, etc.) eram vistas como manifestações do Anticristo. Ao mesmo tempo, apelava-se para um salvador, o falecido rei português D. Sebastião, o que serviu para que seus inimigos atribuíssem ao Conselheiro a fama de monarquista.

A figura de Antônio Conselheiro, visto por uns como uma ameaça à república, por outros, como o redentor do povo sertanejo.

Em novembro de 1896, uma expedição de aproximadamente 100 homens do exército foi massacrada pelos seguidores do Conselheiro. Com o fracasso dessa primeira expedição, começou o drama da repressão armada ao movimento. Até outubro de 1897 o governo da Bahia e, depois, o governo federal enviaram sucessivas expedições, quase todas malsucedidas, conforme a seguinte cronologia:

- segunda expedição (janeiro de 1897) – com mais de 500 soldados, sob o comando do major Febrônio de Brito, levando inclusive metralhadoras e canhões; fracassou no caminho de Canudos.

- terceira expedição (março de 1897) – mais de 1 300 homens trazidos do Sul do país, comandados pelo coronel Moreira César, veterano vencedor da Revolução Federalista; também fracassou espetacularmente diante da resistência da população de Canudos.

- quarta expedição (junho de 1897) – com aproximadamente 15 mil soldados trazidos de todas as partes do país, montou-se um cerco a Canudos. Os combates prosseguiram durante os meses seguintes, sem que se chegasse a um termo. Mais tarde partiu do Rio de Janeiro o próprio ministro da Guerra, marechal Machado Bittencourt, com mais alguns milhares de reforços.

Submetido a intenso bombardeio pelas peças de artilharia do exército, com uma situação catastrófica no que se referia a suprimentos, o destino de Canudos parecia selado. No entanto, a população do arraial continuava a crescer, aproximando-se dos 30 mil habitantes. Chegava gente de todo o Nordeste, fazendo o possível para romper o cerco das tropas do governo e penetrar no interior de Canudos, demonstrando ser preferível morrer ao lado do Conselheiro a prosseguir em uma vida miserável e sem perspectivas. No dia 5 de outubro de 1897, Canudos foi finalmente derrotada, com os últimos defensores sendo mortos pelas tropas do governo.

> Euclides da Cunha, jovem repórter enviado pelo jornal paulista *O Estado de S. Paulo* para cobrir as operações militares, assim descreveu os últimos momentos do conflito:
>
> "Canudos não se rendeu. Exemplo único em toda a História, resistiu até o esgotamento completo. Expugnado palmo a palmo, na precisão integral do termo, caiu no dia 5, ao entardecer, quando caíram seus últimos defensores, que todos morreram. Eram quatro apenas: um velho, dous homens feitos e uma criança, na frente dos quais rugiam raivosamente cinco mil soldados.
>
> Forremo-nos à tarefa de descrever seus últimos momentos. Nem poderíamos fazê-lo. Esta página, imaginamo-la sempre profundamente emocionante e trágica; mas cerramo-la vacilante e sem brilhos.
>
> Vimos como quem vinga uma montanha altíssima. No alto, a par de uma perspectiva maior, a vertigem...
>
> Ademais não desafiaria a incredulidade do futuro a narrativa de pormenores em que se amostrassem mulheres precipitando-se nas fogueiras dos próprios lares, abraçadas aos filhos pequeninos?..."
>
> (CUNHA, Euclides da. Obra citada, p. 407.)

No dia 5 de novembro de 1897, Prudente de Morais foi vítima de um atentado, durante cerimônia de recepção das tropas vitoriosas que retornavam de Canudos. O soldado Marcelino Bispo disparou contra o presidente da República, mas acabou atingindo e ferindo mortalmente o ministro da Guerra. Desconfiou-se de imediato de uma conspiração florianista, embora nada de concreto tenha sido provado. De qualquer maneira, Prudente de Morais conseguiu habilmente declarar estado de sítio e realizar violenta perseguição policial contra os inimigos do regime. E foi justamente nesse momento que as oligarquias conseguiram garantir a concretização de seu projeto hegemônico.

O florianismo, principal força no exército (e, em grande parte, na sociedade brasileira), capaz de oferecer um projeto alternativo ao oligárquico, começou a se esfacelar. A própria posição política do exército ficou abalada, devido à incompetência da instituição nos combates de Canudos. O momento agora passava a ser marcado por um retorno aos quartéis. Afinal, como poderiam os militares ter qualquer pretensão à política se eles se mostraram profissionalmente incapazes de executar suas funções regulares?

A posse do próximo presidente, **Campos Sales**, paulista e cafeicultor, marcou o início de um incontestável domínio oligárquico na política brasileira.

Manuel Ferraz de Campos Sales (1841-1913): fortalecimento do regime oligárquico.

O apogeu da ordem oligárquica

Entre 1898 e 1914, viveu-se o apogeu da ordem oligárquica no Brasil. Essa periodização tem um caráter basicamente didático, uma vez que pudemos observar que a estruturação desse domínio vinha se articulando desde o final do período colonial: há tempos já existia uma forma bastante significativa de exercício do poder por parte da elite agrária brasileira. No entanto, o exercício desse poder, muitas vezes, se fazia de forma indireta, como, por exemplo, durante a monarquia.

Nesse período, a centralização política e a decorrente dependência de uma burocracia imperial impediam um domínio pleno sobre os mecanismos políticos por parte dos latifundiários; mesmo porque se, por um lado, essa vasta burocracia imperial era recrutada em meio às elites, por outro, essas elites eram muitas vezes nordestinas, isto é, tradicionais e decadentes do ponto de vista econômico, agarrando-se aos seus cargos como forma de evitar a queda total.

A situação passou a ser incontrolável a partir da expansão da lavoura cafeeira, a nova riqueza econômica do país. Nem tanto nos primeiros tempos, quando a aristocracia cafeeira, escravocrata e fluminense ou do vale do Paraíba paulista, adequou-se perfeitamente às estruturas burocráticas do Império. Mas, com a expansão do café rumo ao Oeste paulista e com a consequente formação de uma nova aristocracia cafeeira, menos dependente da escravidão, passou-se a questionar os antigos mecanismos políticos imperiais. Daí o advento da república.

Como vimos, a república se viabilizou por um golpe militar e, por isso, os militares permaneceram alguns anos à frente do poder, só sendo afastados do centro do cenário político no governo de Prudente de Morais. Esse governo, portanto, teve um caráter transitório e inaugural e, por isso, o tratamos de forma separada. Quanto aos demais governos do período inicial da República oligárquica, optamos por tratá-los de forma conjunta, enfatizando seus aspectos econômicos, sociais e políticos. Os presidentes que governaram o Brasil nessa fase foram: **Campos Sales** (1898-1902), **Rodrigues Alves** (1902-1906), **Afonso Pena** (1906-1909), **Nilo Peçanha** (1909-1910) e **Hermes da Fonseca** (1910-1914).

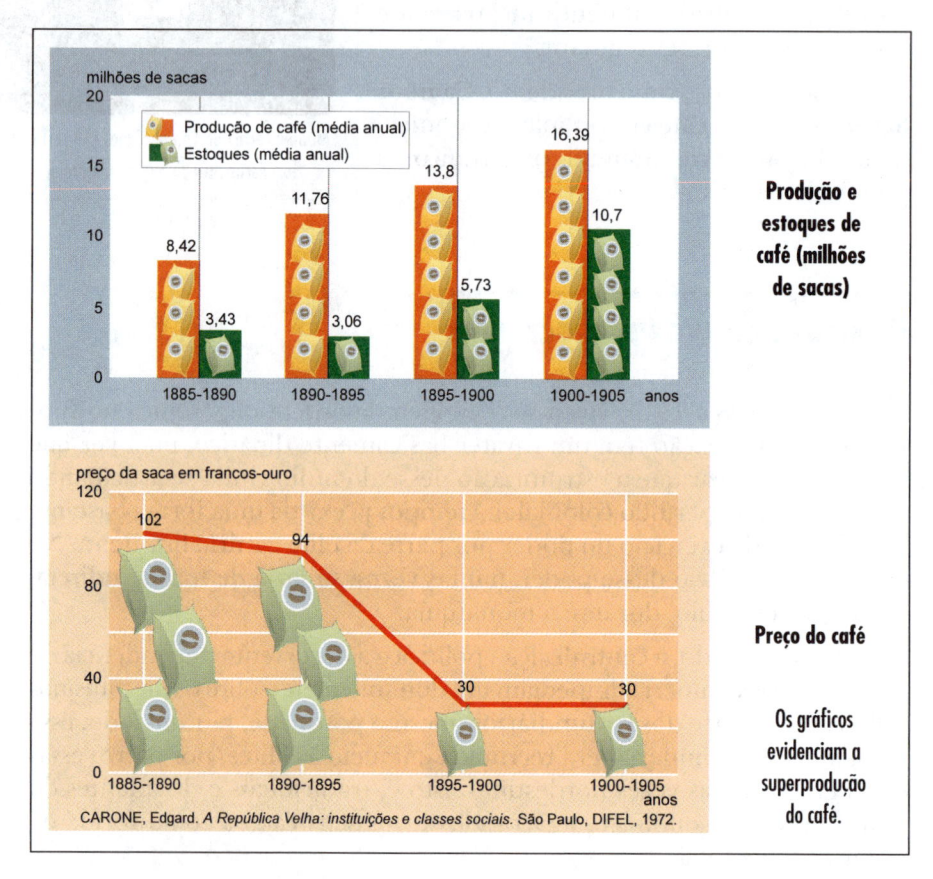

Produção e estoques de café (milhões de sacas)

anos	Produção de café (média anual)	Estoques (média anual)
1885-1890	8,42	3,43
1890-1895	11,76	3,06
1895-1900	13,8	5,73
1900-1905	16,39	10,7

Preço do café (preço da saca em francos-ouro)

anos	preço
1885-1890	102
1890-1895	94
1895-1900	30
1900-1905	30

CARONE, Edgard. *A República Velha: instituições e classes sociais.* São Paulo, DIFEL, 1972.

Os gráficos evidenciam a superprodução do café.

Durante esse período, as oligarquias exerceram o poder diretamente, principalmente por meio do seu setor mais avançado – o dos fazendeiros de café –, e sem as intermediações de outrora. Porém, foi justamente nesse período que começou a **crise do café**, com a queda brutal e constante dos preços do produto no mercado mundial. Não deixa de ser curioso observar que, justamente no momento em que a oligarquia cafeeira assumiu plenamente o contrôle político do país, suas bases econômicas estavam sendo corroídas. Dessa forma, a oligarquia cafeeira tudo fez para evitar a sua decadência econômica, inclusive a utilização maciça dos recursos do Estado; como veremos, essa foi uma característica marcante do período.

Economia: o combate à crise do café

A queda nos preços do café no mercado internacional abalou fortemente a economia brasileira, que dependia em grande parte das exportações do produto. De fato, por volta de 1900, o café correspondia seguramente a mais de 50% do valor das exportações brasileiras.

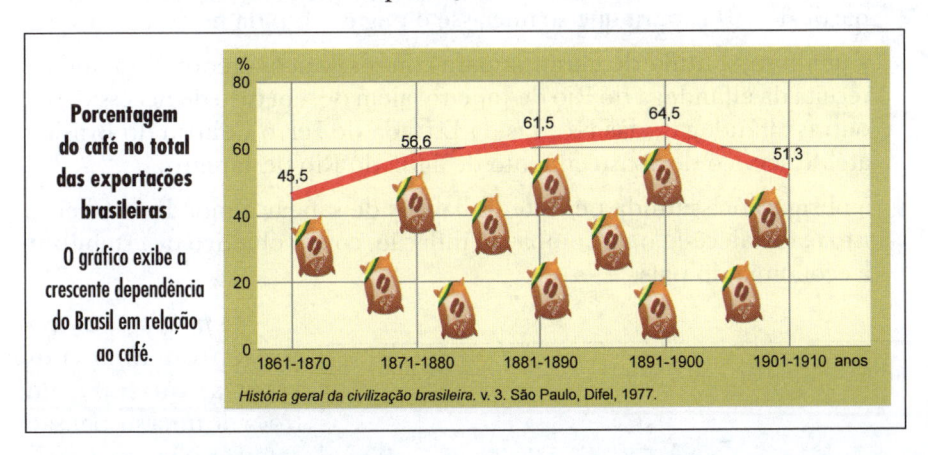

Porcentagem do café no total das exportações brasileiras

O gráfico exibe a crescente dependência do Brasil em relação ao café.

anos	%
1861-1870	45,5
1871-1880	56,6
1881-1890	61,5
1891-1900	64,5
1901-1910	51,3

História geral da civilização brasileira. v. 3. São Paulo, Difel, 1977.

"O maior responsável pela crise era sem dúvida o aumento das culturas. No período de 1890 a 1900 as plantações de São Paulo tinham duplicado (220 e 520 milhões de cafeeiros, respectivamente). Procura-se remediar o mal restringindo as culturas, e estabelecer-se-á em São Paulo (1902) um imposto sobre novas plantações. Aliás, a própria queda de preços e dificuldades de venda tinham já, por si, reduzido muito o ritmo de crescimento. No decênio seguinte ao citado (1901-1910), os cafeicultores paulistas aumentarão apenas de 150 milhões. Aliás, o mesmo fato observar-se-á nos demais países concorrentes do Brasil, onde se verifica mesmo um decréscimo da produção. Mas tudo isto não impedirá um desequilíbrio crônico entre a produção e o consumo mundiais. Alcançara-se nitidamente um teto de produção cafeeira pela saturação dos mercados consumidores."

(PRADO JR., Caio. História econômica do Brasil. 38. ed. São Paulo, Brasiliense, 1990. p. 229.)

Um dos efeitos da crise era a impossibilidade de pagar a dívida externa, que, como sabemos, vinha crescendo desde a independência. Agora, privados do acesso à moeda estrangeira, uma vez que o valor das exportações era decrescente, não tínhamos como cumprir nossas obrigações com os bancos credores. Além disso, a excessiva emissão de moeda dos primeiros anos da república, agravada pelos déficits crônicos na receita governamental, acabou por impulsionar a inflação.

Combate aos efeitos da crise: *funding-loan* e saneamento financeiro

O então presidente Campos Sales, mesmo antes de assumir o governo, em 1898, partiu em viagem para a Europa, a fim de estabelecer conversações com os bancos credores e tentar negociar uma saída para a questão da dívida externa. Acabou por acertar, em junho de 1898, o *funding-loan*, acordo entre o governo brasileiro e os bancos credores, notadamente a casa N. M. Rothschild & Sons, que, entre outras coisas, estabelecia:

- a concessão de um empréstimo "monstro" no valor de 10 milhões de libras esterlinas, a ser utilizado para o pagamento dos juros da dívida externa brasileira nos três anos seguintes;
- a concessão de um prazo de dez anos, além dos três iniciais, ou seja, a partir de 1911, para que se iniciasse o pagamento da nova dívida;
- a penhora, a título de garantia para com os bancos credores, de toda a receita da alfândega do Rio de Janeiro, além de, em caso de necessidade, outras alfândegas, das receitas da Estrada de Ferro Central do Brasil e até do serviço de abastecimento de água do Rio de Janeiro;
- a obrigação assumida perante os bancos de sanear a moeda brasileira, isto é, fortalecê-la pelo combate à inflação, com o objetivo de estabilizar a economia do país.

O *funding-loan* representou uma moratória, ou seja, em troca de uma suspensão temporária no pagamento da dívida externa, concordava-se no seu aumento e na ampliação dos prazos para pagá-la. Observe-se que, nos primeiros anos após a assinatura do acordo, o país viveu um período de relativa tranquilidade econômica. No entanto, a partir de 1911, a crise do café já deveria ter sido resolvida, caso contrário, a questão da dívida viria à tona novamente (e veio: em 1914, o presidente Hermes da Fonseca foi obrigado a negociar um novo *funding-loan*, em condições muito semelhantes às do primeiro).

A alfândega do Rio de Janeiro: suas rendas foram oferecidas aos bancos estrangeiros como garantia, no *funding-loan* (1898).

Ao voltar da Europa com a moratória já negociada, Campos Sales assumiu a presidência e nomeou para ministro da Fazenda Joaquim Murtinho, que ficou encarregado do combate à inflação, conforme estabelecido com os bancos credores. O ministro foi responsável pelo saneamento financeiro, que consistia, num primeiro momento, no combate ao déficit público. Nesse sentido, Joaquim Murtinho realizou um corte radical nos gastos do governo, inclusive com a paralisação quase total das obras públicas e o desestímulo às indústrias. Ao mesmo tempo, promoveu um aumento significativo na arrecadação de impostos, inclusive com a criação de novas taxas, dentre as quais destacaram-se as sobre o consumo, calçados, velas, fármacos, perfumes, vinagres e conservas.

Obteve-se assim o equilíbrio orçamentário, e o governo pôde reduzir drasticamente a emissão de papel-moeda, com resultados óbvios na queda da inflação. Na verdade, Joaquim Murtinho não apenas reduziu a emissão como começou a promover a eliminação física do papel-moeda, com a incineração de imensos lotes de dinheiro.

Para completar a política de saneamento financeiro, o ministro alterou a taxa de câmbio, valorizando o mil-réis em relação à libra inglesa. Os resultados foram os esperados: a inflação caiu acentuadamente, passando de 115,1% em 1896 para –7,4% em 1900, uma efetiva deflação, mas seus desdobramentos sobre a economia nacional colocaram dúvidas sobre o sucesso do plano. A diminuição, em volume, do meio circulante levou à recessão, com uma queda acentuada da atividade econômica em todo o país. A elevação indiscriminada dos impostos acabou por atingir todas as categorias sociais, principalmente os setores mais humildes, que não tinham como se defender e, além disso, enfrentavam um desemprego cada vez maior, devido à recessão.

A valorização cambial do mil-réis, por sua vez, acabou por baratear o preço dos produtos importados, em sua maioria industrializados, tornando difícil a sobrevivência da já fraca indústria nacional.

Podemos dizer que Joaquim Murtinho adotou medidas clássicas de combate à inflação, isto é, bem dentro do receituário monetarista, segundo o qual as questões financeiras podem ser tratadas de forma separada das questões ligadas à produção. As consequências da adoção de uma tal política costumam ser catastróficas em países como o Brasil, pobres e com um péssimo perfil de distribuição de renda. Aceitar a recessão como forma de combater a inflação significou simplesmente provocar o empobrecimento dos mais pobres, isto é, a fome. A morte. Observe-se também que políticas de cunho monetarista continuaram a ser adotadas indiscriminadamente no Brasil até recentemente.

Deve-se reconhecer que a inflação tem efeitos perniciosos que afetam basicamente os setores mais pobres; no entanto, combatê-la através de um sacrifício justamente desses setores parece ter, no fundo, algo equivocado. No mínimo são os que arcam com os custos dos projetos saneadores como se já não fossem as vítimas do modelo antecessor, a matriz da crise.

> Tomando o governo Campos Sales como um todo percebe-se que a sua grande preocupação foi basicamente buscar atrair o capital estrangeiro – o que, aliás, foi perfeitamente conseguido – através basicamente de demonstrar que o país era "confiável", ou seja, com um Tesouro estável e moeda forte. Não se considerava o preço dessa "estabilização", mas apenas e tão somente o resultado final. Porém, ao se abster de realizar reformas mais profundas na economia brasileira (que pudessem envolver, por exemplo, a distribuição de renda ou a eliminação do caráter dependente de nossa economia), a dupla Campos Sales-Joaquim Murtinho tornava quase inevitável o reaparecimento dos mesmos problemas num futuro nem tão distante.
>
> Para concluir, fica uma citação do ministro Joaquim Murtinho, que bem demonstra sua postura submissa a interesses externos e a mística daquilo que é privado, e de poucos, como se fosse nacional: "O emprego de capitais e operários em indústrias artificiais é um esbanjamento da fortuna nacional...".

Combate às causas da crise: a política de valorização do café

Até o governo de Campos Sales, as medidas econômicas adotadas visavam basicamente combater os efeitos da crise do café, pouco servindo para atingir suas causas. Em se considerando que as causas da crise se localizavam num excesso de produção mundial, e sendo o Brasil o principal produtor mundial desse gênero, a sua importante posição nesse mercado poderia ser utilizada em proveito de um aumento dos preços.

Iconographia, Colheita de café em Araraquara por imigrantes.

A política de valorização do café deu novo impulso à cafeicultura, ainda que às custas de prejuízos para o resto da economia do país.

Em 1906, reuniram-se os cafeicultores na cidade de Taubaté, vale do Paraíba, área cafeeira decadente. Combinou-se um plano de intervenção estatal na cafeicultura, com o objetivo de promover a elevação dos preços do produto e, assim, assegurar os lucros dos produtores:

o **Convênio de Taubaté**. Os governadores dos três principais estados produtores (São Paulo, Minas Gerais e Rio de Janeiro) concordaram em garantir a compra de toda a produção cafeeira com o objetivo de criar estoques reguladores. O café desses estoques seria vendido no mercado internacional conforme surgisse a demanda. Em outras palavras: antes do Convênio de Taubaté a enorme produção brasileira era comercializada desordenadamente no mercado mundial, com o excesso de oferta causando uma baixa nos preços. A partir do convênio, esse excesso seria evitado através da administração do estoque, que poderia, inclusive, ser utilizado para provocar uma falta do produto no mercado internacional, com a consequente elevação dos preços.

> "No segundo semestre de 1908, o presidente Afonso Pena encaminhou ao Congresso Nacional mensagem, solicitando autorização legislativa para que a União fosse fiadora de um empréstimo de até 15 milhões de libras, que São Paulo pretendia contrair. A proposta foi aprovada sem emendas, apesar da resistência de alguns congressistas. Eles concentraram suas críticas no favorecimento de São Paulo e no abandono dos demais estados da Federação. O deputado Pandiá Calógeras, por exemplo, eleito por Minas Gerais, disse do alto do seu conservadorismo que a nação inteira não podia se responsabilizar pelos desatinos da lavoura paulista, nem o proletariado brasileiro pagar pelos erros de São Paulo (...). Os primeiros resultados do esquema surgiram em 1909. Os preços internacionais do café começaram a subir e se mantiveram em alta até 1912, graças à retração da oferta provocada pela 'estocagem' e à diminuição no volume das safras."
>
> (FAUSTO, Boris. *História do Brasil*. São Paulo, Edusp/FDE, 1994. p. 267.)

Os primeiros resultados foram encorajadores, obtendo-se a tão esperada valorização do café. No entanto, alguns elementos dessa política teriam consequências nefastas para a economia do país. A compra da produção de café dos fazendeiros por um elevado preço fixo só foi possível graças à realização de um volumoso empréstimo externo pelos governos estaduais, envolvendo bancos ingleses e também norte-americanos, que iniciavam suas operações no Brasil. Além disso, caso a demanda internacional não fosse suficiente, os estoques excedentes deveriam ser destruídos, causando prejuízos óbvios, não para os cafeicultores, que já haviam recebido pela venda do café, mas para o governo, que havia bancado a compra da produção. Prejuízo para o governo é sinônimo de prejuízo para o conjunto da sociedade: é a socialização das perdas.

Finalmente, a política de valorização do café só poderia ter sucesso caso o Brasil possuísse o monopólio da produção mundial. Entretanto, tal não ocorria, e a própria elevação dos preços no mercado internacional acabou por estimular a produção de café em outros países, aumentando a concorrência e levando o plano ao naufrágio. Além disso, o governo brasileiro mantinha-se comprometido com a compra dos estoques nacionais, o que estimulava a superprodução, mesmo após o fracasso cada vez mais evidente da política de valorização.

Vista de embarque de café no porto de Santos no início do século XX. Com a valorização do produto no governo Afonso Pena, garantiu-se o café como o "ouro negro" das exportações e do poderio da elite nacional.

Como vimos, o conjunto de medidas foi adotado pelos governadores dos três principais estados produtores de café. O Convênio de Taubaté chegou a ser proposto para o governo federal, mas foi repudiado, em 1906, pelo então presidente Rodrigues Alves, que alegou a necessidade de conter gastos e deter a inflação, herança das políticas de Campos Sales-Joaquim Murtinho. No entanto, o presidente empossado no mesmo ano, o mineiro Afonso Pena, adotou a política de valorização do café, assim como todos os seus sucessores, pelo menos até Artur Bernardes (1922-1926), quando o estado de São Paulo passou a bancar sozinho a valorização. A oligarquia cafeeira havia encontrado um modo de evitar, ainda que temporariamente e por meios artificiais, a decadência econômica.

A borracha: alternativa ao café?

O desenvolvimento da indústria em diversos países estava a pleno vapor no início do século XX, podendo-se falar, inclusive, de uma "Segunda Revolução Industrial", que já estava ocorrendo desde a segunda metade do século anterior. Nesse contexto, novos setores industriais emergiram e outros se aprimoraram tecnologicamente, acarretando novas demandas no que se referia a matérias-primas.

O Brasil, tradicionalmente integrado à economia capitalista como área dependente e produtora dessas matérias-primas, foi solicitado a suprir parte das novas necessidades da indústria. Nesse contexto, vem a extração e a exportação em larga escala da borracha, produto fundamental para a próspera indústria de pneumáticos e, logo, também, para a de automóveis.

A borracha é extraída da seringueira, a *Hevea brasiliensis*, produto nativo das florestas tropicais da América, sendo a bacia do Amazonas a maior reserva natural da árvore. Já em 1887, a exportação de borracha atingiu as 17 mil toneladas e, a partir de então, o crescimento da exportação do produto foi bastante acelerado. O preço atingiu o seu máximo em 1910, quando as exportações de borracha foram responsáveis por 40% do valor das exportações brasileiras, aproximando-se das do café.

A extração era feita da forma mais primitiva possível, com os trabalhadores (às vezes nativos da região, outras vezes emigrantes nordestinos fugindo da seca) habitando em cabanas miseráveis nas margens dos rios e percorrendo a cada dia vários quilômetros em plena mata, buscando extrair a seiva utilizada na produção da borracha. Completamente isolados, esses trabalhadores sobreviviam no limite da subsistência, periodicamente vendendo sua mercadoria para os seringalistas, proprietários de vastos trechos de floresta de onde se extrai o produto. Estes, sim, prosperavam, vendendo grandes lotes de borracha para o exterior.

Palacete Bolonha, Belém, concluído em 1915. Inspirado no estilo neogótico europeu, em plena Amazônia!

"Menos que uma sociedade organizada, a Amazônia destes anos de febre de borracha terá o caráter de um acampamento. Enquanto a massa da população, os trabalhadores dos seringais, dispersos e isolados, se aniquilavam nas asperezas da selva e na dura tarefa de colher a goma, os proprietários dos seringais, os comerciantes e toda esta turbamulta marginal e parasitária de todas as sociedades deste tipo, se rolavam nos prazeres fáceis das cidades, atirando às mancheias o ouro que lhes vinha tão abundante da mata. A riqueza canalizada pela borracha não servirá para nada de sólido e ponderável. O símbolo máximo que ficará desta fortuna fácil e ainda mais facilmente dissipada é o Teatro Municipal de Manaus, monumento em que à imponência se une o mau gosto, e para onde se atraíam, a peso de ouro, os mais famosos artistas da Europa que embora incompreendidos neste meio de arrivistas, atestavam a riqueza de um mundo perdido no âmago da selva tropical americana."

(PRADO JR., Caio. *História econômica do Brasil*. 38. ed. São Paulo, Brasiliense, 1990. p. 240.)

A borracha, contudo, jamais foi uma alternativa ao café para a economia brasileira do início do século. Sua exploração teve o caráter estrito de um surto, com seu início, apogeu e decadência ocorrendo no espaço de tempo relativamente curto de aproximadamente 50 anos.

E, mesmo assim, a economia da borracha acabou provocando uma séria questão de política externa – a chamada **Questão do Acre** –, envolvendo Brasil e Bolívia em 1903, quando trabalhadores brasileiros, liderados pelo gaúcho Plácido de Castro, penetraram no Acre, até então boliviano. Depois de escaramuças com o exército daquele país, brasileiros e bolivianos assinaram um acordo, o tratado de Petrópolis, segundo o qual o Brasil anexaria o Acre e, em troca, pagaria uma pesada indenização de 2 milhões de libras esterlinas para a Bolívia.

Sociedade: lutas e frustrações

A revolta popular de 1904

"O meu programa de governo vai ser muito simples. Vou limitar-me quase exclusivamente a duas coisas: o saneamento e o melhoramento do porto do Rio de Janeiro." Com essas palavras, **Rodrigues Alves** despediu-se de amigos na capital paulista ao embarcar para assumir a presidência da República no Rio de Janeiro. De fato, seu governo, entre 1902 e 1906, foi marcado, em termos econômicos, pela tranquilidade provocada pela recente assinatura do *funding-loan* (1898), além da prosperidade causada pelo surto da borracha, próximo do seu auge. A disponibilidade de recursos, bem como a tomada de novos empréstimos no exterior, fez com que o presidente pudesse seguir à risca seu "programa de governo".

A cidade do Rio de Janeiro foi reconstruída, principalmente o seu centro. De velha cidade colonial, com ruas estreitas, atravancadas e insalubres, passou a moderna capital de uma moderna república, nitidamente inspirada em Paris e em seus recentes planos de urbanização. Largas avenidas, inspiradas nos bulevares franceses do arquiteto Haussmann, ornadas por edifícios construídos no melhor estilo eclético europeu, então na moda, e apresentando suas belíssimas e rebuscadas fachadas aos olhos dos transeuntes. Tudo isso ajudava a fazer do Rio de Janeiro uma moderna Paris tropical à beira-mar.

No centro das atenções, a avenida Central, hoje Rio Branco.

"(...) ficou pronta dezoito meses após ter sido iniciada em 29 de fevereiro de 1904. Foi inaugurada duas vezes: em 7 de setembro de 1904, em comemoração ao final das demolições e em 1905, para celebrar a construção da avenida, no aniversário da proclamação da República, a 15 de novembro. Ambas inaugurações foram tratadas como eventos de imensa importância para o país, tendo o presidente Rodrigues Alves presidido concorridas cerimônias, registradas em solenes coberturas jornalísticas e em reportagens fotográficas. O empreendimento foi considerado miraculoso tanto por sua rapidez como pela comoção pública que causou. Em um ano e meio, foram destruídas cerca de 590 edificações na Cidade Velha e pequenos trechos dos morros do Castelo e São Bento. Pronta, a avenida estendia-se por 1 996 metros, com uma largura de 33 metros — dimensões verdadeiramente revolucionárias para a América do Sul.

A avenida havia sido planejada com objetivos que ultrapassavam em muito as necessidades estritamente viárias — ela foi concebida como uma proclamação. Quando, em 1910, seus edifícios ficaram prontos, e o conceito de avenida se completou, uma magnífica paisagem urbana passou a embelezar o Rio. A Capital Federal possuía agora um bulevar verdadeiramente 'civilizado' — duas muralhas paralelas de edifícios que exibiam o máximo de bom gosto existente — e um monumento ao progresso do país."

(NEEDELL, Jeffrey D. *Belle époque tropical*. São Paulo, Companhia das Letras, 1993. pp. 60-1.)

O custo social, entretanto, foi bastante elevado. Vastos contingentes de populares foram sumariamente expulsos de suas habitações para dar passagem ao "progresso", ao "moderno". Derrubaram-se os cortiços, ergueram-se belos edifícios, construiu-se enfim um cenário deslumbrante para as elites poderem representar a sua farsa. Mas sobrou o povo que, não esqueçamos, era a principal vítima das medidas de combate à inflação iniciadas por Joaquim Murtinho anos antes, porém ainda em vigor. A tensão social no Rio de Janeiro era explosiva.

A avenida Central, marco da nova Rio de Janeiro que se moderniza, ainda que criando mais exclusão social.

Nesse ambiente, iniciou-se o saneamento da cidade, planejado e executado pelo sanitarista **Oswaldo Cruz**. Era necessário combater a peste bubônica, a malária e a varíola, que afligiam os habitantes da cidade. Nesse sentido, aprovou-se, em outubro de 1904, a lei que instituiu a vacinação obrigatória contra a varíola. Foi o estopim para a revolta popular de 1904, muitas vezes chamada de **Revolta da Vacina**. Ignorante quanto aos efeitos da vacina, com uma moral que rejeitava a exposição de partes do corpo (por exemplo, os ombros das senhoras) a agentes sanitários do governo, insuflado pelos últimos remanescentes de uma oposição jacobina e positivista, mas, principalmente, humilhado por um poder público autoritário e violento, o povo do Rio de Janeiro revoltou-se.

As ruas e avenidas elegantes foram tomadas de assalto. Barricadas foram erguidas, durante uma semana a capital da República foi palco de violentos combates, até que as forças da polícia e do exército conseguiram reprimir os rebeldes. O objetivo da revolta? Nenhum em particular.

> "A revolta não visava ao poder, não pretendia vencer, não podia ganhar nada. Era somente um grito, uma convulsão de dor, uma vertigem de horror e indignação. Até que ponto um homem suporta ser espezinhado, desprezado e assustado? Quanto sofrimento é preciso para que um homem se atreva a encarar a morte sem medo? E quando a ousadia chega nesse ponto, ele é capaz de pressentir a presença do poder que o aflige nos seus menores sinais: na luz elétrica, nos jardins elegantes, nas estátuas, nas vitrines de cristal, nos bancos decorados dos parques, nos relógios públicos, nos bondes, nos carros, nas fachadas de mármore, nas delegacias, agências de correio e postos de vacinação, nos uniformes, nos ministérios e nas placas de sinalização. Tudo que o constrange, o humilha, o subordina e lhe reduz a humanidade. Eis os seus alvos, eis as fontes de sua revolta, e o seu objetivo é sentir e expor, ainda que por um gesto radical, ainda que por uma só e última vez, a sua própria indignidade."
>
> (SEVCENKO, Nicolau. *A Revolta da Vacina*. São Paulo, Scipione, 1994. Coleção História em aberto. p. 67.)

Outras revoltas: a da Chibata (1910) e a do Contestado (1914)

Em novembro de 1910, revoltaram-se os marinheiros a bordo dos navios de guerra da marinha, notadamente os poderosos couraçados Minas Gerais e São Paulo. Construídos em estaleiros ingleses, os dois navios eram considerados dentre os mais poderosos do mundo, pelo menos quando foram comissionados na marinha. No entanto, a bordo, a situação era bastante tensa. Sobrevivia um velho regimento disciplinar que, entre outros exageros, previa castigos corporais violentos com utilização da chibata, inclusive para infrações leves. O mau tratamento dado aos marujos por parte dos oficiais, aliado às más condições de alojamento e alimentação, serviu de estopim para a revolta.

Sob o comando de **João Cândido**, marinheiro negro e analfabeto, sublevaram-se os dois grandes navios. Enviou-se uma mensagem ao recém-empossado presidente da República, Hermes da Fonseca (1910-1914), solicitando o fim dos castigos com a chibata na marinha brasileira. Ameaçavam inclusive bombardear a cidade do Rio de Janeiro com os poderosos canhões de 12 polegadas (305 milímetros).

Face ao poder de fogo dos rebeldes, o governo aceitou estabelecer negociações, determinando, a princípio, a entrega dos navios em troca do perdão aos líderes do movimento e da promessa de discutir a abolição da chibata na marinha.

Poucos dias depois, os fuzileiros navais, estacionados na ilha das Cobras, Rio de Janeiro, estimulados pela aparente vitória de seus colegas marinheiros, revoltaram-se em defesa de propostas semelhantes àquelas dos marujos. Sem contar com o poder de fogo intimidador dos marinheiros, os fuzileiros não conseguiram sequer estabelecer negociações com o governo, que reprimiu violentamente o movimento. Aliás, em meio à repressão aos fuzileiros, o governo decretou estado de sítio, aproveitando para aprisionar os principais líderes da **Revolta da Chibata**, desrespeitando a anistia concedida anteriormente. Dos 600 prisioneiros, poucos sobreviveram aos maus-tratos na prisão ou aos trabalhos forçados na Amazônia, num ato de arbitrariedade poucas vezes igualado na história da república.

A Revolta da Chibata se insere no contexto das rebeliões sociais da República Velha. João Cândido é o marinheiro assinalado.

Semelhante desfecho sangrento teve a Revolta do **Contestado**, apesar do número de vítimas na repressão a esse movimento ter sido muito maior. Suas origens remontam ao isolamento e abandono em que vivia a população de um vasto território situado entre os estados do Paraná e Santa Catarina, numa área "contestada" pelos dois governos estaduais.

Enquanto esteve abandonado, o território permaneceu distante de qualquer atenção oficial, atraindo grupos marginalizados de origens diversas. Lá se desenvolveram comunidades místicas em torno de líderes messiânicos, sendo o principal deles o "monge" **José Maria**, supostamente irmão de outro líder messiânico da região no final do século XIX, João Maria. O movimento em muito se assemelha ao episódio de Canudos, embora não tenha tido um Euclides da Cunha para destacá-lo.

Ao criar uma alternativa ao poder político dos coronéis e com a disposição até de enfrentá-los, o movimento do Contestado representava, do ponto de vista das elites, um tumor a ser estirpado. E foi o que aconteceu. A partir do final de 1913, começaram a ser enviadas tropas para exterminar as comunidades populares da região e, após alguns percalços iniciais, procedeu-se ao massacre metódico dos habitantes da região.

> A República brasileira foi criada dentro do ideário de modernização, a própria palavra "progresso" foi estampada na bandeira republicana. Assim, "modernizou-se" o sistema político, modernizaram-se também o Rio de Janeiro, a Marinha de Guerra, etc... Tudo na jovem República parecia levar inexoravelmente ao novo, à modernidade, ao século XX, pelo menos na aparência. Na essência, porém, continuava a existir uma economia exclusivamente agrícola, ultrapassada, dependente, geradora de desigualdades. Daí os pobres, os miseráveis, os membros de seitas místicas, os Conselheiros; teimando em permanecer arcaicos numa República que se pretendia moderna. Este era o caráter contraditório da nossa pretensa modernização republicana: modernização de ideias, de aparências, entrando em choque com um sistema econômico anacrônico na sua base. Contra os que teimavam em ser ultrapassados, os pobres que ainda existiam apesar da aparência que os ocultava, só restava a alternativa do extermínio: não existia lugar para eles no ideário da República. Não foi a única batalha do "progresso" na história republicana, mas os resultados respeitaram quase invariavelmente a sua essência excludente.
>
> "Nunca se contaram os mortos da revolta da Vacina (...). Os massacres em geral não ostentam rigor pela precisão. Sabe-se quantos morreram em Canudos, no Contestado ou na Revolução Federalista – para só ficarmos nas grandes chacinas da Primeira República? A matança coletiva dirige-se, via de regra, contra um objeto unificado por algum padrão abstrato, que retira a humanidade das vítimas: uma seita, uma comunidade peculiar, uma facção política, uma cultura, uma etnia. Personificando nesse grupo assim circunscrito todo o mal e toda ameaça à ordem das coisas, os executores se representam a si mesmos como heróis redentores, cuja energia implacável esconjura a ameaça que pesa sobre o mundo. O preço a ser pago pela sua bravura é o peso de seu predomínio. A cor das bandeiras dos heróis é a mais variada, só o tom do sangue de suas vítimas permanece o mesmo ao longo da história."
>
> (SEVCENKO, Nicolau. Obra citada, p. 9.)

Mecanismos políticos do poder oligárquico

No período que examinamos, as oligarquias exercem o monopólio político sobre o Brasil. Isso significa que, de acordo com o que autorizava a Constituição de 1891, exercem o poder em todos os níveis: federal, estadual e municipal. Examinemos separadamente como se articulava o poder oligárquico nesses três níveis.

O nível federal: a política do café com leite

O poder político no nível federal era exercido pelo presidente da República. Com o objetivo de controlar a presidência e, assim, defender seus interesses privados, as oligarquias paulista e mineira, respectivamente do PRP (Partido Republicano Paulista) e do PRM (Partido Republicano Mineiro), formalizaram uma aliança que previa a alternância de políticos dos dois estados no cargo máximo do executivo. Tal acordo não foi realizado de imediato, logo após o 15 de novembro, mas resultou de longas articulações políticas, mesmo porque, se, por um lado, a oligarquia paulista rapidamente cerrou fileiras em torno do PRP após a proclamação, o mesmo não se pode dizer dos mineiros, que só resolveram suas dissidências internas em 1897.

Os três primeiros presidentes civis – Prudente de Morais, Campos Sales e Rodrigues Alves – foram todos paulistas. O primeiro mineiro a ocupar a presidência, a partir de 1906, foi Afonso Pena. As razões da aliança entre esses dois estados devem-se ao fato de que, juntos, aliavam o poder econômico, proveniente do café (São Paulo era o principal produtor do país), ao poder político, isto é, aos votos de Minas, que era o estado com maior número de eleitores.

Charge de Raul, *Revista da Semana*, 3/3/1917, Iconographia.

Através da política do café com leite, paulistas e mineiros alternavam-se na presidência da República.

O sistema garantia sucessões presidenciais isentas de traumas ou modificações substanciais na condução do Estado brasileiro por parte das oligarquias, uma vez que o PRM e o PRP representavam estritamente os mesmos interesses e se apoiavam mutuamente. No entanto, o controle político exercido por paulistas e mineiros só seria incontestável se houvesse o apoio dos outros estados da Federação. Afinal, não podemos esquecer que o presidente da República, em última análise, deveria sempre estar submetido ao poder legislativo.

O primeiro presidente a necessitar do apoio dos estados, isto é, das bancadas estaduais no legislativo, para colocar em prática sua política foi Campos Sales (1898-1902). E foi ele justamente o idealizador do mecanismo de articulação do poder central com as oligarquias estaduais: a política dos governadores.

O nível estadual: a política dos governadores

Também chamada por seu criador de "política dos estados", consistia basicamente em um acordo entre o presidente da República e os governadores dos estados, segundo o qual estes apoiariam o presidente da República que, em troca, não interviria nos assuntos dos estados.

Explicando melhor: em primeiro lugar, os governadores apoiavam o presidente, não apenas concordando com sua política, mas também fazendo o possível para eleger uma bancada de deputados e senadores que iriam ao Congresso representar o seu estado e apoiar incondicionalmente o presidente. Todos os meios eram válidos para eleger deputados e senadores "dóceis", inclusive a fraude eleitoral. Por outro lado, o presidente não faria intervenções nos estados, viabilizando a eternização no poder de certos grupos oligárquicos locais, às vezes representados por famílias. Esses grupos aproveitavam-se da fraude realizada em benefício do presidente da República e também fraudavam as eleições estaduais em benefício próprio.

Combatida por poucos, a fraude eleitoral foi um procedimento corriqueiro durante a República Velha.

Outro mecanismo utilizado para garantir o apoio das bancadas estaduais no Congresso Nacional foi a instalação da Comissão Verificadora de Poderes, que funcionava da seguinte forma: se, por acaso, e apesar da evidente fraude eleitoral, fosse eleito para o Congresso um deputado de oposição, este simplesmente não seria diplomado e empossado. A Comissão Verificadora de Poderes se encarregava de "degolar" as oposições, conforme o jargão político da época.

O nível municipal: o coronelismo

Todo o sistema político da República Velha fundava-se na fraude, mesmo porque o voto não era secreto, o que permitia sua manipulação. O exercício da fraude eleitoral e da manipulação de votos, em geral, estava a cargo dos "coronéis", grandes latifundiários espalhados pelos municípios. Detentores de poder econômico, uma vez que controlavam a lavoura para exportação, tinham também prestígio social e poder político nas suas localidades. Exerciam uma forma de **clientelismo**, estabelecendo seu controle sobre a população mais pobre, que vivia sob sua influência.

De fato, a inexistência de qualquer serviço público à disposição dessa população e a própria impossibilidade (ou desinteresse) do Estado em protegê-la abriam caminho para o exercício do poder dos coronéis. Eles tomavam setores da população sob sua proteção, exercendo um tipo de assistencialismo primitivo, mas aceito na falta de qualquer outro. Em troca, os coronéis exigiam obediência total da população sob sua influência, e essa situação se manifestava, por exemplo, nas eleições, quando cada coronel controlava um verdadeiro "curral" eleitoral, um "depósito" de votos, utilizado de acordo com os interesses do momento. Esse voto dirigido também é conhecido como o **voto de cabresto**, até porque não era raro que o coronel recorresse à violência para "convencer" o eleitorado a votar num candidato seu.

Finalmente, os coronéis podiam apenas e tão somente fraudar as eleições, por meio da intimidação dos eleitores, do roubo de urnas, da falsificação de títulos de eleitor e infinitos outros artifícios.

De posse de um número bastante grande de votos, o coronel o negociava com o governador do seu estado, isto é, oferecia os votos em troca de um benefício qualquer. Dessa forma, o voto fraudado pelos coronéis saía dos municípios, elegia governadores de um grupo oligárquico estadual e chegava até a presidência da República, sendo canalizado para o candidato paulista ou mineiro.

Os poderosos "coronéis" exerciam o controle das populações rurais.

> "Seria errôneo, porém, pensar que os 'coronéis' dominaram a cena política na Primeira República. Em primeiro lugar, lembremos que outros grupos, expressando diversos interesses urbanos, tiveram papel significativo na condução da política. Além disso, apesar de serem importantes para a sustentação da base do sistema oligárquico, os 'coronéis' dependiam de outras instâncias para manter o seu poder. Entre essas instâncias, destacava-se, nos grandes Estados, o governo estadual que não correspondia a um ajuntamento de 'coronéis'. Os 'coronéis' forneciam votos aos chefes políticos do respectivo Estado, mas dependiam deles para proporcionar muitos dos benefícios esperados pelos eleitores. Isso ocorria sobretudo quando os benefícios eram coletivos, quando se tratava, por exemplo, de consertar estradas ou instalar escolas.
>
> O coronelismo teve marcas distintas, de acordo com a realidade sociopolítica de cada região do país. Um exemplo extremo do poder dos 'coronéis' se encontra em áreas do interior do Nordeste, em torno do rio São Francisco, onde surgiram verdadeiras 'nações de coronéis', com suas forças militares próprias.
>
> (...)
>
> Em contraste, nos Estados mais importantes, os 'coronéis' dependiam de estruturas mais amplas, ou seja, a máquina do governo e o Partido Republicano."
>
> (FAUSTO, Boris. Obra citada, pp. 263-4.)

Abalos na ordem oligárquica: governo de Hermes da Fonseca (1910-14)

Em 1909, faleceu o presidente da República Afonso Pena, e assumiu seu vice, Nilo Peçanha, que acabou por completar o mandato do titular até o ano seguinte. Nesse curto período, observamos o primeiro abalo no recém--criado mecanismo político-oligárquico. O marechal Hermes da Fonseca já vinha articulando sua candidatura a presidente há algum tempo e, no processo, acabou por seduzir o PRM. Os paulistas, que ainda mantinham viva a lembrança dos primeiros e agitados anos da república e, por isso mesmo, rejeitando um novo governo militar, romperam com Minas Gerais e partiram em busca de um candidato próprio.

A candidatura de Hermes da Fonseca decolou. Além de contar com o apoio mineiro, Hermes logo atraiu a simpatia do presidente em exercício, Nilo Peçanha. No entanto, a grande façanha do grupo hermista foi obter o apoio do senador gaúcho **Pinheiro Machado**. O Rio Grande do Sul, estado de grande importância econômica e peso eleitoral dentro da Federação, vinha buscando uma maior participação na esfera política. Pinheiro Machado conseguiu esse intento com a criação de um bloco parlamentar, o bloco "pinheirista", mais tarde formalizado com o nome de PRC, Partido Republicano Conservador, e que reunia as bancadas dos pequenos estados.

A tomada de posição de Pinheiro Machado e Nilo Peçanha arrastou para o lado de Hermes da Fonseca praticamente todos os estados da Federação. São Paulo ficou só. Os paulistas conseguiram atrair o intelectual **Rui Barbosa**, oferecendo-lhe a candidatura de presidente numa chapa de oposição a Hermes da Fonseca. Com isso, conseguiram o apoio da oligarquia da Bahia, estado de origem de Rui Barbosa, bem como o voto urbano em todo o Brasil. Observemos que o voto urbano, apesar de numericamente inferior ao rural, era bem menos passível de fraude; além disso, o eleitorado urbano era particularmente sensível ao discurso modernizador e até industrializador de Rui Barbosa.

Com recursos paulistas, Rui lançou a **Campanha Civilista**, a primeira campanha presidencial moderna realizada no Brasil, com o candidato Rui Barbosa percorrendo o país, fazendo discursos, comícios; tentando, enfim, seduzir o eleitorado. Apesar da Campanha Civilista, a máquina coronelística deu vitória ao candidato da situação, Hermes da Fonseca.

A Campanha Civilista de Rui Barbosa (de terno claro, na foto): primeira campanha presidencial relativamente equilibrada na República Velha.

Não se imagine que o novo presidente, apenas por ser militar, era sensível a ideias modernizadoras ou industrialistas, como ocorreu nos governos militares de Deodoro da Fonseca e Floriano Peixoto. Hermes da Fonseca governou o país de forma bastante conservadora do ponto de vista econômico, permanecendo, inclusive, atrelado aos planos de valorização do café. No plano político, porém, Hermes realizou uma sistemática intervenção nos estados, promovendo a substituição de grupos oligárquicos por outros. Chamamos o processo de **Política das Salvações**.

A causa da Política das Salvações liga-se à própria forma como se deu a ascensão de Hermes da Fonseca, numa eleição disputada. Assim, se a oligarquia do estado da Bahia apoiou Rui Barbosa, por que mantê-la no poder? Da mesma forma, o crescimento do poder de Pinheiro Machado, verdadeira "eminência parda" do período (isto é, possuidor de um poder político bastante grande, apesar de não ocupar nenhum cargo decisivo), acabou tornando-se intolerável por criar uma alternativa ao monopólio político exercido por São Paulo e Minas. Então, por que não promover intervenções nos estados pinheiristas, substituindo uma oligarquia fiel ao senador gaúcho por um grupo mais ligado ao presidente?

> "Legalmente, o governo central intervinha nos Estados no 'vazio do poder', isto é, quando dois candidatos, confirmados por duas assembleias, falsificando duas listas eleitorais, confirmavam duas vitórias. A violência gerada foi o pretexto para que as tropas federais, 'salvando a pureza das instituições republicanas', implantassem a paz e confirmassem a preferência do candidato que gozasse das preferências do governo central.
>
> As 'salvações' foram acontecimento de âmbito nacional. Obtiveram êxito no norte, mas no sul, feudo de Machado, a intervenção foi detida antes que pudesse realizar-se..."
>
> (MENDES JR., Antonio & MARANHÃO, Ricardo. Obra citada. v. 3, p. 246.)

As "salvações" foram realizadas nos estados da Bahia, Pernambuco e Alagoas com sucesso, enquanto na Paraíba, Piauí e Rio Grande do Sul fracassaram. Um caso particular foi o do Ceará, onde o coronel do exército Franco Rabelo candidatou-se ao cargo de governador em 1912, com o apoio da oposição estadual. Durante a campanha, o governador Nogueira Acioli, pinheirista, representando a situação, desencadeou violenta perseguição aos seus adversários, utilizando, inclusive, forças policiais do estado e agindo com extrema violência. Pressionado, acabou renunciando, abrindo caminho, assim, para a vitória de Rabelo.

Entretanto, o deputado Floro Bartolomeu iniciou a reação, revoltando-se contra o novo governador. Era a **Revolução Cearense**, de 1914. Tomou a cidade de Juazeiro e, abençoada pelo padre Cícero Romão Batista, rumou em direção à capital do estado, onde derrubou o governador e promoveu o retorno de Nogueira Acioli, ou seja, de um político ligado a Pinheiro Machado.

O episódio demonstra que os mecanismos político-oligárquicos, apesar de adequados à finalidade para que foram criados, estavam longe da perfeição. O imobilismo gerado pela política dos governadores, por meio da qual o mesmo grupo oligárquico permaneceria eternamente no poder, gerava forte insatisfação junto a outros grupos oligárquicos dos estados.

O senador Pinheiro Machado exercia grande influência sobre o governo federal, graças à verdadeira "máquina" por ele montada no Congresso.

O próprio monopólio político em nível federal de São Paulo e Minas Gerais levava ao descontentamento outros estados, notadamente o Rio Grande do Sul.

As eleições de 1910 foram as primeiras verdadeiramente disputadas na República Velha. Outros abalos se seguiriam. A própria emergência de novos grupos sociais e a rearticulação política do exército em novas bases iriam aprofundar uma crise que, de resto, já se anunciava.

Questões

1. Aponte as principais causas da Guerra de Canudos.
2. Em que medida o episódio de Canudos serviu para consolidar o predomínio político dos civis na república?
3. O que foi o *funding-loan* de 1898?
4. Caracterize a política de saneamento financeiro de Joaquim Murtinho.
5. O que foi o Convênio de Taubaté e o que dele resultou?
6. Quais os mecanismos de valorização do café adotados pelos governos da República Velha a partir de 1906?
7. Comente a frase: "Com certeza, a revolta popular ocorrida no Rio de Janeiro em 1904 teve na lei da vacina obrigatória apenas a sua causa imediata".
8. Explique a frase de Washington Luís, presidente entre 1926 e 1930: "A questão social é caso de polícia".
9. Relacione os seguintes elementos componentes da República Velha: política do café com leite/política dos governadores/coronelismo.
10. O que era a "degola" das oposições?
11. Quais as forças em disputa nas eleições de 1910 que culminaram na Campanha Civilista de Rui Barbosa? Qual seu resultado?
12. Em que consistiu o "salvacionismo" aplicado durante o governo de Hermes da Fonseca?

Capítulo 11

O declínio das oligarquias (1914-30)

a Política das Salvações, praticada durante o governo Hermes da Fonseca, demonstrou que o mecanismo de domínio oligárquico no Brasil estava longe de ser perfeito ou imune a crises. Na verdade, uma análise desse mecanismo nos sugere que ele não apenas era sujeito a crises como tendia a criá-las.

Hermes Rodrigues da Fonseca (1855-1923): os choques entre as oligarquias, tão típicos do seu governo, pareciam inaugurar uma era.

Todo o sistema político da República Velha era marcado pelo imobilismo: o presidente da República era ou paulista ou mineiro e os governadores dos estados sempre pertenciam às mesmas famílias ou grupos oligárquicos. Isso acabou por gerar insatisfações, uma vez que certos setores estavam irremediavelmente condenados à oposição, fossem grupos ou famílias dentro dos estados, fossem oligarquias que não a mineira ou paulista no nível federal. O descontentamento desses elementos era inevitável e, fatalmente, conduziria ao rompimento do pacto político, originando as **oligarquias dissidentes**.

As dissidências oligárquicas tendiam a ser cada vez mais frequentes, conforme evoluía a República Velha, e demonstravam a corrosão interna de todo o sistema. Já observamos que os grupos que detinham o monopólio do poder político no país dele se aproveitavam para obter vantagens econômicas excepcionais, a exemplo da política de valorização do café. No entanto, a situação econômica do país era tal que existiam muitos grupos oligárquicos disputando um poder incapaz de garantir os privilégios de todos. Os choques eram inevitáveis.

Além da corrosão interna do sistema, as oligarquias ainda enfrentavam problemas externos a elas que contribuíram para enfraquecê-las ainda mais. O Brasil passava por transformações sociais e econômicas que, apesar de representarem um processo de longo prazo, acrescentavam elementos novos no jogo político nacional. As transformações econômicas provocaram o surgimento de novas classes sociais ou, pelo menos, o fortalecimento de grupos recentemente formados e até então muito frágeis. Esses novos grupos sociais, essencialmente urbanos, logo demonstraram sua força, com reivindicações próprias e atuação política independente, quase sempre contrárias às oligarquias. Finalmente, o exército, calado desde o episódio de Canudos, voltou a se manifestar politicamente por meio de suas jovens lideranças, embora defendendo ideias não necessariamente novas.

Dessa forma, o período que se inicia em 1914 foi bastante agitado, com o enfraquecimento da ordem oligárquica e sua posterior queda em 1930. Os presidentes do período foram: **Venceslau Brás** (1914-1918), **Delfim Moreira** (1918-1919), **Epitácio Pessoa** (1919-1922), **Artur Bernardes** (1922-1926) e **Washington Luís** (1926-1930).

As transformações sociais e econômicas

Ao longo da República Velha (1889-1930), o Brasil passou por transformações sociais e econômicas cujos efeitos, apesar de muito importantes, só se fariam sentir a longo prazo. É o caso, por exemplo, da expansão demográfica, já normalmente acelerada no país e intensificada no período devido ao prosseguimento da imigração europeia.

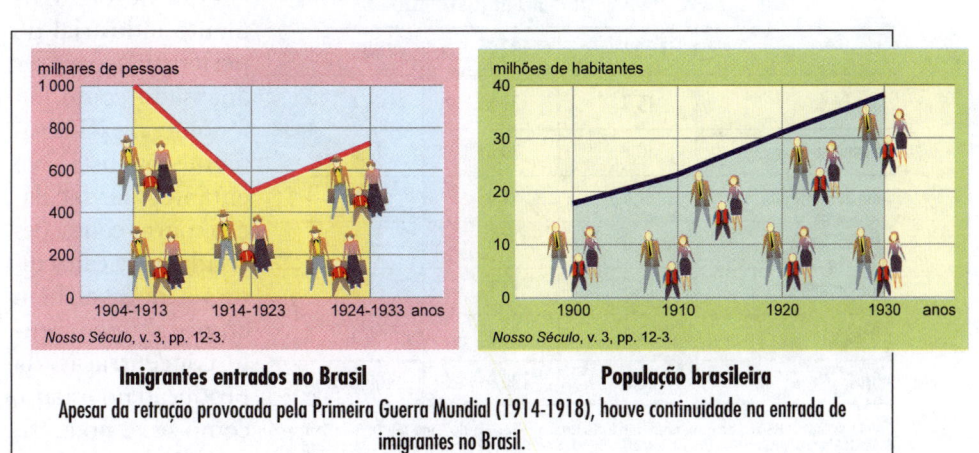

Imigrantes entrados no Brasil

População brasileira

Apesar da retração provocada pela Primeira Guerra Mundial (1914-1918), houve continuidade na entrada de imigrantes no Brasil.

A entrada de imigrantes e sua concentração no Sul e Sudeste do Brasil fizeram com que essas regiões apresentassem um crescimento populacional mais acelerado que as demais. Além disso, uma porcentagem significativa da população do país, sobretudo dessas regiões, habitava cidades cada vez maiores. A urbanização refletia uma maior diversificação da economia, bem como o desenvolvimento de uma infraestrutura ligada aos transportes (basicamente ferrovias), comércio, bancos e meios de comunicação, como telégrafo, jornal e, principalmente, rádio. O número de cidades brasileiras com mais de cem mil habitantes passou de quatro em 1900 para cinco em 1910, seis em 1920 e onze em 1930, sem falar de outros tantos centros urbanos menores, mas em franco crescimento.

No entanto, a transformação mais significativa verificada no período foi o desenvolvimento das indústrias, principalmente no estado de São Paulo.

> "O crescimento industrial paulista data do período posterior à abolição da escravatura, embora se esboçasse desde a década de 1870. Originou-se de pelo menos duas fontes inter-relacionadas: o setor cafeeiro e os imigrantes. Os negócios do café lançaram as bases para o primeiro surto da indústria por várias razões: em primeiro lugar ao promover a imigração e os empregos urbanos vinculados ao complexo cafeeiro, criaram um mercado para produtos manufaturados; em segundo, ao promover os investimentos em estradas de ferro, ampliaram e integraram esse mercado; em terceiro ao desenvolver o comércio de exportação e importação contribuíram para a criação de um sistema de distribuição de produtos manufaturados. Por último, lembremos que as máquinas industriais eram importadas e a exportação de café fornecia os recursos em moeda estrangeira para pagá-las.
>
> Membros da burguesia do café tornaram-se investidores em uma série de atividades. Um exemplo significativo é o do senador Lacerda Franco, fazendeiro e fundador de uma empresa corretora de café. Proclamada a República, obteve a concessão para criar um banco de emissão e iniciou uma grande fábrica de tecidos em Sorocaba. Mais tarde, fundou outra menor em Jundiaí, uma companhia telefônica e foi diretor da Companhia Paulista de Estradas de Ferro."
>
> (FAUSTO, Boris. *História do Brasil*. São Paulo, Edusp/FDE, 1994. p. 287.)

CONCENTRAÇÃO DA PRODUÇÃO INDUSTRIAL (%)			
	1907	1919	1939
São Paulo	15,9	31,5	45,4
Guanabara	30,2	20,8	17,0
Rio de Janeiro	7,6	7,4	5,0
Minas Gerais	4,4	5,6	6,5
Rio Grande do Sul	13,5	11,1	9,8
Demais	28,4	23,6	16,3
Brasil	100,0	100,0	100,0

CANO, Wilson. "Raízes da concentração industrial em São Paulo". In MENDES Jr., Antonio & MARANHÃO, Ricardo. *Brasil história*. 5. ed. São Paulo, Hucitec, 1991. v. 3, p. 265.

O desenvolvimento industrial do período não deve ser analisado como um fenômeno exclusivamente paulista. No entanto, sua vinculação com as condições criadas pela cafeicultura é inegável, bem como a decorrente concentração da produção no estado, como se vê no gráfico ao lado.

A eclosão da Primeira Guerra Mundial, em julho de 1914, deu grande impulso ao desenvolvimento industrial brasileiro. A conversão da indústria europeia à produção bélica levou a uma diminuição gradual das importações brasileiras de produtos industrializados, com o consequente estímulo à produção nacional. Produziam-se basicamente bens de consumo não duráveis, como têxteis e alimentos processados industrialmente. Além disso, a desvalorização cambial da moeda brasileira, ao encarecer as importações, serviu para reduzir a concorrência estrangeira.

Tem-se observado recentemente que a guerra levou a uma redução das importações brasileiras, inclusive no que se refere a máquinas e equipamentos, dificultando assim a expansão da indústria no período. Por mais que a proposição seja verdadeira, o fato é que nada menos que 5 963 estabelecimentos industriais foram fundados durante o período de 1915 a 1919, tendo o censo industrial de 1920, o primeiro realizado após a guerra, indicado a existência de 13 336 estabelecimentos, que empregavam 275 512 operários.

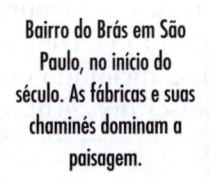

Bairro do Brás em São Paulo, no início do século. As fábricas e suas chaminés dominam a paisagem.

Dentro desse contexto, grupos sociais urbanos se desenvolveram e passaram a ter uma importância inédita no país, convertendo-se, inclusive, em grupos de pressão política com atuação crescente. Examinemos separadamente a ação da burguesia industrial, do operariado e da classe média.

A denominação "classe média"

"Classe social significando categoria ocupacional dissimula algo essencial: o fato de que as classes sociais só podem ser definidas uma em relação à outra, no binômio tenso de uma contradição. Se falamos apenas de ocupações, desaparecem os interesses que se opõem e aparecem tão somente profissões complementares no vasto leque da divisão social do trabalho. Privilegia-se falsamente a cooperação social e, num passe de mágica, oculta-se a contradição social."

(SROUR, Roberto Henry. *Classes, regimes, ideologias.* São Paulo, Ática, 1987. p. 146.)

No Brasil republicano, cresceu uma camada social que não era nem proletário-camponesa, nem proprietária dos meios de produção. Composta por vários agrupamentos profissionais, não raramente era envolvida pelos valores das camadas superiores da sociedade, ao mesmo tempo que era atraída por propostas transformadoras que tivessem algum potencial de criar novos espaços de participação sociopolítica. Assim, a utilização da denominação "classe média" não pode acobertar a natureza contraditória de agrupamentos que servem aos proprietários dos meios de produção e que vivem mergulhados nas tensões estruturais da sociedade brasileira. São estratos sociais que possuem identidade de interesses econômicos e de ambições, mas não uma classe social que possua o antagonismo estrutural no processo produtivo capitalista frente a outra classe.

A burguesia industrial

Como vimos, a indústria brasileira se expandiu consideravelmente nas primeiras décadas deste século, em grande parte devido à aplicação de capital proveniente da cafeicultura na produção de artigos manufaturados. Assim, os donos das fábricas eram frequentemente também proprietários dos cafezais, e, dada a situação política vigente, os interesses da lavoura sempre eram colocados em primeiro plano. Além dos cafeicultores, comerciantes eventualmente voltaram-se à atividade industrial, aí incluindo um número importante de imigrantes enriquecidos. Foram esses dois grupos que formaram o embrião da burguesia nacional.

O embrião da burguesia industrial brasileira no início do século apresentava interesses frequentemente similares aos das oligarquias. Na foto, família do coronel João Luiz Paixão Cortez, fazendeiro e proprietário de frigorífico.

Em princípio, a nascente burguesia industrial brasileira tinha interesses divergentes do governo oligárquico e de sua política econômica voltada exclusivamente para a lavoura. Era mais vantajoso para os industriais brasileiros o estabelecimento de uma política protecionista em primeiro lugar, com o abandono das práticas de valorização do café (ver capítulo 10), que tantos prejuízos traziam. No entanto, a vinculação do grupo com capitais cafeeiros, além do fato de que o dono de fábrica era também muitas vezes um cafeicultor, fazia com que qualquer confronto com o governo oligárquico fosse evitado.

Observemos, no entanto, que, por mais tímida que fosse a burguesia industrial na defesa de seus interesses, sua simples existência representava uma alternativa política ao monopólio do poder exercido pelas oligarquias. Caso o regime oligárquico entrasse em colapso, a burguesia poderia muito bem colocar-se à frente de um novo regime.

O operariado

Suas origens remontam à imigração europeia desde o final do século XIX. "... calcula-se que existem no estado de São Paulo 50 mil operários em 1901, dos quais os brasileiros constituem menos de 10%. Na capital paulista, entre 7 962 operários, 4 999 são imigrantes, sendo a maioria absoluta de italianos" (Edgar Carone). Nas cidades, os operários eram submetidos a uma exploração bastante intensa, típica de um industrialismo nascente. Assim, longas jornadas e péssimas condições de trabalho, exploração indiscriminada de mulheres e crianças e salários aviltantes eram a norma.

> "Nasci no Brás, rua Carlos Garcia, 26, no dia 30 de novembro de 1906. Meus pais vieram da Itália: meu pai era toscano e minha mãe era vêneta (...).
>
> Comecei a trabalhar com nove anos numa oficina de gravura que ainda existe: Masucci, Petracco e Nicoli... Nessa fábrica foi minha infância, mocidade e boa parte da velhice. Saí de lá com 55 anos de trabalho, aposentado. Quando entrei, ganhava quinhentos réis por dia, quinze mil-réis por mês; trabalhava das sete da manhã até as cinco horas. Quinhentos réis por dia já dava para comprar leite e pão (...).
>
> A oficina tinha seções com muito barulho, mau cheiro de ácido. Noutra oficina se fazia a fundição de placas de bronze, cada seção era separada. A nossa era um pouco mais sossegada quanto ao barulho, mas tinha o mau odor do ácido que prejudicava. Chegamos a trabalhar até de máscaras nesse tempo (...).
>
> Uma vez, uma bombona de ácido nítrico explodiu quando era transportada. Felizmente não atingiu os operários que estavam perto, na vista. Atingiu nas mãos, na roupa e não foi um acidente muito grave. Tiveram a felicidade de não acertar os olhos, se fosse nos olhos cegava, o ácido nítrico é um ácido perigoso.
>
> Cecherinni era o nome de um operário que foi laminar uma peça de ouro e ficou inválido. Ele era dourador. Ficou doente e meio louco, mas continuou trabalhando nos banhos de ouro. Naquele tempo não tinha indenização, ele continuou fazendo o que podia (...).
>
> Sonho às vezes que estou trabalhando na oficina porque fiquei 44 anos nessa oficina, sempre, desde menino, na infância, na mocidade e numa parte da velhice. Essa oficina não me sai do pensamento."
>
> (Trechos de BOSI, Ecléa. Memória e sociedade. Lembranças de velhos. 3. ed. São Paulo, Companhia das Letras, 1994. pp. 124-53.)

Os operários, dada a ausência de legislação trabalhista, tentavam se proteger mutuamente, buscando algum tipo de associação. As Caixas Beneficentes, Socorros Mútuos, Bolsas de Trabalho, centros, corporações, associações e, finalmente, os sindicatos organizados pelos trabalhadores forneciam um mínimo de proteção e capacidade de resistência. Nesse meio, florescia também uma rica imprensa operária, com periódicos publicados inclusive em língua estrangeira; porta-vozes não apenas das opiniões dos trabalhadores, mas também divulgadores de sua ideologia. Tratava-se, em um primeiro momento, do **anarquismo**, trazido para o país pelos imigrantes italianos e espanhóis.

A ideologia anarquista, por um lado, estimulava a organização e resistência dos trabalhadores, estando por trás inclusive da grande greve geral de 1917, reprimida violentamente pelas autoridades policiais; no entanto, por outro lado, ao pregar a destruição do Estado e rejeitar a organização em um partido destinado a assumir o poder, falhava em oferecer uma proposta viável de alternativa política para o país. De qualquer forma, o operariado, apesar de crescente, ainda era muito frágil e dificilmente conseguiria viabilizar um projeto próprio de governo a essa altura.

Operárias de fábrica têxtil em Campinas, SP, década de 20.

Mais tarde, já em 1922, foi fundado o PCB, Partido Comunista do Brasil, que teria grande atuação principalmente a partir da década seguinte. O impacto da Revolução Russa, de 1917, e o surgimento de algumas grandes unidades industriais no Brasil, agrupando centenas de trabalhadores na mesma fábrica, influenciaram na expansão dos relativamente bem organizados comunistas. Sua atividade sindical foi crescente a partir de 1925, apesar de o partido ter permanecido ilegal entre 1922 e 1927. No entanto, mesmo nesse período, o partido chegou a ter uma representação política, através do Bloco Operário e Camponês, que não apenas elegeu alguns representantes para funções legislativas como também chegou a apresentar um candidato para as eleições presidenciais de 1930, o operário-marmorista Minervino de Oliveira.

A classe média

Sendo um grupo basicamente urbano, a classe média apresentava uma tendência natural de se opor ao regime oligárquico. Vítima da inflação provocada pelas sucessivas valorizações do café e sem participação política devido ao predomínio da fraude eleitoral e do voto rural (parcela decisiva do eleitorado ainda em 1930), conservadora e moralista, a classe média criticava a fraude e defendia o voto secreto, além de repudiar o poder dos coronéis. Em princípio, compartilhava com a burguesia os mesmos valores (intelectuais e sociais), mas tinha dificuldade em se expressar politicamente, não originando um partido político e evitando manifestações mais radicais como greves, por exemplo. Na verdade, temia as massas tanto quanto a elite.

Entretanto, sua insatisfação com o regime acabava se transferindo para o exército, cujos oficiais, muitos deles provenientes desse setor, levavam para a instituição os desejos e projetos da classe média. Na década de 20, surgiu um movimento em meio à jovem oficialidade do exército, o tenentismo, que rapidamente atraiu o apoio de setores sociais urbanos.

O tenentismo

Se, por um lado, a insatisfação dos tenentes com o regime político da República Velha coincidia com a da classe média e, às vezes, até se originava dela, por outro, não podemos caracterizar o movimento tenentista como forma de representação e defesa dos interesses dessa classe. Muitas das características e propostas tenentistas iam muito além das pretensões da classe média (por exemplo, a ideia de centralização política ou o elitismo do movimento).

> "É muito comum ouvir-se a afirmação de que os 'tenentes' foram os representantes da classe média urbana. Ela é explicável pela aparente analogia entre setores intermediários da sociedade e do Exército e pelo inegável prestígio do 'tenentismo' na população urbana até o fim da década de 20. Entretanto, considerar o 'tenentismo' um movimento representativo de classe, seria uma simplificação de sua natureza. Do ponto de vista da origem social, os 'tenentes' provinham em sua maioria de famílias militares ou de ramos empobrecidos de famílias da elite do Nordeste. Muito poucos foram os recrutados entre a população urbana do Rio ou de São Paulo. Acima de tudo, devemos lembrar que os 'tenentes' eram tenentes, ou seja, integrantes do Exército. Sua visão de mundo formou-se sobretudo por sua socialização no interior das forças armadas. Essa visão era específica deles, assim como as queixas contra a instituição de que faziam parte.
>
> Descontados alguns apoios, os 'tenentes' acabaram enfrentando o governo praticamente sozinhos. Não conseguiram arrastar o Exército atrás de si. Nenhum setor ponderável da elite civil até 1930 mostrou-se disposto a jogar uma cartada tão radical. Radical não por seu conteúdo, mas por seu método: a confrontação armada."
>
> (FAUSTO, Boris. Obra citada, p. 315.)

As origens do movimento tenentista ligam-se às mudanças ocorridas no interior do próprio exército: a Escola Militar da Praia Vermelha foi fechada em 1904 e, em 1911, criou-se a Escola Militar do Realengo. A primeira destacara-se, desde o final do Império (ver capítulo 9), por formar oficiais dotados de sólida base filosófica, isto é, positivista. As "gerações" de oficiais formados tinham grande preocupação com questões nacionais e não apenas as necessariamente militares. Já o ensino no Realengo tinha outro caráter, eminentemente técnico. A própria eclosão da Primeira Guerra Mundial em 1914 e as transformações técnicas daí decorrentes impunham uma maior profissionalização das novas gerações de oficiais formados a partir do final da década de 1910.

Esses jovens oficiais preocupavam-se com a situação do exército e com o virtual abandono a que a instituição estava relegada pelo governo oligárquico. A estrutura da carreira militar também gerava descontentamento, com a ascensão aos quadros superiores sendo submetida a restrições políticas e não necessariamente profissionais. Ao mesmo tempo, rejeitavam-se os oficiais da "velha guarda", isto é, as altas cúpulas militares ligadas ao governo, segundo os tenentes, corrompidas.

Pretendiam livrar as Forças Armadas de influências tão nefastas, mas isso passava necessariamente pela mudança política. Muito embora os tenentes concordassem com a necessidade de mudança por meio da revolução, pouco se discutia a respeito do que fazer após a revolução. Os tenentes agiam muito e falavam pouco: seu silêncio era reflexo da falta de um projeto consistente para o Brasil. Eram portadores de uma "ideologia difusa, baseada em um vago reformismo"(Boris Fausto); propunham a moralização do país, por meio do voto secreto e de maior centralização política, eliminando assim o excessivo poder das oligarquias e dos "coronéis". Defendiam ainda a criação do ensino obrigatório. Na verdade, não rejeitavam o sistema republicano (e muito menos o capitalismo como um todo), mas apenas os "homens errados" que controlavam a República brasileira. Colocando-se o homem certo no lugar certo e realizando umas poucas reformas, os problemas do Brasil estariam solucionados.

Ao idealismo inocente e até romântico dos tenentes, deve-se acrescentar uma enorme dose de elitismo, uma vez que os próprios tenentes se julgavam os homens certos para resolver os problemas do país: era o ideal de "salvação nacional".

Podem-se perceber claramente as deficiências e a fragilidade do movimento no plano das ideias. No entanto, as revoltas tenentistas representaram o principal elemento de ameaça ao regime oligárquico a partir da década de 20.

Tropa reunida em 1912 na Escola Militar do Realengo, de grande importância na gênese do movimento tenentista.

O governo de Artur Bernardes (1922-26)

Em 1918, o então presidente Venceslau Brás, mineiro, deveria ter sido substituído pelo paulista Rodrigues Alves, que retornaria à presidência da República. Dentro dos princípios da política do café com leite as eleições daquele ano foram devidamente fraudadas para dar vitória ao paulista. No entanto, a morte do presidente eleito, provocada pela gripe espanhola – então um surto mundial –, acabou levando interinamente à presidência o vice, Delfim Moreira, que, conforme previsto na Constituição, realizou novas eleições. As oligarquias paulista e mineira concordaram em apoiar o paraibano Epitácio Pessoa, com a retomada da política do café com leite a partir de sua sucessão.

Para as eleições de 1922, São Paulo e Minas lançaram a candidatura de Artur Bernardes. Os estados do Rio Grande do Sul, Bahia, Pernambuco e Rio de Janeiro, que ocupavam um papel secundário na vida política nacional nesse período, partiram para uma candidatura alternativa: desafiando as oligarquias dominantes, organizaram o movimento chamado Reação Republicana, tendo como candidato o político fluminense Nilo Peçanha. O advento de uma dissidência oligárquica fez das eleições de 1922 uma verdadeira disputa, caso raro na República Velha.

Interessados no voto urbano, Nilo Peçanha e a Reação Republicana passaram a pregar a moralização dos costumes políticos, numa flagrante contradição com as origens oligárquicas do movimento. De qualquer maneira, sensibilizaram parte do crescente eleitorado urbano. A disputa se acirrou ainda mais com a tomada de posição da imprensa, ora apoiando um, ora outro. Em outubro de 1921, o jornal carioca *Correio da Manhã* passou a publicar uma série de cartas atribuídas a Artur Bernardes, nas quais o candidato criticava o exército, afirmando a existência de corrupção e imoralidade na instituição.

O episódio ficou conhecido como o das "cartas falsas" e, por mais que a fraude tenha sido posteriormente apurada, criou-se um grande mal-estar entre os jovens oficiais do exército – os tenentes – e o político mineiro.

Realizadas e, como sempre, fraudadas as eleições, declarou-se a vitória de Artur Bernardes em março de 1922. A máquina coronelística, controlada predominantemente por São Paulo, Minas e seus aliados, venceu mais uma vez. Apesar de todo o descontentamento no meio militar, a posse do novo presidente foi marcada para novembro daquele ano. Reagindo à vitória de Bernardes e tentando impedir sua posse, no dia 5 de julho de 1922 sublevou-se um grupo de oficiais do exército no forte de Copacabana, na primeira grande rebelião tenentista.

> "A eclosão do tenentismo é a revolta do forte de Copacabana, de 5 de julho de 1922, contra a posse do presidente eleito, quando um grupo de jovens oficiais se levanta e parte para a luta: esta é de breve duração, mas faz algumas vítimas. O protesto fica como ato de indisciplina de um grupo que vai dar o que falar. Na verdade, pensara-se numa revolução, malograda pela incompetência dos organizadores. Não se passou das conversas aos atos, pela ausência de rigor em tudo. Devia ser geral e acabou reduzida às guarnições de Mato Grosso e do Rio de Janeiro. Sem eficácia, fica só no combate armado de poucos, tanto que o episódio é conhecido como o dos Dezoito do Forte. Teve, contudo, o dom de acender os ânimos de descontentes com a situação e que continuam a agir, alimentando novas conspirações.
>
> Emergia o tenentismo. Ele dará a nota da renovação política, não eventuais disputas de poder e cargos."
>
> (IGLÉSIAS, Francisco. *Trajetória política do Brasil*. São Paulo, Companhia das Letras, 1993. p. 223.)

A marcha dos tenentes em Copacabana, liderados por Eduardo Gomes e Siqueira Campos. Observe a presença de um civil no meio do grupo.

O governo de Artur Bernardes caracterizou-se por intensa agitação política e militar. O presidente reeditou as "salvações" de Hermes da Fonseca, promovendo intervenções nos estados que não o apoiaram nas eleições, principalmente Rio de Janeiro e Bahia.

Em 1923, explodiu a **Revolução Gaúcha**. Seu estopim foi a eleição do velho político "pica-pau", isto é, pertencente ao Partido Republicano Rio-grandense, Borges de Medeiros, para o governo do estado pela quinta vez consecutiva. Os "maragatos", liderados por Assis Brasil, levantaram-se contra a reeleição de Borges de Medeiros, inclusive tendo recebido o apoio do presidente da República. A solução para o conflito só veio após meses de intensos combates, quando os dois lados firmaram o pacto de Pedras Altas, que estabelecia que, concluído o mandato de Borges de Medeiros, ficava proibida a reeleição para governador no estado. Abria-se, assim, espaço para uma nova geração de políticos gaúchos, dentre os quais logo se destacariam Flores da Cunha, Osvaldo Aranha, Lindolfo Collor, Getúlio Vargas.

No governo de Artur Bernardes, o desgaste do regime oligárquico tornou-se evidente, devido tanto às pressões externas – sobretudo rebeliões tenentistas – quanto à própria crise interna – multiplicavam-se as dissidências oligárquicas nos níveis federal e estadual.

Em 1924, mais precisamente em julho, iniciou-se a segunda grande revolta tenentista, a **Revolução Paulista de 1924**. Mais uma vez, o movimento deveria ter tido um caráter nacional, mas permaneceu limitado a uns poucos focos, notadamente no Rio Grande do Sul, Amazonas e na cidade de São Paulo. Neste local, unidades do exército, com o importante apoio de elementos da poderosa Força Pública do estado, sublevaram-se, tomando pontos estratégicos da cidade e atacando o palácio dos Campos Elísios, sede do governo estadual. O governador Carlos de Campos fugiu após violentos combates. No comando do movimento estava o general Isidoro Dias Lopes, secundado por Miguel Costa.

O documento transcrito abaixo demonstra claramente as limitações do tenentismo. O movimento era elitista por excelência, rejeitando a participação popular. À população pedia-se apoio, compreensão e, principalmente, passividade frente a uma revolução que seria feita sem ela. Além disso, a preocupação maior estava em garantir os interesses das elites, tudo se fazendo para "restabelecer a vida normal" e não necessariamente criar algo novo.

> Instalou-se um governo provisório sob Isidoro, que logo divulgou o seu primeiro boletim:
>
> "Ao povo:
>
> O movimento revolucionário, em seu primeiro ato de Governo, com a absoluta preocupação de restabelecer a vida normal da cidade, tomou providências enérgicas no sentido de garantir à população a sua maior segurança, ordem e paz. Recomenda a todos que se recolham às suas residências e se mantenham em calma, evitando distúrbios, correrias, saques e mais depredações. Aguardem com inteira confiança a ação do Governo provisório já constituído, a fim de que as coisas voltem aos seus lugares no menor tempo possível. O policiamento de São Paulo será restabelecido imediatamente, sendo a guarda da cidade feita por soldados de cavalaria.
>
> Aquele que for apanhado em atitude desordeira, fazendo depredações, será incontinenti preso e punido. Os senhores negociantes estão obrigados a manter os preços comuns, caso contrário novas providências serão tomadas nesse sentido.
>
> O Governo provisório.
> São Paulo, 9 de julho de 1924."
>
> (In: MEIRELLES, Domingos. *As noites das grandes fogueiras*. Rio de Janeiro, Record, 1995. p. 97.)

A Revolução Paulista de 1924, o mais sério levante tenentista, acabou por levar à formação da Coluna Prestes.

A reação do governo federal foi violenta: a cidade de São Paulo foi cercada e iniciou-se um pesado bombardeio, que acabou por atingir os bairros mais pobres da cidade, como o Brás, bairro operário. Pressionados pelo poder de fogo governamental e tratados com desconfiança cada vez maior por um operariado a quem não se oferecia participação, mas que pagava em vidas a revolução, os rebeldes decidiram abandonar a cidade. No dia 27 de julho furou-se o bloqueio do exército e os rebeldes passaram a se deslocar rumo ao oeste, na direção do norte do Paraná, fronteira com o Paraguai e a Argentina.

Enquanto isso, no Rio Grande do Sul, Luís Carlos Prestes, com o apoio de João Alberto, levantou algumas unidades militares do interior do estado e organizou uma coluna armada que se dirigiu para o norte, para encontrar os paulistas. Em abril de 1925, paulistas e gaúchos encontraram-se próximos a Foz do Iguaçu, sempre fustigados por forças governamentais. Seguindo uma sugestão de Prestes, os revolucionários se dividiram em dois grupos: enquanto um deles, liderado pelo general Isidoro, buscou refúgio político na Argentina e Paraguai, o outro continuou a luta, sob o comando de Miguel Costa e Luís Carlos Prestes. Originou-se assim a **Coluna Prestes**, que, após um desvio pelo território paraguaio, retornou ao Brasil por Mato Grosso e iniciou sua marcha pelo interior.

Durante quase dois anos, isto é, até fevereiro de 1927, a coluna percorreu algo em torno de 25 mil quilômetros, passando por onze estados, e sempre evitando o confronto direto com as tropas governamentais, quase sempre em maior número. Nas palavras de Prestes: "O nosso intuito (...) era o de manter a revolução, esperando que nas capitais alguma eventualidade nos proporcionasse o ensejo para o golpe decisivo sobre a tirania opressora. Por isso evitamos choques. Não nos interessava o combate decisivo" (Citado em PRESTES, Anita L. *A Coluna Prestes*. 2. ed. São Paulo, Brasiliense, 1991. p. 189.).

O percurso da Coluna Prestes (mapa) e foto da coluna já no exílio: Prestes, no centro, tendo à sua direita Cordeiro de Farias.

A coluna fez nascer um mito em torno do nome de Prestes. O "cavaleiro da esperança", como passou a ser chamado, tornou-se um verdadeiro herói nacional, pelo menos para os grupos contrários à ordem oligárquica, notadamente setores médios urbanos. Seu grande feito foi manter a coluna ativa, invencível e capaz de sobreviver às privações de uma campanha tão desgastante. No início de 1927, os últimos sobreviventes do movimento, menos da metade dos 1500 originais, buscaram refúgio na Bolívia, tendo à frente o próprio Prestes.

Artur Bernardes reagiu às atribulações por que passou seu governo com medidas autoritárias, como a decretação quase constante de estado de sítio, as restrições à liberdade de imprensa e a reforma constitucional de 1926, fortalecendo o poder do presidente sem contudo alterar as práticas políticas oligárquicas. De qualquer maneira, seu governo refletiu a crise do regime.

> "Mas o que o observador imparcial, insistimos, poderia observar, acima de tudo, de todas as revoluções e reações, era o rápido desmantelar da estrutura republicana de 1891. Depois de quase quarenta anos de atormentada existência, o presidencialismo e o federalismo pareciam confirmar as próprias incapacidades para honesta aplicação no Brasil. Todas as suas belas concepções se tinham profundamente adulterado na prática (...).
>
> Como já frisamos mais de uma vez, para viver, os Governos, sob tantos aspectos tão fortes, e tão inclinados à prepotência, precisavam recorrer constantemente ao estado de sítio, ou, o que vale o mesmo, à suspensão das garantias constitucionais das liberdades públicas. O federalismo convertera-se em estreito e intransigente regionalismo. Cada grande Estado supunha-se uma espécie de potência independente (...). Opunham-se umas às outras as várias regiões do País, como Norte e Sul. Era difícil tentar-se uma política econômica de inspiração nacional; os interesses regionais sobrepunham-se a todos os outros. Os Estados guerreavam-se entre si por meio de impostos de fronteiras, disfarçados sob vários nomes, contrariando abertamente dispositivos constitucionais (...). No Congresso Nacional, senadores e deputados não se dividiam por suas colorações partidárias, mas simplesmente pelos Estados a que pertenciam (...). Os políticos, desejosos de conservar o poder por qualquer forma, não hesitavam em estimular as paixões dos militares, envolvendo-os nas ásperas lutas partidárias. Na situação de inquietações gerais seria quase impossível estabelecer-se um plano qualquer de governo, nem mesmo firmar-se certa continuidade administrativa."
>
> (BELLO, José Maria. *História da república*. 6. ed. São Paulo, Companhia Editora Nacional, 1972. p. 261.)

A Semana de Arte Moderna

No mês de fevereiro de 1922 o imponente Teatro Municipal de São Paulo foi palco da Semana de Arte Moderna. Sob vaias, assobios e apupos generalizados, um grupo de jovens artistas e intelectuais divulgaram suas novas ideias: tratava-se da inauguração do Modernismo no Brasil.

O movimento modernista tinha duas vertentes. A primeira delas, destruidora, com o objetivo de romper as amarras formais que impediam a livre manifestação cultural, criticava a submissão às correntes culturais europeias e às desgastadas fórmulas artísticas então em moda, como, por exemplo, o parnasianismo na poesia. Oswald de Andrade, representante dessa postura, chegou a afirmar no palco do Teatro Municipal, na segunda noite da Semana: "Carlos Gomes é horrível!".

Havia também a vertente criadora, voltada para a investigação e a criação de novas formas de expressão. Essa vertente se debatia entre o futurismo, e sua decorrente exaltação da técnica, do movimento, da velocidade e da experimentação, inclusive linguística; e o primitivismo, ou seja, a busca de uma expressão cultural mais "pura", não tão afetada pela civilização e, por isso mesmo, mais autêntica. Essa busca passava por investigações sobre o inconsciente, aproximando a tendência do surrealismo.

Os principais nomes do nascente Modernismo brasileiro foram Menotti del Picchia, Mário de Andrade, Oswald de Andrade, Manuel Bandeira e Cassiano Ricardo, na literatura; Anita Malfatti, Tarsila do Amaral e Emiliano Di Cavalcanti, na pintura; Guiomar Novais, Heitor Villa-Lobos, na música; e Victor Brecheret, na escultura.

Grupo de modernistas no Teatro Municipal, 1922. Da esquerda para a direita, Pagu, Anita Malfatti, Benjamin Peret, Tarsila, Oswald, Elsie Houston, Álvaro Moreyra, Eugênia Álvaro Moreyra.

O movimento modernista como um todo apresentava uma contradição: se, por um lado, buscava o rompimento com os modelos estéticos europeus importados, por outro, o Brasil ingressava no Modernismo a partir dos padrões ditados pelas vanguardas modernistas europeias, como o futurismo e o surrealismo. Dessa contradição, brotou o principal projeto estético do Modernismo nos anos 1920, o movimento antropofágico. Iniciado com a publicação do **Manifesto da Poesia Pau-Brasil**, de Oswald de Andrade (1924), os "antropófagos" aceitavam a cultura estrangeira (europeia), desde que ela fosse devorada e digerida, isto é, reelaborada, a ponto de poder se transformar em produto nacional autêntico.

Finalmente, o Modernismo também originou um movimento radicalmente nacionalista, o "verde-amarelismo", que tendia francamente para a direita xenófoba e tinha como um de seus principais expoentes o futuro líder integralista Plínio Salgado.

A Revolução de 1930

O governo de Washington Luís (1926-30)

O sucessor de Artur Bernardes na presidência da República foi o político paulista Washington Luís. Paulista "falsificado", como se dizia ironicamente, uma vez que havia nascido no estado do Rio de Janeiro. No entanto, toda sua carreira política fora feita em São Paulo. Era considerado "moderno" e sua passagem pelo governo da capital paulista e do estado de São Paulo foi marcada, segundo o historiador Nicolau Sevcenko, pelo envolvimento em processos de racionalização administrativa, gerenciamento tecno-científico, dando impulso à historiografia, museologia, ciências sociais, estatísticas e censos e diversas manifestações esportivas e culturais. Além disso, como prefeito, havia colocado o Teatro Municipal à disposição para a realização da Semana de Arte Moderna, em 1922. Representava as oligarquias, mas não tinha dificuldade em dialogar com as massas, por mais unilateral que fosse o diálogo.

Washington Luís Pereira de Souza (1869-1957), último presidente da República Velha: sua aparente atitude modernizadora não ocultava seu compromisso com a velha ordem oligárquica.

Ao assumir a presidência, despertou otimismo decretando o fim do estado de sítio, mantido quase ininterruptamente durante o mandato de Artur Bernardes, o fechamento de prisões destinadas a presos políticos e o restabelecimento da liberdade de imprensa. No entanto, não concedeu anistia política e acabou com a recém-instaurada liberdade de imprensa em 1929, quando da aprovação da Lei Celerada. Sob o pretexto de combate ao comunismo, a lei previa inclusive penas de prisão para os responsáveis por "delitos ideológicos".

Washington Luís lançou um plano nacional de construção de estradas de rodagem: "governar é abrir estradas" era seu lema. Contudo, seu principal projeto de governo envolvia uma reforma monetária e financeira: tratava-se da tentativa de montar um enorme depósito em ouro que pudesse servir como lastro para a moeda brasileira, fortalecendo-a perante a moeda estrangeira.

Em 1929, quebrou a bolsa de Nova Iorque, com efeitos catastróficos para a economia mundial, dando início à Grande Depressão. A economia dos Estados Unidos arruinava-se, com a queda drástica na produção industrial, além da expansão desenfreada do desemprego. O mercado norte-americano se encolhia, os capitais eram repatriados, e os efeitos se faziam sentir em todo o mundo.

O Brasil sentiu os efeitos da crise de imediato, com a queda brutal nos preços do café. Os cafeicultores buscaram, como de hábito, uma salvação junto ao governo federal. Washington Luís rejeitou qualquer auxílio, argumentando que a queda nos preços do café seria compensada pelo aumento no volume das exportações, o que, aliás, não aconteceu.

Outubro de 1929: indivíduo falido vende seu automóvel numa rua de Nova Iorque. A quebra da bolsa e a consequente Grande Depressão na economia mundial afetaram a cafeicultura brasileira.

A atitude de Washington Luís gerou grande insatisfação entre os cafeicultores paulistas, sua principal base de sustentação. Não se pode dizer que os cafeicultores tenham passado, a partir de então, a fazer oposição ao governo; no entanto, a sua disposição em defender o governo na eventualidade de um golpe ou revolução se viu bem diminuída.

As eleições de 1930

Para concorrer às eleições presidenciais de 1930, Washington Luís indicou o candidato paulista Júlio Prestes, contrariando assim os princípios da política do café com leite e desgostando profundamente a oligarquia mineira, que via no governador do estado, Antônio Carlos, o candidato natural à sucessão. Caminhava-se para mais um rompimento, e as eleições de março daquele ano foram realmente disputadas (como o foram as eleições de 1910, envolvendo Hermes da Fonseca contra Rui Barbosa, e de 1922, de Artur Bernardes contra Nilo Peçanha).

Os mineiros formaram a Aliança Liberal, uma frente de oposição à candidatura oficial de Júlio Prestes. De início, ofereceram a vaga de candidato a presidente aos gaúchos, que prontamente aceitaram, lançando o nome do governador de seu estado, Getúlio Vargas. Em seguida, ofereceram a candidatura à vice-presidência a um estado menor, a Paraíba, sendo indicado João Pessoa. Naturalmente, por mais que fraudassem, os três estados não teriam como competir com os demais; sendo assim, a Aliança Liberal buscou atrair os votos dos descontentes com o regime oligárquico, que, a essa altura, não eram poucos.

> "O programa da Aliança Liberal refletia as aspirações das classes dominantes regionais não associadas ao núcleo cafeeiro e tinha por objetivo sensibilizar a classe média. Defendia a necessidade de se incentivar a produção nacional em geral, e não apenas o café; combatia os esquemas de valorização do produto em nome da ortodoxia financeira e por isso mesmo não discordava nesse ponto da política de Washington Luís. Propunha algumas medidas de proteção aos trabalhadores, como a extensão do direito à aposentadoria a setores ainda não beneficiados por ela, a regulamentação do trabalho do menor e das mulheres e a aplicação da lei de férias. Em evidente resposta ao presidente Washington Luís, que afirmava ser a questão social no Brasil 'caso de polícia', a plataforma da oposição dizia não se poder negar sua existência, 'como um dos problemas que teriam de ser encarados com seriedade pelos poderes públicos'. Sua insistência maior concentrava-se na defesa das liberdades individuais, da anistia (com o que se acenava para os tenentes) e da reforma política, para assegurar a chamada verdade eleitoral."
>
> (FAUSTO, Boris. Obra citada, pp. 319-20.)

As propostas da Aliança Liberal conseguiram atrair o apoio do eleitorado urbano, de setores da burguesia ao proletariado, passando pela classe média. Enquanto isso, os tenentes, frustrados nas suas tentativas de derrubar o regime através da força, enxergaram no apoio à Aliança uma alternativa para a ascensão ao poder. Finalmente, o Partido Democrático (PD) apoiou a Aliança. Formado em São Paulo, em 1926, o PD defendia um programa liberal, reformista, incluindo em suas propostas o voto secreto. Pretendia ser um partido nacional, em oposição aos partidos tradicionais da República Velha, quase todos essencialmente regionais, como o PRP, Partido Republicano Paulista, o PRM, Partido Republicano Mineiro, e outros.

Observe-se o curioso rol de alianças em torno de Getúlio Vargas. Setores sociais díspares, quando não francamente antagônicos, agrupavam-se na oposição à oligarquia dominante. Os próprios tenentes, supostamente contrários ao regime oligárquico, encontravam-se agora aliados a outros grupos oligárquicos.

Propaganda do Partido Democrático: a maltratada república finalmente rompe as algemas e tira sua máscara. Era a defesa do voto secreto.

A posição de Luís Carlos Prestes

Como vimos, o principal líder do tenentismo da década de 1920 foi Luís Carlos Prestes. Assim, para conseguir uma aproximação com os tenentes, era fundamental para a Aliança Liberal que Prestes assumisse uma posição clara de apoio à candidatura de Getúlio Vargas.

Encerrada a Coluna Prestes, seus sobreviventes buscaram refúgio na Bolívia. O próprio Prestes lá permaneceu por um ano, mudando-se, no início de 1928, para a Argentina, onde entrou em contato com outros líderes tenentistas exilados. Porém, antes de partir da Bolívia, Prestes recebeu a visita de Astrogildo Pereira, dirigente do PCB, que o presenteou com livros sobre o comunismo. Além disso, o dirigente comunista tentou sensibilizar Prestes com as propostas de seu partido, não obtendo sucesso aparente. Entretanto, a partir daí iniciou-se a lenta guinada de Prestes para a esquerda.

> "Eu era um homem pouco lido e com uma vontade enorme de construir um Estado justo, pondo fim às velhas oligarquias. O problema é que não sabia como conseguir isso. A Coluna foi algo importantíssimo para mim. Conheci a miséria por onde passei. Vi homens passando fome, outros sem roupa e muitos sem nenhum remédio para suas doenças. Vi homens ajoelhados no chão, esburacando o solo com facas de cozinha sem cabo. Pegavam nas lâminas das facas, estavam mais atrasados que os índios. Esse quadro terrível – seguramente nunca poderei esquecer o que vi e senti – me convenceu de que não seria a simples substituição de [Artur] Bernardes por outro que resolveria os nossos problemas (...).
>
> A conversa com Astrogildo Pereira foi muito boa (...), mas eu não poderia aderir imediatamente a uma ideologia que não conhecia, nem tinha certeza de que era a mais adequada para transformar a realidade brasileira. Uma opção política não é uma atitude que se toma nem se muda da noite para o dia. É preciso refletir bem porque, uma vez tomada, a opção tem que ser para a vida inteira."
>
> (Trechos de MORAES, Dênis de & VIANA, Francisco. Prestes: lutas e autocríticas. 2. ed. Petrópolis, Vozes, 1982. pp. 37 e 39.)

Depois de algum tempo, Prestes acabou aderindo às ideias comunistas. O contato com líderes comunistas argentinos e uruguaios facilitou sua conversão. Procurado pela Aliança Liberal, Prestes repudiou a candidatura de Vargas e, em seguida, divulgou o seu manifesto de maio de 1930. Do manifesto constava:

- repúdio ao programa da Aliança Liberal e condenação dos dois grupos em luta eleitoral;
- denúncia da submissão do país aos interesses do imperialismo inglês e norte-americano, então em luta pelo domínio da América Latina;
- proposta de revolução "agrária e anti-imperialista" a ser realizada pela massa dos trabalhadores;
- reforma agrária, nacionalização de empresas estrangeiras, anulação da dívida externa e estabelecimento de um governo popular e democrático.

Com o manifesto, Prestes rompia com as principais lideranças tenentistas, notadamente Juarez Távora, que respondeu violentamente às propostas de Prestes. Por outro lado, ao incorporar ideias marxistas, Prestes ofereceu ao tenentismo a possibilidade de ganhar, ao mesmo tempo, consistência teórica e base social, qualidades que o movimento jamais teve.

A decisão

As eleições ocorreram no dia 1º de março e resultaram em vitória do candidato da situação, Júlio Prestes. Em princípio, os velhos líderes oligárquicos da Aliança Liberal (Borges de Medeiros, Antônio Carlos, Artur Bernardes, João Pessoa) aceitaram o resultado, reconhecendo a vitória de Júlio Prestes e já tentando se compor com o novo presidente. Na verdade, tais grupos lutavam pela sobrevivência política, uma vez que, como já era quase tradicional na República Velha, uma eleição disputada era sempre seguida de intervenções nos estados "rebeldes" e da substituição de um grupo oligárquico por outro.

Entretanto, a geração mais jovem da Aliança, formada por líderes gaúchos e mineiros como Osvaldo Aranha, Virgílio de Melo Franco e Francisco Campos, não aceitou os resultados e começou a falar em revolução. Os próprios tenentes retomaram o seu apelo às armas, apesar da ausência de Prestes, que na época divulgava seu manifesto. Finalmente, esperava-se o apoio dos setores sociais urbanos a um eventual movimento armado.

No dia 26 de julho de 1930, ainda antes da posse do candidato eleito, foi assassinado **João Pessoa**. Os motivos do crime prendem-se a disputas locais da Paraíba. No entanto, o crime causou verdadeira comoção popular e serviu de estopim para o movimento revolucionário. Em meio à agitação popular, o político mineiro Antônio Carlos disse uma frase que bem pode caracterizar a **Revolução de 30**, que se iniciava: "Façamos a revolução antes que o povo a faça". Ou seja, face à inevitabilidade da revolução, as elites assumem sua liderança, para que ela não escape ao controle. Rearticulava-se a Aliança Liberal. A velha e a jovem guarda das oligarquias dissidentes, mais os tenentes em meio à intensa agitação popular.

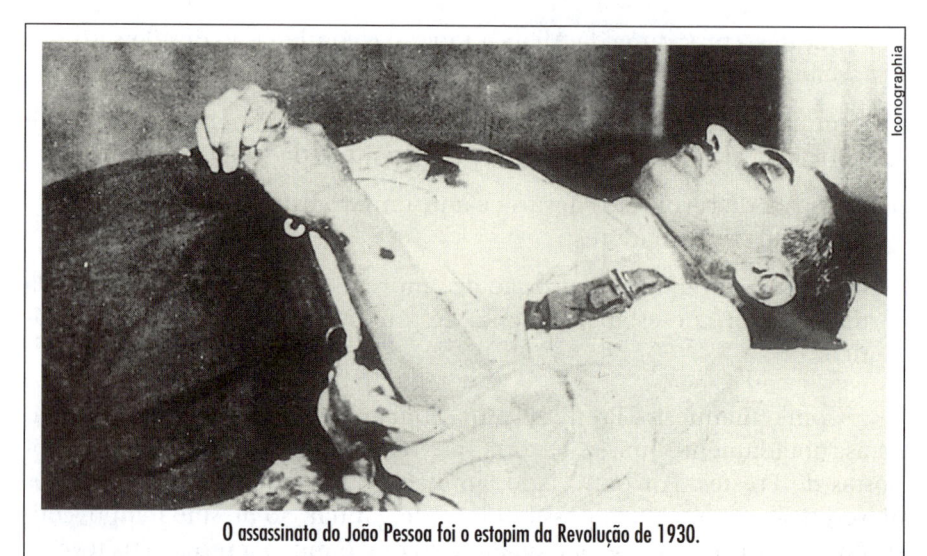

O assassinato do João Pessoa foi o estopim da Revolução de 1930.

Inaugurando seu diário no dia 3 de outubro de 1930, Getúlio Vargas registrou sua insegurança:

> "Quatro e meia. Aproxima-se a hora. Examino-me e sinto-me com o espírito tranquilo de quem joga um lance decisivo porque não encontrou outra saída digna para seu estado. A minha sorte não me interessa, e sim a responsabilidade de um ato que decide o destino de uma coletividade. Mas esta queria a luta, pelo menos nos seus elementos mais sadios, vigorosos e ativos. Não terei depois uma grande decepção? Como se torna revolucionário um governo cuja função é manter a ordem? E se perdermos? Eu serei depois apontado como o responsável, por despeito, por ambição, quem sabe? Sinto que só o sacrifício da vida poderá resgatar o erro de um fracasso."
>
> (VARGAS, Getúlio. *Diário*. São Paulo/Rio de Janeiro, Siciliano/Fundação Getúlio Vargas, 1995. v. 1, pp. 4-5.)

Os combates iniciaram-se simultaneamente em Minas e no Rio Grande do Sul. No dia 4 de outubro, Juarez Távora rebelou-se no Nordeste, tendo a Paraíba como foco de irradiação. A maior parte da força revolucionária concentrava-se no Sul do país, sob comando do então coronel Góis Monteiro, onde os contingentes do exército eram mais fortes. De lá marcharam para o Rio de Janeiro, passando por São Paulo, onde esperavam os combates decisivos. No entanto, a motivação paulista, como já vimos, era bastante pequena: pegar em armas para salvar o governo Washington Luís nos seus últimos dias parecia ser um esforço exagerado para os cafeicultores paulistas, bastante abalados pelo prosseguimento da crise econômica.

Por fim, no dia 24 de outubro, o alto--comando das Forças Armadas no Rio de Janeiro deu o golpe de misericórdia no governo: os generais Tasso Fragoso e Mena Barreto, mais o almirante Isaías Noronha, lideraram o golpe que depôs Washington Luís e impediu a posse de Júlio Prestes. A revolução triunfara. Mais alguns dias e Getúlio Vargas era recebido no Rio de Janeiro, onde logo seria empossado presidente provisório da República.

Miguel Costa, Góis Monteiro e Getúlio Vargas, a caminho de São Paulo.

Ao analisarmos a Revolução de 30, devemos observar sua complexa base social. O novo presidente, Getúlio Vargas, agora representava as oligarquias que haviam criado uma dissidência nas eleições de 30, mas também setores sociais urbanos e o tenentismo aparentemente vitorioso dentro das Forças Armadas. Todas essas forças tinham em comum a oposição que, por algum motivo, fizeram ao último governo da República Velha. No entanto, a revolução triunfante estava longe de representar um rompimento decisivo na história do país, uma vez que a permanência de pessoas e grupos ligados à velha ordem era marcante. Basta observarmos que o próprio Getúlio fez toda sua carreira política dentro do velho esquema oligárquico.

Porém, pelo menos algo mudou no Brasil. Até então, desde a independência, os sucessivos governos brasileiros representavam os interesses de uma única categoria social, seja a aristocracia rural escravocrata do Império, seja a oligarquia cafeeira dos primeiros anos da república. Agora, o novo governo representava vários grupos distintos e uma de suas principais funções era manter a aliança que havia tornado possível seu advento. Esse era o principal objetivo de Getúlio Vargas ao iniciar o seu governo.

Questões

1. De que maneira as transformações sociais e econômicas pelas quais o Brasil passava no início do século XX geraram tensões políticas?
2. Como se explica a concentração industrial em São Paulo durante a República Velha?
3. A ideologia tenentista costuma ser definida como "difusa, baseada em um vago reformismo". Qual o significado dessa frase?
4. Quais as forças em disputa nas eleições de 1922? Compare-as às das eleições de 1910.
5. O que foi o pacto de Pedras Altas?
6. De que forma a Revolução Paulista de 1924 está ligada à Coluna Prestes (1925-1927)?
7. Quais as principais vertentes políticas do movimento modernista inaugurado em 1922 com a Semana de Arte Moderna?
8. Quais as forças em disputa nas eleições de 1930? Compare-as às de 1910 e 1922.
9. Caracterize o programa de governo da Aliança Liberal de 1930, indicando as inovações propostas e suas limitações como instrumento de efetiva transformação do país.
10. Qual a posição de Luís Carlos Prestes frente às eleições de 1930?
11. Explique a frase do governador de Minas Gerais, Antônio Carlos, diante da iminência da Revolução em 1930: "Façamos a revolução antes que o povo a faça".

UNIDADE III — O APOGEU DO DOMÍNIO OLIGÁRQUICO NO BRASIL

ATIVIDADES EM HISTÓRIA

1. Pesquise as biografias do Padre Cícero e de Antônio Conselheiro. Elabore um quadro, comparando suas áreas de atuação, suas posturas políticas e sociais, enfatizando as semelhanças e diferenças.

2. **Trabalho interdisciplinar de história e educação artística**
   Faça um trabalho sobre as mudanças nas paisagens das cidades de São Paulo e Rio de Janeiro, a partir dos processos de industrialização e urbanização verificados nas primeiras décadas do século XX.

3. Leia atentamente os dois textos abaixo sobre a Revolta de 1904:

   Texto 1 (Comandante da Força Policial do Rio de Janeiro)

   "Aqui e ali, em vários pontos, pode-se dizer que simultaneamente, ao mesmo tempo, bandos de indivíduos educados na escola do vício e da malandragem, afeitos ao crime, vagabundos, desordeiros profissionais, malfeitores dos mais perigosos, a que se juntaram mulheres da mais baixa condição, ébrias e maltrapilhas obedecendo uns e outras, evidentemente, a um sinistro plano da Maldade, em cumprimento de ordens que deveriam ser executadas à risca, cometiam toda a sorte dos mais graves atentados..."

   Texto 2 (Lima Barreto, escritor)

   "Havia a poeira de garotos e moleques; havia o vagabundo, o desordeiro profissional, o pequeno-burguês, empregado, caixeiro e estudante; havia emissários de políticos descontentes. Todos se misturavam, afrontavam as balas...

   (...)

   O motim não tem fisionomia, não tem forma, é improvisado. Propaga-se, espalha-se, mas não se liga. O grupo que opera aqui não tem ligação alguma com o que tiroteia acolá. São independentes, não há um chefe geral nem um plano estabelecido. Numa esquina, numa travessa, forma-se um grupo, seis, dez, vinte pessoas diferentes, de profissão, inteligência e moralidade. Começa-se a discutir, ataca-se o Governo, passa o bonde e alguém lembra: vamos queimá-lo. Os outros não refletem, nada objetam e correm incendiar o bonde.

   (Textos extraídos de SEVCENKO, Nicolau. A Revolta da Vacina. São Paulo, Scipione, 1993. pp. 71-2, 67.)

   a) Compare os dois textos, buscando destacar semelhanças e/ou diferenças, acrescentando suas opiniões pessoais.
   b) Procure identificar um episódio recente que tenha alguns pontos de identidade com o que foi tratado nos textos, comentando seus pontos de semelhança.

4. Trabalho interdisciplinar de história e literatura

Leia o poema abaixo de Cruz e Souza:

"Ninguém sentiu o teu espasmo obscuro,
Ó ser humilde entre os humildes seres,
Embriagado, tonto dos prazeres,
O mundo para ti foi negro e duro.

Atravessaste no silêncio escuro
A vida preso a trágicos deveres
E chegaste ao saber de altos saberes
Tornando-te mais simples e mais puro.

Ninguém te viu o sentimento inquieto,
Magoado, oculto e aterrador, secreto,
Que o coração te apunhalou no mundo.

Mas eu que sempre te segui os passos
Sei que cruz infernal prendeu-te os braços
E o teu suspiro como foi profundo!"

Procure com o seu professor de literatura informações sobre a vida e obra de Cruz e Souza, segundo Nicolau Sevcenko, "uma das mais delicadas vítimas da violência discriminatória". Em seguida, reúna dados literários e históricos que o situe na questão do racismo no início do século XX, levando em conta o poema acima. Para finalizar, destaque pontos coincidentes da nossa atualidade com o que foi levantado.

5. Tendo como ponto de partida o texto de J. M. Bello, capítulo 11, página 333, elabore um trabalho que identifique os limites do federalismo no Brasil hoje em dia. Para isso, comente o relacionamento político e econômico entre os estados e a Federação, destacando os diferentes graus de autonomia e subordinação. Para concluir o trabalho, faça comentários quanto ao ponto de vista cultural.

6. Trabalho interdisciplinar de história e literatura

Faça um trabalho sobre as manifestações do modernismo no seu município, estado ou região. Procure junto ao seu professor de literatura informações sobre os principais personagens locais ou regionais do movimento. Se for o caso, aponte locais próximos onde existam obras, monumentos ou exposições modernistas nas artes plásticas (pintura, arquitetura, escultura).

7. Sugestões de filmes/documentários.
- *Canudos* (1997, dir. Sérgio Rezende);
- *O Quatrilho* (1994, dir. Fabio Barreto);
- *Revolução de 30* (1980, dir. Sílvio Back);
- *Gaijin: Caminhos da liberdade* (1980, dir. Tizuka Yamazaki);
- *Sargento Getúlio* (1983, dir. Hermano Penna).

EXERCÍCIOS DE VESTIBULARES E ENEM

1. (UFGO-GO) A partir de 1850, houve um decréscimo significativo na importação de escravos no Brasil. Essa situação está relacionada
   a) à permanência do tratado de 1810, renovado em 1826, reafirmando o compromisso do Brasil em abolir o tráfico negreiro.
   b) ao início das campanhas abolicionistas, pressionando pela promulgação de leis que libertassem os escravos menores de 18 anos.
   c) às sanções políticas da Inglaterra contrárias ao tráfico de escravos, obrigando à promulgação da Lei Eusébio de Queiroz.
   d) à decretação da tarifa Alves Branco, que aumentava as taxas entre 30% e 60%, ocasionando dificuldades para importação.
   e) aos desdobramentos da Guerra do Paraguai, que trouxeram desgastes políticos à Monarquia, abalando a manutenção da ordem escravista.

2. (Unesp-SP) A Guerra do Paraguai (1864-1870) foi definida, por alguns historiadores, como um momento de apogeu do Império brasileiro. Outros preferiram considerá-la como uma demonstração de seu declínio. Tal discordância se justifica porque o conflito sul-americano
   a) estabeleceu pleno domínio militar brasileiro na região do Prata, mas provocou grave crise financeira no Brasil.
   b) abriu o mercado paraguaio para as manufaturas brasileiras, mas não evitou a entrada no Paraguai de mercadorias contrabandeadas.
   c) freou o crescimento econômico dos países vizinhos, mas permitiu o aumento da influência americana na região.
   d) ajudou a profissionalizar e politizar o Exército brasileiro, mas contribuiu na difusão, entre suas lideranças, do abolicionismo.
   e) fez do imperador brasileiro um líder continental, mas gerou a morte de milhares de soldados brasileiros.

3. (UFMG-MG) Analise estas duas imagens:

Relacionando-se essas imagens à crise da ordem imperial brasileira, é **correto** afirmar que elas expressam
a) a força dos ideais contrários à abolição da escravidão e à república, que retardou a crise da ordem imperial brasileira após a Guerra do Paraguai.
b) a fusão dos ideais monárquicos e republicanos, o que ajudou a acelerar a abolição da escravidão no final do século XIX.
c) o militarismo predominante no Império do Brasil, indicado pela presença marcante dos militares inclusive o próprio Imperador no poder.
d) os efeitos da Guerra do Paraguai sobre a ordem imperial e a crescente influência do republicanismo no cenário político brasileiro.

4. (UFMS-MS) A respeito do episódio que, na obra do Visconde de Taunay, foi denominado "A Retirada da Laguna", é correto afirmar que
a) foi nesse momento que Solano López, na época presidente da República do Paraguai, se rendeu ao exército da Tríplice Aliança, composto por tropas da Argentina, do Brasil e do Uruguai.
b) trata-se de um momento em que uma expedição brasileira, que se encontrava em operações no sul de Mato Grosso, foi obrigada a recuar diante da perseguição imposta pelo exército paraguaio. Essa perseguição se deu desde Laguna, fronteira do Paraguai, até o rio Aquidauana, em território brasileiro, durante a chamada Guerra do Paraguai.
c) foi um momento marcante na conhecida Guerra do Chaco, quando os bolivianos foram obrigados a se retirar da região paraguaia de Laguna, fugindo do exército inimigo.
d) não passou de uma das estratégias adotadas pelo exército brasileiro, para atrair os paraguaios ao território brasileiro e, em seguida, aniquilá-los.
e) foi um acontecimento marcante na chamada Guerra do Paraguai, pois uma expedição brasileira, que se encontrava em combate contra os argentinos, na região de Laguna, foi obrigada a recuar ao território do Império.

5. (Enem) "Viam-se de cima as casas acavaladas umas pelas outras, formando ruas, contornando praças. As chaminés principiavam a fumaça; deslizavam as carrocinhas multicores dos padeiros; as vacas de leite caminhavam com seu passo vagaroso, parando à porta dos fregueses, tilintando o chocalho; os quiosques vendiam café a homens de jaqueta e chapéu desabado; cruzavam-se na rua os libertinos tardios com os operários que se levantavam para a obrigação; ouvia-se o ruído estalado dos carros de água, o rodar monótono dos bondes."

(AZEVEDO, A. *Casa de Pensão*. São Paulo, Martins, 1973.)

O trecho, retirado de romance escrito em 1884, descreve o cotidiano de uma cidade, no seguinte contexto:
a) a convivência entre elementos de uma economia agrária e os de uma economia industrial indica o início da industrialização no Brasil, no século XIX.
b) desde o século XVIII, a principal atividade da economia brasileira era industrial, como se observa no cotidiano descrito.
c) apesar de a industrialização ter-se iniciado no século XIX, ela continuou a ser uma atividade pouco desenvolvida no Brasil.
d) apesar da industrialização, muitos operários levantavam cedo, porque iam diariamente para o campo desenvolver atividades rurais.
e) a vida urbana, caracterizada pelo cotidiano apresentado no texto, ignora a industrialização existente na época.

6. (Enem) "O abolicionista Joaquim Nabuco fez um resumo dos fatores que levaram à abolição da escravatura com as seguintes palavras: 'Cinco ações ou concursos diferentes cooperaram para o resultado final: 1º) o espírito daqueles que criavam a opinião pela ideia, pela palavra, pelo sentimento, e que a faziam valer por meio do Parlamento, dos *meetings* [reuniões públicas], da imprensa, do ensino superior, do púlpito, dos tribunais; 2º) a ação coercitiva dos que se propunham a destruir materialmente o formidável aparelho da escravidão, arrebatando os escravos ao poder dos senhores; 3º) a ação complementar dos próprios proprietários, que, à medida que o movimento se precipitava, iam libertando em massa as suas 'fábricas'; 4º) a ação política dos estadistas, representando as concessões do governo; 5º) a ação da família imperial.'"

(Adaptado de NABUCO, Joaquim. *Minha formação*. São Paulo, Martin Claret, 2005. p. 144.)

Nesse texto, Joaquim Nabuco afirma que a abolição da escravatura foi o resultado de uma luta
a) de ideias, associada a ações contra a organização escravista, com o auxílio de proprietários que libertavam seus escravos, de estadistas e da ação da família imperial.
b) de classes, associada a ações contra a organização escravista, que foi seguida pela ajuda de proprietários que substituíam os escravos por assalariados, o que provocou a adesão de estadistas e, posteriormente, ações republicanas.
c) partidária, associada a ações contra a organização escravista, com o auxílio de proprietários que mudavam seu foco de investimento e da ação da família imperial.
d) política, associada a ações contra a organização escravista, sabotada por proprietários que buscavam manter o escravismo, por estadistas e pela ação republicana contra a realeza.
e) religiosa, associada a ações contra a organização escravista, que fora apoiada por proprietários que haviam substituído os seus escravos por imigrantes, o que resultou na adesão de estadistas republicanos na luta contra a realeza.

7. (PUC-RS) Na segunda metade do século XIX, no Brasil, os projetos de modernização e urbanização e as transformações econômicas, advindas do aquecimento do mercado pela produção do café, possibilitaram novos empreendimentos, fazendo surgir grupos sociais com interesses divergentes daqueles ligados à produção mais tradicional. A própria Revolução Industrial europeia, do séc. XVIII, estimulara negócios no Brasil, que forçavam a ampliação dos mercados consumidores, fato que implicou uma gradual modificação nas relações de trabalho neste país.
Essas transformações iniciaram com a Lei Eusébio de Queirós (1850), em resposta ao decreto inglês — Bill Aberdeen — e resultaram na proibição do tráfico negreiro no Brasil. Antes da Lei Áurea (1888), outras duas leis compunham o processo gradual de substituição da mão de obra, de escrava para livre. São elas a Lei _____ e a Lei _____.
a) Sena Madureira (1870) de Terras (1850).
b) do Beneplácito (1824) do Padroado (1824).
c) do Ventre Livre (1871) do Sexagenário (1885).
d) Christie (1865) Reacionária (1846).
e) do voto censitário (1824) Reacionária (1846).

8. (FGV-SP) A Lei Áurea, de 13 de maio de 1888, marca o fim da escravidão no Império brasileiro. A lei assinada pela princesa Isabel foi precedida por diversos movimentos e resistências de escravos em diversas partes do Brasil. Com base nessa temática, considere as seguintes afirmações:

I. Líderes negros, como o advogado Luís da Gama e o jornalista José do Patrocínio, tiveram atuação destacada na defesa do fim da escravidão no Brasil.
II. Fugas em massa foram estimuladas pelos Caifazes, que encaminhavam ex-escravos para o quilombo do Jabaquara, em São Paulo, e até para o Ceará, onde a escravidão já havia sido abolida.
III. A abolição implementada pela monarquia não previa medidas que preparassem os ex-escravos para o pleno exercício da cidadania, o que só viria a ser realizado pelos governos republicanos a partir de 1889.

Está correto somente o que se afirma em
a) I.
b) II.
c) III.
d) I e II.
e) I, II e III.

9. (PUC-RJ) Sobre a vinda de imigrantes ao Brasil, ocorrida durante a segunda metade do século XIX, estão corretas as afirmações abaixo, **à exceção de**:
   a) No Brasil, com a expansão da economia cafeeira, grande parte dos fazendeiros da região do Oeste Paulista optou em empregar imigrantes europeus como trabalhadores assalariados.
   b) Quando chegavam ao Brasil, os imigrantes europeus encontravam boas condições de trabalho, tanto nas fazendas de café como nas fábricas em expansão, recebendo tratamento diferenciado daquele dispensado aos escravos.
   c) A vinda de imigrantes para o Brasil relacionou-se com o processo de mudanças ocorrido na produção agrícola europeia, que deixou pequenos proprietários sem terras e camponeses sem trabalho.
   d) Foi na década de 1870, sobretudo após a aprovação da Lei do Ventre Livre, que o governo imperial passou a subvencionar a vinda de imigrantes ao Brasil, pagando viagem, hospedagem e o deslocamento até as fazendas.
   e) Entre os elaboradores das políticas imigrantistas no período imperial predominou a preferência pela vinda do branco europeu, considerado como elemento capaz de "civilizar" a nação brasileira em construção.

10. (UnB-DF) A respeito da relação entre o republicanismo e o positivismo do exército brasileiro, no final do século XIX, julgue os itens seguintes.

    (0) A **Questão Militar** foi a mais relevante crise justificadora da queda da monarquia.
    (1) O final da Guerra do Paraguai, em 1870, provocou, ao mesmo tempo, a institucionalização do exército e o descontentamento deste frente ao regime.
    (2) A fundação do Clube Militar, em 1887, aglutinou os setores oposicionistas do exército e preparou a sua entrada organizada na área política, por meio da defesa de uma espécie de **ditadura republicana**.
    (3) Os velhos oficiais sentiam-se responsáveis por uma **missão salvadora** e pretendiam corrigir os vícios da organização política e social do país.

11. (Fuvest-SP) Durante o período em que o Brasil foi Império houve, entre outros fenômenos, a
    a) consolidação da unidade territorial e a organização da diplomacia.
    b) predominância da cultura inglesa nos campos literário e das artes plásticas.
    c) constituição de um mercado interno nacional, integrando todas as regiões do país.
    d) incidência de guerras externas e a ausência de rebeliões internas nas províncias.
    e) inclusão social dos índios e a abolição da escravidão negra.

12. (Unesp-SP) "(...) 'Confeitaria do Custódio'. Muita gente certamente lhe não conhecia a casa por outra designação. Um nome, o próprio nome do dono, não tinha significação política ou figuração histórica, ódio nem amor, nada que chamasse a atenção dos dois regimes, e conseguintemente que pusesse em perigo os seus pastéis de Santa Clara, menos ainda a vida do proprietário e dos empregados. Por que é que não adotava esse alvitre? Gastava alguma coisa com a troca de uma palavra por outra, Custódio em vez de Império, mas as revoluções trazem sempre despesas."

(ASSIS, Machado de. *Esaú e Jacó*. Obra completa, 1904.)

O fragmento, extraído do romance *Esaú e Jacó*, de Machado de Assis, narra a desventura de Custódio, dono de uma confeitaria no Rio de Janeiro, que, às vésperas da proclamação da República, mandou fazer uma placa com o nome "Confeitaria do Império" e agora temia desagradar ao novo regime. A ironia com que as dúvidas de Custódio são narradas representa o
a) desconsolo popular com o fim da monarquia e a queda do imperador, uma personagem política idolatrada.
b) respaldo da sociedade com que a proclamação da República contou e que a transformou numa revolução social.
c) alheamento de parte da sociedade brasileira diante do conteúdo ideológico da mudança política.
d) reconhecimento, pelos cidadãos brasileiros, da ampliação dos direitos de cidadania trazidos pela República.
e) impacto profundo da transformação política no cotidiano da população, que imediatamente apoiou o novo regime.

13. (PUC-RS) Depois de proclamada a República brasileira e instaurado o governo provisório do Mal. Deodoro da Fonseca (1889-1891), foram necessárias medidas no plano econômico-financeiro para solucionar a insuficiência de papel-moeda em circulação no país. Rui Barbosa, ministro da fazenda, elaborou uma rápida solução que ficou conhecida como Encilhamento.
Esse plano econômico-financeiro tinha como principal característica
a) o confisco do papel-moeda em circulação, o que gerou inflação e especulação.
b) a emissão de papel-moeda para a reativação dos negócios, o que provocou inflação e especulação.
c) a criação de nova moeda para o país, levando o Brasil à condição de nação desenvolvida.
d) a organização do mercado e de novos negócios, a partir da criação de mais quatro bancos no país.
e) a distribuição equilibrada da renda, provocando um aquecimento na economia do mercado interno.

14. (Fuvest-SP) A imigração de italianos (desde o final do século XIX) e a de japoneses (desde o início do século XX), no Brasil estão associadas a
a) uma política nacional de atração de mão de obra para a lavoura e às transformações sociais provocadas pelo capitalismo na Itália e no Japão.
b) interesses geopolíticos do governo brasileiro e às crises industrial e política pelas quais passavam a Itália e o Japão.
c) uma demanda de mão de obra para a indústria e às pressões políticas dos fazendeiros do sudeste do país.
d) uma política nacional de fomento demográfico e a um acordo com a Itália e o Japão para exportação de matérias-primas.
e) acordos internacionais que proibiram o tráfico de escravos e à política interna de embranquecimento da população brasileira.

15. (Fuvest-SP) Sobre a economia brasileira durante a Primeira República, é possível destacar os seguintes elementos:
a) exportações dirigidas aos mercados europeus e asiáticos e crescimento da pecuária no Nordeste.
b) investimentos britânicos no setor de serviços e produção de bens primários para a exportação.
c) protecionismo alfandegário para estimular a indústria e notável ampliação do mercado interno.
d) aplicação de capital estrangeiro na indústria e consolidação do café como único produto de exportação.
e) integração regional e plano federal de defesa da comercialização da borracha na Amazônia.

16. (Fuvest-SP) A política do café, durante a Primeira República:
a) chegou ao auge do protecionismo com o Convênio de Taubaté, passando depois a reger-se pelas leis do mercado.
b) procurou atender aos interesses dos cafeicultores através de constantes medidas de proteção ao produto.
c) pode ser equiparada à de outras produções agrícolas, todas elas amparadas por Planos de Defesa.
d) atendeu exclusivamente aos interesses dos grandes grupos internacionais através dos Planos de Defesa.
e) foi dirigida pelo governo do estado de São Paulo, enquanto o poder federal mantinha uma atitude distante e neutra.

17. (UFC-CE) "A travessia para o Juazeiro fez-se a marchas forçadas, em quatro dias. E quando lá chegou o bando dos expedicionários, fardas em trapos, feridos, estropiados, combalidos, davam a imagem da derrota. Parecia que lhes vinham em cima, nos rastros, os jagunços. A população alarmou-se, reatando o êxodo. Ficaram de fogos acesos na estação da via-férrea todas as locomotivas. Arregimentaram-se todos os habitantes válidos dispostos ao combate. E as linhas do telégrafo transmitiram ao país inteiro o prelúdio da guerra sertaneja."
O trecho acima é parte do livro de Euclides da Cunha que teve sua primeira edição em 1902 e relata o cotidiano de um conflito ocorrido nos primeiros anos da República. O livro de Euclides e o conflito ao qual se refere são respectivamente:
a) *Inferno Verde*, Caldeirão.
b) *Inferno Verde*, Cabanagem.
c) *Os Sertões*, Canudos.
d) *Os Sertões*, Caldeirão.
e) *A guerra do fim do Mundo*, Contestado.

18. (Fuvest-SP) "Não é por acaso que as autoridades brasileiras recebem o aplauso unânime das autoridades internacionais das grandes potências, pela energia implacável e eficaz de sua política saneadora (...). O mesmo se dá com a repressão dos movimentos populares de Canudos e do Contestado, que no contexto rural (...) significavam praticamente o mesmo que a Revolta da Vacina no contexto urbano."

(SEVCENKO, Nicolau. *A revolta da vacina*.)

De acordo com o texto, a Revolta da Vacina, o movimento de Canudos e o do Contestado foram vistos internacionalmente como

a) provocados pelo êxodo maciço de populações saídas do campo rumo às cidades logo após a abolição.
b) retrógrados, pois dificultavam a modernização do país.
c) decorrentes da política sanitarista de Oswaldo Cruz.
d) indícios de que a escravidão e o império chegavam ao fim para dar lugar ao trabalho livre e à república.
e) conservadores, porque ameaçavam o avanço do capital norte-americano no Brasil.

19. (UFPR-PR) Sobre o movimento do Contestado, ocorrido de 1912 a 1916, considere as afirmativas abaixo:

1. No início do movimento, o monge José Maria, sua principal liderança, foi morto, mas suas orientações continuaram a exercer influência sobre os participantes.
2. Esse movimento acabou por agregar diferentes segmentos sociais, como posseiros e sitiantes expulsos de suas terras, e comunidades negras e caboclas.
3. O movimento do Contestado tinha características milenares e messiânicas, mas também políticas, de contestação social.
4. Apesar do cunho contestatório, a simpatia para com a República é uma característica continuamente presente no movimento do Contestado.
5. Uma das principais causas do movimento foi o fato de os sertanejos – ou caboclos – terem sido expulsos de suas terras pela estrada de ferro construída na região.

Assinale a alternativa correta.
a) Somente as afirmativas 3, 4 e 5 são verdadeiras.
b) Somente as afirmativas 1 e 4 são verdadeiras.
c) Somente as afirmativas 1, 2, 3 e 5 são verdadeiras.
d) Somente as afirmativas 2 e 3 são verdadeiras.
e) Somente as afirmativas 1, 2, 4 e 5 são verdadeiras.

20. (Unicamp-SP) "A denominação de república oligárquica é frequentemente atribuída aos primeiros 40 anos da República no Brasil. Coronelismo, oligarquia e política dos governadores fazem parte do vocabulário político necessário ao entendimento desse período."

(Adaptado de RESENDE, Maria Efigênia Lage de. "O processo político na Primeira República e o liberalismo oligárquico". In: FERREIRA, Jorge & DELGADO, Lucilia de Almeida Neves (Orgs.). *O tempo do liberalismo excludente — da Proclamação da República à Revolução de 1930*. Rio de Janeiro, Civilização Brasileira, 2006. p. 91.)

Relacionando os termos do enunciado, a chamada "república oligárquica" pode ser explicada da seguinte maneira:
a) Os governadores representavam as oligarquias estaduais e controlavam as eleições, realizadas com voto aberto. Isso sustentava a República da Espada, na qual vários coronéis governaram o país, retribuindo o apoio político dos governadores.
b) Diante das revoltas populares do período, que ameaçavam as oligarquias estaduais, os governadores se aliaram aos coronéis, para que chefiassem as expedições militares contra as revoltas, garantindo a ordem, em troca de maior poder político.

c) As oligarquias estaduais se aliavam aos coronéis, que detinham o poder político nos municípios, e estes fraudavam as eleições. Assim, os governadores elegiam candidatos que apoiariam o presidente da República, e este retribuía com recursos aos estados.
d) Os governadores excluídos da política do "café com leite" se aliaram às oligarquias nordestinas, a fim de superar São Paulo e Minas Gerais. Essas alianças favoreceram uma série de revoltas chefiadas por coronéis, que comandavam bandos de jagunços.

21. (Unesp-SP) "Na Primeira República (1889-1930) houve a reprodução de muitos aspectos da estrutura econômica e social constituída nos séculos anteriores. Noutros termos, no final do século XIX e início do XX conviveram, simultaneamente, transformações e permanências históricas."

(OLIVEIRA, Francisco de. *Herança econômica do Segundo Império*, 1985.)

O texto sustenta que a Primeira República brasileira foi caracterizada por permanências e mudanças históricas. De maneira geral, o período republicano, iniciado em 1889 e que se estendeu até 1930, foi caracterizado
a) pela predominância dos interesses dos industriais, com a exportação de bens duráveis e de capital.
b) por conflitos no campo, com o avanço do movimento de reforma agrária liderado pelos antigos monarquistas.
c) pelo poder político da oligarquia rural e pela economia de exportação de produtos primários.
d) pela instituição de uma democracia socialista graças à pressão exercida pelos operários anarquistas.
e) pelo planejamento econômico feito pelo Estado, que protegia os preços dos produtos manufaturados.

22. (Enem) "A figura do coronel era muito comum durante os anos iniciais da República, principalmente nas regiões do interior do Brasil. Normalmente, tratava-se de grandes fazendeiros que utilizavam seu poder para formar uma rede de clientes políticos e garantir resultados de eleições. Era usado o voto de cabresto, por meio do qual o coronel obrigava os eleitores de seu 'curral eleitoral' a votarem nos candidatos apoiados por ele. Como o voto era aberto, os eleitores eram pressionados e fiscalizados por capangas, para que votassem de acordo com os interesses do coronel. Mas recorria-se também a outras estratégias, como compra de votos, eleitores-fantasma, troca de favores, fraudes na apuração dos escrutínios e violência."

(Disponível em: <www.historiadobrasil.net/republica>. Acesso em: 20 fev. 2008. Texto adaptado.)

Com relação ao processo democrático do período registrado no texto, é possível afirmar que:
a) o coronel se servia de todo tipo de recursos para atingir seus objetivos políticos.
b) o eleitor não podia eleger o presidente da República.
c) o coronel aprimorou o processo democrático ao instituir o voto secreto.
d) o eleitor era soberano em sua relação com o coronel.
e) os coronéis tinham influência maior nos centros urbanos.

23. (UFMG) A **Política dos Governadores**, instituída no governo Campos Sales (1898-1902), significou a resolução da contradição pela Constituição de 1891.
Essa contradição se dava entre
a) a naturalização compulsória e a livre escolha da cidadania brasileira.
b) a política de valorização do café e a indústria nascente.
c) o bicameralismo e a democracia indireta.
d) o federalismo e o presidencialismo.
e) os presidentes militares e os cafeicultores paulistas.

24. (Fuvest-SP) Em um balanço sobre a Primeira República no Brasil, Júlio de Mesquita Filho escreveu:

"(...) a política se orienta não mais pela vontade popular livremente manifesta, mas pelos caprichos de um número limitado de indivíduos sob cuja proteção se acolhem todos quantos pretendem um lugar nas assembleias estaduais e federais."

(*A crise nacional*, 1925.)

De acordo com o texto, o autor
a) critica a autonomia excessiva do poder legislativo.
b) propõe limites ao federalismo.
c) defende o regime parlamentarista.
d) critica o poder oligárquico.
e) defende a supremacia política do sul do país.

25. (UFV-RJ) A década de 1920 foi um período de crise da "República do café com leite", uma vez que as transformações ocorridas nos anos anteriores contribuíram para a melhor organização dos grupos sociais existentes e o surgimento de outros. Alguns desses grupos se voltaram contra a política tradicional, baseada no poder das oligarquias, no autoritarismo e nas fraudes eleitorais, manifestando seu descontentamento através de movimentos civis e militares.
Sobre a década de 1920 no Brasil é correto afirmar que houve:
a) um levante conhecido como Intentona Comunista, logo após a fundação do Partido Comunista do Brasil, que congregou um grande número de operários e intelectuais.
b) a Revolta da Vacina, em que o Rio de Janeiro transformou-se num campo de batalha, com a formação de barricadas e violentos choques entre populares e as tropas do governo.
c) duas das mais importantes revoltas do movimento denominado tenentista, que queria moralizar a vida política, pôr fim à corrupção eleitoral e promover reformas sociais.
d) duas greves gerais nos principais centros urbanos do país, sob a liderança de industriais e comerciantes insatisfeitos com a política governamental de valorização dos produtos agrícolas.
e) o movimento modernista, durante a realização da Semana de Arte Moderna, evento ocorrido em São Paulo em 1922, cujo manifesto defendeu o fim do voto de cabresto e da política dos governadores.

26. (UFMG-MG) Leia o texto.

"Na Bruzundanga, como no Brasil, todos os representantes do povo, desde o vereador até o presidente da República, eram eleitos por sufrágio universal e, lá, como aqui, de há muito que os políticos tinham conseguido quase totalmente eliminar do aparelho eleitoral este elemento perturbador – 'o voto'. Julgavam os chefes e capatazes políticos que apurar os votos dos seus concidadãos era anarquizar a instituição e provocar um trabalho infernal na apuração porquanto cada qual votaria em um nome, visto que, em geral, os eleitores têm a tendência de votar em conhecidos ou amigos. Cada cabeça, cada sentença; e para obviar os inconvenientes de semelhante fato, os mesários de Bruzundanga lavravam as atas conforme entendiam e davam votações aos candidatos, conforme queriam.(...) Às vezes semelhantes eleitores votavam até com nome de mortos, cujos diplomas apresentavam aos mesários solenes e hieráticos que nem sacerdotes de antigas religiões."

(BARRETO, Lima. *Os Bruzundangas*. Rio de Janeiro, Ediouro, s.d. pp. 65-6.)

Todas as alternativas contêm afirmações que confirmam o comportamento eleitoral criticado na sátira de Lima Barreto, **exceto** em:
a) O domínio político dos coronéis rurais garantia a mecânica eleitoral fraudulenta operadora através do voto de curral.
b) O interesse das elites agrárias e a exclusão das demais classes sociais da política estavam garantidos nesse sistema político-eleitoral.
c) O sistema eleitoral descrito como corrupto estava na base da política dos governadores, posta em prática pelas oligarquias na chamada República Velha.
d) O sistema eleitoral fraudulento foi consolidado, no fim dos anos 20, através da ação decisiva da Aliança Liberal.
e) O voto de cabresto era uma forma de manipulação de eleitorado, seja através da compra de voto, seja através da troca do voto por favores.

27. (UFPEL-RS) Manifesto de Luís Carlos Prestes (maio/1930):

"(...) Mais uma vez os verdadeiros interesses populares foram sacrificados vilmente, mistificado todo o povo, por uma campanha aparentemente democrática, mas que, no fundo, não era mais do que a luta entre os interesses contrários de duas correntes oligárquicas, apoiadas e estimuladas pelos dois grandes imperialismos que nos escravizam e aos quais os politiqueiros brasileiros entregam, de pés e mãos atados, toda a Nação. Fazendo tais afirmações, não posso, no entanto, deixar de reconhecer entre os elementos da Aliança Liberal grande número de revolucionários sinceros, com os quais creio poder continuar a contar na luta franca e decidida que ora proponho contra todos os opressores.
(...)
Contra as duas vigas mestres que sustentam economicamente os atuais oligarcas, precisam, pois, ser dirigidos os nossos golpes – a grande propriedade territorial e o imperialismo anglo-americano. Essas, as duas causas fundamentais da opressão política em que vivemos e das crises econômicas em que nos debatemos.
(...)
O governo dos coronéis, chefes políticos, donos da terra, só pode ser o que aí temos: opressão política e exploração não positiva".

(TÁVORA, Juarez. *Memórias: uma vida e muitas lutas*. Rio de Janeiro, Ed. José Olímpio, 1973.)

De acordo com o texto e com seus conhecimentos, é correto afirmar que o Manifesto se posiciona
a) a favor de uma república comunista, nos moldes da soviética, e, para tanto, apoia a Aliança Liberal, que ganhou as eleições de 1930.
b) contra a Aliança Liberal, por ela manter os privilégios oligárquicos associados ao imperialismo anglo-americano, defendendo a ideia de uma revolução popular no Brasil.
c) contrário à Aliança Liberal, mantenedora da estrutura oligárquica de poder, ao defender, entre outros pontos, o "voto de cabresto" e o livre comércio externo.
d) de forma neutra, uma vez que havia, na formação da Aliança Liberal, os Partidos Republicanos Paulista, Rio-grandense e Mineiro, representantes da política do "café com leite".
e) em prol da Aliança Liberal como meio para os trabalhadores urbanos e rurais chegarem ao poder, seguindo o modelo do comunismo pregado por Mao-Tsé-Tung, quando da realização da "Longa Marcha".

28. (UFMG-MG) Leia o texto

"Quando veio a revolução de 24, disparavam os canhões nas travessas da rua da Mooca. Lembro que todos os vizinhos rodeavam o Tenente Cabanas, que era muito destemido, levavam comida para os soldados, ou iam levar seu abraço. Nós víamos os petardos atravessarem as ruas; nas igrejas do Cambuci os soldados do governo acamparam e disparavam. (...)
Os aviadores do governo tinham ordem de jogar bombas no Brás; diziam que a italianada estava a favor da revolução."

(BOSI, Ecléa. *Memória e sociedade – Lembranças de velhos*. São Paulo, T. A. Queiroz, 1979. p. 144.)

As lembranças relatadas no texto referem-se à:
a) Insurreição Armada dos Aliancistas contra Júlio Prestes.
b) Rebelião tenentista chefiada por Miguel Costa e Isidoro.
c) Revolta de "18 do Forte" de Copacabana.
d) Revolução Constitucionalista de São Paulo.
e) Revolução Federalista do Rio Grande do Sul.

29. (PUC-SP) "No período de 1928 existiam em São Paulo pelo menos três propostas de revelação vindas de agrupamentos políticos diferentes: o Partido Democrático, os 'tenentes' e o Bloco Operário e Camponeses."

(DECCA, E. de. *O silêncio dos vencidos*. São Paulo, Brasiliense, 1981. p. 81.)

O trecho acima aponta algumas das tensões presentes no Brasil do final da década de 1920. A presença de tais propostas revolucionárias
a) demonstra a revolta popular contra a política do café com leite e a preparação de um levante constitucionalista, que viria a ocorrer anos depois em São Paulo.
b) revela o projeto político golpista resultante da atuação, no Sul do Brasil, pouco tempo antes, da Coluna Prestes-Miguel Costa.
c) demonstra a impossibilidade de estabelecimento de um projeto comum entre os militares e civis que haviam controlado, até então, a República da Espada.
d) revela o projeto liberal-socialista que, uma década depois, seria expresso no Estado Novo.
e) demonstra a insatisfação político-institucional frente ao longo controle político do Estado brasileiro pelos cafeicultores paulistas organizados no PRP.

30. (UFGO-GO) Leia o documento a seguir.

"1º) O candidato Getúlio Vargas não sairá do seu Estado para fazer propaganda, nem para ler sua plataforma; 2º) se for vencido, na eleição, conformar-se-á com o resultado das urnas, dando por terminado o dissídio e passando a apoiar o governo constituído; 3º) o presidente da República e o candidato Júlio Prestes comprometem-se: a) a não apoiar elementos divergentes da situação do Rio Grande (...); b) a reconhecer na apuração das eleições de representantes ao Congresso Federal os candidatos diplomados; c) passada a eleição, as relações entre o governo da República e o do Rio Grande do Sul serão restabelecidas nos mesmos termos anteriores à divergência sobre a sucessão presidencial (...); e) se for eleito o presidente do Rio Grande do Sul, o atual presidente da República não combaterá o seu reconhecimento e o Dr. Getúlio Vargas assumirá para com São Paulo compromisso idêntico ao proposto aos Srs. Washington Luís e Júlio Prestes, em relação ao Rio Grande."

(Adaptado de FONTOURA, J. N. *Memórias*. Apud FAUSTO, Boris. "A revolução de 1930". In: MOTA, Carlos Guilherme (org.). *Brasil em perspectiva*. Rio de Janeiro, Difel, 1977. p. 236.)

Produzido em 1929, esse documento refere-se ao processo político-eleitoral na Primeira República. De acordo com sua leitura, verifica-se
a) a aliança entre os estados mais representativos da federação, estabelecida por meio da política conhecida como "café com leite".
b) a complexidade da distribuição de forças políticas, observada na relevância dos estados de menor representatividade nos pleitos.
c) o desacordo da Aliança Liberal em relação às orientações para o processo eleitoral acordadas entre os estados.
d) a importância do voto popular nas eleições em função das diferentes dimensões dos colégios eleitorais nos estados.
e) o respeito aos princípios republicanos, traduzidos na posição de árbitro assumida pelo então presidente Washington Luís.

31. (Fuvest-SP) No "Manifesto Antropófago", lançado em São Paulo, em 1928, lê-se:

"Queremos a Revolução Caraíba (...). A unificação de todas as revoltas eficazes na direção do homem (...). Sem nós, a Europa não teria sequer a sua pobre declaração dos direitos do homem."

Essas passagens expressam a
a) defesa de concepções artísticas do impressionismo.
b) crítica aos princípios da Revolução Francesa.
c) valorização da cultura nacional.
d) adesão à ideologia socialista.
e) afinidade com a cultura norte-americana.

32. (Enem) "Desgraçado progresso que escamoteia as tradições saudáveis e repousantes. O 'café' de antigamente era uma pausa revigorante na alucinação da vida cotidiana. Alguém dirá que nem tudo era paz nos cafés de antanho, que havia muita briga e confusão neles. E daí? Não será por isso que lamento seu desaparecimento do Rio de Janeiro. Hoje, se houver desaforo, a gente o engole calado e humilhado. Já não se pode nem brigar. Não há clima nem espaço."

(Adaptado de ALENCAR, E. "Os cafés do Rio". In: GOMES, D. *Antigos cafés do Rio de Janeiro*. Rio de Janeiro, Kosmos, 1989.)

O autor lamenta o desaparecimento dos antigos cafés pelo fato de estarem relacionados com
a) a economia da República Velha, baseada essencialmente no cultivo do café.
b) o ócio ("pausa revigorante") associado ao escravismo que mantinha a lavoura cafeeira.
c) a especulação imobiliária, que diminuiu o espaço disponível para esse tipo de estabelecimento.
d) a aceleração da vida moderna, que tornou incompatíveis com o cotidiano tanto o hábito de "jogar conversa fora" quanto as brigas.
e) o aumento da violência urbana, já que as brigas, cada vez mais frequentes, levaram os cidadãos a abandonarem os cafés do Rio de Janeiro.

33. (Fuvest-SP) "A exclusão dos analfabetos pela Constituição republicana (1891) era particularmente discriminatória, pois, ao mesmo tempo retirava a obrigação do governo de fornecer instrução primária, que constava do texto imperial, e exigia para a cidadania política uma qualidade que só o direito social da educação poderia fornecer..."

(CARVALHO, José Murilo de. *Os bestializados*.)

a) Que relação o texto estabelece entre ensino público e exercício da cidadania política durante a Primeira República (1889-1930)?
b) O que a atual Constituição dispõe a respeito dessa relação?

34. (Fuvest-SP)
Sobre este quadro, *A Negra*, pintado por Tarsila do Amaral em 1923, é possível afirmar que
a) se constituiu numa manifestação isolada, não podendo ser associada a outras mudanças da cultura brasileira do período.
b) representou a subordinação, sem criatividade, dos padrões da pintura brasileira às imposições das correntes internacionais.
c) estava relacionado a uma visão mais ampla de nacionalização das formas de expressão cultural, inclusive da pintura.
d) foi vaiado, na sua primeira exposição, porque a artista pintou uma mulher negra nua, em desacordo com os padrões morais da época.
e) demonstrou o isolamento do Brasil em relação à produção artística da América Latina, que não passara por inovações.

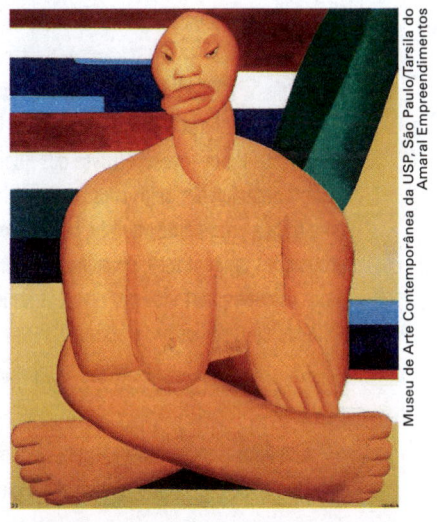

35. (UFMG-MG) Analise o texto:

"(...) dentro da ordem constitucional, deverão ser garantidos em toda a plenitude os direitos da reunião e associação, parecendo oportuno o ensaio dos tribunais arbitrais mistos, para dirimir os conflitos entre operários e patrões.
A participação dos operários nos lucros industriais em termos razoáveis constitui programa do partido que me acho filiado em Minas Gerais.
Essa participação que pode ser livremente ensaiada, evidentemente vantajosa aos operários, sê-la-á também aos industriais, porque estimula a produção, evita ou reduz os desperdícios, barateia os custos dos produtos, diminui os motivos de greve e estabiliza o operário na fábrica."

(Plataforma apresentada pelo Sr. Dr. Artur Silva Bernardes, lida no banquete oferecido aos candidatos da convenção de 9/7/1921 no Rio de Janeiro.)

a) Com base na leitura do texto, identifique os novos atores políticos que emergem no cenário brasileiro nessa época.
b) Cite três medidas institucionais implementadas para reverter a instabilidade criada pela atuação da classe operária.

36. (PUC-SP) "Cabo de enxada engrossa as mãos... Caneta e lápis são ferramentas muito delicadas. A lida é outra: labuta pesada, de sol a sol, nos campos e nos currais... Ler o quê? Escrever o quê? Mas agora é preciso: a eleição vem aí, e o alistamento rende a estima do patrão, a gente vira pessoa."

(PALMÉRIO, Mário. *Vila dos Confins*. p. 62.)

No texto da página anterior, o escritor Mário Palmério faz alusões a práticas eleitorais frequentes no sistema político brasileiro em grande parte deste século [século XX]. Considerando suas informações sobre essa questão e o texto apresentado:
a) discuta as relações entre coronelismo e estrutura da propriedade da terra no Brasil;
b) explique o que é voto de cabresto.

37. (Unicamp-SP) "São Paulo, quem te viu e quem te vê! Tinhas então as tuas ruas sem calçamento, iluminadas pela luz baça e amortecida de uns lampiões de azeite; tuas casas, quase todas térreas, tinham nas janelas umas rótulas através das quais conversavam os estudantes com as namoradas; os carros de bois guinchavam pelas ruas carregando enormes cargas e guiados por míseros cativos. Eras então uma cidade puramente paulista, hoje és uma cidade italiana!! Estás completamente transformada, com proporções agigantadas, possuindo opulentos e lindíssimos prédios, praças vastas e arborizadas, ruas todas calçadas, cortadas por diversas linhas de bonde, centenas de casas de negócios e a locomotiva soltando seus sibilos progressistas."

(Adaptado de PINTO, Alfredo Moreira. *A cidade de São Paulo em 1900*. São Paulo, Governo do Estado de São Paulo, 1979. pp. 8-10.)

a) Cite duas transformações mencionadas no texto que marcam a oposição entre atraso e progresso.
b) De que formas a economia cafeeira contribuiu para as transformações observadas pelo autor?

38. (PUC-SP) "Veja bem – abrasileiramento do brasileiro não quer dizer regionalismo... pra ser civilizado artisticamente, entrar no concerto das nações que hoje em dia dirigem a civilização da Terra, (o Brasil) tem que concorrer para este concerto com a sua parte pessoal, com o que o singulariza e individualiza..."

(Mário de Andrade, 1924.)

O movimento modernista constitui um momento importante da vida cultural brasileira neste século. Considerando o que você aprendeu sobre a sua natureza e os materiais acima apresentados:
a) caracterize o movimento modernista no Brasil;
b) comente a ideia de desenvolvimento artístico expressa por Mário de Andrade.

39. (Fuvest-SP) Em 1930, um golpe colocou Getúlio Vargas no poder. Esse ato foi justificado pelas acusações de que a posteriormente chamada "República Velha" estava "carcomida". Nesse sentido, quais as críticas do grupo vitorioso com relação
a) à predominância de São Paulo na federação?
b) às práticas políticas imperantes nas eleições?

A Decadência Oligárquica – Ditadura e Democracia

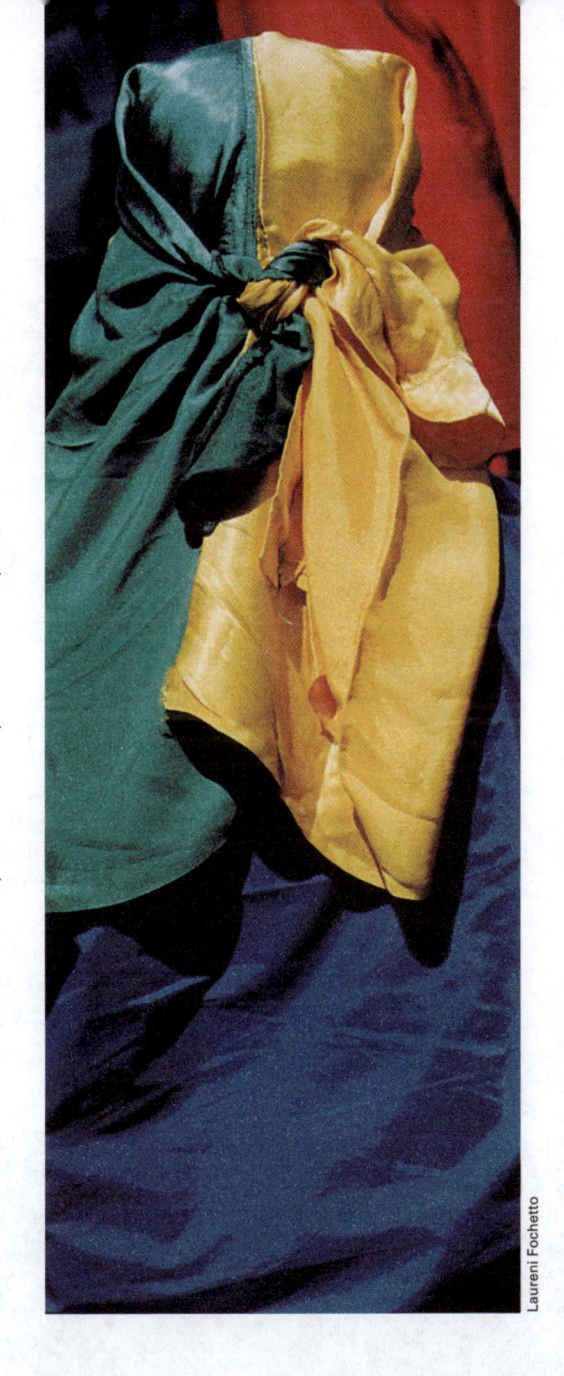

UNIDADE

IV

Capítulo 12

A Era Vargas (1930-45)

O governo provisório (1930-34)

A vitória da Revolução de 1930 foi responsável por mudanças consideráveis no panorama político brasileiro. O novo governo, encabeçado por Getúlio Vargas, surgiu de um movimento que aglutinou diversas forças sociais (oligarquias dissidentes, classes médias, setores da burguesia urbana) e instituições (notadamente o exército), reivindicando participação política em um cenário dominado exclusivamente pela oligarquia cafeeira.

Povo comemora a vitória da revolução. O governo de Getúlio Dornelles Vargas (1883-1954) foi marcado pela modernização econômica e pelo conservadorismo político (em especial até 1945).

Trata-se de uma novidade na história do país, uma vez que, desde a independência, os governos sempre representaram uma única classe ou, ao menos, fração de classe. Assim, o Estado imperial brasileiro que emergiu das lutas do período regencial representava a aristocracia rural escravocrata, enquanto a república instalada em 1889 era liderada pelo grupo cafeeiro. No novo Estado, instalado em 1930, os grupos oligárquicos (inclusive os aparentemente derrotados cafeicultores) ainda teriam um papel muito importante a representar, na verdade, um papel decisivo. No entanto, esses grupos não estariam mais sozinhos, ou seja, não mais iriam exercer o poder de forma hegemônica. Pode-se falar de uma crise do Estado oligárquico brasileiro.

Já nos primeiros momentos do governo Vargas a crise se anunciava: diversos grupos disputavam o exercício do poder, mas nenhum tinha meios para fazê-lo de forma hegemônica; abria-se espaço para a intermediação política. É a partir daí que entendemos o fortalecimento do poder pessoal de Getúlio Vargas: bastante habilidoso, soube se transformar no árbitro das forças em disputa, ou ainda, no único indivíduo capaz de manter coe-sa a aliança que havia se formado em 1930. Vargas, entretanto, não evita-ria descartar este ou aquele grupo político quando as circunstâncias o exigissem.

A composição do novo governo já refletia a necessidade de satisfazer as diversas forças por trás do poder político: gaúchos e mineiros dominavam os ministérios, destacando-se as figuras de Osvaldo Aranha (Justiça, depois Fazenda), Assis Brasil (Agricultura), Lindolfo Collor (Trabalho), Afrânio de Melo Franco (Relações Exteriores) e Francisco Campos (Educação e Saúde). Políticos do PD (Partido Democrático) e da oligarquia paraibana também ocuparam cargos no governo recém-instaurado. Entretanto, a força desse governo se encontrava nas lideranças tenentistas que Getúlio tentou manter ao seu lado a qualquer custo.

Líderes dos tenentes foram nomeados interventores, isto é, substitutos temporários e todo-poderosos dos governadores estaduais. João Alberto foi nomeado interventor em São Paulo, para desgosto da oligarquia cafeeira; Juracy Magalhães, na Bahia, e assim por diante. Juarez Távora, por sua vez, foi nomeado "inspetor-geral do Nordeste", com poderes tão amplos que logo passou a ser chamado de "vice-rei do Norte".

Na verdade, o tenentismo sempre padeceu de uma doença crônica: a pobreza ideológica. Combatia a república oligárquica em nome de umas poucas reformas. Uma vez derrubado o regime antigo e adotadas as reformas, pouco restava aos tenentes. Apesar da sua força no primeiro ano da revolução, seu destino já estava traçado e seu colapso como movimento organizado era inevitável. A única alternativa para os tenentes era abraçar um programa mais amplo, como Prestes já havia feito ao se converter ao comunismo. Outros tenentes, por sua vez, iriam simpatizar com o fascismo, então em ascensão quase mundial. Formaram as Legiões Revolucionárias, buscando inclusive atrair os operários e os desempregados cada vez mais numerosos, uma vez que os efeitos da crise de 1929 se aprofundavam. Como partido, essa "ala direita" do tenentismo fundou o Clube 3 de Outubro.

> "Quem são os tenentes? Que representam? Onde reside sua força? E por que Getúlio tanto se interessa em obter seu apoio, fazer-lhes tantas concessões? Os tenentes, com farda ou sem ela, representam duas grandes forças reunidas: a militar e a demagógica. Militarmente, eles dominam o exército, pela sua proximidade com a tropa, podendo a qualquer momento levantá-la. Podem fazê-lo mais facilmente que os generais. Demagogicamente, alegam ser os representantes exclusivos do 'espírito revolucionário de 1922, 24 e 30'.

O clube 3 de Outubro é seu Partido. Nasce de uma reunião na casa do ministro Afrânio de Melo Franco. É seu primeiro presidente o general Góis Monteiro. O clube 3 de Outubro é o principal sustentáculo do governo revolucionário. Por volta do fim de 31 o governo já está cambaleando e perdeu a confiança do povo. Os principais e angustiantes problemas, entre os quais o desemprego, permanecem onde estavam: continuam problemas à espera de solução. Como obter o apoio das massas? Fazendo concessões aos tenentes. E o que querem os tenentes? Querem o fascismo, o governo forte, a luta de morte contra o comunismo e as veleidades revolucionárias das massas.

Diz João Neves da Fontoura: 'Aqui no centro (refere-se ao Rio), Vargas admitia as manobras do clube 3 de Outubro, no qual havia gente de todos os feitios, ali predominando o bota-abaixo, a demagogia, os laivos indefiníveis entre o fascismo e o comunismo consciente ou inconsciente'.

Essa aparente mistura de fascistas e comunistas, a que se refere mal avisadamente João Neves, nada mais era que a demonstração de um espírito exaltado e inconsequente das classes médias que não sabiam o que queriam nem para onde iam, mas que desejavam antes de tudo o poder incontrolado e a destruição dos carcomidos, dos comunistas e dos prestistas, dos quais tinham medo."

(BASBAUM, Leôncio. *História sincera da república*. 3. ed. São Paulo, Alfa-Ômega, 1968. pp. 19-20.)

Cuidado, Legionário! Trata de passar incólume entre os dois.

Novembro de 1930: fascistas e comunistas cortejam os tenentes.

Os tenentes, portanto, se dividiram entre a esquerda e a direita e, com o progressivo fortalecimento do poder pessoal de Getúlio Vargas, as duas facções acabaram entrando em colapso. Mais tarde, nada restaria aos últimos tenentes senão a submissão total ao novo presidente e sua incorporação ao aparelho burocrático do novo Estado getulista, ainda em gestação no início da década de 30.

Ao mesmo tempo, Vargas buscou uma aproximação dos setores populares urbanos. No momento da construção do governo revolucionário e durante seus primeiros anos no poder, Getúlio Vargas fez apelos às classes trabalhadoras urbanas, acenando com a possibilidade de criar benefícios e até leis favoráveis a elas. Esboçava-se o **populismo**, que logo se tornaria característica dominante da Era Vargas.

Finalmente, Vargas demonstrou sua habilidade política ao se aproximar do grupo cafeicultor, por ele derrotado na Revolução de 30. Ficava claro que, por maior que fosse o apoio social ao novo governo, pouco poderia ser feito sem os cafeicultores, que ainda formavam o grupo econômico mais poderoso do país. E, devido à própria crise, o novo presidente encontrou os mecanismos para promover sua aproximação com os paulistas.

A defesa do setor cafeeiro e o estímulo à indústria

Com objetivos eminentemente políticos (isto é, visando ao apoio dos cafeicultores), Vargas se lançou em defesa da cafeicultura, fortemente abalada pela Grande Depressão mundial desde 1929. Para isso, buscou reeditar a velha **política de valorização do café**, agora sob rígido controle do governo central através do Conselho Nacional do Café (CNC), promovendo a compra e a estocagem do produto já a partir de fevereiro de 1931. Sabemos que tal prática estava esgotada, conforme crescia a produção mundial de café e, portanto, a concorrência com o Brasil. Consequentemente, a valorização do café, apesar de elevar ligeiramente os preços durante certo tempo, acabou por levar à formação de estoques imensos, para os quais não havia compradores externos. Em julho de 1931, o governo decidiu-se pela eliminação física dos estoques de café, ou seja, a queima dos excedentes invendáveis. Até 1944, enquanto durou essa política de compra e queima de café, foram destruídas mais de 78 milhões de sacas (14 milhões só em 1931).

O café usado como combustível de locomotivas. Com a compra dos estoques de café não vendidos, o governo mantinha a atividade econômica.

No entanto, essa política de compra e queima de café trouxe consequências benéficas para a economia já a curto prazo. O comprometimento do governo com a manutenção da demanda de café ajudou a manter em funcionamento a economia brasileira, pois, graças à atividade cafeeira, foram sustentadas as atividades comercial e bancária, as ferrovias e até a pequena indústria nacional; todos esses setores, de alguma maneira, dependiam dos recursos gerados pela cafeicultura. Assim, após algum tempo, o país superou com relativa facilidade a Grande Depressão da década de 30.

Além da cafeicultura, o setor que mais se beneficiou da política governamental foi o industrial. A economia brasileira retornou à atividade normal, enquanto grande parte do mundo ainda amargava a Depressão. Ao mesmo tempo, praticamente inexistia o ingresso de moeda estrangeira no Brasil, uma vez que o café, principal fonte de divisas, agora era vendido para o governo, que, obviamente, remunerava os cafeicultores com moeda nacional. Assim, inviabilizavam-se as importações. As emissões de papel-moeda ajudavam a desvalorizar o mil-réis, dificultando ainda mais as importações. Todos esses fatores encorajavam o desenvolvimento de uma produção industrial nacional. "Os consumidores agora procuravam fontes brasileiras para produtos que, anteriormente, compravam no exterior. Ao mesmo tempo, os investimentos, desviados para o setor de exportação, eram atraídos pelos lucros cada vez mais altos advindos da produção industrial" (Thomas Skidmore).

De fato, entre 1933 e 1939, a indústria brasileira apresentou um crescimento expressivo, principalmente nos setores menos sofisticados, como têxteis e processamento de alimentos. Nessas áreas, não apenas os investimentos necessários eram menores, como foi possível a utilização da capacidade ociosa da indústria. Como sabemos, já desde o final do século passado construía-se a base de uma indústria leve no Brasil. Essa indústria operava com capacidade ociosa desde pelo menos o final da Primeira Guerra Mundial, e foi justamente a utilização dessa capacidade que fez a produção industrial brasileira dar um salto, quase da noite para o dia, durante os anos 30.

> "Foi realmente intenso o ritmo do desenvolvimento industrial a partir da crise de 1929. Do total de estabelecimentos existentes por ocasião do Censo Industrial de 1940, em número de 49 418, nada menos de 34 691 haviam sido fundados depois de 1930, sendo que 26 881 entre 1933 e a data do Censo. Não obstante o Censo Industrial de 1940 indicar que 56,4% dos estabelecimentos recenseados ocupavam menos de 5 pessoas é inegável a expansão industrial no período 1933-39. Mas, do ponto de vista dos índices e fatores de transformação — técnica, transporte, preços — os resultados não foram tão positivos. O aumento da produção não determinava a qualidade; ao contrário, prevaleciam as limitações estruturais que caracterizavam nossa indústria na década de 1920. A passagem fundamental da indústria de consumo para a indústria de base se fazia de modo extremamente lento e pouco sensível."
>
> (MENDES JR., Antonio & MARANHÃO, Ricardo. *Brasil história: Texto e consulta*. São Paulo, Hucitec, 1991. v. 4, pp. 172-3.)

Observe o gráfico a seguir com a evolução da produção industrial brasileira. O crescimento acelerado da década de 30 vai ser limitado a partir de 1939 pela eclosão da Segunda Guerra Mundial. Ainda assim, a expansão se manteve.

Taxas anuais de crescimento da produção industrial (ano-base: 1929)

- 1933-1939: 1,3
- 1934-1939: 11,3
- 1939-1945: 5,2

Indústria de transformação

VILLELA, Annibal Villanova e SUZIGAN, Wilson. *Política do governo e crescimento da economia brasileira — 1889-1941*. 2ª ed. Rio de Janeiro, IPEA/INPES, 1975. In: MENDES JÚNIOR, Antonio e MARANHÃO, Ricardo. *Brasil história. Era de Vargas*. São Paulo, Hucitec, 1989. p. 178.

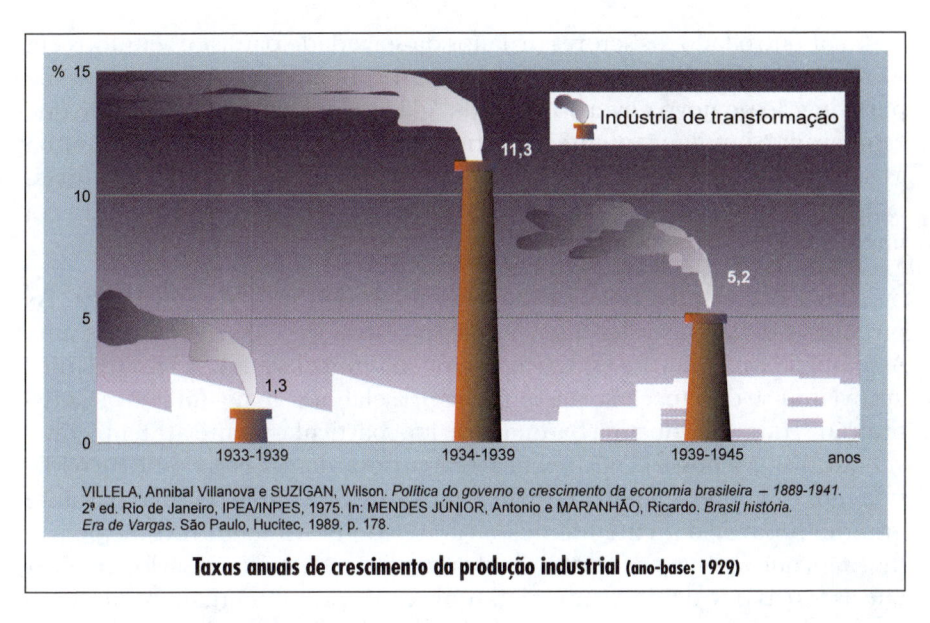

Podemos dizer que, a partir da expansão industrial da década de 30, a economia brasileira entrou em uma nova época, com a mudança do modelo econômico. Até então, o país seguia um modelo agrário-exportador, isto é, todos os recursos disponíveis voltavam-se para a produção de gêneros agrícolas para exportação e essa atividade subordinava as demais. A partir dos anos 30, cada vez mais consolidava-se um novo modelo, de industrialização por substituição de importações. Apesar do predomínio da indústria leve, logo novos setores iriam se desenvolver, inclusive com a participação decisiva do Estado.

A Revolução Constitucionalista de 1932

Ao proteger a cafeicultura, Getúlio Vargas procurou garantir o apoio dos fazendeiros paulistas a seu governo, ao mesmo tempo que estimulava o processo de industrialização. No entanto, a defesa do setor cafeeiro implicava alguns riscos políticos para o presidente: uma vez fortalecida, a oligarquia cafeeira paulista poderia tentar retomar o poder perdido em 1930.

O relacionamento político de Getúlio Vargas com São Paulo foi complicado desde o início do governo provisório. Como uma de suas primeiras medidas, Vargas nomeou interventor em São Paulo o tenente pernambucano João Alberto, o que desagradou bastante a elite paulista, que pedia um interventor civil do próprio estado. Demonstrando dificuldade em conciliar os interesses divergentes em jogo, o cargo passou rapidamente por várias mãos. Somente em março de 1932 encontrou-se um nome que pudesse agradar os paulistas, Pedro de Toledo, indicado pelas próprias elites. Ainda assim, a insatisfação crescia.

Por outro lado, os setores urbanos da sociedade paulista, reunidos em torno do Partido Democrático, romperam com Vargas, uma vez que sua participação no novo governo era reduzida, ou, pelo menos, menor do que esperavam. Simultaneamente, o Partido Republicano Paulista recompunha as suas forças. Juntos, o PD e o PRP formaram a **Frente Única Paulista**, exigindo a nomeação de um interventor civil e paulista para o estado e a imediata reconstitucionalização do país.

De fato, o governo, que deveria ser provisório, se eternizava. As promessas de Vargas referentes à redemocratização e convocação de uma Assembleia Constituinte eram vagas e pouco consideradas. A Frente Única aproveitou-se da situação e passou a exigir a elaboração de uma nova Constituição. Tratava-se de uma bandeira de luta particularmente atraente, uma vez que tornava possível não apenas uma curiosa aliança entre o PRP e o PD, inimigos de véspera, como também a atração de um apoio popular bastante grande. A partir daí entendemos o caráter do movimento revolucionário de 1932, que se iniciava: tratava-se de um movimento reacionário, uma vez que as forças que o lideraram (oligarquia cafeeira) pretendiam retornar ao poder; por outro lado, ao propor a redemocratização, o movimento ganhava um aspecto modernizador e liberalizante.

> "... creio que a erupção liberal de 32 faz parte da originalidade e complexidade da formação social paulista: a convivência do trabalho escravo e do trabalho livre desde muito cedo, a inovação industrial, a imigração operária. Tudo que era inovador, tanto na área cultural quanto na organização industrial, acontecia em São Paulo. A sociedade paulista já era muito distinta do restante do país, principalmente da 'sociedade hierárquica' do Nordeste. A própria oligarquia paulista era muito menos escravagista que a oligarquia do Norte e Nordeste. Havia ainda bolsões hierárquicos, mas havia também um operariado pujante. Essa complexidade permitiu que 32 fosse ao mesmo tempo expressão da oligarquia e de expectativa democrática (...).
>
> Acho temerário falar em unificação [de interesses], o projeto é muito mais contraditório. Prefiro dizer que há uma confluência contraditória entre vários projetos. Há, de um lado, o projeto dos setores oligárquicos que são revanchistas e que procuram se beneficiar do ufanismo paulista. Mas há, por outro lado, o projeto dos setores médios: advogados, estudantes, profissionais liberais que estavam mais preocupados com a organização do Partido Democrático e tinham como bandeira o constitucionalismo. Se podemos falar de unificação, trata-se de uma unificação muito precária e altamente alegórica, não de uma unificação de princípios ou projetos."
>
> (PINHEIRO, Paulo Sérgio. "Constitucionalismo é maior herança". Entrevista in O Estado de S. Paulo, 9/7/1992. Caderno Cultura Especial, p. 6.)

Em maio de 1932, um grupo de manifestantes reunidos diante da sede da Legião Revolucionária em São Paulo foi disperso a bala, resultando na morte de quatro deles, de nomes Martins, Miragaia, Dráusio e Camargo. A partir de então, organizou-se o movimento cívico **MMDC**, que iniciou os preparativos para a luta armada. No dia 9 de julho de 1932, São Paulo rompeu com o governo Vargas: tinha início a revolução.

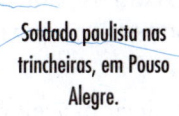

■ A Decadência Oligárquica — Ditadura e Democracia ■

Soldado paulista nas trincheiras, em Pouso Alegre.

Esperava-se o apoio de outros estados, notadamente do Rio Grande do Sul, cujo interventor, Flores da Cunha, já rompido com Vargas, havia prometido adesão. Enquanto isso, o general Bertoldo Klinger entrava em São Paulo chefiando algumas guarnições sublevadas do Mato Grosso, apoiando a revolução. Iniciou-se a organização de um exército constitucionalista, com o alistamento voluntário de dezenas de milhares de jovens, principalmente de classe média. A mobilização foi bastante grande no estado de São Paulo, mas significativa foi a não adesão do operariado ao movimento.

No entanto, as fraquezas do exército constitucionalista mostraram-se insuperáveis: faltava tudo, principalmente armas e munições. As importações eram impraticáveis, uma vez que a marinha, fiel a Vargas, havia bloqueado os portos paulistas. A indústria de São Paulo mobilizou-se, tentando produzir o material bélico necessário dentro do estado; porém, ainda era cedo para que as frágeis fábricas locais pudessem cumprir tal tarefa, apesar de alguns esforços no mínimo criativos. Após três meses de combates às vezes intensos, as tropas leais ao governo federal acabaram forçando os paulistas à rendição.

Passeata no centro da cidade de São Paulo durante a Revolução Constitucionalista, em 1932.

A Constituição de 1934

A repressão de Vargas aos líderes paulistas, findado o movimento de 1932, surpreendeu por sua brandura, limitando-se a algumas prisões, deportações e cassação de mandatos (em julho de 1934 seria aprovada uma anistia geral). Na verdade, Vargas buscava uma composição com os paulistas derrotados: era impossível ignorar a elite paulista. Esta, por sua vez, partiu para o entendimento com o governo.

Percebendo a força do apelo constitucionalista, Vargas decidiu acelerar o processo de redemocratização, instituindo, em 1933, um Código Eleitoral que introduzia o voto secreto, o voto feminino e a justiça eleitoral, além dos deputados classistas, isto é, eleitos pelos sindicatos. Nessas condições, foram realizadas as eleições para a Assembleia Constituinte em maio de 1933, aprovando-se uma nova Constituição em julho do ano seguinte.

A nova Constituição pouco divergia da anterior, de 1891. "É uma Constituição de uma sociedade de proprietários visando ao seu domínio sobre os não proprietários. Em suma, uma Constituição burguesa liberal que não toca no problema da terra porque é precisamente na posse dela que se baseia o seu domínio" (Leôncio Basbaum). São características da Constituição de 1934:

Foto do plenário da Constituinte. A Constituição de 1934 – de curta duração – trouxe inovações como a representação classista.

- manutenção dos princípios básicos da Carta anterior, ou seja, o Brasil continuava sendo uma república dentro dos princípios federativos, embora o grau de autonomia dos estados fosse reduzido;

- separação dos poderes, com independência do executivo, legislativo e judiciário; além da eleição direta de todos os membros dos dois primeiros. O Código Eleitoral criado para a eleição da Constituinte foi incorporado à Constituição, inclusive com as provisões referentes à representação classista (elementos eleitos pelos sindicatos), cuja bancada agora faria parte do Congresso;

- criação do Tribunal do Trabalho e legislação trabalhista, incluindo o direito à liberdade de organização sindical;

- possibilidade de nacionalização de empresas estrangeiras e do estabelecimento do monopólio estatal sobre determinadas indústrias;

- disposições transitórias determinando que o primeiro presidente da República seria eleito pelo voto indireto da Assembleia Constituinte.

No dia seguinte à promulgação da nova Carta, Getúlio Vargas foi eleito presidente constitucional do Brasil. Iniciava-se a sua segunda etapa de governo.

O governo constitucional (1934-37)

A radicalização ideológica

No início do seu governo constitucional, Vargas demonstrava a intenção de fazer o país voltar à normalidade, com a entrada em vigor da Constituição e uma clara definição dos limites do poder executivo. O presidente, eleito indiretamente pelo Congresso Nacional para um mandato de quatro anos, sem direito a reeleição, continuava a se aproveitar da crise de hegemonia existente no país, ou seja, a incapacidade de um único grupo controlar o poder; tendo sido bastante hábil em conciliar ou neutralizar as diversas forças políticas ao compor o ministério.

Cristalizou-se, nesse período, uma situação que já vinha se anunciando desde as eleições para a Constituinte: o colapso do tenentismo como movimento organizado. Alguns poucos tenentes sobreviveram politicamente, mas já à sombra de Vargas. Como observamos anteriormente, as lideranças tenentistas que buscaram um caminho próprio acabaram por se unir a Prestes ou então originaram movimentos radicais de direita, fascistas. A radicalização foi uma característica do novo período, de resto, inédita num país onde os interesses econômicos e particulares sempre se sobrepuseram às ideias.

O fenômeno não é apenas brasileiro, mas mundial. A crise de 29 e a posterior Grande Depressão na economia sinalizaram para muitos o início do colapso do sistema capitalista. Dessa forma, as propostas socialistas pareceram ser bastante tentadoras, mesmo porque já existia um país socialista no mundo, a União Soviética. Esse país, ao colocar em prática a planificação econômica, permaneceu quase imune à crise de 29. Aliás, mesmo nos países capitalistas mais avançados, a solução para a crise passava por uma intervenção cada vez maior do Estado na economia. Nos Estados Unidos, por exemplo, o presidente Franklin Roosevelt adotou o intervencionismo estatal com o **New Deal**.

Na Europa, a extrema-direita se fortalecia: nazistas na Alemanha (foto) e fascistas na Itália.

O capitalismo entrou numa nova época e, nesse contexto, surgiram as propostas fascistas, que defendiam uma ampliação da atuação do Estado não apenas na área econômica, mas também controlando fortemente o conjunto da sociedade, o que era conseguido por meio de violentas ditaduras políticas. Assim, o fascismo italiano de Benito Mussolini e o nazismo alemão de Adolf Hitler, para ficarmos nos exemplos mais significativos, pareciam, aos olhos de quem viveu os anos 30, surgir como um "terceiro caminho" entre socialismo e capitalismo, muito embora fossem apenas sintomas de um capitalismo em crise e da falência de suas formas políticas liberais.

Integralistas e aliancistas

Em 1932, nasceu a **Ação Integralista Brasileira**, dando início ao fascismo no Brasil. Seus membros repudiavam a democracia liberal, propondo, em seu lugar, um governo autoritário, chefiado por um líder "inspirado", que pudesse levar a nação ao progresso. Rejeitavam também o comunismo, reflexo da crença na desigualdade entre os homens.

O integralismo tinha um forte apelo nacionalista, tendo seu principal líder, o intelectual Plínio Salgado, participado da Semana de 22 e da criação do "verde-amarelismo", movimento cultural de cunho nacionalista. Tal nacionalismo tendia para a xenofobia, quando não para o racismo assumido. Sua visão da sociedade partia de princípios militares, devendo esta ser organizada hierarquicamente e fundada na disciplina cega de cada um de seus membros.

O líder maior seria o próprio Plínio Salgado, o nosso "Führer" tropical (ou "Duce" de favela). Nas palavras de Plínio Salgado: "O Brasil vai para o Estado Integral, para a destruição de todos os partidos, para a unidade absoluta da Pátria, para a concepção cristã e totalitária da vida. O Brasil vai para uma nova fase de sua História, para a restauração dos valores intelectuais e morais da Nacionalidade, para a extinção das oligarquias, dos regionalismos, da hedionda política dos Estados. O Brasil será integralista. A marcha é fatal, é inexorável. Marcha da mocidade. Movimento glorioso de uma raça que se afirma." ("Para onde vai o Brasil"?, citado em *História geral da civilização brasileira*.)

Como sempre acontecia nos movimentos fascistas, existia um forte apelo visual no integralismo, a partir das exibições públicas de integrantes marchando disciplinadamente com seus uniformes, cores, bandeiras e hinos. O símbolo que identificava o movimento era o sigma, pálida cópia da suástica nazista, e seus membros saudavam-se com um pitoresco "Anauê!", cumprimento tupi-guarani, reflexo distante do "Heil!" alemão.

Cartazes de propaganda integralista exibindo o apelo visual do movimento.

Em 1933, o movimento tornou-se público, com a realização de uma grande passeata em São Paulo. Logo o integralismo se expandiu por todo o Brasil, principalmente pelo Centro-Sul, região mais urbanizada e de forte presença imigrante europeia, sobretudo italiana e alemã. A partir daí, percebe-se a base social do movimento, que, no seu auge, segundo estimativas dos próprios integralistas, chegou a ter 300 mil membros (embora uma estimativa mais realista nos leve à metade dessa cifra).

A rejeição ao fascismo, as desconfianças em relação ao futuro da democracia liberal brasileira sob Vargas e a intensa mobilização popular característica do Brasil da década de 30 levaram à criação de um movimento político de formas radicalmente opostas ao integralismo. Tratava-se da **Aliança Nacional Libertadora (ANL)**, uma frente ampla de oposição ao fascismo e ao autoritarismo.

Da ANL participavam indivíduos de todas as categorias sociais e convicções políticas e filosóficas, tendo os comunistas à frente. Foi criada em março de 1935 e até julho do mesmo ano conseguiu atrair algo em torno de 400 mil membros, encaminhando-se rapidamente para um movimento político de massas como jamais visto na história do país, em que pesem as pretensões integralistas.

Suas propostas não se resumiam às do Partido Comunista, o que mostra o caráter de frente ampla do movimento. Seu programa baseava-se em:

- suspensão do pagamento da dívida externa e seu cancelamento unilateral;
- nacionalização das empresas estrangeiras;
- defesa das liberdades individuais;

- combate ao fascismo, com a criação de um governo popular;
- reforma agrária, com a garantia da manutenção da pequena e média propriedade.

Os aliancistas faziam um apelo aos "velhos" líderes tenentistas, chamando atenção para o erro que teria sido cometido quando de sua participação na Revolução de 30 e convocando-os para uma nova revolução. No dia 5 de julho de 1935 (aniversário da Revolta do Forte de Copacabana de 1922), Luís Carlos Prestes lançou seu primeiro manifesto público em apoio à ANL, no qual afirmava que Vargas estava mancomunado com os integralistas e pedia a adesão das Forças Armadas à Aliança. Insistia na tese da reforma agrária e finalizava com um apelo à "luta pela libertação nacional", ou seja, a revolução imediata.

Ao examinarmos a atuação da ANL, devemos perceber que o movimento sempre foi ativo dentro das Forças Armadas. O próprio Prestes mais tarde diria: "... era muito mais fácil construir o partido [comunista] dentro dos quartéis do que nas fábricas. Pode parecer paradoxal, mas era assim. Isso porque, depois do movimento de 30, estabeleceu-se uma grande anarquia nas Forças Armadas. Mas havia uma falha: o trabalho não era feito no sentido de organizar os soldados para apoiar o movimento operário. Era um trabalho meramente agitativo" (MORAES, Dênis de & VIANA, Francisco. *Prestes: lutas e autocríticas*. pp. 68-9.).

Ao mesmo tempo, os comícios da Aliança atraíam multidões, passando aos seus líderes a certeza da força do movimento. No PCB, cuja importância dentro da ANL era decisiva, amadurecia a ideia de revolução, um movimento que pudesse sair dos quartéis e ganhar as ruas. É nesse sentido que devemos entender o manifesto de Prestes e a ideia de que os soldados não iriam seguir o movimento operário, mas exatamente o contrário.

Sede da Aliança Nacional Libertadora no Rio de Janeiro, em 1935. A ANL mobilizou as massas urbanas. Não era, todavia, um partido revolucionário.

Usando como pretexto o apelo revolucionário contido no manifesto de julho e a palavra de ordem "Todo poder à ANL!", Vargas decretou a ilegalidade do movimento. A partir desse momento, a Aliança, clandestina, passou a ser totalmente controlada pelo PCB, que era a única força com capacidade e experiência no sentido de manter um movimento político na ilegalidade. Além disso, o decreto de Vargas estimulou a preparação da revolução, agora vista como única alternativa para o movimento. De Moscou, o Komintern, órgão criado para coordenar e patrocinar movimentos revolucionários socialistas e anticoloniais no mundo inteiro, apoiava a revolução, inclusive com o envio de dinheiro e agentes.

> "Havia na época da Internacional Comunista um esforço quase patético dos brasileiros para se ajustarem ao ritmo da revolução soviética. Estranha confluência de dois desejos de revolução. Pelo lado da Terceira Internacional, um discurso que analisa a conjuntura política sob a perspectiva do desejo de que venham a ocorrer condições favoráveis à revolução (...).
>
> O encontro entre os dois desejos se dá na profundidade da superfície de um espelho. As informações enviadas a Moscou pelos partidos comunistas eram recicladas a um alto grau de generalização e devolvidas aos próprios partidos sob a forma de diretrizes. Mas a realidade construída nessas avaliações muitas vezes somente existia na cabeça dos comunistas (...).
>
> Confundiu-se intencionalmente a insurreição revolucionária nos moldes da revolução bolchevique – matriz da tomada de poder preconizada, ao menos formalmente, pela Terceira Internacional – com ensaios fracassados de golpe de Estado. As revoltas se transfiguraram em revolução porque a revolução soviética irrompera de insurreição.
>
> (...) Essa avaliação equivocada talvez ajude a explicar o engajamento de alguns dirigentes da Internacional Comunista com a revolta militar de 1935, engajamento este baseado em falsas expectativas, alimentadas por sua vez por informações dos próprios comunistas brasileiros (e, mais tarde, muito provavelmente, por informações de Luís Carlos Prestes), os quais por sua vez reproduziam os mesmos esquemas interpretativos do II Congresso da Internacional Comunista. O centro do movimento comunista mundial se entusiasmava com uma versão de segunda mão de suas próprias concepções."
>
> (Trechos de PINHEIRO, Paulo Sérgio. *Estratégias da ilusão*. São Paulo, Companhia das Letras, 1991. pp. 328-30.)

Em novembro de 1935 eclodiu a revolução, planejada para ser iniciada dentro dos quartéis. A falta de coordenação entre os diversos núcleos comunistas fez com que se iniciasse em dias diferentes, 23 em Natal e Recife e 27 no Rio de Janeiro. Em Pernambuco o golpe fracassou, embora no Rio Grande do Norte tenha durado um pouco mais, com a instalação de um governo revolucionário que se manteve por três dias. No entanto, a cartada decisiva foi jogada na capital federal, com a sublevação da Escola de Aviação no Campo dos Afonsos e do 3º Regimento de Infantaria na Praia Vermelha. Após intensos combates, os rebeldes acabaram se rendendo. Fracassava assim a **Intentona Comunista**.

Tropas governamentais no combate à Intentona Comunista e a manchete do jornal *A Manhã*, do dia 27 de novembro de 1935.

Em todo o episódio, a tão esperada adesão maciça não aconteceu, limitando-se a participação popular a algumas iniciativas isoladas. Na verdade, o movimento foi pretexto para que o governo desencadeasse violenta repressão a todos os participantes e simpatizantes do comunismo, bem como àqueles apenas suspeitos de simpatizar ou aos inimigos do regime.

As prisões, arbitrárias, se multiplicaram. Os atos de violência das forças policiais se intensificaram. Vargas propôs, e o Congresso, assustado, aprovou, a decretação do estado de sítio, seguido do estado de guerra, válido em todo o território nacional até 1937. O Tribunal de Segurança Nacional e a Comissão Nacional de Repressão ao Comunismo foram dois outros órgãos criados no período. O legislativo perdeu autonomia e as forças policiais ganharam poder. Assim, fortalecia-se o poder do presidente, fazendo com que, na prática, a democracia liberal e o regime constitucional deixassem de existir.

O golpe do Estado Novo

A Constituição de 1934, apesar de desrespeitada com as medidas governamentais adotadas após a frustrada tentativa de revolução comunista, ainda previa a realização de **eleições** para a sucessão de Vargas em 1937. De fato, iniciou-se a disputa presidencial, embora a situação do país não fosse a mais propícia para campanhas festivas ou grandes comícios, devido ao clima repressivo. De qualquer maneira, surgiram duas fortes candidaturas: a do paulista **Armando de Salles Oliveira** e a do paraibano **José Américo de Almeida**. O primeiro, cuja candidatura fora lançada por setores do Partido Democrático (PD), representava uma oposição liberal ao centralismo de Vargas. O segundo parecia ser o candidato oficial do governo à sucessão.

Um terceiro candidato à sucessão presidencial foi Plínio Salgado, da Ação Integralista, porém seu nome contava com forte rejeição do eleitorado.

A situação ficava mais confusa quando se percebia a indefinição de Vargas no sentido de apoiar este ou aquele candidato. Na verdade, o presidente, apesar de parecer colaborar com a campanha presidencial, não descartava a possibilidade de se manter no poder, contando com o apoio de certos setores da sociedade, a quem interessava mais a estabilidade que a normalidade constitucional.

Um golpe, então, foi planejado. As pretensões continuístas de Vargas se somaram aos interesses do exército, que, nessa época, era totalmente controlado pelo general Góis Monteiro. Nacionalista, anticomunista (ainda mais após os verdadeiros "expurgos" que se seguiram à Intentona de 1935) e, obviamente, preocupada com questões relativas à segurança nacional, a alta cúpula militar foi lentamente sendo atraída para uma solução autoritária para a crise política brasileira. A ideia de uma ditadura Vargas fundada na atuação e influência do exército poderia garantir a manutenção de vigorosas políticas de combate às esquerdas.

As pretensões continuístas de Vargas: na charge, ele espalha cascas de bananas na frente do Catete para dificultar o acesso dos candidatos à sua sucessão.

Além disso, um governo forte poderia implantar no país a indústria pesada que tanto fazia falta e, na visão dos militares, fundamental para garantir a segurança nacional, ainda mais numa época de acentuada tensão internacional, como ocorria às vésperas da Segunda Guerra Mundial. Supondo o desinteresse de países estrangeiros em implantar essa indústria, era necessário utilizar capital nacional, que, por ser escasso, só seria mobilizado por meio da atuação do Estado. Nascia, assim, um modelo de desenvolvimento industrial estatizante e ligado às Forças Armadas.

A concretização do golpe foi possível graças ao apoio dos governadores: o deputado Negrão de Lima percorreu os estados, insinuando que uma consequência do eventual golpe seria a manutenção dos governadores no poder; seduzindo-os assim. Ao mesmo tempo, planejava-se que o golpe seria dado em nome do combate ao comunismo, o que garantiria o apoio da classe média e até dos integralistas.

No dia 30 de setembro de 1937, o governo divulgou a existência de um plano comunista para assumir o poder no Brasil, o **Plano Cohen**. Falso do princípio ao fim, havia sido redigido por um oficial do exército, o capitão Olympio de Mourão Filho, integralista. O nome Cohen foi escolhido, segundo o capitão

Mourão, numa referência ao líder comunista húngaro Bella Kuhn. O plano serviu de pretexto para o golpe: a 10 de novembro, Vargas ordenou o fechamento do Congresso, extinção dos partidos políticos, suspensão da campanha presidencial e da Constituição de 1934. Estava instalada a ditadura do Estado Novo.

O Estado Novo (1937-45)

Implantação da ditadura

De imediato, a Constituição de 1934 foi abandonada, tendo sido criada no seu lugar uma nova Carta, a de 37. Aqui observamos uma característica típica dos regimes autoritários brasileiros no século XX: criados a partir de atos de força, buscam justificar-se e ganhar uma aparência de legalidade através da outorga de uma Constituição. Redigida às pressas por Francisco Campos, foi parcialmente inspirada nas constituições fascistas da Itália e Polônia, daí o seu apelido de Polaca (palavra depreciativa, utilizada, na época, para vulgarmente designar prostitutas). Eram características da Constituição de 1937:

- centralização política, com o fortalecimento do poder do presidente;
- extinção do legislativo, cujas funções passariam a ser exercidas pelo executivo;
- subordinação do judiciário ao executivo;
- indicação dos "interventores" (governadores) dos estados pelo presidente;
- legislação trabalhista.

A despeito de sua inspiração, deve-se tomar o cuidado de não considerar o Estado Novo um regime fascista. A Vargas faltava um partido político, fundamental no regime fascista para promover a identificação de interesses do Estado e do povo. Além disso, a ditadura varguista, por mais violenta que tenha sido, não se assemelhou aos excessos totalitários do fascismo europeu; e aqui não estamos pensando apenas no número de vítimas, mas na própria composição do aparelho repressivo governamental. Finalmente, faltava a Vargas o compromisso histórico presente nos movimentos fascistas europeus, no sentido de identificar o líder com um certo papel a ser desempenhado dentro de uma visão de história, por mais deformada que fosse.

É de chamar a atenção a relativa tranquilidade com que o país recebeu o golpe: a oposição foi mínima, senão inexistente. Isso se deveu em grande parte ao apelo anticomunista do plano Cohen e da suposta necessidade de defender o país dos perigos da "infiltração comunista", o que só seria possível com um governo forte. Anos e anos de propaganda oficial anticomunista rendiam agora seus frutos. Ao mesmo tempo, as principais lideranças políticas do país, aquelas que eventualmente poderiam fazer uma oposição de cunho liberal a Vargas, se viam presas a compromissos com o novo regime: os interventores nomeados nos estados eram quase todos governadores em 1937 e agora iriam se eternizar no poder, pelo menos enquanto durasse a ditadura. Pode-se falar inclusive em uma nova "política dos governadores", com compromissos pessoais entre as lideranças estaduais e o governo federal. Quanto ao crescente operariado urbano, a oposição foi mínima: privado de seus principais líderes de esquerda desde 1935, pouco lhe restava senão aceitar o novo regime. Todavia, apesar dessa aparente passividade, há que se reconhecer que, a partir da década de 1930, a crescente massa de trabalhadores urbanos já havia se convertido em ator central da política brasileira, pois passou a ser impensável a instauração de um poder político sem levar em consideração suas demandas. De acordo com a historiadora Ângela de Castro Gomes, se os trabalhadores passaram a aceitar Vargas é porque tinham a consciência dos ganhos provenientes dessa aceitação. Por trás desse jogo está a própria constituição do operariado e sua identificação como grupo social específico: no Estado Novo, consolidou-se entre os trabalhadores a ideia de que "ser operário" é motivo de orgulho, independentemente da atuação do governante.

> "No pós-30 havia um processo de controle dos trabalhadores, sem dúvida, mas havia também um processo de negociação, que eu queria ressaltar. Entrevistei para a minha tese o Seu Hilcar Leite, um gráfico comunista e depois trotskista, que me disse: 'Eu ia para a porta da fábrica falar mal do Getúlio e quase apanhava. Os trabalhadores adoravam o Getúlio!'. Ora, dizer que se vivia um processo de manipulação dos trabalhadores, que eram todos enganados durante tanto tempo, era algo insatisfatório para mim. Essas pessoas seriam completamente desprovidas de discernimento? Ou, afinal, tinham uma lógica em seu comportamento político que deveríamos encontrar e respeitar? Os trabalhadores, quando 'gostam' de Vargas, entendem que há ganhos nessa negociação, e vão explorar essa possibilidade."
>
> (GOMES, Ângela de Castro. "Liberdade não é de graça". Entrevista à *Revista de História da Biblioteca Nacional*, 1/3/2007. Disponível em: <http://bit.ly/aWUL7W>. Acesso em: 12 fev. 2011.)

Curiosamente, a mais séria tentativa de derrubar o Estado Novo partiu de um grupo simpatizante de medidas autoritárias e fascistas. Em maio de 1938, ocorreu a **Intentona Integralista**. Os integralistas haviam aplaudido o golpe de 37, que, afinal, havia sido feito em nome do combate ao comunismo. O próprio Vargas foi bastante tolerante, permitindo a sobrevivência do grupo, ao contrário de outras agremiações políticas; no entanto, não havia mais ligações com os "camisas-verdes". Mantidos à margem do governo, tentaram, sem sucesso, assaltar o Palácio Guanabara e derrubar Vargas. Porém, mal organizados, fracassaram. Seguiu-se o exílio de Plínio Salgado e o desaparecimento do movimento integralista.

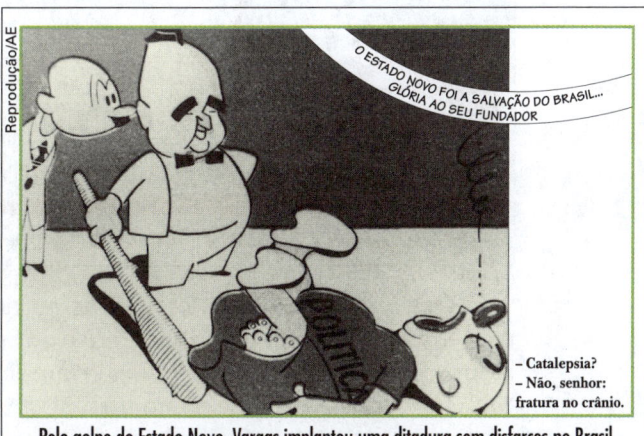

Pelo golpe do Estado Novo, Vargas implantou uma ditadura sem disfarces no Brasil.

O fortalecimento do poder do Estado

Dentre os diversos órgãos criados por Vargas para consolidar a ditadura, destaca-se o DIP, **Departamento de Imprensa e Propaganda**. Tinha como objetivo fazer a propaganda dos atos do governo, buscando sempre exaltar a figura do presidente e, de alguma maneira, aproximá-lo das massas. "Não é preciso contato físico (entre o líder e a massa) para que haja multidão. É possível hoje (...) transformar a tranquila opinião pública do século passado em um estado de delírio ou alucinação coletiva, mediante os instrumentos de propagação, de intensificação e de contágio de emoções, tornadas possíveis precisamente graças ao progresso que nos deu a imprensa de grande tiragem, a radiodifusão, o cinema, os recentes processos de comunicação." (Francisco Campos, citado em *Nosso século*. São Paulo, Abril Cultural, 1985. v. 6, p. 65.)

Assim, o DIP procurava controlar os meios de comunicação de massa, além de realizar violenta censura e promover eventos culturais que valorizassem a figura de Vargas, identificando-o como legítimo representante dos interesses nacionais.

Cartazes do DIP, Departamento de Imprensa e Propaganda, poderosa arma nas mãos de Vargas.

Outro mecanismo de fortalecimento do poder do Estado foi a criação do DASP, **Departamento Administrativo do Serviço Público**. O Estado brasileiro crescia e suas atribuições aumentavam, inclusive com uma intervenção e controle cada vez maior na economia. Tal situação levava ao "inchaço" do serviço público, a uma crescente burocratização. O DASP tinha a função de coordenar e controlar a atuação dos órgãos públicos, aumentando sua eficiência.

Na verdade, o serviço público brasileiro passava por uma verdadeira revolução. Tradicional reduto de nepotismo, favorecimentos e privilégios de toda ordem, a velha burocracia tinha como sua primeira função apoiar o governante e ser-lhe fiel. Com Vargas e o DASP, o critério da eficiência passou a ser adotado e, se por um lado os velhos vícios continuariam existindo, por outro, ocorreu de fato uma transformação qualitativa na burocracia brasileira, além da meramente quantitativa.

Paralelamente, as forças policiais se fortaleceram, principalmente a Polícia Especial, cujo chefe, **Filinto Müller**, era conhecido por sua truculência. A violência da polícia já havia se destacado quando da repressão à Intentona Comunista, de 1935. Prestes havia sido preso naquele ano e iria amargar dez anos de prisão, em regime solitário. Menos sorte tiveram seus companheiros, torturados e muitas vezes brutalmente assassinados com requintes de sadismo, como os dirigentes Victor A. Baron (assassinado pela polícia) e Arthur Ewert (enlouquecido pelas torturas sofridas na prisão).

O caso mais conhecido foi o de Olga Benario, mulher de Prestes, alemã de nascimento e agente soviética no Brasil: presa junto com o marido, grávida, foi deportada para a Alemanha nazista, onde foi confinada em um campo de concentração. Poucos anos depois da prisão, foi assassinada na câmara de gás do campo de Ravensbrück. Durante todo o Estado Novo a Polícia Especial exerceu suas arbitrariedades, chegando-se ao ponto da institucionalização da tortura no país.

Olga Benario foi presa nas investigações que se seguiram à Intentona Comunista de 1935 e deportada para a Alemanha nazista.

No entanto, o principal instrumento de fortalecimento do poder do Estado foi a aproximação de Vargas dos trabalhadores urbanos, configurando a prática do **populismo**. Tais trabalhadores diferenciavam-se em muito dos primeiros operários brasileiros do início do século. Estes eram, em grande parte, imigrantes, enquanto, a partir dos anos 30, o contínuo processo de êxodo rural criara um novo operariado nas grandes cidades do Brasil. Quanto ao populismo, trata-se de uma política de manipulação do proletariado urbano, na qual um líder carismático assume as reivindicações dos trabalhadores e acaba por satisfazê-las, dentro de certos limites impostos pela burguesia nacional.

O líder, no caso brasileiro, era Getúlio Vargas, que, além da atração pessoal que exercia, tinha uma imagem pública solidamente construída pelo DIP. A satisfação das reivindicações populares, por meio de uma legislação trabalhista cada vez mais completa, por um lado aproximava o presidente das massas, mas por outro acabava por desmobilizá-las. Não parecia ser necessária uma organização sindical, uma vez que Vargas atendia às reivindicações mais imediatas dos trabalhadores. Aliás, o próprio Vargas ajudou a desmobilizar os trabalhadores com sua política sindical, que atrelava fortemente os sindicatos ao Estado, sendo os líderes sindicais meros funcionários estatais, e as sedes dos sindicatos, locais de exercício da propaganda oficial do governo.

No populismo, frente a uma sociedade dividida em classes sociais antagônicas, firma-se a imagem de unidade e identificação social com o Estado, ocultando desigualdades e dominação social. O Estado é personificado no chefe político, o salvador da nação, quase um messias governante, e Vargas aparece como um "pai" (o *despotes* grego) que trata a todos os brasileiros como seus filhos menores.

Tradicionalmente, no dia 1º de maio, Vargas fazia um discurso exaltando os trabalhadores e anunciando uma nova concessão popular. Assim, foram introduzidos no Brasil o **salário mínimo**, a **semana de trabalho de 44 horas**, a **Consolidação das Leis do Trabalho**, a **carteira profissional**, as **férias remuneradas**, etc. Entretanto, deve-se perceber que a adoção do populismo no Brasil teve importância fundamental no sentido de viabilizar o próprio processo de industrialização. Um processo como o que o Brasil estava passando desde o início dos anos 30 levava inevitavelmente a uma tensão social envolvendo a burguesia industrial e o proletariado urbano.

Cartaz do DIP exaltando Vargas no 1º de maio, Dia do Trabalho.

As saídas para tal conflito se encontravam na distribuição de renda (atenuando as tensões sociais) ou em uma revolução socialista (fruto de tensões crescentes). O populismo criava uma terceira via, com o Estado obrigando a transferência de recursos da burguesia para o proletariado, embora num nível bastante limitado. Assim, o Estado, através do seu chefe carismático, administrava a tensão social falando em nome do povo, diminuindo seu potencial revolucionário e, portanto, indiretamente, agindo em benefício da burguesia.

Existem limitações ao populismo e o modelo, apesar de sobreviver a Vargas – a ponto de caracterizar a futura democracia liberal brasileira –, fatalmente entraria em colapso um dia.

A intervenção do Estado na economia

O Estado Novo, ao centralizar os poderes, criou condições para que se iniciasse o trabalho de coordenação e planejamento econômico, com ênfase no prosseguimento da industrialização por substituição de importações. Uma planificação total da economia nos moldes soviéticos estava fora de questão, uma vez que o princípio da propriedade privada jamais fora questionado pelo regime. As estatais, que logo seriam fundadas, representavam um complemento ao setor privado, como veremos.

> "Inegavelmente a visão da indústria como alternativa para o desenvolvimento ganhou corpo ao longo dos anos 1930-40. Esboçava-se um 'projeto' de industrialização pesada que, a despeito de limitado e inconcluso, foi a tônica de organização do próprio Estado. Entre 1930 e 1945 o Estado brasileiro avançou seu processo de constituição enquanto nacional e capitalista, inscrevendo na materialidade de sua ossatura — pela multiplicação de órgãos e instituições — os diversos interesses sociais em jogo, metamorfoseados em 'interesses nacionais'.
>
> Um novo estilo de canalização da demanda estava em gestação, facilitado pela centralização do poder e acentuado pela ditadura estado-novista de 1937, que neutralizaria os regionalismos políticos, alterando as práticas de concessão de recursos e benefícios (...).
>
> O avanço do aparelho econômico do Estado foi concomitante à reformulação de suas próprias práticas econômicas, cujo sentido último consistia em destruir as regras do jogo segundo as quais a economia se inclinava tradicionalmente para a atividade agroexportadora, criando condições institucionais para expandir as atividades ligadas ao mercado interno. Tratava-se (...) de introduzir um novo modo de acumular baseado numa realização interna crescente da produção."
>
> (MENDONÇA, Sônia Regina de. "As bases do desenvolvimento capitalista dependente: da industrialização restringida à internacionalização". In LINHARES, Maria Yedda. Obra citada, pp. 244-5.)

A ação do Estado era executada através dos inúmeros órgãos criados tanto para auxiliar setores específicos quanto para coordenar o conjunto da economia e estabelecer diretrizes de política econômica. Esses órgãos promoviam a expansão de setores tradicionais e fomentavam novas atividades, viabilizando inclusive a instalação de empresas estatais. No primeiro caso, destacam-se os institutos, como os **do Açúcar e Álcool**, **do Chá e do Mate** e até **do Sal**, que se juntaram ao já existente **Instituto do Café**, trabalhando com grupos oligárquicos regionais e estimulando seu desenvolvimento. Quanto aos órgãos de coordenação macroeconômicos ou seus auxiliares para a elaboração do planejamento econômico e sua execução, chamam-nos atenção:

- Carteira de Crédito Agrícola e Industrial (1937);
- Conselho Técnico de Economia e Finanças (1937);
- Instituto Brasileiro de Geografia e Estatística (1938);
- Conselho Nacional do Petróleo (1938);
- Conselho Nacional de Águas e Energia Elétrica (1939);

- Carteira de Exportação e Importação (1941);
- Coordenação da Mobilização Econômica (1942);
- Conselho Nacional da Política Industrial e Comercial (1944);
- Comissão de Planejamento Econômico (1944).

Durante a Era Vargas, a intervenção do Estado na economia foi fundamental para promover e coordenar o crescimento econômico. Acima, Vargas em cerimônia patrocinada pelo Instituto do Açúcar e do Álcool.

Já as empresas estatais concentraram-se no setor pesado, isto é, justamente onde a jovem burguesia nacional não tinha interesse ou condições de investir. De fato, a indústria pesada, por demandar grandes investimentos e só proporcionar retorno a longo prazo, parecia estar além das capacidades do empresariado nacional. As maiores estatais se encontravam nos setores de:

- siderurgia (**Companhia Siderúrgica Nacional**, em Volta Redonda, 1940);
- mineração (**Companhia Vale do Rio Doce**, 1942);
- mecânica pesada (**Fábrica Nacional de Motores**, 1943);
- química (**Fábrica Nacional de Álcalis**, 1943);
- hidrelétrica (**Companhia Hidrelétrica do Vale do São Francisco**, 1945).

A Segunda Guerra Mundial, iniciada em 1939, trouxe alguns efeitos benéficos para a economia, como o aumento no preço dos produtos agrícolas exportados pelo Brasil; porém, por outro lado, as dificuldades de importação de máquinas, equipamentos e até de matérias-primas acabou por levar a uma pequena desaceleração da produção industrial. Em todo caso, o período do Estado Novo viu a consolidação do processo industrial no país. Assim, percebemos que a industrialização brasileira se deu em meio a um regime autoritário, o que nos permite caracterizar a Era Vargas como um período de modernização conservadora.

O Brasil na Segunda Guerra Mundial

Entre 1939 e 1945 travou-se a Segunda Guerra Mundial, envolvendo, de um lado, os Aliados (Inglaterra, França, ex-União Soviética e Estados Unidos) e, do outro, os países do Eixo (Alemanha, Itália e Japão). Ao contrário da Primeira, a Segunda Guerra foi realmente mundial, envolvendo combates em todos os continentes e mares do planeta, embora concentrando-se em certas áreas. Daí a importância estratégica do Brasil, com o seu vasto litoral atlântico e com o litoral nordeste projetando-se em direção à África.

A posição de Vargas perante a guerra foi de indefinição, ora pendendo para um lado, ora para outro. Na verdade, essa indefinição acompanhava as tendências de seus auxiliares mais próximos no início da guerra: Filinto Müller, chefe de polícia, Lourival Fontes, do DIP, Francisco Campos, ministro da Justiça, e o próprio general Dutra, chefe do Estado Maior do exército, inclinavam-se para o Eixo; do outro lado, Osvaldo Aranha, ministro do Exterior e ex-embaixador em Washington, defendia o alinhamento com os Estados Unidos.

No dia 11 de junho de 1940, em meio às espetaculares vitórias da Alemanha na Europa, que incluíram a ocupação e a rendição da França, Vargas pronunciou um discurso violento, saudando o sucesso nazista. Temerosos, os Estados Unidos iniciaram a partir desse momento uma tentativa de aproximação cada vez maior com o Brasil. Já em setembro, o governo norte-americano autorizou um empréstimo de 20 milhões de dólares com o objetivo de iniciar a construção da usina siderúrgica de Volta Redonda. Tal decisão, por sua vez, forçou uma definição do Brasil em relação à guerra, agora favorável aos Estados Unidos.

Rio de Janeiro, 1942. O presidente Vargas, reunido com seus ministros, assina a declaração de guerra contra os países do Eixo.

Na verdade, os Estados Unidos só entraram na guerra em dezembro de 1941, mas sua participação era considerada inevitável. Portanto, um dos objetivos da diplomacia norte-americana, nos anos que precederam a entrada oficial do país na guerra, foi garantir o apoio de todo o bloco americano aos Aliados. No caso do Brasil, esse apoio foi conseguido com a siderúrgica. Em janeiro de 1942, o Brasil rompeu relações diplomáticas com os países do Eixo e, em agosto, declarou guerra. A declaração foi facilitada pelo afundamento de diversos navios brasileiros por submarinos alemães, que tinham relativa liberdade de ação por todo o Atlântico. Imediatamente após a declaração de guerra, iniciou-se a preparação de um contingente militar para ser enviado para a guerra, a **Força Expedicionária Brasileira** (FEB). Não é exagero dizer que Vargas trocou uma participação mais ativa do Brasil na guerra pela usina de Volta Redonda.

A FEB era formada por uma divisão de infantaria reforçada, de aproximadamente 25 mil homens, e foi colocada à disposição do Alto Comando Aliado juntamente com elementos da FAB, Força Aérea Brasileira. Entre julho de 1944 e o final da guerra, a FEB e a FAB participaram da Campanha da Itália, como parte integrante do 5º exército norte-americano.

A Itália, principalmente a partir de 1944, não era certamente o teatro de guerra mais importante da Europa, e os brasileiros enfrentaram tropas alemãs de segunda linha, mal equipadas e desabastecidas. No entanto, tratava-se de uma guerra europeia e, pela primeira vez, uma tropa latino-americana combatia num conflito tão intenso. Seu desempenho nessas condições foi bastante satisfatório.

Comando da FEB na Itália: à esquerda, general Mascarenhas de Morais; o terceiro (de binóculo) é o general Eurico Gaspar Dutra.

A crise do Estado Novo e a redemocratização

A participação do Brasil na guerra ao lado dos Aliados criou uma situação insólita: combatia-se a ditadura fascista na Europa enquanto, no Brasil, mantinha-se um regime ditatorial inspirado nesse mesmo fascismo. Lembremos ainda que, em 1945, Vargas completaria seu 15º ano no poder e, por mais que o seu governo representasse um sucesso do ponto de vista econômico, um certo desgaste era inevitável.

Em 1943, circulou clandestinamente o **Manifesto dos Mineiros**, documento redigido por intelectuais que pedia o fim da ditadura e a redemocratização do país. Em janeiro de 1945, o **Primeiro Congresso Nacional de Escritores** repetiu o apelo dos mineiros.

Todas essas declarações foram censuradas pelo DIP até que, em fevereiro, o jornal *Folha Carioca* publicou uma entrevista com o todo-poderoso general Góis Monteiro – por muitos considerado a "eminência parda" do Estado Novo –, na qual defendia a realização de eleições. Essa entrevista surpreendeu o país, uma vez que não foi censurada pelo DIP. Vargas começava a sinalizar em direção ao abrandamento da ditadura: em 28 de fevereiro, decretou uma emenda constitucional regulamentando a criação de partidos políticos e marcando eleições gerais para o final de 1945.

Na verdade, Vargas percebeu que a redemocratização era inevitável, e o iminente final da guerra, com o retorno da FEB, só iria acelerar o processo. Muitos acreditavam que a volta dos "pracinhas" facilitaria um golpe para depor Vargas: após derrotar a ditadura na Europa, a FEB completaria seu trabalho fazendo o mesmo no Brasil. Vargas antecipou-se, desencadeando ele mesmo o processo de redemocratização. Suas pretensões continuístas eram óbvias: ao democratizar o Brasil, Vargas surgiria como grande defensor do sistema democrático, tendo inclusive lutado contra a ditadura na Europa.

Além disso, Vargas marcou **eleições** a serem realizadas num prazo muito curto, impossibilitando que uma eventual oposição se organizasse seriamente ou pudesse ser um obstáculo às suas pretensões, e iniciou a organização de dois partidos políticos para o apoiarem: o PTB, **Partido Trabalhista Brasileiro**, criado a partir dos sindicatos controlados por Vargas; e o PSD, **Partido Social Democrata**, formado a partir do apoio dos interventores nos estados e da burocracia estatal favorecida ao longo do Estado Novo. Enquanto isso, a oposição recém-nascida organizava a UDN, **União Democrática Nacional**, de cunho liberal. Ao mesmo tempo, voltava à legalidade o PCB, **Partido Comunista Brasileiro**, inclusive com a libertação de Luís Carlos Prestes.

O presidente, ao mesmo tempo que redemocratizava o Brasil, cuidava também de organizar o **movimento queremista**, em cujos comícios repetia-se o lema: "Queremos Getúlio!", provando o seu interesse no continuísmo. A adesão ao "queremismo" foi bastante grande, envolvendo inclusive a participação ativa do Partido Comunista, que, apesar dos anos de ilegalidade, surpreendentemente ainda contava com muitos simpatizantes.

Mais surpreendente ainda era o apoio de Prestes e do PCB a Vargas, apesar da violência com que o ditador tratou o partido e seus membros desde 1935. Na verdade, o PCB seguia orientações de Moscou: a União Soviética ainda estava ao lado das democracias liberais capitalistas na luta contra o fascismo e, portanto, recomendava aos Partidos Comunistas do mundo inteiro que apoiassem qualquer liderança comprometida com o combate ao fascismo, como era o caso de Vargas no Brasil. Este, por sua vez, interessava-se em qualquer tipo de apoio ao seu continuísmo.

Temendo uma guinada à esquerda por parte de Vargas, o exército, em outubro de 1945, através de seus comandantes, Góis Monteiro e Dutra, acabou por desencadear um golpe, derrubando o presidente e garantindo a realização de eleições sem a participação de Vargas. Encerrava-se o Estado Novo.

O insucesso do cantador. Getúlio: "Nunca mais toco viola."

Getúlio é afastado do poder em 1945.

"Algumas palavras restam ser ditas sobre o golpe de 29 de outubro. Na conjuntura de 1945/46 onde a sobredeterminação fundamental era a luta democracia versus fascismo, um ditador que procurava se manter no poder, aproximando-se das massas populares, foi alijado deste por uma coligação de forças conservadoras que, contando com o apoio de Adolfo Berle, embaixador norte-americano no Brasil, fizeram do Exército, com o beneplácito de suas principais lideranças, o instrumento de concretização de seus objetivos. Os líderes do evento, Góis e Dutra especialmente, eram homens identificados com a reação e sustentáculos do Estado Novo, sendo difícil supor que tivessem mudado sua perspectiva apesar da euforia democrática pela qual passava o Brasil. Enfim, foi um golpe conservador voltado não só contra Vargas mas, especialmente, contra as massas populares que o apoiavam."

(FARIA, Antonio A. da Costa & BARROS, Edgar Luiz de. "A queda de Vargas e a Constituinte". In: MENDES JR., Antonio & MARANHÃO, Ricardo. Brasil história. São Paulo, Hucitec, v. 4, p. 206.)

Questões

1. Comente a seguinte frase: "É fácil saber quem foi derrotado pela Revolução de 1930. Difícil mesmo é identificar os vencedores".

2. O que aconteceu com os tenentes e o tenentismo após o sucesso da Revolução de 1930?

3. De que forma a política de defesa do setor cafeeiro acabou por estimular o processo de industrialização no Brasil?

4. A Revolução Constitucionalista de 1932 foi um movimento modernizador ou reacionário? Discuta a questão.

5. Caracterize a Constituição brasileira de 1934, comparando-a com a de 1891.

6. Comente a afirmação: "A partir de 1930, o Brasil passava a viver uma crise de hegemonia, que acabou resultando no fortalecimento pessoal de Getúlio Vargas".

7. Identifique e caracterize as agremiações políticas antagônicas de esquerda e direita no Brasil de meados da década de 1930.

8. Quais as principais consequências da fracassada Intentona Comunista, de 1935?

9. Por que o exército brasileiro era favorável à ideia de estabelecimento de uma ditadura no Brasil em 1937?

10. "Entre 1930 e 34, Getúlio Vargas foi o presidente provisório do Brasil, portanto um ditador consentido. Entre 34 e 37 foi o presidente constitucional, embora o período possa ser considerado de ditadura 'disfarçada'." O que significa essa afirmação?

11. Como se explica a quase inexistente reação ao golpe do Estado Novo em 1937?

12. Caracterize o populismo criado por Vargas no Brasil do Estado Novo.

13. Identifique alguns instrumentos usados por Vargas para fortalecer o poder do Estado a partir de 1937.

14. "As Constituições são como as mulheres: só são férteis depois de violadas." Esta frase foi atribuída a Getúlio Vargas em 1937. Explique o seu significado.

15. Como se dava a intervenção do Estado na economia durante o Estado Novo?

16. De que maneira a participação do Brasil na Segunda Guerra Mundial acabou por inviabilizar a manutenção da ditadura Vargas?

17. Qual a posição dos comunistas diante da redemocratização do país iniciada por Vargas no início de 1945?

Capítulo 13

O Regime Liberal Populista (1945-64)

A instalação do Novo Regime

As eleições de 1945 marcaram o fim do Estado Novo e da ditadura varguista no Brasil. Foram escolhidos um novo presidente e deputados constituintes.

Os candidatos que concorreram à presidência foram o general **Eurico Gaspar Dutra**, pela coligação PSD/PTB, o brigadeiro **Eduardo Gomes**, pela UDN, e **Ricardo Fiúza**, do PCB. Era praticamente impossível a vitória de outro candidato que não Dutra, uma vez que era amparado pelas "máquinas" do PSD e PTB. Militar, ligado ao regime Vargas e pregando a conciliação nacional num momento de transição, Dutra seria o presidente do Brasil pelos próximos 5 anos. De surpreendente nas eleições só mesmo os mais de 500 mil votos dados aos comunistas, tornando possível a eleição de uma bancada de 15 membros na Constituinte, incluindo um senador, Luís Carlos Prestes.

Em 1946 foi promulgada a nova Constituição brasileira, a quinta na história do país. Retomava os princípios federativos da Carta de 1891 e os liberais da de 1934. No conjunto, era a mais democrática que tivéramos até então, definindo o voto como secreto e universal, além da existência de três poderes, com a

Cartaz de apoio do PRP (Partido Republicano Progressista), do paulista Ademar de Barros, à campanha presidencial de Eduardo Gomes.

devida importância destinada ao legislativo. No entanto, apresentava algumas limitações. Aos analfabetos negava-se o direito de voto, restringindo-se a cidadania; limitava-se o direito de greve e a própria organização sindical ainda mantinha resquícios do corporativismo do Estado Novo. Finalmente, tornava inviável a realização da reforma agrária ao prever indenizações prévias em dinheiro no caso de desapropriações. De qualquer maneira, e apesar de algumas restrições, restabelecia-se o voto livre no Brasil, e o país se transformava numa república liberal.

Uma característica bastante forte do período que se iniciava foi a permanência do populismo, agora transformado em prática política corriqueira. Para conquistar o voto das massas, principalmente urbanas, os políticos empenhavam-se em valorizar aspectos emocionais em seus apelos ao eleitorado urbano.

Finalmente, o período democrático que ora se iniciava foi marcado pela Guerra Fria, ou seja, pelas disputas entre Estados Unidos e União Soviética por áreas de influência e, portanto, pela hegemonia no mundo.

O governo de Dutra (1946-51)

O governo do presidente Dutra foi marcado por relativa tranquilidade política, uma vez que a aliança PSD/PTB garantiu sua vitória com aproximadamente 55% dos votos. A partir de 1947, foi consolidada uma aliança PSD/UDN, que seria a base de sustentação do presidente no Congresso (em 1947, 264 dos 320 deputados pertenciam a um dos dois partidos).

A política econômica do novo governo foi marcada por estrito **liberalismo**, isto é, pelo princípio da não intervenção do Estado na economia. Nas palavras do ministro da Fazenda Correia e Castro, "o retorno às normas do livre comércio (...) criaria um clima de confiança propiciadora do aumento da produção". Por retorno ao livre comércio entenda-se a abertura do país às importações. A Segunda Guerra Mundial havia gerado uma diminuição das importações brasileiras e agora, com o fim da guerra e a desmobilização militar mundial, a indústria, principalmente a norte-americana, voltava a produzir bens de consumo em larga escala e buscava mercado para esses produtos.

Durante o governo de Dutra, o Brasil foi invadido por uma enxurrada de produtos supérfluos, importados dos Estados Unidos.

O Brasil se alinharia ao liberalismo econômico e passaria a receber um grande volume de importações norte-americanas. Mesmo porque, no plano ideológico, o Brasil se alinhava às democracias liberais capitalistas do Ocidente, e uma "aproximação" econômica era, não só desejada, como exigida, devido aos vínculos de boa parte de nossas elites econômicas com o capitalismo mundial.

> "Os anos compreendidos entre o fim do Estado Novo (1945) e o segundo governo de Vargas (1951) representaram um interregno para as tendências estatizantes até então vigentes no campo da política econômica, em nome da euforia 'democratizante' que se opunha a todos os vestígios de autoritarismos. Foi aí que se rearticularam as forças conservadoras partidárias do arrefecimento da industrialização pesada e da reintegração do país ao 'livre comércio' internacional. Durante a gestão Dutra, embora não se tenha concretizado o desmantelamento da capacidade intervencionista do Estado, procedeu-se a uma relativa paralisia da tendência centralizadora dos comandos econômicos. Isto foi particularmente verdadeiro no tocante à continuidade do esforço de implantação das indústrias como um bloco complementar de investimentos no setor de bens de produção e infraestrutura.
>
> Diferentemente do que ocorrera até o momento, as empresas públicas deixaram de ser contempladas como núcleo estratégico nos planos econômicos governamentais, passando a ocupar a cena a discussão sobre as possibilidades de associação com capitais privados estrangeiros."
>
> (MENDONÇA, Sônia Regina de. "As bases do desenvolvimento capitalista dependente". In: LINHARES, Maria Yedda. Obra citada, p. 249.)

O resultado da adoção de tal política logo se evidenciou nas nossas reservas em moeda estrangeira, pacientemente acumuladas durante os anos da guerra. As reservas quase desapareceram, usadas, na maior parte dos casos, para financiar importações de produtos supérfluos ou de mercadorias que já eram produzidas no Brasil. A indústria sentiu o choque e o seu ritmo de crescimento diminuiu sensivelmente. A própria dívida externa, que havia apresentado uma redução bastante grande durante a guerra, voltou a crescer. Finalmente, a balança de pagamentos se apresentava comprometida.

A partir de 1947, o governo mudou suas diretrizes econômicas, abandonando o liberalismo e incorporando um tímido **intervencionismo**. O controle do câmbio e a regulamentação das importações (dificultando a entrada de supérfluos e patrocinando a compra das máquinas e equipamentos fundamentais para a indústria) passaram a estimular a economia brasileira, que apresentou mais uma vez crescimento acelerado.

Junto com a crescente produção industrial voltada para o mercado interno, o café apresentou súbita valorização em 1949, fazendo com que o país, já no ano seguinte, apresentasse um saldo favorável na balança comercial da ordem de 100 milhões de dólares, o primeiro saldo positivo desde 1947. O ponto mais alto desse tímido intervencionismo foi o **plano SALTE**, apresentado em maio de 47, o qual nada mais foi do que uma tentativa de coordenar os gastos do governo (especialmente nas áreas de saúde, alimentação, transporte e energia) e, embora jamais tivesse sido inteiramente adotado, demonstrava a nova orientação. De qualquer maneira, apesar de a economia brasileira ter crescido em média 6% ao ano no governo Dutra, o desperdício das reservas cambiais e a expansão da dívida externa não permitem considerá-lo um sucesso econômico.

No plano da política interna, o conservadorismo foi a tônica. A força demonstrada pelo Partido Comunista nas eleições de 1945 assustava as elites, e Dutra, representando-as, logo reagiu. Em maio de 1947, o registro do PCB foi cassado e o partido mais uma vez retornou à ilegalidade sob o pretexto de não ser brasileiro, mas apenas representar a União Soviética. Uma entrevista na qual Prestes afirmava – numa frase infeliz – que apoiaria os soviéticos no caso de guerra contra o Brasil só serviu para justificar o fechamento do partido.

Além disso, no mesmo dia da decretação da ilegalidade, Dutra iniciou as intervenções nos sindicatos, chegando ao final do seu governo com cerca de 200 sindicatos sob intervenção.

Em 1950, iniciou-se a campanha eleitoral para a sucessão de Dutra. A falta de nomes de expressão nacional foi um problema enfrentado por todos os partidos como já havia ocorrido em 1945. O país havia ficado durante 15 anos sob a ditadura de Getúlio Vargas, que não apenas combatera o surgimento de novas lideranças políticas, como também fizera maciça propaganda de si mesmo e de seu governo. Assim, os candidatos nas eleições de 1945 eram militares (Dutra e Eduardo Gomes, este proveniente do velho tenentismo) ou simplesmente desconhecidos (**Yedo Fiúza**). Em 1950, o problema era o mesmo: cinco anos de regime liberal não tinham sido suficientes para gerar novas lideranças nacionais. Assim, o PSD, seguindo orientação do próprio presidente Dutra, lançou a candidatura do mineiro **Cristiano Machado**, quase um desconhecido fora de seu estado. A UDN, sem muitas opções, resolveu insistir com **Eduardo Gomes**.

Enquanto isso, Getúlio Vargas planejava seu retorno. Eleito senador em 1945, Vargas poucas vezes foi ao Congresso, preferindo permanecer em seu retiro em São Borja, no Rio Grande do Sul, onde recebia políticos de todo o país e fazia suas articulações. Anunciou sua candidatura à presidência da República pelo PTB e logo começou a receber manifestações de simpatia e apoio. Habilidosamente buscou fortalecer sua candidatura aproximando-se de setores do PSD, oferecendo cargos no seu futuro governo a alguns líderes do partido. A estratégia era clara: através do PTB, Vargas, o eterno populista, falava às massas urbanas e buscava seu voto; através dos "caciques" do PSD, Vargas mobilizava a forte máquina do partido nas áreas rurais ou menos urbanizadas.

Restava uma incógnita: **Ademar de Barros** e o seu PSP (Partido Social Progressista). O político paulista, de forte caráter populista, era praticamente imbatível em seu estado e preparava-se para o lançamento de seu nome em nível nacional nas eleições para presidente. Vargas aproximou-se de Ademar pedindo seu apoio; em troca, Vargas o apoiaria nas eleições presidenciais de 1955. O acordo foi selado e Vargas partiu para as eleições sustentado por um forte esquema político.

Paternalista, autoritário, corpulento, bem-humorado, Ademar de Barros foi um líder populista para quem seus seguidores cunharam o famoso slogan "rouba mas faz".

As eleições deram a vitória a Vargas com 48% dos votos, seguido de Eduardo Gomes (29%) e de Cristiano Machado, que, abandonado por grande parte do PSD, obteve apenas 21%. Vargas voltara e, no Carnaval de 1951, dançava-se ao som de uma marchinha que dizia: "Bota o retrato do velho outra vez/Bota no mesmo lugar/O sorriso do velhinho faz a gente trabalhar...".

Liberalismo × nacionalismo: projetos para o desenvolvimento do país

Durante o governo Dutra, iniciou-se o debate sobre as estratégias de desenvolvimento econômico a serem adotadas no Brasil. O processo de industrialização estava em andamento e o futuro do país parecia irremediavelmente ligado à indústria: a concepção segundo a qual o destino do Brasil era exclusivamente agrícola já havia sido superada. A questão que se colocava agora era qual a melhor forma de se alcançar esse desenvolvimento e, nesse sentido, dois projetos se opunham no início dos anos 50: o liberalismo e o nacionalismo.

O **liberalismo** escorava-se na aceitação do capital estrangeiro. Imaginava-se que um país como o Brasil, que contava com escassas reservas de capital, devido ao recente desenvolvimento industrial, não teria condições de promover o desenvolvimento por conta própria, sendo necessário recorrer ao capital internacional. Como este estava disponível em grande volume, sobretudo nos Estados Unidos, mas logo também na Europa e Japão, garantir-se-ia um desenvolvimento acelerado.

A penetração do capital estrangeiro seria feita através de empréstimos ou da aplicação direta por meio de empresas multinacionais, nesse caso, com a necessária transferência de tecnologia. O aumento da dívida externa era considerado um problema secundário, uma vez que a manutenção de elevados índices de crescimento econômico acabaria por torná-la insignificante. Já a remessa de lucros para o exterior era tida como vantajosa, uma vez que serviria para atrair cada vez mais investimentos (portanto, mais riqueza e empregos) para um país tão "lucrativo" como o Brasil.

Quanto à política interna, o liberalismo defendia a ideia de que o governo deveria buscar a estabilidade econômica, a qual só seria obtida através da adoção de medidas monetaristas, para melhor adequar o Brasil aos padrões do comércio internacional.

O **projeto nacionalista**, ao contrário, inspirando-se nos princípios da CEPAL, Comissão Econômica para a América Latina, rejeitava a abertura da economia ao capital estrangeiro por considerá-lo sujeito a limitações. Jamais um país do centro da economia mundial capitalista aceitaria transferir recursos para um país periférico, como o Brasil, a ponto de transformá-lo em um concorrente. Assim, do ponto de vista do capital internacional, existiriam sérias restrições aos investimentos. Além disso, o endividamento externo era desaconselhável, e acreditar que as multinacionais transfeririam tecnologia de ponta para o país seria ingenuidade.

A alternativa defendida pelos nacionalistas era recorrer ao capital nacional para promover o desenvolvimento econômico autônomo do país. Uma vez que esse capital realmente não existia em grande volume em mãos da iniciativa privada – e esta também pouco interesse tinha nesse tipo de investimento –, abria-se espaço para a atuação do Estado, que apresentava condições de mobilizá-lo. Finalmente, os nacionalistas acreditavam que um desenvolvimento feito de forma independente e com participação do Estado garantiria a independência econômica do país e a possibilidade de adotar medidas de caráter social, isto é, o combate às desigualdades.

A campanha "O petróleo é nosso" era parte do projeto nacionalista em oposição ao liberalismo econômico.

Ao esquematizarmos as propostas liberais e nacionalistas, algumas simplificações inevitáveis foram feitas, uma vez que os partidários das duas ideologias às vezes tinham propostas que se aproximavam, por exemplo, quando um liberal defendia a participação do Estado em certos setores, considerados estratégicos para a economia nacional. Assim, não se deve assumir uma eventual divisão do Brasil em torno dessas duas propostas de forma exageradamente rígida, muito embora o vocabulário e os argumentos de liberais e nacionalistas dominassem a cena política brasileira durante muito tempo.

A situação internacional, com o acirramento da Guerra Fria, só iria intensificar o debate, uma vez que assumir uma postura nacionalista podia ser considerado adesão ao estatismo comunista. Em contrapartida, os nacionalistas chamavam os liberais de "entreguistas". Com certeza, entreguistas e comunistas existiam respectivamente entre liberais e nacionalistas (e a posição do PCB, ainda que na ilegalidade, era favorável ao nacionalismo); entretanto, tais expressões eram usadas como acusações, nem sempre com fundamento.

Reunião de líderes do PTB em São Borja (1959), tendo ao centro João Goulart e, à direita, Leonel Brizola.

Quanto aos partidos políticos, o PTB fez sua opção pelo nacionalismo, mesmo porque suas propostas se aproximavam do populismo de Vargas e de sua própria prática de governo entre 1930 e 1945, quando criou as leis trabalhistas e empresas estatais. O PTB passou a contar assim com um apoio cada vez maior das massas urbanas e, durante toda a década de 50 e início da de 60, o partido apresentou um crescimento bastante grande, a ponto de ser considerado o mais forte do país às vésperas do golpe de 1964.

A UDN, por sua vez, optou pelo liberalismo, em que pesem algumas vozes dissonantes dentro do partido. No entanto, em termos eleitorais, o partido não tinha grande força nacional. Seu eleitorado restringia-se quase sempre a setores médios urbanos, com apoio da elite, inclusive agrária.

No PSD, o maior de todos os partidos, a indefinição era a norma. Seus líderes estavam dispostos a aceitar qualquer proposta, desde que os levasse ao poder e os mantivesse nele. Era o partido da "máquina", dos caciques, chefões políticos espalhados por todo o Brasil, que controlavam os últimos (e não poucos) currais eleitorais. No entanto, por ter uma liderança proveniente da elite socioeconômica do país, evitavam qualquer radicalização do projeto nacionalista, principalmente no tocante às preocupações sociais.

Uma posição especial no antagonismo liberalismo-nacionalismo era a do exército, onde um grupo de oficiais ligados à recém-criada Escola Superior de Guerra (ESG, 1949) rejeitava o nacionalismo. De acordo com esse grupo, liderado pelo então major Golbery do Couto e Silva, em um mundo marcado pela bipolarização entre Estados Unidos-União Soviética, não existiam mais fronteiras nacionais, mas sim "ideológicas". O Brasil deveria assumir seu papel no bloco ocidental-capitalista e, com ele, aceitar todas as decorrências econômicas desse alinhamento.

A Escola Superior de Guerra (ESG) foi um dos centros de irradiação do "golpismo".

Por outro lado, o nacionalismo econômico era visto por alguns oficiais como uma necessidade, e essa postura tinha longa tradição dentro das Forças Armadas, desde o velho florianismo, passando pelos tenentes das décadas de 20 e 30. Sendo assim, as Forças Armadas apresentavam-se aparentemente divididas. Entretanto, em nome da unidade da instituição, o corpo de oficiais estava quase sempre disposto a seguir a orientação dos comandantes, desprezando, às vezes, convicções pessoais.

O segundo governo de Getúlio Vargas (1951-54)

A posse de Vargas, em janeiro de 1951, significou a ascensão de um presidente comprometido com o nacionalismo. Por outro lado, os compromissos de campanha assumidos com o PSD forçaram o novo presidente a manter uma presença bastante grande de membros desse partido no poder, o que levaria a um certo descontrole dos atos do governo. A tentativa de Vargas de agradar a todos, ampliando sua base de sustentação, transparece em sua mensagem ao Congresso em 1951, quando afirmou que iria "facilitar o investimento de capitais privados estrangeiros, sobretudo em associação com os nacionais, uma vez que não firam os interesses políticos fundamentais do nosso país". Ao mesmo tempo, falava às massas em tons nacionalistas.

Em maio de 1952, as disputas no interior do exército tornaram-se públicas, quando das eleições para a presidência do influente Clube Militar, entidade que reunia oficiais da ativa e reserva. O general Estillac Leal, nacionalista, pró-Vargas, foi derrotado por Alcides Etchegoyen, mais anticomunista que liberal, que contava com o apoio do também general Ciro do Espírito Santo Cardoso, ministro da Guerra de Vargas. Portanto, se o presidente levasse adiante seu projeto nacionalista, encontraria oposição no meio militar.

E Getúlio levou adiante o projeto nacionalista. Desde 1951, Vargas trabalhava na criação da **Petrobrás**, uma empresa estatal que passaria a ter o monopólio da prospecção e refino de petróleo no Brasil. Após intensa campanha, que mobilizou amplos setores da população e da imprensa, a Petrobrás foi finalmente criada por um decreto de 1953.

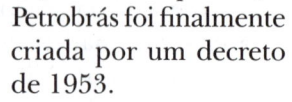

Da mesma forma, Vargas planejava a criação da **Eletrobrás**, com os mesmos objetivos, embora no setor de geração e distribuição de energia elétrica. Além disso, Vargas propôs, no início de 1954 – para desagrado do empresariado –, um reajuste de 100% no salário mínimo, com o objetivo de repor as perdas perante a crescente inflação.

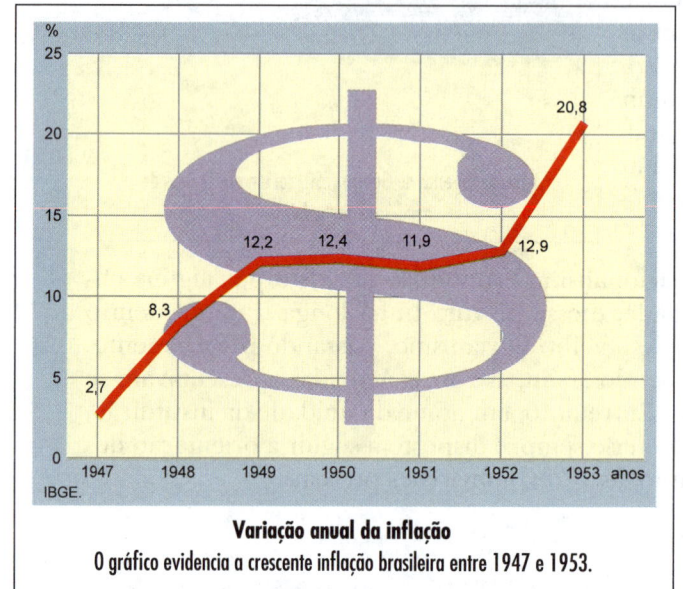

Variação anual da inflação
O gráfico evidencia a crescente inflação brasileira entre 1947 e 1953.

Buscando ampliar o seu apoio popular, Getúlio nomeou ministro do Trabalho, em junho de 1953, o jovem petebista gaúcho **João "Jango" Goulart**.

> "... [Jango] era uma figura suspeita para a classe média. Por parecer o primeiro passo de uma nova campanha para cortejar o proletariado, a sua nomeação alarmou os industriais, os eleitores da classe média e os militares com inclinações conservadoras (...). Aos olhos desses antigetulistas, Goulart era um 'agitador demagógico' que, para proveito pessoal, organizaria uma falange proletária capaz de derrubar a ordem social vigente. Portanto, o problema de Vargas era que quaisquer atitudes no sentido de mobilizar a classe operária poderiam levar ao pânico a opinião do centro e jogaria a favor da oposição de extrema direita (...).
>
> Jango tornou-se assim o alvo de todos os receios da classe média, temerosa da possibilidade de perder seu status e vantagens econômicas numa sociedade em vias de industrialização mas desgovernada pela inflação."
>
> (Trechos de SKIDMORE, Thomas. *Brasil: de Getúlio a Castelo*. 10. ed. Rio de Janeiro, Paz e Terra, 1992. pp. 149 e 159.)

Em 1953, a onda de greves alarmou as forças conservadoras e, quando o ministro João Goulart passou a defender o reajuste de 100% proposto para o salário mínimo, os militares exigiram sua demissão através do Manifesto dos Coronéis, organizado e liderado pelo coronel Bizarria Mamede, da Escola Superior de Guerra. Vargas cedeu, mas não acalmou a oposição, que, nessa época, tinha como centro a UDN e seu líder, **Carlos Lacerda**.

Bastante culto e irônico, além de brilhante orador, de seu jornal *Tribuna da Imprensa* Lacerda lançava farpas contra o presidente e criticava o governo de maneira geral: denunciava a "esquerdização" do Brasil e a corrupção no executivo.

No dia 5 de agosto de 1954, Carlos Lacerda foi ferido em um atentado que acabou culminando com a morte de seu guarda-costas, Rubens Florentino Vaz, major da Força Aérea. As investigações que se seguiram levaram a **Gregório Fortunato**, chefe da guarda pessoal de Getúlio Vargas e mandante do crime. O envolvimento de Fortunato, por sua vez, incriminava Vargas, por muitos considerado o verdadeiro mentor do atentado.

O atentado contra Carlos Lacerda desencadeou um processo que culminou com o suicídio de Vargas.

As oposições se articularam, principalmente dentro das Forças Armadas, exigindo a renúncia do presidente. Duas frases atribuídas a Vargas demonstram bem a sua posição perante os acontecimentos: "Esta bala não foi dirigida a Lacerda, mas a mim"; e, conforme a apuração do atentado evoluía e o envolvimento de seu comandante de guarda era provado, disse: "Tenho a impressão de me encontrar sobre um mar de lama". Carlos Lacerda, por seu lado, retrucava: "Não podemos sequer dizer que chegamos à beira do precipício, porque até este foi roubado...".

Pressionado, vendo desaparecer todo o apoio político de que dispunha e perante a iminência de um golpe, Getúlio Vargas suicidou-se com um tiro no coração nas primeiras horas da manhã de 24 de agosto de 1954. Seu ato provocou violenta comoção popular, principalmente quando da divulgação de sua carta-testamento, encontrada ao lado do corpo. Desolado, o povo, que parecia ser a única força ainda a apoiar Vargas, saiu às ruas e rapidamente passou da incredulidade à revolta: durante todo o dia 24, tudo aquilo que lembrava oposição a Vargas foi atacado, desde sede de jornais até o próprio prédio do ministério da Aeronáutica no Rio de Janeiro. A intensa reação popular impediu que forças conservadoras assumissem o poder, abortando qualquer golpe em preparação. O vice-presidente **Café Filho** assumiu a presidência.

Manifestação popular por ocasião da morte de Vargas.

Pode-se imaginar ainda uma alternativa para que Vargas evitasse o suicídio: um apelo ao povo. Por mais que o presidente estivesse acuado em agosto de 1954, sempre contou com o apoio das massas urbanas, e os episódios que ocorreram logo após a divulgação do suicídio são prova disso. No entanto, essa alternativa desencadearia um confronto, talvez uma revolução, e isto era inconcebível para Vargas, que sempre foi um líder reformador populista, jamais um líder revolucionário popular. Seu compromisso sempre foi junto às elites, por mais que apelasse para o povo em seu discurso ou que lhe fizesse concessões. Assim, a radicalização não era uma alternativa e o populismo demonstrou claramente seus limites, como viria a demonstrar novamente em futuro próximo.

> *"Mais uma vez, as forças e os interesses contra o povo condenaram-me novamente e se desencadeiam sobre mim.*
>
> *Não me acusam, insultam; não me combatem, caluniam e não me dão o direito de defesa. Precisam sufocar a minha voz e impedir a minha ação, para que eu não continue a defender, como sempre defendi, o povo e principalmente os humildes. Sigo o destino que me é imposto. Depois de decênios do domínio e espoliação dos grupos econômicos e financeiros internacionais, fiz-me chefe de uma revolução e venci. Iniciei o trabalho de libertação e instaurei o regime de liberdade social. Tive de renunciar. Voltei ao Governo nos braços do povo. A campanha subterrânea dos grupos internacionais aliou-se à dos grupos nacionais revoltados contra o regime de garantia do trabalho. A lei de lucros extraordinários foi detida no Congresso. Contra a justiça da revisão do salário mínimo se desencadearam os ódios. Quis criar a liberdade nacional de potencialização de nossas riquezas através da Petrobrás; mal começa esta a funcionar, a onda de agitação se avoluma. A Eletrobrás foi obstaculada até o desespero. Não querem que o trabalhador seja livre. Não querem que o povo seja independente.*
>
> *(...)*
>
> *Tenho lutado mês a mês, dia a dia, hora a hora, resistindo a uma pressão constante, incessante, tudo suportando em silêncio, tudo esquecendo, renunciando a mim mesmo, para defender o povo, que agora se queda desamparado. Nada mais vos posso dar, a não ser meu sangue. Se as aves de rapina querem o sangue de alguém, querem continuar sugando o povo brasileiro, eu ofereço em holocausto a minha vida. Escolho este meio de estar sempre convosco. (...) Ao ódio respondo com o perdão. E aos que pensam que me derrotaram respondo com a minha vitória. Era escravo do povo e hoje me liberto para a vida eterna. Mas esse povo de quem fui escravo não mais será escravo de ninguém. Meu sacrifício ficará para sempre em sua alma e meu sangue será o preço do seu resgate.*
>
> *Lutei contra a espoliação do Brasil. Lutei contra a espoliação do povo. Tenho lutado de peito aberto. O ódio, as infâmias, a calúnia não abateram o meu ânimo. Eu vos dei a minha vida. Agora ofereço a minha morte. Nada receio. Serenamente dou o primeiro passo no caminho da eternidade e saio da vida para entrar na história."*
>
> (Trechos da carta-testamento de Getúlio Vargas, reproduzida em DEL PRIORE, Mary & outros. *Documentos de história do Brasil: De Cabral aos anos 90*. São Paulo, Scipione, 1997. pp. 98-9.)

O governo de Café Filho (1954-55)

O curto governo de Café Filho foi marcado por uma retomada dos princípios econômicos que haviam sido parcialmente abandonados por Vargas. Seu ministro da Fazenda foi Eugênio Gudin, auxiliado na Sumoc (Superintendência da Moeda e do Crédito, embrião do Banco Central) por Otávio Gouveia de Bulhões, ambos defensores de práticas liberais. Buscaram combater a crescente inflação com medidas ortodoxas, isto é, monetaristas, levando inevitavelmente à recessão e a uma aguda crise bancária.

No início de 1955 foi publicada a instrução nº 113 da Sumoc, que concedia facilidades para empresas estrangeiras importarem máquinas e equipamentos de suas matrizes. A medida tinha como intenção estimular a atividade industrial e efetivamente o fez, mas acabou servindo também para que essas empresas comprassem material obsoleto superfaturado, aumentando assim a remessa de lucros para o exterior, de modo, em princípio, ilegal, embora tolerado pelas autoridades.

No entanto, o grande assunto do governo de Café Filho foi a sucessão presidencial, realizada sob o impacto da morte de Vargas. O primeiro a lançar sua candidatura oficialmente foi **Juscelino Kubitschek**, governador de Minas Gerais e representante de uma nova geração de políticos, ainda que criado dentro da máquina partidária do PSD de Minas.

Já o PTB tinha como candidato natural **João Goulart**, embora enfrentasse violenta oposição de setores mais conservadores, como as Forças Armadas. Assim, o partido procurou estabelecer uma aliança com uma força de "centro", e Juscelino parecia um aliado natural, mesmo porque, do ponto de vista do PSD, Jango oferecia a possibilidade de atrair o voto do eleitorado urbano. Os dois partidos formaram uma aliança aparentemente imbatível, com Juscelino candidato a presidente e Jango a vice. Nas palavras de Abelardo Jurema: "... o PSD, sem o PTB, irá para a reação, e o PTB, sem o PSD, irá para a revolução"; com a aliança, os extremismos pareciam estar sob controle.

A UDN lançou como candidato mais uma vez um militar ligado às velhas lutas tenentistas, **Juarez Távora**, agora general e ligado à ESG. Um quarto candidato foi **Ademar de Barros**, que ambicionava a presidência desde acordo firmado com Vargas em 1950; muito embora suas possibilidades reais de vitória fossem reduzidas.

A campanha foi polarizada por Juscelino e Juarez. O primeiro insistia em um discurso desenvolvimentista, afirmando que deveriam ser utilizados todos os recursos, tanto públicos quanto privados, para promover a rápida industrialização do país. Contrariamente, Juarez fazia um apelo à moralização do regime, indo pouco além disso. Seu grande articulador e propagandista era Carlos Lacerda, que não poupava críticas a Juscelino, chamando-o "articulador da canalhice nacional". Na verdade,

Manifestantes favoráveis à candidatura de Juarez Távora na campanha presidencial de 1955.

os udenistas, com Lacerda à frente, percebiam a inevitabilidade de uma vitória de Juscelino-Jango e muitos pensavam em golpe. Tendo perdido a oportunidade de assumir o poder quando do suicídio de Vargas, apelavam agora para as Forças Armadas, no sentido de evitar a posse de Juscelino, candidato de uma chapa aparentemente muito à esquerda.

O resultado das eleições realizadas no dia 3 de outubro de 1955 indicou a vitória de Juscelino com 36% dos votos, apenas uma pequena vantagem sobre os surpreendentes 30% de Juarez e 26% de Ademar. Curiosamente, João Goulart conseguiu obter maior votação que Juscelino, uma vez que os votos para presidente e vice eram separados: cerca de 3,5 milhões de eleitores optaram por Jango e 3 milhões, por Juscelino.

Demarcando as fronteiras liberais quanto à democracia, Lacerda pregava abertamente um golpe militar para que o país não fosse entregue a "comunistas" e "corruptos", por ele identificados com a chapa Juscelino-Jango. Não aceitava o resultado das eleições, argumentando que o novo presidente não havia sido eleito com a maioria absoluta dos votos; aliás, um argumento que já havia sido utilizado quando da vitória de Vargas, embora sem significado legal. Em seguida, a *Tribuna da Imprensa* publicou um documento falso, a Carta Brandi, tentando provar o envolvimento de Jango com a importação ilegal de armas para equipar milícias operárias, aumentando assim a tensão política no país.

No dia 1º de novembro, em cerimônia fúnebre pela morte do general Canrobert Pereira, o coronel Bizarria Mamede, da Escola Superior de Guerra, pronunciou violento discurso contra os candidatos eleitos. O general Henrique Teixeira Lott, ministro da Guerra e, portanto, comandante do exército, decidiu punir o coronel Mamede por pronunciamento tão infeliz e provocador. No entanto, tal punição teria que partir do presidente da República, uma vez que a ESG estava diretamente subordinada a ele. Dois dias depois, porém, o presidente Café Filho afastava-se da presidência, vítima de ataque cardíaco, sendo substituído pelo presidente da Câmara dos Deputados, Carlos Luz. Este era do PSD, porém de uma ala conservadora que se opunha a Juscelino e se aproximava da UDN e dos golpistas. Procurado por Lott, Carlos Luz negou-se a punir Mamede, desprestigiando assim o ministro da Guerra e forçando seu pedido de demissão.

A essa altura, não havia mais dúvida: um golpe estava em andamento. Tudo parecia ter sido preparado para provocar o afastamento de Lott, uma vez que ele havia se pronunciado diversas vezes em favor do respeito à legalidade e em defesa da posse dos candidatos eleitos, fossem quais fossem. Forçando-se a demissão de Lott, um novo ministro seria nomeado por Carlos Luz, e o golpe seria inevitável.

Mas Lott acabou-se antecipando aos golpistas. Na noite de 10 de novembro, enquanto redigia seu pedido formal de demissão, o ministro foi alertado por diversos comandantes militares a respeito das consequências desastrosas de seu afastamento. Percebendo que havia sido usado, Lott voltou atrás e, com a autoridade de ministro que ainda lhe restava, ordenou ele mesmo um golpe para o dia seguinte. Tratava-se de um contragolpe preventivo, um golpe para evitar o golpe. Com as tropas nas ruas, o ministro assumiu o poder, afastou Carlos Luz da presidência e impediu o retorno de Café Filho, subitamente curado do mal cardíaco a respeito do qual agora levantavam-se suspeitas. A presidência da República foi então entregue ao presidente do Senado, Nereu Ramos, o qual governou até a posse de Juscelino e Jango em 31 de janeiro de 1956.

Juscelino (à esquerda) no dia da posse, acompanhado de Nereu Ramos e do vice-presidente João Goulart (à direita).

Os golpistas ainda tentaram reagir. Lacerda, Mamede e o próprio Carlos Luz fugiram a bordo do cruzador Tamandaré e rumaram para São Paulo, onde pretendiam buscar apoio. Chegaram a trocar tiros com baterias costeiras no Rio de Janeiro, mas a iniciativa não deu em nada. Fracassou a segunda tentativa de golpe sob influência da UDN e da ESG.

O desenvolvimentismo de Juscelino Kubitschek (1956-61)

O governo de Juscelino costuma ser lembrado como o período que aliou tranquilidade política e prosperidade econômica. De fato, se comparado a outras épocas, os anos JK, como ficou conhecido o período de governo de Juscelino, apresentaram essas características. Escolhido em eleições relativamente limpas, assumiu o mandato no dia previsto e cumpriu-o até o fim, passando o cargo ao sucessor eleito de acordo com as mesmas regras. Quanto ao crescimento econômico, o PIB (Produto Interno Bruto) brasileiro cresceu em média 7% ao ano, enquanto a taxa *per capita* aumentou num ritmo quatro vezes maior que no restante da América Latina. Os números relativos ao valor da produção industrial são impressionantes, revelando um crescimento de 80% no período (100% no caso da indústria do aço, 125% na indústria mecânica, 380% em eletricidade e comunicações e nada menos que 600% nos transportes). Tal situação reflete as prioridades do governo Juscelino no desenvolvimento econômico-industrial do país.

Do ponto de vista político, a aliança PSD/PTB funcionou no sentido de garantir uma base de apoio no legislativo (em 1956, 170 dos 320 deputados pertenciam a um dos dois partidos; em 1958, 180 deputados). No que se refere às Forças Armadas, nenhuma oposição era aguardada, uma vez que Juscelino nomeou para ministro da Guerra o prestigiado general Lott, que, como sabemos, tinha uma posição legalista. A marinha de guerra foi reequipada, com a aquisição do porta-aviões Minas Gerais, e a Força Aérea sozinha não poderia ter pretensões políticas mais sérias. Ainda assim, as duas únicas rebeliões militares do período partiram da Aeronáutica: as revoltas de Jacareacanga e Aragarças, meras "quarteladas" de oficiais conservadores assustados com as supostas tendências esquerdizantes de Juscelino. Em última análise, as revoltas só serviram para o presidente demonstrar sua habilidade política, anistiando todos os rebeldes.

A UDN, portanto, ficou praticamente sozinha na oposição. Com sua relativamente pequena bancada no Congresso, reduzida à função de protestar, passou a ser conhecida por "banda de música", devido ao "barulho" que fazia. À frente da bancada, estava Carlos Lacerda, agora deputado federal.

Pelas palavras ao lado já se percebem os limites do "nacionalismo" de Juscelino. Ao prometer rentabilidade aos que se dispusessem a cooperar com seu projeto econômico, JK faz um apelo explícito ao capital estrangeiro, que, de fato, começou a ingressar no país num ritmo jamais visto. Desde o capital de risco, isto é, de empresas que se instalaram no Brasil, até os empréstimos particulares e públicos, o capital estrangeiro começou a alimentar o sonho do "Brasil potência". Acompanhado por um discurso nacionalista extremamente convincente, criava-se um novo modelo de desenvolvimento para o país, agora em íntima associação com o capital internacional.

> "Garantindo a tranquilidade política, Juscelino partiu para o seu programa econômico, que tinha como slogan '50 anos em 5', isto é, cinquenta anos de progresso em cinco de governo. Para viabilizá-lo, Juscelino colocou em prática o nacionalismo-desenvolvimentista, ou seja, uma tentativa de promover o desenvolvimento a partir de interesses exclusivamente nacionais. Nas palavras de Juscelino: 'Convém que se compreenda, de uma vez para sempre, que o desenvolvimento do Brasil não é uma pretensão ambiciosa, um desvario, um delírio expansionista, mas uma necessidade vital. Desenvolver, para nós, é sobreviver, gravem bem os que estão em condições de colaborar conosco, que não necessitamos apenas de conselhos... mas de cooperação dinâmica, e que essa cooperação é altamente rentável a quem se dispuser a ajudar-nos.'"
>
> (FAUSTO, Boris (org.). *História geral da civilização brasileira*. 3. ed. Rio de Janeiro, Bertrand-Brasil, 1995. t. III, v. 4, p. 91.)

A indústria desenvolveu-se a passos largos, como observamos nos números citados anteriormente, e novos produtos começaram a ser fabricados no Brasil: se, nos anos 30, desenvolveu-se a indústria leve, de bens de consumo não duráveis (têxteis, alimentos) quase sempre em mãos privadas, e, nos anos 40, a indústria pesada, de base (aço, mecânica), em mãos do governo, durante o governo de Juscelino nasceu e fortaleceu-se a indústria de bens de consumo duráveis (automóveis, eletrodomésticos), quase sempre em mãos de empresas multinacionais. Assim, o modelo de industrialização por substituição de importações se consolidava. Por volta de 1960, os principais produtos importados pelo Brasil não eram industrializados (petróleo e trigo).

Produção de automóveis em São Paulo, 1960.

Outra novidade era a intensa participação do Estado na economia, trabalhando em íntimo contato com o capital estrangeiro. A coordenação global do desenvolvimento era feita a partir do **plano de Metas**, que definia os principais objetivos a serem atingidos, agrupados em cinco setores: energia, transporte, indústria, educação e alimentação. Os dois primeiros foram privilegiados, recebendo perto de 70% da dotação orçamentária original do plano. Quanto à educação e alimentação, áreas de maior alcance social, é sintomático observar que as metas não foram alcançadas; no entanto, a hábil propaganda oficial exaltava a tal ponto o sucesso em outras áreas que isso passou quase despercebido.

Vale a pena destacar também que o plano concentrava-se no estabelecimento de metas puramente físicas, visíveis, praticamente ignorando questões monetárias, fiscais e ligadas às relações econômicas internacionais. Além disso, atingir metas físicas tinha grande efeito de propaganda, ajudando a moldar a imagem do presidente como grande realizador. Ainda nesse contexto, existia uma meta-símbolo, que não foi propriamente incluída no plano, mas concentrou recursos e energia do governo: a **construção de Brasília**.

Por trás da persistente temática desenvolvimentista do governo JK, enfatizando o crescimento econômico, a prosperidade e a superação do atraso, firmava-se a ideologia progressista, segundo a qual suas vantagens seriam de todos os brasileiros, sem se questionar como e quanto para cada um dos diferenciados grupos sociais existentes no Brasil. Mais que isso, cimentava-se a simbiose do ideal desenvolvimentista com progresso, modernização, articulando os interesses da burguesia nacional com a dinâmica internacional capitalista.

A dívida externa brasileira cresceu enormemente durante os anos JK. Na verdade, de 2 bilhões de dólares em fins de 1955, passara para 2,7 bilhões em fins de 1960. O problema estava no fato de as exportações não haverem crescido da mesma maneira, com os preços do café, ainda a nossa principal fonte de divisas, registrando queda no final da década.

A construção de Brasília destinava-se a promover a ocupação do interior do país.

> "Mas o que causava preocupação não era tanto o nível da dívida externa, mas os termos em que o Brasil se estava endividando, crescentemente e a curto prazo: em fins de 1960, 70% do total da dívida externa brasileira deveria ser paga nos próximos três anos. (...) os dados do balanço de pagamentos mostram que, no último ano do governo Kubitschek, as amortizações (US$ 417 milhões), pela primeira vez em seu governo, superam os novos financiamentos (US$ 348 milhões), gerando um sério problema de liquidez que só seria resolvido, temporariamente, já na gestão do presidente Quadros."
>
> (MALAN, Pedro. "Relações econômicas internacionais do Brasil". In: FAUSTO, Boris (org.). *História geral da civilização brasileira*. Rio de Janeiro, Bertrand-Brasil, 1995. t. III, v. 4, p. 84.)

Uma das formas que Juscelino tinha para administrar o problema da dívida externa e, portanto, da falta de recursos no país, era a realização de novos empréstimos no exterior. Mas, no final do seu governo, esse capital começava a escassear ou pelo menos não existia no volume necessário. Em 1958, o governo lançou um plano de estabilização da economia, que incluía o combate à sempre crescente inflação. O plano previa um empréstimo norte-americano de 300 milhões de dólares, mas o governo dos Estados Unidos condicionou a liberação dessa soma à aprovação do FMI, Fundo Monetário Internacional.

> "Criado em 1946 como agência especializada da ONU, o FMI é constituído por um conjunto de Estados-membros que contribuem com uma cota correspondente ao seu potencial econômico. Seus objetivos expressos são promover a cooperação monetária internacional, a expansão do comércio e a estabilidade cambial; prestar assistência provisória aos Estados-

> -membros em dificuldades em seu balanço de pagamentos. Em si mesmo, o FMI não dispõe de grandes recursos, mas tem papel fundamental como auditor que dá sinal verde ou vermelho aos credores públicos e privados no tratamento com os países devedores. O sinal verde significa a possibilidade de que grandes bancos americanos, europeus e japoneses, assim como seus governos, concedam a um determinado devedor novos créditos, novos prazos para pagamento dos juros e do principal, financiamento para exportações e importações etc.
>
> A visão do FMI em matéria de política financeira foi rigidamente ortodoxa até que a realidade dos fatos obrigou-o, em anos mais recentes, a ser mais flexível na terapia indicada para os países em crise. De um modo geral, essa terapia visa a obter o equilíbrio nas contas externas de um país, estimulando as exportações através da liberalização do câmbio (...). Ao mesmo tempo, trata de pôr fim ao déficit público através do corte de gastos e/ou aumento da receita do Estado. Essas medidas provocam recessão e desemprego, consequências negativas que o FMI não considera seu objetivo, mas males necessários e temporários para um país alcançar o equilíbrio financeiro e retomar o seu crescimento."
>
> (FAUSTO, Boris. História do Brasil. São Paulo, Edusp/FDE, 1994. p. 434.)

Os nacionalistas, com o PTB à frente, rejeitavam o plano de estabilização econômica por conter elementos constantes do receituário habitual do FMI. Recessão e desemprego, diziam os nacionalistas, deveriam ser evitados a qualquer custo e tal posição ameaçava seriamente a aliança que apoiava Juscelino. Em agosto de 1959, JK rompeu drasticamente com o FMI, demitindo o ministro da Fazenda Lucas Lopes e o diretor do recém-criado (1952) BNDE, Banco Nacional de Desenvolvimento Econômico, Roberto Campos; ambos acusados de entreguismo e submissão ao capital internacional. A medida teve caráter quase simbólico, uma vez que o governo de Juscelino já estava se encerrando e o próximo presidente poderia reatar com o FMI sem maiores problemas. No entanto, serviu às finalidades políticas de Juscelino, que, mais uma vez, aparecia como o grande defensor dos interesses nacionais.

> "A estratégia de Kubitschek merece o rótulo de 'nacionalismo desenvolvimentista' e não simplesmente 'desenvolvimentismo', tal a fórmula pela qual foi apresentada ao povo brasileiro. Reforçando os propósitos e as ações do governo havia um apelo ao senso de nacionalismo. Era o 'destino' do Brasil tomar o 'caminho do desenvolvimento'. A solução para o subdesenvolvimento nacional, com todas as suas injustiças sociais e tensões políticas, devia ser a industrialização urgente.
>
> O sucesso da política econômica de Kubitschek foi o resultado direto de seu sucesso no sentido de manter a estabilidade política. Ele foi capaz de manter isso apenas por um tour de force político. O segredo residia na marcante habilidade de Kubitschek em encontrar alguma coisa para cada um, enquanto evitava qualquer conflito direto com seus inimigos. Este estilo político não envolvia mudanças fundamentais. Pelo contrário, Kubitschek se utilizava do próprio sistema a fim de ganhar apoio – ou, em muitos casos, 'ajeitando' a oposição – para seus programas. Isto significava capitalizar as alianças getulistas sem o autoritarismo ou o populismo dos quais Vargas lançou mão em vários estágios de sua carreira.

> *A essência do estilo de Kubitschek era a improvisação. O entusiasmo, a sua principal arma, refletia uma confiança contagiante no futuro do Brasil como grande potência. Sua estratégia básica era pressionar pela rápida industrialização, tentando convencer cada grupo do poder que teriam alguma coisa a ganhar ou, então, nada a perder. Isto requeria um delicado equilibrismo político."*
>
> (SKIDMORE, Thomas. Obra citada, pp. 207-8.)

Em 1960 realizaram-se eleições para a sucessão de Juscelino. O PSD e o PTB repetiram a aliança vitoriosa de 1955 e que foi um sucesso durante os cinco anos de Juscelino. O general **Lott** foi o candidato, tendo como vice mais uma vez João Goulart. O PSP, Partido Social Progressista, lançou a candidatura de **Ademar de Barros**, que, novamente seria figurante, embora sua penetração junto ao importante eleitorado paulista fosse significativa. A UDN, por sua vez, apoiou o então governador de São Paulo, **Jânio Quadros**, político independente, com vínculos partidários inconstantes e ambicionando a presidência. O partido o apoiou, mesmo porque, nas palavras de Lacerda, "o Jânio ganharia de qualquer maneira – ou ganhava conosco, ou ganhava com o PTB...".

O fenômeno Jânio Quadros representava uma candidatura imbatível em 1960 criando uma forte coligação de partidos.

O resultado das eleições apontou a vitória de Jânio Quadros com 48% dos votos, representando quase 6 milhões de eleitores, ou seja, a maior votação absoluta que um político havia conseguido no Brasil até então. Lott obteve 32% dos votos e Ademar, os esperados 20%. Jango mais uma vez surpreendeu, conseguindo mais votos para vice-presidente que qualquer outro candidato. Aliás, durante a campanha eleitoral, o próprio Jânio fez vistas grossas aos comitês "Jan-Jan", que propunham justamente o voto em Jânio e Jango, por saber que essa posição lhe traria votos do PTB. No início de 1961, Jânio Quadros foi o primeiro presidente da República a ser empossado em Brasília, tendo como vice o candidato da outra chapa, João Goulart; em um arranjo que a curiosa lei eleitoral permitia.

O governo de Jânio Quadros (1961)

Jânio Quadros foi um político de carreira meteórica. Eleito vereador na cidade de São Paulo em 1947, deputado estadual em 1950, prefeito em 1953, governador do estado em 1954, derrotando o poderoso Ademar de Barros, e deputado federal em 1958. Sem jamais se comprometer com nenhum partido e poucas vezes cumprindo um mandato até o seu final, Jânio despontava em 1960 como um candidato imbatível à presidência da República e, não causando surpresas, acabou sendo eleito.

Qual teria sido o segredo do seu espetacular sucesso? Jânio criou um novo jeito de fazer política no Brasil, não sendo exagero dizer que fez escola, como as eleições futuras, a partir de 1989, viriam provar. Rompeu com uma certa tradição populista (getulista, até) de líder político que apenas falava às massas: Jânio propunha a identificação com elas.

Podemos dizer que o sucesso ou o fracasso de um político dependem em maior ou menor escala de sua imagem e de seu conteúdo, este por sua vez percebido através da filiação partidária e do discurso público. Jânio soube trabalhar sua imagem melhor do que nenhum outro político da época, a imagem de um homem simples, de classe média, disposto a enfrentar os poderosos na luta pela moralização.

Assumiu a imagem do "intérprete da vontade do povo", de "um governo que representa a nação", guiado pelos "superiores interesses da comunidade", segundo seus discursos. Era o "tostão contra o milhão", como dizia sua campanha ao governo do estado de São Paulo em 1954. Adotava como símbolo a vassoura, com a qual supostamente varreria a corrupção da cidade, mais tarde do estado e finalmente do país. Suas aparições públicas eram cuidadosamente preparadas, para que todos pudessem ver de perto seus hábitos simples, seus sanduíches de mortadela, sua caspa ostensiva e seus ternos sempre amassados e malcortados: Jânio parecia ser o homem do povo que acabara de descer do ônibus.

Quanto ao seu conteúdo, Jânio jamais estabeleceu vínculos sólidos com qualquer partido, tornando impossível uma definição ideológica. Nem nacionalista, nem liberal. Em 1960, Jânio não "era" da UDN, mas apenas "estava" no partido. Em termos vagos, propunha a moralização e o combate à corrupção, embora sem detalhar os meios para fazê-lo. Nos discursos, primava pela beleza formal e falta de conteúdo. Professor de língua portuguesa antes de ingressar na política, caprichava no vocabulário, não sendo necessariamente compreendido pelas audiências ("Não creio nos desmaios da autoridade! Não creio no pensamento coarctado! Não creio na providência das espórtulas constrangedoras...!", dizia em discurso). Seu gesticular espalhafatoso, olhar vidrado e curiosa pronúncia encantavam as plateias e mascaravam a sua total falta de conteúdo. Enfim, nas palavras de Afonso Arinos, "Jânio foi a UDN de porre".

Talvez Jânio tenha sido o primeiro político verdadeiramente moderno na história do Brasil, uma vez que foi o primeiro a descobrir que, numa era de meios de comunicação de massa e voto universal, a imagem deveria preceder o conteúdo. Ignorando-o, concentrou todo seu esforço no sentido de aperfeiçoar a imagem; foi um político da era da televisão. Percebeu que a imagem, em duas dimensões, poderia ser manipulada, aperfeiçoada ao seu bel-prazer e de acordo com o gosto do público, independentemente de qualquer tipo de profundidade.

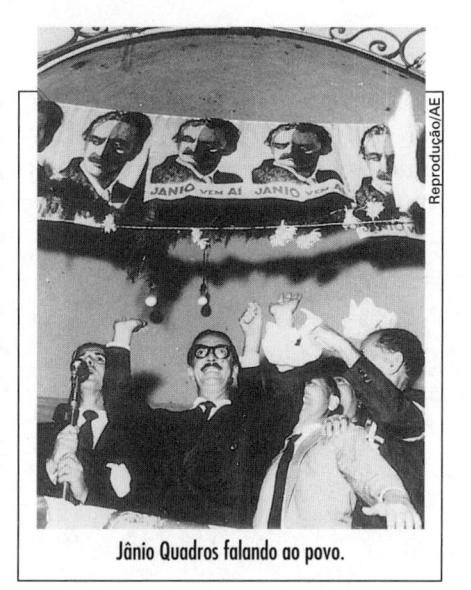

Jânio Quadros falando ao povo.

Mesmo procurando não se definir como socialista ou capitalista, o janismo achava-se profundamente comprometido com o desenvolvimento e, assim, empenhado em superar o quadro dependente do subdesenvolvimento com a maior dinamização capitalista. O discurso mais uma vez não refletia o real, pelo menos em sua profundidade substantiva.

Os seis milhões de votos que recebeu cercaram a sua administração de grande expectativa, que logo se transformou em decepção quando da formação do governo. Nomeou um ministério com figuras inexpressivas, temeroso de que algum ministro tivesse uma imagem mais forte que a sua. Em seguida, passou a se concentrar em assuntos menores, como a proibição de brigas de galo, uso de lança-perfume e utilização de biquínis nas praias. Tratava-se de mascarar sua falta de projeto com medidas altamente polêmicas, sem importância real para o país.

Enquanto isso, a situação econômica do país se complicava, com a dívida externa começando a escapar do controle, a inflação subindo e a economia não mais crescendo no ritmo acelerado da época de Juscelino. O presidente colocou em prática uma política de combate à inflação, gerando recessão e, obviamente, descontentamento generalizado. Ao mesmo tempo, promoveu um corte nos gastos do governo, retirando os subsídios à importação de trigo e petróleo, o que ocasionou imediatamente um aumento no preço do pão e dos combustíveis. Tais medidas fizeram diminuir a sua popularidade. De sucesso, apenas a renegociação da dívida externa, sob as bênçãos do FMI. No entanto, todas as medidas econômicas foram tomadas pensando-se em resolver problemas imediatos, sem nenhum planejamento a longo prazo; e nisso seu governo contrastava fortemente com o de Juscelino.

Ao mesmo tempo, Jânio chocava-se com o Congresso: o seu não comprometimento com nenhum partido político agora se fazia sentir. Rompeu com a UDN poucos meses após assumir e seu relacionamento com o legislativo passou a depender de longas negociações, às quais o presidente não estava acostumado. Seu estilo era autoritário e se exercia através dos famosos "bilhetinhos", ordens explícitas e manuscritas transmitidas aos ministros e outros membros do executivo, quase sempre passando por cima do Congresso e evitando qualquer tipo de negociação.

Como quase todo presidente que fracassa em política interna, Jânio buscou desviar a atenção para a **política externa**. Fez disso sua principal tentativa de se aproximar dos grupos nacionalistas ou de esquerda, lançando a política externa independente. Tratava-se basicamente de fugir do alinhamento automático e, como consequência, buscar uma aproximação com o bloco socialista. Iniciou conversações para restabelecer relações diplomáticas com a União Soviética, enviou o vice-presidente João Goulart em missão oficial à China comunista e condenou a agressiva política norte-americana em relação à Cuba de Fidel Castro. Chegou até a convidar o líder revolucionário de Cuba, Ernesto "Che" Guevara, para uma visita ao Brasil. Guevara foi recebido com honras de chefe de Estado e condecorado com a ordem do Cruzeiro do Sul, a mais importante medalha nacional, para profunda insatisfação dos anticomunistas e das Forças Armadas.

A política externa independente de Jânio Quadros: aproximação (ainda que de fachada) com o bloco socialista. Na foto, Jânio recebe o dirigente cubano Fidel Castro em 1961.

Então, a 25 de agosto de 1961, Jânio subitamente renunciou. Sem maiores explicações e surpreendendo o país, o presidente enviou uma carta de renúncia ao Congresso, falando de "forças terríveis" que se levantavam contra ele, sem explicar quais seriam essas forças, e, logo em seguida, partiu para o exterior. Imagina-se que Jânio tenha tentado um golpe. Recebendo críticas de todos os lados e oposição cerrada no Congresso, sem qualquer apoio, o presidente pode ter pensado que o legislativo e, principalmente, as Forças Armadas jamais aceitariam a posse do vice, João Goulart, associado sempre aos setores de esquerda. Talvez Jânio imaginasse que os seis milhões de eleitores fossem implorar pela sua permanência na presidência. Assim, nos braços do povo, com apoio das Forças Armadas e do legislativo, Jânio retornaria ao poder, fortalecido. De qualquer maneira, o suposto golpe não funcionou, o Congresso aceitou calmamente o pedido de renúncia.

O governo de João Goulart (1961-64)

Como era de se esperar dentro das circunstâncias, as Forças Armadas vetaram a posse de João Goulart. Os ministros militares, tendo o general Odílio Denys à frente, diziam que a volta de Jango – em missão oficial à China – e sua posse na presidência seriam altamente inconvenientes por motivos de "segurança nacional". Nesse sentido, valendo-se do presidente interino, o deputado **Ranieri Mazzilli**, os ministros militares solicitaram ao Congresso que aprovassem a manutenção de Mazzilli no cargo até que se realizassem novas eleições presidenciais. O Congresso rejeitou o pedido, desencadeando assim uma grave crise política.

No dia 30 de agosto, os ministros militares lançaram um manifesto à nação, no qual insistiam na "inconveniência" da posse de Jango, tido como agitador e comprometido com interesses comunistas; além de preverem para o país uma época de "agitações, de tumultos e mesmo choques sangrentos nas cidades e nos campos, de subversão armada, enfim, através da qual acabarão ruindo as próprias instituições democráticas e, com elas, a justiça, a liberdade, a paz social, todos os mais altos padrões de nossa cultura cristã".

As Forças Armadas, entretanto, estavam divididas. Muitos oficiais defendiam o respeito à legalidade e, portanto, a posse de Jango. Dentre esses destacava-se o ainda prestigiado general Lott, que logo tornou pública sua posição. A situação complicou-se com a tomada de posição do general Machado Lopes, comandante do Terceiro Exército, no Rio Grande do Sul, tradicionalmente a mais bem armada das quatro subdivisões do exército brasileiro. O governador do Rio Grande do Sul, **Leonel Brizola**, do PTB, cunhado de Goulart e seu provável herdeiro político, passou a defender radicalmente a posse, ameaçando inclusive com a luta armada para fazer valer o respeito à Constituição. Do Sul, Brizola organizou a Voz da Legalidade, uma rede de rádio criada para conseguir apoio a Jango em todo o Brasil.

Com o país dividido e quase à beira da guerra civil, o Congresso acabou encontrando uma solução: a implantação do **parlamentarismo**. Assim, a 2 de setembro de 1961 foi aprovada uma emenda constitucional que instituía o sistema no Brasil. Jango poderia assumir a presidência, embora o governo de fato fosse para as mãos de um primeiro-ministro. Foi a etapa parlamentarista de seu governo.

> "A crise de 25 de agosto a 5 de setembro trouxe à baila vários aspectos do drama político brasileiro. Primeiramente, ficou claro que a vitória eleitoral de Jânio lhe havia dado um poder mais aparente do que real (...). Jânio não pôde fazer com que o peso de seu apoio popular o defendesse num contexto nacional, a menos que o tivesse, de alguma forma, organizado. Numa palavra, ele necessitava um partido, ou movimento, de bases amplas para apoiá-lo no que se destinava a ser uma fase de grave luta política (...)."

> *Em segundo lugar, a crise da sucessão demonstrou que nos momentos em que o processo político civil é abalado, a opinião dos militares se torna decisiva. Se os militares estivessem unidos contra a sucessão de Jango, é provável que nunca tivesse assumido a presidência.*
>
> *Em terceiro lugar, os militares moderados [legalistas] refletiam a opinião de grande número de civis empenhados na continuidade da Constituição, os quais recuavam à ideia de renunciar a um político popularmente eleito, em virtude de suas opiniões serem 'consideradas' inaceitáveis (...).*
>
> *Em quarto lugar, era claro que os problemas deixados pelo governo Juscelino exigiriam um governo forte e uma razoável porção de consentimento público – para que fossem resolvidos. Mas... poderia um presidente sob 'experiência' manter o equilíbrio político necessário e atacar com vigor a variedade de problemas que o Brasil enfrentava em setembro de 1961?*
>
> *Finalmente, as 'forças populares' que apoiaram vigorosamente a posse de Jango poderiam ter tirado conclusões falsas da crise de agosto/setembro. Se julgassem haver influído para evitar o veto dos ministros militares à posse de Jango, estavam enganadas. Jango tornou-se presidente, não em virtude da pressão da esquerda, mas, sim, graças à divisão entre os militares, combinada com uma ampla base de opinião do centro, ansiosa por garantir a obediência ao processo constitucional."*
>
> (SKIDMORE, Thomas. Obra citada, pp. 261-2.)

O impedimento da posse de João Goulart em 1961, como presidente constitucional, representou um golpe. Na foto, Jango em Montevidéu antes da volta ao Brasil.

Entre setembro de 1961 e janeiro de 1963, portanto, o Brasil viveu sob um frágil regime parlamentar. A situação política continuava tensa e os gabinetes ministeriais sucediam-se velozmente. Em 16 meses de parlamentarismo, o país teve três primeiros-ministros: Tancredo Neves, do PSD, Brochado da Rocha, do mesmo partido, e Hermes Lima, do PSB, Partido Socialista Brasileiro. Nestes termos, tornando-se impossível qualquer tipo de continuidade administrativa, os problemas econômicos se aprofundavam.

A emenda constitucional que havia introduzido o parlamentarismo dizia que o sistema seria colocado em prática em caráter experimental, devendo ser realizado um plebiscito em 1965, convenientemente no final do mandato de Jango como presidente, para confirmar ou não sua adoção. No entanto, o fracasso do sistema era visível e o plebiscito acabou sendo antecipado. Após intensa campanha, os eleitores se manifestaram favoráveis ao retorno do presidencialismo, com mais de nove milhões de votos, contra os dois milhões de favoráveis à manutenção do parlamentarismo. Iniciava-se a **etapa presidencialista** do governo Goulart.

Jango nomeou um ministério de notáveis, no qual se destacaram San Tiago Dantas na Fazenda e Celso Furtado, ministro extraordinário para a Reforma Administrativa. Juntos, lançaram o **plano Trienal**, uma tentativa de, ao mesmo tempo, combater a inflação e lançar as bases para a retomada do crescimento econômico em níveis semelhantes àqueles obtidos na época de Juscelino. O plano deveria ser acompanhado de reformas estruturais mais profundas, chamadas por Jango de **reformas de base**, que incluíam quatro categorias: agrária, tributária, financeira e administrativa. Se adotadas, as reformas de base representariam a mais séria tentativa de se promover a distribuição de renda já feita no país. Goulart, populista, enfatizava a primeira categoria, às vezes em termos radicais ("através do derramamento de sangue!"), conforme o público ouvinte.

No entanto, o plano apresentava certos obstáculos insuperáveis. O apoio estrangeiro (entenda-se norte-americano), fundamental para a renegociação da dívida externa, e o ingresso de capitais que financiassem o desenvolvimento eram improváveis, devido ao caráter esquerdizante do novo governo e do tom nacionalista que Jango imprimia a seus discursos, muitas vezes violentamente antiamericanos. Quanto ao combate à inflação, dependia de medidas francamente impopulares, que o presidente não parecia muito disposto a aceitar. Por volta de junho de 1965, o plano já havia fracassado e o governo perdia o controle da economia.

A situação política se agravava, com os partidos se dividindo em facções e contrafacções. O PTB, apesar de seu crescimento excepcional nos últimos anos, não conseguia controlar sozinho o Congresso. Lá, as forças que apoiavam Jango agruparam-se na Frente Parlamentar Nacionalista, enquanto seus opositores reuniam-se na Ação Democrática Parlamentar. Fora do legislativo, a mobilização política era bastante grande. A UNE, União Nacional dos Estudantes, mobilizava as universidades em torno de propostas de transformação social, assim como setores da Igreja católica.

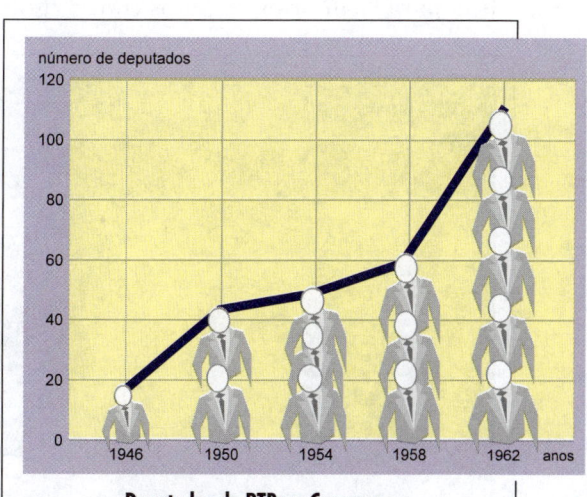

Deputados do PTB no Congresso
A ascensão do PTB, em pouco tempo o maior partido do país.

No Nordeste, Francisco Julião liderava as Ligas Camponesas, organizando os trabalhadores rurais em torno de propostas da reforma agrária, tão defendida pelo presidente Goulart. Ao mesmo tempo, os sindicatos fortaleciam-se, não apenas em defesa das reformas de base, mas também para organizar greves em protesto pelo aumento do custo de vida e por reivindicações salariais (em 1958 ocorreram 31 greves, em 1963 foram registradas 172). Sua organização nacional era a CGT, Comando Geral dos Trabalhadores.

Em poucos momentos na história do Brasil viu-se uma mobilização política tão intensa. O programa das reformas de base era discutido nas ruas, nas escolas, nas fábricas, no campo. Pode-se até dizer que, nesse período tão agitado, o país esteve próximo de uma verdadeira democracia, no sentido mesmo que os antigos gregos davam a essa forma de governo, ou seja, um governo do povo que deve ser exercido pelo povo a partir da discussão livre em praça pública; e não apenas um mecanismo de delegação de poderes.

No dia 13 de março de 1964, Jango compareceu ao **comício da Central do Brasil**, no Rio de Janeiro, falando para aproximadamente 150 mil pessoas. Nesse comício, radicalizou sua promessa de reforma agrária e antecipou a futura "reforma urbana" (que assustou os proprietários de imóveis residenciais nas cidades), além de prometer mudar os impostos, taxando os mais ricos. Assustou a tal ponto a classe média, as elites e as Forças Armadas, que acabou acelerando a conspiração que visava derrubá-lo. O golpe se articulava a partir da ESG e tinha como líder o chefe do estado-maior do exército, general **Castello Branco**. Contava também com o apoio tácito do governo norte-americano, que, inclusive, havia mandado um representante, o coronel Vernon Walters, antigo oficial de ligação junto à FEB na Itália, para facilitar os contatos com os golpistas nas Forças Armadas.

Comício da Central do Brasil no Rio de Janeiro, quando Jango usou palavras duras para defender as reformas de base.

Ainda em março de 1964, quase 500 mil pessoas desfilaram em São Paulo, na **Marcha da Família com Deus pela Liberdade**, uma espécie de resposta conservadora ao comício da Central, mostrando aos golpistas que existia uma base social de apoio ao movimento. Em seguida, iniciou-se a revolta dos marinheiros no Rio de Janeiro, que acabou servindo como causa imediata do golpe: a disciplina nas Forças Armadas estava em jogo, alguns marinheiros não mais obedeciam a seus comandantes. Na noite de 31 de março, em meio a muitas incertezas no corpo de oficiais, o general Olympio de Mourão Filho (aliás, o mesmo que, em 1937, inventou o plano Cohen) sublevou a guarnição de Juiz de Fora e iniciou a marcha para o Rio de Janeiro, onde se encontrava o presidente e onde, supostamente, existia um forte contingente militar em seu apoio. Começava o golpe.

Em 48 horas, o movimento foi vitorioso em todo o Brasil. Praticamente todas as unidades militares aderiram ao golpe. Os governadores dos principais estados também o apoiaram: Ademar de Barros, em São Paulo, Carlos Lacerda, no Rio de Janeiro, e Magalhães Pinto, em Minas Gerais. Jango foi para Brasília e, de lá, para o Rio Grande do Sul, onde Brizola tentava organizar a resistência. Jango renunciou a qualquer tentativa de resistir. A CGT havia marcado uma greve geral para o dia 30, que, no entanto, havia fracassado. No dia do golpe, os principais líderes sindicais haviam sido detidos, dificultando qualquer mobilização mais ampla. As semelhanças com o episódio do suicídio de Vargas são significativas. Mais uma vez um líder populista ficou "sozinho" ao lado do povo contra forças conservadoras, tendo à frente as Forças Armadas. E, mais uma vez, o líder rejeitou a hipótese de luta armada.

Tropas nas ruas do Rio de Janeiro em 1º de abril de 1964: o golpe triunfou.

O episódio todo nos demonstra o colapso do populismo no Brasil, bem como seus limites. Como vimos no capítulo anterior, o populismo consistia em uma política em que o Estado, pela figura de um líder carismático, agia como intermediário entre a burguesia e o proletariado urbano, "forçando" essa mesma burguesia a realizar concessões (através de uma política trabalhista) enquanto mantinha o proletariado sob controle. Vimos também que tal política viabilizou a industrialização do país, servindo inclusive para desmobilizar os trabalhadores e submetê-los à tutela do Estado, que, agindo assim, defendia os interesses da burguesia.

No entanto, o prosseguimento do processo de industrialização levou à expansão cada vez maior do proletariado urbano e ao surgimento de novas reivindicações: agora, não era mais o caso de criar uma simples lei trabalhista, mas de promover uma distribuição de renda global. Os trabalhadores acabaram se voltando para o Estado, a quem estavam atrelados, e de lá veio o projeto de distribuição de renda: as reformas de base. Nesse momento, o Estado deixou de atender aos interesses das elites, ou seja, o populismo deixou de ser um instrumento usado em benefício da burguesia. Nada mais justo do que essa mesma elite promovesse, então, a desmontagem do velho Estado populista (e de seu arcabouço jurídico-político) e a criação de um novo. Tal é o caráter do novo regime que surgiu em abril de 1964.

Questões

1. Caracterize a Constituição brasileira promulgada em 1946.
2. Quais os principais elementos da política econômica adotada por Dutra em seu governo?
3. Indique as principais características dos projetos liberal e nacionalista no Brasil dos anos 50.
4. Estabeleça o perfil social e político dos principais partidos no período entre 1945 e 64.
5. O que levou o presidente Vargas ao suicídio em 1954?
6. O que foi o "contragolpe preventivo" do general Lott em 1955?
7. Caracterize o nacionalismo desenvolvimentista de Juscelino Kubitschek. Quais os limites desse projeto?
8. Quais as estratégias adotadas por Jânio Quadros a fim de conseguir um sucesso meteórico em sua carreira política?
9. Faça um comentário discutindo a seguinte afirmação: "Para bem ou para mal, foi Jânio Quadros quem deu início ao processo que desembocou no golpe militar de 1964 e, portanto, nas práticas políticas e econômicas que caracterizaram o período e cujos efeitos sentimos até hoje".
10. Como se explica a introdução do parlamentarismo no Brasil em 1961? Compare com o parlamentarismo brasileiro do Segundo Reinado (entre 1847 e 1889).
11. Quais os principais projetos de João Goulart durante o período presidencialista?
12. Qual a posição do governo norte-americano face ao golpe de 1964?

Capítulo 14

Os anos de chumbo (1964-85)

Liberdade sem democracia (1964-68)

O regime militar instalado em 1964 surgiu a partir de um golpe de força, isso é inegável, mas desde o início seus líderes insistiram em acentuar o seu caráter temporário. O novo regime, no entanto, estendeu-se por 21 anos e teve os seguintes presidentes, todos generais do exército: **Humberto de Alencar Castello Branco** (1964-1967), **Artur da Costa e Silva** (1967-1969), **Emílio Garrastazu Medici** (1969-1974), **Ernesto Geisel** (1974-1979) e **João Batista Figueiredo** (1979-1985).

No entanto, imediatamente após o golpe, ainda predominava a ideia de que a intervenção militar na política seria breve. Assim, no dia 9 de abril de 1964, a Junta Militar que assumiu o poder através do golpe outorgou o **Ato Institucional nº 1** (AI-1), que decretava:

- realização de eleições indiretas para presidente da República num prazo de dois dias a partir de sua publicação e de eleições diretas em outubro de 1965;
- fortalecimento dos poderes do presidente, que poderia apresentar emendas constitucionais ao Congresso e aprová-las por maioria simples, além de poder também suspender temporariamente os direitos políticos de qualquer cidadão por dez anos, em nome de "interesses nacionais". O presidente tinha ainda a prerrogativa de decretar estado de sítio sem a autorização do Congresso;
- suspensão temporária da estabilidade dos funcionários públicos.

A estratégia dos militares era clara: impor ao Congresso um candidato militar que, uma vez nomeado presidente, pudesse realizar a "limpeza" tão desejada por forças conservadoras (o que afetaria basicamente a esquerda) e devolvesse o poder aos civis num prazo de pouco mais de um ano. A Constituição de 1946 foi mantida em termos, pois foi modificada e estava sujeita a alterações cada vez maiores; a imprensa permaneceu relativamente livre e os tribunais, funcionando. Em 1965, estavam previstas também eleições para governadores dos estados, que se realizaram normalmente.

Esse quadro nos permite afirmar que, apesar do golpe, manteve-se um clima de liberdade no país. Já observamos a existência de uma democracia no início da década de 60, através da livre expressão da opinião popular em praça pública – prática que fazia da democracia algo muito mais participativo do que meramente depositar votos em urnas. Esse clima ainda continuou durante os primeiros anos após 1964, apesar do autoritarismo cada vez maior do executivo e de uma base legal bem pouco democrática, fundada em atos institucionais. No entanto, lembremos que a democracia liberal brasileira de 1946 a 1964 também teve seus momentos autoritários, como quando da cassação do PCB em 1947; além de ter contado com uma Constituição que rejeitava, por exemplo, o voto aos analfabetos e a democratização da propriedade fundiária.

Tanques do exército em frente ao Congresso Nacional, em abril de 1964. Imaginava-se apenas uma breve intervenção dos militares na política.

O presidente nomeado pelo Congresso foi o marechal Castello Branco, com o apoio dos governadores dos estados participantes do golpe (Carlos Lacerda – Guanabara –, Ademar de Barros – São Paulo – e Magalhães Pinto – Minas Gerais). Veterano da FEB na campanha da Itália, ligou-se à Escola Superior de Guerra e era bastante respeitado entre os oficiais do exército por seus dotes intelectuais. Castello Branco, ao assumir a presidência, disse que cumpriria as promessas realizadas pelos militares: "limpeza" e eleições em 1965.

A "limpeza" começou já nas primeiras horas após o sucesso do golpe e foi particularmente intensa durante o período de "vazio político", que se caracterizou até sua posse como presidente. Em dez dias, chefes militares locais agiram com quase total liberdade, investigando e prendendo sumariamente líderes políticos de esquerda, além de jornalistas, estudantes, intelectuais ou simplesmente pessoas consideradas "subversivas".

Os membros do PTB foram as vítimas preferidas da violência das Forças Armadas e da polícia: efetuaram-se entre 10 mil e 50 mil prisões no período; e, se alguns detidos foram liberados logo em seguida, outros foram agredidos e torturados em dependências oficiais. A violência foi particularmente intensa nos estados do Nordeste, região sob jurisdição do Quarto Exército.

Ao assumir a presidência, porém, Castello Branco procurou apurar as denúncias de violência e dar um basta à tortura, no que obteve sucesso. Em vez da tortura, o presidente preferiu cassar mandatos e suspender direitos, os quais atingiram 441 pessoas em dois meses – um número modesto diante da violência dos primeiros dias.

À esquerda, Castello Branco, presidente da República entre 1964 e 1967; à direita, Costa e Silva, que seria presidente entre 1967 e 1969. Eles caminhavam em direções diferentes...

A política econômica do governo Castello Branco foi entregue aos ministros Otávio Gouveia de Bulhões, da Fazenda, e Roberto Campos, do Planejamento. Juntos elaboraram o **PAEG**, Plano de Ação Econômica do Governo, uma tentativa de estabilizar a economia brasileira e lançar as bases para a retomada do crescimento econômico.

"Como muitos outros diagnósticos da economia brasileira nos primeiros anos da década de 60, este [o PAEG] identificava na inflação acelerada o principal obstáculo a um sadio desenvolvimento econômico. Os autores afirmavam que a inflação era causada principalmente pelo excesso de demanda, que, por sua vez, tinha as seguintes causas: déficits do setor público, excesso de crédito para o setor privado e excessivos aumentos de salário. Quando a base monetária era ampliada para atender à demanda, estimulava um 'crônico e violento processo inflacionário'. O resultado era um monte de distorções econômicas: bruscas oscilações nas taxas de salários reais, desorganização do mercado de crédito, distorção do mercado de trocas externas e incentivo ao uso de capital para manipular inventários e especular com moedas estrangeiras. O caos resultante excluía a possibilidade de investimentos a longo prazo de que o Brasil tanto necessitava."

(SKIDMORE, Thomas. *Brasil: de Castello a Tancredo*. 4. ed. Rio de Janeiro, Paz e Terra, 1988. pp. 69-70.)

O plano previa, em primeiro lugar, o combate ao déficit público: proibiu-se, aos governos estaduais, a emissão de títulos sem prévia autorização do governo federal; buscou-se combater os gastos excessivos das empresas estatais, tornando-as rentáveis, o que determinou um aumento nos preços dos produtos e serviços oferecidos por essas empresas (petróleo, energia). Isto, somado ao aumento no preço do trigo importado provocado pela adoção de um câmbio realista, causou uma elevação do custo de vida. Em seguida, aumentaram-se os impostos, obtendo-se, assim, um equilíbrio entre a receita e as despesas do governo.

O objetivo seguinte era normalizar o crédito. As elevadas taxas de inflação inviabilizavam a existência de crédito de longo prazo, uma vez que o valor das parcelas da dívida tendiam a ser corroídos pela inflação, gerando prejuízos para o credor. Assim, a partir de julho de 1964, foi implantada a indexação da economia brasileira, com a criação de um índice (a ORTN, Obrigação Reajustável do Tesouro Nacional) atualizado mensalmente de acordo com a variação dos preços. Todos os contratos e prestações logo seriam atualizados pelo índice, tornando possível a chamada **correção monetária**.

Finalmente, a equipe econômica do governo tratou de promover uma política salarial baseada no arrocho. Os salários do setor público foram diminuídos e os do setor privado, deixados à livre negociação entre patrões e empregados, cabendo aos tribunais do trabalho a resolução de conflitos. Na verdade, a fórmula da livre negociação era um embuste: não apenas os tribunais contavam com juízes nomeados pelo governo e, portanto, obedientes a ele na sua política de arrocho salarial, mas também por estar enfraquecido o movimento sindical, seja pela prisão dos principais líderes, seja pelas constantes intervenções, previstas na legislação existente antes de 1964 e mantida pelo novo governo.

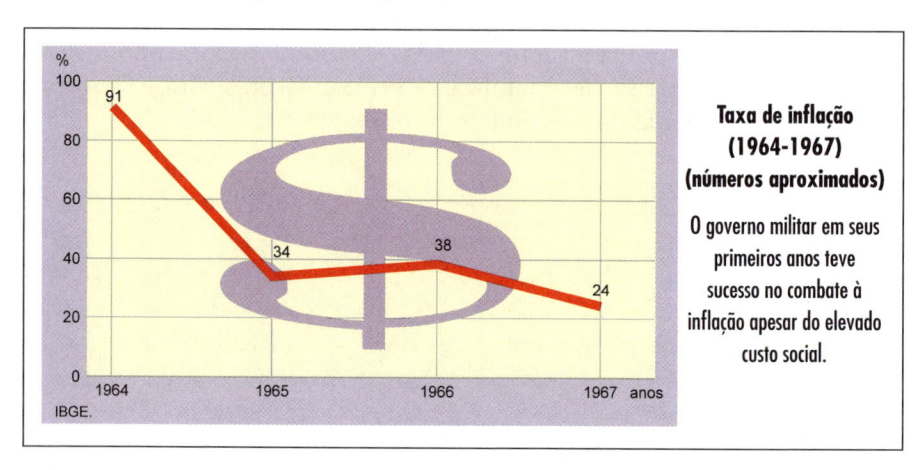

Taxa de inflação (1964-1967) (números aproximados)

O governo militar em seus primeiros anos teve sucesso no combate à inflação apesar do elevado custo social.

1964: 91; 1965: 34; 1966: 38; 1967: 24
IBGE.

Os resultados foram satisfatórios, observando-se a queda da inflação (veja gráfico) e a estabilização econômica, que abriram caminho para um grande surto de crescimento. No entanto, o preço pago foi elevado, principalmente pelos sacrifícios impostos aos trabalhadores. A existência de um regime forte, autoritário, tornou possível a adoção de certas medidas francamente impopulares, como de resto foi impopular o conjunto da nova política econômica. Outro resultado da política adotada pela dupla Bulhões-Campos foi o retorno dos investimentos estrangeiros, tendo à frente o governo dos Estados Unidos, que aliás aplaudia e apoiava o governo militar brasileiro, através de suas agências especializadas, como por exemplo a USAID, Agência dos Estados Unidos para o Desenvolvimento Internacional.

Entretanto, a situação política do país se deteriorava. Lacerda, que havia apoiado o golpe, agora se levantava contra a política econômica do governo. Os políticos ligados ao regime militar iam conhecendo sucessivas derrotas eleitorais, como em 1965 na eleição para prefeito de São Paulo (com a vitória de Faria Lima, apoiado por Jânio Quadros) e para governadores dos estados (vitórias de Negrão de Lima, na Guanabara, e Israel Pinheiro, em Minas Gerais; ambos ligados a Juscelino Kubitschek). Tudo isso foi provocando um "endurecimento" do regime, as medidas autoritárias se multiplicaram e o retorno dos militares aos quartéis foi adiado para um futuro cada vez mais remoto. Ao mesmo tempo, a linha dura, representada pelo ministro da Guerra, Costa e Silva, ganhava mais espaço no governo.

> Não se deve imaginar que os militares no poder constituíam uma força homogênea, pelo contrário: dentro das Forças Armadas existiam diversas facções, com projetos políticos distintos. As principais facções eram o grupo castelista e a linha dura. O grupo castelista, em torno do presidente Castello Branco, era formado por oficiais mais intelectualizados, ligados à ESG, e incluindo os generais Golbery do Couto e Silva e os irmãos Geisel, Ernesto e Orlando. Pretendiam seguir à risca o projeto original dos militares, isto é, golpe – "limpeza" – e retorno aos quartéis num curto espaço de tempo. Qualquer ato de violência e desrespeito aos princípios democráticos era visto apenas como meios para se obter o saneamento do país e atingir o retorno à normalidade. Já a linha dura enfatizava a necessidade de se combater o comunismo e a corrupção, e isso não seria possível através de uma intervenção limitada e temporária no jogo político. Seus integrantes eram quase sempre oficiais *troupiers*, isto é, mais ligados ao trabalho cotidiano na caserna, junto à tropa, e pouco afeitos às atividades intelectuais. Incluíam o ministro Costa e Silva e os generais Adyr Fiúza de Castro, Sylvio Frota, Ednardo D'Ávila Mello e o brigadeiro João Paulo Burnier, dentre outros.
>
> O relacionamento entre as duas facções e a ascensão da linha dura são assuntos pouco explorados pela historiografia. Finalmente, deve-se lembrar que os oficiais das Forças Armadas, em nome da unidade da instituição, sempre buscam algum tipo de compromisso, isto é, era pouco provável que as duas facções se enfrentassem abertamente; buscando-se, ao invés disso, o entendimento em torno de um dos dois projetos.

Em julho de 1964, foi aprovada emenda constitucional prorrogando o mandato de Castello Branco até março de 1967. Em outubro do ano seguinte, foi decretado o AI-2, uma grande vitória da linha dura. O ato previa o fortalecimento ainda maior do executivo, inclusive dando ao presidente o poder de decretar o recesso do Congresso Nacional, Assembleias Estaduais e Câmaras de Vereadores; além disso, as eleições para presidente da República passaram a ser indiretas, isto é, realizadas pelo Congresso, e os partidos políticos tradicionais foram extintos, sendo criados em seu lugar a **ARENA** (Aliança Renovadora Nacional) e o **MDB** (Movimento Democrático Brasileiro). O primeiro seria formado por políticos que apoiavam o governo militar, enquanto o segundo correspondia a uma oposição consentida. Não deve causar surpresa observar que a ARENA foi formada por políticos provenientes em primeiro lugar da UDN, em seguida do PSD; enquanto o MDB continha membros do extinto PTB e uns poucos do PSD.

Em fevereiro de 1966, o governo baixou o AI-3, estendendo as eleições indiretas para governador e para os municípios considerados de "segurança nacional", incluindo todas as capitais de estados. A liberdade era cada vez menor e o jogo político eleitoral ganhava cada vez mais aspecto de farsa. Nas eleições legislativas daquele ano, a ARENA obteve 64% dos votos válidos, e o MDB, 36%. No entanto, nada menos que 20% dos votos foram considerados não válidos, isto é, brancos e nulos. O Congresso eleito em 1966 foi uma farsa, uma vez que muitos parlamentares da oposição foram cassados e a casa foi fechada em outubro, só sendo reaberta, pelo AI-4 de 1967, para aprovar a nova Constituição.

Arena *versus* MDB: o jogo partidário era uma farsa e os atos institucionais atropelavam o legislativo.

A nova Carta constitucional, sexta brasileira e quinta republicana, teve vida curta. Incorporou uma série de princípios presentes nos atos institucionais impostos até o momento, mas logo seria ultrapassada por novos atos do governo militar. Castello Branco ia sendo gradativamente envolvido pela linha dura. No início de 1967, o general Costa e Silva foi escolhido presidente da República.

Qualquer tentativa de oposição esbarrava em sérias dificuldades. Dentro do legislativo, isto é, utilizando os meios legais que aparentemente os militares toleravam, a atuação dos parlamentares era constantemente barrada, seja através das cassações, que voltaram a se multiplicar após o AI-2, seja através do fechamento puro e simples do Congresso, conforme decretado pelo presidente. Dessa forma, o MDB era um partido que não tinha as mínimas condições de exercer uma oposição real ao governo. As principais lideranças políticas do país buscaram articular um movimento de oposição que não estivesse necessariamente ligado a partidos políticos e que pudesse superar as velhas disputas anteriores a 1964, tudo em nome de um retorno à democracia.

Carlos Lacerda, que pretendia se candidatar a presidente nas eleições previstas para 1965, mais tarde canceladas, e que apoiara o golpe, viu suas pretensões frustradas com o progressivo endurecimento do regime. Buscou uma aproximação com Juscelino Kubitschek, que aliás também pretendia concorrer às canceladas eleições presidenciais daquele ano, e com João Goulart, então exilado no Uruguai. Juntos formaram a **Frente Ampla**, de oposição. No entanto, a atividade da Frente foi diminuída pela perseguição a seus principais líderes no Brasil. Tanto Lacerda quanto Juscelino tiveram seus direitos políticos cassados e acabaram sendo exilados.

Juscelino, Jango e Lacerda integraram a frustrada Frente Ampla, cujo único mérito foi reunir inimigos de véspera na defesa da democracia liberal. Na foto, a partir da esquerda, Renato Archer, João Goulart e Carlos Lacerda encontram-se em Montevidéu, em 1967.

Sem uma alternativa institucional, a oposição começou a ser feita nas ruas, através da mobilização popular, principalmente dos estudantes, trabalhadores e artistas. O papel dos estudantes na política brasileira dos anos 60 sempre foi bastante intenso. Já desde o governo Goulart, os estudantes se mobilizavam através de associações como a **UNE** (União Nacional dos Estudantes), insistindo nas reformas de base e apoiando qualquer guinada à esquerda de Jango. A partir de 1964, tornaram-se vítimas da repressão e, principalmente durante o governo de Costa e Silva (1967-1969), reagiram intensamente.

Curiosamente, a causa imediata de muitas das manifestações estudantis do ano de 1968 estava ligada a problemas específicos da educação, e não necessariamente políticos. Por exemplo, em março daquele ano foi feita uma manifestação diante do **Calabouço**, um restaurante ligado à Universidade Federal do Rio de Janeiro, por melhor qualidade da alimentação e preços mais baixos. A polícia foi chamada e o resultado da intervenção policial foi a morte do estudante Edson Luís de Lima Souto. Seu velório, enterro e missa foram acompanhados por milhares de estudantes, seguidos de tensão e novos choques com a polícia.

Multiplicaram-se as manifestações e passeatas organizadas por todas as universidades brasileiras, com as reivindicações estudantis servindo de pretexto para manifestações contra o governo. A violência da polícia, e mesmo do exército, contra tais demonstrações de insatisfação fez com que setores da classe média e também da Igreja se solidarizassem com os estudantes, engrossando o número daqueles que, nas ruas, protestavam contra o regime. O ponto mais alto desse movimento foi a **passeata dos cem mil**, no Rio de Janeiro, em junho de 1968. Por outro lado, o congresso da UNE realizado clandestinamente (uma vez que a associação havia sido declarada ilegal), em Ibiúna, em outubro daquele ano, acabou sendo descoberto pela polícia, que invadiu e prendeu nada menos que 1 240 dos principais líderes estudantis do país, enfraquecendo o movimento.

Repressão a manifestação estudantil no Rio de Janeiro em 1968 e estudantes presos no encontro da UNE em Ibiúna deixando a Casa de Detenção, em São Paulo, com destino aos estados de origem.

Quanto aos trabalhadores, o ano de 1968 assistiu a duas greves bastante agressivas, em Osasco e Contagem, nas periferias de São Paulo e Belo Horizonte, respectivamente. As reivindicações trabalhistas se misturavam com a oposição ao regime e, nos dois casos, a repressão governamental foi violenta.

Os artistas também se mobilizaram em oposição ao regime, utilizando as armas de que dispunham, a principal delas, o apelo junto às suas plateias. A cultura brasileira passava por grande agitação desde o início da década, acompanhando, aliás, tendências mundiais e buscando um engajamento político. As origens da agitação podem ser buscadas nos **CPCs**, Centros Populares de Cultura, criados por estudantes no início da década e que procuravam aproximar a arte das massas.

O teatro se encontrava à frente do movimento, destacando-se os grupos **Arena** e **Oficina**, com Augusto Boal e José Celso Martinez Correa como líderes. No cinema, surgiu um movimento chamado **Cinema Novo**, afastando-se dos padrões norte-americanos e discutindo problemas sociais e culturais brasileiros. Seu principal representante foi o diretor Glauber Rocha. Na música, as canções de protesto encontraram palco nos grandes festivais, organizados pela TV Record a partir de 1965, onde também nasceu a Tropicália, tentativa de retomar os princípios antropofágicos de Oswald de Andrade e do movimento modernista de 1922. Toda essa atividade intelectual estava mesclada de política e os principais artistas acabaram sendo presos e exilados.

Enquanto isso, um pequeno grupo de opositores do regime, percebendo que qualquer tipo de oposição pacífica ao governo estava destinado a desencadear uma repressão desproporcionalmente violenta, resolveu partir para a luta armada.

Capa de *Tropicália ou Panis et circenses*, disco-manifesto do movimento.

"No Brasil, a organização tradicional de esquerda – o PCB – opunha-se à luta armada. Em 1967, um grupo liderado pelo veterano comunista Carlos Marighella rompeu com o partido e formou a Aliança de Libertação Nacional (ALN). A AP [Ação Popular] já optara pela luta armada e novos grupos foram surgindo, entre eles o Movimento Revolucionário 8 de Outubro (MR-8) e a Vanguarda Popular Revolucionária (VPR), esta última com forte presença de militares de esquerda.

> Os grupos de luta armada começaram suas primeiras ações em 1968. Uma bomba foi colocada no consulado americano em São Paulo; surgiram também as 'expropriações', ou seja, assaltos para reunir fundos. A ALN realizou um assalto espetacular a um trem pagador em Jundiaí.
>
> Todos esses fatos eram suficientes para reforçar a linha dura na sua certeza de que a revolução estava se perdendo e era preciso criar novos instrumentos para acabar com os subversivos."
>
> (FAUSTO, Boris. *História do Brasil*. p. 479.)

Dentro da crescente espiral de violência que o país vivia, em dezembro de 1968, o presidente Costa e Silva decretou o **AI-5**, o mais violento de todos os atos institucionais até então outorgados. Previa, entre outras coisas:

- fechamento do legislativo pelo presidente da República, que, nos períodos de recesso, poderia legislar em seu lugar;

- suspensão dos direitos políticos e garantias constitucionais, incluindo a do *habeas-corpus*;

- intervenção federal em estados e municípios;

- a possibilidade de o presidente decretar o estado de sítio sem autorização do Congresso.

Enquanto os demais atos institucionais foram redigidos prevendo-se um prazo de validade, o AI-5 tinha um caráter permanente, só tendo sido revogado 11 anos depois. Assim, a aparência democrática do regime ruía de uma vez por todas: o Brasil mergulhava na ditadura total. A violência só tendia a aumentar. Nas palavras do historiador Boris Fausto: "Um dos muitos aspectos trágicos do AI-5 consistiu no fato de que reforçou a tese dos grupos de luta armada. O regime parecia incapaz de ceder a pressões sociais e se reformar. Pelo contrário, seguia cada vez mais o curso de uma ditadura brutal".

Repressão policial a uma manifestação de rua: cena típica dos anos do regime militar.

A ditadura total (1968-77)

Logo após decretar o AI-5, Costa e Silva sofreu um derrame cerebral. O vice-presidente, um civil chamado Pedro Aleixo, foi proibido de assumir pelos ministros militares, que acabaram por indicar um novo presidente, o general **Emílio Garrastazu Medici**, cujo governo iria de 1969 a 1974. Por muitos considerado um meio-termo entre o grupo castelista e a linha dura, Medici acabou governando o país com grande violência, tendo a repressão e a tortura atingido extremos durante o seu mandato, além da censura aos meios de comunicação. O pretexto era a intensificação da luta armada contra o regime.

A **luta armada** contra o regime militar assumiu a forma da guerra de guerrilhas e inspirou-se na vitoriosa guerrilha cubana de Fidel Castro, que assumira o poder em 1959, e na guerra de guerrilhas no Vietnã, então em pleno andamento. Os dois movimentos guerrilheiros tinham como seus modelos teóricos respectivamente as obras de Che Guevara e Mao Tsé-tung, que, aliás, também havia comandado uma guerrilha vencedora na China, em 1949. As propostas de Guevara incluíam a criação de focos revolucionários, ou seja, grupos militares muito bem treinados, que, operando de uma ou mais bases em pontos remotos do país, poderiam desestabilizar o governo e criar condições para a sua substituição forçada por um regime revolucionário. Já Mao Tsé-tung enfatizava a necessidade de se organizar uma base camponesa que pudesse apoiar a guerrilha, daí o trabalho do guerrilheiro ser não apenas militar, mas também social.

Três focos guerrilheiros acabaram sendo criados no Brasil: na serra do Caparaó, em Minas Gerais, no vale do Ribeira, em São Paulo, e no Araguaia, no estado do Pará. O primeiro deles foi derrotado pela rápida intervenção das forças governamentais. O segundo, chefiado pelo capitão **Carlos Lamarca**, oficial dissidente do exército, resistiu por mais tempo. Apesar de a guerrilha ter sido também rapidamente reprimida no local, Lamarca conseguiu fugir e só foi morto no sertão da Bahia em 1971, após violenta perseguição.

O movimento que envolveu mais pessoas e durou mais foi o do Araguaia, talvez porque seus participantes, ligados ao PC do B, dissidência do PCB, conseguiram obter apoio da população local, segundo as propostas de Mao Tsé-tung, ou então talvez apenas pelo fato de o foco guerrilheiro ter se encontrado em plena floresta Amazônica, em região de difícil acesso. Daí a grande contradição da guerrilha do Araguaia: localizada em local remoto, tinha garantida a sua sobrevivência; no entanto, sua atuação permanecia ignorada nos grandes centros urbanos, tornando inviável a desestabilização do regime nessas condições. O foco guerrilheiro só foi descoberto pelo exército em 1972 e destruído em 1975, na maior operação militar organizada pelo exército brasileiro desde a Segunda Guerra Mundial.

Por outro lado, o fracasso da guerrilha no campo foi acompanhado pelo inesperado sucesso da guerrilha urbana, uma experiência quase sem precedentes no mundo até então. Seu principal organizador e também teórico foi **Carlos Marighella**, líder da Aliança de Libertação Nacional, a ALN. Operando na região das grandes capitais, notadamente São Paulo, a guerrilha urbana tinha mais condições de desestabilizar o regime que os fracassados focos rurais. Na verdade, isso era um reflexo da própria formação social brasileira: nos anos 60, o Brasil estava deixando rapidamente de ser um país rural como Cuba, China e Vietnã; a urbanização era intensa, e buscar um modelo de luta armada baseado na experiência desses países era um contrassenso.

Ao enfrentar a guerrilha rural, o exército contava basicamente com meios tradicionais, isto é, unidades militares convencionais, paraquedistas, helicópteros, etc. No entanto, tais meios eram inúteis para a repressão à guerrilha urbana (afinal, um tanque de guerra estacionado numa esquina pouco pode fazer para enfrentar um sequestro, um atentado à bomba ou um roubo a banco).

Contra a fluidez da guerrilha urbana, a arma encontrada pelas Forças Armadas foi a informação, cuja obtenção era fundamental para organizar com sucesso as operações de contraguerrilha. Daí o crescimento em importância dos **órgãos de informação** das Forças Armadas, como o CIEx (Centro de Informação do Exército), Cenimar (Centro de Informações da Marinha) e Cisa (Centro de Informação Social do Exército), além do próprio SNI, Serviço Nacional de Informações, subordinado diretamente à presidência da República. Ao mesmo tempo, cada região militar contava com um CODI, Comando de Operações de Defesa Interna, que controlava a atuação das tropas dos DOIs, Destacamentos de Operações Internas.

A guerrilha jamais esteve próxima de tomar o poder no Brasil nos anos 60 e 70. Entretanto, a repressão à luta armada foi brutal. Na foto, Carlos Marighella, líder da ALN.

Visando coordenar o trabalho dos diversos grupos, surgiu, no início de 1969, a **Oban**, Operação Bandeirantes, subordinando oficiais dos órgãos de informação do exército e contingentes das polícias militares. Era comandada pelo delegado da polícia civil Sérgio Paranhos Fleury, até então ligado aos "esquadrões da morte" no combate aos criminosos comuns; e contava com mecanismos próprios de financiamento, ou seja, doações nem sempre espontâneas de industriais e homens de negócios assustados com a agitação de esquerda. A repressão teve sucesso, com Fleury comandando pessoalmente a emboscada que resultou na morte de Marighella nas ruas de São Paulo em novembro de 1969.

Uma vez que o combate à guerrilha urbana deveria ser feito com a obtenção de informações, abriu-se caminho para a **tortura**. Realizada em larga escala no período, transformou nomes como Fleury e siglas como DOI-CODI em sinônimos de violência contra o indivíduo desarmado. Escoradas na doutrina da "segurança nacional", segundo a qual os militares estavam encarregados da defesa contra ameaças internas, as Forças Armadas e policiais moveram verdadeira guerra contra os opositores do regime, guerra na qual todas as armas – inclusive a tortura – eram justificadas. Era a guerra suja. No final do governo Medici, a guerrilha já havia sido praticamente esmagada, tanto no campo quanto nas cidades, com exceção dos últimos núcleos no Araguaia.

Os bastidores do "milagre" brasileiro

Na área econômica, o governo Medici foi responsável pelo advento do chamado "milagre" econômico brasileiro: crescimento da economia do país em ritmo bastante acelerado. O principal ideólogo do "milagre" foi o economista Antonio Delfim Netto, ministro da Fazenda desde o governo Costa e Silva. O milagre deveu-se ao ingresso maciço de capital estrangeiro, como se verificava no Brasil desde o final dos anos 60.

Na verdade, um país como o Brasil tende normalmente a atrair investimentos estrangeiros, dada a amplitude de seu mercado consumidor e, portanto, a possibilidade de obtenção de lucros fabulosos. No entanto, o capital estrangeiro só seria investido se os bancos e empresas estrangeiras considerassem o país seguro, isto é, com um governo comprometido em respeitar a economia de mercado e com uma baixa taxa de inflação. Ora, no início da década de 60, os sucessivos traumas políticos provocados pelo governo de Jânio Quadros, a implantação do parlamentarismo e o agitado governo "esquerdista" de João Goulart haviam feito a inflação escapar de qualquer controle e provocado o afastamento do capital estrangeiro.

A **estabilidade política** dos governos militares, firmemente comprometidos com o combate às esquerdas, e o plano de estabilização econômica da dupla Roberto Campos e Otávio Bulhões durante o governo de Castello

Branco haviam colaborado para tornar o Brasil mais uma vez atraente – e seguro – para o capital estrangeiro. As baixas taxas de juros praticadas no mercado internacional no início dos anos 70 e o aval do governo norte-americano ao regime militar contribuíram para tornar possível a instrumentalização do "milagre".

Chegando em grande volume, o capital estrangeiro era repartido entre as empresas privadas brasileiras, as empresas privadas estrangeiras (multinacionais) e as empresas estatais, com cada setor se especializando num ramo da atividade industrial. Assim, as empresas privadas brasileiras se concentraram no setor chamado *labour intensive*, isto é, indústrias que apresentam fraca demanda de capital e forte demanda de mão de obra (têxtil, processamento de alimentos). As empresas multinacionais, por sua vez, direcionaram suas atividades para os setores de *capital intensive*, de forte demanda de capital e relativamente fraca demanda de mão de obra (automobilística, eletrodomésticos, máquinas). Finalmente, as empresas estatais voltaram-se para os setores ligados à "segurança nacional", envolvendo a indústria pesada, geração de energia, telecomunicações e até a indústria bélica. O modelo como um todo se assemelhava muito àquele implantado por Juscelino Kubitschek entre 1956 e 1961, com a diferença que o Estado passava a ter um papel empreendedor muito maior do que outrora.

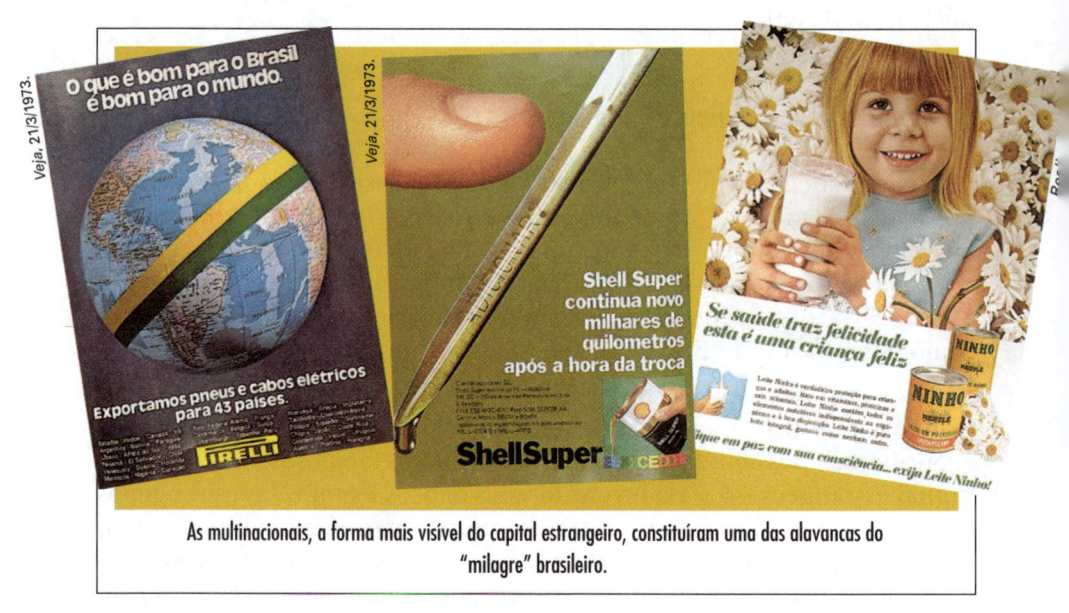

As multinacionais, a forma mais visível do capital estrangeiro, constituíram uma das alavancas do "milagre" brasileiro.

Para viabilizar o crescimento acelerado da produção industrial brasileira, era necessário ampliar o **mercado consumidor**, o que foi conseguido de duas formas. Em primeiro lugar, promovendo-se o avanço rumo ao mercado externo. Pela primeira vez, a produção industrial brasileira passava a encontrar um mercado consumidor significativo no exterior, não apenas em países do Terceiro Mundo, mas também na Europa e Estados Unidos.

Entretanto, esse avanço estava mais ligado a interesses estrangeiros do que a qualquer projeto nacional. De fato, a partir da década de 70, diversas empresas multinacionais transferiram suas linhas de montagem para países como o Brasil, que contava com grandes depósitos de matéria-prima (ferro), uma indústria de base capaz de transformar essa matéria-prima (siderúrgicas) e mão de obra abundante e barata.

Assim, era muito mais lucrativo para essas empresas produzirem, por exemplo, automóveis no Brasil e venderem para seus países de origem. Mesmo porque a equipe econômica do governo trabalhava no sentido de manter baixos os salários (portanto, os custos de produção). Qualquer reivindicação trabalhista por melhores salários era reprimida com violência. Observe-se como o modelo econômico brasileiro estava intimamente ligado ao modelo político, ou, mais ainda, pedia uma estrutura política autoritária.

Em segundo lugar, a ampliação do mercado consumidor foi conseguida com o aumento do consumo interno, e aqui encontramos uma das peculiaridades do "milagre": enquanto se promovia o achatamento salarial dos trabalhadores mais humildes, buscava-se a expansão do poder de compra dos trabalhadores mais especializados, basicamente, da classe média. Os salários dos "colarinhos brancos" e os ganhos dos profissionais liberais da classe média subiram consideravelmente, bem como as facilidades de crédito.

Nesse momento, a classe média brasileira foi ao paraíso, conseguindo atingir seus objetivos mais imediatos, isto é, o consumo. Nas grandes cidades do Brasil criou-se inclusive um modo de vida de classe média: a casa própria, cheia de eletrodomésticos, o segundo automóvel da família (o primeiro havia sido adquirido provavelmente na época de Juscelino), o apartamento na praia ou sítio no campo, filhos estudando em escolas particulares e, através dos cursinhos pré-vestibulares, garantindo seu ingresso no ensino superior gratuito e conseguindo, através do diploma universitário, a perpetuação da ascensão social.

Não é de admirar que a classe média tenha se tornado indiferente em relação aos excessos do regime militar: os generais compraram o apoio da classe média. Não raramente, a propaganda da ideologia progressista conseguia a cooptação de amplos setores populares, à exceção dos mais politizados e organizados, ainda que de forma marginal, uma vez que as liberdades políticas eram vigiadas e dirigidas.

O apelo ao consumo: era o "milagre" alcançando a classe média.

A economia brasileira se internacionalizava, em plena associação com o capital estrangeiro. O Estado brasileiro agora mudava de função: durante os anos do populismo, seu principal papel era intermediar as relações entre a burguesia nacional e os trabalhadores. Agora, as relações com os trabalhadores voltavam a ser "caso de polícia", como se dizia durante a República Velha; e o principal papel do Estado estava em intermediar as relações entre a burguesia nacional e a estrangeira.

A expansão econômica foi realmente espetacular, com a taxa de crescimento do PIB (Produto Interno Bruto) se mantendo elevada a cada ano, como se observa no gráfico abaixo.

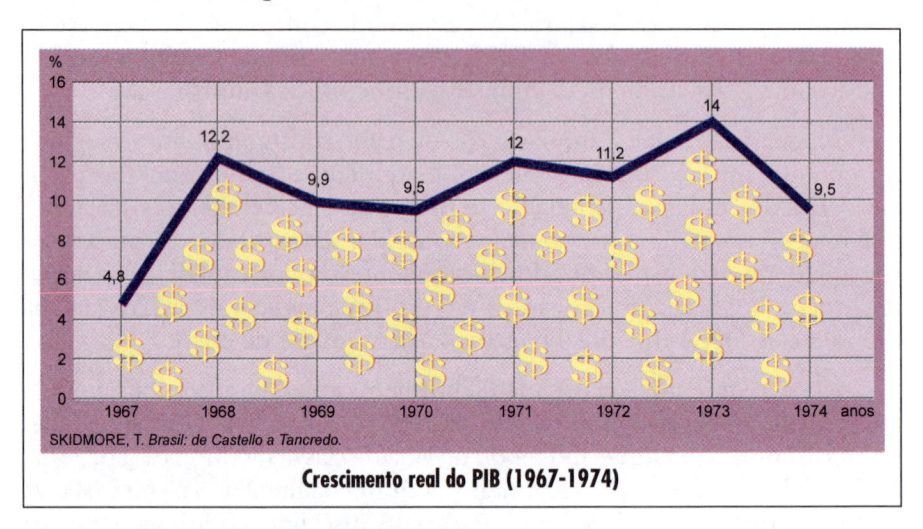

SKIDMORE, T. *Brasil: de Castello a Tancredo.*

Crescimento real do PIB (1967-1974)

Tal crescimento econômico era efetivamente bastante acelerado e o governo não demorou em tirar proveito disso. Surgia o mito do **Brasil potência**, alimentado pelos *slogans* divulgados pela propaganda oficial ("Ninguém mais segura este país", "Brasil, ame-o ou deixe-o", "Pra frente Brasil", "Até 1964 o Brasil era o país do futuro: agora o futuro chegou"). A própria conquista do tricampeonato mundial de futebol no México, em 1970, colaborou para criar um clima de otimismo, quase euforia, e reforçar a imagem do país que dá certo junto aos porta-vozes do discurso oficial.

Os governos lançaram-se ainda à concretização de grandes projetos de engenharia civil, as **obras faraônicas**, símbolos do Brasil potência (a Transamazônica, a ponte Rio-Niterói, a hidrelétrica de Itaipu); obras de interesse questionável, mas ótimas para a propaganda.

No entanto, o "milagre" ocultava alguns problemas bastante sérios. A dependência em relação ao capital estrangeiro era bastante grande e a dívida externa crescia em proporções alarmantes. Porém, a manutenção de baixas taxas de juros no mercado internacional e a expansão acelerada do PIB faziam com que o problema fosse minimizado. Foi atribuída a Delfim Netto a frase segundo a qual "dívida não foi feita para ser paga, mas para ser rolada". Além disso, já observamos os elevados custos sociais das novas diretrizes econômicas do governo, principalmente com o arrocho salarial atingindo vastos setores da população mais pobre. Na verdade, o "milagre" gerou uma acentuada desigualdade da distribuição de renda.

> "A política econômica de Delfim tinha o propósito de fazer crescer o bolo para só depois pensar em distribuí-lo. Alegava-se que antes do crescimento pouco ou quase nada havia para distribuir. Privilegiou-se assim a acumulação de capitais através das facilidades já apontadas e da criação de um índice prévio de aumento de salários em nível que subestimava a inflação. Do ponto de vista do consumo pessoal, a expansão da indústria, notadamente no caso dos automóveis, favoreceu as classes de renda alta e média. Os salários dos trabalhadores de baixa qualificação foram comprimidos, enquanto os empregos em áreas como administração de empresas e publicidade valorizaram-se ao máximo. Tudo isso resultou em uma concentração de renda acentuada que vinha já de anos anteriores. Tomando-se como 100 o índice do salário mínimo de janeiro de 1959, ele cairá para 39 em janeiro de 1973. Esse dado é bastante expressivo se levarmos em conta que, em 1972, 52,5% da população economicamente ativa recebiam menos de um salário mínimo e 22,8%, entre um e dois salários. O impacto social da concentração de renda foi entretanto atenuado. A expansão das oportunidades de emprego permitiu que o número de pessoas que trabalhavam, por família urbana, aumentasse bastante. Por outras palavras, ganhava-se individualmente menos mas a redução era compensada pelo acesso ao trabalho de um número maior de membros de uma determinada família."
>
> (FAUSTO, Boris. História do Brasil. op. cit. p. 487.)

A luta pela abertura do regime

Em março de 1974, encerrou-se o mandato de Medici, o qual foi substituído pelo general **Ernesto Geisel**. A ascensão de Geisel marcou o retorno do grupo castelista ao poder, embora o próprio Castello Branco já houvesse falecido (em misterioso acidente aéreo, em julho de 1967). Seu principal projeto de governo foi realizar a "abertura política", isto é, nas palavras do próprio presidente, o "lento, gradual e seguro" processo de redemocratização do país. Nessa tarefa ele seria auxiliado pelo general Golbery do Couto e Silva, braço direito do novo presidente.

A **abertura política** foi provocada por diversos fatores, o principal deles o fato de que a entrega do poder aos civis fazia parte do projeto original do grupo castelista em 1964. A sequência golpe-"limpeza"-retorno aos quartéis seria finalmente concluída, embora com alguns anos de atraso. Além disso, o regime passava por um processo natural de desgaste; afinal, em 1974 completou-se o décimo ano seguido de governo militar; fazendo com que mesmo setores beneficiados pelo regime sentissem uma certa insatisfação, como ficou demonstrado nas eleições legislativas de 1974. Nesse ano, o MDB, apesar de todas as dificuldades, acabou vencendo a ARENA nas grandes cidades: das 90 cidades do país com mais de 100 mil habitantes, o MDB venceu em 79; no caso das eleições para senador, o MDB conseguiu 59% dos votos válidos em todo o Brasil.

O crescimento do MDB foi significativo a partir de 1974, principalmente nos estados do Centro-Sul.

Outro fator que explica o desencadeamento da abertura foi o progressivo esgotamento do "milagre" econômico. Era impossível manter taxas de crescimento do PIB acima de 10% ao ano eternamente, e o regime, que em grande parte se justificava pelo sucesso na área econômica, logo se veria em apuros. Aliás, alguns problemas já se anunciavam, como a primeira grande crise do petróleo em 1973, quando o país, dependente das importações de combustíveis, viu seriamente comprometido seu balanço de pagamentos.

Finalmente, o esmagamento da oposição mais radical ao regime, por meio da violenta guerra suja, fez com que a redemocratização parecesse uma alternativa não mais ameaçadora aos olhos de muitos militares.

No entanto, o processo de abertura política apresentava duas grandes limitações. Em primeiro lugar, os militares estavam pouco propensos a entregar o poder para a oposição. Um governo civil seria tolerado e era até inevitável que surgisse, mas desde que mantivesse inalteradas certas diretrizes, incluindo o prosseguimento da política econômica vigente nas suas linhas mais gerais, isto é, na associação com o capital estrangeiro. Em segundo lugar, em momento algum os militares iriam tolerar uma apuração efetiva das violências e excessos cometidos durante a guerra suja, vista por eles como uma guerra de fato e, portanto, justificando inúmeros atos normalmente considerados ilegais (quando não francamente criminosos).

Uma das principais iniciativas de Geisel, no sentido de consolidar a abertura política, foi a desmontagem do aparelho repressivo. Durante o combate aos opositores do regime, os órgãos de informação e segurança haviam crescido desmesuradamente em seu contingente e no poder que tinham em mãos: se, por um lado, os generais decidiam as estratégias a serem adotadas no combate à "subversão", por outro, o trabalho sujo era operacionalizado por escalões mais baixos, que se fortaleceram no processo. Eram heróis aos olhos militares, uma vez que estavam vencendo uma guerra, e tinham uma série de privilégios, como por exemplo o acesso a fontes de renda privadas, caso da Oban. Esses setores não aceitariam a desmontagem do aparelho repressivo e, muitas vezes, encontravam apoio junto à alta oficialidade mais radical, ligada à linha dura. Geisel moveu uma verdadeira batalha contra esses setores, vistos como principal obstáculo à redemocratização.

Em outubro de 1975, o jornalista **Wladimir Herzog** foi chamado para prestar depoimento junto ao DOI-CODI de São Paulo. Acabou morrendo num dos quartéis do exército. Em janeiro de 1976, em circunstâncias semelhantes, o operário **Manoel Fiel Filho** morreu durante interrogatório. Nos dois casos, o comando do Segundo Exército em São Paulo divulgou a versão de suicídio, sem convencer a opinião pública.

Tais episódios talvez passassem despercebidos alguns anos antes, mas o fim da censura à imprensa desde o início de 1975, a decisiva atuação da Igreja na denúncia dos crimes e a posição de Geisel contra o prosseguimento das práticas de tortura pelo exército acabaram criando um clima de duplo confronto: da sociedade civil contra o governo e do presidente contra a linha dura representada pelo general Ednardo D'Ávila Melo, responsável pelas mortes. Numa atitude firme, dentro dos padrões das Forças Armadas, Geisel demitiu-o do comando do Segundo Exército.

Porém, o principal choque envolvendo Geisel e a linha dura que se opunha à abertura ocorreu quando das primeiras discussões em torno da sucessão presidencial, em 1977. O general **Sylvio Frota**, ministro do Exército, tentou articular sua candidatura, contra os desejos do presidente, que acabou por demiti-lo. O ministro ainda tentou um golpe: enviou a todos os quartéis do país um violento manifesto, acusando Geisel de favorecer a infiltração comunista nos altos escalões governamentais e, em seguida, convocou uma reunião do alto comando do exército, chamando para Brasília os principais comandantes militares do país. O objetivo era "discutir a situação", fórmula elegante de dizer "preparar um golpe".

Wladimir Herzog: seu "suicídio" trouxe à tona um dos aspectos decisivos da abertura – o combate à linha dura.

> "Com suas atitudes desassombradas, Geisel demonstrara ter acumulado mais poder pessoal do que qualquer dos seus antecessores, sendo prova disso a decisão de demitir o ministro de Exército sem consultar o Alto Comando. Os presidentes militares anteriores experimentaram todos uma perda de poder dentro do Exército, quando assumiram o governo. Geisel não apenas reteve esse poder, mas o aumentou com as demissões e/ou renúncias do comandante do Segundo Exército, general Ednardo, do ministro Frota e [posteriormente] do general Hugo Abreu. O presidente estava usando agora o seu poder aumentado dentro do Exército para promover a liberalização."
>
> (SKIDMORE, Thomas. *Brasil: de Castello a Tancredo*. p. 388.)

No entanto, Geisel se antecipou a Frota: sabendo, por meio do SNI, de todos os movimentos do ministro demissionário, o presidente ordenou o deslocamento de tropas para o aeroporto de Brasília, sob o comando do prestigiado general Hugo Abreu, vencedor da guerrilha do Araguaia. À medida que os comandantes militares chegavam à capital federal, eram colocados diante de duas opções: dirigir-se ao Ministério do Exército, para conspirar junto com Frota, ou ao Palácio do Planalto, para reafirmar fidelidade a Geisel. Todos ficaram com o presidente, e Frota, sozinho, viu-se impossibilitado de concretizar o golpe.

O fracasso do golpe do general Frota e seu posterior afastamento do governo representaram a maior vitória do governo Geisel perante a linha dura. A partir de outubro de 1977, parecia claro que a abertura era irreversível e a linha dura estava derrotada.

A abertura (1977-85)

Como vimos, a censura à imprensa vinha desaparecendo desde 1975; em 1978, Geisel anistiou os exilados políticos, que agora poderiam voltar ao Brasil (incluindo Leonel Brizola e o velho Luís Carlos Prestes); a Lei de Segurança Nacional, instrumento jurídico do autoritarismo do regime, foi modificada e abrandada e, em 1979, o AI-5 foi revogado. Junto com essas medidas liberalizantes, o governo tratava de elaborar o cronograma da abertura, que previa a eleição indireta de um sucessor militar para Geisel, seguido de um sucessor civil, porém ligado aos militares e, finalmente, eleições diretas para presidente da República, a serem realizadas somente por volta de 1989. Tal cronograma, bastante lento, desagradava as oposições. De qualquer forma, existia um processo eleitoral em andamento.

Os dois próximos presidentes seriam eleitos pelo voto indireto do Colégio Eleitoral, a ser formado por deputados, senadores e representantes das Assembleias Legislativas estaduais. A partir de abril de 1977, o governo começou a mudar a legislação eleitoral, pretendendo garantir a maioria no Colégio Eleitoral nos próximos anos. Naquele mês, foi lançado o **pacote de abril**, que estabeleceu a nomeação de senadores "biônicos" para o Congresso (no caso, 1/3 do Senado seria composto por políticos nomeados diretamente pelo governo e não eleitos pelo voto popular). Além disso, mudaram-se as regras da representação proporcional de deputados no Congresso, favorecendo as bancadas dos estados nordestinos, onde a ARENA conseguia vitórias eleitorais através de meios que nada ficavam a dever às tradicionais práticas coronelistas da República Velha. Assim, chegávamos a uma situação na qual o MDB poderia ter mais votos, mas eleger menos congressistas.

Presidente Geisel: a abertura em andamento.

Nas eleições legislativas de 1978, fundamentais para a definição do Colégio Eleitoral que escolheria o sucessor de Geisel, MDB e ARENA praticamente empataram em número de votos, mas o partido do governo conseguiu obter maioria nas duas casas do Congresso, além do controle sobre o Colégio Eleitoral, que acabou por eleger o sucessor de Geisel, o também general **João Batista Figueiredo**.

Figueiredo assumiu a presidência em janeiro de 1979 e, graças a uma reforma constitucional que ampliou o mandato presidencial para seis anos, governou até 1985. Seu objetivo era dar prosseguimento ao processo de abertura política e, para isso, contava com a colaboração do onipotente general **Golbery do Couto e Silva**, considerado por muitos a "eminência parda" do novo governo, pelo menos em seu início. No entanto, o processo de abertura política seria influenciado por uma intensa crise econômica na década de 80.

A crise tem suas origens na própria estrutura do modelo econômico vigente, fortemente dependente do capital externo. A segunda crise do petróleo, em 1979, provocou novo desequilíbrio nas contas externas brasileiras e, principalmente, uma diminuição no fluxo de capital estrangeiro para o Brasil. A moratória decretada pelo México, em 1982, assustou os bancos internacionais, que passaram a temer o mesmo comportamento por parte do Brasil (cuja dívida, aliás, era maior do que a mexicana) e cancelaram novos empréstimos. Só esses dados já seriam suficientes para explicar a recessão econômica que começou a se esboçar na época. No entanto, a brusca elevação dos juros no mercado internacional (de 8% em 1978 para 17% em 1981) também ajudou a comprometer a estabilidade da economia brasileira, agora impossibilitada de gerar recursos para "rolar" a **dívida externa**: não era possível sequer efetuar o pagamento dos juros.

Finalmente, a **inflação**, que já vinha crescendo desde a época do "milagre", escapou de qualquer controle, inclusive sendo alimentada pelo mecanismo da correção monetária. À falta de recursos externos, emitia-se dinheiro internamente, ativando o crescimento da inflação. Assim, já no início da década de 80, o Brasil passava a viver uma situação marcada pela "estagflação", isto é, estagnação econômica junto com inflação.

Da inflação crônica, o Brasil avançava rapidamente para a hiperinflação.

O pensamento econômico tradicional aceita a ideia segundo a qual o crescimento da economia é quase inevitavelmente acompanhado pela inflação, enquanto a estagnação econômica acaba por provocar uma queda nos preços. E, de fato, diversas vezes na história do Brasil observamos governos que buscaram combater a inflação promovendo a recessão e quase sempre obtendo sucesso, embora causando um pesado custo social.

No entanto, a situação vivida no Brasil era nova: o péssimo perfil de distribuição de renda fazia com que tais princípios econômicos fossem invalidados. Assim, quando o governo adotou uma política recessiva, o resultado acabou sendo o aumento das taxas de inflação. Explica-se: protegidas pela correção monetária, as classes mais endinheiradas simplesmente ignoravam a inflação (se a taxa de inflação era de 20% ao mês e as aplicações bancárias também rendiam 20%, a inflação para os titulares dessas aplicações era zero). Já os setores mais humildes não tinham como se proteger das elevadas taxas de inflação.

Quanto ao comércio e à indústria, percebendo claramente que os pobres não tinham dinheiro e os ricos mantinham seus ganhos, especializaram-se no atendimento a esta fatia do mercado, aumentando os preços e passando a ganhar com a venda de poucos produtos para poucas pessoas a preços altos, em vez de muitos produtos a preços razoáveis para muitas pessoas. Em outras palavras, tratava-se de compensar no preço unitário os prejuízos decorrentes da queda no volume das vendas.

Além disso, durante o governo Geisel haviam-se aprofundado as distorções da economia brasileira. O intervencionismo estatal atingiu o seu auge, bem como a política das obras faraônicas. A combinação empresas estatais/autoritarismo político mostrou-se catastrófica, na medida em que, muitas vezes, os vastos recursos dirigidos a essas empresas acabavam em mãos de particulares, não existindo qualquer controle da sociedade civil sobre o setor público. Um exemplo foi a assinatura do acordo nuclear entre Brasil e Alemanha, em 1975, que resultou na construção das caríssimas e ineficientes usinas de Angra dos Reis.

Assim, as empresas estatais começavam a combinar os excessivos gastos com pessoal e ineficiência econômica, gerando, mais tarde, o mito de que a empresa estatal é pouco eficiente na sua essência e precisa ser privatizada, ideia muito difundida nos anos 90. Certamente, os custos públicos eram atendidos com emissões, empréstimos – letras do tesouro – bem remunerados, favorecendo instituições financeiras que ganhavam com o processo.

Para combater uma crise, que já se anunciava antes mesmo de sua posse, Figueiredo convocou Delfim Netto para o ministério do Planejamento, que mais uma vez teria poderes amplos para conduzir a economia do país. Após rápida e fracassada tentativa de ajuste interno, buscou estimular as exportações, concedendo incentivos fiscais e, principalmente, desvalorizando a moeda. O objetivo era conseguir os dólares necessários para manter em dia o pagamento dos juros da dívida externa.

A política de estímulo às exportações foi um sucesso. A partir de meados da década de 80, o Brasil começou a ter saldos excepcionalmente favoráveis em sua balança comercial, algo em torno de 1 bilhão de dólares por mês, chegando ao ponto de obter o terceiro maior saldo mundial, atrás apenas do Japão e da Alemanha Ocidental (embora o saldo japonês, por exemplo, chegasse a ser quase dez vezes maior que o brasileiro). No entanto, esse grande volume de dólares que ingressava anualmente no país ficava nas mãos do governo, que o remetia para o exterior como parte do pagamento da dívida, enquanto os exportadores recebiam apenas o equivalente em cruzeiros. As grandes emissões de cruzeiros para o pagamento dos exportadores acabavam por acelerar a inflação. Dessa forma, os compromissos internacionais eram mantidos, os bancos estrangeiros continuavam lucrando e a sociedade brasileira pagava a conta.

Indicadores econômicos (1980-1985)

O final do regime militar: crise da dívida, inflação e superávits comerciais.

Variação do PIB (%)

Ano	1980	1981	1982	1983	1984	1985
%	7,8	-4	0,5	-3	5	

Taxa de inflação (%)

Ano	1980	1981	1982	1983	1984	1985
%	77	110	99	211	223	237

Balança comercial (bilhões de dólares)

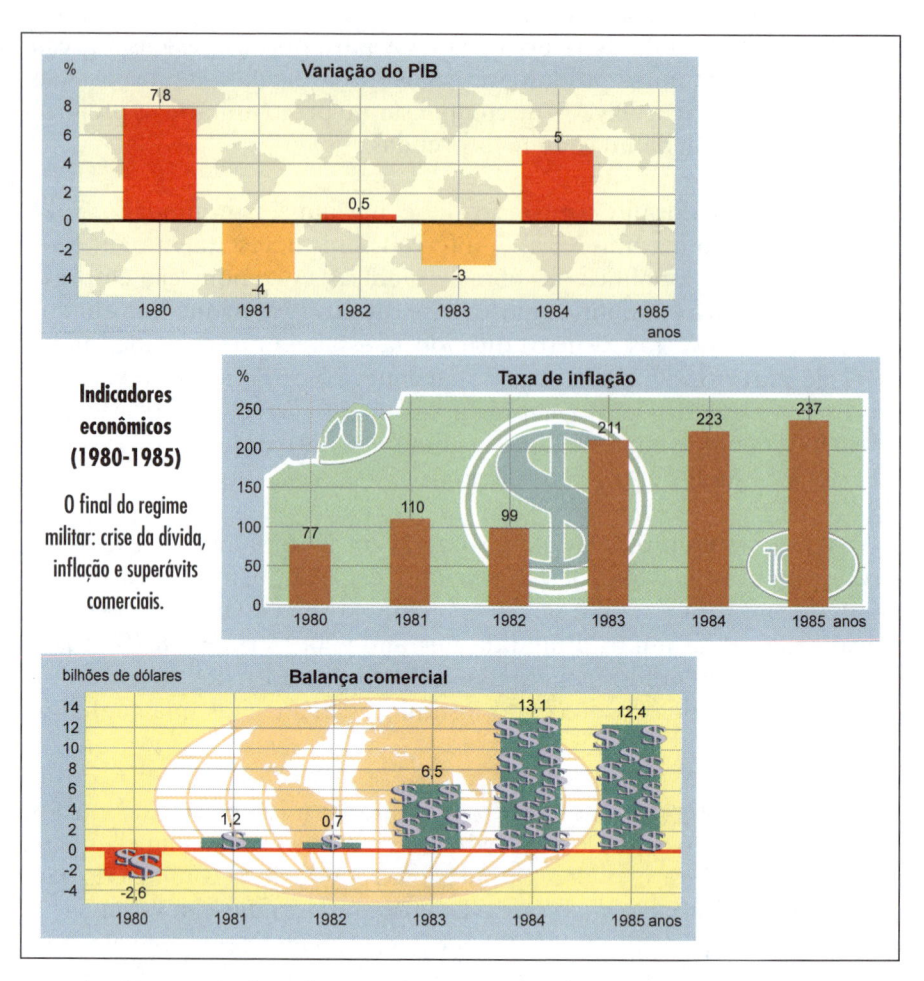

Ano	1980	1981	1982	1983	1984	1985
US$ bi	-2,6	1,2	0,7	6,5	13,1	12,4

A crise econômica afetou a abertura. Crescia rapidamente a insatisfação com o regime militar, considerado o responsável pelo fracasso econômico. Um grande movimento de insatisfação surgiu entre os trabalhadores mais organizados, os operários da indústria automobilística e metalúrgica, por exemplo. Foi justamente nestes setores que ocorreram grandes greves em 1978 e 1979, responsáveis pelo surgimento de novas lideranças sindicais desvinculadas do velho esquema do trabalhismo e dos partidos políticos existentes. Dentre essas lideranças destacava-se a de **Luiz Inácio da Silva**, o Lula, do Sindicato dos Metalúrgicos do ABC paulista, hábil negociador e comprometido basicamente com os interesses dos trabalhadores de seu sindicato.

Dando prosseguimento à abertura, o Congresso aprovou a **Lei da Anistia**, perdoando todos os presos ou exilados acusados de crimes políticos. A lei, no entanto, não incluía aqueles considerados culpados por atos terroristas e luta armada contra o governo, embora perdoasse todos os militares que haviam cometido violências na repressão, violência considerada meramente um crime "conexo" ao crime político, portanto passível de perdão.

Por outro lado, a linha dura dava os seus últimos sinais de vida. Afastada a possibilidade da eternização do regime autoritário, os grupos mais reacionários dentro das Forças Armadas apelaram para o terrorismo, numa série de atentados à bomba e sequestros sem consequências mais sérias no que se refere à interrupção do processo da abertura. Em abril de 1981, explodiram duas bombas no **Riocentro**, centro de convenções da capital carioca, onde se realizava um grande festival de música. Uma das bombas atingiu a central de energia, enquanto a outra explodiu acidentalmente no carro que a transportava, matando um sargento e ferindo gravemente um oficial do exército. O atentado fracassado causou um verdadeiro escândalo, que só foi superado por aquele provocado pela não apuração do episódio. De qualquer maneira, o episódio marcou o fim do embate entre a linha dura e a abertura.

A partir do final de 1979, iniciou-se a organização de novos partidos políticos no lugar da ARENA e do MDB, tendo em vista principalmente as eleições diretas para governadores dos estados, as primeiras realizadas no país desde 1965. O MDB vinha registrando um grande crescimento junto à opinião pública e se transformou em grande frente de oposição contra o governo, atraindo políticos de diversas correntes. Seu líder, **Ulysses Guimarães**, ganhava prestígio como principal voz da oposição no país.

Ulysses Guimarães, principal líder do MDB e, portanto, da oposição, no período final do regime militar.

A reforma partidária foi proposta com o objetivo de enfraquecer o MDB para as eleições de 82, uma vez que a ARENA, partido de apoio ao governo, automaticamente se transformou no PDS (Partido Democrático Social, uma sigla vazia de conteúdo ideológico ou programático); enquanto se esperava que o MDB fosse se fragmentar em vários pequenos partidos representando suas várias correntes. Ulysses habilmente trabalhou no sentido de manter o caráter de frente de oposição do seu novo partido, o PMDB (Partido do Movimento Democrático Brasileiro), e teve razoável sucesso nesse sentido. Outros partidos que surgiram com a reforma foram o incipiente PTB, pálida lembrança do velho partido populista dos anos 50 e 60; o PDT (Partido Democrático Trabalhista), em torno da figura de Leonel Brizola; e o PT (Partido dos Trabalhadores), organizado em torno das novas lideranças sindicais surgidas nas greves de 1978-79, principalmente da de Lula.

As eleições ocorreram pacificamente no dia 15 de novembro de 1982. A oposição, com o PMDB à frente, conseguiu a maioria dos votos, elegendo inclusive os governadores dos principais estados: Franco Montoro e Tancredo Neves, do PMDB, respectivamente em São Paulo e Minas Gerais; Leonel

Brizola, do PDT, no Rio de Janeiro. Ao mesmo tempo, foram realizadas eleições legislativas, e o PDS, escorado nas pouco representativas leis eleitorais vigentes, conseguiu 235 das 480 cadeiras da Câmara dos Deputados.

Eleições de 1982 no Rio de Janeiro. Após 17 anos, os brasileiros voltavam a eleger diretamente os governadores de estado.

Durante o ano de 1983, o PT, de fraco desempenho nas eleições do ano anterior, procurou liderar uma campanha pela realização de eleições diretas para a presidência da República, na sucessão de Figueiredo. Tal medida passava por uma reforma constitucional, e o PT acreditava que, através da mobilização popular, o Congresso (ou seja, o PDS) pudesse se sensibilizar e aprovar a medida pelos dois terços de votos necessários. A campanha pelas **Diretas Já!** começou timidamente, mas logo ganhou o apoio do PMDB e PDT e, em pouco tempo, verdadeiras multidões tomaram as ruas das cidades em comícios monstruosos, numa mobilização popular rara na história do país.

No entanto, a emenda das eleições diretas para presidente da República acabou não sendo aprovada pelo Congresso, apesar da mobilização da oposição e do voto favorável de mais de 50 deputados do PDS. "A campanha das 'diretas já!' expressava ao mesmo tempo a vitalidade da manifestação popular e a dificuldade dos partidos em exprimir reivindicações. A população punha todas as suas esperanças nas diretas: a expectativa de uma representação autêntica, mas também a resolução de muitos problemas (salário baixo, segurança, inflação) que apenas a eleição direta de um presidente da República não poderia solucionar" (Boris Fausto). Assim, a frustração em todo o país foi imensa.

A próxima luta das oposições foi no Colégio Eleitoral, que escolheria um novo presidente. A união das oposições durante o movimento pelas Diretas Já! fez surgir a possibilidade de uma vitória nas eleições indiretas para presidente. O PDS, por sua vez, apresentava-se dividido: em 1984, a escolha

Junho de 1984, manifestação pelas eleições diretas presidenciais na praça da Sé, em São Paulo.

do candidato para a presidência não mais estava nas mãos dos militares, tendo estes passado a incumbência para o partido do governo. Um candidato despontava, era **Mário Andreazza**, nome que contava inclusive com a simpatia dos militares. No entanto, o ex-prefeito da cidade de São Paulo e ex-governador do estado, **Paulo Maluf**, do PDS, também tinha pretensões na disputa presidencial. Através de inúmeras concessões e promessas de campanha, ele acabou conseguindo o apoio da maioria dos políticos do PDS, sendo indicado como candidato oficial do partido na convenção de agosto de 1984.

Maluf era um político que, apesar de conservador e tendo construído uma carreira política à sombra dos militares, descontentava a "velha guarda" do PDS. Esse grupo, que tinha à frente nomes como José Sarney, Aureliano Chaves, Antônio Carlos Magalhães e Marco Maciel, vinha se mobilizando no apoio ao regime militar, com seus líderes desempenhando um papel decisivo, por exemplo, no fracasso das Diretas Já! no Congresso. Além disso, o grupo sempre se beneficiara do regime, fornecendo seus quadros políticos e administrativos e até obtendo vantagens pessoais. Agora, a velha guarda se encontrava diante da possibilidade de não mais fazer parte das estruturas do poder, uma vez que Maluf sempre agia por conta própria.

Em face dessa situação, formou-se uma dissidência dentro do PDS, a Frente Liberal, que mais tarde daria origem ao PFL, Partido da Frente Liberal. A Frente buscou aproximar-se do PMDB, que lançou a candidatura do moderado político mineiro **Tancredo Neves** à presidência da República. Estabeleceu-se uma aliança entre os dois agrupamentos políticos, de onde nasceu a chapa Tancredo-Sarney, candidatos à presidência e à vice.

No dia 15 de janeiro de 1985, reuniu-se o Colégio Eleitoral para escolher o novo presidente do Brasil. De um total de 480 votos, o PMDB garantiu 275, mais 166 da dissidência do PDS, a Frente Liberal. Foi o suficiente para eleger Tancredo Neves presidente da República.

Portanto, com uma complicada manobra política, a oposição havia conseguido assumir o poder, ainda que se valendo de uma chapa bastante conservadora e com o apoio de políticos que antes haviam participado do regime militar. De qualquer maneira, os 21 anos de governo militar haviam se encerrado, e uma nova época se iniciava no país.

A ascensão de Tancredo Neves à presidência da República foi recebida com grande expectativa pela população.

Questões

1. Quais os objetivos declarados das Forças Armadas ao darem o golpe de 1964?
2. O que foi a indexação da economia brasileira, implantada em 1964?
3. Identifique os principais objetivos do grupo castelista e da linha dura do exército durante os primeiros anos do regime militar.
4. Caracterize o Ato Institucional nº 5.
5. Como se desenvolveu a guerra de guerrilhas no Brasil durante o regime militar?
6. Quais as principais medidas do governo que tornaram possível o assim chamado "milagre" econômico brasileiro do início dos anos 70?
7. Comente a seguinte frase: "A concretização do milagre econômico brasileiro implicava a existência de algum tipo de governo autoritário ou ditatorial".
8. Quais os fatores que levaram ao desencadeamento do processo de abertura política a partir do governo Geisel?
9. O que é "estagflação"? Como esse fenômeno surgiu no Brasil?
10. De que forma a crise econômica dos anos 80 afetou a abertura política?
11. O que foi o movimento "Diretas Já!"?

Capítulo 15

O Brasil atual

A redemocratização de 1985 manteve a tradicional marca histórica brasileira de se fazer a instalação de uma nova ordem política sem que fossem destronadas as elites da véspera. Foi assim na independência política de 1822, na instalação do regime republicano de 1889, na Revolução de 1930, na democratização de 1945 e, novamente, em 1985. Esse padrão incluía uma significativa mudança política sem que ocorresse a ascensão de uma nova classe social ao poder. Pelo contrário, as novas forças emergentes compunham-se com os interesses dos velhos grupos que antes exerciam direta ou indiretamente o comando nacional.

O fim dos anos de chumbo progressivamente marcou a subordinação das novas forças à tutela dos que já eram íntimos do governo, espalhando paternalismo e sujeição. Assim, os setores que ascendiam não tiveram impulso suficiente para promover uma remodelação profunda e completa da estrutura política brasileira.

O governo de José Sarney (1985-90)

O governo de José Sarney iniciou-se numa fase de intensa ebulição social, envolvendo desde os excluídos e marginalizados até os mais bem-sucedidos econômica e socialmente. A variedade dos anseios, com seus diversos "projetos" nacionais, teve de seguir ritmos políticos ligados às peculiaridades brasileiras e ao quadro internacional de um capitalismo em rápida globalização.

A instalação do novo governo

Os primeiros passos no sentido da redemocratização tinham sido dados com a eleição indireta de Tancredo Neves em 1985. Contudo, na véspera da posse, 14 de março de 1985, Tancredo, com 75 anos de idade, foi internado às pressas no Hospital de Base de Brasília, cabendo ao seu vice, José Sarney, assumir interinamente a presidência da República, em meio à perplexidade nacional.

Tancredo Neves e José Sarney: a aliança PMDB/PDS só poderia resultar em um governo conservador.

Operado de diverticulite, Tancredo contraiu uma infecção hospitalar que logo se agravou, forçando sua transferência para o melhor equipado Instituto do Coração em São Paulo, onde, após sete cirurgias, acabou por falecer no dia 21 de abril, vítima de infecção generalizada. O cortejo fúnebre em São Paulo, do hospital até o aeroporto de Congonhas, de onde seguiria para Minas Gerais, seu estado natal, foi acompanhado por cerca de um milhão de pessoas, numa clara demonstração das esperanças que o povo depositava no novo presidente e no governo democrático que se instalava.

À conjuntura política nebulosa e esperançosa, acrescentava-se a deterioração do quadro econômico nacional. Vivia-se o auge da "crise da dívida externa", e as medidas tomadas pelo último governo militar tinham elevado a inflação para 223% em 1984, com tendência a escapar de qualquer controle.

A redemocratização havia feito surgir, em meio à população, a ideia de que todos os males do país se deviam exclusivamente à má administração da economia por parte dos últimos governos militares, sentimento reforçado pelos intelectuais e imprensa, os chamados formadores de opinião. A própria oposição partidária, composta pelo PMDB, PDT e PT, contribuiu para difundir essa ideia, que, por mais que tivesse algo de verdadeiro, levava à crença simplista de que um governo civil e democrático iria colocar o país nos eixos apenas por ser civil e democrático. Daí as altas esperanças depositadas no governo de Tancredo.

Entretanto, a dimensão dos problemas a serem enfrentados exigia muito mais que apenas um novo regime político, pois estes decorriam, sobretudo, da longa trajetória histórica nacional, fundada nas práticas paternalistas e tuteladoras do poder instituído. Assim, a instalação do governo de José Sarney fez emergir de forma cristalina as amarras do regime, irradiando frustração para muitos, uma vez que o presidente era um político do regime anterior que havia apoiado e participado dos governos militares (dentro da ARENA), só tendo mudado de posição nas eleições indiretas de 1984.

Proveniente do Maranhão, ligado a redutos de políticos tradicionais nordestinos, José Sarney teria a difícil tarefa de governar um país em aguda crise econômica, vítima de péssima distribuição de renda, intensificada pela crise, e tendo de enfrentar os desafios da inserção numa economia cada vez mais globalizada. Tudo isso sem quebrar os privilégios tradicionais dos grupos estaduais que o cercavam, destacando-se o PFL (Partido da Frente Liberal), capitaneado por Antonio Carlos Magalhães e a aliança com o PMDB, do qual Sarney agora fazia parte. Como já era tradição histórica, tal empresa carecia das articulações e comprometimentos políticos com forças realmente dispostas a grandes transformações.

Ulysses Guimarães (PMDB) e Antonio Carlos Magalhães (PFL): de oponentes a aliados.

Apesar do clima de esperanças, mistificação e frustração, durante cinco anos Sarney permaneceu no poder e, respeitando a transição sem quebra de estruturas, confirmou o forte domínio das velhas oligarquias.

O Brasil e a globalização capitalista

No Brasil, o projeto modernizador, implementado há várias décadas, centrava-se na busca da industrialização e na diversificação produtiva, com raízes numa política de "substituição de importações". A ideia modernizadora nunca perdeu um viés nacionalista, de soberania nacional, alimentando diversas políticas, variando das propostas da CEPAL (Comissão Econômica para a América Latina, órgão regional da ONU dirigido para a modernização latino-americana) até suas adaptações encontradas no projeto desenvolvimentista do governo Kubitschek e, mais tarde, da ditadura militar.

> Com sede em Santiago do Chile, a **CEPAL** (Comissão Econômica para a América Latina) é um órgão regional ligado ao Conselho Econômico e Social da ONU (Organização das Nações Unidas) e tem por objetivo o desenvolvimento da América Latina. Já em sua fundação, em 1948, firmou a ideia de "união aduaneira" da América do Sul, visando, através da integração regional, acelerar a industrialização dos países latino-americanos, bem como diversificar sua estrutura produtiva.
>
> Foi um polo teórico importante no incentivo à criação de organismos econômicos regionais, como a ALALC (Associação Latino-americana de Livre Comércio) em 1960, a ALADI (Associação Latino-americana de Integração) em 1980 e o Mercosul. Com seu viés keynesiano, os estudos cepalinos ressaltaram a necessidade de profundas mudanças na estrutura econômica dos países subdesenvolvidos, envolvendo o protecionismo, medidas de distribuição da renda e reforma agrária, chocando-se com as posições monetaristas dos neoliberais dos anos 80 e 90.

Todas as propostas de modernização até os anos 80, em que pese a maior ou menor aceitação dos capitais e empresas internacionais atuando em território brasileiro, pretendiam reservar apenas algumas áreas, definidas como estratégicas, à exploração exclusiva de empresas nacionais ou estatais. As elites empresariais, que comandavam a política brasileira, forjaram um ideário de envolvimento de vários outros setores da sociedade nesse projeto modernizador, atitude típica em países em desenvolvimento, ou seja, de capitalismo periférico. Era na retórica do projeto de potência emergente internacional que se buscava justificar a unidade da sociedade, chegando mesmo a aproveitar-se da divisão da Guerra Fria para conseguir algumas possíveis vantagens imediatas no capitalismo internacional.

As grandes corporações internacionais (multinacionais) vinham se instalando no país desde os anos 60, garantindo e reforçando a ligação entre o capitalismo nacional e o internacional. Progressivamente, foram crescendo os comprometimentos entre setores nacionais e internacionais, desde vínculos tecnológicos, passando pelos intercâmbios comerciais e de capitais, até aqueles mais amplos de política nacional. No final dos anos 80, porém, a produção nacional que substituía as importações, com ou sem a participação dos grandes conglomerados capitalistas internacionais, passou a apresentar seus limites, esgotando-se rapidamente. Um de seus lados críticos mais transparentes, por exemplo, era a crescente queda de produtividade brasileira. Segundo a FIESP (Federação das Indústrias do Estado de São Paulo), de 1986 a 1990, a taxa de crescimento da produtividade do trabalho – produção por horas trabalhadas – foi decrescente, uma situação oposta à da dinâmica internacional capitalista.

Um mercado externo cada vez mais competitivo, exigente de elevada produtividade e custos de produção decrescentes, pressionava o modelo nacional e suas elevadas tarifas protecionistas, que, se de um lado, preservavam as elites empresariais da concorrência dos produtos estrangeiros, de outro, aprofundavam a distância tecnológica e a competência em disputar mercados e garantir algum desenvolvimento.

O fechamento do mercado brasileiro nos anos 80 levou ao desenvolvimento da indústria, mas também a uma defasagem tecnológica.

Além disso, com a produtividade em queda e a escassez de recursos, sobravam ao governo nacional obrigações e custos crescentes, bancados por endividamento externo – enquanto houve crédito internacional – ou pela inflacionária emissão de moeda dos anos 80, agravando a desorganização produtiva, as desigualdades sociais e as incertezas. Além da carência de capitais nacionais próprios, a instabilidade crescente e a desorganização econômica afugentavam investidores e debilitavam a credibilidade externa.

O distanciamento entre o modelo desenvolvimentista brasileiro e a vanguarda capitalista mundial devia-se, principalmente, a profundas e importantes transformações internacionais, relacionadas à dinamização capitalista da globalização e alterações geopolíticas.

No âmbito econômico, as áreas capitalistas mais avançadas desenvolviam sofisticadas tecnologias (microeletrônica, biotecnologia, química fina) iniciadas ainda nos anos 50 e 60, num processo que alguns denominaram Terceira Revolução Industrial. A nova dinâmica produtiva e tecnológica exigia imensos investimentos, que somente as grandes corporações empresariais dos centros dinâmicos capitalistas poderiam bancar.

Consolidava-se o predomínio dos grandes conglomerados empresariais, as multinacionais, buscando retornos crescentes aos seus gigantescos investimentos, alcançando, no início dos anos 90, o controle de mais de 2/3 do comércio internacional mundial.

Essa dinâmica capitalista exigia a crescente ampliação de mercados e o fim das barreiras protecionistas, estimulando as associações regionais de livre comércio, os blocos econômicos, o que de fato aconteceu no início dos anos 90. Dentre dezenas que surgiram, destacaram-se: o Nafta (North

American Free Trade Agreement – Acordo Norte-americano de Livre Comércio), a UE (União Europeia), o bloco do Pacífico e ainda o Mercosul na América Latina. Simultaneamente, ganharam impulso a ideologia contrária ao Estado intervencionista e seu protecionismo com a defesa intransigente do "Estado mínimo", subordinado à economia de mercado e capaz de atrair investimentos internacionais. Nascia assim o **neoliberalismo**.

O avanço do processo de globalização punha em xeque o modelo de desenvolvimento econômico adotado pelo Brasil: numa época de capitalismo globalizado, continuar apegado a um modelo protecionista, nacional desenvolvimentista, era ficar excluído das grandes rotas dos capitais internacionais, da dinamização tecnológica e produtiva internacional. Além disso, insistir em um modelo ultrapassado na dinâmica capitalista mundial certamente seria impulsionar as pressões e as exigências sociais internas, que há muito esse modelo não dava provas de possuir condições de enfrentar de forma minimamente satisfatória.

> "A crescente força privada e a crise do Estado intervencionista deram impulso, por sua vez, às pregações neoliberais, cujos principais defensores são o austríaco Friedrich Hayek, ganhador do Prêmio Nobel de Economia de 1974, com suas ideias antikeynesianas, seguidas pelos norte-americanos Milton Friedman, Prêmio Nobel de Economia em 1976, e Robert Lucas, Prêmio Nobel de Economia em 1995, entre outros. Na política, as condições favoráveis ao neoliberalismo só se efetivaram com os governos conservadores de Margareth Thatcher, a partir de 1979 no Reino Unido, Ronald Reagan, a partir de 1980 nos Estados Unidos, e Helmut Kohl, a partir de 1982 na Alemanha, irradiando-se, em seguida, por todo o mundo."
>
> (VICENTINO, Cláudio. *História geral*. São Paulo, Scipione, 1997. p. 464.)

Para completar o quadro, ocorria ainda o declínio do bloco socialista no final dos anos 80 e seu consequente colapso em 1991, quando se enterrou o mundo da Guerra Fria. Terminava, assim, uma época em que as nações conseguiam algumas vantagens ao jogar com a diplomacia internacional bipolarizada.

Queda do Muro de Berlim: o mundo mudava, a esquerda perdia o seu rumo. Os reflexos no Brasil foram significativos.

A era da globalização capitalista exigia integração e adaptação da produção nacional aos padrões mundiais, ao projeto de acomodação neoliberal, chamado por alguns de "Consenso de Washington". Esse acabou se convertendo no grande projeto dos governos da Nova República, expressão da hegemonia das elites incrustadas no poder no fim do século XX.

Evolução econômica

Os primeiros meses do governo Sarney foram marcados por um certo imobilismo, decorrente, em primeiro lugar, da longa agonia de Tancredo Neves, e seguido da inevitável inadequação do ministério que fora montado por Tancredo ao novo presidente. Nesses primeiros momentos, destacou-se a figura de **Ulysses Guimarães**, presidente do PMDB e "eminência parda" do novo regime, pelo menos em seu início. Ficou claro que a aliança PMDB/PFL seria mantida, e o partido de Ulysses Guimarães teria maior peso no novo governo, cabendo-lhe, por exemplo, os ministérios da área econômica.

Em agosto de 1985, o ministro da Fazenda, Francisco Dornelles, ligado à velha equipe econômica dos governos militares e indicado por Tancredo para o cargo antes da posse, demitiu-se, abrindo caminho para a nomeação de um ministro do PMDB. A escolha recaiu sobre Dílson Funaro, que logo se cercou de uma equipe de economistas proveniente da Universidade de Campinas (SP) e da PUC do Rio de Janeiro, todos críticos do modelo econômico adotado nos últimos anos. Preparou-se um plano de combate à inflação que ficou conhecido como **plano Cruzado**, divulgado e implantado de surpresa no dia 1º de março de 1986.

O plano consistia em uma tentativa de combater a inflação sem comprometer o crescimento econômico, rompendo assim com as práticas ortodoxas tradicionalmente adotadas no Brasil desde o início do século, que, como sabemos, defendiam o combate à inflação aliado à recessão.

Já o plano Cruzado partia do pressuposto de que implantar a recessão para combater a inflação era um equívoco, dadas as desigualdades sociais e o estado de miséria em que vivia grande parte da população brasileira. Acrescentem-se ainda as próprias peculiaridades da economia brasileira, na qual, devido ao longo período inflacionário, o aumento dos preços havia ganho um impulso "inercial", isto é, os agentes econômicos responsáveis pela definição dos preços (industriais, comerciantes) tinham o hábito de remarcar os preços para cima sem que houvesse razões contábeis para isso. Dada a alta generalizada dos preços, um reajuste podia não ter motivos claros hoje, mas amanhã teria. Contra isso foram adotadas medidas heterodoxas que incluíam:

- congelamento de preços pelo período de um ano, com o objetivo de combater a inflação inercial;
- congelamento de salários;

- implantação de uma nova moeda, o **cruzado**, que teria o valor do cruzeiro menos três zeros;
- fim da correção monetária e criação de dificuldades para a realização de operações financeiras.

Esperava-se que, num intervalo de 12 meses, a população se "acostumasse" com preços estabilizados e a inexistência da correção monetária fizesse com que o impulso inflacionário diminuísse ou até desaparecesse, estancando o fator inercial.

Os primeiros resultados foram espetaculares. Os preços, congelados, efetivamente se mantiveram inalterados, e um apelo do presidente da República para que a própria população se envolvesse no plano, fiscalizando o congelamento e denunciando os infratores, provocou resultados inesperados. A adesão foi maciça. Em todo o Brasil, donas de casa, munidas com tabelas de preços da Sunab (Superintendência Nacional de Abastecimento e Preços, órgão do governo), eram protagonistas de verdadeiras cenas de histeria coletiva quando um gerente de supermercado ou estabelecimento comercial era surpreendido remarcando os preços, muitas vezes diante das câmeras de televisão. Logo eram vistos broches e adesivos com a inscrição "Sou fiscal do Sarney" no peito de milhares de brasileiros, numa mobilização inédita e que começava a render dividendos políticos para o presidente.

Ao mesmo tempo, esperava-se um deslocamento do capital imobilizado em aplicações financeiras para o setor produtivo da economia, enquanto os salários se valorizavam, passando a ter efetivo poder de compra. Pode-se falar inclusive de uma modesta distribuição de renda, se observarmos que o consumo de certos produtos básicos cresceu inesperadamente nos primeiros meses do congelamento.

O plano Cruzado ganhou a opinião pública e fortaleceu o comando político de Sarney, viabilizando seu sucesso eleitoral em 1986.

De fato, o plano Cruzado trouxe, por exemplo, um rápido aumento no consumo de remédios e produtos farmacêuticos em geral: a população brasileira mais pobre, embora doente, nunca tivera dinheiro para comprar remédios. Agora um pouco de dinheiro estava disponível. Outro exemplo significativo encontrava-se no consumo de colchões, que apresentou rápido crescimento nas grandes cidades. Pensando-se nas favelas, onde muitas vezes pessoas amontoam-se nas mesmas camas, pode-se facilmente imaginar o que ocorreu. Também o consumo de carne disparou: o brasileiro voltou a consumir proteínas...

Entretanto, essa situação favorável não iria durar muito: em pouco menos de seis meses o sonho acabaria. A imensa transferência para o consumo de recursos antes aplicados em caderneta de poupança, por exemplo, iria causar um desequilíbrio no plano.

O consumo reprimido era grande, como de resto tende a ser em um país pobre (os exemplos que citamos acima – remédios, colchões, alimentos – são significativos, aos quais acrescentamos o consumo reprimido da classe média – automóveis, eletrodomésticos, etc.), e passou a crescer desmedidamente. No entanto, os preços congelados desestimulavam os produtores a continuar abastecendo o mercado. O caso da carne foi dramático, pois o preço do boi gordo permaneceu congelado em baixa enquanto o consumo disparava. Em pouco tempo faltou carne nos açougues.

O desabastecimento foi uma das consequências do congelamento de preços durante o Plano Cruzado.

O desabastecimento passou a ser generalizado no país. Além disso, surgiu o ágio, apontado como o grande inimigo do plano do governo: compravam-se as mercadorias pelo preço congelado acrescido de uma diferença, o que representava, na prática, o retorno da inflação.

No entanto, o pior ainda estava por vir. Quando os primeiros sinais de desequilíbrio começaram a surgir, o governo manteve rígido o congelamento de preços, quando poderia ter optado por flexibilizá-lo. Mesmo que tivesse sido essa a intenção de parte da equipe de governo, o presidente, de olho nos dividendos políticos do plano e nas eleições para a Constituinte marcadas para novembro de 1986, resolveu insistir no congelamento. Passou-se a medidas de impacto na mídia, agredindo empresários, considerados "criminosos" por conspirarem contra a economia popular e por tentarem aumentar abusivamente os preços; unidades do exército foram mobilizadas, por exemplo, a vasculhar os pastos para confiscar os bois que não eram vendidos devido ao baixo preço congelado. Ao mesmo tempo, autorizavam-se as importações para suprir o mercado de produtos essenciais, que começavam a escassear.

As importações acrescentavam um novo item negativo à economia nacional. Elas comprometiam a balança comercial, único ponto positivo da economia brasileira na primeira metade dos anos 80. O saldo da balança comercial, que alcançara superávits de 12 bilhões de dólares por ano em 1984, em 1986 caiu para 8,3 milhões, incompatíveis com as obrigações internacionais do país, uma vez que a crise da dívida ainda existia.

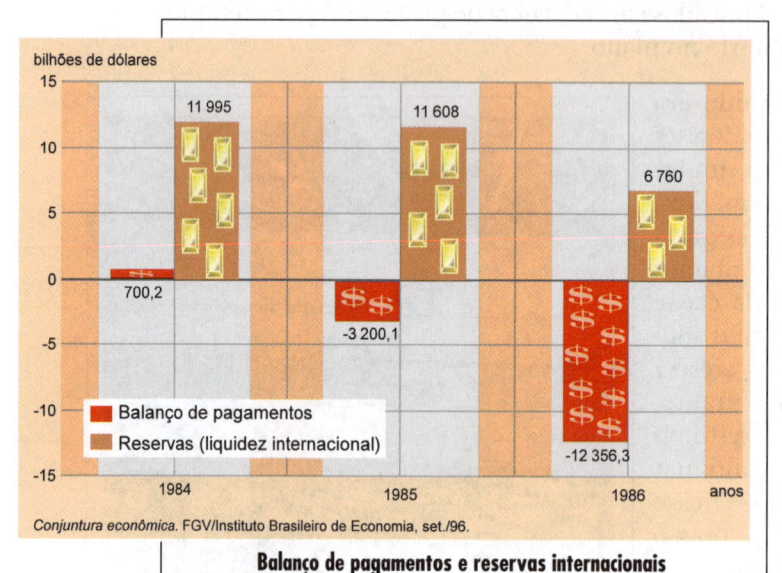

Assim, o balanço de pagamentos do país (balança comercial + serviços + movimento de capitais) voltava a ser fortemente negativo, após anos de esforços. Ao mesmo tempo, as reservas internacionais do país começavam a desaparecer. O Brasil se encaminhava para a moratória, a impossibilidade de manter o pagamento dos juros da dívida externa. Observe o gráfico ao lado.

Balanço de pagamentos e reservas internacionais

Conjuntura econômica. FGV/Instituto Brasileiro de Economia, set./96.

Em novembro de 1986, ocorreram eleições para a Assembleia Constituinte, seguidas imediatamente de medidas de ajuste econômico (plano Cruzado II), com o descongelamento dos preços. Era tarde demais: após nove meses "engessados", os preços agora disparavam. A inflação escapava de qualquer controle, até atingir a taxa anual de 365% em 1987, crescendo nos meses e anos seguintes. Em fevereiro de 1987, o Brasil declarava-se em "moratória técnica", para usarmos a infeliz expressão criada pelo governo: não mais tínhamos condições técnicas (isto é, dinheiro) para pagar a dívida. Desde o início da década de 80, o Brasil havia cumprido seus compromissos internacionais, ao contrário de países como o México e a Argentina, ambos em moratória desde 1982.

O governo Sarney ainda buscaria reajustar a economia com outros planos (Bresser, em 1987; Verão, em 1989), porém sem obter efeitos maiores do que a queda das taxas de inflação de um mês para o outro, seguida de rápida retomada dos preços nos meses seguintes. E, pior ainda, a expectativa de novos congelamentos fazia com que os empresários aumentassem ainda mais os preços, como forma de defesa. O descontrole econômico marcaria o final do governo Sarney, com a inflação atingindo 933% em 1988 e espantosos 1764% em 1989.

Os gastos excessivos do governo, comprometido com os privilégios de uma elite política anacrônica, só pioravam a situação. Uma comissão parlamentar de inquérito, instaurada em 1988 pelo Senado, fazia acusações ao governo de favorecer grupos privados para a prestação de serviços junto ao governo federal, além de administrar recursos públicos de forma a beneficiar interesses particulares. Pressões do PFL e PMDB forçaram o arquivamento do processo. Foi nessa época, junho de 1988, que um grupo formado pelos assim chamados "históricos" do PMDB (Fernando Henrique Cardoso, Franco Montoro, Mário Covas, José Serra e Pimenta da Veiga, entre outros), romperam com o PMDB e fundaram um novo partido, o **PSDB** (Partido Social Democrático Brasileiro).

Evolução política

A presidência de José Sarney iniciou-se com a forte presença do PMDB no governo, muito embora o fracasso do plano Cruzado, o surgimento do PSDB e o próprio desenrolar dos trabalhos da Constituinte gerassem um afastamento cada vez maior entre o PMDB e o PFL. De fato, no final de seu mandato, Sarney cercou-se basicamente de pefelistas.

O grande evento político do período foi a convocação de uma Assembleia Constituinte, eleita em 1986. Como vimos, Sarney retardou ao máximo qualquer mudança no plano Cruzado, tendo em vista manter sua popularidade e o prestígio do governo. Assim, nas eleições de novembro, a aliança PMDB/PFL conseguiu espetacular vitória, garantindo a maioria das cadeiras na Constituinte e todos os governos estaduais.

Durante um ano e meio debateu-se e votou-se a nova Carta constitucional brasileira, finalmente promulgada em outubro de 1988. São características da **Constituição de 1988**:

- democracia liberal com separação dos três poderes e eleição direta para todos os cargos do executivo e legislativo, prevendo-se a realização de dois turnos nas eleições dos cargos executivos mais importantes (presidente da República, governadores de estado e prefeitos dos municípios com mais de 200 mil habitantes);
- voto obrigatório para pessoas entre 18 e 70 anos; facultativo a analfabetos, jovens entre 16 e 18 anos e pessoas com mais de 70;
- fim da censura prévia, garantia do direito de greve, liberdade sindical;

- nacionalismo econômico, reservando-se uma série de atividades às empresas nacionais;
- intervenção do Estado na economia, atribuindo-se a ele uma série de funções reguladoras e gerenciadoras;
- amplo assistencialismo social, garantindo-se os direitos trabalhistas;
- descentralização administrativa e financeira, afetando estados e municípios.

Previa ainda uma revisão constitucional cinco anos após a promulgação, a qual incluiria a realização de um plebiscito sobre a forma de governo a ser adotada no Brasil, ou seja, a continuação do presidencialismo, previsto na Constituição, ou a introdução do parlamentarismo. Além disso, preservava a função das Forças Armadas como responsáveis pela defesa da ordem interna e contra a agressão externa, numa formulação obscura, que, em última análise, poderia justificar uma nova intervenção dos militares na política.

A Constituição de 1988 pretendia resgatar a plenitude democrática brasileira e encaminhar a solução da "dívida social", a superação do enorme fosso entre a elite e a imensa massa de excluídos nacionais, por meio do assistencialismo e garantias trabalhistas. Na foto, promulgação da nova constituição.

A Constituição de 1988 chama a atenção pelo seu tamanho exagerado e detalhismo excessivo, chegando a definir, por exemplo, a taxa de juros a ser praticada no país, uma determinação nunca obedecida. Além disso, apresenta grave contradição: por um lado, ampliava as conquistas sociais dos trabalhadores (com a prática do assistencialismo) e, por outro, retirava do governo central os meios para satisfazê-las (com a descentralização financeira). Ficava, ainda, na contramão do que acontecia no plano internacional, ampliando a atuação do Estado nos âmbitos econômico e social, quando a regra neoliberal impunha o contrário. Assim, caminhava-se para uma situação na qual o Estado ou descumpriria suas funções constitucionais ou viveria falido.

A Constituinte aprovou também o mandato presidencial de cinco anos, uma das propostas mais perseguidas pela equipe governamental; na verdade, seu grande projeto após o fracasso do Cruzado. Para conseguir sua aprovação, o presidente favoreceu e garantiu privilégios aos parlamentares, principalmente por meio das concessões de emissoras de rádio e televisão.

A sucessão presidencial

No final do governo Sarney, seriam realizadas as primeiras eleições diretas para a presidência desde 1960, e a esquerda surgia com considerável potencial de vitória. Para as forças conservadoras continuarem atuantes no governo, as chances reais de uma vitória de **Luiz Inácio Lula da Silva**, do PT, ou **Leonel Brizola**, do PDT, em 1989, eram uma ameaça a ser contida a qualquer preço.

Ulysses Guimarães, consagrado no movimento das Diretas Já!, saiu candidato pelo PMDB, mas pagou o preço de sua participação no governo Sarney. Paulo Maluf, ainda sem projeção nacional e recuperando-se do fiasco da campanha indireta de 1985, não representava uma candidatura viável. No recém-criado PSDB, foi lançado o nome de Mário Covas, que foi prejudicado pela ausência de uma estrutura partidária nacional, além de seu passado peemedebista.

Além desses, nada menos que 15 outros candidatos a presidente se apresentaram, em sua maioria politicamente inexpressivos, buscando apenas um espaço nos meios de comunicação. Até o conhecido apresentador de televisão Silvio Santos chegou a articular sua candidatura, abandonando-a logo em seguida. A situação refletia o quadro de desorientação da sociedade brasileira em meio a uma das maiores crises pelas quais o país já havia passado.

Nesse contexto, surgiu a candidatura de **Fernando Collor de Mello**. Contava com o apoio de consideráveis setores conservadores, assustados com a possibilidade de um governo de esquerda e diante da ausência de um candidato que pudesse proteger seus interesses. Num momento de profunda desconfiança em relação à política e quase hostilidade contra os políticos em geral, Collor lançou-se como um candidato "apolítico". Denunciava a corrupção, apresentando-se como "caçador dos marajás", que se fartavam do dinheiro público. Dizia representar o povo humilde e sofrido do Brasil, os "descamisados", e o fato de ser jovem, de estilo agressivo e virtualmente desconhecido no país – portanto supostamente desvinculado dos tradicionais esquemas de poder – contribuiu para engrossar sua candidatura.

A encarnação política da farsa: forma, conteúdo e objetivo dos discursos de Collor contavam com amplo respaldo da mídia televisiva.

Na verdade, seu discurso era uma falácia, na medida em que contava com o apoio (ainda que disfarçado) de diversas figuras participantes do governo Sarney, como Antonio Carlos Magalhães, e ligadas àquilo que de mais arcaico existia na política brasileira. Enquanto isso, Collor ganhava um espaço cada vez maior na imprensa, com alguns veículos aderindo abertamente à sua campanha, como foi o caso das Organizações Globo. O partido de Collor, criado exclusivamente para apoiar sua candidatura, o PRN (Partido da Reconstrução Nacional – observe-se o apelo por trás do nome "reconstrução", de resto, sem maior significado político-histórico), passava a receber imensas doações de empresários interessados na vitória do conservadorismo.

As semelhanças entre os estilos de Jânio Quadros e Fernando Collor são significativas. Ambos reconheceram o poder da imprensa, principalmente o poder da imagem, e souberam moldar as suas imagens exatamente de acordo com as expectativas populares. Com Collor, não existiam projetos, apenas *slogans*. A campanha resumia-se a aparições breves, discursos inflamados e exibição de gesticulação agressiva, tudo isso cercado de grande expectativa criada pela televisão. Durante todo o período que antecedeu o primeiro turno das eleições, Collor evitou o debate, recusando-se ao enfrentamento público com os demais candidatos. Personificava uma das sínteses das continuadas esperanças populares em encontrar aquele que seria o "salvador da pátria", herança do longo passado oligárquico e vícios paternalistas.

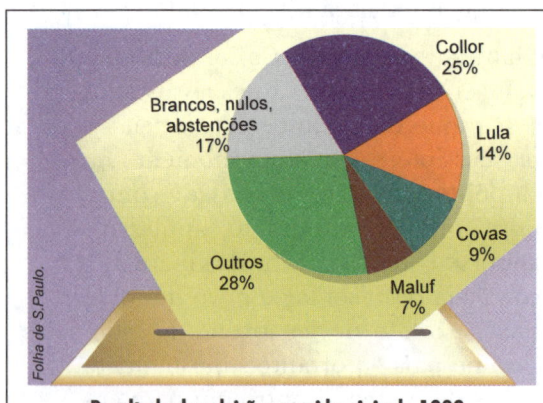

Resultado das eleições presidenciais de 1989.

No dia 15 de novembro de 1989, realizou-se o 1º turno das eleições, cujos resultados (aproximados) estão apresentados no gráfico ao lado.

Já no segundo turno, um mês depois, Collor e Lula se enfrentaram. O resultado foi de 42,75% de votos para Collor e 37,86% para Lula (com um número bastante expressivo de votos em branco, nulos e abstenções). Iniciava-se a chamada Era Collor.

O governo de Fernando Collor de Mello (1990-92)

Uma das palavras mais utilizadas por Collor desde a campanha eleitoral era "moderno". Prometia modernizar o Brasil, e sua própria figura jovem, bem como a de alguns de seus ministros, forneciam um suporte a esse tipo de discurso. Por modernização, Collor entendia a diminuição do papel do Estado, o que incluía a defesa do livre mercado, a abertura para as importações, o fim dos subsídios e as privatizações. Em suma, uma adequação do Brasil à nova realidade do neoliberalismo mundial.

No entanto, era inevitável um novo plano para o combate à desenfreada inflação legada pelos anos Sarney. O **plano Collor**, divulgado no dia seguinte à posse e adotado imediatamente, representava uma mistura de elementos monetaristas e heterodoxos, tentando evitar os problemas do plano Cruzado. Reintroduzia o cruzeiro e instaurava o congelamento imediato de preços, seguido de gradual liberalização e livre negociação de salários. Entretanto, para evitar o deslocamento de recursos da poupança para o consumo, como ocorrera em 1986, forçando uma elevação dos preços (ou desabastecimento), promovia também o confisco puro e simples de todas as contas correntes, poupanças e demais investimentos que excedessem os 50 mil cruzeiros. Tal confisco teria o prazo de 18 meses.

Além disso, preconizava o violento corte nos gastos públicos, começando pela demissão de funcionários do governo, e o aumento generalizado de impostos. Anunciaram-se as privatizações, bem como a diminuição dos impostos de importação, estimulando, portanto, as compras no exterior. Com isso, o plano pretendia tornar a economia brasileira mais eficiente, com um Estado mais "enxuto" e um setor privado (industrial) buscando adequação à concorrência com os produtos estrangeiros. Pretendia também a entrada de um grande volume de produtos importados a preços baixos, uma vez que seus impostos sofreram cortes, forçando uma queda na inflação.

> Surpreende a relativa passividade da população perante o confisco de seu dinheiro, em muitos casos poupanças pacientemente guardadas durante uma vida. O plano provocou a frustração de inúmeros projetos individuais (compra de casa própria, troca de automóvel, ou mesmo a realização de cirurgias) e até a franca diminuição do padrão de vida, no caso de pessoas idosas recebedoras de uma aposentadoria irrisória e que dependiam de dinheiro guardado para sobreviver. Entretanto, a inflação havia chegado a tal ponto (taxa anual de 4.853% entre março de 1989 e março de 1990) que as pessoas pareciam tolerar qualquer humilhação para enfrentá-la. O país entregava-se cegamente nas mãos da equipe econômica do governo, chefiada pela ministra da Economia Zélia Cardoso de Mello. Falava-se mal do plano, mas torcia-se desesperadamente para o seu sucesso. Por outro lado, um eventual fracasso poderia causar efeitos políticos danosos ao presidente, como aliás acabou acontecendo.

Os resultados foram, durante algum tempo, os esperados. A inflação efetivamente caiu e não houve nenhuma explosão de consumo que pudesse pôr em risco o plano; no entanto, o país mergulhou em profunda recessão. O nível de atividade industrial despencou com a concorrência estrangeira, só agravando o quadro social. As demissões se multiplicaram num nível alarmante; essa tendência seria mantida nos próximos anos.

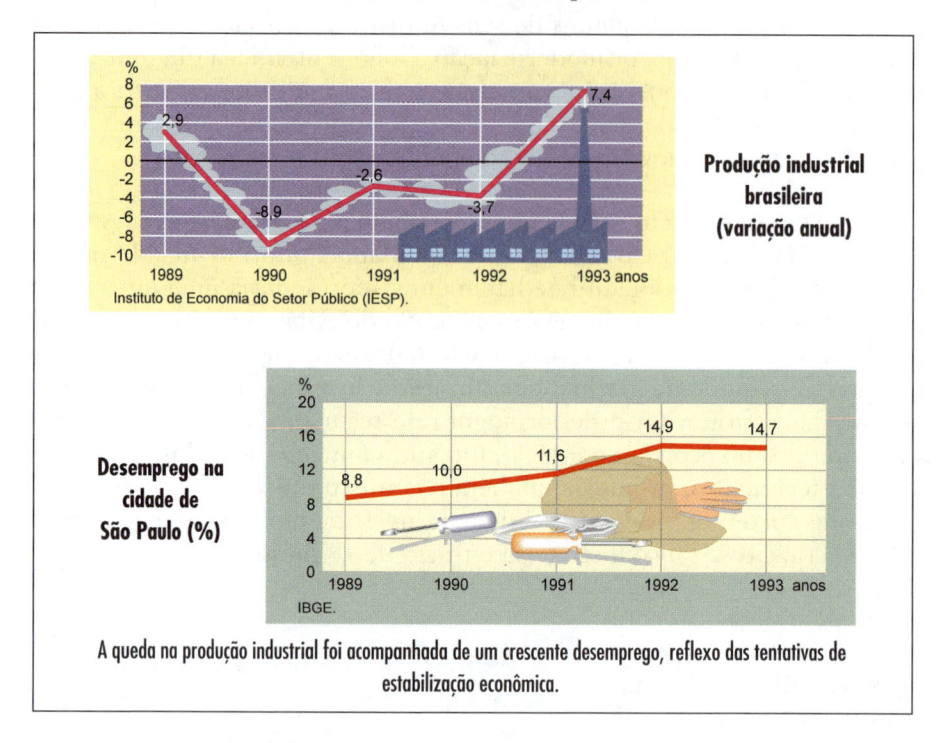

Produção industrial brasileira (variação anual)

1989	1990	1991	1992	1993
2,9	-8,9	-2,6	-3,7	7,4

Instituto de Economia do Setor Público (IESP).

Desemprego na cidade de São Paulo (%)

1989	1990	1991	1992	1993
8,8	10,0	11,6	14,9	14,7

IBGE.

A queda na produção industrial foi acompanhada de um crescente desemprego, reflexo das tentativas de estabilização econômica.

O *impeachment* de Collor

No final do ano de 1990, a inflação voltou a subir. O plano, como todos os outros, teve efeito temporário. Em janeiro de 1991, foi lançado o plano Collor II, uma tentativa de reforçar o sempre frustrado combate à inflação. Tentou-se novamente congelar preços e salários, elevaram-se brutalmente as taxas de juros com o objetivo de estimular a poupança e desestimular novos negócios, mantendo o nível de atividade econômica baixo; tudo isso visando forçar a queda dos preços.

Mas, nessa época, o país começava a ter outras preocupações. O descaso do governo com o dinheiro público, manifestado pela concessão de benefícios a grupos privados e ao próprio presidente da República, começava a ficar claro. Em outubro de 1991, foram feitas denúncias segundo as quais **Paulo César Farias**, amigo pessoal de Collor e tesoureiro da campanha presidencial, estaria pressionando presidentes de estatais (no caso, a Petrobras) para a realização de negócios contrários aos interesses da empresa, mas favoráveis a grupos particulares. A partir de então, a vida e os negócios de PC Farias foram investigados, principalmente pela imprensa. Numa edição de maio de 1992, a revista *Veja* trouxe surpreendentes declarações de Pedro Collor, irmão do presidente, segundo as quais o próprio Fernando Collor seria o beneficiário de operações financeiras obscuras coordenadas por PC.

Em junho de 1992, o Congresso Nacional instalou uma CPI (Comissão Parlamentar de Inquérito), que logo apurou o funcionamento do chamado "esquema PC", com o empresário comandando um mecanismo através do qual outros homens de negócios forneciam dinheiro em troca de favores governamentais. O dinheiro assim obtido era enviado para o exterior em dólares e depositado em paraísos fiscais, isto é, países onde se facilitam operações bancárias sem o pagamento de impostos ou identificação segura dos correntistas. Daí os valores retornavam para o Brasil e eram depositados em contas fantasmas, abertas por pessoas com nomes fictícios, que dirigiam o dinheiro para as contas pessoais de membros do governo, incluindo parlamentares e a própria família Collor, além de PC Farias.

Eriberto França, motorista de Collor, confirmou que as despesas particulares do presidente eram pagas por PC Farias.

A partir de então, começou a desmoronar o governo Collor. O presidente pregava austeridade, cortava os gastos do governo, arrochava salários e ampliava a massa de desempregados. Enquanto isso, vivia luxuosamente de dinheiro sujo, conforme as denúncias e as investigações provavam. O "caçador de marajás" revelava-se o maior de todos eles. A sociedade brasileira passou a se mobilizar, começando a movimentação rumo ao *impeachment*, ou seja, o afastamento legal do presidente. PC Farias fugiu do país, logo após ser decretada sua prisão (só seria preso em novembro de 1993, após ter sido identificado, detido e deportado da Tailândia; morreu assassinado em 1996, tendo cumprido curta pena na cadeia). Quanto a Collor, iludido pelos milhões de votos obtidos nas eleições de 1989 e vítima do mito que ele mesmo havia criado, ignorava a crescente mobilização popular. No dia 16 de setembro, Collor havia convocado uma manifestação em seu apoio, pedindo às pessoas que saíssem às ruas vestidas com verde e amarelo. De fato, naquele domingo, milhões saíram às ruas. De preto, pedindo o *impeachment*.

> Um aspecto da mobilização popular de 1992 foi o retorno dos estudantes às ruas, agora chamados de "cara-pintadas", remontando a uma gloriosa tradição de lutas travadas contra o regime militar nos anos 60 e 70. UNE (União Nacional dos Estudantes) e UBES (União Brasileira de Estudantes Secundaristas) saíram às ruas à frente das passeatas e comícios. No entanto, parte dessa mobilização deveu-se à transmissão da minissérie *Anos Rebeldes* pela rede Globo de televisão, que tratava justamente do regime militar, enfatizando o papel dos jovens na resistência à ditadura. Uma prova da influência da TV nas manifestações de 1992 estava no fato de que as músicas cantadas pelos estudantes nas ruas eram as mesmas dos anos 60, incluídas na trilha sonora da série. De fato, pouco após o final da minissérie e o afastamento do presidente, o movimento estudantil retornou ao imobilismo em que vinha desde a década anterior...

No dia 29 de setembro de 1992, a Câmara dos Deputados decidiu pelo afastamento do presidente Collor por 441 votos contra 38. Assumia a presidência, logo em seguida, o vice Itamar Franco.

A integração neoliberal

Em meio à turbulência política e seu desfecho com o *impeachment*, o governo Collor intensificou a implementação de medidas para a quebra das estruturas protecionistas, sob o véu da busca da "modernidade" e de integração ao mercado mundial. Era o início da abertura econômica e comercial, tomando o lugar do tradicional modelo substitutivo das importações. Privatizações, demissões de servidores públicos, enxugamento do aparelho de Estado, com venda de mansões, residências e carros oficiais, bem como a redução do número de ministérios foram a tônica nacional só acobertada pelas explosões dos acontecimentos políticos.

Em que pese a confusão político-ideológica do governo Collor, fica patente o seu papel na implementação de um novo modelo econômico ao país, desejado por várias das mais importantes vanguardas político-econômicas da redemocratização brasileira. A ironia do processo é o seu caráter incestuoso: a "modernidade" brasileira começava a acontecer com o que havia de mais conservador no país, com protagonistas que praticavam o que a "modernidade" mais condenava e precisava extinguir.

> "Pretender negar que Fernando Collor teve importante papel na definição da agenda dos anos 90 é pura infantilidade. Lembro, a propósito, o que escreveu Delfim Netto na Folha de S.Paulo seis dias após a posse do então jovem presidente (21/3/90): 'O discurso do presidente Collor no Congresso, no dia 15/3, é uma peça extraordinária do ponto de vista econômico. Ao ouvi-lo, tivemos a impressão de estar em Freiburg ao tempo de Walter Eucken. Nunca antes um político brasileiro, na Presidência, expressou uma crença tão forte na economia social de mercado, o regime que produziu a moderna Alemanha Ocidental'. Caso Delfim Netto não seja a referência apropriada, cito César Maia, então alinhado com a esquerda, em artigo publicado na mesma Folha de S.Paulo de 6 de abril daquele ano: 'Como é possível que um governo de extração conservadora adote medidas fiscais e monetárias que há tantos anos os democratas

> vinham apregoando?'. Ou o socialista Saturnino Braga, no Jornal do Brasil de 24 de abril: 'A essência do plano (Collor) é a redistribuição da renda nacional. O socialismo não morreu no mundo, com a perestroika, nem vai morrer no Brasil, com o sucesso deste plano, que é, na sua essência, uma revolução social-democrata'. Ou ainda, para concluir, o consagrado Márcio Moreira Alves, no Jornal do Brasil de 20 de março de 1990: 'Nunca desde a Lei Áurea, os haveres da classe dominante brasileira sofreram golpe como o Plano Anti-inflação... Esperemos que as forças progressistas no Congresso tenham suficiente lucidez para se despirem de preconceitos, apoiando (a proposta do governo)'. Ou seja, o clima inicial é uma questão de fato que se pode resolver recorrendo a fontes apropriadas. A outra questão – se a abertura comercial e as reformas econômicas em curso são boas ou más – seguramente merece ser discutida nos seus próprios termos."
>
> (LAMOUNIER, Bolivar. "Ainda a segunda revolução brasileira". In Gazeta Mercantil, 2/10/96, p. A2.)

O governo de Itamar Franco (1992-95)

Algumas considerações iniciais devem ser feitas sobre o governo de Itamar Franco antes mesmo da sua posse. Sua imagem pacata, tranquila, quando não positivamente sonolenta, representava um contraste bastante forte com os extremos de Collor. Assim, o repúdio a Collor em pouco tempo transformou-se em simpatia a Itamar. Formou-se quase uma coalizão de todos os partidos políticos em torno do novo presidente, com destaque para o PSDB, cujos membros passaram a ter grande influência no governo.

Itamar Franco empossando ministros. Ao assumir a presidência no lugar de Collor, Itamar foi cercado pelo apoio do PSDB, que logo se apossou da área econômica do governo.

A normalização econômica

Além do respaldo político obtido pelo governo, a situação econômica do país dava alguns sinais de melhora. Não no que se refere à inflação – que continuava escapando do controle – mas principalmente na questão da dívida externa. O Brasil foi o último dos grandes países da América Latina a decretar moratória, ou seja, fomos precedidos pelo México e Argentina. Assim, as dificuldades pelas quais esses dois países passaram serviram para abrir caminho para uma moratória bem menos traumática por parte do Brasil.

Desde o governo Figueiredo renegociava-se a dívida externa, com prazos mais longos sendo definidos junto aos bancos credores. No entanto, um grande alívio nas contas externas do país ocorreu a partir de 1989, quando os Estados Unidos passaram a defender (e a bancar) o processo de securitização da dívida externa, que consistia na emissão de títulos da dívida de países devedores, negociados normalmente no mercado internacional como outros papéis, com garantia do Tesouro norte-americano. Esse processo atingiu sua maturidade em 1994, durante o governo Itamar. Finalmente, a progressiva queda das taxas de juros no mercado internacional fazia com que as transferências de capital do Brasil para os bancos credores diminuísse sensivelmente.

A economia voltou a crescer, atingindo, em 1994, uma taxa de quase 5%, o melhor resultado desde o início dos anos 80, excetuando-se 1986, o ano do plano Cruzado.

No dia 28 de fevereiro de 1994, o governo lançou o **plano Real**, em mais uma tentativa de combater a inflação. O plano, colocado em prática por uma equipe ligada ao PSDB, tendo à frente o ministro da Fazenda Fernando Henrique Cardoso, criava o real, uma nova moeda. Seria uma moeda forte e para isso contava com o fim da indexação, ou seja, o fim do repasse automático da inflação de um mês para os salários, prestações, aluguéis e contratos em geral do mês seguinte. Além disso, a nova moeda estava vinculada ao dólar. De fato, o plano previa que a emissão de novos reais seria possível somente se existisse um volume equivalente de dólares nos cofres do Banco Central.

Ao mesmo tempo, mantinha-se o câmbio elevado, com uma paridade nominal do dólar em relação ao real, isto é, um dólar equivalia a 90 centavos de real, taxa que lentamente subiu para 1/1. A manutenção de uma taxa de câmbio equilibrada era garantida pelo Banco Central: quando a demanda por dólares crescesse no país, ameaçando desvalorizar o real, o BC interviria no mercado de câmbio, vendendo grande quantidade de dólares e forçando uma queda em seu valor. Portanto, o funcionamento do plano dependia da existência de uma grande reserva de dólares nas mãos do governo, o que acontecia desde o início do plano, devido aos saldos favoráveis da balança comercial e ao abrandamento da crise da dívida. Observe os dados dos gráficos a seguir.

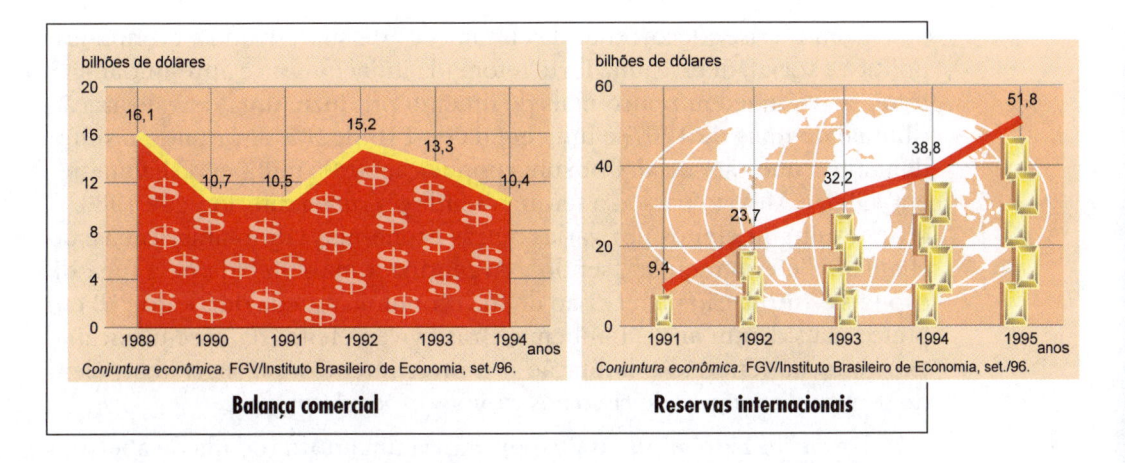

Balança comercial (bilhões de dólares)
- 1989: 16,1
- 1990: 10,7
- 1991: 10,5
- 1992: 15,2
- 1993: 13,3
- 1994: 10,4

Conjuntura econômica. FGV/Instituto Brasileiro de Economia, set./96.

Reservas internacionais (bilhões de dólares)
- 1991: 9,4
- 1992: 23,7
- 1993: 32,2
- 1994: 38,8
- 1995: 51,8

Conjuntura econômica. FGV/Instituto Brasileiro de Economia, set./96.

Perceba que, apesar da queda provocada pelo aumento das importações durante o plano Collor, a balança comercial ainda conseguia obter saldos favoráveis. De qualquer maneira, o plano Real apresentou êxito imediato e a vinculação da nova moeda ao dólar provou ser um sucesso. No entanto, o prosseguimento do plano dependia da manutenção das reservas em dólar e isso somente seria possível através da permanência de elevadas taxas de juros no país. Dessa forma, o capital internacional, circulando cada vez mais rapidamente e livre de obstáculos no contexto da globalização econômica, seria atraído para o país, como de fato ocorreu.

> "Acrescente-se, agora, que o capital internacional em circulação é gigantesco e em crescimento, contando, ainda, com uma parte expressiva destinada aos investimentos não produtivos, isto é, especulativos, um capital perseguidor de oportunidades locais, que, uma vez obtido o ganho, procura logo outras chances de rápida lucratividade.
>
> Tal investimento especulativo, conhecido como hot-money, é estimado por alguns especialistas em cerca de 13 trilhões de dólares por dia (1995), circulando pela economia mundial em busca de rendimentos e fugindo de crises e perdas. É responsável, às vezes, pela criação de ambientes propícios ao reerguimento econômico de certas regiões e, em outras, por colapsos."
>
> (VICENTINO, Cláudio. *História geral*. São Paulo, Scipione, 1997. p. 469.)

A especulação financeira cresceu enormemente e muitos passaram a considerar esse elemento o elo mais frágil do plano. A crise mexicana de dezembro de 1994, quando a desvalorização da moeda local provocou um súbito afastamento do capital especulativo internacional, levando o país quase à ruína, provou os riscos de tais políticas. Os sucessivos êxitos nos índices econômicos do começo dos anos 90, culminando com a integração do país ao Nafta, bloco econômico da América do Norte, tinham feito do México uma referência quase obrigatória para boa parte dos economistas quando o assunto era modernização de uma economia emergente.

Com a crise, decorrente das limitações de sua estrutura econômica, política e social, deu-se uma forte retomada inflacionária e aprofundamento recessivo, que em pouco mais de um ano produziu uma desvalorização cambial de mais de 120% e uma queda do PIB de 9%, agravando profundamente a questão social. Com uma população de 95 milhões de habitantes em 1996, o México passou a ter uma renda *per capita* inferior à de 1980. A crise respingou efeitos por várias outras economias latino-americanas, no chamado "efeito tequila", sendo a Argentina a mais afetada pela fuga de capitais e ampliação da recessão de sua economia (queda de 9% do PIB em pouco mais de um ano). Também o Brasil viveu efeitos da crise mexicana, expressos na lentidão e limitação dos investimentos internacionais, além de servir de exemplo de risco aos capitais especulativos.

Por outro lado, o plano Real promovia uma nova rodada de abertura da economia às importações, ainda de acordo com os princípios do neoliberalismo do final dos anos 80. O governo defendia a abertura econômica como forma de baixar a inflação e aumentar a eficiência da indústria local. Tais objetivos foram efetivamente implementados, mas a um preço bastante elevado.

As falências começaram a se multiplicar e o desemprego aumentou. Paralelamente, a manutenção de elevadas taxas de juros no país inviabilizava a sobrevivência de empresas em dificuldades, acelerando ainda mais o processo de falências e desemprego. A situação recessiva forçava uma queda ainda maior da inflação, que o governo alardeava como prova do sucesso espetacular do plano.

> "Dos sete planos editados nos últimos oito anos, o Real foi o primeiro sem choques, pacotes ou quebra de contratos. A morte do cruzeiro real foi anunciada com 52 dias de antecedência. Embora a estabilidade dependa ainda de reformas estruturais, a inflação caiu e o astral do país subiu.
>
> (...)
>
> O brasileiro foi às compras. A redução da inflação deixou mais dinheiro, moeda forte, nas mãos dos consumidores de baixa renda. Antes do plano, sem condições de se defender em aplicações nos bancos, os 'sem conta' assistiam seu dinheiro esfarelar-se ao longo do mês. Resultado: no primeiro trimestre do Real, a atividade econômica cresceu 8%, as vendas da indústria subiram 12,1% e as vendas do varejo se elevaram em 14,9%, índices que o país não via desde 1980.
>
> A arma do Real são os importados. Para restringir aumentos de preços internos, o governo reduziu, de 20% para 14%, as alíquotas de imposto da maioria dos importados. Carros estrangeiros tiveram o imposto reduzido de 35% para 25%. (...)
>
> Com medo da explosão de consumo, o governo elevou os juros como nunca, através de recolhimentos compulsórios que encarecem o dinheiro, para o consumidor, à taxa de até 280% reais ao ano — recorde mundial. Somando os compulsórios que criou, o governo juntou em seus cofres R$ 41,9 bi, o equivalente ao faturamento anual da indústria automobilística."
>
> (Revista da Folha, n.º 140, 25/12/1994, p. 15).

A sucessão política

Os aspectos positivos do plano (queda da inflação) foram sentidos de imediato, enquanto o lado negativo (falências, desemprego) só viria a ser percebido a médio prazo. O ministro **Fernando Henrique Cardoso** transformou-se subitamente em personagem bastante popular, abrindo caminho para sua candidatura nas eleições presidenciais de 1994.

A campanha presidencial de 1994 polarizou-se em torno de Fernando Henrique, respaldado pelo sucesso do plano Real, e Lula.

Para concorrer às eleições, Fernando Henrique compôs uma frente de partidos, destacando-se o PFL, com Marco Maciel, que ocupava o lugar na chapa como vice-presidente. Essa aliança vinculava o PSDB às oligarquias do Nordeste e a antigos colaboradores do regime militar.

O principal concorrente de Fernando Henrique Cardoso era o candidato **Luiz Inácio Lula da Silva**, pelo PT, o qual chegou a deter 42% das intenções de voto em maio de 1994, época em que FHC possuía apenas 16%, segundo as pesquisas de intenção de voto. Outros candidatos eram Enéas Carneiro (PRONA), Orestes Quércia (PMDB), Leonel Brizola (PDT) e Esperidião Amin (PPR).

Com o sucesso econômico do plano e o respaldo político generalizado, nas eleições de 3 de outubro Fernando Henrique Cardoso foi eleito presidente do Brasil com maioria absoluta em um único turno, obtendo quase 55% dos votos válidos, enquanto seu principal concorrente, Lula, atingiu pouco mais de 27% do eleitorado.

■ HISTÓRIA DO BRASIL ■

A posse de Fernando Henrique Cardoso na Presidência (1/1/1995) significou o prosseguimento do plano Real.

"Três demônios aproveitaram-se da crise dos anos 80 para alojar-se profundamente no subconsciente dos brasileiros.

O primeiro foi a crescente sensação de impotência no combate à inflação, fruto de sucessivos fracassos.

O segundo foi nossa alegada incapacidade de formular um 'projeto nacional' – um novo modelo de desenvolvimento.

O terceiro, filho dos dois anteriores, foi a suposição generalizada de que teríamos de passar por um processo sucessório presidencial fortemente polarizado em 1994 e sofrer por um bom tempo as consequências desse antagonismo, para só depois retomarmos o caminho da efetiva recuperação e governabilidade.

(...)

Nem é preciso dizer que os três demônios trabalhavam em conjunto. Sem estabilidade monetária, a discussão sobre um novo 'projeto nacional' mal ultrapassava os limites da lamúria; a poucos meses de um processo sucessório antevisto como traumático, parecia impossível conferir credibilidade a qualquer plano de controle da inflação, e aí o círculo se fechava, reforçando sombrios prognósticos de tensão social e até de possível instabilidade política. (...)

Não é preciso recapitular toda a história para vermos que os três demônios foram golpeados de uma só vez pelo Plano Real, ou mais exatamente, pelo processo que começou com a nomeação de Fernando Henrique Cardoso para o Ministério da Fazenda e culminou em sua eleição para a Presidência da República, já no primeiro turno. (...)

As mudanças políticas e psicológicas impulsionadas pelo Real já nos permitem afirmar que um novo 'projeto nacional' está ganhando forma, bem diante dos nossos olhos. Para que ele assuma sua forma definitiva, faz-se mister corrigir a espinha dorsal econômica do País, ainda vergada pelas disfunções do modelo que vínhamos seguindo há cerca de 60 anos – ou seja, desde a chamada 'era Vargas'."

(LAMOUNIER, Bolivar. "O real e a sociedade". http://www.brasil.emb.nw.dc.us/real3.htm de 10/2/1996, p. 1 e 2.)

O governo de Fernando Henrique Cardoso (1995-2002)

Em 1º de janeiro de 1995, Itamar Franco passou a faixa presidencial a seu sucessor, Fernando Henrique Cardoso, que em discurso de posse destacou a importância de atacar as injustiças sociais, de "varrer do mapa do Brasil a fome e a miséria". Aparentemente, a ênfase na questão social era uma resposta à priorização da economia de mercado, em pleno processo de globalização e afirmação de políticas neoliberais.

Em janeiro de 1999, reeleito presidente da República para um inédito segundo mandato na história do Brasil, Fernando Henrique assumiu anunciando "remédios amargos" para superar uma crise econômica, que permaneceu durante quase todo o resto do seu governo. O que saiu errado? Por que as grandes expectativas geradas por sua primeira eleição foram seguidas pela frustração? Por que, durante seu governo, não se deu o combate à injustiça social conforme prometido? E como, apesar disso, Fernando Henrique foi reeleito?

Para uma análise mais abrangente do governo de Fernando Henrique Cardoso, vamos examinar separadamente diversos aspectos, tendo em vista as questões propostas acima.

Fernando Henrique Cardoso, reeleito, durante a cerimônia de posse em janeiro de 1999.

Economia

Fernando Henrique Cardoso foi eleito presidente da República embalado pelo sucesso do Plano Real. Os níveis estratosféricos atingidos pela inflação nos anos anteriores (ultrapassando, de março de 1989 a março de 1990, a casa dos 4 800% ao ano) transformaram o combate à inflação em objetivo nacional. Os governos anteriores fracassaram na luta contra a inflação — e não raramente utilizaram, nesse combate, medidas populistas. Durante os oito anos em que foi presidente, Fernando Henrique fez do combate à inflação sua principal meta.

Como já observamos, a manutenção de uma moeda forte só seria possível por meio da entrada, no país, de muitos dólares. Se o fluxo de dólares fosse constante, o governo teria condições de, administrando suas reservas, manter a cotação da moeda e seu poder de compra. A entrada de moeda estrangeira no país poderia ocorrer de duas formas: por meio do capital produtivo e do capital especulativo. O primeiro se refere ao montante de recursos que uma empresa estrangeira investe no país para, efetivamente, desenvolver atividades ligadas à produção (indústria, serviços). O segundo, por sua vez, é o capital investido no país em títulos, remunerado por meio de uma taxa de juros: quanto mais altos os juros, mais atraente o investimento, portanto mais capital especulativo entraria no país.

O capital produtivo

No que se refere ao capital produtivo, poucas empresas estrangeiras teriam interesse em investir (ou ampliar seus investimentos) no país, em caso de instabilidade econômica. Assim, o sucesso no combate à inflação deveria ter sido um atrativo para essas companhias. Contudo, a abertura econômica, com as facilidades concedidas às importações desde o governo Collor, fizeram com que, muitas vezes, tais empresas simplesmente passassem a importar produtos de suas filiais no mundo todo, em vez de produzi-los no Brasil. Em outras palavras: a empresa estrangeira sempre agia em busca de lucro, não sujeitando seus ganhos aos interesses nacionais.

É preciso considerar, ainda, que a entrada do capital produtivo estrangeiro começava a mostrar-se potencialmente limitada. A própria dinâmica internacional da globalização dificultava ainda mais esse processo: a década de 1990 assistiu ao triunfo da China como grande "oficina do mundo": os baixos salários pagos nesse país atraíam a maior parte dos investimentos produtivos destinados aos considerados países periféricos. Assim, o volume dos investimentos que vinham para o Brasil era insignificante.

A questão das importações também deve ser discutida. Se as importações de produtos industrializados geravam falência de empresas brasileiras, com a consequente ampliação do desemprego, por que tal política foi uma constante ao longo do governo Fernando Henrique? A justificativa: "ganhos de produtividade". De acordo com o governo, de nada adiantava ter uma empresa 100% nacional se ela era tecnologicamente defasada e incapaz de produzir com eficiência para concorrer com empresas estrangeiras no mercado internacional. E ainda: melhor seria trazer a concorrência do produto estrangeiro para dentro do Brasil, com o objetivo de promover um "choque de eficiência" nas empresas brasileiras. "Quem não tem competência não se estabelece", nas palavras do antecessor de Fernando Henrique, o malfadado presidente Fernando Collor, responsável pelo início da abertura, cuja atuação na presidência deixou muito a desejar.

Se, por um lado, as empresas brasileiras foram obrigadas a se modernizar (inclusive aproveitando a taxa de câmbio favorável para comprar máquinas e equipamentos sofisticados), por outro, muitas foram incapazes de acompanhar a modernização e fecharam suas portas. Ao sucesso internacional da Embraer (fábrica nacional de aviões), por exemplo, corresponde a falência de milhares de pequenas empresas e a eliminação de milhões de empregos. O Banco Nacional de Desenvolvimento Econômico e Social (BNDES), que deveria auxiliar essas pequenas empresas, por meio de empréstimos facilitados, deixou-as em segundo plano, privilegiando outros negócios, como veremos adiante.

A privatização de empresas estatais foi uma forma mais prática de atrair o capital produtivo internacional. As empresas estatais surgiram, principalmente a partir da Era Vargas, como grandes companhias atuando em setores que necessitavam de pesado investimento e que só teriam retorno em longo prazo, o que não era viável para o empresariado nacional. Assim, surgiram as companhias estatais nos setores de siderurgia, mineração, indústria química, petróleo e telecomunicações, entre outros. Acusadas de pouco eficientes, essas empresas gigantescas foram vendidas a preços fabulosos, que, praticamente, apenas grupos estrangeiros poderiam pagar. Mesmo assim, o próprio BNDES, a fim de facilitar as negociações, chegou a oferecer recursos para grupos estrangeiros adquirirem empresas estatais brasileiras.

O BNDES foi criado em 1952, durante o governo Vargas, com o objetivo de viabilizar investimentos estatais na economia, principalmente na área de infraestrutura. Durante a década de 1990, teve papel ativo no processo de privatização, administrando o Programa Nacional de Desestatização (PND).

No final de 2002, último ano do governo Fernando Henrique, o BNDES definia como seu objetivo "financiar a longo prazo os empreendimentos que contribuam para o desenvolvimento do país", bem como promover "o fortalecimento da estrutura de capital das empresas privadas e desenvolvimento do mercado de capitais, a comercialização de máquinas e equipamentos e o financiamento à exportação" e "facilitar o crédito a micro e pequenos empresários nos quatro cantos do País", de acordo com o site da instituição (BNDES. A empresa. Disponível em: www.bndes.gov.br. Acesso em: 5 nov. 2003.) É importante notar que, ao citar o "fortalecimento de empresas privadas", não há menção ao fato de elas serem nacionais ou estrangeiras.

Em maio de 1997, foi privatizada por R$ 3,34 bilhões a Companhia Vale do Rio Doce, megaempresa do setor de mineração e siderurgia. Em julho de 1998, foi a vez da Telebrás, do ramo de telecomunicações, por R$ 22 bilhões. Em novembro do mesmo ano, foi vendido por R$ 7 bilhões o Banespa, então o segundo maior banco nacional, de propriedade do governo do estado de São Paulo. Esses são apenas alguns exemplos de um processo que, no total, gerou US$ 91 bilhões.

Mais uma vez, os resultados deixaram a desejar. As agências reguladoras e fiscalizadoras criadas pelo governo não funcionaram adequadamente. Setores sensíveis, como os de geração e distribuição de energia elétrica, passaram para a iniciativa privada. As tarifas subiram, o que não implicou necessariamente melhora da qualidade dos serviços: caso exemplar foi o famoso "apagão", no segundo semestre de 2001, quando os poucos investimentos privados em geração de energia provocaram o racionamento. De acordo com o governo, porém, a responsável pelo racionamento foi "a falta de chuva".

O leilão de privatização da Companhia Vale do Rio Doce, no primeiro semestre de 1997.

O capital especulativo

Como já observamos, quanto mais alta a taxa de juros praticada no país, mais atraente torna-se o investimento estrangeiro em títulos brasileiros. O Banco Central define a taxa de juros básica na economia por meio de seu Conselho de Política Monetária (Copom). Ao longo do governo Fernando Henrique, as taxas de juros permaneceram elevadas, atraindo o capital especulativo e deixando dólares disponíveis para a manutenção do real como moeda forte.

Um problema essencial surge com a elevação das taxas. Se o juro pago para investidores, estrangeiros ou não, é alto, o juro cobrado para quem toma dinheiro emprestado aos bancos também é. A manutenção dessas taxas prejudica as empresas (principalmente as pequenas), que têm dificuldade em tomar dinheiro emprestado. A disponibilidade de crédito é essencial para as empresas, seja para modernização e investimentos produtivos em geral, seja para a abertura de novos negócios. Uma política de juros altos é uma política recessiva, que tende a gerar a estagnação econômica ou, pelo menos, diminuir o ritmo do crescimento.

De acordo com a consultoria Global-Invest, em reportagem do jornal *Folha de S.Paulo* (24 de outubro de 2002. Especial-7), entre maio de 1997 e setembro de 2002 a média dos juros reais praticados no país foi de cerca de 13%, ao passo que a média mundial foi de 3,3% e a dos países "emergentes", de 4,4%. "Desde 1999, o Brasil é o único país que sempre figura entre os quatro primeiros do *ranking* mundial de taxa de juros real", segundo a reportagem. Ao mesmo tempo, o crescimento econômico é limitado, muitas vezes aproximando-se da estagnação, como vemos no quadro ao lado:

EVOLUÇÃO DO PIB	
1995	4,22%
1996	2,66%
1997	3,27%
1998	0,13%
1999	0,81%
2000	4,36%
2001	1,3%
2002	2,7%

Fonte: IBGE. Contas nacionais do Brasil. Disponível em: <www.ibge.com>. Acesso em: 16 nov. 2003.

A estagnação econômica de 1998-1999 foi estimulada também por outros fatores. Assim como o Brasil, diversos países ditos "emergentes" adotavam políticas de juros altos para atrair o capital estrangeiro. Os avanços da globalização econômica permitem uma rápida circulação desse capital de um país para o outro, ao sabor de mudanças econômicas mundiais, regionais ou apenas por especulação. Qualquer crise em um país "emergente" pode gerar temor nos investidores e uma evasão de dólares debilitando a economia dessas nações. As crises no México, em 1994-1995; nos países asiáticos (Tailândia, Malásia), em 1997; na Rússia, em 1998 e na Turquia e na Argentina, em 2001-2002, provocaram a saída de dólares do Brasil, tendo ainda como resultado maior elevação das taxas de juros, a desvalorização da moeda e o enfraquecimento da economia. Em 1998, de nada adiantou a afirmação do ministro da Fazenda, Pedro Malan, de que "O Brasil não é a Rússia!", tentando tranquilizar os investidores e convencê-los da pretensa estabilidade da economia nacional. Preocupados com o lucro nos mais variados mercados do capitalismo globalizado e avessos ao risco da fragilidade e da instabilidade, os fundos de investimentos internacionais preferiram buscar aplicações mais seguras, firmando o descrédito nos mercados emergentes. Corriam de um mercado para outro ou investiam em papéis de países desenvolvidos, como os da Europa, e, especialmente, os Estados Unidos.

A crise brasileira de 1998-1999 forçou o governo a promover forte desvalorização cambial. Em janeiro de 1999, o dólar, que valia R$ 1,21, passou a R$ 1,98, abalando o mito do real como moeda forte. Em junho de 2001, sob o impacto da crise argentina e do apagão, o dólar passou a ser cotado a R$ 2,84; em 2002, diante das incertezas provocadas pela eleição presidencial, o dólar quase atingiu a marca de R$ 4,00. Nessas três ocasiões falou-se do iminente colapso da economia brasileira e da possibilidade de uma moratória. Antes do colapso, porém, o Fundo Monetário Internacional (FMI) fez novos e rápidos empréstimos em dólares, mas exigiu o saneamento das contas nacionais.

As altas taxas de juros também aumentam a dívida interna. Por meio de fundos administrados por bancos, o governo capta milhões de reais por dia com a venda de títulos, prometendo remuneração com juros altos. No final de 2002, o total da dívida pública ultrapassava R$ 700 bilhões, representando mais de 60% do PIB. A dívida externa, na época, era de mais de US$ 200 bilhões.

Resultados

O governo Fernando Henrique adotou uma política econômica com aspectos neoliberais (por exemplo, através de privatizações) e buscou o equilíbrio fiscal, mantendo seus gastos dentro do limite do que foi arrecadado, inclusive com a aprovação da Lei de Responsabilidade Fiscal, que limitava os gastos de estados e municípios. O pagamento de uma dívida vultosa, porém, fez com que os recursos disponíveis não fossem utilizados necessariamente na redução, por exemplo, do *déficit* social. Dessa forma, considerando a miséria existente no país, emerge com grande força a questão da validade de se controlarem os gastos em benefício do pagamento de uma dívida "quase infinita".

Em um primeiro momento, a vulnerabilidade da economia nacional cresceu, porém a dependência em relação ao capital estrangeiro foi compensada pela entrada cada vez maior de dólares no país. Uma boa notícia no final do governo Fernando Henrique foi o progressivo aumento das exportações, resultado direto da desvalorização cambial, principalmente a partir de 2001. Em 2002, o país começou a obter saldos favoráveis na casa de US$ 1 bilhão por mês. Trata-se do melhor resultado da balança comercial brasileira desde a década de 1980. O aumento da produção de petróleo, constante durante toda a década, ajudou no fortalecimento da balança comercial, com o Brasil se aproximando da autossuficiência na área.

A desvalorização da moeda em 2001-2002, porém, representava uma ameaça da volta da inflação: de um lado, o aumento do preço de produtos importados; de outro, o aumento nos preços de alguns produtos brasileiros que começavam a escassear no país, já que eram destinados preferencialmente ao mercado externo.

Cabe questionar a validade da aposta implícita na política econômica do governo Fernando Henrique. Na ausência de poupança interna, buscou-se qualquer meio para atrair maciçamente poupança externa. Nas palavras do historiador inglês Perry Anderson[1], tratava-se de ideia "ingênua e provinciana". Os custos foram por demais elevados. A dependência era maior do que nunca, as desigualdades continuavam gritantes. O crescimento econômico obtido foi ironicamente denominado crescimento modelo "voo de galinha" (na analogia do economista Luis Carlos Mendonça de Barros, vinculado ao PSDB): voo rápido, rente ao solo, para cair em seguida, nunca conseguindo uma "decolagem" plena e sustentável.

[1] ANDERSON, Perry. FHC deixou saldo negativo, diz historiador. IN: Folha de S.Paulo, 10 nov. 2002. p. A8-A9.

Por que prosseguir com tal política ao longo de oito anos? Talvez porque o presidente soubesse ou intuísse que podia contar com fortes garantias de que o país não iria simplesmente "quebrar". O governo Fernando Henrique contou com um tratamento excepcional do FMI, que na hora das dificuldades sempre esteve presente, muitas vezes tendo na sua retaguarda nada menos que o Tesouro norte-americano como fiador.

Em julho de 1998, sob o efeito da crise russa, evasão de dólares e iminência de moratória, o Brasil fez um mega-acordo com o FMI, no valor de US$ 41,5 bilhões (US$ 18 bilhões do Fundo e o restante de bancos privados), graças à iniciativa pessoal do presidente norte-americano Bill Clinton e a seu governo. Em junho de 2001, com a crise argentina, o apagão e o clima de pessimismo generalizado, o FMI aprovou rapidamente novo pacote, agora de US$ 15 bilhões. Finalmente, no segundo semestre de 2002, com a expectativa de crise na economia norte-americana e as eleições no Brasil, o governo brasileiro e o FMI acertaram em tempo recorde um pacote de US$ 30 bilhões.

É nesse contexto que emerge a figura do ministro da Fazenda, Pedro Malan, intelectual respeitado e autor acadêmico renomado. É interessante contrastar a atuação de Malan no governo com o conteúdo do seu texto, citado na página 393, ressaltando os diferentes contextos em que tais ideias foram apresentadas. Como funcionário público, Pedro Malan foi exemplar. Embora sempre se possa discordar de suas decisões políticas, foi um hábil interlocutor, intermediando acordos entre governo e órgãos internacionais (por exemplo, FMI) pela sua competência técnica e seriedade, devidamente reconhecida por esses órgãos. A respeitabilidade da área econômica do governo cresceu com a nomeação de Armínio Fraga como presidente do Banco Central, em 1999. A formação acadêmica e a vida profissional no exterior fizeram com que Malan e Armínio fossem reconhecidos e mantivessem laços com dirigentes econômicos no mundo inteiro.

Completando o quadro, a própria figura de Fernando Henrique — um intelectual carismático e poliglota — contribuía para melhorar as relações do país com a comunidade internacional, notadamente a econômica e financeira. Nesse sentido, Fernando Henrique, Pedro Malan e Armínio Fraga atuaram como se espera que atuem o governante e membros do primeiro escalão do governo. Resta saber em nome de que houve todo esse empenho e se as políticas adotadas não foram equivocadas.

O presidente Fernando Henrique, numa foto de abril de 2000, quando apresentava a nova cédula de dez reais. À direita do presidente o ministro da Fazenda, Pedro Malan, e o presidente do Banco Central, Armínio Fraga.

Política

Interna

O PSDB se aliou ao PFL para a eleição de 1994, e essa aliança se manteve pelos dois mandatos de Fernando Henrique Cardoso. Com o PTB e o PMDB, o governo formou um bloco majoritário no Congresso. Por trás dessas alianças estava a ideia de garantir a governabilidade, ou seja, o apoio do Congresso às reformas propostas. O PSDB, considerado um partido ético e de ideologia definida, recebeu severas críticas da imprensa e da população em geral por essas composições, consideradas incoerentes.

Os interesses desses grupos que há muito participavam do poder acabaram, porém, representando um grande obstáculo para as reformas. A promessa do primeiro discurso de posse ("varrer do mapa do Brasil a fome e a miséria"), que implicava algum tipo de distribuição de renda, jamais foi prioridade, em grande parte por causa da resistência desses grupos. Pelo mesmo motivo foi adiada qualquer proposta de reforma política para tornar o sistema partidário coerente e regido por princípios éticos.

O governo Fernando Henrique Cardoso editou uma grande quantidade de medidas provisórias. As MPs foram estabelecidas pela Constituição de 1988: são medidas adotadas pelo presidente da República que passam a vigorar como lei, com apreciação do Congresso, apenas numa fase posterior. Representam uma reminiscência dos decretos-lei, criados pelo regime militar na Constituição outorgada de 1967. De acordo com o texto constitucional, justificam-se em nome de sua "relevância e urgência". Portanto cabe ao próprio presidente decidir quando aplicá-las. Veja ao lado o número de MPs adotadas por vários presidentes, desde o governo de José Sarney:

José Sarney (mar. 1985/mar. 1990)	125
Fernando Collor (mar. 1990/out. 1992)	87
Itamar Franco (nov. 1992/dez. 1994)	141
FHC (1º governo, jan. 1995/dez. 1998)	160
FHC (2º governo, jan. 1999 até jun. 2002)	103

Fonte: REDE Brasil. Disponível em: <www.redebrasil.inf.br>. Acesso em: 10 nov. 2007. Inclui apenas medidas originais. A possibilidade de reeditar as medidas (com alterações) faz com que seu número suba drasticamente. Por exemplo, a partir das 103 MPs do segundo governo FHC, foram apresentadas nada menos que 2 690 reedições.

As MPs tornaram-se habituais nos dois governos de Fernando Henrique Cardoso, e, na prática, muitas vezes o Executivo legislou. Nas palavras de Carlos Velloso, presidente do Supremo Tribunal Federal na época da promulgação da carta de 1988: "As medidas provisórias são ainda mais nocivas e autoritárias que os decretos-lei do regime militar. Enquanto os decretos se restringiam a questões econômicas e de segurança nacional, as MPs versam sobre tudo e todos, desde a mudança de moeda até a punição de procuradores da República".

Tal procedimento acabou se transformando em característica do regime político brasileiro, uma vez que foi amplamente utilizado no governo seguinte, de Luiz Inácio Lula da Silva. As MPs não apenas transferem para o Executivo a função de elaborar as leis, como ajudam a desmoralizar o próprio poder Legislativo. A sucessão de escândalos envolvendo deputados, senadores e funcionários do Legislativo acaba fazendo com que parte da população se questione sobre a necessidade dessa instituição, em franca ameaça ao regime democrático. Um exemplo desse questionamento se encontra no desinteresse mais ou menos generalizado da população nas eleições legislativas. No pleito de 2010, por exemplo, Francisco Everardo Oliveira Silva, conhecido popularmente como o palhaço Tiririca, tornou-se o deputado federal mais votado no país (com mais de 1,3 milhão de votos), em evidente protesto do eleitorado. Seu *slogan*, que beirava o deboche, dizia: "Vote em Tiririca. Pior do que está não fica".

Para que Fernando Henrique Cardoso pudesse se candidatar à reeleição, foi preciso alterar a Constituição, e isso exigiu o apoio de grande parte dos parlamentares. Apesar do bloco PSDB-PFL e do apoio informal do PMDB, o governo sempre correu o risco de ver sua maioria no Congresso se dissolver ao sabor das circunstâncias.

No caso de mudanças importantes, como essa da reeleição, o governo precisava negociá-las com cada deputado e senador. Muitas dessas negociações foram contestadas. Em 1997, após aprovada a emenda garantindo a reeleição, surgiram na imprensa denúncias de compra de votos por parte do governo: falava-se em cifras de no mínimo 200 mil reais, além da tradicional concessão para deputados do direito de estabelecimento de emissoras de rádio e TV. Parlamentares do PFL e PMDB foram envolvidos nas denúncias, como o ministro das Comunicações, Sérgio Motta (um dos principais articuladores políticos do PSDB e amigo pessoal do presidente da República). Todo o processo resultou na renúncia de dois deputados e em manobras do governo para evitar a instalação de uma CPI (Comissão Parlamentar de Inquérito) para investigar as denúncias. A morte do ministro Sérgio Motta, em abril de 1998, acabou por enterrar o assunto.

Em 1998, ocorreram eleições e Fernando Henrique encabeçou novamente a aliança PSDB-PFL, tendo mais uma vez como principal concorrente Luiz Inácio Lula da Silva, do PT. O presidente habilmente vendeu sua imagem como o "criador" do Plano Real, o homem que venceu a tão odiada inflação, portanto uma pessoa particularmente capacitada para enfrentar a crise que se anunciava. Ao candidato do PT, mais uma vez coube enfrentar a acusação de "despreparado". Em pleito marcado pelo pessimismo, pouco engajamento popular nas campanhas e medo da crise, Fernando Henrique Cardoso foi vencedor já no primeiro turno, com 53% dos votos.

Em 2001, impossibilitado de obter um terceiro mandato, Fernando Henrique buscou fazer o seu sucessor. Durante algum tempo, o ministro da Fazenda, Pedro Malan, foi o candidato de sua preferência, mas o desinteresse deste e a própria dinâmica partidária acabaram por definir a candidatura de José Serra, peessedebista "histórico" e ministro da Saúde durante boa parte do governo FHC. As ambições do PFL em lançar um candidato próprio esbarraram no escândalo Roseana Sarney-Jorge Murad (filha e genro do senador José Sarney, investigados pela Polícia Federal por desvio de verbas em plena campanha presidencial) e no rompimento entre PSDB e PFL, que acabou por não lançar candidato.

Na frente oposicionista, Luiz Inácio Lula da Silva era candidato à Presidência da República pela quarta vez. Ciro Gomes, ex-governador do Ceará, foi o candidato pelo PPS. O candidato do PSB foi o então governador do Rio de Janeiro, Anthony Garotinho. No segundo turno, disputado com José Serra, Luiz Inácio Lula da Silva foi eleito com 61% dos votos e, no seu primeiro pronunciamento como presidente eleito, pode afirmar, triunfante: "A esperança venceu o medo!".

Externa

A diplomacia brasileira sempre limitou seu papel a auxiliar negociações econômicas. A principal iniciativa do país nessa área foi o prosseguimento do processo de integração econômica com países vizinhos, nos quadros do Mercosul.

Em janeiro de 1995, foram simbolicamente removidas as barreiras alfandegárias entre Brasil, Argentina, Paraguai e Uruguai. O processo teve início em 1986, com a assinatura do Programa de Integração e Cooperação Econômica (Pice) por José Sarney e Raul Alfonsín, então presidentes do Brasil e da Argentina, respectivamente. Em 1988, os dois países assinaram um novo acordo, o Tratado de Integração, Cooperação e Desenvolvimento, visando definir um espaço comum em um prazo máximo de dez anos. O Tratado de Assunção, em 1991 (visando à constituição do Mercado Comum do Sul, já com a participação de Uruguai e Paraguai), e a Cúpula de Ouro Preto, em 1994 (definindo janeiro de 1995 como data de início da união), foram etapas importantes no processo.

Ao mesmo tempo em que responde à integração de mercados segundo as exigências internacionais, o Mercosul não deixa de defender as elites empresariais regionais.

Ainda longe de representar uma união plena ou um mercado comum de fato, o Mercosul caminhou nessa direção por meio da adoção de tarifas externas comuns, de compensações e dinamização comercial entre os países-membro e fim das barreiras existentes no comércio entre eles.

Os resultados foram rápidos: o fluxo do comércio entre os sócios fundadores do Mercosul subiu de US$ 4 bilhões em 1990 para US$ 15 bilhões em 1995. Com uma população de mais de 200 milhões de habitantes e um PIB combinado de cerca de US$ 1 trilhão, o Mercosul representaria o surgimento de um bloco econômico de importante peso no mercado internacional. Ao mesmo tempo, pode ser considerado uma resposta sul-americana ao processo de globalização da economia, expressando a tendência à formação de blocos regionais.

Os efeitos políticos da criação do Mercosul também são expressivos, principalmente pelo lançamento do projeto norte-americano de criação de uma Área de Livre Comércio das Américas (Alca). A Alca representaria o estabelecimento de uma hegemonia econômica de fato dos Estados Unidos sobre a América Latina, diminuindo a influência econômica da Europa e do Japão na região. Além disso, ampliaria o risco das indústrias em países como o Brasil, dificultando a concorrência com a indústria americana nos quadros do livre-comércio. A única compensação que os países da região teriam seria o livre acesso ao mercado norte-americano, o que poderia significar um estímulo à produção de certos gêneros agrícolas para a exportação e, talvez, produtos semi-industrializados.

Em 2001, com a ascensão de George W. Bush à presidência dos Estados Unidos, o governo norte-americano parece ter mudado sua orientação: em vez de insistir no projeto da Alca, foi reforçada a prática de estabelecimento de acordos econômicos bilaterais com os países da América Latina. Os ataques terroristas de 11 de setembro de 2001 e a "guerra contra o terrorismo", iniciada em seguida pelos Estados Unidos, mudaram o foco da política externa norte-americana e deixaram as relações com a América Latina em segundo plano.

No mesmo ano, o Mercosul foi abalado pela grave crise argentina. Visando combater a inflação desenfreada, desde 1991 o governo argentino havia adotado a dolarização. O plano econômico de Domingo Cavallo, ministro do presidente Carlos Menem, estabeleceu a equivalência entre o dólar americano e o peso argentino. Seguiram-se à queda da inflação, o aumento de popularidade do presidente Menem (reeleito em 1995) e a necessidade de promover a entrada de dólares no país, para garantir a emissão do peso. Além disso, o país ficou dependente do capital estrangeiro, as empresas estatais foram vendidas e houve desregulamentação do mercado; as novas regras obedeciam à política neoliberal.

A Argentina passou a sofrer os efeitos da turbulência nos mercados emergentes. Uma das principais formas encontradas para manter sua moeda estabilizada e promover a entrada de dólares foram os saldos favoráveis na balança comercial com o Brasil, que cresceram muito desde o início do Mercosul. O governo Fernando Henrique Cardoso, consciente da fragilidade argentina, não hesitou em assinar acordos comerciais — no setor automotivo, por exemplo — francamente favoráveis ao país vizinho.

As crises de 1997-1998, acompanhadas da valorização do dólar e da queda no valor das exportações agrícolas do país, dificultaram a situação econômica argentina. A desvalorização do real no início de 1999 comprometeu a balança comercial com o Brasil, dificultando o processo de obtenção de dólares. Pressionado, Menem adotou barreiras protecionistas, contrariando os acordos do Mercosul, e iniciou política de aproximação com os Estados Unidos (incluindo a proposta de participar da Organização do Tratado do Atlântico Norte — Otan). O aprofundamento da crise argentina resultou em distúrbios de rua, no afastamento do novo presidente, Fernando de la Rúa, em dezembro de 2001, e na renúncia de seu sucessor, Adolfo Rodriguez da Saa, no mesmo mês. A economia argentina passou a sofrer grave retração. Nesse quadro, o Mercosul foi fortemente abalado.

Na política internacional, o presidente Fernando Henrique Cardoso buscou novos contatos com líderes de países desenvolvidos, participando das reuniões do chamado grupo da "Terceira Via". Encabeçado pelo primeiro-ministro britânico, Tony Blair, e com a simpatia do primeiro-ministro da Alemanha, Gerhard Schroeder, e da França, Lionel Jospin, além do próprio presidente norte-americano, Bill Clinton; o objetivo desses encontros era o de definir mais claramente o que seria a Terceira Via, como um projeto político para o século XXI, situado entre a social-democracia e o neoliberalismo. A respeito da Terceira Via, veja o quadro comparativo abaixo:

Social-democracia	Terceira Via	Neoliberalismo
Estado interventor, acima da sociedade.	Busca de um novo papel para o Estado.	Estado mínimo.
Estado do bem-estar social.	Reduzido investimento social.	Desestruturação do bem-estar social.
Economia mista (empresas privadas e estatais).	Economia mista (empresas privadas e estatais).	Fundamentalismo de mercado.

Na verdade, tais reuniões resultaram apenas em vagas declarações de intenções. Para o presidente brasileiro, representaram a possibilidade de interpretar para os líderes das principais potências capitalistas do ocidente um de seus papéis favoritos: o de grande estadista.

Na foto de 1999, Fernando Henrique encontra-se entre os participantes da reunião da Terceira Via, realizada em Florença. O presidente brasileiro está ladeado pelo primeiro-ministro britânico, Tony Blair (à sua direita), e pelo italiano Massimo D'Alema. Seguem o presidente norte-americano, Bill Clinton, o primeiro ministro da França, Lionel Jospin, e o chanceler alemão, Gerhard Schroeder.

É preciso destacar a atuação de Fernando Henrique, que, contrariando as correntes dominantes, assumiu uma posição importante e clara no cenário mundial em discurso pronunciado em outubro de 2001 na Assembleia Nacional da França. Fazia pouco mais de um mês do ataque terrorista ao World Trade Center, em Nova York (no famoso 11 de setembro), e os Estados Unidos viviam num clima antiterrorista e anti-islâmico, com possibilidade de guerra. Fernando Henrique fez um discurso bastante lúcido: "A barbárie não é somente a covardia do terrorismo, mas também a intolerância ou a imposição de políticas unilaterais em escala planetária... Lutemos por uma ordem mundial que reflita um contrato entre nações realmente livres, e não apenas o predomínio de uns Estados sobre outros, de uns mercados sobre outros... Se o mercado é o instrumento mais eficiente para a geração de riqueza, é preciso impor limites a suas distorções e abusos... Se é certo que a globalização aproxima mercados e sistemas produtivos, não é menos certo que a paz no mundo depende da difusão de uma ética da solidariedade".

Sociedade

Do ponto de vista social, os anos FHC foram marcados, em grande parte, pelo crescente desemprego. A abertura para as importações (gerando "desindustrialização"), o aumento da concorrência (criando políticas de "reengenharia" nas empresas, a busca de aumento de eficiência e redução de custos por meio de demissões), o prosseguimento do processo de fusões empresariais, a automação nas indústrias e serviços e a simples estagnação econômica contribuíram para a elevação das taxas de desemprego.

Se a taxa nacional de desemprego manteve tendência de alta, aproximando-se dos 8%, nas grandes regiões metropolitanas a situação era bem mais grave, muitas vezes aproximando-se dos 20% (como no início de 1999 e no final de 2002, de acordo com dados do IBGE e do Dieese). Isso significou não apenas uma tragédia social, como também um forte estímulo à violência urbana, que aumentou consideravelmente no governo Fernando Henrique.

A taxa de mortes por homicídio passou de 19 por mil habitantes em 1992 para 26,5 no final do governo. A população mais jovem, com maior dificuldade para encontrar emprego em um mercado de trabalho contraído, foi particularmente afetada: em 1999, 38% das mortes de jovens de 15 a 24 anos

Cena de assalto no Rio de Janeiro, em junho de 2001. O policial tenta convencer o assaltante a soltar a refém, passageira do ônibus. Cenas violentas como essa, que na maioria das vezes terminam de forma drástica, tornaram-se uma constante nas grandes cidades do país, que parecem viver num clima de quase guerra civil.

foram provocadas por homicídio, conforme Jorge Careli, do Centro Latino-americano de Estudos de Violência e Saúde (Claves), em matéria na *Folha de S.Paulo* (19 de dezembro de 2002. Suplemento Especial. p. 16). O crime organizado expandiu-se, em torno do tráfico de drogas, e tornou-se verdadeiro poder paralelo nas favelas e nas prisões, muitas vezes transformadas em centros de gerenciamento do tráfico e do crime organizado.

No campo, a tensão social encontrou expressão no Movimento dos Trabalhadores Rurais Sem Terra (MST). Atuante desde a década de 1980, o MST promoveu ocupação de terras devolutas ou latifúndios improdutivos, tentando acelerar o mecanismo formal de reforma agrária. Buscando defender suas propriedades, muitas vezes os latifundiários organizaram verdadeiras milícias armadas, e os conflitos com os sem-terra se multiplicaram. Em abril de 1996, em Eldorado dos Carajás, a própria polícia do estado do Pará (na época governado por Almir Gabriel, do PSDB) foi responsável pelo massacre de 19 sem-terras que obstruíam uma estrada, em episódio condenado pela comunidade internacional.

Na área da educação, programas foram desenvolvidos, com resultados desiguais. Por um lado, a escolaridade média do brasileiro aumentou e o acesso à escola foi ampliado; por outro, a qualidade do ensino caiu bastante, conforme programas de avaliação do ensino, como o Exame Nacional do Ensino Médio (Enem) e o "provão" (ensino superior). As desigualdades no sistema educacional se mantiveram, como se percebe, por exemplo, na diferença em anos de estudo entre os mais pobres e os mais ricos, conforme tabela ao lado:

Diferença em anos de estudo entre os 20% mais pobres e os 20% mais ricos da população	
1993	5,7
1995	6,0
1999	5,9

Fonte: MEC e IBGE.

Na área da saúde, houve epidemias de algumas doenças, como a cólera e a dengue; em contrapartida, foi desenvolvido um eficiente programa de prevenção e combate à aids, incluindo campanhas de prevenção e distribuição gratuita de medicamentos aos pacientes.

Cultura

Para encerrar essa visão geral do governo FHC, seria conveniente fazer uma breve referência à questão cultural brasileira em tempos de globalização. É bem complexo qualificar ou resumir um processo multifacetado como a criação cultural de um povo em período recente, sem lançar mão de um olhar retrospectivo, que, por sua vez, só é possível com o passar do tempo. Porém, a citação a seguir, do sociólogo Emir Sader, pode servir de base para uma reflexão sobre cultura, não apenas na era FHC, mas também nos dias de hoje:

> "Um seminário realizado no Fórum Social Europeu em Florença, em novembro de 2002, endereçou um apelo a todos os governos interessados na preservação e na expansão dos espaços de pluralismo e de todas as identidades diversificadas existentes no mundo, assim como pela resistência à homogeneização cultural imposta por alguns enormes conglomerados concentrados em alguns poucos países do centro do capitalismo.
>
> Nele se constata como, no domínio das indústrias culturais, essas empresas estão em condições de controlar o conteúdo, a produção e os canais de divulgação das obras. As exigências de rentabilidade de seus acionistas levam essas empresas a não correr riscos, saturando a oferta cultural com um número limitado de produtos apoiados por enormes campanhas midiáticas.
>
> Como resultado, a grande maioria das obras que dominam o mercado obedecem a critérios estritamente comerciais, em detrimento da criatividade e da diversidade dos conteúdos. A chamada 'abertura das fronteiras comerciais', pregada pelas concepções liberais, impede o florescimento dos intercâmbios culturais entre todos os países do mundo. Ao mesmo tempo, a memória e a perspectiva histórica são deixadas de lado em favor do imediato e da ausência de concepções críticas e independentes."
>
> SADER, Emir. Cultura não é mercadoria. In: *Folha de S.Paulo*, 28 jan. 2003, p. A3.

O governo de Luiz Inácio Lula da Silva (2003-2010)

A eleição de Lula resultou da consciência mais ou menos disseminada no país ou em boa parte dos grupos sociais da necessidade de mudanças, principalmente quanto à distribuição de riquezas. A concentração de renda no país era considerada no mínimo imoral e resultava não só em graves problemas sociais, como também de segurança, afetando muitos daqueles que poderiam ser mais resistentes a essas mudanças. No final de 2006, Lula foi eleito para um segundo mandato de quatro anos.

Economia e sociedade

Desde o início, ficou claro que o novo governo não adotaria nenhuma medida de choque como solução para os graves problemas econômicos nacionais. Por um lado, tal decisão mostrou-se adequada, principalmente por causa do recente histórico de medidas "mirabolantes" adotadas por diversos governos com resultados amargos (Plano Cruzado em 1986, Plano Collor em 1990). Por outro lado, ao evitar medidas grandiosas, o governo acabou limitando-se às práticas econômicas do final do período Fernando Henrique, ou seja, a manutenção de uma política econômica baseada no combate à inflação por meio das altas taxas de juros, no estímulo às exportações e no equilíbrio fiscal, subordinando os gastos governamentais à receita, como forma de lidar com uma imensa dívida, tanto externa quanto, principalmente, interna.

No que se refere à inflação, o governo conseguiu mantê-la em níveis baixos. As altas taxas de juros, mantidas em quase todo o período, contribuíram de forma decisiva. O resultado foi a transferência de recursos a setores privados. Contudo, do primeiro mandato ao início do segundo, registrou-se uma situação descendente na política de juros, provocada, entre outras razões, pelo excesso da oferta de capital externo, fruto da expansão econômica mundial em andamento (o maior surto mundial de expansão da produção e do crédito em trinta anos).

Quanto às exportações, manteve-se a tendência de alta registrada desde a primeira grande desvalorização do Real, em 1999. A própria eleição de Lula gerou, em um primeiro momento, uma aceleração da desvalorização, na medida em que havia temor de um governo comprometido com medidas "esquerdizantes". Além disso, a manutenção do crescimento econômico da China (cada vez mais compradora no mercado internacional) e a estabilidade da economia norte-americana, superando os abalos imediatamente posteriores aos atentados terroristas de 11 de setembro de 2001, contribuíram para criar um clima de estabilidade e crescimento da economia mundial, ajudando a expandir as exportações brasileiras. Porém, passou a ocorrer uma concentração cada vez maior das exportações no setor primário (minérios e produtos agrícolas). Observe a tabela.

Evolução da balança comercial brasileira (em bilhões de US$)		
1999	-1,2	Fernando Henrique
2000	-0,6	Fernando Henrique
2001	2,6	Fernando Henrique
2002	13	Fernando Henrique
2003	24,8	Lula
2004	33,8	Lula
2005	44,9	Lula
2006	46,4	Lula
2007	40	Lula
2008	24,9*	Lula
2009	25,2	Lula
2010	20,2	Lula

Base de dados do Portal do Brasil, Banco Central do Brasil, MDIC, Secex, Siscomex e Fundação Getúlio Vargas. Disponível em: <www.portalbrasil.net/economia_balancacomercial.htm> e <www.desenvolvimento.gov.br/arquivos/dwnl_1298052907.pdf>. Acessos em: 30 mar. 2011.
*Início da crise internacional, tendo como eixo os Estados Unidos.

Luiz Inácio Lula da Silva, em janeiro de 2003, após receber a faixa presidencial durante a cerimônia de posse.

Apesar da intensa propaganda, as despesas do governo na área social ficaram muito aquém do esperado, afetando políticas públicas por não provocar o "enxugamento" de uma máquina político-administrativa inflada. Em 2006, estimaram-se em R$ 420 bilhões as despesas da administração pública do setor federal, algo como 19,7% do PIB[2]. Somando os gastos

---

[2] KASSAI, Lúcia. "O governo na contramão". In REVISTA DA INDÚSTRIA. Fiesp, 7/2007. Disponível em: <www.fiesp.com.br/revista/2007/07/pdf/pag-18-23.pdf>. Acesso em: 30 mar. 2011.

com as máquinas governamentais federal, estadual e municipal, bem como Executivo, Legislativo e Judiciário, chegou-se perto "de 38% de tudo o que é produzido" no país[3]. Assim, além do déficit anual de R$ 77 bilhões com a Previdência Social (R$ 35 bilhões relativos aos aposentados do setor público), área à qual são destinados cerca de 7,5% do PIB, somavam-se os gastos crescentes com pessoal. Somente na esfera municipal, registrou-se um enorme aumento no número de municípios: de 4 491 em 1991 para 5 564 em 2005. Como resultado, surgiram no período mais de mil novos prefeitos, Câmaras de Vereadores e todo o aparato necessário para administrar uma cidade[4].

Muitas vezes, o compromisso do governo com a área social ficou bastante distante do esperado, como foi o caso do programa Fome Zero. Lançado já no discurso da posse, o projeto granjeou simpatia da população, porém não representou uma mudança radical em relação aos programas sociais já existentes. Ainda na área social, o principal projeto do governo foi o Bolsa Família, baseado na transferência direta de recursos para famílias de baixa (ou nenhuma) renda. No final de 2010, segundo o Ministério do Desenvolvimento Social, o projeto atendia 12,7 milhões de famílias[5]. Assumindo compromissos como manter os filhos na escola e respeitar o calendário de vacinação das crianças, as famílias de baixa renda se tornavam aptas a receber um valor mensal de R$ 22,00 a R$ 200,00.

Resultados

A adoção de uma política econômica amigável a interesses estrangeiros, simbolizada pela liberdade para o capital especulativo, pela manutenção dos acordos com o FMI até 2005 e do compromisso com o pagamento da dívida externa (não obstante a diminuição de seu peso, se comparado com anos anteriores), acabou, em um primeiro momento, por limitar o ritmo da expansão econômica, apesar da conjuntura internacional favorável. Ainda não se sabe se a manutenção dessa política poderá garantir, a longo prazo, o tão desejado crescimento sustentado da economia brasileira; no primeiro mandato de Lula, ela apresentou, no geral, uma tímida expansão, principalmente se comparada às altas taxas de crescimento das demais economias chamadas "emergentes".

Variação do PIB (comparação com o ano anterior, em porcentagem)		
2003	1,1	Lula
2004	5,7	Lula
2005	3,2	Lula
2006	4,0	Lula
2007	6,1	Lula
2008	5,2	Lula
2009	-0,6	Lula
2010	7,5	Lula

IBGE. Disponível em: <www.ibge.gov.br/home/presidencia/noticias/noticia_visualiza.php?id_noticia=1830&id_pagina=1>. Acesso em: 30 mar. 2011.

---

[3] COFORME MORAES, ANTÔNIO ERMÍRIO. "MAIS EFICIÊNCIA E MENOS GASTOS". IN FOLHA DE S.PAULO, SÃO PAULO, 12/8/2007. P. A2. DISPONÍVEL EM: <WWW1.FOLHA.UOL.COM.BR/FSP/OPINIAO/FZ1208200706.HTM>. ACESSO EM: 30 MAR. 2011.

[4] KASSAI, LÚCIA. "O GOVERNO NA CONTRAMÃO". IN REVISTA DA INDÚSTRIA. FIESP, 7/2007. DISPONÍVEL EM: <WWW.FIESP.COM.BR/REVISTA/2007/07/PDF/PAG-18-23.PDF>. ACESSO EM: 30 MAR. 2011.

[5] DISPONÍVEL EM: <WWW.MDS.GOV.BR/ADESAO/MIB/MATRIZVIEWBR.ASP?>. ACESSO EM: 30 MAR. 2011.

Nos primeiros anos do novo século, a economia de países como China e Índia (e, durante algum tempo, até mesmo da Argentina) crescia a um ritmo mais acelerado que a do Brasil, aproveitando-se da situação econômica internacional favorável. Apesar de tímidos, os números da economia brasileira finalmente começavam a apresentar dados alentadores. Em 2004, conseguiu-se, pela primeira vez, desde 1950, uma combinação singular: economia crescendo acima de 4%, saldo comercial superando 1% do PIB e inflação abaixo de 10%[6]. Outro dado positivo é que, apesar da desigualdade socioeconômica continuar extremamente elevada, em 2004 ocorreu sua redução ao nível mais baixo dos últimos trinta anos[7].

Entre 2008 e 2009, surgiu uma situação inédita: o colapso do mercado imobiliário nos Estados Unidos, seguido de uma das maiores quebras da Bolsa de Nova York, gerou pânico nos mercados internacionais e o temor a uma nova Depressão, a maior desde a década de 1930. Apesar dos sobressaltos iniciais, o "furacão" mundial atingiu o Brasil apenas como "uma marolinha" (nas palavras do presidente Lula). Mesmo assim, o crescimento do PIB foi revertido, ficando negativo em 2009. A existência de uma grande reserva cambial no país, bem como o clima de otimismo gerado pelo crescimento econômico dos três anos anteriores e a elevação do consumo de camadas populares graças a medidas socioeconômicas e assistenciais fizeram com que não apenas o valor da moeda fosse mantido como a economia permanecesse em funcionamento, sem retração permanente da demanda – diferentemente do que ocorreu, por exemplo, nos Estados Unidos. Além disso, na medida em que países como Brasil, Índia e principalmente a China mantinham-se quase imunes à crise, eles passaram a ser vistos como os responsáveis por uma retomada do crescimento econômico mundial, o que acabou resultando na atração de mais investimentos e na aceleração da economia.

Um dos aspectos problemáticos da maior parte do governo Lula, em nada diferente de governos anteriores, foi não priorizar os investimentos em infraestrutura. Em diversos setores, houve o sucateamento da infraestrutura existente e a falta de investimentos em novos projetos, como estradas, portos, saneamento e urbanização. Um exemplo era o transporte aéreo: devido às condições precárias da infraestrutura desse setor, diversos acidentes aéreos ocorreram em 2006. Somente a partir da relativa bonança econômica do segundo mandato de Lula, começaram a surgir planos de investimento mais ambiciosos, muitas vezes sob o rótulo do Programa de Aceleração do Crescimento (PAC). Apesar de certo tom eleitoreiro de muitos de seus projetos, o PAC contribuiu para a discussão das prioridades e investimentos em infraestrutura e modernização.

---

[6] Dados extraídos de RODRIGUES, Fernando & PATU, Gustavo. "País obtém combinação histórica em 2004". In FOLHA DE S.PAULO, São Paulo, 1/1/2005. p. B1.
[7] Consulte o site: <www.ipea.gov.br/sites/000/2/publicacoes/NTquedaatualizada.pdf>. Acesso em: 30 mar. 2011.

O presidente Lula discursando durante o lançamento do Programa de Aceleração do Crescimento (PAC), em 22 de janeiro de 2007, Brasília. Na imagem vemos também a então ministra da Casa Civil, Dilma Rousseff; a primeira-dama, Marisa Letícia; o vice-presidente, José de Alencar; o presidente da Câmara dos Deputados, Aldo Rebelo; e o ministro da Fazenda, Guido Mantega.

Na área da segurança, o empobrecimento e o sucateamento da infraestrutura policial (falta de equipamentos e de formação adequada, salários baixos, comando e organização ineficientes) agravaram a violência urbana, cada vez mais generalizada nas grandes cidades, com taxas de mortalidade que caracterizavam uma verdadeira guerra civil. Vinte anos de relativa estagnação econômica acabaram por criar uma massa urbana excluída do mercado de trabalho, o que leva um número expressivo de jovens a praticar atividades ilícitas, entre as quais o tráfico de drogas e a participação nas redes de crime organizado. Em maio de 2006, uma organização criminosa ligada ao tráfico de drogas e comandada de dentro de presídios desencadeou uma onda inédita de violência, com o ataque em larga escala a forças policiais e civis, atingindo pelo menos seis estados brasileiros. A cidade de São Paulo foi paralisada; a população se recolheu a suas casas e a polícia iniciou operações de represália, com violência sem precedentes. Outros ataques do crime organizado continuaram acontecendo tanto em São Paulo quanto no Rio de Janeiro.

De 2007 ao início de 2010, com a retomada do crescimento econômico, foram gerados milhões de novos empregos com carteira de trabalho assinada, um crescimento recorde em relação aos últimos anos. Mesmo assim, em janeiro de 2010, a taxa de desemprego estava em 12,6%, segundo a Pesquisa de Emprego e Desemprego (PED)[8], tomando como base seis grandes regiões metropolitanas. Outra notícia positiva recente (2009/2010)

[8] Disponível em: <www.salariominimo.net/2010/03/15/taxa-de-desemprego-no-brasil-janeiro-2010>. Acesso em: 30 mar. 2011.

foi a diminuição da concentração de renda, graças ao efeito dos programas assistenciais, ao aumento do salário mínimo (promovido pelo governo de forma consistente) e aos avanços na educação, além da redução da desigualdade no mercado de trabalho. Apesar de significativa, a diminuição na concentração de renda não fez com que o país deixasse de estar entre os piores do mundo em distribuição de renda.

Junto ao otimismo de muitos quanto a um crescimento econômico sustentado ou a reservas e dúvidas de outros diante dos efeitos da crise internacional, no início de 2010 iniciou-se a campanha eleitoral com vistas às eleições para a sucessão de Lula.

O quadro político

Os dois mandatos de Lula foram importantes como forma de consolidação do regime democrático liberal e algumas de suas instituições. Além disso, a ascensão do Partido dos Trabalhadores (PT), considerado de esquerda, e a observação de sua prática administrativa constituem importante aprendizado político.

No governo Lula, algumas das práticas mais criticadas dos governos anteriores permaneceram vivas, como a negociação a qualquer custo com os membros do Congresso, visando à obtenção de maioria parlamentar. Nesse contexto, ocorreu a maior crise política do primeiro governo Lula: o escândalo do Mensalão, em 2005, envolvendo o suposto pagamento de uma "mesada" para deputados, que assim votariam em favor dos projetos do governo. Um escândalo que colocou em xeque o sempre destacado perfil "ético" do partido do PT.

Manifestação na Esplanada dos Ministérios em Brasília, em junho de 2005.

Para seus opositores, o governo Lula privilegiou políticas que resultavam em apoio popular imediato, em detrimento de planejamentos de longo prazo. Esse seria o caso dos projetos assistenciais, que, em vez de promover uma forma de ampliar o acesso à renda (por meio do trabalho), se dedicariam pura e simplesmente à entrega de dinheiro para os mais desfavorecidos. A respeito das práticas políticas do governo Lula, o petista Frei Betto, que foi assessor especial do presidente entre 2003 e 2004, escreveu:

> "O governo Lula optou por privilegiar alianças partidárias que, por vezes, incluíram políticos notoriamente corruptos, de práticas antagônicas aos fundamentos do PT. No calor do processo eleitoral, essas alianças não se pautaram por metas estratégicas capazes de delinear o perfil de um novo país. O balaio de votos pesou mais que a utopia de construir 'um outro Brasil possível'."
>
> (Extraído de BETTO, Frei. Calendário do poder. Rio de Janeiro, Rocco, 2007. Citado em ROSSI, Clóvis. "A vaia do amigo do rei". *Folha de S.Paulo*, 28 jul. 2007. p. A2.)

Em agosto de 2007, no desdobramento da crise do Mensalão, o Supremo Tribunal Federal abriu processos para julgar quarenta pessoas acusadas, algumas delas da cúpula do PT. Do primeiro para o segundo mandato de Lula, os principais líderes do partido (entre eles, José Dirceu e Antônio Palocci) foram afastados de postos governamentais, e o presidente passou a depender cada vez mais de forças provenientes dos partidos conservadores tradicionais ou dos micropartidos. Assim, voltaram a ganhar relevância antigos líderes como José Sarney, por sua vez envolvido – a partir de 2009 – em nova sucessão de escândalos durante sua atuação como presidente do Senado (incluindo acusações que vão do nepotismo ao tráfico de influência). Convém lembrar que tanto o PSDB quanto o DEM ("Democratas", novo nome do PFL a partir de 2007), partidos de oposição ao governo, foram denunciados, na mesma época, por adotar práticas semelhantes, notadamente nos governos estaduais de Minas Gerais e Distrito Federal.

A imagem e o prestígio de Lula permaneceram em grande parte intocados, mas o esvaziamento de seu partido e algumas derrotas eleitorais significativas (por exemplo, em São Paulo e Porto Alegre, nas eleições de 2004 para prefeito) deram força àquilo que muitos denominaram "lulismo". Caracterizado pelo discurso social e por políticas assistencialistas como o Fome Zero e o Bolsa Família, o "lulismo" reforça a imagem do presidente da República como um indivíduo acima da política partidária e capaz de estabelecer um diálogo direto com a população carente. O resultado passou a ser a grande popularidade do presidente, principalmente entre os mais pobres, paralelamente à perda de prestígio de seu partido.

Sob Lula, o Estado apenas começou a colher os frutos de um programa de estabilização de longo prazo, restando a grande tarefa de superar os gargalos existentes na infraestrutura econômica que permitirão a continuação do crescimento a longo prazo. Além disso, questiona-se atualmente a própria validade desse crescimento, uma vez que há sérias questões ambientais que devem ser equacionadas por qualquer modelo econômico expansionista.

No ano de 2010, ocorreu a sucessão presidencial. O desgaste dos principais nomes do PT – por seu envolvimento nos escândalos políticos do governo Lula – fez com que o presidente indicasse como seu sucessor a chefe da Casa Civil, Dilma Rousseff. Durante sua juventude, Dilma participou da luta contra o Regime Militar. Formou-se economista e, como tal, atuou nas administrações públicas do município de Porto Alegre e do estado do Rio Grande do Sul, em governos do PDT e PT. Durante o governo Lula, Dilma foi sucessivamente Ministra das Minas e Energia e Chefe da Casa Civil, de onde saiu para ser candidata à presidência da República.

No campo da oposição, o PSDB lançou mais uma vez a candidatura de José Serra, veterano político com passagens pelo Legislativo (deputado federal e senador), Executivo (prefeito do município e governador do estado de São Paulo) e cargos técnicos (ministro do Planejamento e, mais tarde, da Saúde no governo Fernando Henrique). A senadora Marina Silva, do Partido Verde (PV), também apresentou importante candidatura, uma vez que surgia como terceira força, quebrando a polarização entre PT e PSDB, partidos que dominaram a política nacional por cerca de quinze anos.

Após a realização do segundo turno, a candidata da situação, Dilma Rousseff, foi eleita.

Em janeiro de 2011, Dilma Rousseff tornou-se a primeira mulher a ocupar a Presidência da República no Brasil.

Conclusão: rumo a uma mudança de paradigma?

Durante mais de vinte anos, entre as décadas de 1980 e os primeiros anos do século XXI, o Brasil passou por uma estagnação econômica até então inédita no país. Foram anos marcados inicialmente pela inflação e, em seguida, pela estagnação econômica, e qualquer período de crescimento era acompanhado pela paralisia dos anos seguintes. Ao mesmo tempo, vivia-se na dependência da situação econômica internacional, uma vez que qualquer abalo tinha consequências imediatas no país.

Nesse período, consolidou-se na mentalidade das pessoas um pessimismo diante da realidade, marcada por deterioração de cidades, sucateamento de infraestruturas, falta de oportunidades para muitos, crime, violência.

O último momento de otimismo havia ocorrido na época do "milagre econômico", durante o regime militar, mas, diante da crise da dívida dos anos 1980, também esse otimismo dos anos 1970 passou a soar como uma mentira e todo o discurso nacionalista, como uma farsa de viés autoritário.

Criou-se, assim, uma geração cética em relação ao potencial do país. Porém, a permanência da estabilidade política e econômica e, sobretudo, a quase imunidade do país ao grande abalo econômico de 2008-2009 contribuíram para algumas mudanças nessa maneira de pensar. Além disso, por volta de 2009, não só a mídia, mas também lideranças políticas internacionais começaram a falar do BRIC, grupo formado por Brasil, Rússia, Índia e China, considerados os quatro principais países emergentes da atualidade e as potências do futuro. A isso acrescentava-se, ainda, a descoberta de grandes reservas petrolíferas no litoral brasileiro, o chamado "pré-sal", que trouxe novas perspectivas favoráveis à economia.

A crescente atuação diplomática do Brasil também passou a ser notada. Desde 2004 o país lidera a Missão das Nações Unidas para a Estabilização do Haiti, cujo maior contingente é formado por tropas brasileiras. Em 1999, foi criado o G20, grupo das 19 maiores economias do mundo, mais a União Europeia. Trata-se de um órgão que vem assumindo uma importância cada vez maior na comunidade internacional e do qual o Brasil participa. Além disso, desde o governo Fernando Henrique existe o projeto de dar ao Brasil um assento permanente no Conselho de Segurança da ONU. Apesar de inúmeras dificuldades, o projeto segue adiante, com importantes aliados (como o presidente francês Nicholas Sarkozy). Um sinal do papel cada vez mais ativo da diplomacia brasileira foi dado no final de 2009, quando a embaixada brasileira em Honduras recebeu o presidente deposto do país, logo após o posicionamento oficial do Brasil condenando o golpe de Estado recém-ocorrido. Trata-se de uma ruptura com uma prática de décadas da diplomacia brasileira, de não intervenção em assuntos internos de outro país. Segundo vários analistas, o episódio foi o marco de uma nova forma de atuação internacional do Brasil, tomando posições mais explícitas e, portanto, assumindo responsabilidades.

Os "capacetes azuis", tropas brasileiras da ONU, desembarcando no aeroporto Toussaint Louverture, em Porto Príncipe, no Haiti, em junho de 2004.

Em outubro de 2009, o Comitê Olímpico Internacional escolheu a cidade do Rio de Janeiro como sede das Olimpíadas de 2016. Historicamente, são escolhidas como cidades olímpicas preferencialmente centros tradicionais (em países da Europa e Estados Unidos) ou centros emergentes (caso das Olimpíadas de Seul-1988 e de Pequim-2008). Nesse sentido, é visível a percepção da comunidade internacional em relação ao potencial do país, assumindo um otimismo inédito nos últimos anos. Certamente não se pode afirmar que a escolha da sede das Olimpíadas signifique o reconhecimento do Brasil como "potência mundial", como querem alguns, ou que o Rio de Janeiro, em menos de dez anos, possa ver-se livre de favelas em virtude dos investimentos previstos para as Olimpíadas. A dívida social do Brasil a ser sanada tem um tamanho gigantesco. No entanto, as boas notícias nos últimos anos indicam que talvez os anos do pessimismo estejam acabando.

Questões

1. Em que consistia o projeto neoliberal que o presidente Fernando Collor de Mello defendeu no início de seu mandato presidencial?

2. Caracterize o projeto econômico brasileiro do início dos anos 80 e discuta sua inadequação às demandas do neoliberalismo.

3. O que foi o plano Cruzado? Quais os seus princípios e seus resultados mais significativos, tanto no âmbito econômico quanto no político?

4. Caracterize a Constituição de 1988.

5. Em que contexto surgiu o nome de Fernando Collor para candidato à presidência da República em 1989?

6. Caracterize o plano Collor. Quais foram seus efeitos mais importantes?

7. Por que o presidente Collor foi afastado da presidência da República em 1992?

8. Caracterize o governo de Itamar Franco.

9. Qual a razão do sucesso de Fernando Henrique Cardoso nas eleições presidenciais de 1994?

10. Indique os principais problemas do Brasil de hoje.

11. Caracterize o quadro político, social e econômico do governo Lula.

UNIDADE IV — A DECADÊNCIA OLIGÁRQUICA — DITADURA E DEMOCRACIA

ATIVIDADES EM HISTÓRIA

1. **Trabalho sobre a Era Vargas**

   a) Pergunte a familiares, vizinhos e conhecidos sobre a pessoa e o governo de Getúlio Vargas. É importante que as opiniões, tanto as favoráveis quanto as desfavoráveis, sejam justificadas pelos entrevistados. Seria bastante interessante que as entrevistas fossem gravadas para classificação e possível apresentação posterior a outros colegas de sala de aula. O fecho desta parte do trabalho deverá trazer uma conclusão, considerando as opiniões colhidas e o que foi estudado no capítulo 12.

   b) Obtenha, junto aos entrevistados, bibliotecas, etc., músicas, figuras, objetos, vídeos referentes à Era Vargas. Cada um dos elementos conseguidos para o trabalho de resgate da memória da Era Vargas deverá ser acompanhado de um texto explicativo do seu conteúdo, finalidade e contexto em que foi produzido.

   c) Apresentação em sala de aula.

2. Leitura e interpretação histórica do livro *Olga*, de Fernando Morais. Após a leitura, o trabalho consiste em apresentar o contexto político que gerou a tragédia dessa personagem da história brasileira, respondendo fundamentalmente às seguintes questões:

   a) Qual o crime cometido por Olga Benario Prestes e que resultou em sua perseguição pelo governo brasileiro?

   b) Qual a relação do governante brasileiro da época com Luís Carlos Prestes, quando do recebimento da última carta escrita por Olga a seu marido?

   c) Explique os vínculos do governo brasileiro com o regime que executou Olga. Destaque também quais os crimes cometidos por ela perante esse regime.

   d) Indique os partidos políticos brasileiros mais importantes citados no livro, caracterizando-os.

   e) Dê a sua opinião pessoal sobre todo o episódio.

3. **Trabalho interdisciplinar de história e educação física**

   a) Indique o ano das copas mundiais de futebol vencidas pelo Brasil, caracterizando a situação (econômica e política) do país em cada uma delas.

   b) Obtenha material relativo aos períodos e alusivos às conquistas (figuras, gravações musicais ou narrativas, depoimentos, vídeos, etc.) para exposição em sala de aula.

   c) Consulte os professores de literatura e educação física para obter indicações de livros que tratem do futebol.

   d) Apresentação do trabalho, incluindo uma conclusão com a opinião pessoal do aluno.

4. Trabalho sobre história e cinema

Assista ao filme *O ano em que meus pais saíram de férias* (2006, direção de Cao Hamburger) e responda às seguintes questões:

a) Qual era a situação econômica do país na época retratada no filme?
b) Qual é a posição política dos principais personagens do filme (os pais de Mauro, o estudante Ítalo e o velho Schlomo)?
c) Qual é o papel do futebol na história do Brasil?

5. Trabalho sobre economia contemporânea

Faça um painel sobre a situação econômica e social de seu município, tendo em vista a globalização econômica e suas demandas. Destaque:

a) A presença de produtos importados à venda. Em que setores (alimentos, automóveis, vestuário, eletroeletrônicos) essa presença é mais visível?
b) Em sua casa existem produtos importados? Por que o similar nacional não é preferido (preço, qualidade, etc.)?
c) Quais as atividades econômicas em ascensão e decadência? Há relação entre a decadência ou ascensão de um setor com a globalização mundial ou os avanços tecnológicos?
d) Procure obter dados relativos a desemprego e falências nos últimos meses ou anos em seu município. Existe algum projeto do governo (municipal, estadual ou federal) em andamento para enfrentar o problema?
e) Qual o orçamento da prefeitura e como ele se distribui (gastos sociais, obras, etc.) na atualidade? Como tem sido a evolução desse orçamento nos últimos anos?
f) Levante dados sobre a violência em seu município (homicídios, furtos, assaltos, etc.). Essa violência tem aumentado ou diminuído?
g) Qual a situação da educação? Levante dados quantitativos em relação ao número de estabelecimentos, alunos, professores. Existem diferenças qualitativas entre ensino público e privado?
h) Como se explica a situação atual pesquisada e, na sua opinião, quais as perspectivas para o futuro?

6. Sugestão de filmes

- *Olga* (2004, direção de Jayme Monjardim);
- *Memórias do Cárcere* (1984, direção de Nelson Pereira dos Santos);
- *Lamarca* (1994, direção de Sérgio Rezende);
- *O que é isso, companheiro?* (1997, direção de Bruno Barreto);
- *Entre-atos* (2004, direção de João Moreira Salles);
- *Peões* (2004, direção de Eduardo Coutinho);
- *Tropa de Elite I e II* (2007 e 2010, direção de José Padilha).

■ A Decadência Oligárquica — Ditadura e Democracia ■

EXERCÍCIOS DE VESTIBULARES E ENEM

1. (Enem) A figura de Getúlio Vargas, como personagem histórica, é bastante polêmica, devido à complexidade e à magnitude de suas ações como presidente do Brasil durante um longo período de 15 anos (1930-1945). Foram anos de grandes e importantes mudanças para o país e para o mundo. Pode-se perceber o destaque dado a Getúlio Vargas pelo simples fato de este período ser conhecido no Brasil como a "Era Vargas".

   Entretanto, Vargas não é visto de forma favorável por todos. Se muitos o consideram como um fervoroso nacionalista, um progressista ativo e o "Pai dos Pobres", existem outros tantos que o definem como ditador oportunista, um intervencionista e amigo das elites.

   Considerando as colocações acima, responda à questão seguinte, assinalando a alternativa correta. Provavelmente você percebeu que as duas opiniões sobre Vargas são opostas, defendendo valores praticamente antagônicos. As diferentes interpretações do papel de uma personalidade histórica podem ser explicadas conforme uma das opções abaixo. Assinale-a.

   a) Um dos grupos está totalmente errado, uma vez que a permanência no poder depende de ideias coerentes e de uma política contínua.

   b) O grupo que acusa Vargas de ser ditador está totalmente errado. Ele nunca teve uma orientação ideológica favorável aos regimes politicamente fechados e só tomou medidas duras forçado pelas circunstâncias.

   c) Os dois grupos estão certos. Cada um mostra Vargas da forma que serve melhor aos seus interesses, pois ele foi um governante apático e fraco — uma verdadeira marionete nas mãos da elite da época.

   d) O grupo que defende Vargas como autêntico nacionalista está totalmente enganado. Poucas medidas nacionalizantes foram tomadas para iludir os brasileiros, devido à política populista do varguismo, e ele fazia tudo para agradar aos grupos estrangeiros.

   e) Os dois grupos estão errados, por assumirem características parciais e, às vezes, conjunturais, como sendo posturas definitivas e absolutas.

2. (PUC-SP) "Com a criação dos Sindicatos Profissionais moldados em regras uniformes e precisas, dá-se às aspirações dos trabalhadores e às necessidades dos patrões expressão legal normal e autorizada. O arbítrio, tanto de uns como de outros, gera a desconfiança, é causa de descontentamento, produz atritos que estalam em greves (...) Os sindicatos ou associações de classe serão os para-choques dessas tendências antagônicas."

   (COLLOR, Lindolfo, Ministro do Trabalho, 19/3/1931.
   Citado por MUNAKATA, Kazumi. *A legislação trabalhista do Brasil.*
   São Paulo, Brasiliense, 1984. p. 84.)

   A declaração acima, de Lindolfo Collor, Ministro do Trabalho em 1931, é exemplar da relação entre Estado e trabalhadores durante o período Vargas, caracterizada pela

   a) disposição governamental de atuar como árbitro dos conflitos sociais e de controlar as organizações de trabalhadores.

b) liberdade de reunião, ação e funcionamento das associações de operários, independentemente de sua posição ideológica.
c) aceitação das reivindicações trabalhistas e pela implantação de legislação trabalhista francamente prejudicial aos interesses do patronato.
d) proibição da unicidade sindical, o que provocou o surgimento de muitos sindicatos por categoria e a divisão na luta dos trabalhadores.
e) repressão a toda mobilização operária e pela perseguição às lideranças trabalhistas de direita e de esquerda.

3. (Unesp-SP) Um cartaz alusivo à Revolução de 1932 continha a mensagem "Você tem um dever a cumprir", que conclamava
a) os gaúchos à defesa do governo provisório de Vargas, ameaçado pelas forças separatistas dos estados.
b) os paulistas e os habitantes do estado de São Paulo à luta pela constitucionalização do país.
c) os jovens a ingressarem na Força Expedicionária Brasileira, na luta contra o nazifascismo.
d) os operários à mobilização pela legislação trabalhista, cujo projeto fora vetado pelo Congresso Nacional.
e) os empresários a defenderem a livre iniciativa econômica, ameaçada pelo governo da Aliança Liberal.

4. (UFPI-PI) Os acontecimentos históricos ocorrem, sempre, em conexão com outros acontecimentos, de modo que, quando falamos de uma época estamos nos referindo a um ambiente dentro do qual se expressam e limitam as ações dos sujeitos. Pode-se dar o seguinte exemplo para essa afirmação: em 1932, sob a liderança do literato Plínio Salgado, foi organizado, no Brasil, um movimento político cuja inspiração vinha da Europa, sendo profundamente influenciado por um movimento político europeu em ascensão na época, o qual apresentava como uma de suas metas prioritárias combater um outro movimento político em expansão na Europa. Os três movimentos referidos são, respectivamente:
a) o integralismo, o fascismo, o nazismo.
b) o liberalismo, o socialismo, o comunismo.
c) o integralismo, o nazifascismo, o comunismo.
d) o expansionismo, o nacionalismo, o anarquismo.
e) o anarquismo, o comunismo, o integralismo.

5. (Ufop-MG) Em 30 de março de 1935, veio a público o manifesto do movimento social e político conhecido como ANL (Aliança Nacional Libertadora), organizado por comunistas e tenentes de esquerda, tendo aclamado Luís Carlos Prestes como presidente de honra. Assinale, dentre as alternativas abaixo, o item que **não** pertence ao programa básico da ANL.
a) Suspensão do pagamento da dívida externa.
b) Nacionalização das empresas estrangeiras.
c) Garantia das liberdades dos setores populares.
d) Estabelecimento de um governo marxista-socialista.

6. (Fuvest-SP) Em 10 de novembro de 1937, para justificar o golpe que instaurava o Estado Novo, Getúlio Vargas discursava:

"Colocada entre as ameaças caudilhescas e o perigo das formações partidárias sistematicamente agressivas, a Nação, embora tenha por si o patriotismo da maioria absoluta dos brasileiros e o amparo decisivo e vigilante das Forças Armadas, não dispõe de meios defensivos eficazes dentro dos quadros legais, vendo-se obrigada a lançar mão das medidas excepcionais que caracterizam o estado de risco iminente da soberania nacional e da agressão externa."

Baseando-se no texto acima, pode-se entender que:
a) Vargas fala em nome da Nação, considerando-se o intérprete de seus anseios e necessidades.
b) a defesa da Nação está exclusivamente nas mãos do exército e do patriotismo dos brasileiros.
c) Vargas delega às Forças Armadas o poder de lançar mão de medidas excepcionais.
d) as medidas excepcionais tomadas estão na relação direta da falta de formações políticas atuantes.
e) Vargas estabelece uma oposição entre o patriotismo dos brasileiros e a ação das Forças Armadas.

7. (Enem) "O autor da constituição de 1937, Francisco Campos, afirma no seu livro, *O Estado Nacional*, que o eleitor seria apático; a democracia de partidos conduziria à desordem; a independência do Poder Judiciário acabaria em injustiça e ineficiência; e que apenas o Poder Executivo, centralizado em Getúlio Vargas, seria capaz de dar racionalidade imparcial ao Estado, pois Vargas teria providencial intuição do bem e da verdade, além de ser um gênio político."

(Adaptado de CAMPOS, F. *O Estado nacional*. Rio de Janeiro, José Olympio, 1940.)

Segundo as ideias de Francisco Campos,
a) os eleitores, políticos e juízes seriam mal intencionados.
b) o governo Vargas seria um mal necessário, mas transitório.
c) Vargas seria o homem adequado para implantar a democracia de partidos.
d) a Constituição de 1937 seria a preparação para uma futura democracia liberal.
e) Vargas seria o homem capaz de exercer o poder de modo inteligente e correto.

8. (Famema-SP) De profundos reflexos no desenvolvimento da história política do Brasil, existe um episódio conhecido pelo nome de Plano Cohen que consiste
a) na coligação de forças imperialistas que visavam impedir a proclamação da República, nos fins do século XIX.
b) num documento forjado, denunciando uma fantasiosa implantação do comunismo no Brasil, a fim de justificar um golpe de Estado para o continuísmo de Getúlio Vargas no poder.
c) no conjunto de propostas feitas pelos generais recém-chegados da Europa, ao fim da Segunda Guerra Mundial, para a volta do Estado democrático no Brasil, dominado pela ditadura Vargas.
d) nas transformações administrativas necessárias à interiorização da capital federal para Brasília.
e) em algo totalmente diferente do que foi escrito anteriormente.

9. (UFMG-MG) Leia a notícia

> **CARLOS PRESTES À FRENTE DA INSURREIÇÃO ARMADA NO RIO!**
> **A Manhã** 2ª EDIÇÃO
> SOB O SEU COMMANDO LEVANTOU-SE, ESTA MADRUGADA, A GUARNIÇÃO DESTA CAPITAL

PINHEIRO, Paulo Sérgio. *Estratégias da ilusão*. São Paulo, Cia. das Letras, 1991.

A notícia, publicada no jornal *A Manhã*, do Rio de Janeiro, refere-se
a) à constituição da Coluna Prestes em 1926.
b) à deposição de Washington Luís em 1930.
c) ao levante comunista de 1935.
d) ao movimento tenentista de 1922.
e) ao Movimento Revolucionário 8 de outubro.

10. (UFMG-MG) "Já não somos um país exclusivamente agrário. Não vamos continuar esmagados pelo peso das compras de produtos industriais no exterior! Ferro, carvão e petróleo são a base da emancipação econômica de qualquer país. Produziremos tudo isso e muito mais."

(Getúlio Vargas)

Assinale a alternativa que define esse projeto desenvolvido no Brasil e em vários outros países.
a) Desigualdades de origem geográficas e históricas que levaram, muitas vezes, os países menos favorecidos a proteger suas economias e a adotar o modelo de substituição de importações.
b) Estratégia utilizada pelas burguesias nacionais, em ascensão nos países periféricos, para viabilizar a tomada do poder político e a consequente queda das oligarquias latifundiárias.
c) Necessidade de superar o passado agroexportador a qual culminou com a elevação do parque industrial de algumas economias do Terceiro Mundo aos padrões dos países centrais do sistema capitalista.
d) Solução encontrada pelos países em desenvolvimento para impedir que a expansão do imperialismo atingisse suas atividades econômicas e implantasse a divisão internacional do trabalho em moldes ainda coloniais.

11. A organização corporativa no Brasil constituiu o instrumento político pelo qual a teoria da racionalização industrial adentra o mundo das relações do trabalho.

Todas as alternativas contêm afirmações corretas sobre a organização corporativa, exceto

a) a presença de técnicos e especialistas "científicos" nos conselhos técnicos do Estado conferia às decisões desse a chancela da neutralidade e eficiência.
b) a transformação dos sindicatos pelo corporativismo acirrou os antagonismos de classe, fortaleceu os conflitos sociais e reduziu os dispositivos disciplinares sobre os trabalhadores.
c) o estado instalou uma complexa rede burocratizada de departamentos, seções e serviços especializados para exercer efetivo controle sobre a sociedade.
d) o ministério do trabalho foi a espinha dorsal da estrutura corporativa que visava a realizar a comunhão entre o Estado e a nação.
e) o objetivo do corporativismo era resolver os conflitos localizados no mundo da fábrica, transferindo-os a esfera pública.

12. (Ufal-AL) As rebeliões políticas nem sempre indicam mudanças radicais. No período de 1930 a 1945, politicamente, o Brasil:

a) concretizou as liberdades democráticas, com a derrubada das oligarquias e a renovação do Congresso Nacional.
b) conviveu com práticas autoritárias, sendo a Constituição de 1937, um exemplo da centralização e da falta da democracia.
c) modernizou sua economia, com a implantação de indústrias de base e a defesa da liberdade sindical.
d) consolidou o poder das oligarquias do Sudeste, atendendo aos pedidos proprietários das usinas de açúcar.
e) afirmou um modelo fascista, imitando o governo de Mussolini e incentivando preconceitos raciais.

13. (Fuvest-SP)

"Com meu chapéu de lado, tamanco arrastando
Lenço no pescoço, navalha no bolso
Eu passo gingando, provoco e desafio
Eu tenho orgulho de ser vadio."

(Wilson Batista, 1933.)

"Quem trabalha é quem tem razão
Eu digo e não tenho medo de errar
o bonde de São Januário
leva mais um operário
sou eu que vou trabalhar."

(Wilson Batista/Ataulfo Alves, 1940.)

Da comparação entre as letras desses sambas, depreende-se que:
a) as mudanças visíveis nos conteúdos dos sambas sugerem adesão à ideologia do Estado Novo.
b) as mudanças significativas de conteúdo decorrem da valorização do trabalho industrial no Rio de Janeiro.
c) as datas das composições correspondem ao mesmo período do governo de Vargas, indicando que as mudanças são mera coincidência.
d) as mudanças das letras não são significativas, já que ambas as composições tratam de problemas de gente pobre e humilde.
e) as letras das músicas estão distantes dos interesses políticos do Estado Novo, que não se preocupava em fazer propaganda.

14. (Enem) "A partir de 1942 e estendendo-se até o final do Estado Novo, o Ministro do Trabalho, Indústria e Comércio de Getúlio Vargas falou aos ouvintes da Rádio Nacional semanalmente, por dez minutos, no programa 'Hora do Brasil'. O objetivo declarado do governo era esclarecer os trabalhadores acerca das inovações na legislação de proteção ao trabalho."

(Adaptado de GOMES, A. C. *A invenção do trabalhismo*. Rio de Janeiro, IUPERJ/Vértice. São Paulo, Revista dos Tribunais, 1988.)

Os programas "Hora do Brasil" contribuíram para
a) conscientizar os trabalhadores de que os direitos sociais foram conquistados por seu esforço, após anos de lutas sindicais.
b) promover a autonomia dos grupos sociais, por meio de uma linguagem simples e de fácil entendimento.
c) estimular os movimentos grevistas, que reivindicavam um aprofundamento dos direitos trabalhistas.
d) consolidar a imagem de Vargas como um governante protetor das massas.
e) aumentar os grupos de discussão política dos trabalhadores, estimulados pelas palavras do ministro.

15. (Fuvest-SP) No Brasil, a CLT – Consolidação das Leis do Trabalho – foi criada pelo Decreto 5452, de 1943 em meio ao governo de Getúlio Vargas, para reunir e sistematizar as leis trabalhistas existentes no país. Tais leis representaram a
a) conquista evidente do movimento operário sindical e partidariamente organizado desde 1917, defensor de projetos socialistas e responsável pela ascensão de Vargas ao poder.
b) participação do Estado como árbitro na mediação das relações entre patrões e trabalhadores de 1930 em diante, permitindo a Vargas propor a racionalização e despolitização das reivindicações trabalhistas.
c) inspiração notadamente fascista, que orientou o Estado Novo desde sua implantação em 1937, desviando Vargas das intenções nacionalistas presentes no início de seu governo.
d) atuação controladora do Estado brasileiro sobre os sindicatos e as associações de trabalhadores permitindo a Vargas criar, a partir de 1934, o primeiro partido político de massas da história brasileira pós-1945.
e) pressão norte-americana, que se tornou mais clara após 1945, para que Vargas controlasse os grupos anárquicos e socialistas presentes nos movimentos operário e camponês.

16. (PUC-RJ) A Segunda Guerra Mundial foi um acontecimento que envolveu, de forma diferenciada, vários países. Sobre a participação do Brasil na Segunda Guerra Mundial é **correto** afirmar que:
a) O governo brasileiro, em harmonia com a posição dos países sul-americanos, rompeu relações diplomáticas com os países do Eixo, mas não se envolveu diretamente no conflito.
b) Interessado em uma maior aproximação com os Estados Unidos, o governo brasileiro declarou guerra aos países do Eixo e enviou tropas para lutar no cenário de guerra europeu.
c) Liderados pelos Estados Unidos, o Brasil e todos os países americanos romperam relações diplomáticas e declararam guerra aos países do Eixo, no início da conflagração mundial, em 1939.
d) Apesar de o Brasil ter recebido apoio técnico e financeiro alemão para a construção de uma usina siderúrgica, os militares brasileiros optaram por lutar junto aos países Aliados.
e) A maior identificação política com o regime nazista alemão levou o governo brasileiro a prorrogar até quase o final da guerra, em 1944, a declaração de apoio aos países Aliados.

17. (UFRN-RN) No dia 10 de fevereiro de 1944, uma crônica publicada no jornal *O Diário* retratou aspectos do cotidiano da cidade de Natal, nos seguintes termos:

"Meio displicente o cronista entrou no café.
(...) tipos de uma outra raça, a que a uniformidade das fardas cáquis emprestava um tom militar, enchiam as mesas. (...) A algaravia que se falava era estranha. (...) Sobre a fala de alguns quepes, o brasão de Suas Majestades Britânicas, ou as iniciais simbólicas da RAF canadense. A maioria, porém, era de gente da América (...).
O cronista olhou para os lados, curioso. Brasileiro, ele apenas. Sim, também as pequenas garçonnettes (...).
No entanto, aquele era um simples e muito nortista 'café' da rua Dr. Barata, por mais que a paisagem humana se mesclasse de exemplares de terras diferentes..."

(Apud PEDREIRA, Flávia de Sá. *Chiclete eu misturo com banana: carnaval e cotidiano de guerra em Natal.* Natal, EDUFRN, 2005. p. 217.)

Considerando-se o fragmento textual acima e as informações históricas sobre o período a que ele se refere, é correto afirmar:
a) Pela proximidade com a África e por ter sediado importantes bases militares dos Estados Unidos, Natal foi alvo de esporádicos ataques das tropas da Alemanha.
b) Os natalenses passaram a rejeitar, paulatinamente, os hábitos dos estrangeiros, como os estilos musicais norte-americanos, o uso de roupas informais e de palavras da língua inglesa.
c) O início da guerra e a ameaça de bombardeios aéreos mudaram o clima de festa em que Natal vivia e acirraram, ainda mais, as rivalidades entre brasileiros e norte-americanos.
d) A presença de um grande contingente de militares de outros países e a circulação de moeda estrangeira agitaram, de forma significativa, a vida da outrora pacata Natal.

18. (Enem) A industrialização do Brasil é fenômeno recente e se processou de maneira bastante diversa daquela verificada nos Estados Unidos e na Inglaterra, sendo notáveis, entre outras características, a concentração industrial em São Paulo e a forte desigualdade de renda mantida ao longo do tempo. Outra característica da industrialização brasileira foi

a) a fraca intervenção estatal, dando-se preferência às forças de mercado, que definem os produtos e as técnicas por sua conta.
b) a presença de políticas públicas voltadas para a supressão das desigualdades sociais e regionais, e desconcentração técnica.
c) o uso de técnicas produtivas intensivas em mão de obra qualificada e produção limpa em relação aos países com indústria pesada.
d) a presença constante de inovações tecnológicas resultantes dos gastos das empresas privadas em pesquisa e em desenvolvimento de novos produtos.
e) a substituição de importações e a introdução de cadeias complexas para a produção de matérias-primas e de bens intermediários.

19. (UFGO-GO) Nas décadas de 1930 e 1940, em alguns países latino-americanos, como Argentina e Brasil, desenvolveu-se um fenômeno político-social conhecido como populismo. No período, os principais setores e classes sociais expressaram diferentes visões a respeito desse fenômeno, significando, para
a) a burguesia industrial, um governo contrário à modernização, por se apoiar num Estado forte e intervencionista.
b) as camadas médias urbanas, um governo autoritário que as excluiu do processo político, tal como o Estado oligárquico.
c) as oligarquias agrárias, um governo nocivo aos seus interesses, ao efetivar uma reforma agrária de caráter indenizatório.
d) o operariado, um governo que possibilitou a garantia de direitos trabalhistas, ao elaborar um conjunto específico de leis.
e) as forças armadas, um governo que contrariou os interesses nacionalistas, ao se alinhar ao imperialismo estadunidense.

20. (Enem) "João de Deus levanta-se indignado. Vai até a janela e fica olhando para fora. Ali na frente está a Panificadora Italiana, de Gamba & Filho. Ontem era uma casinhola de porta e janela, com um letreiro torto e errado: "Padaria Nápole". Hoje é uma fábrica... João de Deus olha e recorda... Quando Vittorio Gamba chegou da Itália com uma trouxa de roupa, a mulher e um filho pequeno, os Albuquerques eram donos de quase todas as casas do quarteirão. (...) O tempo passou. Os negócios pioraram. A herança não era o que se esperava. Com o correr dos anos os herdeiros foram hipotecando as casas. Venciam-se as hipotecas, não havia dinheiro para resgatá-las: as propriedades, então, iam passando para as mãos dos Gambas, que prosperavam."

(Adaptado de VERÍSSIMO, Érico. *Música ao longe*. Porto Alegre, Globo, 1974.)

O texto foi escrito no início da década de 1930 e revela, por meio das recordações do personagem, características sócio-históricas desse período, as quais remetem
a) à ascensão de uma burguesia de origem italiana.
b) ao início da imigração italiana e alemã, no Brasil, a partir da segunda metade do século.
c) ao modo como os imigrantes italianos impuseram, no Brasil, seus costumes e hábitos.
d) à luta dos imigrantes italianos pela posse da terra e pela busca de interação com o povo brasileiro.
e) às condições socioeconômicas favoráveis encontradas pelos imigrantes italianos no início do século.

21. (Fuvest-SP)

Olhando para esta tela do pintor brasileiro, Candido Portinari, *Família de Retirantes*, de 1944, pode-se estabelecer relações com
a) as ideias integralistas dos nacionalistas.
b) a doutrina social da hierarquia da Igreja católica.
c) a propaganda oficial da política de Vargas.
d) a desesperança típica do pós-guerra.
e) a postura de engajamento e crítica social.

22. (UEL-PR) "(...) criou em 1945 um partido social-democrata que, como todos sabemos, se consolidou como o mais importante partido agrário do país (...) criou também um partido trabalhista, e há quem diga que buscou inspirar-se no Labour Party (...)."

O texto permite associar
a) Jânio Quadros ao PDS e ao PSB.
b) Eurico Gaspar Dutra ao PCB e ao PFL.
c) Juscelino Kubitschek ao PRM e ao PDT.
d) Getúlio Vargas ao PSD e ao PTB.
e) João Batista Figueiredo ao MDB e ao PRN.

23. (Fuvest-SP) Em 1947, o Partido Comunista foi colocado na ilegalidade no Brasil. Essa decisão se explica basicamente
a) pela bipartição do mundo em blocos antagônicos, consequência da Guerra Fria.
b) pela linha insurrecional dos comunistas que pretendiam iniciar uma revolução a curto prazo.
c) por ser o Partido Comunista frágil e destituído de expressão social.
d) por um acordo partidário firmado pela UDN, o PDS e o PTB.
e) pelo desejo de acalmar as Forças Armadas que ameaçavam interromper o jogo democrático.

24. (Unesp-SP) A respeito do período da história política do Brasil que se estendeu de 1951 a 1954, quando Getúlio Vargas exerceu a presidência da República, pode-se afirmar que
a) a inflação atingiu índices mínimos, o que garantiu o apoio dos empresários e da classe média ao governo, assim como o fim das greves.
b) o grande partido político, a União Democrática Nacional (UDN), sustentou a política de desenvolvimento econômico implementada pelo governo.
c) o governo aboliu a legislação trabalhista criada e aplicada pela ditadura varguista durante o Estado Novo.
d) o Alto Comando das Forças Armadas, em particular da Força Aérea, manteve-se neutro face às disputas que levaram ao suicídio de Vargas.
e) foi aprovado no Congresso o projeto de criação da Petrobras, empresa estatal, embora fosse permitida a algumas empresas estrangeiras a distribuição dos derivados do petróleo.

25. (Enem) "O ano de 1954 foi decisivo para Carlos Lacerda. Os que conviveram com ele em 1954, 1955, 1957 (um dos seus momentos intelectuais mais altos, quando o governo Juscelino tentou cassar o seu mandato de deputado), 1961 e 1964 tinham consciência de que Carlos Lacerda, em uma batalha política ou jornalística, era um trator em ação, era um vendaval desencadeado não se sabe como, mas que era impossível parar fosse pelo método que fosse."

(Adaptado de FERNANDES, Hélio. "Carlos Lacerda, a morte antes da missão cumprida". In: *Tribuna da Imprensa*, 22/5/2007.)

Com base nas informações do texto acima e em aspectos relevantes da história brasileira entre 1954, quando ocorreu o suicídio de Vargas (em grande medida, devido à pressão política exercida pelo próprio Lacerda), e 1964, quando um golpe de Estado interrompe a trajetória democrática do país, conclui-se que
a) a cassação do mandato parlamentar de Lacerda antecedeu a crise que levou Vargas à morte.
b) Lacerda e adeptos do getulismo, aparentemente opositores, expressavam a mesma posição político-ideológica.
c) a implantação do regime militar, em 1964, decorreu da crise surgida com a contestação à posse de Juscelino Kubitschek como presidente da República.
d) Carlos Lacerda atingiu o apogeu de sua carreira, tanto no jornalismo quanto na política, com a instauração do regime militar.
e) Juscelino Kubitschek, na presidência da República, sofreu vigorosa oposição de Carlos Lacerda, contra quem procurou reagir.

26. (FGV-SP) "No plano da política partidária, o acordo entre o PSD e PTB garantiu o apoio aos principais projetos do governo Juscelino Kubitschek no Congresso."

O traço comum que aproximava os dois partidos era:
a) a preocupação dominante com a sorte das camadas médias urbanas, articuladas em torno dos sindicatos de serviços e de funcionários autônomos.
b) o getulismo do PSD (setores dominantes no campo, a burocracia governamental e setores das burocracias industrial e comercial) e o getulismo do PTB (burocracia sindical e do Ministério do Trabalho, a burguesia industrial nacionalista e a maioria dos trabalhadores urbanos organizados).
c) o autoritarismo esclarecido do PTB (organizando as massas urbanas dos pequenos e médios centros do país) e o despotismo do PSD (criando as condições básicas para a sobrevivência de pequenos sindicatos).

d) a atuação junto aos setores despossuídos (os chamados "marmiteiros") das grandes metrópoles, que sempre atuaram no sentido de alcançar uma melhor situação de vida.
e) a defesa incondicional da instrução 113 da Sumoc (Superintendência da Moeda e do Crédito), que, ao propiciar uma fuga de capitais estrangeiros do país, permitia que o capital industrial nacional encontrasse condições para sua ampliação.

27. (Enem) "Sigo o destino que me é imposto. Depois de decênios de domínio e espoliação dos grupos econômicos e financeiros internacionais, fiz-me chefe de uma revolução e venci. Iniciei o trabalho de libertação e instaurei o regime de liberdade social. Tive de renunciar. Voltei ao governo nos braços do povo. (...) Quis criar liberdade nacional na potencialização das nossas riquezas através da Petrobras, mal começa esta a funcionar, a onda de agitação se avoluma."

(VARGAS, Getúlio. *Carta Testamento*. Rio de Janeiro, 23/8/1954, fragmento.
Disponível em: <www.rio.rj.gov.br/memorialgetuliovargas/>.
Acesso em: 17 fev. 2011.)

O contexto político tratado refere-se a um significativo período da história do Brasil, o 2º Governo de Vargas (1951-1954), que foi marcado pelo aumento da infiltração do Partido Comunista Brasileiro (PCB) nos sindicatos e pelo distanciamento entre Getúlio e os militares que o haviam apoiado durante o Estado Novo. O conteúdo da carta testamento de Getúlio aponta para a

a) existência de um conflito ideológico entre as forças nacionais e a pressão do capital internacional.
b) tendência de instalação de um governo com o apoio do povo e sob a égide das privatizações.
c) construção de um pacto entre o governo e a oposição visando fortalecer a Petrobras.
d) iminência de um golpe protagonizado pelo Partido Comunista Brasileiro (PCB).
e) pressão dos militares contra o monopólio estatal sobre a exploração e a comercialização do petróleo.

28. (Fuvest-SP) "(...) é fenômeno das regiões atingidas pela intensificação do processo de urbanização. Estabelece suas raízes mais fortes em São Paulo, região de mais intenso desenvolvimento industrial no país (...) é, no essencial, a exaltação do poder público; é o próprio Estado colocando-se através do líder, em contato direto com os indivíduos reunidos na massa. (...) A massa se volta para o Estado e espera dele o sol ou a chuva, ou seja, entrega-se de mãos atadas aos interesses dominantes."

Este texto de F. Weffort:
a) faz considerações sobre o coronelismo no Brasil.
b) caracteriza a política brasileira pós-64.
c) descreve uma forma de dominação política que emergiu com a revolução constitucionalista de 1932.
d) caracteriza a forma de poder oligárquico na República Velha.
e) trata do populismo no Brasil.

29. (Unesp-SP) A construção de Brasília durante o governo Juscelino Kubitschek (1956-1961) teve, entre suas motivações oficiais,
a) afastar de São Paulo a sede do governo federal, impedindo que a elite cafeicultora continuasse a controlá-lo.
b) estimular a ocupação do interior do país, evitando a concentração das atividades econômicas em áreas litorâneas.

c) deslocar o funcionalismo público do Rio de Janeiro, permitindo que a cidade tivesse mais espaços para acolher os turistas.
d) tornar a nova capital um importante centro fabril, reunindo a futura indústria de base do Brasil.
e) reordenar o aparato militar brasileiro, expandindo suas áreas de atuação até as fronteiras dos países vizinhos.

30. (Fuvest-SP) A inauguração de Brasília, depois de sua rápida construção durante o governo de Juscelino Kubitschek (1956-1961), trouxe desdobramentos diversos para o país. Entre eles,
a) estímulo à navegação fluvial no Sul e saída de capitais estrangeiros.
b) incentivo à integração econômica nacional e aumento da inflação.
c) desenvolvimento das estradas de ferro no Centro-Sul e empobrecimento do estado do Rio de Janeiro.
d) estímulo à organização dos sindicatos e crescimento do poder dos militares.
e) transformação do Centro-Oeste em área industrial e crescente endividamento externo.

31. (Unifesp-SP) "Proclamo aqui que toda a nação reconhece: está caduca a estrutura rural brasileira. A reforma agrária já não é, assim, tema de discurso, mas objeto de ação imediata: ação legislativa e ação executiva..."

(Declaração do Presidente Jânio Quadros, publicado no jornal *Correio da Manhã*, em 3/8/1961.)

No momento dessa declaração a reforma agrária no Brasil
a) estava na ordem do dia, daí a posição do presidente em seu favor.
b) aparecia como uma questão ultrapassada, como demonstra a posição da presidência.
c) era algo restrito apenas à região nordestina, onde agiam as Ligas Camponesas.
d) há muito que era defendida pela maioria no Congresso, mas não pelo Executivo.
e) jazia adormecida e, por razões demagógicas, foi despertada pelo presidente.

32. (UFMS-MS) O texto abaixo trata da história do Brasil republicano.

"Fala-se muito no perigo comunista para o Brasil, mas esse perigo não existe mais.
Pois o Brasil já é um país comunista. (...) Os homens públicos falam sem nenhuma propriedade. (...) A mudança da capital para Goiás é prova de que o Governo caminha decididamente para a esquerda. (...) A tremenda corrida imobiliária e a construção de incontáveis arranha-céus levou os operários a alturas que nunca alcançaram em outros países. Temos aí a verdadeira ascensão do proletariado. (...) Como provam as crônicas especializadas, o país tem uma sociedade absolutamente sem classe."

(FERNANDES, Millôr. "Lições de um ignorante". Apud DANTAS FILHO; Doratioto & Francisco F. F. *A República Bossa-Nova*. São Paulo, Atual, 1991. pp. 69-70.)

A partir da análise do texto apresentado e com base em seus conhecimentos sobre a história do Brasil, é correto afirmar que
a) no debate político nacional do início da década de 1960, havia grande liberdade de expressão visto que as bases para o estabelecimento do comunismo no Brasil já estavam assentadas.
b) no início da década de 1960, o Brasil vivia um clima de liberdade de expressão, permitindo, inclusive, que escritores e meios de comunicação satirizassem até mesmo os setores mais conservadores da sociedade.

c) nos primeiros anos da década de 1960, havia o risco real e iminente da implantação do regime comunista no Brasil, o que justificou a revolução militar de 1964.
d) a ameaça de expansão comunista no Brasil, nos primeiros anos da década de 1960, era visível e, portanto, havia grandes possibilidades de ascensão do proletariado ao poder.
e) na década de 1960, a construção de grandes obras de engenharia, contrariamente ao que pensavam os comunistas brasileiros, levaria o País à categoria de uma grande nação.

33. (Unicamp-SP) Em 30 de março de 1964, o Presidente João Goulart fez um discurso, no qual declarou:

"Acabo de enviar uma mensagem ao Congresso Nacional propondo claramente as reformas que o povo brasileiro deseja. O meu mandato será exercido em toda a sua plenitude, em nome do povo e na defesa dos interesses populares."

(Adaptado de BONAVIDES, Paulo & AMARAL, Roberto. *Textos políticos da história do Brasil.* Brasília, Senado Federal, 2002. v. 7, p. 884.)

Sobre o contexto em que esse discurso foi pronunciado, é possível afirmar o seguinte:
a) Enfrentando a oposição de setores conservadores, Jango tentou usar as reformas de base, que deveriam abranger a reforma agrária, a eleitoral, a educacional e a financeira, para garantir apoio popular ao seu mandato.
b) Quando Jango apresentou ao Congresso Nacional as reformas de base, elas já haviam sido alteradas, abrindo mão da reforma agrária, para agradar aos setores conservadores, e não apenas às classes populares.
c) Com as reformas de base, Jango buscou afastar a fama de esquerdista, colocando na ilegalidade os partidos comunistas, mas motivou a oposição de militares e políticos nacionalistas, ao abrir o país ao capital externo.
d) Jango desenvolveu um plano de reformas que deveriam alterar essencialmente as carreiras dos militares, o que desagradava muitos deles, mas também reprimiu várias greves do período, irritando as classes populares.

34. (Enem) "'Boicote ao militarismo', propôs o deputado federal Márcio Moreira Alves, do Movimento Democrático Brasileiro (MDB), em 2 de setembro de 1968, conclamando o povo a reagir contra a ditadura. O clima vinha tenso desde o ano anterior, com forte repressão ao movimento estudantil e à primeira greve operária do regime militar. O discurso do deputado foi a 'gota d'água'. A resposta veio no dia 13 de dezembro com a promulgação do Ato Institucional n. 5 (AI 5)."

(Adaptado de "Ditadura descarada". In *Revista de História da Biblioteca Nacional.* Rio de Janeiro, ano 4, n. 39, 12/2008.)

Considerando o contexto histórico e político descrito acima, o AI 5 significou
a) a restauração da democracia no Brasil na década de 60.
b) o fortalecimento do regime parlamentarista brasileiro durante o ano de 1968.
c) o enfraquecimento do poder central, ao convocar eleições no ano de 1970.
d) o desrespeito à Constituição vigente e aos direitos civis do país a partir de 1968.
e) a responsabilização jurídica dos deputados por seus pronunciamentos a partir de 1968.

35. (UFC-CE) "É preciso dizer que o que ocorreu comigo não é exceção, é regra. Raros os presos políticos brasileiros que não sofreram torturas. Muitos, como Schael Schreiber e Virgílio Gomes da Silva, morreram na sala de torturas. Outros ficaram surdos, estéreis ou com outros defeitos físicos."

(Beto, Frei. *Batismo de sangue: guerrilha e morte de Carlos Marighella*. 14a ed. rev. e ampliada.
Rio de Janeiro, Rocco, 2006.)

A partir desse trecho do depoimento de frei Tito de Alencar, escrito na prisão, em 1970, assinale a alternativa correta sobre a situação dos direitos humanos no decorrer da ditadura instalada no Brasil em 1964.

a) Os governos estabelecidos depois de 1964 conseguiram provar que os que morreram na prisão já estavam doentes e não aceitavam o tratamento médico oferecido.

b) A tortura realizada nas delegacias de polícia era uma exceção, na medida em que havia a publicação de reportagens na imprensa com o objetivo de defender os direitos humanos.

c) A tortura de presos começou a ser utilizada no Brasil a partir de 1972 e foi abolida com o movimento em torno da Anistia em 1979, em sintonia com os movimentos pelos direitos humanos.

d) A coerção em torno dos meios de comunicação e a tortura em presos políticos eram meios utilizados pelo regime de 1964 para reprimir movimentos e opiniões divergentes da ideologia oficial.

e) A repressão aos meios de comunicação se realizou a partir do Governo do Presidente Médici, momento em que se inaugura a prática da tortura para obter depoimentos de subversivos.

36. (UFF-RJ) Uma das características da economia brasileira posterior aos anos 1950 foi a consolidação da chamada sociedade de consumo, acompanhada pelo desenvolvimento da propaganda. Apesar de a crise econômica ter marcado o período 1962-1967, o aumento do consumo de eletrodomésticos nos domicílios de trabalhadores de baixa renda mostrou-se constante, até, pelo menos, a crise do "milagre" brasileiro, na década de 1970. Uma das explicações para esse aumento do consumo envolveu:

a) o favorecimento, pelo então Ministro Roberto Campos, das empresas industriais estatais, que puderam baratear o custo dos bens de consumo duráveis que produziam.

b) o aumento do salário real das classes trabalhadoras, beneficiadas pela nova política salarial do governo Castelo Branco, voltada para a desconcentração da renda no país.

c) o fortalecimento das pequenas e médias empresas industriais nacionais, as maiores produtoras de bens de consumo duráveis, favorecidas pela criação do Imposto sobre a Produção Industrial, nos anos 1960.

d) as facilidades do crédito ao consumidor concedidas, após 1964, de modo a preservar a rentabilidade das indústrias produtoras de bens de consumo duráveis, alvos da política econômica, então inaugurada.

e) os constrangimentos tributários impostos pelo governo às multinacionais produtoras de bens de consumo duráveis, que perderam a concorrência para as estatais desse mesmo setor.

37. (PUC-SP) "Em meados da década de 1970, as condições externas que haviam sustentado o sucesso econômico do regime militar [brasileiro] sofreram alterações profundas. Em 1973 ocorreu o primeiro choque do petróleo, com o preço do barril passando, repentinamente, de 2,7 para 11,20 dólares.

A Organização dos Países Exportadores de Petróleo (OPEP) embargou as vendas do produto para o Ocidente em represália ao apoio dado pelos Estados Unidos a Israel na guerra entre este país e seus vizinhos árabes."

(LUCA, Tania Regina de. *Indústria e trabalho na história do Brasil.* São Paulo, Contexto, 2001. p. 92.)

O fragmento acima apresenta alguns aspectos da relação do Brasil com o exterior na década de 1970. Entre eles, podemos destacar
a) a ausência de investimentos públicos na busca de novas fontes de energia elétrica e nuclear e a proibição de participação estrangeira no setor.
b) o ingresso brasileiro, após a descoberta do pré-sal, em organizações internacionais relacionadas à produção e distribuição de petróleo.
c) a política econômica do governo militar brasileiro, que conseguiu eliminar a inflação e reduzir drasticamente a concentração de renda no país.
d) o engajamento brasileiro nos conflitos do Oriente Médio, com apoio ostensivo a Israel contra os países árabes.
e) a dependência brasileira de fontes externas de energia para o funcionamento da indústria e de parte importante do sistema de transportes.

38. (FGV-SP)

I	Ato Institucional número 5 (AI-5)	1	Governo Geisel (1974-1979)
II	PAEG (Plano de Ação Econômica do Governo)	2	Governo Figueiredo (1979-1985)
III	"milagre brasileiro"	3	Governo Costa e Silva (1967-1969)
IV	Pacote de Abril	4	Governo Castello Branco (1964-1967)
V	Lei de Anistia	5	Governo Médici

Associe corretamente, numa única alternativa, as duas colunas acima.
a) I-1, II-2, III-3, IV-4, V-5.
b) I-2, II-3, III-4, IV-5, V-1.
c) I-3, II-4, III-5, IV-1, V-2.
d) I-4, II-5, III-1, IV-2, V-3.
e) I-5, II-1, III-2, IV-3, V-4.

39. (UERJ-RJ) Juscelino Kubitschek e Emílio G. Médici são duas figuras representativas das décadas de 1950 e 1970.
Essas duas décadas correspondem, respectivamente, aos seguintes contextos políticos no Brasil:
a) estatismo e liberalismo.
b) privatismo e populismo.
c) agrarismo e caudilhismo.
d) desenvolvimentismo e autoritarismo.

40. (UERJ-RJ) No Brasil, o ano de 1968 foi marcado pelos crescentes choques entre as tentativas de maior participação política e o endurecimento do governo militar.

Essa polarização pode ser constatada nos seguintes eventos ocorridos naquele ano:
a) passeata dos cem mil – decretação do AI-5.
b) reforma universitária – instauração do SNI.
c) invasão do prédio da UNE – surgimento da Arena e do PMDB.
d) fusão dos estados da Guanabara e do Rio de Janeiro – fechamento do Congresso Nacional.

41. (Vunesp-SP) Leia os seguintes versos:

"Sobre a cabeça os aviões,
sob os meus pés os caminhões
Aponta contra os chapadões
meu nariz

Eu organizo o movimento,
eu oriento o carnaval
Eu inauguro o monumento
no Planalto Central
do país

Esses são versos iniciais da canção de Caetano Veloso que constitui a matriz estética de um movimento musical do final da década de 60, de curta duração, em que, segundo estudiosos, 'a preocupação política foi deslocada da área da revolução social para o eixo da rebeldia, da intervenção localizada, da política concebida enquanto problemática, cotidiana, ligada à vida, ao corpo, ao desejo, à cultura em sentido amplo'."

(HOLANDA, Heloísa Buarque de & GONÇALVES, Marcos A. *Cultura e participação nos anos 60.*)

Esse movimento musical é conhecido como
a) Bossa Nova.
b) Concretismo.
c) Primitivismo.
d) Antropofagia.
e) Tropicalismo.

42. (PUC-SP) O trecho abaixo pertence ao roteiro do filme *O dragão da Maldade contra o Santo Guerreiro* (1969), de Glauber Rocha – um dos representantes do Cinema Novo no Brasil.

"Os beatos e os cangaceiros entram em Jardim das Piranhas cantando e dançando, envolvendo o Padre no meio da praça. O Padre assustado. O Professor às gargalhadas, bêbado. O Coronel Horácio, Batista, Laura, Matos e Antonio das Mortes aparecem na praça. Silêncio. Beatos, cangaceiros e o povo da vila sentados no chão, formando um círculo. No centro, Antonio das Mortes e Coirana andam também em círculo, encarando-se."

A partir da análise desse fragmento, pode-se depreender algumas características desse Cinema Novo, tais como:
a) a opção de apresentar, tragicamente, a condição terceiro-mundista, através de uma linguagem renovada, combinando uma reviravolta estética e temática.
b) a ausência de preocupações ideológicas, por parte dos diretores que visavam, primordialmente, ao requinte estético em seus filmes.

c) o entrosamento perfeito entre os ideais da indústria cinematográfica brasileira e o potencial criativo dos autores.
d) o objetivo de traduzir para o povo a chamada "política desenvolvimentista", valendo-se, para isso, da narrativa clássica hollywoodiana.
e) a busca do êxito comercial com o emprego da fórmula que a chanchada havia devolvido: tocar a consciência popular da caricaturização do cotidiano.

43. (UFMG-MG) Considerando-se os fatores que contribuíram para a longevidade do regime militar no Brasil, é **correto** afirmar que foi de grande relevância
a) a combinação entre a ordem constitucional, amparada pela Constituição de 1967, e a arbitrariedade, expressa em sucessivos Atos Institucionais.
b) a manutenção de um sistema político representativo, com eleições indiretas em todos os níveis, exceto para a Presidência da República.
c) o desenvolvimento econômico-social do País, acompanhado de um constante crescimento do Produto Interno Bruto (PIB).
d) o rodízio de lideranças políticas entre as Forças Armadas, por meio de eleições indiretas no âmbito do Comando Supremo da Revolução.

44. (UEM-PR) Leia o texto a seguir.

"Os mais velhos lembram-se muito bem, mas os mais moços podem acreditar: entre 1950 e 1979, a sensação dos brasileiros, ou de grande parte dos brasileiros, era a de que faltava dar uns poucos passos para finalmente nos tornarmos uma nação moderna. Esse alegre otimismo, só contrariado em alguns rápidos momentos, foi mudando a sua forma. Na década de 50, alguns imaginavam até que estaríamos assistindo ao nascimento de uma nova civilização nos trópicos, que combinava a incorporação das conquistas materiais do capitalismo com a persistência dos traços de caráter que nos singularizavam como povo: a cordialidade, a criatividade, a tolerância. De 1967 em diante, a visão de progresso vai assumindo a nova forma de uma crença na modernização, isto é, de nosso acesso iminente ao 'Primeiro Mundo'."

(NOVAIS, F. A. & MELLO, J. M. C. de. "Capitalismo tardio e sociabilidade moderna". In: SCHWARCZ, L. M. (Org.). *História da vida privada no Brasil*. São Paulo, Companhia das Letras, 1998. v. 4, p. 560.)

Considerando o texto acima e seus conhecimentos sobre a formação e as transformações do Estado Brasileiro, entre 1950 e 1979, assinale o que for **correto**.
(01) No período referenciado no texto, o Estado Brasileiro caracterizava-se por adotar uma política econômica desenvolvimentista.
(02) O otimismo ao qual se refere o texto contrasta com as restrições políticas instituídas pelo golpe militar de 1964 e pelo Ato Institucional n.º 5 (AI-5), em 1968.
(04) Este foi um período marcado pelo êxodo urbano, o que elevou significativamente os índices de produção agrícola do Brasil.
(08) As singularidades do povo brasileiro, como a cordialidade, a criatividade e a tolerância, listadas no texto acima, fizeram alguns teóricos do Estado concluir que o processo de formação do Brasil se deu sem que ocorresse distinção nítida entre as esferas pública e privada.
(16) Nesse contexto, o Brasil atingiu padrões de produção e de consumo que o aproximaram dos países do primeiro mundo.

45. (UFRS-RS) Considere o modelo econômico brasileiro e suas características intensificadas a partir de 1964:

I) Internacionalização da economia brasileira.
II) Maior presença das multinacionais no sistema produtivo local.
III) Exportação de bens de consumo manufaturados baratos e importação de equipamento e tecnologia.

Quais estão corretas?
a) Apenas I.
b) Apenas II.
c) Apenas III.
d) Apenas I e II.
e) I, II, III.

46. (UFRS-RS) Considere a charge abaixo sobre a propaganda governamental no Brasil.

A charge está relacionada com
a) os "50 anos em 5" do governo JK.
b) a austeridade do governo Jânio Quadros.
c) a linha dura do governo Costa e Silva.
d) o ufanismo do governo Médici.
e) o pacote de Abril do governo Geisel.

47. (Fuvest/FGV-SP) A prisão e a morte do jornalista Wladimir Herzog e do operário Manoel Fiel Filho, a bomba no *show* de primeiro de maio no Riocentro, a carta-bomba enviada à Ordem dos Advogados do Brasil, episódios ocorridos nos governos dos generais Ernesto Geisel e João Figueiredo revelam:
a) o recrudescimento da guerrilha urbana de esquerda no Brasil.
b) são episódios isolados uns dos outros, sem nenhuma inter-relação.
c) a luta entre duas facções militares, uma de extrema direita e outra de extrema esquerda, esta chefiada pelo capitão Carlos Lamarca.
d) uma política deliberada dos generais-presidentes de perseguição aos jornalistas, operários, artistas e advogados.
e) uma tentativa da chamada linha dura militar para desestabilizar o processo de abertura política.

48. (UFRGS-RS) Em 25 de abril de 1984 a Emenda Constitucional das "Diretas-Já!", relativa à eleição direta para presidente e vice-presidente da República, foi:
a) aprovada pela Câmara dos Deputados, obrigando o governo Figueiredo a controlar os grupos militares de extrema direita.
b) rejeitada pela Câmara dos Deputados, levando à posterior formação da Aliança Democrática e à candidatura de Tancredo Neves.
c) aprovada pela Câmara dos Deputados, permitindo ao governo o estabelecimento de medidas de emergência nos estados.
d) rejeitada pela Câmara dos Deputados, propiciando forte reação da classe trabalhadora, que se decide pela fundação do Partido dos Trabalhadores.
e) aprovada pela Câmara dos Deputados, articulando-se a anistia geral e a extinção do bipartidarismo.

49. (FGV-SP) Em 15 de janeiro de 1985, Tancredo Neves e José Sarney foram eleitos, respectivamente, presidente e vice-presidente pelo Colégio Eleitoral. A respeito do funcionamento das eleições indiretas no Brasil, no tempo da ditadura militar, é correto afirmar:
a) As eleições diretas para presidente foram mantidas entre 1964 e 1982 e o Colégio Eleitoral instituído em 1983, diante do avanço das forças oposicionistas.
b) Entre 1964 e 1973, os presidentes da república foram eleitos pelos governadores estaduais, prefeitos das capitais e pelos comandantes das Forças Armadas.
c) Senadores, deputados federais e deputados escolhidos nas Assembleias Legislativas Estaduais tinham direito a voto no Colégio Eleitoral de 1985.
d) Até 1985, os cinco candidatos mais votados nas Assembleias Legislativas Estaduais eram submetidos à escolha dos integrantes do Colégio Eleitoral.
e) As duas chapas mais votadas pelos deputados federais e senadores eram submetidas ao Colégio Eleitoral composto pelos comandantes das Forças Armadas.

50. (UEL-PR) Observe o gráfico para responder a esta questão.

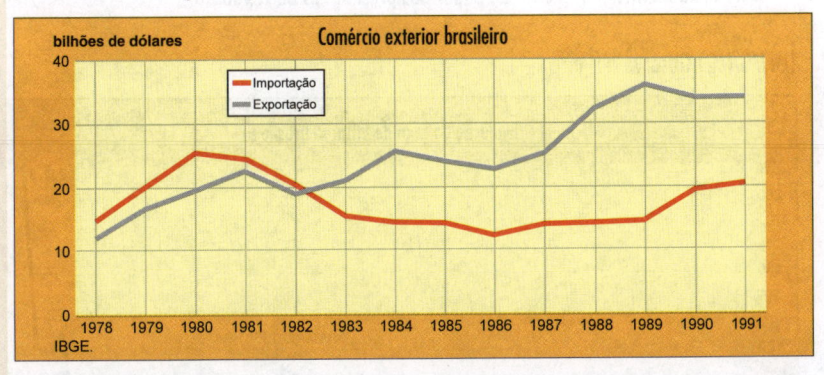

A análise do gráfico e seus conhecimentos sobre a realidade econômica brasileira permitem afirmar que
a) os déficits registrados em 1982 são resultantes do antigo modelo econômico que priorizava as importações de produtos industrializados em detrimento da produção nacional.
b) os superávits registrados, a partir da década de 80, têm sido obtidos à custa de desestimulo às importações e do favorecimento, sobretudo fiscal, às exportações.

c) os déficits registrados, na década de 70, correspondem à fase de deterioração dos preços dos produtos primários no comércio internacional, hoje, superada.
d) os superávits registrados, a partir de 80, foram acompanhados de uma paralela recuperação econômica do país.
e) os superávits registrados, a partir de 80, correspondem ao período de fortalecimento das relações comerciais do Brasil com os Tigres Asiáticos.

51. (Unesp-SP) Um editorial do jornal Folha de S.Paulo gerou polêmica e protestos no início de 2009. No entender do editorialista

"(...) as chamadas 'ditabrandas' — caso do Brasil entre 1964 e 1985 — partiam de uma ruptura institucional e depois preservavam ou instituíam formas controladas de disputa política e acesso à Justiça (...)."

(Folha de S.Paulo, 17/2/2009.)

O termo "ditabranda" reporta-se ao
a) golpe político aplicado por Getúlio Vargas; encerramento da chamada República Velha; repressão ao Partido Comunista; políticas econômicas de cunho nacionalista; suicídio de Vargas e divulgação da carta-testamento.
b) período do coronelismo na política brasileira; ocorrência de fraudes nas eleições, através do chamado voto de cabresto; polícia política constituída por capangas e jagunços.
c) período de Juscelino Kubitschek; imposição do crescimento econômico através da industrialização; *slogan* governamental "50 anos em 5"; tempo de democracia restrita, com voto censitário.
d) golpe político-militar que instalou a ditadura; imposição de Atos Institucionais; extinção dos partidos existentes; instituição do bipartidarismo — ARENA e MDB; repressão à oposição e censura à imprensa.
e) período de redemocratização; eleições diretas para o executivo, legislativo e judiciário; urbanização acelerada e enfraquecimento do poder dos presidentes da república.

52. (UFMG-MG) Observe a figura.

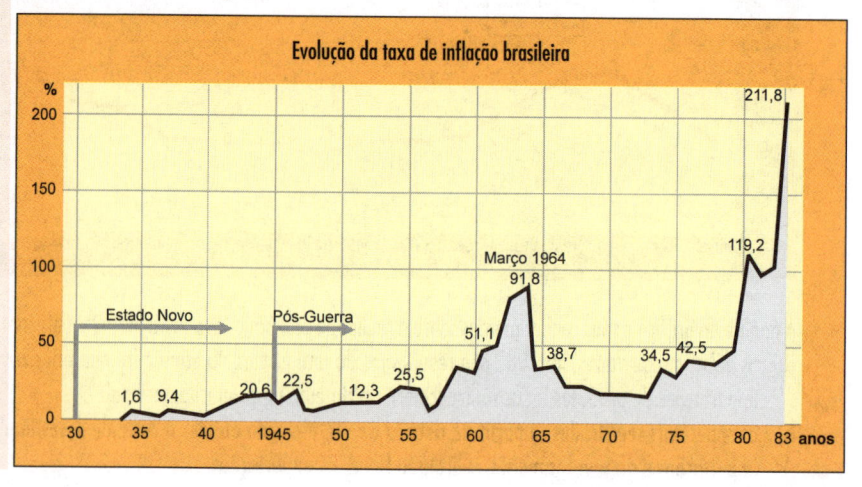

Sobre a evolução da taxa de inflação brasileira, expressa nessa figura, é correto afirmar-se que
a) a taxa de inflação apresentou uma tendência à estabilidade no período conhecido como "milagre brasileiro".
b) as medidas adotadas pelo Plano de Ação Econômica (PAEG) foram ineficazes no controle temporário da inflação no Brasil.
c) o plano de Metas, adotado no governo Juscelino Kubitschek, foi responsável pela estabilização do processo inflacionário brasileiro.
d) os governos militares tiveram resultados satisfatórios, a longo prazo, no controle da espiral inflacionária no Brasil.
e) os períodos autoritários no Brasil apresentaram índices inflacionários superiores às conjunturas consideradas democráticas.

53. (Unesp-SP) A campanha pelo restabelecimento das eleições diretas para presidente da República do Brasil, em 1984, intitulada "Diretas-Já!",
a) tentava garantir que o primeiro presidente pós-regime militar fosse escolhido, em 1985, pelo Colégio Eleitoral.
b) defendia a continuidade dos militares no poder, desde que fossem escolhidos pelo voto direto dos brasileiros.
c) foi a primeira mobilização pública de membros da sociedade civil brasileira desde o golpe militar de 1964.
d) reuniu diferentes partidos políticos em torno da aprovação de emenda constitucional que reintroduzia o voto direto para presidente.
e) teve sucesso, pois contou com apoio oficial da Igreja Católica, dos sindicatos, das forças armadas e do partido situacionista.

54. (Fuvest-SP) A partir da redemocratização do Brasil (1985), é possível observar mudanças econômicas significativas no país. Entre elas, a
a) exclusão de produtos agrícolas do rol das principais exportações brasileiras.
b) privatização de empresas estatais em diversos setores como os de comunicação e de mineração.
c) ampliação das tarifas alfandegárias de importação, protegendo a indústria nacional.
d) implementação da reforma agrária sem pagamento de indenização aos proprietários.
e) continuidade do comércio internacional voltado prioritariamente aos mercados africanos e asiáticos.

55. (UFMS-MS) Entre 1994 e 2002, Fernando Henrique Cardoso governou o Brasil por dois mandatos. A respeito desse período assinale a alternativa correta:
a) Caracterizou-se por ambiguidades na área social, pois ao mesmo tempo em que foram registradas quedas nos índices de mortalidade infantil e de analfabetismo, também houve aumento nos índices de desemprego, violência urbana e concentração de renda.
b) Caracterizou-se pelo acentuado crescimento do Produto Interno Bruto (PIB) que, entre 1998 e 2002, atingiu a média de 12,5% ao ano.
c) Foi pautada por intensos investimentos em infraestrutura, especialmente em energia elétrica resultantes da bem-sucedida política de estatização das empresas do setor.

d) Foi marcado pela retomada do programa de estatização das empresas de telefonia e siderúrgicas, como a Companhia Vale do Rio Doce e a Companhia Siderúrgica Nacional.
e) Foi marcada pela abertura da economia para o mercado internacional, o que favoreceu o fortalecimento e a competitividade das empresas brasileiras, trazendo como consequências imediatas o aumento do número de postos de trabalho.

56. (Fuvest-SP) "A imprensa, que sempre esteve alinhada às grandes causas da cidadania, está convicta de que o próximo passo para a consolidação da democracia em nosso país passa pelo restabelecimento imediato da ordem pública."

(Manifesto *Basta à Violência*, de 16/8/06, das associações de jornais, de editores de revistas e das emissoras de rádio e televisão.)

Com base no texto, pode-se afirmar que, no Brasil, como de resto no Ocidente, "as grandes causas da cidadania" e a "consolidação da democracia"
a) surgiram, fortuitamente, em decorrência da ação de grandes estadistas devotados à causa dos direitos do homem.
b) apareceram, simultaneamente, em decorrência do impacto provocado pela Revolução Francesa sobre praticamente todos os países.
c) derivaram, respectivamente, do absolutismo, que transformou os súditos em cidadãos, e do liberalismo, que garantiu os direitos políticos.
d) caminharam juntas, e, em geral, na seguinte ordem: primeiro, a igualdade jurídica; depois, os direitos políticos e, por último, os direitos sociais.
e) decorreram dos ideais socialistas e das lutas dos trabalhadores para conquistar, primeiro, os direitos sociais e, depois, os direitos políticos.

57. (Enem) "Um aspecto importante derivado da natureza histórica da cidadania é que esta se desenvolveu dentro do fenômeno, também histórico, a que se denomina Estado-nação. Nessa perspectiva, a construção da cidadania na modernidade tem a ver com a relação das pessoas com o Estado e com a nação."

(Adaptado de CARVALHO, J. M. "Cidadania no Brasil: o longo caminho". In: *Civilização brasileira*. Rio de Janeiro, 2004.)

Considerando-se a reflexão acima, um exemplo relacionado a essa perspectiva de construção da cidadania é encontrado
a) em D. Pedro I, que concedeu amplos direitos sociais aos trabalhadores, posteriormente ampliados por Getúlio Vargas com a criação da Consolidação das Leis do Trabalho (CLT).
b) na Independência, que abriu caminho para a democracia e a liberdade, ampliando o direito político de votar aos cidadãos brasileiros, inclusive às mulheres.
c) no fato de os direitos civis terem sido prejudicados pela Constituição de 1988, que desprezou os grandes avanços que, nessa área, havia estabelecido a Constituição anterior.
d) no Código de Defesa do Consumidor, ao pretender reforçar uma tendência que se anunciava na área dos direitos civis desde a primeira constituição republicana.
e) na Constituição de 1988, que, pela primeira vez na história do país, definiu o racismo como crime inafiançável e imprescritível, alargando o alcance dos direitos civis.

58. (Enem) Você está estudando o abolicionismo no Brasil e ficou perplexo ao ler o seguinte documento.

Texto 1

"Discurso do deputado baiano Jerônimo Sodré Pereira – Brasil, 1879

No dia 5 de março de 1879, o deputado baiano Jerônimo Sodré Pereira, discursando na Câmara, afirmou que era preciso que o poder público olhasse para a condição de um milhão de brasileiros, que jazem ainda no cativeiro. Nessa altura do discurso foi aparteado por um deputado que disse: 'BRASILEIROS, NÃO'.

Em seguida, você tomou conhecimento da existência do Projeto Axé (Bahia), nos seguintes termos."

Texto 2

"Projeto Axé, lição de cidadania – 1998 – Brasil

Na língua africana iorubá, axé significa força mágica. Em Salvador, Bahia, o Projeto Axé conseguiu fazer, em apenas três anos, o que sucessivos governos não foram capazes: a um custo dez vezes inferior ao de projetos governamentais, ajuda meninos e meninas de rua a construírem projetos de vida, transformando-os de pivetes em cidadãos.

A receita do Axé é simples: competência pedagógica, administração eficiente, respeito pelo menino, incentivo, formação e bons salários para educadores. Criado em 1991 pelo advogado e pedagogo italiano Cesare de Florio La Rocca, o Axé atende hoje mais de duas mil crianças e adolescentes.

A cultura afro, forte presença na Bahia, dá o tom do Projeto Erê (entidade criança do candomblé), a parte cultural do Axé. Os meninos participam da banda-mirim do Olodum, do Ilé Ayê e de outros blocos, jogam capoeira e têm um grupo de teatro.

Todas as atividades são remuneradas. Além da bolsa semanal, as crianças têm alimentação, uniforme e vale-transporte."

Com a leitura dos dois textos, você descobriu que a cidadania:
a) jamais foi negada aos cativos e seus descendentes.
b) foi obtida pelos ex-escravos tão logo a abolição fora decretada.
c) não era incompatível com a escravidão.
d) ainda hoje continua incompleta para milhões de brasileiros.
e) consiste no direito de eleger deputados.

59. (Unicamp-SP) "De 1550 a 1930, o mercado de trabalho brasileiro está desterritorializado. Só nos anos 1930-40 a reprodução ampliada da força de trabalho passa a ocorrer inteiramente no interior do território nacional."

(Adaptado de ALENCASTRO, Luiz Felipe de. *O trato dos viventes: formação do Brasil no Atlântico Sul (séculos XVI e XVII)*. São Paulo, Companhia das Letras, 2000. p. 354.)

a) Quais características do mercado de trabalho brasileiro, entre 1550 e 1930, permitem considerá-lo "desterritorializado"?
b) Indique duas mudanças do mercado de trabalho brasileiro ocorridas nas décadas de 1930 e 1940.

60. (PUC-SP) "A campanha presidencial, de que tivemos apenas um tímido ensaio, não podia, assim, encontrar, como efetivamente não encontrou, repercussão no país. Pelo seu silêncio, a sua indiferença, o seu desinteresse, a Nação pronunciou julgamento irrecorrível sobre os artifícios e as manobras a que se habituou a assistir periodicamente, sem qualquer modificação no quadro governamental que se seguia às contendas eleitorais. (...) Todos sentem, de maneira profunda, que o problema de organização do Governo deve processar-se em plano diferente e que a sua solução transcende os mesquinhos quadros partidários. (...) A gravidade da situação que acabo de escrever em rápidos traços está na consciência de todos os brasileiros. Era necessário e urgente optar pela continuação desse estado de coisas ou pela continuação do Brasil. Entre a existência nacional e a situação de caos, de irresponsabilidade e desordem em que nos encontrávamos, não podia haver meio-termo ou contemporização."

(Fala de Getúlio Vargas, lida no Palácio da Guanabara e irradiada para todo o Brasil, na noite de 10 de novembro de 1937.)

Tendo em vista o discurso do presidente:
a) Identifique o momento histórico a que ele se refere;
b) Apresente e analise as ideias básicas da proposta de Vargas para o Brasil nesse momento.

61. (UFRJ-RJ) "Em 1950, candidato pelo PTB, Vargas retornou à Presidência. Resolvido a diferenciar-se do ditador estadonovista, o novo presidente retomaria o trabalhismo.

(...) Na sua plataforma estavam os ideais do desenvolvimento, nacionalismo e distributivismo, elementos que cativaram diversos segmentos da sociedade."

(SILVA, Fernando Teixeira da & NEGRO, Antônio Luigi. *Trabalhadores, sindicatos e política* (1945-1964).)

Indique uma medida adotada pelo segundo governo Vargas (1950-1954) e explicite sua relação com um dos ideais referidos no texto.

62. (UFMG-MG) No Nordeste do Brasil, desde 1955, a luta pela terra assumiu a importância de luta política. Nesse ano surgiu, no município de Vitória de Santo Antão, a Sociedade Agrícola e Pecuária dos Plantadores, mais tarde denominada Ligas Camponesas. As Ligas Camponesas constituíram, sob a liderança de Francisco Julião, o centro de mobilização popular no campo.
Buscando solucionar o problema agrário, o governo João Goulart tomou, a partir de 1963, algumas medidas concretas.

1) Apresente uma das medidas adotadas pelo governo João Goulart que visava amenizar o problema agrário no Brasil.
2) Cite duas dificuldades encontradas pelo governo na implantação dessas medidas.
3) Apresente a posição das Ligas Camponesas quanto às medidas adotadas pelo governo João Goulart para resolver o problema agrário no Brasil.

63. (PUC-SP) O governo JK (1956-1960) – com o *slogan* "50 anos em 5" – adotou estratégias e políticas que tinham como objetivo central expandir a economia brasileira. Considerando seu aprendizado sobre esse período de nossa história, indique e comente duas características do processo de desenvolvimento econômico naquele período.

64. (Fuvest-SP) I) "A orientação fundamental do governo resume-se no propósito de fortalecer a economia nacional. Esta diretriz condiciona a posição do Brasil no Panorama internacional, que se tem pautado em pacíficos e amistosos em relação aos outros países. Sem sacrifícios desses intuitos, temos procurado libertar o país de influências incompatíveis com os seus interesses, único modo de progredir realmente, porque, enquanto dependentes, estaremos sempre sujeitos a retrocessos."

(Getúlio Vargas, Mensagem ao Congresso Nacional, 1954.)

II) "Ainda no que toca à política geral, outra medida que o governo atribui grande importância refere-se à atração dos empresários estrangeiros que, com sua técnica e seu capital, poderão prestar valiosa ajuda na construção do nosso parque industrial. (...) Fato de grande importância ocorrido em 1956 foi o renascimento do interesse dos capitais estrangeiros pelo desenvolvimento industrial do país. Esse renascimento deve-se principalmente ao clima de confiança que o novo governo conseguiu estabelecer no exterior."

(Juscelino Kubitschek, Mensagem ao Congresso Nacional, 1957.)

Essas duas mensagens ao Congresso Nacional revelam que os presidentes Getúlio Vargas e Juscelino Kubitschek não tinham o mesmo ponto de vista sobre a participação do capital estrangeiro no processo de desenvolvimento econômico do Brasil.
Como as diferentes visões sobre este tema são apresentados nessas mensagens?

65. (UFMG-MG) A campanha "O petróleo é nosso" resultou na criação da Petrobras pela lei n. 2003, de 1953.
Recentemente, foi discutida no Brasil a proposta governamental de flexibilização do monopólio do petróleo. Essa proposta, aprovada pelo Congresso Nacional, desagradou a inúmeros setores da sociedade brasileira.
1) Cite o princípio fundamental que norteou a implantação do monopólio da década de 50.
2) Explique o contexto político da campanha "O petróleo é nosso".
3) A oposição ao governo Fernando Henrique Cardoso tem criticado os princípios que teriam influenciado a proposta de flexibilização do monopólio do petróleo e a sua aprovação. Denomine os princípios econômicos que, segundo a oposição, teriam influenciado, decisivamente, a proposta e a aprovação de flexibilização do monopólio do petróleo.
4) Apresente 4 (quatro) medidas defendidas pelo governo Fernando Henrique Cardoso as quais a oposição afirma estarem também influenciadas por esses mesmos princípios.

66. (Unicamp-SP) Em 13 de dezembro de 1968, o governo brasileiro promulgou o Ato Institucional n.º 5, que, segundo opiniões da época, transformava o regime militar em uma ditadura "sem disfarces".
a) Qual o pretexto utilizado pelo regime militar para editar esse Ato?
b) Cite duas das principais medidas adotadas por esse Ato.
c) Caracterize dois elementos da democracia que a diferenciam da ditadura.

67. (Fuvest-SP) Durante o regime militar no Brasil (1964-1985), a oposição à ditadura também se expressou por meio da arte (música, literatura, cinema, teatro).
Comente a afirmação, dando, pelo menos, dois exemplos dessas formas artísticas de expressão.

68. (PUC-SP) Estado mínimo, reduzido em seu papel regulador e fiscalizador na economia de mercado, com a eliminação integral de funções produtivas.

Estes princípios, chamados de **neoliberalismo**, dominam o cenário político mundial.
A partir deles:
a) Identifique duas propostas de cunho neoliberal presentes na vida política brasileira recente;
b) Apresente argumentos a favor e contra tais propostas.

69. (Unesp-SP) Observe a tabela, cujos dados referem-se ao Brasil do ano de 2001.

Região	% do PIB	% da população	Renda anual média por habitante, em reais
Sudeste	57,1	43,5	3.961,00
Sul	17,0	15,1	3.570,00
Centro-Oeste	7,2	7,0	3.087,00
Norte	4,8	5,6	1.833,00
Nordeste	13,1	28,6	1.384,00

(Adaptado de Cités Unies France, Dossier Brésil.)

Como a história pode colaborar para explicar as diferenças da distribuição de riquezas entre as regiões Sudeste e Nordeste do Brasil?

ÍNDICE REMISSIVO

A

Abelardo Jurema **400**
abertura dos portos **161**
Abreu e Lima **221**
Ação Integralista Brasileira **370**
acordo de Fontainebleau **160**
acordo nuclear **439**
Ademar de Barros **382, 400, 407, 408, 415, 418**
Afonso Arinos **295**
Afonso Pena (presidente) **300, 305, 306, 313, 316**
Afrânio de Melo Franco **362**
ALCA (Associação de Livre Comércio das Américas) **472**
Alcácer-Quibir (batalha) **81**
Aleijadinho (ver **Antônio Francisco Lisboa**)
Alexandre de Gusmão **132, 133**
Alexandre VI (papa) **58**
Alfaiates (revolta dos) **154, 191**
Aliança Liberal **337, 338, 339, 340, 342**
Aljubarrota (batalha) **53**
Alvará de 1785 **145, 152**
Alvarenga Peixoto (ver **Inácio José de Alvarenga Peixoto**)
Alves Branco (tarifa) **205, 219, 253**
Américo Vespúcio **57**
ameríndios **14, 17, 24, 31, 67**
anarquismo **326**
André João Antonil **106**
Anita Malfatti **334**
ANL (Aliança Nacional Libertadora) **371, 372, 373**
anos de chumbo **445**
Antigo Regime **142, 158, 171, 176**
Antônio Carlos Magalhães **443**
Antônio Conselheiro (ver **Antônio Vicente Mendes Maciel**)
Antônio Delfim Netto **429, 433, 439, 462**
Antônio Francisco Lisboa (Aleijadinho) **138**
Antônio Vicente Mendes Maciel (Antônio Conselheiro) **295**
Aragarças (revolta) **403**
Araguaia (ver **guerrilha**)
ARENA (Aliança Renovadora Nacional) **422, 434, 437, 441, 447**
Armando de Salles Oliveira **374**
Arraial
  do Bom Jesus **119**
  do Tijuco **139**
Artur Bernardes (presidente) **306, 321, 329, 331, 333, 335, 336, 337, 340**
Artur da Costa e Silva, general (presidente) **417**
aruaques **25**
asiento **108**
Assembleia Constituinte **165, 173, 178, 280, 281, 282, 283, 366, 368, 454, 455**
assembleias legislativas provinciais **187**
Assis Brasil **330, 361**
astecas **67**
Ato Adicional de 1834 **186, 187, 188, 189, 182**
Ato da anarquia **189**
Atos de Navegação **123**
Atos institucionais **417, 418, 421, 422, 426, 427, 436**
  AI-1 **417**
  AI-2 **421, 422**
  AI-3 **422**
  AI-4 **422**
  AI-5 **426, 427, 426**
Auguste Comte **277**
Augusto Boal **425**
Aureliano Chaves **443**
Aurora Fluminense (jornal) **180**
Australopithecus **12, 13**
Avis (dinastia de) **52, 53, 54, 81**

B

bandeiras **129, 130**
  de apresamento **129, 132**
  de contrato **130**
bantos **110**
barão de Mauá (ver **Irineu Evangelista de Souza**)
Barata Ribeiro **285**
Bartolomeu Bueno Filho **130**
Bartolomeu Dias **56**
beneplácito **267, 386**
Benjamin Constant **175, 273, 278, 279**
Bento Gonçalves **194**
Bering (estreito de) **14, 15**
Bernardo Pereira de Vasconcelos **186, 188, 189**
Betinho (ver **Herbert de Souza**)
Bill Aberdeen **213, 253, 264**
Bizarria Mamede **397, 401**
blancos **255, 257**
Bloco Operário e Camponês **326**
Bloqueio Continental **159, 203**
Borges da Fonseca **221**
Borges de Medeiros **330, 340**
Borgonha (dinastia de) **47, 48, 51, 52**
Bragança (dinastia de) **83, 121, 141**
Brochado da Rocha **413**
Bula Intercoetera **58**
burguesia **39, 40, 60, 64, 72, 142, 143, 160, 291, 322, 324, 325, 327, 337, 360, 379, 380, 382, 405, 416, 432, 476**

C

Cabanagem **188, 191**
Café Filho **398, 399, 400, 401, 402**
cafeicultura **200, 213, 214, 264, 272, 275, 304, 323, 324, 336, 363, 364, 365**
Calabar (ver **Domingos Fernandes Calabar**)
Câmaras dos Escabinos **121**
câmara(s) municipal(is) **86, 87, 106, 149, 273**
Campanha Civilista **317**
Campina do Taborda (batalha) **123**
Campos Sales (presidente) **284, 293, 294, 299, 300, 302, 303, 304, 306, 313, 314**
Canudos (guerra de) **296, 298, 312, 321**
Capão da Traição **149**
capitães do mato **113**
capitães-donatários **56, 71, 77**
capitalismo industrial **140, 252**
capitanias
  da Coroa **147**
  hereditárias **56, 71, 76, 77, 84, 94**
caraíbas **25**
Caramuru **184**
Carlos Lacerda **397, 398, 401, 403, 415, 418, 423**
Carlos Lamarca **427**
Carlos Luz **401, 402**
Carlos Marighella **425, 428**
Carneiro de Campos **174, 183, 259**
Carta Outorgada de 1824 **177, 186**
cartas
  de doação **48, 73**
  de foral **48**
casas de fundição **138, 142, 150, 151**
catequese **79, 129**
Cavaleiros da Luz **154**
Celso Furtado **413**
Cenimar (Centro Nacional de Informações da Marinha) **428**
CEPAL (Comissão Econômica para a América Latina) **393, 447, 448**
Ceuta **53, 54**
CGT (Confederação Geral dos Trabalhadores) **414, 416**
Che Guevara (ver **Ernesto "Che" Guevara**)
Cícero Romão Batista (padre Cícero) **318**
CIMI (Conselho Indigenista Missionário) **34**
Cinema Novo **425**
Cipriano Barata **155, 178, 185**
clientelismo **315**
CNC (Conselho Nacional do Café) **363**
colégio eleitoral **437, 443**
colonialismo **41, 142**
colorados **255, 256, 257**
Coluna Prestes **331, 332, 338**
Comissão Verificadora de Poderes **314**
Companhia
  das Índias Ocidentais **118, 122**
  das Índias Orientais **118**
  de Jesus **43, 78, 144**
conciliação **197, 217, 220, 388**
Condado Portucalense **47**
Conde de Assumar **150**
Congresso de Viena **162, 171, 182**
Conjuração dos Alfaiates **151, 154**
Conselho
  Real e Supremo das Índias **100**
  Ultramarino **83**
Consenso de Washington **451, 470**
Constituição
  da Mandioca **174, 177**
  de 1824 **174, 175, 177, 179, 182, 187**
  de 1891 **281, 282, 312**
  de 1934 **368, 374, 376**
  de 1946 **418**
  de 1988 **455, 456, 474**
Contrarreforma **43**
Convenção de Itu **271**
Convênio de Taubaté **304, 305, 306**
Cortes **49, 157, 162, 163, 164**
CPC (Centro Popular de Cultura) **425**
cristão(s)-novo(s) **68, 71, 73, 144**
Cristiano Machado **391, 392**
Cristóvão Colombo **12, 56**
Cristóvão Jacques **69**
cruzadas **37, 38, 102**
CSN (Companhia Siderúrgica Nacional) **382**
Cumpra-se (decreto) **164**
currais **126, 395**
Custódio de Melo **287, 288, 289**
CVRD (Companhia Vale do Rio Doce) **474**

D

D. Afonso Henriques **47, 48**
D. Henrique, o Navegador (Infante D. Henrique) **55, 102**

D. João VI 162, 163, 172, 181
D. José I 143, 144, 145
D. Manuel I 56
D. Marcos Teixeira 118
D. Maria I (a Viradeira ou a Louca) 146, 153, 159, 161
D. Pedro I 153, 165, 169, 170, 171, 172, 173, 174, 176, 177, 178, 179, 180, 181, 183, 185, 186, 195, 212
D. Pedro II 115, 154, 169, 189, 190, 193, 197, 198, 211, 217, 218, 219, 222, 254, 257, 262, 263, 266, 273
D. Pero Fernandes Sardinha 78
DASP (Departamento Administrativo do Serviço Público) 378, 379
data 138
Davi Canabarro 194
Delfim Moreira (presidente) 321, 329
Deodoro da Fonseca, marechal (presidente) 270, 271, 272, 273, 274, 279, 282, 284, 287, 317
deputados classistas 368
derrama 139, 142, 145, 146, 151, 152, 153
despotismo esclarecido 143
dezembradas 255
Di Cavalcanti 334
Dia do Fico 165
Diário Novo (jornal) 221
Dílson Funaro 452
Diogo Antônio Feijó (padre Feijó) 183, 184, 185, 186, 187, 188, 219
Diogo de Mendonça Furtado 118, 119
DIP (Departamento de Imprensa e Propaganda) 378, 379, 380, 383, 385
Diretas-já! 442, 443, 457
dízimo 37, 86, 88
DOI-CODI (Departamento de Operações e Informações – Centro de Operações de Defesa Interna) 429, 435
Domingos Fernandes Calabar 119, 120
domínio espanhol 115, 116, 118, 128, 129, 140
Dona Leopoldina 165
Dona Maria da Glória 181, 182
doutrina Monroe 161
Dragões da Cavalaria 150
drogas do sertão 115, 125, 129, 148, 181
Duarte Coelho 75, 76, 78, 79
Duarte da Costa 79, 80, 117
duque de Caxias (ver **Luís Alves de Lima e Silva**)

E

Eduardo Gomes, brigadeiro 330, 388, 391, 392
Eletrobrás 369, 399
Emílio Garrastazu Medici, general (presidente) 417, 427
Encilhamento 289
Engenho do Governador 70
engenhos
  reais 105
  trapiches 105
Epitácio Pessoa (presidente) 321, 329
Ernesto "Che" Guevara 427
Ernesto Geisel, general (presidente) 417, 433
escambo 32, 68, 102, 105, 124
Escola
  Militar da Praia Vermelha 269, 327
  Militar do Realengo 327, 328
  Superior de Guerra (ESG) 395, 397, 401, 418
Esperidião Amin 467
esquadrões da morte 429
Estácio de Sá 80
estado do Brasil 84
estado do Maranhão e Grão-Pará 84, 128

Estado mínimo 450
Estado Novo 374, 376, 377, 379, 381, 382, 385, 386, 388, 389, 390
estagflação 438
estâncias 132, 194
estrada de ferro Santos–Jundiaí 211, 212
Euclides da Cunha 297, 298, 312
Eugênio Gudin 399
Eurico Gaspar Dutra, general (presidente) 384, 388
Evaristo da Veiga 180, 186
expedições
  exploradoras 67
  guarda-costas 69

F

faiscação 137, 139
FEB (Força Expedicionária Brasileira) 384, 385, 415, 418
federalistas 288, 290
Feijó, padre (ver **Diogo Antônio Feijó**)
feitorias 45, 55, 67, 68, 85, 102
Felipe Camarão 122
Fernando Collor de Mello (presidente) 457, 458, 460, 461, 462
Fernando Henrique Cardoso (presidente) 422, 455, 464, 467, 468, 469, 470, 474, 475, 476, 480
Fernão Cortez 57
Fernão de Noronha 68, 71
feudalismo 11, 35, 37, 40, 46, 52, 53
Fidel Castro 410, 427
FIESP (Federação das Indústrias do Estado de São Paulo) 448
Filinto Müller 379
Filipe dos Santos 150
Flores da Cunha 330, 367
Floriano Peixoto, marechal (presidente) 274, 283, 284, 288, 290, 293, 294, 317, 380
FMI (Fundo Monetário Internacional) 405, 406, 407, 410
forais 73
Forças Armadas 84, 173, 177, 269, 281, 327, 328, 341, 342, 372, 375, 395, 397, 400, 401, 403, 410, 411, 415, 416, 419, 421, 428, 429, 435, 441, 456
forros (ver **negros forros**)
forte de Copacabana 330, 370
França
  Antártica 61, 80, 117
  Equinocial 61, 117
Francisco Campos 340, 361, 376, 378, 383
Francisco de Lima e Silva 178, 183
Francisco Dornelles 451
Francisco Pereira Coutinho 75
Francisco Pizarro 57
Franco Montoro 442, 455
Frei Caneca (ver **Joaquim do Amor Divino Rabelo**)
Frente Ampla 423
Frente Liberal 443, 447
Frutuoso Rivera 256
Funai (Fundação Nacional do Índio) 33
funding-loan 302, 308
Frente Única Paulista 366
futurismo 334, 335

G

garimpagem 137
genocídio 25, 31
Getúlio Vargas (presidente) 330, 337, 338, 341, 342, 360, 361, 362, 365, 369, 379, 391, 395, 397, 398, 399
Giuseppe Garibaldi 194
Glauber Rocha 425
globalização 445, 447, 449, 450, 465, 469, 471

Góis Monteiro, general 341, 362, 375, 385, 386
Golbery do Couto e Silva, general 421, 433, 437
golpe da Maioridade 190, 195, 217
Gomes Carneiro 289
Gonçalves Ledo 164
governo(s)-geral(is) 76, 77, 78, 79, 80, 83, 84, 85, 104, 116
Grande Depressão 336, 363, 364, 369
Gregório Fortunato 397
greve geral de 1917 326
Guararapes (batalha) 122
Guarda Nacional 184, 186, 190, 261
Guerra
  de Secessão 204, 264
  dos Cem Anos 39, 50
  dos Sete Anos 133
  Fria 389, 394, 448, 450
  Guaranítica 133, 144
guerrilha 427, 428, 429, 436
Guiana Francesa 118, 163, 200
Guiomar Novais 334

H

Heitor Villa-Lobos 334
Henrique Dias 122
Herbert de Souza (Betinho) 475
Hermes da Fonseca, marechal (presidente) 300, 302, 311, 316, 317, 320, 330, 337
Hermeto Carneiro Leão (marquês de Paraná) 220
Holanda (ver **República das Províncias Unidas dos Países Baixos**)
homens bons 48, 49, 86, 87
Homo
  erectus 12, 13, 16, 17
  sapiens 12, 13, 14
Hugo Abreu 436, 437
humanismo 41
Humberto de Alencar Castello Branco, marechal (presidente) 417, 418, 419, 421, 422, 430, 433

I

Ibicaba, fazenda 214
Ignácio de Loyola 43, 78
Igreja 34, 36, 37, 39, 41, 42, 43, 51, 58, 72, 144, 173, 177, 263, 267, 268, 272, 276, 279, 414, 424, 435
Iluminismo 142
imigração subvencionada 215
impeachment 460, 461, 462
Inácio José de Alvarenga Peixoto 138, 152
incas 67
Inconfidência Mineira 152
independência 3, 45, 48, 62, 99, 118, 143, 146, 147, 151, 154, 156, 157, 158, 162, 163, 164, 165, 167, 168, 169, 170, 171, 172, 173, 180, 181, 182, 184, 186, 191, 195, 196, 203, 204, 212, 251, 256, 258, 275, 301, 342, 360, 368, 394, 445
Índias 55, 56, 57, 69, 100, 103, 107
índios 13, 24, 25, 30, 31, 32, 33, 34, 43, 68, 73, 74, 75, 76, 77, 78, 80, 93, 101, 107, 125, 129, 130, 133, 144, 148, 157, 191, 339
infante D. Henrique (ver **D. Henrique, o Navegador**)
inflação 281, 286, 294, 301, 302, 303, 306, 309, 396, 397, 400, 406, 409, 413, 414, 419, 420, 421, 429, 433, 438, 439, 440, 443, 446, 451, 453, 454, 458, 459, 460, 464, 466, 468, 474
Inquisição 43, 68, 72, 73, 75

Instituto Histórico e Geográfico Brasileiro **189**
integralismo **370, 371**
Intendência das Minas **138**
Intentona
　Comunista **373, 374, 379**
　Integralista **377**
Invencível Armada **118**
Irineu Evangelista de Souza (barão/visconde de Mauá) **207**
Israel Pinheiro **421**
Itaipu (usina hidrelétrica) **432**
Itamar Franco (presidente) **461, 462, 463, 469**

J

Jacareacanga (revolta) **403**
Jango Goulart (ver **João Goulart**)
Jânio Quadros (presidente) **407, 408, 410, 421, 429, 458**
Jean-Baptiste Debret **162**
Jean-Jacques Rousseau **142, 277**
jês **25**
jesuítas **25, 42, 43, 78, 79, 80, 107, 121, 129, 131, 133, 143, 144, 147**
João Batista Figueiredo, general (presidente) **417, 437**
João Cândido **311**
João de Deus **155**
João Fernando Vieira **122**
João Goulart (Jango) (presidente) **396, 397, 400, 401, 402, 407, 408, 410, 411, 412, 413, 414, 415, 416, 423, 424, 429**
João Paulo Burnier **421**
João Pessoa **12, 337, 340**
Joaquim do Amor Divino Rabelo (frei Caneca) **178, 179**
Joaquim José da Silva Xavier (Tiradentes) **152, 153, 154**
Joaquim Murtinho **303, 304, 306, 309**
Joaquim Silvério dos Reis **152, 153**
José Américo de Almeida **374**
José Bonifácio de Andrada e Silva **164**
José Celso Martinez Correa **425**
José Clemente Pereira **164**
José de Oliveira Rolim (padre Rolim) **152**
José Maria (beato) **311**
José Sarney (presidente) **443, 445, 446, 447, 455**
José Serra **455**
José Urquiza **256**
Juan Manuel Rosas **256**
Juarez Távora **339, 341, 361, 400**
juízes de fora **49, 86, 87**
Júlio de Castilhos **287, 298**
Júlio Prestes **337, 340, 341**
Juracy Magalhães **361**
jurujubas **185**
Juscelino Kubitschek (presidente) **400, 402, 416, 421, 423, 430**

K

Komintern **373**

L

lavras **137, 138**
Legiões Revolucionárias **361**
legislação trabalhista **325, 368, 376, 379**
Lei
　Áurea **266, 267, 463**
　Celerada **336**
　da Anistia **441**
　de Terras **216, 220**
　do Ventre Livre **264, 265**
　dos Sexagenários **265**
　Eusébio de Queirós **206, 213, 216, 220, 253**

interpretativa **190**
　Regencial de 1831 **252**
Leonel Brizola **412, 436, 442, 457, 467**
liberalismo **163, 169, 173, 184, 186, 388, 390, 391, 392, 393**
Líbero Badaró **180, 182**
Ligas Camponesas **414**
Lindolfo Collor **330, 361**
Lord Cochrane **170, 178**
Lucas Lopes **407**
Luís Alves de Lima e Silva (barão/duque de Caxias) **193, 219, 261**
Luís Carlos Prestes **332, 338, 372, 373, 385, 388, 436**
Luís Gonzaga das Virgens **155**
Luiz Inácio Lula da Silva (presidente) **440, 441, 457, 467, 477, 483**
luta armada **366, 412, 416, 425, 426, 427, 428, 441**

M

maçonaria **165, 268**
Madeira de Melo **170**
Magalhães Pinto **415, 418**
Manifesto
　ao Mundo **221**
　da Poesia Pau-Brasil **335**
　de maio de 1930 **339**
　dos Mineiros **385**
　Republicano **271, 275**
Manoel Fiel Filho **435**
Manuel Bandeira **334**
Manuel Beckman **148, 149**
Manuel da Nóbrega, padre **78**
Manuel de Carvalho Paes de Andrade **178**
Manuel Faustino dos Santos Lira **155**
Manuel Nunes Viana **149**
Manuel Oribe **256**
Mao Tsé-tung **427**
maragatos **288, 293, 330**
Marcha da Família com Deus pela Liberdade **415**
Marco Maciel **443, 467**
Mário Andreazza **443**
Mário Covas **45, 457**
Mário de Andrade **334**
marquês de Olinda (ver **Pedro de Araújo Lima**)
marquês de Paraná (ver **Hermeto Carneiro Leão**)
marquês de Pombal **84, 143**
Martim Afonso de Souza **69, 70, 75, 104**
Martim Francisco de Andrada e Silva **170**
Maurício de Nassau, príncipe **120**
MDB (Movimento Democrático Brasileiro) **422, 423, 434, 437, 441**
medidas provisórias **474**
Mem de Sá **80, 81, 117**
Mena Barreto **341**
Menotti del Picchia **334**
mercantilismo **40, 41**
Mercosul **448, 450, 471, 472**
Miguel Costa **331, 332, 341**
Miguel Joaquim de Almeida e Castro (padre Miguelinho) **156**
milagre econômico **429**
ministério das capacidades **189**
ministério dos marqueses **182**
Missão Artística Francesa **161**
missões **43, 80, 107, 129, 294**
MMDC **364**
Montesquieu, barão de **142, 175**
MR-8 (Movimento Revolucionário 8 de Outubro) **425**
MST (Movimento dos Trabalhadores Rurais Sem Terra) **476, 477**
Município Neutro do Rio de Janeiro **187**

N

nacionalismo **286, 287, 370, 392, 394, 395, 403, 406, 455**
Nafta (North American Free Trade Agreement/Acordo Norte-americano de Livre Comércio) **449, 465, 472**
Napoleão Bonaparte **158, 161, 171, 203**
Negrão de Lima **375, 421**
negros forros **125, 137**
neoliberalismo **450, 459, 466, 469**
Nereu Ramos **402**
Nicolau de Campos Vergueiro **214**
Nicolau Durand Villegaignon **80, 117**
Nilo Peçanha (presidente) **90, 316, 317, 329, 337**
Nogueira Acioli **318**
Noite das Garrafadas **182**

O

O Caramuru (jornal) **185**
O Observador Constitucional (jornal) **180**
OBAN (Operação Bandeirante) **429, 435**
Olga Benario **379**
oligarquias dissidentes **186, 320, 340, 360**
Olympio de Mourão Filho **376, 415**
ONGs (organizações não governamentais) **34**
Orestes Quércia **467**
Osvaldo Aranha **330, 340, 361, 383**
Oswald de Andrade **334, 335, 425**
Oswaldo Cruz **310**
Otávio Gouveia de Bulhões **399, 419**

P

pacote de abril **437**
pacto colonial **98, 114, 140, 141, 151, 158, 160, 163, 167**
pacto de Pedras Altas **330**
padre Cícero (ver **Cícero Romão Batista**)
padre Miguelinho (ver **Miguel Joaquim de Almeida e Castro**)
padre Rolim (ver **José de Oliveira Rolim**)
padroado **267**
Países Baixos (ver **República das Províncias Unidas dos Países Baixos**)
Paleolítico **11, 13, 15, 19**
Palmares, quilombo de **113, 114**
Pandiá Calógeras **305**
parlamentarismo **219, 250, 412, 413, 429, 456**
Partido
　Brasileiro **163, 164**
　Conservador **185, 188, 217, 218**
　Federalista **288**
　Liberal **185, 217, 218, 220, 222, 271**
　Liberal Exaltado **185, 186, 187**
　Moderado **185, 186, 187**
　Republicano **220, 271, 316**
Pascoal Moreira Cabral **130**
paternalismo **285, 286, 445**
Paulo César Farias (PC Farias) **460**
Paulo Maluf **443, 457**
Paz
　de Haia **123**
　de Ponche Verde **194**
　de Westfália **120**
PC do B (Partido Comunista do Brasil) **427**
PCB (Partido Comunista Brasileiro) **326, 339, 372, 373, 374, 385, 386, 388, 391, 394, 418, 425, 427**
PD (Partido Democrático) **338, 361, 364, 374**
PDS (Partido Democrático Social) **441, 442, 443, 446**
PDT (Partido Democrático Trabalhista) **442, 446, 457, 467**

Pedro Aleixo **427**
Pedro Álvares Cabral **56, 62, 66, 67**
Pedro Collor de Mello **461**
Pedro de Araújo Lima (marquês de Olinda) **259**
Pedro de Toledo **365**
Pedro Ivo **221**
Peste Negra **40, 50**
Petrobras **396, 399, 460**
pica-paus **288**
Pimenta da Veiga **455**
Pinheiro Machado **316, 317, 318**
plano
  Bresser **454**
  Cohen **376, 377, 415**
  Cruzado **451, 452, 453, 454, 455, 457, 459, 464**
  de Metas **404**
  Real **464, 466, 467, 468**
  Trienal **413**
  Verão **454**
plantation **104, 105, 200**
Plínio Salgado **335, 370, 375, 377**
PMDB (Partido do Movimento Democrático Brasileiro) **441, 442, 443, 446, 447, 451, 455, 457, 467**
Política das Salvações **317, 320**
populismo **363, 377, 379, 380, 389, 394, 399, 407, 416, 432**
positivistas **278, 279, 280, 285, 287**
Prata (rio de) **6, 43, 59, 70, 107, 132, 161, 181, 204, 251, 255**
pré-capitalismo **38**
Primavera dos Povos **221**
Primeira Guerra Mundial **321, 323, 328, 364**
privatizações **459, 462, 474**
PRM (Partido Republicano Mineiro) **313, 316, 338**
PRN (Partido da Reconstrução Nacional) **458**
protestantismo **41, 65**
Província Cisplatina **162**
PRP (Partido Republicano Paulista) **275, 313, 338, 366**
Prudente de Morais (presidente) **283, 284, 290, 291, 293, 294, 298, 300, 333**
PSD (Partido Social Democrata) **385, 388, 389, 391, 392, 394, 395, 400, 401, 403, 407, 413, 422**
PSDB (Partido da Social Democracia Brasileira) **455, 457, 463, 464, 467, 470**
PSP (Partido Social Progressista) **392, 407**
PT (Partido dos Trabalhadores) **442, 446, 457, 467**
PTB (Partido Trabalhista Brasileiro) **385, 388, 389, 391, 394, 400, 403, 406, 407, 408, 412, 413, 414, 419, 422, 441**

Q
queremismo **386**
Questão do Acre **308**
quilombos **113, 114, 129, 196**
quinto **64, 68, 73, 138, 139, 151**

R
Ranieri Mazzilli **411**
Rebelião dos Alfaiates (ver **Conjuração dos Alfaiates**)
Reforma **42, 43**
reformas de base **413, 414, 416, 423**
reguengos **48**
Renascimento **41**
República
  Bahiense **191**
  da Espada **274, 290, 293**

das Províncias Unidas dos Países Baixos (Holanda) **60, 61, 62, 83, 105, 115, 117, 118, 120, 121, 122, 123**
Juliana **194**
Rio-Grandense **194**
Velha **217, 276, 282, 291, 311, 314, 315, 317, 319, 320, 321, 327, 329, 335, 338, 340, 342, 432, 437**
Restauração **121, 129**
Revolta
  da Armada **288, 289, 294**
  da Vacina **310**
  do Contestado **311**
  Liberal de 1842 **219**
Revolução
  Cearense **318**
  Federalista **288, 289, 293, 298, 312**
  Francesa **143, 151, 154, 159, 171, 276**
  Gaúcha **330**
  Industrial **142, 146, 158, 212, 252**
  Neolítica **19**
  Paulista de 1924 **331**
Riocentro (atentado) **441**
Roberto Campos **419, 430**
Rodrigues Alves (presidente) **300, 306, 308, 309, 313, 329**
Rolim, padre (ver **José de Oliveira Rolim**)
Romão Pinheiro **155**
Rubens Florentino Vaz, major **397**
Rui Barbosa **280, 281, 294, 317, 337**

S
Sacramento (colônia) **131, 133, 134**
salário mínimo **380, 397, 399, 433**
salvação nacional **328**
sambaquis **19, 23**
San Tiago Dantas **413**
Santa Aliança **171**
Santo Ofício **43, 75**
São Paulo Railway **21**
São Raimundo Nonato (sítio arqueológico) **16, 17, 18, 21**
São Vicente (vila/capitania) **70, 75, 76, 79, 104, 125, 130, 141**
Segunda Revolução Industrial **306**
segurança nacional **375, 411, 422, 429, 430**
Sena Madureira **270**
senhor(es) de engenho **105, 106, 113, 114, 120, 121, 122, 129, 192, 222**
senhorios **48, 50, 51, 70**
Sentinela da Liberdade (jornal) **178**
senzala **3, 105, 475**
Sérgio Paranhos Fleury **429**
sesmarias **51, 70, 74, 78**
Sete Povos das Missões **132, 134**
Silvio Santos **457**
sistema de parceria **214, 215**
sítio arqueológico **16, 18**
SNI (Serviço Nacional de Informação) **428, 436**
Solano López **257, 258, 259, 260, 262**
SPI (Serviço de Proteção ao Índio) **33**
sudaneses **110**
Sumoc (Superintendência da Moeda e do Crédito) **399, 400**
Sunab (Superintendência Nacional de Abastecimento e Preços) **452**
surrealismo **334, 335**
Sylvio Frota **421, 435**

T
Tancredo Neves (presidente) **413, 442, 443, 444, 446, 451**
tapuias **25**
tarifa Alves Branco **205, 254**
Tarsila do Amaral **334**
Tasso Fragoso **341**

Teixeira Lott, general **401**
teocentrismo **36, 41**
Teófilo Ottoni **219**
Terceira Revolução Industrial **449**
Tifis Pernambucano (jornal) **178**
Tiradentes (ver **Joaquim José da Silva Xavier**)
Tomás Antônio Gonzaga **138, 152**
Tomé de Souza **77, 78, 79, 84**
tortura **109, 179, 379, 419, 427, 429, 435**
tráfico negreiro **61, 64, 104, 108, 118, 137, 139, 172, 196, 201, 204, 206, 212, 213, 214, 216, 219, 252, 253, 264, 266**
tratado
  de Aliança e Amizade **161**
  de Badajós **134**
  de Comércio e Navegação **161**
  de Madri **132, 134, 144**
  de Methuen **116, 123, 140**
  de Petrópolis **308**
  de Santo Ildefonso **133**
  de Toledo **58**
  de Tordesilhas **59, 60, 64, 65, 82, 102, 131**
tratados de 1810 **161, 204, 213, 251**
Trégua
  dos Dez Anos **121, 122**
  dos Doze Anos **118**
Tribuna da Imprensa (jornal) **397, 401**
Tríplice Aliança **255, 259, 260, 263**
tropas de linha **84, 85**
Tropicália **425**
tumbeiros (navios) **109, 252**
tupi **25, 27, 30, 32, 149**
tupi-guarani **24, 27, 340**
TV Record **425**

U
UDN (União Democrática Nacional) **385, 388, 389, 391, 334, 397, 400, 401, 402, 403, 407, 409, 410, 422**
UDR (União Democrática Ruralista) **476**
Ulysses Guimarães **441, 447, 451, 457**
UNE (União Nacional dos Estudantes) **414, 423, 425, 462**
UNI (União das Nações Indígenas) **34**
União Europeia **450**
União Ibérica **81, 83, 116, 128**
uti possidetis (princípio do) **132, 133**

V
Vasco da Gama **56, 62**
Venceslau Brás (presidente) **321, 329**
Vice-Reinado do Prata **256**
Victor Brecheret **334**
Virgílio de Melo Franco **340**
visconde de Barbacena **153**
visconde de Mauá (ver **Irineu Evangelista de Souza**)
Voltaire **142**
voto
  censitário **173**
  de cabresto **315**
  feminino **368**
  secreto **327, 328, 338, 368**
VPR (Vanguarda Popular Revolucionária) **425**

W
Washington Luís (presidente) **321, 335, 336, 337, 341**
William Piso **120**
Wladimir Herzog **435**

Z
Zona da Mata **200**
Zumbi **113**

BIBLIOGRAFIA

BARROS, Edgard Luiz de. *O Brasil de 1945 a 1964*. São Paulo, Contexto, 1990.

BASBAUM, Leôncio. *História sincera da República*. 3. ed. São Paulo, Alfa-Ômega, 1968.

BELLO, José Maria. *História da República*. 6. ed. São Paulo, Companhia Editora Nacional, 1972.

BOBBIO, Norberto. *Dicionário de política*. 5. ed. Brasília, Editora da Universidade de Brasília, 1993, 2 v.

BOSI, Ecléa. *Memória e sociedade*. 3. ed. São Paulo, Companhia das Letras, 1994.

BRANDI, Paulo. *Vargas, da vida para a história*. 2. ed. Rio de Janeiro, Zahar, 1985.

CARDOSO, Ciro Flamarion S. *A Afro-América: A escravidão no novo mundo*. São Paulo, Brasiliense, 1982.

_____ (Org). *Escravidão e abolição no Brasil*. Rio de Janeiro, Zahar, 1988.

CARNEIRO, Edison. *O quilombo de Palmares*. São Paulo, Companhia Editora Nacional, 1988.

CARONE, Edgar. *A primeira República (1889-1930)*. 4. ed. Rio de Janeiro, Bertrand Brasil, 1988.

_____. *A Quarta República (1945-1964)*. São Paulo/Rio de Janeiro, Difel, 1980.

CARVALHO, José Murilo de. *Os bestializados*. São Paulo, Companhia das Letras, 1987.

_____. *A formação das almas*. São Paulo, Companhia das Letras, 1990.

CASTRO, Celso. *Os militares e a República*. Rio de Janeiro, Zahar, 1995.

CHAUÍ, Marilena de Souza. *O que é ideologia*. São Paulo, Brasiliense, 1981.

CHIAVENATTO, Julio José. *Genocídio americano: A Guerra do Paraguai*. 26. ed. São Paulo, Brasiliense, 1994.

D'ARAÚJO, Maria Celina; SOARES, Gláucio Ary Dillon & CASTRO, Celso (intr. e org.). *Os anos de chumbo. A memória militar sobre a repressão*. Rio de Janeiro, Relume Dumará, 1994.

_____. *A volta aos quartéis. A memória militar sobre a abertura*. Rio de Janeiro, Relume Dumará, 1995.

_____. *Visões do golpe. A memória militar sobre 1964*. Rio de Janeiro, Relume Dumará, 1994.

DOWBOR, Ladislau. *A formação do capitalismo dependente no Brasil*. Lisboa, Prelo, 1977.

DULLES, John W. Foster. *Anarquistas e comunistas no Brasil*. Rio de Janeiro, Nova Fronteira, 1977.

FAORO, Raymundo. *Os donos do poder*. 3. ed. Porto Alegre, Globo, 1976.

FACÓ, Rui. *Cangaceiros e fanáticos*. 4. ed. Rio de Janeiro, Civilização Brasileira, 1976.

FAUSTO, Boris. *A Revolução de 1930*. 13. ed. São Paulo, Brasiliense, 1991.

FAUSTO, Boris. *História do Brasil*. São Paulo, Edusp/FDE, 1994.

FENELON, Dea Ribeiro (Org.). *50 textos de história do Brasil*. São Paulo, Hucitec, 1986.

FERNANDES, Florestan. *A integração do negro na sociedade de classes*. São Paulo, Edusp, 1965.

FERREIRA NETO, Edgard Leite. *Os partidos políticos no Brasil*. São Paulo, Contexto, 1988.

FURTADO, Celso. *Formação econômica do Brasil*. Brasília, Editora da Universidade de Brasília, 1963.

GORENDER, Jacob. *Combate nas trevas*. 2. ed. São Paulo, Ática, 1987.

HILTON, Stanley. *Oswaldo Aranha*. Rio de Janeiro, Objetiva, 1994.

HOLANDA, Sérgio Buarque de (Dir.). *História geral da civilização brasileira*. São Paulo, Difel, 1977. 11 v.

IGLÉSIAS, Francisco. *Trajetória política do Brasil (1500-1964)*. São Paulo, Companhia das Letras, 1993.

LACERDA, Carlos. *Depoimento*. 3. ed. Rio de Janeiro, Nova Fronteira, 1987.

LINHARES, Maria Yedda L. (Org.). *História geral do Brasil*. Rio de Janeiro, Campus, 1990.

LUSTOSA, Isabel. *Histórias de presidentes*. Petrópolis, Vozes/Rio de Janeiro, Fundação Casa de Rui Barbosa, 1989.

MAESTRI, Mario. *O escravismo no Brasil*. São Paulo, Atual, 1994.

MAESTRI FILHO, Mario José. *O escravismo antigo*. Campinas, Unicamp, 1986.

MATTOSO, Kátia M. de Queirós. *Ser escravo no Brasil*. 3. ed. São Paulo, Brasiliense, 1982.

MEIRELLES, Domingos. *As noites das grandes fogueiras*. Rio de Janeiro, Record, 1995.

MENDES JR., Antônio; RONCARI, Luiz; MARANHÃO, Ricardo. *Brasil história:* Texto & consulta. São Paulo, Hucitec, 1991. 4 v.

MONTEIRO, Hamilton de Mattos. *Crise agrária e luta de classes*. Brasília, Horizonte, 1980.

MORAES, João Quartim de. *A esquerda militar no Brasil*. São Paulo, Siciliano, 1991 (1.º volume), 1994 (2.º volume).

MORAIS, Denis de; VIANA, Francisco. *Prestes: lutas e autocríticas*. 2. ed. Petrópolis, Vozes, 1982.

MOURA, José Carlos Pires de. *História do Brasil*. São Paulo, Anglo, 1990-91.

NEEDELL, Jeffrey. *Belle époque tropical*. São Paulo, Companhia das Letras, 1993.

NOSSO SÉCULO. São Paulo, Abril Cultural, 1985. 10 v.

NOVAIS, Fernando A. *Portugal e Brasil na crise do antigo sistema colonial*. 4. ed. São Paulo, Hucitec, 1996.

____. *Estrutura e dinâmica do antigo sistema colonial*. São Paulo, Brasiliense, 1977.

NOVINSKY, Anita. *A inquisição*. São Paulo, Brasiliense, 1982.

PINHEIRO, Paulo Sérgio. *Estratégias da ilusão*. Companhia das Letras, São Paulo, 1991.

PORTELA, Fernando. *Guerra de guerrilhas no Brasil*. 8. ed. São Paulo, Global, 1986.

PRADO JR., Caio. *História econômica do Brasil*. 38. ed. São Paulo, Brasiliense, 1990.

_____. *Formação do Brasil contemporâneo*. São Paulo, Brasiliense, 1977.

_____. *Evolução política do Brasil e outros estudos*. 2. ed. São Paulo, Brasiliense, 1957.

PRESTES, Anita Leocádia. *A coluna Prestes*. 2. ed. São Paulo, Brasiliense, 1991.

REIS, Fábio Wanderley. *Os partidos e o regime*. São Paulo, Símbolo, 1978.

REVISTA DA FOLHA, n. 140, 25/12/1994.

REVISTA DA USP. São Paulo, Universidade de São Paulo (vários números).

REVISTA DE HISTÓRIA. São Paulo, Universidade de São Paulo (vários números).

RODRIGUES, José Honório. *Teoria da história do Brasil*. São Paulo, Nacional, 1969.

SCHWARZ, Stuart. *Segredos internos*. São Paulo, Companhia das Letras, 1988.

SEVCENKO, Nicolau. *Literatura como missão*. 3. ed. São Paulo, Brasiliense, 1989.

_____. *Orfeu extático na metrópole*. São Paulo, Companhia das Letras, 1992.

_____. *A Revolta da Vacina*. São Paulo, Scipione, 1993.

SILVA, Marcos A. *Contra a chibata: marinheiros brasileiros em 1910*. São Paulo, Brasiliense, 1982.

SKIDMORE, Thomas. *Brasil: de Getúlio a Castello*. 10. ed. Rio de Janeiro, Paz e Terra, 1992.

_____. *Brasil: de Castello a Tancredo*. 4. ed. Rio de Janeiro, Paz e Terra, 1991.

SODRÉ, Nelson Werneck. *Formação histórica do Brasil*. São Paulo, Brasiliense, 1962.

_____. *História da burguesia brasileira*. Rio de Janeiro, Civilização Brasileira, 1967.

_____. *A história militar do Brasil*. 3. ed. Rio de Janeiro, Civilização Brasileira, 1979.

SOUZA, Maria do Carmo Campello de. *Estados e partidos políticos no Brasil*. São Paulo, Alfa-Ômega, 1976.

STARLING, Heloisa Maria Murgel. *Os senhores das Gerais*. 4. ed. Petrópolis, Vozes, 1986.

VARGAS, Getúlio. *Diário*. São Paulo, Siciliano/Rio de Janeiro, FGV, 1995. 2 v.

VIANNA, Hélio. *História do Brasil*. 9. ed. São Paulo, Melhoramentos, 1972.

VICENTINO, Cláudio. *História geral*. São Paulo, Scipione, 1997.

WAACK, William. *Camaradas*. São Paulo, Companhia das Letras, 1993.